BENS CULTURAIS E DIREITOS HUMANOS

SERVIÇO SOCIAL DO COMÉRCIO
Administração Regional no Estado de São Paulo

Presidente do Conselho Regional
Abram Szajman
Diretor Regional
Danilo Santos de Miranda

Conselho Editorial
Ivan Giannini
Joel Naimayer Padula
Luiz Deoclécio Massaro Galina
Sérgio José Battistelli

Edições Sesc São Paulo
Gerente Iã Paulo Ribeiro
Gerente adjunta Isabel M. M. Alexandre
Coordenação editorial Clívia Ramiro, Cristianne Lameirinha, Francis Manzoni
Produção editorial José Ignacio Mendes, Rafael Fernandes Cação, Antonio Carlos Vilela
Coordenação gráfica Katia Verissimo
Produção gráfica Fabio Pinotti
Coordenação de comunicação Bruna Zarnoviec Daniel

Coleção Sesc Culturas
Coordenação Marta Colabone
Organização Iã Paulo Ribeiro
Colaboração Andréa Nogueira, Daniel Douek

BENS CULTURAIS E DIREITOS HUMANOS

Inês Virgínia Prado Soares e
Sandra Cureau (org.)

2ª edição revista e ampliada

© Inês Virgínia Prado Soares e Sandra Cureau, 2015, 2019
© Edições Sesc SP, 2015

2ª edição 2019
Todos os direitos reservados

Tradução Inês Virgínia Prado Soares ("Direitos culturais como direitos humanos: conceitos"), Andrés Zarankin ("Reflexões sobre os espaços para a memória da ditadura em Buenos Aires")
Preparação José Ignacio Mendes, Thiago Augusto Passos
Revisão Beatriz de Freitas Moreira, Heloisa Amorim Dip, Sílvia Helena Balderama
Projeto gráfico e diagramação Erika Tani Azuma e Rodrigo Disperati | Collecta Estúdio
Capa a partir de obra de Carlos Alberto de Oliveira (Carlão)

Dados internacionais de catalogação na publicação (CIP)

B442   Bens culturais e direitos humanos / Organizado por Inês Virgínia Prado Soares e Sandra Cureau. – São Paulo: Edições Sesc São Paulo, 2019. – 504 p. (Coleção Sesc Culturas).

ISBN 978-85-9493-167-2

1. Bens culturais. 2. Direitos humanos. 3. Patrimônio cultural. 4. Preservação. 5. Memória. I. Título. II. Soares, Inês Virgínia Prado. III. Cureau, Sandra.

CDD 305.8

Edições Sesc São Paulo
Rua Serra da Bocaina, 570 – 11º andar
03174-000 – São Paulo SP Brasil
Tel.: 55 11 2607-9400
edicoes@edicoes.sescsp.org.br
sescsp.org.br/edicoes
/edicoessescsp

APRESENTAÇÃO

Cultura é a manifestação das ideias no mundo, é a cristalização de tudo aquilo que o espírito humano produz. Ela só pode existir quando as ideias se tornam palpáveis, visíveis, perceptíveis, seja materialmente, em objetos, ou imaterialmente, em práticas. Uns e outros são símbolos, tangíveis ou intangíveis, que lançam pontes entre a consciência de uma pessoa e a de outra, entre as sensibilidades dos diversos indivíduos, possibilitando que descubram afinidades, identidades, comunidades – em suma, valores. Objetos e práticas expressam valores caros à comunidade que os cultiva, e esses valores são essenciais para manter a coesão da comunidade e perpetuar sua identidade no tempo. Por isso os valores são defendidos, e os objetos e práticas que os consubstanciam constituem bens, porque são preciosos, e bens culturais, porque carregam consigo a expressão de identidade e de valor.

Pela importância de que se revestem os bens culturais, é natural que a comunidade procure preservá-los. Além das formas tradicionais de transmissão e conservação dos bens culturais, mais recentemente sua preservação se faz por meio de normas jurídicas que os definem como integrantes do patrimônio coletivo. Assim, os bens culturais recebem a tutela conferida por institutos jurídicos diversos, a exemplo do tombamento e do registro. Além desses, novas definições e novos instrumentos vêm surgindo nessa área dinâmica do direito que versa sobre a preservação dos bens culturais. São eles a proteção do patrimônio imaterial, as patentes sobre conhecimentos tradicionais, a defesa judicial de línguas nativas.

A preservação salva objetos do passado, o que é fundamental para que as gerações subsequentes tenham consciência de sua origem, de suas circunstâncias, de seu devir. Mas preservar não é somente congelar o bem cultural tal como se encontrava em sua forma histórica. A preservação promove, antes de mais nada, a ressignificação do bem protegido, mantendo-o vivo e atual, conferindo-lhe novos usos e significados. Afinal, o patrimônio coletivo traduz o ideal de que cada um possa apropriar-se do bem protegido para torná-lo seu, para fazê-lo atender às suas expectativas, necessidades e desejos, como o fez para as pessoas de antanho, na época em que foi criado.

No dia a dia de uma instituição cultural como o Sesc, percebe-se que é isso que o público faz instintivamente, apropriando-se do espaço e da programação das unidades, fazendo delas parte do seu patrimônio cultural, social, afetivo. Graças à sua própria experiência como centro de produção e difusão da cultura, o Sesc confirma que os bens culturais promovem o bem-estar social e conscientizam a população para o exercício da cidadania, fomentando os valores da comunidade. Por isso o Sesc se dedica a preservar e desenvolver a cultura em todas as suas vertentes, realizando ações como o seminário no Centro de Pesquisa e Formação, de cujas palestras se originaram os artigos que compõem este livro. Agora publicado – e já em segunda edição –, estamos certos de que este conteúdo contribuirá para cristalizar um momento da reflexão sobre o papel dos bens culturais e estendê-la a um público que, por vocação do tema, é universal.

Danilo Santos de Miranda
Diretor Regional do Sesc São Paulo

SUMÁRIO

PREFÁCIO - DIREITOS CULTURAIS COMO DIREITOS HUMANOS: CONCEITOS
    Christian Courtis 9

INTRODUÇÃO - DIREITOS CULTURAIS E DIREITOS HUMANOS
    Inês Virginia Prado Soares e Sandra Cureau 23

DIMENSÕES DOS BENS CULTURAIS DIANTE DOS DIREITOS HUMANOS 27

    Direitos culturais no Brasil: dimensionamento e conceituação
    Francisco Humberto Cunha Filho 29

    O constitucionalismo democrático e cultural (ou constitucionalismo
    da fraternidade) - *José Adércio Leite Sampaio* 39

    A proteção do patrimônio cultural como contraponto à desterritorialização
    Maria Coeli Simões Pires 61

    Direitos humanos, patrimônio cultural e políticas públicas - *Frederico Barbosa* 75

    Dimensões das práticas culturais e direitos humanos - *Sandra Cureau* 107

BENS CULTURAIS, DIREITOS HUMANOS E DIREITOS DA NATUREZA 133

    A criação de parques nacionais e a proteção do patrimônio cultural
    Márcia Diegues Leuzinger 135

    Patrimônio cultural e natural, direitos humanos e direitos da natureza
    José Luiz de Andrade Franco 161

    Acesso e uso dos conhecimentos tradicionais no Brasil: o caso Ver-o-Peso
    Eliane Cristina Pinto Moreira 191

    Conhecimentos e povos tradicionais: a valorização da dignidade humana pelo
    direito patrimonial cultural - *Sandra Akemi Shimada Kishi* 215

ONDE ESTÃO NOSSOS MORTOS? A REMEMORAÇÃO NA ERA DOS DIREITOS HUMANOS 237

O morto como patrimônio cultural e um eventual direito humano ao morto
Alfredo Culleton 239

Atuais desafios de gestão do sítio arqueológico do Cais do Valongo
Sergio Gardenghi Suiama 249

Antimonumentos: a memória possível após as catástrofes
Márcio Seligmann Silva 267

Reflexões sobre os espaços para a memória da ditadura em Buenos Aires
Andrés Zarankin e Melisa Salerno 283

Arqueologia da resistência e direitos humanos
Inês Virgínia Prado Soares e Pedro Paulo Funari 315

BENS CULTURAIS NO COTIDIANO 339

Movimentos sociais, direitos humanos e patrimônio cultural
Ana Maria Moreira Marchesan 341

Criminalização do *funk* e violação do direito à cultura e ao lazer
Danilo Cymrot 357

Patrimônio cultural imaterial e direitos humanos: o registro do fandango caiçara como forma de expressão - *Daniele Maia Teixeira Coelho* 373

Estatuto da Cidade, Plano Diretor e zoneamento urbano como instrumentos de proteção dos bens culturais - *Flávio Ahmed* 395

Acessibilidade aos bens culturais: direito humano fundamental
Marcos Paulo de Souza Miranda e Andrea Lanna Mendes Novais 413

A destruição de bens culturais, o princípio da *restitutio in integrum* e a vedação de falsos históricos - *Annelise Monteiro Steigleder* 427

Minorias linguísticas no processo judicial brasileiro - *Edilson Vitorelli* 451

Direitos humanos e propriedade intelectual - *Flávia Piovesan* 473

LISTA DE SIGLAS E ABREVIAÇÕES 493
SOBRE OS AUTORES 497

PREFÁCIO
DIREITOS CULTURAIS COMO DIREITOS HUMANOS: CONCEITOS

- Christian Courtis -

Embora façam parte do conjunto de direitos humanos reconhecidos internacionalmente desde a adoção da Declaração Universal dos Direitos Humanos em 1948, os direitos culturais têm sido negligenciados nesse campo. Pouca atenção tem sido dispensada à definição conceitual ou ao desenvolvimento de mecanismos para a garantia desses direitos por órgãos internacionais especializados, em âmbito universal ou regional. E essa atenção, quando dada, é frequentemente focada nos direitos culturais das minorias, sem considerar seus componentes universais.

Nos últimos anos, no entanto, houve sinais de inversão dessa tendência. Dois acontecimentos recentes indicam uma atenção crescente da comunidade internacional, e especificamente de órgãos de direitos humanos, para a necessidade de uma conceituação adequada dos direitos culturais no quadro dos direitos humanos – um pré-requisito para o monitoramento e a proteção adequada dos direitos culturais na esfera internacional.

Esta introdução resumirá a base normativa dos direitos culturais no direito internacional dos direitos humanos e, em seguida, concentrar-se-á nos dois acontecimentos a que se aludiu: a criação, em 2009, do procedimento especial chamado de "perito independente na área dos direitos culturais", pelo Conselho de Direitos Humanos das Nações Unidas, e seu trabalho subsequente; e a adoção, em 2010, de um Comentário Geral sobre o direito de participar da vida cultural, pelo Comitê de Direitos Econômicos, Sociais e Culturais das Nações Unidas[1].

---

[1] Toda pessoa tem o direito de participar livremente da vida cultural da comunidade, de desfrutar das artes e de participar do progresso científico e de seus benefícios.

OS DIREITOS CULTURAIS NO DIREITO INTERNACIONAL DOS DIREITOS HUMANOS

Os direitos culturais não são estranhos ao direito internacional dos direitos humanos[2]. A DUDH, considerada a "certidão de nascimento" do direito internacional dos direitos humanos, dedica seu art. 27 aos direitos culturais:

> *1. Toda pessoa tem o direito de participar livremente da vida cultural da comunidade, de desfrutar das artes e de participar do progresso científico e de seus benefícios.*
> *2. Toda pessoa tem o direito à proteção dos interesses morais e materiais decorrentes de qualquer produção científica, literária ou artística da qual seja autora.*

O conteúdo da DUDH refletiu-se em dois tratados internacionais de caráter vinculatório adotados simultaneamente em 1966, o Pacto Internacional sobre Direitos Civis e Políticos e o Pacto Internacional sobre Direitos Econômicos, Sociais e Culturais. Ambos contêm cláusulas de direitos culturais. A disposição mais extensa está no art. 15 do Pidesc:

> *1. Os Estados-partes no presente Pacto reconhecem o direito de todo indivíduo:*
>   *a) de participar da vida cultural;*
>   *b) de usufruir dos benefícios do progresso científico e suas aplicações;*
>   *c) de desfrutar da proteção dos interesses morais e materiais decorrentes de qualquer produção científica, literária ou artística da qual seja autor.*
> *2. As medidas a serem tomadas pelos Estados-partes do presente Pacto para atingir o pleno exercício desse direito incluirão aquelas necessárias para a conservação, o desenvolvimento e a difusão da ciência e da cultura.*
> *3. Os Estados-partes do presente Pacto comprometem-se a respeitar a liberdade indispensável à pesquisa científica e à atividade criadora.*
> *4. Os Estados-partes do presente Pacto reconhecem os benefícios que derivam do fomento e do desenvolvimento dos contatos internacionais e da cooperação nas áreas científica e cultural.*

---

[2] Para uma análise mais completa, ver Mylène Bidault, *La Protection internationale des droits culturels*, Bruxelas: Bruylant, 2009; Yvonne Donders, "Study on the legal framework of the right to take part in cultural life", em: Donders e Volodin (ed.), *Human Rights in Education, Science and Culture*, Aldershot: Unesco/Ashgate, 2007, pp. 231-71. É oportuno esclarecer que o elenco aqui apresentado se refere apenas às normas de direito internacional dos direitos humanos. Além delas, existem normas internacionais adotadas no âmbito da Unesco que são relevantes em matéria de bens e políticas culturais, mas raramente incluem uma perspectiva de direitos humanos.

Por sua vez, o PIDCP contém uma seção sobre os direitos das minorias étnicas, linguísticas ou religiosas. O art. 27 do PIDCP estipula o seguinte:

> *Nos Estados em que haja minorias étnicas, religiosas ou linguísticas, às pessoas pertencentes a tais minorias não será negado o direito de, conjuntamente com os outros membros do seu grupo, ter sua própria cultura, professar e praticar sua própria religião ou usar sua própria língua.*

Outros tratados universais dedicados aos direitos de grupos ou categorias específicas de pessoas também fazem referência aos direitos culturais. O art. 5º e) vi) da Convenção Internacional sobre a Eliminação de Todas as Formas de Discriminação Racial, de 1965, exige que os Estados eliminem a discriminação racial no gozo do direito à igualdade de participação nas atividades culturais. O art. 13.3 da Convenção sobre a Eliminação de Todas as Formas de Discriminação contra a Mulher, de 1979, exige que os Estados adotem medidas para garantir que mulheres e homens tenham os mesmos direitos de participar de atividades de lazer, de esportes e de todos os aspectos da vida cultural. A Convenção sobre os Direitos da Criança, de 1989, refere-se aos direitos culturais no art. 31, entre outras menções. A Convenção Internacional sobre a Proteção dos Direitos de Todos os Trabalhadores Migrantes e Membros de suas Famílias, de 1990, inclui disposições relativas à igualdade dos direitos de acesso e participação na vida cultural dos trabalhadores migrantes e suas famílias nos art. 43 e 45, entre outras referências. A Convenção sobre os Direitos das Pessoas com Deficiência, de 2006, dedica uma disposição minuciosa, o art. 30, ao direito das pessoas com deficiência de participar da vida cultural em igualdade de condições com os outros indivíduos.

Os direitos culturais também são reconhecidos em instrumentos regionais de direitos humanos. Por exemplo, o Sistema Interamericano de Direitos Humanos tem uma longa tradição de reconhecimento dos direitos culturais. A pioneira Declaração Americana dos Direitos e Deveres do Homem, de 1948, que antecede a DUDH por alguns meses, praticamente antecipou a formulação de instrumentos relativos aos direitos culturais, estipulando em seu art. 13 que: "Toda pessoa tem o direito de participar da vida cultural da comunidade, de desfrutar das artes e de participar dos benefícios resultantes do progresso intelectual, especialmente das descobertas científicas. Ela também tem o direito à proteção de seus interesses morais e materiais no que diz respeito às invenções ou a qualquer obra literária, científica ou artística de que seja autora". A Convenção Americana sobre Direitos Humanos, de 1969, inclui no art. 26 uma disposição sobre direitos econômicos, sociais e culturais que remete aos padrões estabelecidos na Carta da OEA. Por sua vez, a Carta contém várias referências à preservação, desenvolvimento e enriquecimento da cultura como objetivo fundamental da OEA, como os art. 2º f, 45, 47, 48, 50, 52, 94, 95 e 111. O Protocolo de San Salvador (Protocolo Adicional à Convenção Americana sobre Direitos Humanos em Matéria de Direitos Econômicos, Sociais e Culturais), de 1988, contém uma disposição dedicada ao "direito aos benefícios da cultura" (art. 14), semelhante ao art. 15 do Pidesc.

UM NOVO PROCEDIMENTO ESPECIAL EM MATÉRIA DE DIREITOS CULTURAIS

O Conselho de Direitos Humanos das Nações Unidas, órgão intergovernamental composto de 47 Estados-membros, decidiu criar, por um período de três anos, um novo procedimento especial chamado de "perito independente na área dos direitos culturais" (Resolução nº 10/23, de 26 de março de 2009). O alcance da expressão "direitos culturais" no mandato remete à concepção estabelecida nos respectivos instrumentos de direitos humanos das Nações Unidas. Foi um passo importante: embora o Conselho de Direitos Humanos (e sua antecessora, a Comissão de Direitos Humanos) já tivesse criado diversos procedimentos especiais em matéria de direitos econômicos e sociais, até o momento nenhum era dedicado especificamente aos direitos culturais.

Geralmente, as principais tarefas confiadas aos mandatários de procedimentos especiais são:

a) preparar relatórios temáticos, com o objetivo de esclarecer e aumentar a conscientização acerca do conteúdo dos direitos e das obrigações estatais correlatas e fornecer exemplos de melhores práticas;

b) realizar visitas aos países, a convite do Estado em causa, para permitir a observação direta dos direitos de seu mandato, reunir-se com as autoridades estatais competentes e com organizações da sociedade civil, e fazer as recomendações apropriadas;

c) receber informações sobre alegações de violações dos direitos de seu mandato para possível ação de proteção.

A criação de um mandato para os direitos culturais justificou-se, entre outros motivos, pela falta de atenção dada por órgãos de direitos humanos existentes para oferecer orientação quanto a seu conteúdo e alcance. Especificamente, a Resolução nº 10/23 exige do perito independente que:

a) identifique as melhores práticas na promoção e proteção dos direitos culturais em nível local, regional, nacional e internacional;

b) identifique possíveis obstáculos à promoção e proteção dos direitos culturais, apresentando propostas e/ou recomendações ao Conselho sobre possíveis ações a esse respeito;

c) trabalhe em cooperação com os Estados a fim de promover a adoção de medidas em nível local, regional, nacional e internacional que visem à promoção e proteção dos direitos culturais, por meio de propostas concretas que reforcem a cooperação sub-regional, regional e internacional a esse respeito;

d) estude a relação entre os direitos culturais e a diversidade cultural, em estreita colaboração com os Estados e outros atores relevantes, incluindo, em particular, a Organização para a Educação, a Ciência e a Cultura das Nações Unidas, com o objetivo de continuar a promover os direitos culturais;

e) integre perspectivas de gênero e dos portadores de deficiência no seu trabalho;

f) trabalhe em estreita coordenação, evitando duplicidade desnecessária, com organizações intergovernamentais e não governamentais, com outros procedimentos especiais do Conselho, do Comitê de Direitos Econômicos, Sociais e Culturais e da Organização para a Educação, a Ciência e a Cultura das Nações Unidas, e também com outros atores relevantes que representem a gama mais ampla possível de interesses e experiências, dentro de seus respectivos mandatos, inclusive participando de e acompanhando as conferências e os eventos internacionais relevantes.

Em outubro de 2009, o Conselho de Direitos Humanos nomeou como perita independente Farida Shaheed, do Paquistão, que apresentou dois relatórios anuais ao Conselho. O primeiro, de 2010, delineia sugestões de prioridades e áreas de atenção de seu mandato[3]. O segundo, de 2011, centra-se no direito de acesso ao e fruição do patrimônio cultural[4]. Para a elaboração desse relatório, a perita independente realizou uma consulta a especialistas e recebeu contribuições de Estados-membros em resposta a um questionário. O relatório oferece uma visão detalhada das principais questões conceituais envolvidas, do quadro jurídico internacional (incluindo os tratados de direitos humanos e outros instrumentos internacionais), do conteúdo normativo, das obrigações dos Estados e das possíveis limitações do direito.

O primeiro país visitado oficialmente pela perita independente foi o Brasil. A missão transcorreu de 8 a 19 de novembro de 2010. As recomendações feitas por ela em seu relatório incluem as seguintes:

---

[3] Report of the independent expert in the field of cultural rights, Ms. Farida Shaheed, A/HRC/14/36, 22 mar. 2010.

[4] Report of the independent expert in the field of cultural rights, Ms. Farida Shaheed, A/HRC/17/38, 21 mar. 2011.

O governo do Brasil deve considerar a realização de avaliações abrangentes em todo o Estado, com o apoio das agências das Nações Unidas, instituições acadêmicas e outras partes interessadas, como e quando julgar pertinente, para examinar:

a) intervenções bem-sucedidas e abordagens inovadoras, de modo a destacar as lições tiradas da implementação, como o programa "Territórios de Identidade" nos estados da Bahia e de São Paulo, que leva em consideração os componentes socioculturais e econômicos no planejamento, na programação e no orçamento;

b) os progressos realizados no acesso à cultura no Brasil, a implementação das metas estabelecidas para o setor cultural e as medidas corretivas disponíveis, de modo a estabelecer linhas de base e indicadores de desempenho para facilitar o acompanhamento da implementação dos objetivos do Plano Nacional de Cultura, que devem ser específicos, mensuráveis, realistas e limitados no tempo;

c) o impacto, as lições aprendidas, as boas práticas e os principais desafios relacionados com a implementação da Lei nº 10.639/2003, que introduz o estudo obrigatório de história geral da África e história das pessoas de ascendência africana no Brasil, em estreita consulta com as comunidades envolvidas, a Secretaria de Políticas de Promoção da Igualdade Racial (SEPPIR) e a Fundação Palmares, com vistas a abordar todos os fatores que dificultam sua efetiva aplicação;

d) o impacto, as lições aprendidas, as boas práticas e os principais desafios, incluindo aqueles possivelmente originados de leis e regulamentos estaduais e municipais, relacionados com a implementação do Estatuto da Igualdade Racial (Lei nº 12.288/2010) e o trabalho realizado pelo Sistema Nacional de Promoção da Igualdade Racial (SINAPIR), com vistas a reforçar o mandato da SEPPIR, disponibilizando os recursos humanos, financeiros e materiais necessários para cumprir suas atribuições e reforçar sua meta de alcançar a igualdade racial no Brasil, contribuindo para o pleno respeito da diversidade cultural e para o gozo dos direitos culturais[5].

A perita independente também incentivou o Brasil a:

a) ratificar o Protocolo Facultativo ao Pacto Internacional sobre Direitos Econômicos, Sociais e Culturais;

b) continuar adotando todas as medidas necessárias para sanar as preocupações destacadas pelo Comitê de Direitos Econômicos, Sociais e Culturais

---

[5] Report of the independent expert in the field of cultural rights, Ms. Farida Shaheed, Mission to Brazil (8-19 November 2010), A/HRC/17/38/Add.1, 21 mar. 2011.

em 2009 (E/C.12/BRA/CO/2, § 26 e 33), sobretudo as tendentes a: proporcionar maior disponibilidade de recursos e bens culturais, especialmente em pequenas cidades e regiões; conceder subsídios e outras formas de auxílio especial àqueles que não têm meios de participar das atividades culturais de sua escolha; incorporar o ensino de direitos humanos aos currículos escolares, em particular daqueles garantidos no art. 15 do Pidesc; tomar as medidas necessárias para combater o desmatamento contínuo a fim de garantir o gozo efetivo dos direitos econômicos, sociais e culturais, especialmente por grupos indígenas e de pessoas vulneráveis;

c) atender às preocupações expressas pelo relator especial sobre os direitos dos povos indígenas, especialmente em conexão com a demarcação de terras e com a garantia do direito dos povos indígenas à autodeterminação (A/HRC/12/34/Add.2);

d) intensificar os esforços para combater a discriminação e a intolerância e adotar uma posição mais forte que reforce as medidas de proteção às pessoas e aos sítios associados às religiões de origem africana, enfrentando a persistência do racismo na sociedade brasileira e a imagem negativa das religiões africanas, por vezes difundida por seguidores de outras religiões e/ou pela mídia;

e) adotar medidas que possibilitem a documentação e a proteção do patrimônio linguístico dos afrodescendentes, complementando as medidas já existentes para implementar as Leis nº 10.639/2003 e nº 12.288/2010, bem como os esforços em curso para sensibilizar a população nacional a respeito da proteção das culturas afrodescendentes no Brasil;

f) realizar processos participativos com comunidades e pessoas de ascendência africana com vistas à adoção de medidas eficazes para lidar com a intolerância religiosa no sistema de ensino no Brasil, em conformidade com as conclusões e preocupações expressas pela missão de 2010 sobre educação e racismo no Brasil, empreendida pela Plataforma Brasileira de Direitos Humanos Econômicos, Sociais, Culturais e Ambientais (DHESCA)[6].

O Conselho de Direitos Humanos atualizou o mandato recentemente: em sua sessão de 19 de março de 2012, a denominação do mandato foi alterada para "relatora especial em matéria de direitos culturais".

---
[6] Ibid.

COMENTÁRIO GERAL Nº 21 DO COMITÊ DE DIREITOS ECONÔMICOS, SOCIAIS E CULTURAIS: RUMO A UMA MELHOR COMPREENSÃO DO DIREITO DE PARTICIPAR DA VIDA CULTURAL

A adoção de um Comentário Geral sobre o direito de participar da vida cultural, elaborado pelo Comitê de Direitos Econômicos, Sociais e Culturais[7], é um passo importante para desenvolver o conteúdo dos direitos culturais. Esse passo deve ser entendido no contexto da competência interpretativa do Comitê, na qualidade de órgão encarregado de monitorar o cumprimento do Pidesc pelos Estados-partes.

Essa etapa, no entanto, não pode ser considerada isoladamente. O Comitê já desempenhou um papel importante no desenvolvimento do conteúdo de alguns direitos econômicos e sociais consagrados no Pacto, tais como o direito à habitação, à educação, à alimentação, à saúde, à água, ao trabalho e à seguridade social[8]. Também adotou comentários gerais que esclarecem o significado e o alcance das obrigações transversais incluídas no Pacto, tais como a obrigação de "tomar medidas", a proibição de discriminação, a noção de "realização progressiva", a proibição de retrocesso a ela relacionada e a implementação interna do Pacto. Esses comentários gerais anteriores apontam o contexto adequado para entender o Comentário Geral nº 21, uma vez que as obrigações transversais decorrentes do Pacto também se aplicam ao direito de participar da vida cultural, mas também porque a estrutura do Comentário Geral nº 21 se baseia em grande medida no quadro conceitual empregado nos comentários gerais anteriores.

Uma das razões para a negligência de longa data envolvendo o pleno desenvolvimento dos direitos econômicos, sociais e culturais como direitos humanos foi a acusação de sua suposta "imprecisão". O trabalho do Comitê para esclarecer o conteúdo de muitos direitos econômicos e sociais contidos no Pacto ajudou a superar tal alegação. Aos direitos culturais, contudo, foi dispensada menor atenção: antes do Comentário Geral nº 21, o Comitê havia adotado apenas um comentário sobre o direito do autor de desfrutar da proteção dos interesses morais e materiais decorrentes de suas produções científicas, literárias ou artísticas[9]. A adoção do Comentário Geral nº 21 pretende corrigir

---

[7] Ver Comitê de Direitos Econômicos, Sociais e Culturais, General Comment nº 21, Right of everyone to take part in cultural life, E/C.12/GC/21, 21 dez. 2009.

[8] Os comentários gerais do Comitê estão disponíveis em <www2.ohchr.org/english/bodies/cescr/comments.htm>.

[9] Ver Comitê de Direitos Econômicos, Sociais e Culturais, General Comment nº 17 (2005), The right of everyone to benefit from the protection of the moral and material interests resulting from any scientific, literary or artistic production of which he or she is the author, E/C.12/GC/17, 12 jan. 2006.

esse desequilíbrio, oferecendo orientações sólidas sobre o conteúdo de um dos direitos culturais fundamentais consagrados no Pacto: o direito de todos de participar da vida cultural.

Ao fazê-lo, o Comitê manteve a abordagem utilizada na maioria dos comentários gerais anteriores, que esclarecem o conteúdo de outros direitos contidos no Pacto. Metodologicamente, o Comentário Geral nº 21 segue de perto a estrutura de seus precedentes[10]. Ele começa por caracterizar o conteúdo normativo do direito, incluindo suas principais definições, a aplicação da proibição de discriminação e os grupos que necessitam de proteção especial. Em seguida, define as obrigações dos Estados-membros – as gerais, as específicas, as essenciais e as internacionais. Depois, oferece exemplos de violações do direito e descreve as medidas que devem ser tomadas para assegurar sua implementação nacional. Por fim, aborda a questão das obrigações dos atores que não sejam Estados.

Em termos substantivos, esse comentário considera o direito de participar da vida cultural como uma liberdade. Mesmo assim, o Comitê continua a empregar sua tipologia tripartite habitual para clarificar o alcance das obrigações decorrentes desse direito, que são as de respeitar, proteger e cumprir. A consequência é importante: o gozo de liberdades, tal como a de participar da vida cultural, exige do Estado não só a não interferência, mas também obrigações positivas, incluindo as necessárias para prevenir a interferência ou o abuso de terceiros, e aquelas necessárias para facilitar e promover o gozo do direito por parte de indivíduos e grupos que não tenham condições de fazê-lo.

O comentário ressalta ambos os aspectos – individuais e coletivos – do direito de participar da vida cultural. Segundo o texto, "os direitos culturais podem ser exercidos por uma pessoa (a) individualmente; ou (b) em associação com outras; ou (c) dentro de uma comunidade ou grupo, como tal". Embora o significado dessa afirmação possa necessitar mais esclarecimentos, ela transmite o sentido coletivo de "cultura", ou o fato de que os bens e práticas culturais constituem referências para uma comunidade cultural. Consequências jurídicas relevantes podem decorrer desse aspecto: por exemplo, se um único ato ou omissão afetar bens ou práticas que constituem uma referência cultural para a comunidade, todos os membros da comunidade – e talvez a própria comunidade – podem ser prejudicados. A proteção jurídica adequada contra tais violações com efeito coletivo pode, por sua vez, requerer mecanismos processuais adequados no que diz respeito à capacidade processual, ao objeto do pedido e ao tipo de ação.

---

[10] Para uma explicação mais detalhada, ver Víctor Abramovich e Christian Courtis, *Direitos sociais são exigíveis*, Porto Alegre: Dom Quixote, 2011, pp. 83-144.

O Comentário Geral adotou uma definição muito ampla de "cultura" e "vida cultural" em oposição às definições que restringem a "cultura" à "alta cultura"[11]. Segundo o Comitê, a vida cultural engloba "todas as manifestações da existência humana [...] através das quais indivíduos, grupos de indivíduos e comunidades expressam sua humanidade e o sentido que dão a sua existência e constroem sua visão de mundo, representando seu contato com as forças externas que afetam suas vidas". A lista não exaustiva contida no § 13 oferece uma indicação do alcance dado a esse termo pelo Comitê.

Outra definição significativa adotada pelo Comitê consiste em distinguir os diferentes significados de "participação na vida cultural": participação em, acesso a e contribuição para a vida cultural. Essas distinções parecem relevantes quando se trata de definir os tipos de medidas que os Estados devem adotar para assegurar o gozo do direito de participar da vida cultural. De fato, os parágrafos dedicados a esclarecer as medidas especiais de proteção para grupos específicos parecem levar em conta algumas dessas distinções: para os povos indígenas e outras minorias, a ênfase consiste em permitir-lhes que desenvolvam sua própria vida cultural e participem dela sem interferência; já para outros grupos – como mulheres, idosos, pessoas que vivem na pobreza ou pessoas com deficiência – a ênfase consiste em remover os diversos obstáculos que impedem o acesso à vida cultural.

A fim de descrever os elementos que caracterizam o pleno exercício do direito de participar da vida cultural, o Comitê recorre novamente às noções de disponibilidade, acessibilidade, aceitabilidade, adaptabilidade e adequação. Embora sejam coerentes com os comentários gerais anteriores, compreender o significado desses conceitos, quando aplicados à cultura e à vida cultural, pode ser difícil. Na verdade, o Comentário Geral nº 21 parece aplicar esses conceitos a questões diferentes. Por exemplo, a disponibilidade refere-se a bens e serviços culturais. A acessibilidade faz alusão a bens e serviços culturais, práticas culturais e informação. Por sua vez, aceitabilidade, adaptabilidade e adequação são predicados de políticas culturais, estratégias e medidas para realizar o direito de participar da vida cultural.

Ao abordar a questão das limitações do direito, o comentário deixa claro que as práticas ou tradições que violam os direitos humanos não são admitidas como "cultura" ou "vida cultural" e, portanto, não estão protegidas pelo direito de participar da vida cultural. É uma declaração de princípio crucial para enfrentar a alegação de que a cultura pode minar toda a agenda de direitos humanos. Porém, embora o princípio seja claro, uma orientação adicional é necessária para sua operacionalização.

---

[11] Ver José Teixeira Coelho, *Diccionario crítico de política cultural*, Barcelona: Gedisa, 2009, pp. 81-4, verbete "cultura".

Além de reforçar a aplicação do princípio da não discriminação ao direito de participar da vida cultural, o Comitê faz duas afirmações importantes sobre o assunto. Em primeiro lugar, ele assevera que ninguém deve ser discriminado por exercer ou não o direito de participar da vida cultural ou de pertencer a uma comunidade cultural. É um corolário importante do direito de participar da vida cultural considerado como uma liberdade. Em segundo lugar, o Comitê deixa claro que, para erradicar a discriminação, os Estados devem reconhecer a existência, no seu território, de diferentes identidades culturais de indivíduos e comunidades. É uma obrigação imediata que não exige muitos recursos e constitui um esclarecimento fundamental para identificar formas de discriminação como a negação ou assimilação cultural.

O Comitê também abordou a questão, muitas vezes difícil, de definir as obrigações essenciais decorrentes do direito de participar da vida cultural. No contexto de uma obrigação geral "de criar e promover um ambiente no qual uma pessoa, individualmente ou em associação com outras, ou dentro de uma comunidade ou grupo, possa participar da cultura de sua escolha", o Comitê identifica as seguintes obrigações essenciais:

> » *adotar medidas para garantir a não discriminação e a igualdade de gênero no gozo do direito;*
>
> » *respeitar o direito de todos de se identificar ou não com uma ou mais comunidades e o direito de mudar sua escolha;*
>
> » *respeitar e proteger o direito de todos de exercer suas próprias práticas culturais e os direitos civis, políticos, econômicos, sociais e culturais a elas relacionados;*
>
> » *eliminar todas as barreiras ou obstáculos que inibam ou restrinjam o acesso de uma pessoa a sua própria ou a outras culturas;*
>
> » *permitir e incentivar a participação de pessoas pertencentes a grupos minoritários, povos indígenas ou outras comunidades na concepção e implementação de leis e políticas que os afetem, incluindo a obtenção de seu consentimento prévio, livre e informado quando a preservação de seus recursos culturais essenciais estiver em risco*[12].

---

[12] Ver Comitê de Direitos Econômicos, Sociais e Culturais, General Comment n° 21, Right of everyone to take part in cultural life, E/C.12/GC/21, 21 dez. 2009.

O comentário geral também identifica algumas obrigações internacionais decorrentes do direito de participar da vida cultural. Nesse sentido, o Comitê ressalta a importância da cooperação e assistência internacional para a plena realização desse direito, mas também recorda que os Estados devem assegurar que os acordos internacionais não prejudiquem sua fruição.

Seguindo a tendência criada em comentários gerais anteriores, o Comitê também fornece um rol exemplificativo de atos e omissões que constituem violações do direito de participar da vida cultural. A lista oferece orientações relevantes para a identificação de violações que podem ser objeto de comunicação consoante o Protocolo Facultativo ao Pidesc, adotado recentemente. Assim, a lista pode representar mais uma contribuição para o desenvolvimento do conteúdo das obrigações oriundas do direito de participar da vida cultural.

Apesar de breve, a seção dedicada à implementação em nível nacional oferece algumas orientações interessantes. Ao contrário de outros comentários gerais, ela não apresenta um plano ou estratégia nacional abrangente, mas um lembrete da necessidade de adotar medidas para a realização plena e imediata do direito. Por outro lado, constam algumas indicações úteis: a necessidade de "fazer o maior uso possível dos recursos culturais valiosos que cada sociedade possui"; a alavancagem potencial que o empoderamento cultural inclusivo pode ter como meio para reduzir as disparidades sociais; e a importância de ir além dos aspectos materiais da cultura, levando-se em conta também o acesso efetivo aos bens culturais intangíveis. O Comitê recomenda aos Estados-partes que definam indicadores apropriados, com dados e cronogramas desagregados, para permitir um controle eficaz da implementação do direito e proporcionar mecanismos e instituições eficazes para investigar, examinar e reparar supostas violações dos direitos.

Em resumo, o Comentário Geral nº 21 é uma contribuição bem-vinda e importante que esclarece o conteúdo e as implicações do direito de participar da vida cultural, proporcionando uma melhor orientação para sua implementação. Estados-partes, organizações da sociedade civil, acadêmicos e outros interessados estão agora equipados com uma referência conceitual fidedigna que ajuda a entender o sentido e o alcance desse direito.

NOVAS OPORTUNIDADES DE EVOLUÇÃO

Duas outras iniciativas internacionais merecem atenção, pois também podem contribuir para a clarificação do conteúdo dos direitos culturais.

Na esfera do sistema universal de direitos humanos, em 10 de dezembro de 2008 a Assembleia Geral da ONU adotou um Protocolo Facultativo ao Pidesc que permite que o Comitê de Direitos Econômicos, Sociais e Culturais considere queixas por violações alegadas dos direitos consagrados no Pacto, inclusive os direitos culturais[13]. Como o Comitê já forneceu orientações sobre o conteúdo normativo do direito de participar da vida cultural – e sobre o direito de desfrutar da proteção dos interesses morais e materiais do autor decorrentes de qualquer produção científica, literária ou artística criada por ele –, esse novo mecanismo abrirá a possibilidade de examinar alegações relativas à violação de direitos culturais, proporcionando melhor esclarecimento e mais critérios de interpretação no contexto de situações concretas. O protocolo entrou em vigor em maio de 2013 e até fevereiro de 2015 foram depositadas 19 ratificações.

No Sistema Interamericano de Direitos Humanos, a OEA criou um grupo de trabalho com a tarefa de desenvolver os indicadores a serem utilizados pelos Estados-partes para informar sobre os progressos alcançados na realização dos direitos incluídos no Protocolo de San Salvador[14]. O grupo de trabalho também será encarregado da revisão dos relatórios periódicos que os Estados-partes têm a obrigação de apresentar. Esse exercício implica, entre outras coisas, a elaboração de indicadores para os direitos culturais incluídos no art. 14 do Protocolo de San Salvador, que constituirá então uma referência importante para o monitoramento dos direitos culturais.

---

[13] Ver Comissão Internacional de Juristas, *Comentario del Protocolo Facultativo al Pacto Internacional de Derechos Económicos, Sociales y Culturales*, Genebra: 2008; Laura Salamero Teixidó, *La protección de los derechos sociales en el ámbito de las Naciones Unidas: el nuevo protocolo facultativo al pacto internacional de derechos económicos, sociales y culturales*, Madri: Civitas, 2012.

[14] Ver Conselho Permanente da OEA, Comissão de Assuntos Jurídicos e Políticos, Indicadores de progresso para a medição de direitos contemplados no Protocolo de San Salvador, CP/CAJP-2943/11, 14 mar. 2011.

INTRODUÇÃO
DIREITOS CULTURAIS E DIREITOS HUMANOS

A proteção aos bens culturais apenas tem sentido em um contexto vivo, de compartilhamento de experiências e de conhecimentos, numa perspectiva interdisciplinar. A doutrina e os fundamentos de direitos humanos, espalhados em cartas, declarações e estudos, trazem expectativas de um futuro mais justo, com equilíbrio na distribuição de riquezas, novas oportunidades e respeito às liberdades e à diversidade cultural.

No âmbito interno, a concepção constitucional de patrimônio cultural brasileiro, composto por bens materiais e imateriais, relevantes para a memória, identidade e ação dos grupos formadores da sociedade brasileira, proporciona uma atuação voltada à valorização da vida, aos modos de viver e aos bens essenciais para que este "viver" seja saudável e com qualidade. Ao mesmo tempo, o fortalecimento dos direitos fundamentais tem contribuído para a construção de um catálogo brasileiro de direitos humanos, com novas e criativas abordagens, que permitam ações preventivas contra as graves violações que foram e ainda são perpetradas.

Esse foi o cenário que imaginamos ao organizar e lançar este livro em 2015. Este é também o cenário atual, que nos instiga a lançar a segunda edição da obra. O livro almejava atingir o objetivo de contribuir para a consolidação de uma cultura jurídica sensível à proteção dos bens culturais, pela sua importância e contribuição para a promoção dos direitos humanos. O ambicioso propósito foi atingido em parte, seja pela constante atualização dos desafios, seja pelo surgimento de nova arena político-social, com reflexos na gestão e na proteção dos direitos culturais.

O livro está estruturado em quatro partes, com abordagem de diversas temáticas que tocam a proteção, promoção e gestão dos bens culturais vocacionados (ou conexos) aos direitos humanos; os capítulos estão distribuídos por eixos temáticos.

A primeira parte da obra apresenta as "Dimensões dos bens culturais diante dos direitos humanos", com análise da posição dos direitos culturais no cenário internacional e também local, na Constituição e na elaboração e implementação de políticas públicas. Já a segunda parte, intitulada "Bens culturais, direitos humanos e direitos da natureza", tem especial ênfase na relação entre direitos e bens culturais e meio ambiente. A terceira parte da obra, "Onde estão nossos mortos? A rememoração na era dos direitos humanos", é dedicada ao tema da recordação e da necessidade do não esquecimento. Por fim, "Bens culturais no cotidiano" é tema e dá título para a quarta e última parte do livro. Aqui, os estudos tomam como diretriz a essencialidade dos bens culturais para viver o dia a dia. Assim, temas variados como acessibilidade, funk e direito ao lazer, os bens culturais na cidade, tanto no ordenamento urbano quanto nas pesquisas arqueológicas, e a proteção desses bens contra a destruição, com a vedação dos falsos históricos, são aí tratados.

Nesta segunda edição, acrescentamos um capítulo novo sobre os desafios atuais para a gestão do Cais do Valongo, no Rio de Janeiro. Nada mais propício, já que esse sítio arqueológico, descoberto em 2011, foi inscrito na lista de Patrimônio Cultural Mundial da Unesco em julho de 2017 e é considerado um dos mais importantes lugares de memória da diáspora africana, além de ser o único materialmente preservado nas Américas.

Outros textos foram atualizados e podemos dizer que os capítulos continuam sendo um excelente subsídio para compreender os acontecimentos e as decisões judiciais e de gestão adotadas desde o lançamento da primeira edição.

A liberdade e a igualdade no exercício dos direitos culturais passaram a fazer parte dos noticiários. Em 2015, a censura prévia foi rechaçada pelo STF na Ação Direta de Inconstitucionalidade 4.815/DF, de relatoria da ministra Carmen Lúcia (caso das biografias não autorizadas). Em contrapartida, o ano de 2017 foi marcado por situações de intolerância à diversidade cultural: a exposição *Queermuseu – cartografia da diferença na arte brasileira*, promovida pelo grupo Santander, em Porto Alegre, foi encerrada um mês antes do previsto por causa da reação negativa de grupos conservadores e provocou um efeito dominó, com o questionamento de peças teatrais (como *O Evangelho segundo Jesus, Rainha do Céu*, escrita pela escocesa Jo Clifford e dirigida por Natália Malo) e performances em museus (como a do bailarino e coreógrafo Wagner Schwartz, no Museu de Arte Moderna de São Paulo).

Em 2015 foi promulgada a Lei nº 13.123, que dispõe sobre o acesso ao patrimônio genético, sobre a proteção e o acesso ao conhecimento tradicional associado, e sobre a repartição de benefícios para conservação e uso sustentável da biodiversidade. Nesse mesmo ano, também aconteceu o desastre de Mariana, conhecido como caso Samarco, que, dentre tantas fragilidades e descasos, realçou a necessidade de aprimorar a proteção dos bens culturais no caso de destruição ou desaparecimento de uma cidade (no caso, o Distrito de Bento

Rodrigues). A busca de respostas justas à memória, aos bens culturais materiais das cidades afetadas pela tragédia e ao uso do Rio Doce como recurso cultural das comunidades tradicionais e dos povos indígenas encontram subsídios neste livro.

A preocupação com os bens culturais como bens ligados aos direitos humanos ganhou aporte normativo com a adoção da Resolução 2.199/2015 do Conselho de Segurança das Nações Unidas, que se dedicou a condenar a destruição do patrimônio iraquiano e sírio e a exigir dos Estados-membros a tomada de medidas para impedir o comércio de bens culturais que foram retirados ilegalmente do Iraque, desde agosto de 1990, e da Síria, desde março de 2011. O documento é considerado um paradigma ao incluir a proteção internacional do patrimônio cultural no espaço normativo do Conselho de Segurança da ONU e vincular o tráfico ilícito de bens culturais com o financiamento e desenvolvimento do terrorismo. No âmbito interno, a Portaria Iphan nº 396/2016 tratou do assunto vinculando o tráfico ilícito de bens culturais não somente à lavagem de dinheiro, mas também ao terrorismo.

Aliás, houve uma produção normativa do Iphan, nesses últimos anos, que deu nova roupagem à proteção dos bens culturais materiais e imateriais, com destaque para a IN nº 001/2015, que regulamenta a participação da autarquia nos licenciamentos ambientais, e a Portaria nº 375/2018, que institui a Política do Patrimônio Cultural Material (PPMC).

Não são tempos fáceis para os temas que nomeiam este livro. Falar de bens culturais e direitos humanos como essenciais para o bem viver e para o fortalecimento da democracia tem sido uma tarefa cada dia mais urgente e necessária, tanto no cenário local como no mundial.

Mas o lançamento da segunda edição desta coletânea é um sopro de inspiração para os que acreditam que, além das cinzas decorrentes do incêndio do Museu Nacional do Rio de Janeiro, do sangue debaixo das pedras do Cais do Valongo e da harmonia da literatura de cordel (patrimônio cultural brasileiro desde 2018), há muito mais riqueza e vida do que se pode imaginar.

Inês Virginia P. Soares e Sandra Cureau
As organizadoras

DIMENSÕES DOS BENS CULTURAIS DIANTE DOS DIREITOS HUMANOS

DIREITOS CULTURAIS NO BRASIL: DIMENSIONAMENTO E CONCEITUAÇÃO

- Francisco Humberto Cunha Filho -

Desde 10 de dezembro de 1948, quando proclamou a Resolução 217 A, na qual está a Declaração Universal dos Direitos Humanos, a Assembleia Geral da ONU chamou a atenção para os direitos culturais, um novo e delicado núcleo de direitos, assim considerados por estarem relacionados aos muitos significados da palavra "cultura". Além do específico direito à instrução (art. 26), o principal instrumento a serviço do fluxo formal de saberes, pelo menos mais dois artigos fazem referência aos direitos culturais, sendo que num prevalece a abordagem generalista e noutro a mais restrita. Tais alusões correspondem à principal dicotomia que persiste como entrave para uma unificação conceitual.

A compreensão mais ampla está no art. 22 da DUDH:

> *Toda pessoa, como membro da sociedade, tem direito à segurança social e à realização, pelo esforço nacional, pela cooperação internacional e de acordo com a organização e recursos de cada Estado, dos direitos econômicos, sociais e culturais indispensáveis à sua dignidade e ao livre desenvolvimento da sua personalidade.*

O entendimento mais restrito figura nos dois itens do art. 27:

> *1. Toda pessoa tem o direito de participar livremente da vida cultural da comunidade, de fruir das artes e de participar do processo científico e de seus benefícios.*
> *2. Toda pessoa tem direito à proteção dos interesses morais e materiais decorrentes de qualquer produção científica, literária ou artística da qual seja autora.*

No primeiro caso, os direitos culturais relacionam-se com a ideia de respeito ao *modus vivendi* peculiar dos distintos povos destinatários e signatários da declaração; no segundo, com atividades mais específicas, cujos núcleos podem ser extraídos, com variações gramaticais, do próprio texto: artes, ciência e literatura.

Considerando-se que as declarações de direitos atuam como faróis para a produção das normas jurídicas nos países que formam a comunidade internacional, o objetivo deste escrito é o de dimensionar se e em que medida há influência da DUDH sobre o preceito da Constituição brasileira de que "o Estado garantirá a todos o pleno exercício dos direitos culturais" (parte inicial do art. 215), tentando "medir" a dimensão dada a essa expressão. Ademais, a partir do entendimento obtido, almeja-se traçar um perfil do atual estágio dos direitos culturais no Brasil.

CULTURALISMO JURÍDICO, MULTICULTURALISMO E DIREITOS CULTURAIS

Os muitos sentidos da palavra "cultura" estimulam a aproximação de – e até a confusão com – expressões de grafias próximas, mas de substâncias distintas. Nas mais achegadas relações do direito com a cultura, pelo menos três delas necessitam ser evidenciadas e ter seus significados definidos, de modo a evitar que uma seja empregada no lugar da outra, o que inevitavelmente geraria confusão em termos comunicacionais e, principalmente, científicos.

A primeira dessas expressões é *culturalismo jurídico*, portadora de uma abrangência tão colossal que fornece base para uma teoria que explica todo o direito (ciência) e todos os direitos (bens jurídicos) a partir da cultura, tomada em sua dimensão antropológica[1]. Para essa teoria, falar em direitos culturais é uma tautologia, porque todos eles o são.

Multiculturalismo, por seu turno, é uma derivação da ideia culturalista para territórios específicos, por meio da qual se defende a coexistência de povos, comunidades e grupos lastreados em valores e expressões culturais distintas[2]. Sua preocupação, portanto, não é com o conjunto dos direitos culturais, mas com um que é específico em termos de identificação, ainda que genérico quanto à abrangência: o direito à diversidade.

Os *direitos culturais*, por sua vez, pressupõem a especificação, se não de um rol, ao menos de categorias de direitos relacionados com a cultura, compreendida

---

[1] Miguel Reale, *Cinco temas do culturalismo*, São Paulo: Saraiva, 2000.

[2] Ana Maria D'Ávila Lopes, "A contribuição da teoria do multiculturalismo para a defesa dos direitos fundamentais dos indígenas brasileiros". Disponível em: <www.conpedi.org.br/manaus/arquivos/anais/manaus/estado_dir_povos_ana_maria_lopes.pdf>. Acesso em: 7 nov. 2010.

a partir de núcleos concretos formadores de sua substância, como as artes, a memória coletiva e o fluxo dos saberes[3].

As interconexões entre os três conceitos levam às seguintes observações: culturalismo jurídico é teoria; multiculturalismo é ideologia; direitos culturais são práxis. Evidenciam-se, em decorrência, graus de concretude e materialização diferenciados e crescentes do primeiro para o último.

Assim, não se pode confundir culturalismo jurídico e multiculturalismo com direitos culturais, pois a abrangência e o significado dos primeiros aniquilariam a dimensão mais concreta do terceiro. Contudo, há um direito cultural específico às práticas multiculturalistas, bem como à concepção que explica as relações sociais a partir do culturalismo.

DIREITO À CULTURA, DIREITO DA CULTURA E DIREITOS CULTURAIS

A terminologia acima deve ficar mais evidente com o comparativo das três expressões que dão título a este tópico.Inicialmente, há consideráveis diferenças entre os significados de direito à cultura e direito da cultura; o primeiro, mais uma vez, remete aos aspectos abstratos da convivência humana. Em princípio se refere a "um" direito, embora de dimensão grandiloquente e amorfa; corresponde, na linguagem da ONU, à prerrogativa de participar da vida cultural da comunidade. Com efeito, o direito à cultura constitui proteção contra mudanças abruptas e ilegítimas, mesmo porque as restrições a seu acesso, decorrentes, por exemplo, de segregações punitivas (prisões e outros castigos), integram o amálgama cultural que lhe dá substância. Jesús Prieto de Pedro ao mesmo tempo o sintetiza e localiza no mundo jurídico: "O direito à cultura se contextualiza nos direitos culturais, como uma de suas principais manifestações, e os direitos culturais, por seu turno, nos direitos humanos"[4].

A outra expressão – direito da cultura – permite vislumbrar "o" direito que rege relações específicas e tangíveis, a partir de elementos palpáveis do universo cultural observado. Pontier, Ricci e Bourdon sustentam que o desenvolvimento de políticas públicas específicas forjou a criação do referido direito, que passou a ser evidentemente necessário, por pelo menos três motivos: (1) tornou-se imperioso regulamentar os serviços públicos de cultura, que começaram a ser ofertados; (2) a ação estatal criou o respectivo poder de polícia cultural, exercível sob

---

[3] Francisco Humberto Cunha Filho, *Cultura e democracia na Constituição federal de 1988*, Rio de Janeiro: Letra Legal, 2004.

[4] Jesús Prieto de Pedro, "Derecho a la cultura e industrias culturales", em: *Economía y cultura*, Bogotá: Convenio Andrés Bello, 2001, p. 212.

disciplina e controle; e (3) o impulso das políticas gerou maiores fluxos e mais relações culturais, das quais decorreu natural crescimento quantitativo e qualitativo de litígios culturais, que passaram a exigir parâmetros para sua solução[5].

Monnier e Forey comungam com esse entendimento e afirmam que o direito da cultura passou a receber tratamento de disciplina autônoma, na França, somente a partir dos anos 1990[6]. Mesmo reconhecendo a heterogeneidade e multiplicidade de objetos, as autoras mencionam alguns como exemplo: os monumentos históricos, os arquivos, os vestígios arqueológicos, as criações do espírito, a língua, os livros.

Sem prejuízo da observação de Pedro de que o conceito, menos que servir como categoria jurídica de aplicação direta, presta-se mais a identificar um grupo de direitos fundamentais[7], no Brasil, desde 2007, a Universidade de Fortaleza tem disciplina específica, com versões diferenciadas para a graduação e pós-graduação (mestrado e doutorado em direito)[8], a primeira designada com a expressão que faz referência à literalidade do texto constitucional do país: direitos culturais, e a outra chamada de Teoria e Prática Contemporânea dos Direitos Culturais. A partir de tais estudos, observa-se que na dimensão teórica e na aplicação efetiva, os direitos culturais praticamente equivalem ao direito da cultura, por versarem sobre as relações jurídicas específicas em três grandes campos: artes, memórias coletivas e fluxos de saberes.

CONSTITUIÇÃO CULTURAL: LIBERDADES, PRESTAÇÕES E ESTÍMULOS

A Constituição brasileira é abundante no tratamento da cultura. Isso fica evidente no fato de que em todos os seus títulos há farta disciplina jurídica sobre o assunto. Poderia, por isso, ser chamada de "constituição cultural", mas também pelo fato de possuir seção específica para o tema, em cujo artigo inaugural – 215 – se lê que "o Estado garantirá a todos o pleno exercício dos direitos culturais e acesso às fontes da cultura nacional, e apoiará e incentivará a valorização e a difusão das manifestações culturais".

Na verdade, se não fosse o encantamento brasileiro pela retórica, o texto do artigo transcrito poderia terminar na primeira oração, porque seus complementos são manifestações específicas de direitos culturais. Contudo, eles possuem

---

[5] Jean-Marie Pontier, Jean-Claude Ricci e Jacques Bourdon, *Droit de la culture*, Paris: Dalloz, 1990, p. 90.

[6] Sophie Monnier e Elsa Forey, *Droit de la culture*, Paris: Gualino, 2009, pp. 18-9.

[7] Jesús Prieto de Pedro, *Economía y cultura*, op. cit., p. 215.

[8] Francisco Humberto Cunha Filho, Mário Ferreira de Pragmácio Telles e Rodrigo Vieira Costa (org.), *Direito, arte e cultura*, Fortaleza: Sebrae-CE, 2008.

uma utilidade, evidenciada em palavras substanciais neles contidas: acesso, apoio, incentivo, valorização e difusão. A serventia é mostrar que o Estado, ao garantir o exercício dos direitos culturais, exerce múltiplos papéis, ajustáveis conforme o direito a que se refere. Em gênero, podem consistir em abstenções e atuações; estas podem ser divididas em prestações e estímulos que, por seu turno, são positivos ou negativos, conforme se queira incrementar ou inibir certas práticas. Quando se trata de garantir as liberdades culturais, a abstenção é recomendada; se o foco é assegurar possibilidades equânimes de criação e difusão, atuações e prestações são necessárias.

Uma consequência inevitável é a interferência, ainda que seja a de observar superficialmente os conteúdos e a capacidade operacional de quem é incentivado, tudo porque os apoios e estímulos são oferecidos segundo os preceitos constitucionais e com recursos públicos, que precisam ser fiscalizados quanto ao seu emprego. A fiscalização, no entanto, é limitada pelo preceito de que "é livre a expressão da atividade intelectual, artística, científica e de comunicação, independentemente de censura ou licença" (CF 1988, art. 5°, IX).

DIREITOS E DEVERES CULTURAIS EM GÊNERO

Apesar de no Brasil serem quase sinônimas as expressões "direito da cultura" e "direitos culturais", a última carrega a desvantagem de induzir o pensamento de que as relações jurídicas do setor contemplam apenas "direitos", provocando a falsa impressão da inexistência de "deveres" culturais; quando muito, cogita-se que eventuais deveres[9] são de responsabilidade do Estado. Contudo, aos direitos correspondem deveres, sendo que estes são de responsabilidade das pessoas indicadas na legislação; e em termos de cultura, para além do Estado, elas são muitas[10].

Uma rápida observação de como se configuram os grandes núcleos dos direitos culturais permite vislumbrar o estágio dessa relação.

Relativamente às artes, com *status* de direito fundamental, é assegurado, nos termos da lei, "o direito de fiscalização do aproveitamento econômico das obras que criarem ou de que participarem aos criadores, aos intérpretes e às respectivas representações sindicais e associativas" (CF 1988, art. 5°, XXVIII, *b*). É a explícita manifestação do aspecto patrimonialista, de direito de propriedade sobre a criação do intelecto. Contudo, a Constituição também determina genericamente que "a propriedade atenderá a sua função social" (art. 5°, XXIII), o

---

[9] Norberto Bobbio, *Teoria geral da política*, Rio de Janeiro: Campus, 2000.

[10] Vasco Pereira Silva, *A cultura a que tenho direito*, Coimbra: Almedina, 2007, p. 95.

que se refere a qualquer tipo de domínio, inclusive o intelectual. Para operacionalizar simultaneamente essas duas normas, deve-se entender que os criadores detêm direitos na condição de proprietários, mas também têm deveres, assim como os destinatários de suas obras. Não é à toa que um dos grandes desafios do momento é a reconstrução da legislação de direitos autorais, que atualmente favorece a propriedade, sem considerar devidamente a função social[11].

No campo mais tradicional da preservação da memória coletiva, o do tombamento, desde 1937 é clara – ao menos normativamente – a correlação entre direitos e deveres culturais, evidente na conservação do direito de propriedade do dono do bem tombado, que não deve modificá-lo ou destruí-lo sem autorização, concordando em submeter-se a fiscalizações e em dar preferência de alienação ao poder público. Mas esse equilíbrio é quase sempre apenas normativo, pois a tendência é tentar impedir que o tombamento se concretize ou que ao menos seja comutado em desapropriação.

No domínio da proteção do patrimônio cultural imaterial, o equilíbrio também é dificultoso. Aceitam-se com tranquilidade, por exemplo, compensações e reconhecimentos públicos para os chamados tesouros vivos. Mas se deles se pede repasse de saberes, fazeres e viveres, dúvidas são levantadas quanto à possível obrigação.

Também não há boa recepção quando se pondera sobre o conteúdo e a forma de tais saberes, fazeres e viveres. Por um lado, aceitam-se os compatíveis com os dogmas constitucionais que valorizam bens como a dignidade humana, a igualdade e o respeito à natureza; por outro lado, rejeitam-se os incompatíveis com eles. De fato, velar por esses bens corresponde ao dever de aprimorar as relações humanas.

ROL E CATEGORIZAÇÃO DOS DIREITOS CULTURAIS

Há algumas tentativas de elaborar o rol exaustivo dos direitos culturais, cujo bom intuito é o de fazer conhecê-los. Contudo, em termos científicos, essa empreitada corresponde a um modelo antigo de observação da realidade, de quando a dinâmica da vida social era bem menos célere e pouco afetada por novidades. Nos tempos atuais, uma relação dos direitos culturais lembraria o tear de Penélope, urdido durante o dia, mas passível de ser desfeito à noite[12], não propriamente por sabotagem, mas em virtude de duas causas principais:

---

[11] Marcos Wachowicz e Manoel Joaquim Pereira dos Santos (org.), *Estudos de direito do autor e a revisão da lei dos direitos autorais*, Florianópolis: Fundação Boiteux, 2010.

[12] René Ménard, *Mitologia greco-romana*, São Paulo: Opus, 1991.

a dinâmica de criação, extinção e modificação dos direitos na contemporaneidade, bem como o frequente caráter programático das normas do setor.

Quanto à dinâmica jurídica, o legislador tem o poder de, a qualquer momento, alterar a legislação (excetuadas algumas cláusulas, por isso chamadas de pétreas), de modo que a norma mais nova prevalece sobre as antigas. A programaticidade de muitas normas de direitos culturais, por seu turno, significa a possibilidade de adaptação da forma de concretizá-las, segundo distintos programas políticos. Desse modo, quando a Constituição brasileira determina que "a lei estabelecerá incentivos para a produção e o conhecimento de bens e valores culturais" (art. 216, V, § 3º), o legislador, em dado momento, pode entender que os incentivos advirão de renúncia fiscal e, noutro, pode avaliar que o Estado tem o dever de fornecê-los diretamente.

Arrolar os direitos culturais exige um esforço ininterrupto de atualização, razão pela qual, sem se deixar de valorizar uma noção sólida dos direitos existentes, passou-se à ideia de conhecer as categorias de direitos culturais. É o que fez José Afonso da Silva, que distingue:

> *a) direito à criação cultural, compreendidas as criações científicas, artísticas e tecnológicas;*
> *b) direito de acesso às fontes da cultura nacional;*
> *c) direito de difusão da cultura;*
> *d) liberdade de formas de expressão cultural;*
> *e) liberdade de manifestações culturais;*
> *f) direito-dever estatal de formação do patrimônio cultural brasileiro e de proteção dos bens de cultura*[13].

Peter Häberle realizou empreendimento semelhante analisando constituições de países europeus, que fazem alusão a: liberdade de prática da ciência e da arte, liberdade de ensino, direito à instrução, liberdade para aprender, liberdade dos pais para educar a prole, liberdade de ação das associações culturais, tutela da propriedade intelectual, alfabetização de adultos, participação na radiodifusão, proteção do patrimônio histórico e artístico e proteção da natureza[14].

---

[13] José Afonso da Silva, *Curso de direito constitucional positivo*, São Paulo: Malheiros, 1993, p. 280.

[14] Peter Häberle, *Le libertà fondamentali nello Stato costituzionale*, Roma: La Nuova Italia Scientifica, 1993, pp. 211-2.

GARANTIAS DOS DIREITOS CULTURAIS

Por relação exaustiva ou por categorias, conhecer os direitos culturais não é um fim, mas apenas um instrumento para viabilizar sua concretização. É conveniente lembrar que no Brasil é relativamente fácil reconhecer normativamente novos direitos; a dificuldade reside em dar efetividade a eles. Essa prática remete à necessidade de conhecer e categorizar as garantias culturais. Elas são os elementos dos quais os titulares dos direitos podem e devem valer-se para fazê-los migrar da previsão em textos legais para o mundo dos fatos. Obviamente, as garantias de direitos circundam o mundo jurídico, mas o extrapolam, por serem também de natureza política e social[15].

Na Constituição brasileira, a preocupação ficou evidenciada nas três alterações que afetaram a seção destinada à cultura, por meio das Emendas Constitucionais nº 42/2003, 48/2005 e 71/2012, que, ao invés de seguirem a tradição de criar novos direitos, se preocuparam em definir garantias para os já existentes. As duas últimas, ao instituir, respectivamente, o Plano Nacional de Cultura e o Sistema Nacional de Cultura, almejam a continuidade das políticas culturais, além de somar esforços e recursos dos poderes públicos responsáveis por elas.

No mesmo sentido, a EC nº 42/2003, ao facultar "aos Estados e ao Distrito Federal vincular a fundo estadual de fomento à cultura até cinco décimos por cento de sua receita tributária líquida, para o financiamento de programas e projetos culturais", visa criar o esteio pecuniário necessário à efetivação dos direitos culturais. Essa Emenda, contudo, certifica que as garantias jurídicas não são suficientes para o propósito perseguido, isso porque, mesmo com a devida autorização, poucos Estados usaram (e apenas parcialmente) a permissão constitucional de criar verbas vinculadas a um fundo de cultura. Certamente faltou a pressão dos interessados sobre seus representantes para que os entes referidos editassem as normas necessárias para o incremento das verbas favoráveis às políticas culturais; se isso tivesse ocorrido, representaria o acionamento das garantias políticas e sociais.

PATRIMÔNIO CULTURAL COMO MOTRIZ DOS DIREITOS CULTURAIS

No momento em que a Constituição enfatiza que o Estado garantirá "a todos" o pleno exercício dos direitos cultuais, está dizendo que, salvo determinação constitucional em contrário, os referidos direitos são categorizados como

---

[15] Luís Roberto Barroso, *O direito constitucional e a efetividade de suas normas*, Rio de Janeiro: Renovar, 2000, p. 121.

humanos, o que significa serem acessíveis a todas as pessoas e não apenas a algumas delas, como os nacionais ou os cidadãos.

Todavia, esse indicativo não elimina e, muito ao contrário, fortalece a possibilidade de haver direitos culturais com status de direitos fundamentais, por muitos considerados os direitos humanos que foram positivados na ordem jurídica de determinado país. Esse é exatamente o caso do Brasil, onde, além das liberdades culturais já referidas em tópico acima, é fortemente significativo o fato de que qualquer cidadão pode defender o patrimônio histórico-cultural por meio de ação popular contra os atos lesivos a ele direcionados, do mesmo jeito que idêntica ação pode ser adotada em favor de valores igualmente expressivos e importantes que são: a moralidade administrativa, o patrimônio público e o meio ambiente.

A despeito dessas referências tópicas, a base indicada ao Estado para que ele exerça a determinação constitucional relativa aos direitos culturais está naquilo que a própria Constituição faz entender como sendo o patrimônio cultural brasileiro, algo que exige um gigantesco esforço de interpretação, dada a amplitude, ao dizer que o mencionado patrimônio é constituído pelos bens, tanto materiais quanto imateriais, isolados ou em conjunto, que sejam portadores de referência à identidade, à ação, à memória dos diferentes grupos formadores da sociedade brasileira.

Para fornecer elementos mais concretos de como perceber as coisas componentes do patrimônio cultural brasileiro, a Constituição especifica algumas: as formas de expressão; os modos de criar, fazer e viver; as criações científicas, artísticas e tecnológicas; as obras, os objetos, documentos, edificações e demais espaços destinados às manifestações artístico-culturais; os conjuntos urbanos e os sítios de valor histórico, paisagístico, artístico, arqueológico, paleontológico, ecológico e científico.

Também na esfera cultural, as palavras "patrimônio" e "bens", de per si, indicam valores, razão pela qual a Carta Política também determina que o Poder Público, com a colaboração da comunidade, os promova e proteja, e, para tanto, indica alguns instrumentos assaz conhecidos: "inventários, registros, vigilância, tombamento e desapropriação". A menção constitucional a todos esses instrumentos tradicionais de proteção do patrimônio histórico-cultural geralmente induz à percepção restrita de patrimônio cultural que, todavia, como visto, é bem amplo.

Para tudo o que vai além do mencionado patrimônio histórico-cultural cabe a cláusula aberta que faculta a utilização "de outras formas de acautelamento e preservação". A própria Constituição indica algumas: o franqueamento de consultas à documentação governamental; o estabelecimento de incentivos para a produção e o conhecimento de bens e valores culturais, inclusive com vinculação de receitas a fundo estadual de fomento à cultura; a punição aos danos e às ameaças ao patrimônio cultural; o tombamento constitucional de todos os documentos e os sítios detentores de reminiscências históricas dos antigos quilombos, dentre outras.

Desse modo, mesmo com todas as dificuldades de compreensão, delimitação e, por conseguinte, de operacionalização, um dos conceitos mais importantes ao pleno exercício dos direitos culturais é o de patrimônio cultural, sobremodo nas suas facetas mais abrangentes, as de direitos humanos e de direitos fundamentais.

CONSIDERAÇÕES FINAIS

No Brasil, pode-se concluir que:

(1) os direitos culturais não se confundem com culturalismo jurídico (uma teoria), tampouco com multiculturalismo (uma ideologia); mas entre eles estão a prerrogativa de entender as relações sociais a partir da cultura, bem como a convivência simultânea de distintos matizes e matrizes culturais;

(2) "direitos culturais", no Brasil, é expressão quase sinônima de direito da cultura; direito à cultura é fórmula vinculada à antropologia, possuidora de dimensão tão abrangente que é impossível descumpri-la em termos absolutos;

(3) o Estado tem múltiplos papéis na missão de garantir o pleno exercício dos direitos culturais, passíveis de síntese no asseguramento de liberdades, na entrega de bens e serviços e na realização de estímulos positivos e negativos, conforme os limites constitucionais;

(4) os direitos culturais vêm inexoravelmente acompanhados dos respectivos deveres culturais, de responsabilidade não apenas do Estado, mas de múltiplos atores sociais;

(5) a melhor forma de conhecer direitos e deveres culturais não é a construção de um rol, mas o entendimento de suas categorias, pois a fórmula de criação das leis e o caráter programático das normas culturalistas dão feição dinâmica aos direitos;

(6) tão importante quanto conhecer os direitos culturais é ter ciência do instrumental que pode assegurar sua efetivação: as garantias culturais; ademais, o acionamento das garantias pode transformar o prestígio constitucional quase retórico em efetivo incremento dos direitos culturais.

O CONSTITUCIONALISMO DEMOCRÁTICO E CULTURAL
(OU CONSTITUCIONALISMO DA FRATERNIDADE)

- José Adércio Leite Sampaio -

O constitucionalismo admite um sentido amplo e outro estrito. De modo lato, indica a forma de organização política de um Estado, quaisquer que sejam forma e Estado. É nesse sentido que se fala em constitucionalismo antigo e medieval. Em sentido estrito, identifica uma forma de organização dos poderes do Estado limitados pela separação dos poderes e pelos direitos civis ou individuais. Fala-se assim quando se quer definir o movimento ideológico, político e econômico iniciado nos séc. XVII (Inglaterra) e XVIII (EUA e França). Em seu estágio inaugural e sob a bandeira do liberalismo (antropológico, político e econômico), apresentava-se como um constitucionalismo minimalista para o Estado e para a Constituição. O ganho de complexidade social e os consequentes rearranjos de forças políticas moveram, ao longo dos séc. XIX e XX, o sentido de Constituição e do papel do Estado. Ganhavam-se as cores do Estado social de direito e de seu constitucionalismo social, descoradas, no final do séc. XX, pela crítica neoliberal e democrática. Pela primeira, desejava-se o retorno ao modelo minimalista do constitucionalismo, associado a novas exigências de um Estado fiscal ajustado. Pela segunda, visava-se à superação das dificuldades políticas e sociais do Estado social, com a revalorização da política. Em ambas, a sociedade tornava-se visível, embora de modo bem diverso: uma sociedade de inspiração econômica para a primeira, outra, de caráter sociológico e político, para a segunda. É no centro do constitucionalismo democrático que se insere o constitucionalismo da fraternidade ou da solidariedade, cuja expressão de alteridade tem na defesa do patrimônio cultural um de seus alicerces.

DO CONSTITUCIONALISMO LIBERAL AO CONSTITUCIONALISMO SOCIAL[1]

O modelo liberal do Estado de direito (para alguns, o único Estado de direito), desenvolvido com as revoluções burguesas, mostrou historicamente seus problemas. Os valores individualistas logo promoveram a concentração de riquezas e de mercado. O déficit democrático tornava o Estado parcial, pois expressava os interesses apenas dos cidadãos, consequentemente dos mais ricos, sem cumprir a promessa de adequada representação ou de identidade entre autores e destinatários das leis[2]. A desigualdade social e econômica, em menos de cem anos de acumulação capitalista sob o novo regime político, dava provas de que a extinção jurídica dos estamentos não havia suprimido a diferença de poderes entre os grupos que compunham o ápice e a base da pirâmide social. As relações de suserania e vassalagem (estatutárias) foram substituídas pelas relações contratuais, mas pouco havia mudado para os estratos mais numerosos da população[3].

Em certo sentido, o processo havia degradado as condições das (agora) classes inferiores: no lugar da pessoalidade e das relações de lealdade próprias do sistema feudal havia a frieza e a impessoalidade da lei, elaborada pelos segmentos mais ricos (uma vez que o voto era censitário) e aplicada por juízes representantes de seus interesses, porquanto eram nomeados por critérios que praticamente excluíam as classes inferiores e deviam seguir ritos e modos de interpretação que apenas repetiam o conteúdo das leis aprovadas[4]. Em que pese a proclamação formal da liberdade e da igualdade de todos, da soberania popular e da separação dos poderes, incluindo a independência orgânica do Judiciário, o sistema político e de justiça era, de fato, exclusivo e excludente.

O modelo que o seguiu foi produto de conquista e concessão. Conquista, pois houve reivindicações e revoltas, revoluções à procura da promessa de igualdade

---

[1] Para um desenvolvimento do tema, ver José Adércio Sampaio, "As mutações do constitucionalismo", em: Roger S. Leal *et al.* (coord.), *Direito constitucional, Estado de direito e democracia*, São Paulo: Quartier Latin, 2011.

[2] Nathan Own, *The Rule of Law in the Arab World*, Cambridge University Press, 1997, p. 241; Eric Millard e Laure Ortiz, "Parité et représentations politiques", em: Jacqueline Martin (ed.), *La Parité, enjeux et mise en œuvre*, Toulouse: Presses Universitaires du Mirail, 1998.

[3] As críticas do marxismo foram contundentes nesse sentido: Karl Marx, "The Holy Family", em: T. B. Bottomore e M. Rubel (ed.), *Karl Marx. Selected Writings*, Harmondsworth: Penguin, 1963, pp. 224-5; Friedrich Engels, *Anti-Dühring*, Moscou: Foreign Languages Publishing House, 1947, p. 97; Vladimir Lenin, *La revolución proletaria y el renegado Kutsky*, Paris: UGE, 1972, pp. 48 ss.; Nicos Poulantzas, *Poder político e classes sociais do Estado capitalista*, Porto: Portucalense, 1971, v. 2, pp. 40 ss.

[4] A lição era de Montesquieu: "les juges de la nation ne sont que la bouche qui prononce les paroles de la loi, des êtres inanimés qui n'en peuvent modérer ni la force ni la rigueur" (*De l'esprit des lois*, liv. XI, cap. IV). A expressão "*judex est lex loquens*" – o juiz é a boca da lei ou a língua da lei – que se encontrava no texto de Edward Coke é, todavia, ambígua: cf. Karel M. Schönfeld, *Montesquieu en "La Bouche de la loi"*, Leiden: New Rhine, 1979.

não cumprida, de uma liberdade fática e não apenas declarada, de emancipação que, àquela altura, parecia ser apenas classista[5]. Concessão, porque o padrão institucional, normativo, político e mesmo simbólico não poderia sobreviver com tamanha e explícita disparidade de poderes e fortuna. Entre os anéis e os dedos, preferiu-se a permanência intacta da mão. Na virada do séc. XIX para o XX, especialmente na Europa, mas também na Oceania, foram aprovadas legislações trabalhistas e previdenciárias que se antecipavam às Constituições do México de 1917 e de Weimar de 1919[6]. Ambas, notadamente a alemã, promoveram a viragem no discurso constitucional em direção à igualdade material e do estabelecimento do "constitucionalismo social" como ideologia do Estado social de direito, depois denominado de "Estado providência" ou "Estado do bem-estar social" (*welfare state*)[7].

O novo modelo defendia uma intervenção estatal para promover os direitos sociais, econômicos e culturais como instrumentos de realização das liberdades. Os direitos liberais eram multiplicados ou especializados, exceto a propriedade, que passou a sofrer os condicionamentos de sua utilidade social e econômica. O modelo se espalhou pela Europa e por regiões das Américas, Ásia e Oceania, ganhando diferentes matizes, ora a realçar seu perfil intervencionista com matiz nacionalista e mesmo autoritário, ora a destacar os projetos de emancipação dos grupos oprimidos, mediante um discurso de inclusão social de longo alcance. De todo modo, o Estado hipertrofiou-se. E isso não ocorreu apenas no sentido do sistema econômico, pois tentou-se, em certa escala, substituir a vontade e as perspectivas dos próprios indivíduos, rebaixados à condição de clientes. Esse movimento de ocupação das esferas econômicas e sociais provocou o temor da perda crescente das liberdades. As crises seguidas das finanças públicas e as novas exigências do capitalismo global levaram o modelo à bancarrota.

O final dos anos 1970 e o correr da década seguinte assistiram ao ressurgimento dos ideais do liberalismo econômico, fomentando mudanças de orientação política – mais voltada, agora, para o aspecto econômico das relações sociais. Em nome do resgate da autonomia perdida, promoveu-se um encolhimento do Estado. Por quase todos os cantos, ouvia-se falar em privatização, desnacionalização e desregulamentação, associadas a controle de gastos públicos. Os direitos sociais, econômicos e culturais foram postos em plano secundário e sua fundamentalidade voltou a ser questionada.

---

[5] Immanuel Wallerstein, *The End of the World as We Know It: Social Science for the Twenty-First Century*, Minneapolis: University of Minneapolis Press, 1999, pp. 90 ss.

[6] José Adércio Sampaio, *Direitos fundamentais: retórica e historicidade*, Belo Horizonte: Del Rey, 2004, pp. 217-8.

[7] Benoît Frydman, *Les transformations du droit moderne*, Bruxelas: Story-Scientia, 1999, pp. 27 ss.

As crises econômicas no curso dos anos 1990 e início do séc. XXI, associadas à crescente insegurança social, alimentar e – cada vez mais – ambiental, voltaram a pôr em discussão o acerto da proposta neoliberal, reforçando as teses do constitucionalismo democrático[8]. Essa, contudo, é uma história inconclusa e, certamente, genérica demais. Inconclusa, porque está a se desenvolver sob os nossos olhos e ação. Genérica, pois há especificidades que não se enquadram em seu roteiro. A derrocada do "socialismo real" levou os países que o seguiam a optar por caminhos em que as duas opções se cruzavam[9]. Assim, nem sempre democracia, mercado e direitos fundamentais estiveram no mesmo patamar ou nível de promoção.

A "redemocratização" na maioria dos países da América Latina nesse período também incorporou o padrão liberal de economia (pouco afeito à sua história ou afeito pelo lado mais perverso) e modelos de democracia que vacilaram entre formas plebiscitárias e outras puramente representativas, dando espaço a expressões tradicionais de personalismo político e privatização do Estado[10]. Isso não era novidade: o chamado "Estado social", nesses países, foi promovido quase sempre à custa da democracia, descambando o intervencionismo estatal para uma política de Estado clientelista e parasitária, por consequência exclusivista e, de novo, excludente. Nesses recantos do planeta, o paternalismo do Estado social foi contaminado pelo patrimonialismo[11].

Assim, a história do Estado democrático de direito é uma história por fazer. Mas o que deve ser feito? A resposta solicita considerações sobre o significado da expressão.

---

[8] Noam Chomsky, *Profit over People: Neoliberalism and Global Order*, Nova York: Seven Stories Press, 1999; Boaventura de Sousa Santos (org.), *Democratizar a democracia: os caminhos da democracia participativa*, Rio de Janeiro: Record, 2002; David Held, *Global Covenant: The Social Democratic Alternative to the Washington Consensus*, Oxford: Polity Press, 2004.

[9] Karla Hoff e Joseph E. Stiglitz, "After the Big Bang? Obstacles to the Emergence of the Rule of Law in Post-Communist Societies", *American Economic Review*, v. 94, n° 3, 2004, pp. 753-63.

[10] Cf. Lance Taylor (ed.), *After Neoliberalism*, Ann Arbor: University of Michigan Press, 1999; Charles H. Blake e Stephen D. Morris (ed.), *Corruption and Democracy in Latin America*, Pittsburgh: University of Pittsburgh Press, 2009.

[11] Octavio Ianni, *O colapso do populismo no Brasil*, Rio de Janeiro: Civilização Brasileira, 1968; Francisco C. Weffort, *O populismo na política brasileira*, Rio de Janeiro: Paz e Terra, 1978; Nelson J. Garcia, *O Estado Novo, ideologia e propaganda política*, São Paulo: Loyola, 1982; Carlos M. Perea, *El populismo en América Latina*, Madri: Centro de Estudios Constitucionales, 1990; José Murilo de Carvalho, *Cidadania no Brasil*, Rio de Janeiro: Civilização Brasileira, 2001; Ricardo V. Rodríguez, *Patrimonialismo e a realidade latino-americana*, Rio de Janeiro: Documenta Historica, 2006. Num sentido mais generoso: Alex Segura-Ubiergo, *The Political Economy of the Welfare State in Latin America*, Cambridge University Press, 2007, pp. 105 ss.

O CONSTITUCIONALISMO DEMOCRÁTICO

Mais recentemente, a expressão "Estado democrático de direito" passou a ser empregada, especialmente no Brasil, como uma espécie de selo único de legitimidade e de correção dos rumos dos vieses liberal e social do Estado de direito[12]. O debate quase sempre confunde a dimensão normativa (ideal) com a dimensão empírica, como se a proclamação do art. 1º da CF 1988 de que a República Federativa do Brasil constitui-se em Estado democrático de direito bastasse por si. Para muito além dessa perigosa confusão, ainda se pressupõe que essa expressão detém um sentido unívoco. Sem embargo, há pelo menos três concepções de Estado democrático de direito a discutir. Uma pouco exigente e puramente formal, outra material ou forte; entre elas, uma terceira orientação, por isso mesmo dita intermediária.

A concepção débil contenta-se com a universalidade do voto em acréscimo aos princípios do Estado de direito (legalidade, separação de poderes e direitos fundamentais), convertido, portanto, em "Estado de direito democrático". Concepção débil e de frágil defesa, pois não se trata, com a nova designação, de somar ao garantismo do Estado liberal de direito um ingrediente democrático apenas, mas de, sem abandoná-lo como peça do museu político[13], compatibilizá-lo com as demandas de uma sociedade hipercomplexa, plural e

---

[12] Como um social-liberalismo, baseado na dignidade humana e na justiça social, na liberdade e na sociabilidade: cf. Miguel Reale, *O Estado democrático de direito e o conflito das ideologias*, 2ª ed., São Paulo: Saraiva, 1999. Como uma semelhança de família com o Estado social, definindo-se como um Estado de democracia providencialista: Manoel Gonçalves Ferreira Filho, *Curso de direito constitucional*, 33ª ed., São Paulo: Saraiva, 2007, p. 103. Com função transformadora da realidade, inclusive por via judicial, inspirando-se nos valores da dignidade humana e da justiça social, enriquecido com o ingrediente da participação popular: José Afonso da Silva, "Estado democrático de direito", *Revista de Direito Administrativo*, nº 173, jul.-set. 1988, pp. 15-34. Associando-se a esses elementos o requisito da efetividade: Luiz Roberto Barroso, *Interpretação e aplicação da Constituição*, 5ª ed., São Paulo: Saraiva, 2003, pp. 310-1, e José Luís Bolzan Morais, *Do direito social aos interesses transindividuais*, Porto Alegre: Livraria do Advogado, 1996, pp. 74-5. Como uma reconstrução discursiva da autonomia privada e autonomia pública no sentido habermasiano: Marcelo A. Cattoni Oliveira, *Devido processo legislativo*, Belo Horizonte: Mandamentos, 2000, e Marcelo Campos Galuppo, *Igualdade e diferença: Estado democrático de direito a partir do pensamento de Habermas*, Belo Horizonte: Mandamentos, 2002. Em um esforço de superação do elemento de transcendência em Habermas e de mera facticidade em Luhmann: Marcelo Neves, *Entre Têmis e Leviatã: uma relação difícil. O Estado democrático de direito a partir e além de Luhmann e Habermas*, São Paulo: Martins Fontes, 2006.

[13] É tese de alguns que o garantismo do Estado de direito não é alcançável concretamente (Timothy A. O. Endicott, "The Impossibility of the Rule of Law", *Oxford Journal of Legal Studies*, v. 19, nº 1, 1999, pp. 1-18) ou não é flexível o bastante para adaptar-se à realidade mutável e complexa, podendo ser substituído por mecanismos mais dinâmicos de controle (Ian Ayres e John Braithwaite, *Responsive Regulation: Transcending the Deregulation Debate*, Nova York: Oxford University Press, 1992; Keith Hawkins, *Law as Last Resort: Prosecution Decision-Making in a Regulatory Agency*, Oxford: Oxford University Press, 2002). Ver o exame crítico de Jan Freigang, "Is Responsive Regulation Compatible with the Rule of Law?", *European Public Law*, v. 8, 2002, pp. 463-72.

assimétrica[14]. A concepção do Estado democrático e de direito haverá de alcançar, no mínimo, um "garantismo social", acompanhado de níveis razoáveis de controle da atuação estatal e de grupos de poder[15], como forma e garantia de sua própria existência.

A orientação intermediária não se contenta com a universalidade do voto, demandando, pelo menos, o enriquecimento dos três princípios clássicos do Estado de direito. A legalidade ou superlegalidade, também denominada "juridicidade"[16], incorporaria um elemento adicional de legitimação ao ampliar as oportunidades de participação dos indivíduos nos processos deliberativos institucionalizados, uma legitimação pelo procedimento, reforçada pelo bem comum ou interesse público como finalidade do agir estatal, uma legitimação teleológica que não se basta com a mera proclamação como antes se fazia, mas com um compromisso de verdade com a "república", com uma responsabilidade e responsabilização pelos meios e resultados, pela transparência e pelo bem-estar geral, sem preconceitos e discriminações por critérios subjetivos e arbitrários.

A separação dos poderes dá ênfase à independência do Judiciário. Não se trata de uma função ou de uma autoridade independente, mas de um poder que detém competências mais dilatadas para fiscalizar os atos dos demais poderes públicos, chegando a pontos que se punham fora de sua avaliação, como a discricionariedade administrativa e as questões políticas. Não haveria, entretanto, uma autorização para que o juiz pudesse substituir o administrador ou o governo. Caberia a ele antes avaliar se a finalidade do ato era legítima e pública, e se os meios escolhidos são aptos para promovê-la com custos menores para a sociedade e para os indivíduos.

As decisões administrativas e políticas precisariam passar por um teste de proporcionalidade ou razoabilidade, a misturar justiça, equidade e eficiência (o que, ao fim, pressupõe a Constituição como parâmetro de todo agir estatal), e, em seguida, por um processo de constitucionalização da totalidade do direito

---

[14] Sobre a necessidade de manutenção de elementos do Estado de direito como "característica de uma sociedade civilizada": Neil MacCormick, "Rhetoric and the Rule of Law", em: David Dyzenhaus (ed.), *Recrafting the Rule of Law*, Oxford: Hart Publishing, 1999, p. 163. Sobre o complemento necessário entre democracia e Estado de direito, reforçado pelo Judiciário: Allan C. Hutchinson, "The Rule of Law Revisited: Democracy and Courts", em: David Dyzenhaus (ed.), *Recrafting the Rule of Law*, Oxford: Hart Publishing, 1999, pp. 196 ss. Sobre a possibilidade da síntese entre Estado de direito, Estado social e democracia: William Scheuerman, "The Rule of Law and the Welfare state: Toward a New Synthesis", *Politics & Society*, v. 22, 1994, pp. 195-213.

[15] Embora atreladas à existência de agências administrativas, valem as observações sobre a necessidade de parâmetros formais de controle: Keith Werhan, "Delegalizing Administrative Law", *University of Illinois Law Review*, nº 2, 1996, pp. 423-66; Karen Yeung, *Securing Compliance with Competition Law*, Oxford: Hart Publishing, 2003, pp. 168 ss.

[16] José Joaquim Gomes Canotilho, *Direito constitucional*, Coimbra: Almedina, 1992, pp. 361 ss.

e, no limite, da vida[17]. Há uma flexibilidade maior dos freios e contrapesos na direção de um controle das decisões por meio de disciplina (algumas vezes, principiológica), influência e supervisão[18]. A distinção entre Estado e sociedade continua a existir tanto no sentido de controles recíprocos, quanto no de superação das tensões entre eles na direção de um agir cooperativo. Os direitos fundamentais são redefinidos não apenas para ampliar seu elenco, de acordo com as necessidades e valores de cada tempo, mas também para nivelar todas as suas espécies. Não haveria, assim, direitos de segunda categoria, mas uma indivisibilidade de pretensões jusfundamentais.

A concepção mais forte vai além das exigências formais da orientação intermediária. A primeira grande mudança se dá na migração do foco das enunciações para a prática, da norma à realidade, da potência à ação, à efetividade. De acréscimo, há uma republicanização da democracia[19]. Expliquemos. Conceitos como *cidadão* e *cidadania* deixam de ser vistos apenas como referentes à qualidade do eleitor ou do direito de sufrágio, ativo e passivo, mas à qualidade do ser humano, portador de dignidade e titular efetivo de direitos. Não de direitos de papel, mas de direitos na vida real[20]. Direitos liberais sociais, econômicos, culturais e de fraternidade, além dos direitos políticos. Todos a comporem um só núcleo. Não há liberdade sem igualdade e democracia. Nem democracia sem liberdade e igualdade, assim como a igualdade também depende das outras duas. Mas qual é o significado de democracia? Há um significado político, um econômico e um social. De novo, às explicações.

Os direitos políticos não são uma espécie de direitos liberais ou defensivos, mas constituem um direito-dever de participação na vida política, de procura

---

[17] Gustavo Binenbojm, *Uma teoria do direito administrativo*, Rio de Janeiro: Renovar, 2006, pp. 109 ss. Na França, esse é um movimento que recebe cada vez mais simpatizantes. Por todos: Louis Favoreu *et al.*, *Droit constitutionnel*, Paris: Dalloz, 2006, pp. 203 ss.

[18] Malcolm M. Feeley e Edward L. Rubin, *Judicial Policy-Making and the Modern State: How the Courts Reformed America's Prisons*, Nova York: Cambridge University Press, 1998, p. 350; Philippe Petit, *Republicanism: A Theory of Government*, Oxford: Clarendon Press, 1997, p. 176. Ver, sem embargo, as preocupações de Andrew Altman, "Fissures in the Integrity of Law's Empire", em: Alan Hunt (ed.), *Reading Dworkin Critically*, Nova York: Oxford University Press, 1992, p. 167.

[19] A tradição republicanista da Antiguidade, formulada ainda na visão elitista da Renascença e mesmo de autores oitocentistas como Tocqueville, é retomada no âmbito do constitucionalismo democrático como atributo de todos e não de uma parcela da sociedade. Continua viva, entretanto, a perspectiva de um dever cívico associado aos direitos, situação que pode ser tirânica, se pensarmos com Tocqueville que "a ideia dos direitos é simplesmente aquela da virtude introduzida no mundo político" (*Democracy in America*, 2ª ed., Nova York: J. Adlard, 1838, p. 225).

[20] Amartya Sen, "What is the Role of Judicial Reform in the Development Process?", *The World Bank Legal Review*, v. 2, 2006, pp. 47-8; Julio Faundez, "Rule of Law or Washington Consensus: The Evolution of the World Bank's Approach to Legal and Judicial Reform", em: Amanda Perry-Kesaris (ed.), *Law in the Pursuit of Development*, Londres: Routledge, 2010, pp. 180 ss.

engajada do bem comum. A sociedade deixa de ser o lugar apenas da cultura privada, da economia, do ócio, do lazer, dos amores e da felicidade individual como projeção das liberdades clássicas, pois deve incorporar uma rede de solidariedade e militância como espelho dos direitos políticos. É ela que preenche ou define a esfera pública não estatal, criando e redefinindo agendas políticas, atuando com – e apesar do – Estado. Em face dos agentes públicos, ela interage com e propõe alternativas para os problemas comuns. É nesse sentido que se fala em "republicanização" da democracia. E é também por isso, por não sucumbir a toda a dimensão do conceito na lógica e no discurso puramente jurídico (pelo menos de um tipo de direito formalista e apartado da realidade), que o Estado de direito se diz democrático.

Os cidadãos não recebem de seus representantes as soluções e prestações de serviços, dando-lhes uma resposta no período eleitoral, mas são copartícipes de um projeto de vida, votando e permanecendo politicamente ativos entre uma e outra eleição. A democracia política se complementa, assim, com uma democracia social e econômica. A igualdade material de oportunidades é condição para a liberdade. E vice-versa. É óbvio que há a necessidade de reformulação das bases formais do Estado de direito. A lei não pode ser cega aos seus destinatários, quer dizer, sua generalidade não pode ser uma condição do Estado de direito. Não é só a lei da liberdade dos modernos, mas também a lei da igualdade e, ao mesmo tempo, a lei da democracia deliberativa. A legitimidade e a racionalidade, que se extraíam somente do processo legislativo, exigem, agora, se não um deslocamento de eixo, pelo menos um entroncamento entre os ritos parlamentares institucionalizados (de estudos e elaboração das normas) com uma rede ampla do debate estabelecido no âmbito de uma sociedade pluralista[21]. Ademais, a legitimidade não se esgota na gênese democrática da lei, mas requer um ingrediente de efetividade normativa: lei que existe mas não é eficaz ou mesmo válida.

A separação de poderes que, no modelo social, já havia rompido com a distinção entre Estado e sociedade, reforça a inter-relação tensa, mas necessária, entre eles. Há, por outro lado, uma revalorização do juiz constitucional, a ponto de admitir-se o controle de constitucionalidade mesmo das definições orçamentárias e das políticas públicas[22], embora, no fundo, reconheça-se que a restauração do parlamento como centro decisório em conexão com uma

---

[21] Jürgen Habermas, *Fatti e norme: contributi a una teoria discorsiva del diritto e della democrazia*, Milão: Guerini, 1996, pp. 382 ss.

[22] Sobre o papel decisivo do Judiciário no Estado democrático de direito: Luiz Roberto Barroso, *op. cit.*, pp. 310-1; José Luís Bolzan Morais, *op. cit.*, p. 74; Fábio Roque Sbardelotto, *Direito penal no Estado democrático de direito*, Porto Alegre: Livraria do Advogado, 2001, p. 42; Antônio Alberto Machado, *Ensino jurídico e mudança social*, São Paulo: Unesp, 2005, pp. 60 ss.

administração pública entre legalista[23] e dialógica[24], mas sempre programada e eficiente, seja o meio mais adequado de realização duradoura e consequente das finalidades emancipacionistas do Estado democrático[25]. Essa tarefa do juiz constitucional é, no fundo, um paradoxo: para restaurar a democracia (notadamente seu efeito socialmente redistributivo), autoriza-se um grupo pequeno, seleto e não eletivo de agentes públicos a corrigir ou mesmo impor o projeto de governo. Um falso paradoxo, todavia, que se resolve com a intervenção de uma sociedade militante que seja capaz de interferir na agenda política de modo efetivo, ampliando o lastro de legitimidade e de poder relativo do parlamento. Trata-se, nitidamente, de um modelo prescritivo de Estado.

Não se trata, todavia, de um projeto de *joint venture* apenas entre presentes, mas também com vistas ao futuro. O bem-estar não é apenas uma finalidade imediata, mas um processo que traz os cidadãos do amanhã para um diálogo ou representa-os faticamente. Eis por que o Estado democrático de direito é também um Estado intergeracional, econômica e socialmente sustentável. As demandas ecológicas não são externalidades ou custos adicionais às decisões de momento, mas um dever de respeito e consideração ao próximo com ou ainda sem rosto. A natureza e suas reações são os elos entre o que fomos, somos e seremos. Por isso, o Estado democrático deve ser um Estado ambientalmente comprometido[26]. Ambiente construído e elevado a espaço de convivência e de reprodução cultural.

Há, por outro lado, críticas à conjugação entre Estado de direito e Estado democrático. Entre a soberania do direito (ou da Constituição) e a soberania

---

[23] Não há espaço para uma administração democrática (dialógica) sob pena de comprometer o próprio Estado democrático e de direito, possibilitando uma autoprogramação: Hans Kelsen, *Teoria pura do direito*, São Paulo: Martins Fontes, 1991, p. 328; Michel Troper, "Le concept d'État de droit", *Droits*, nº 15, 1992, pp. 35-6.

[24] Como abertura procedimental da administração, seguindo um "devido processo administrativo" que possibilite o acesso dos cidadãos: Patrícia Baptista, *Transformações do direito administrativo*, Rio de Janeiro: Renovar, 2003, p. 131; Romeu Bacellar Filho, *Processo administrativo disciplinar*, 2ª ed., São Paulo: Max Limonad, 2003, pp. 130-1; Gustavo Binenbojm, op. cit., pp. 289 ss.; Marçal Justen Filho, *Curso de direito administrativo*, São Paulo: Saraiva, 2008, pp. 212-3.

[25] Jürgen Habermas, *Fatti e norme*, op. cit., pp. 313, 333 ss. Pelo uso "não hegemônico" dos instrumentos jurídicos hegemônicos, a viabilizar estratégias emancipatórias legais e ilegais sob os parâmetros do direito hegemônico, mas sempre conforme a uma "legalidade cosmopolita" que envolve uma legalidade paraestatal (das comunidades) e supraestatal (há necessidades de redes jurídicas sobrepostas às fronteiras): Boaventura de Sousa Santos, "Poderá o direito ser emancipatório?", *Revista Crítica de Ciências Sociais*, v. 65, 2003, pp. 3-76.

[26] José Adércio Sampaio, "Constituição e meio ambiente", em: José Adércio Sampaio, Chris Wold e Afrânio Nardy, *Princípios de direito ambiental*, Belo Horizonte: Del Rey, 2003. Por todos: George W. Shepherd Jr., *Popular Politics: Renewing Democracy for a Sustainable World*, Westport: Praeger, 1998; Vandana Shiva, *Earth Democracy: Justice, Sustainability, and Peace*, Cambridge: South End Press, 2005.

popular, entre "constitucionalismo" e "democracia"[27]. Um pressupõe todos os poderes constituídos e, portanto, limitados pela Constituição ou pelo direito. Não há um povo fora deles. Outro defende a primazia da vontade popular, um querer prévio a toda institucionalidade e fonte dela mesma. Essa tensão entre a política e o direito se projeta internamente (para dentro do direito) nos debates jurídicos entre os limites e competências dos poderes, notadamente entre a "vontade da Constituição", acessível ao Judiciário, e a "vontade dos representantes do povo", manifestada nas leis[28].

Mas existe entre eles, se não uma má vontade recíproca, produto das ideologias enraizadas, um mal-entendido. A vontade popular não é uma vontade empírica, aferível em pesquisa de opinião, sem uma discussão aprofundada e séria sobre seu conteúdo, nem uma vontade despótica ou tirânica (como se o povo pudesse tudo). O povo é plural e, por isso mesmo, conflituoso, de modo que não há um querer popular absoluto. Nenhuma vontade se legitima sem respeitar a expressão e a integridade do outro. Vontade sem limite é violência. A fórmula encontrada para a convivência foi o Estado democrático e de direito, em que a pluralidade convive com a unidade e a unidade deve promover a pluralidade, num equilíbrio móvel, mas sempre necessário entre direito e política.

Direito sem política é engodo formalista e esconderijo de dominação. Política sem direito é autoritarismo e dominação pura. Direito com política e política com direito são formas da coexistência humana possível, de procura por justiça e liberdade, de cooriginalidade dos contrários ou simplesmente diferentes num processo contínuo de questionamento dos próprios instrumentos de dominação ou de estabelecimento dos princípios e valores da vida em comum. O Estado democrático e de direito é o *locus* desse processo.

A DIMENSÃO CULTURAL DO CONSTITUCIONALISMO DEMOCRÁTICO

O constitucionalismo democrático exige a retomada da fraternidade como força de ligação entre a liberdade e a igualdade. Ela demanda uma reconsideração

---

[27] Entre tantos: Jon Elster e Rune Slagstad (ed.), *Constitutionalism and Democracy*, Cambridge: Cambridge University Press, 1988; Joshua Cohen e Archon Fung (ed.), *Constitution, Democracy, and State Power*, Cheltenham: E. Elgar, 1996; Richard Bellamy (ed.), *Constitutionalism and Democracy*, Aldershot: Ashgate, 2006; Lasse Thomassen, *Deconstructing Habermas*, Nova York: Routledge, 2008.

[28] Kevin T. McGuire, *The Supreme Court Bar: Legal Elites in the Washington Community*, Charlottesville: University Press of Virginia, 1993; Kenneth D. Ward e Cecilia R. Castillo (ed.), *The Judiciary and American Democracy*, Albany: State University of New York Press, 2005. Ver, no geral, José Adércio Sampaio, *A Constituição reinventada pela jurisdição constitucional*, Belo Horizonte: Del Rey, 2002, pp. 60 ss.

de identidades que se formam em ambiente de alteridade e respeito[29]. Não se pensa nesse elo (da fraternidade) à maneira de Guizot, como elemento de possibilidade da constituição de uma sociedade sem privilégios, todavia governada pelos melhores[30], mas como instrumento de conjugação entre o pluralismo ínsito às sociedades contemporâneas e a igualdade de vozes na esfera pública e política[31]. As "identidades nacionais" devem ser consideradas não como fator de exclusão das diferenças internas ou externas, ou como resultado da tensão schmittiana entre amigos e inimigos, mas como expressões culturais que têm a humanidade por substrato e fim. A produção de sentidos se opera nessa relação de pertencimento a comunidades locais, a núcleos regionais e à própria humanidade, havendo de desenvolver-se nas operações cognitivas, normativas e estéticas de idas e vindas, do tribal ao global e do geral ao particular, sem sucumbir a fórmulas fechadas de guetos ou enclaves sociais, reivindicadoras de superioridade. A fraternidade não enfraquece a igualdade – ao contrário, a exige –, projetando-se na dimensão jurídica como processo constitucional que reforça a cultura do pluralismo[32].

O constitucionalismo democrático abre-se, assim, para dentro, mediante a positivação de normas de promoção da cultura, e para fora, com o reconhecimento da continuidade constitutiva das diversas manifestações culturais que acabam por revelar a convergência da atitude humana de dar sentido às coisas e a si. Essa exteriorização, seja como regionalização ou mesmo mundialização, pode se dar pela celebração de tratados de direitos culturais e de proteção do patrimônio cultural, admitido direta ou indiretamente pelos textos

---

[29] Alberto Martinelli, "I principi della Rivoluzione Francese e la società moderna", em: Alberto Martinelli, Michele Salvati e Salvatore Veca, *Progetto 89. Tre Saggi su Libertà, Egualianza, Fraternità*, Milão: Il Saggiatore, 1988, p. 157.

[30] François Guizot, *Histoire générale de la civilisation en Europe*, Paris: Didier, 1857, p. 117.

[31] O termo "fraternidade" tem sido, quando não esquecido, deixado de lado para dar lugar a expressões como "solidariedade" ou "participação". Esse "esquecimento" é, em parte, decorrência dos ecos religiosos, notadamente cristãos e maçônicos, que traduz; cf. Gérald Antoine, *Liberté, Égalité, Fraternité ou les fluctuations d'une devise*, Paris: Unesco, 1981, pp. 133-4. Não obstante, "fraternidade" é, a meu ver, um termo mais rico que "solidariedade". Ambos têm forte apelo religioso, mas podem fornecer elementos filosóficos importantes para pautar a reflexão política e jurídica atual. Cf. John Rawls, *A Theory of Justice*, ed. rev., Oxford: Oxford University Press, 1999, pp. 90 ss.; Mona Ozouf, *L'Homme régénéré. Essais sur la Révolution française*, Paris: Gallimard, 1989. Também merece registro a coletânea de textos em Antonio M. Baggio (a cura di), *Il principio dimenticato: la fraternità nella riflessione politologica contemporanea*, Roma: Città Nuova, 2007.

[32] Baseado em Kant, Paul Schrecker afirma: "la fraternité n'est point un droit de l'homme, pareil à la liberté et à l'égalité. C'est plutôt une obligation qui se traduit, dans l'organisation constitutionnelle de la société, par le droit de ses membres à une législation commune, obligeant tous les citoyens sans exception" (cf. "Kant et la Révolution française", *Revue philosophique de la France et de l'étranger*, v. 128, jul.-dez. 1939, p. 400). A fraternidade é mais que mera obrigação, todavia. É um direito-dever e substrato axiológico de uma nova ordem, associada às dimensões da igualdade e liberdade.

constitucionais, bem como pela declaração expressa desses mesmos textos, autorizando-se a falar tanto em "constitucionalismo da cultura" como em "cultura do constitucionalismo", fenômenos que se reforçam mutuamente como o parente binário do "constitucionalismo internacionalista" (constituições que se abrem ao plano externo)[33] e do "internacionalismo constitucionalista" (organizações transnacionais que assumem formas constitucionais, por isso também chamadas de "constitucionalismo transnacional")[34]. Esses entroncamentos tornam a cultura elemento de ligação que demanda cultivo e proteção. É preciso atenção com o termo "cultura", entretanto, porque, sob seu nome, podem esconder-se pretensões exclusivistas de supremacia de raça ou etnia. A fraternidade deve ser obrigatoriamente com ela conjugada em todos os tempos e modos. Os monumentos da antiga Roma, por exemplo, mostram mais do que um registro de domínio de uma cultura num tempo determinado, da qual os italianos são legatários. São testemunhos da história humana que se projetam para além das fronteiras da Itália. Assim também a cidade de Ouro Preto não é mera expressão da história do povo mineiro ou brasileiro, senão um registro da história dos povos em solo mineiro e brasileiro.

É nessa perspectiva que se devem tomar os propósitos constituintes em procura de uma identidade nacional. Ou, por outra, a identidade nacional só tem significado, no contexto da fraternidade, se for pensada como uma parte que ao todo se integra, e não como aspecto que o nega. Há, nos textos dos tratados e constituições, uma notável convergência de orientação normativa que permite, no estágio atual, identificar esse processo de construção interna e externa da cultura. Poderíamos fazer um elenco de documentos internacionais e das diversas regiões que visam promover não apenas a identificação e o reconhecimento de expressões específicas de narrativas culturais, mas também estimular o intercâmbio sustentável de valores, saberes e práticas que recontam tanto no plano normativo, quanto na dimensão estética, a história de cada povo e da humanidade inteira[35]. Tome-se, para evitar a repetição de outras tantas com-

---

[33] Ver, por exemplo, art. 3.2 da Constituição da Albânia de 2005, além dos art. II.2 (aplicação direta da Convenção Europeia de Direitos Humanos), II.8 (dever de cooperação com autoridades designadas pelo Conselho de Segurança da ONU para defesa dos direitos humanos e humanitários), I.1 (membro da Corte Constitucional designado pela Corte Europeia de Direitos Humanos) da Constituição da Bósnia-Herzegovina de 1995; art. 34.1 da Constituição da Geórgia de 1995; art. 90.1 da Constituição da Polônia de 1997. Cf. Jan Klabbers, Anne Peters e Geir Ulfstein, *The Constitutionalization of International Law*, Oxford: Oxford University Press, 2009, pp. 25 ss.

[34] Nikolaos K. Tsagourias (ed.), *Transnational Constitutionalism: International and European Model*, Cambridge: Cambridge University Press, 2007.

[35] Janet Blake, "On Defining the Cultural Heritage", *International and Comparative Law Quarterly*, v. 49, 2000, pp. 61-85; Craig Forrest, "Cultural Heritage as the Common Heritage of Humankind", *Comparative and International Law Journal of Southern Africa*, v. 40, nº 1, 2007, pp. 124-51.

pilações do gênero[36], a enumeração de princípios de proteção, assinalados em alguns desses documentos, sendo exemplares:

a) a integração do patrimônio cultural (ou do direito ao patrimônio cultural) ao direito individual e coletivo de participar da vida cultural (art. 1° *a* da Convenção-Quadro do Conselho da Europa sobre o Valor do Patrimônio Cultural para a Sociedade, de 2005);

b) a continuidade e complementaridade do valor e da proteção dos bens locais, regionais e globais (segundo e terceiro considerandos da Convenção para a Proteção do Patrimônio Mundial, Cultural e Natural, da Unesco, de 1972; art. 5° *f*, CEVPC);

c) a interdependência entre o patrimônio cultural material e imaterial, cultural e natural (segundo considerando da Convenção para a Salvaguarda do Patrimônio Cultural Imaterial, da Unesco, de 2003);

d) a cooperação, solidariedade e assistência sociais (art. 17 a 21 da Convenção para a Salvaguarda do Patrimônio Arquitetônico da Europa, de 1985; art. 11, CEVPC), regionais (art. 1° a 3°, CEVPC; art. 30 e 52 da Carta da OEA, bem como os trabalhos da Comissão Interamericana de Cultura) e internacionais (art. 4°, 7°, 8°, CPPMCN; art. 19 a 24, CSPCI);

e) a educação e informação para estímulo ao respeito e apreço pelo patrimônio cultural (art. 27, CPPMCN; art. 14, CSPCI; art. 15, CSPAE; art. 7° *d*, CEVPC);

f) a participação individual e coletiva (art. 15, CSPCI; art. 14, CSPAE; art. 12, CEVPC);

g) a autodeterminação identitária e cultural dos povos (art. 2.1, CSPCI; Convenção 169/1989 da OIT; Declaração das Nações Unidas sobre os Direitos dos Povos Indígenas, de 2007)[37];

h) o pluralismo da cultura (art. 2.1, CSPCI; art. 7° *a* e *b*, 8° *b*, CEVPC; DDPI);

i) a proteção das minorias (DDPI);

j) o uso sustentável do patrimônio cultural (art. 9° e 10, CEVPC);

k) a responsabilidade pela proteção, pela omissão e pelo dano causado (art. 4°, CPPMCN; art. 9°, CSPAE; art. 4°, 8° *c*, 11, CEVPC).

Um inventário das constituições em vigor, notadamente aquelas que foram produto de manifestações constituintes mais recentes, mostra a tendência de recuperar ou revalorizar a cultura como espaço de convivência democrática.

---

[36] James A. R. Nafziger, "Cultural Heritage Law: The International Regime", em: *The Cultural Heritage of Mankind*, Leiden: Martinus Nijhoff, 2008, pp. 145 ss.

[37] Ver Paul Kuruk, "Cultural Heritage, Traditional Knowledge and Indigenous Rights", *Macquarie Journal of International and Comparative Environmental Law*, v. 1, n° 1, 2004, pp. 111-34.

Há primeiramente a ênfase na afirmação identitária do povo ou da nação, seguida da perspectiva intergeracional e solidarista da existência, salvaguarda e uso sustentado do patrimônio cultural. Esse dever de proteção se projeta, na maioria dos casos, como aspecto dos direitos fundamentais[38]. É o que mostram, por exemplo, as seguintes referências[39]:

a) » à herança da cultura nacional
· art. 8.3, Albânia, de 1998
· art. 90 *h*, Angola, de 1992
· art. 11, Armênia, de 2005
· art. 2°, Irlanda, de 1937-2011 – interna e internacional
· art. 15, Belarus, de 1994
· preâmbulo, Estônia, de 1992
· preâmbulo e art. 44, Eslováquia, de 1992
· art. 5.1 e 73, Eslovênia, de 1991
· art. 34.2, Geórgia, de 1995 – dever de proteção de todos e do Estado
· preâmbulo, Guatemala, de 1985-1993
· art. 51A *f*, Índia – "cultura complexa"
· art. 2°, Irlanda, de 1937-2011
· art. 117.2 *s* e 118.3, Itália, de 1947
· art. 59.2 e 78, Montenegro, de 2007
· cap. IV, Panamá, de 1994
· art. 81, Paraguai, de 1992
· art. 6.2, Polônia, de 1997
· preâmbulo, República Tcheca, de 1992
· art. 89.1, Sérvia, de 2006

» à consideração dos valores culturais da nação (art. 32.1 Indonésia, de 1945-2002)

ou do patrimônio cultural como "elemento vivificador da identidade cultural comum" (art. 78.2 *d*, Portugal, de 1976)

» à autoidentificação (art. 21.1, Bolívia, de 2009)

ou autodeterminação cultural (art. 235, África do Sul, de 1996)

» ao tesouro cultural nacional
· art. 63, El Salvador, de 1983
· art. 32.2, Indonésia, de 1945-2002 – composto pelas línguas locais

---

[38] Francesco Francioni, "Beyond State Sovereignty: The Protection of Cultural Heritage as a Shared Interest of Humanity", em: Guido Camarda e Tullio Scovazzi (a cura di), *The Protection of the Underwater Cultural Heritage*, Milão: Giuffrè, 2002, pp. 3 ss.

[39] Comparar com Peter Häberle, "Aspectos constitucionales de la identidad cultural", *Derechos y Libertades*, n° 14, jan. 2006, pp. 89-102.

» ao patrimônio cultural do povo (art. 99.1, Bolívia de 2009)
ou da nação
· art. 19.10.5, Chile, de 1980-2003
· art. 2º, 8º, 70.1, Colômbia, de 1991
· art. 172, Honduras, de 1982-2003
· art. 38, Paraguai, de 1992
» e à promoção da cultura da democracia (art. 234, África do Sul, de 1996).

No Brasil, os bens culturais são "portadores de referência [não somente] à identidade, [mas também] à ação, à memória dos diferentes grupos formadores da sociedade brasileira" (CF 1988, art. 216), matriz importante para definir o sistema de proteção patrimonial.

b) » à garantia dos direitos culturais
· art. 30, África do Sul, de 1996
· art. 31 e 50, Angola, de 1992
· art. 40, Azerbaijão, de 1995
· art. 15, 51.1 e 51.2, Belarus, de 1994
· art. 22.2, 22.3 e 22.5, Bélgica, com a emenda de 1994
· art. 42.2 e 98.2 (conhecimentos tradicionais e indígenas), 51.3, 77 a 87, Bolívia, de 2009
· preâmbulo e anexo I, Bósnia-Herzegovina, de 1995
· art. 215, Brasil, de 1988
· art. 54.1, Bulgária, de 1991: "todos terão direito de valer-se dos valores humanos nacionais e universais, e a desenvolver sua própria cultura, em conformidade com sua autoidentificação étnica, que será reconhecida e garantida pela lei"
· art. 34.1, 55.2.2 e 56.1, Camarões, emenda de 1996 – tarefas estatais
· art. 16.1.1, Canadá, emenda de 1982, com extensão aos povos indígenas, por meio da emenda de 1983
· art. 19.10.5, Chile, de 1980-2003
· art. 63 e 70.1, Colômbia, de 1991
· art. 83, Costa Rica, de 1949-2003
· art. 68, Croácia, de 1990
· art. 21, 22, 39, Equador, de 2008
· art. 1.3 e 53, El Salvador, de 1983
· art. 43, Eslováquia, de 1993
· art. 73 e 74, Eslovênia, de 1991, com ênfase nas comunidades húngaras, italianas e ciganas
· art. 46 e 146.1.28, Espanha, de 1978

- art. 16, Finlândia, de 1999, com destaque para os grupos autóctones
- art. 34.1 e 37.3, Geórgia, de 1995
- art. 24.1, Grécia, de 1975-2001
- art. 57, Guatemala, de 1985-1993
- art. 151, Honduras, de 1982-2003
- art. 29, Índia, de 1949
- art. 42, Lituânia, de 1992
- art. 4.11, México, de 1917
- art. 76.1, Montenegro, de 2007
- art. 81.2 b, 88 e 94, Moçambique, de 1996
- art. 127, Nicarágua, de 2007
- art. 76 e 80, Panamá, de 1994
- art. 38 e 73, Paraguai, de 1992
- art. 2.17 e 19, Peru, de 1993
- art. 6.1 e 73, Polônia, de 1997
- art. 73.1 e 78.1, Portugal, de 1976
- art. 44.2, Rússia, de 1993
- art. 73, Sérvia, de 2006

» ou a "padrões mínimos de vida culta" (art. 25.1, Japão, de 1946)

podendo ser expressos como objetivos sociais (art. 59, I, j, Albânia, de 1998)

ou como tarefa estatal
- art. 9.1, 117 e 118, Itália, de 1947
- art. 32.3, Holanda, de 2008
- art. 69.2, Suíça, de 1999

c) » à promoção da cultura da solidariedade ou da solidariedade cultural
- art. 7º, Angola, de 1992
- art. 75.2.3, Argentina, de 1994
- art. 8º, II, 79 e 80, Bolívia, de 2009
- art. 3º, I, e 4º, IX, Brasil, de 1988
- art. 16.1 e 28.2, Equador, de 2008
- art. 2º, 138, 156 e 158, Espanha, de 1978
- art. 141, Peru, de 1993
- art. 2.2, Suíça, de 1999

» nacional
- art. 3º, Chile, de 1980-2003
- art. 1º, Colômbia, de 1991
- art. 73.1, Paraguai, de 1992
- art. 66.2 d, 71.2, 73.2, 225.2 e 227.1 j, Portugal, de 1976

» social
    · art. 2°, Itália, de 1947
    · preâmbulo, Polônia, de 1997
» nacional e social
    · art. 25.4, Grécia, de 1975-2001
» nacional e regional
    · latino-americana: art. 4°, § ún., Brasil, de 1988
    · centro-americana: art. 89, El Salvador, de 1983;
    preâmbulo e art. 335, Honduras, de 1982-2003;
    art. 5.7, Nicarágua, de 2007
    · europeia: art. E, Hungria, de 2011
    · africana: preâmbulos Burundi, de 1992;
    Mali, de 1992;
    Senegal, de 1992
» nacional, regional e mundial
    · preâmbulo e art. 55.4, Camarões, emenda de 1996
    · art. 74, Costa Rica, de 1949-2003
» humana
    art. 15, Honduras, de 1982-2003
    art. 87.3, Panamá, de 1994
» ou contra a opressão e a discriminação (art. 3°, Nicarágua, de 2007)
    bem como a promoção dos valores nacionais e o aprofundamento das relações culturais internacionais (art. 34.1, Geórgia, de 1995).

» Diferencia-se o texto da Guatemala (1985-1993), pois, além de impulsionar um processo de integração centro-americana (art. 150), ainda prescreve que "os seres humanos devem guardar conduta fraternal entre si" (art. 4° *in fine*)[40].

» A mesma coisa se diga em relação a Moçambique, por seu apoio aos movimentos de independência na África e às relações internacionais (art. 19), bem como pela imposição aos cidadãos do dever de solidariedade (art. 44).

d) » ao reconhecimento do pluralismo social, étnico e ou cultural
    · art. 31, África do Sul, de 1996
    · art. 75.17 e 19, Argentina, de 1994, com especial proteção dos povos indígenas
    · preâmbulo, art. 1° e 2°, 20.1, 30.I e II, 32, Bolívia, de 2009 – com destaque para a cultura indígena e afro-boliviana
    · preâmbulo, Bósnia-Herzegovina, de 1995

---

[40] Não consideramos os enunciados que se limitam a determinar a solidariedade no âmbito fiscal e previdenciário.

• art. 216, Brasil, dando-se ênfase às comunidades indígenas – art. 232 – e aos remanescentes de quilombos – art. 216, § 5°
• preâmbulo, Camarões, emenda de 1996
• art. 1° e 7°, Colômbia, de 1991
• art. 1.1, 58, Equador, de 2008 – destacados os afro-equatorianos
• art. 34, Eslováquia, de 1993
• art. 64, Eslovênia, de 1991
• art. 20.3, Espanha, de 1978
• § 50 e 104.2.10, Estônia, de 1992
• art. 17, Finlândia, de 1999 – com ênfase nos povos autóctones
• art. 58 e 66, Guatemala, de 1985-1993, com menção das comunidades indígenas
• preâmbulo, Honduras, de 1982-2003
• preâmbulo e art. 29 da Declaração de Direitos de 2011, Hungria
• art. 29, 43 e 350, Índia, de 1949
• art. 28.I.3, Indonésia, de 1945-2002
• art. 3°, Irlanda, de 1937-2011
• art. 114, Letônia, de 2005
• art. 37 e 45, Lituânia, de 1992
• art. 48.2, Macedônia, de 1991
• art. 2.2, México, de 1917, dando especial proteção às comunidades indígenas
• art. 3°, 4° (incluindo o pluralismo jurídico) e 9°, Moçambique, de 1996
• art. 76.1 Montenegro, de 1992
• art. 5.3, 89, 90, 121 e 180, Nicarágua, de 2007, notadamente para as comunidades da Costa Atlântica e os povos indígenas
• art. 86, Panamá, de 1994
• art. 62 e 66, Paraguai, de 1992 – povos indígenas
• art. 2.19 e 89 (com destaque para as comunidades nativas e camponesas), Peru, de 1993
• art. 35, Polônia, de 1997
• art. 2° e 288 *i*, Portugal, de 1976
• art. 6° e 7°, Romênia, de 1991
• art. 19.2, Rússia, de 1993 – aspecto linguístico
• art. 14.1, 48, 75.2, 75.3 e 79-81, Sérvia, de 2006
• art. 69.3 e 70 (também linguístico), Suíça, de 1999[41]

---

[41] Não consideramos as expressões de pluralismo político tão somente.

e) » à igualdade e autonomia cultural interna
- art. 9.3, 93.1 e 235, África do Sul, de 1996
- art. 20.2, Albânia, de 1998
- art. 15, Belarus, de 1994
- art. 14.2, Bolívia, de 2009
- preâmbulo, Camarões, emenda de 1996
- art. 15.1 e 16.1.1, Canadá, emenda de 1982
- art. 70.2, Colômbia, de 1991
- art. 15, Croácia, de 1990
- art. 1.2.2 e 58.2, Equador, de 2008
- art. 34, Eslováquia, de 1993
- art. 9.2, Espanha, de 1978
- § 50, Estônia, de 1992
- art. 16 e 121.2, Finlândia, de 1999
- art. 38, Geórgia, de 1995
- art. 58, Guatemala, de 1985-1993
- art. 29, da Declaração de Direitos de 2011, Hungria
- art. 45, Lituânia, de 1992
- art. 90 e 91, Nicarágua, de 2007
- art. 14.2 e 21.3, Sérvia, de 2006[42]

f) » à identidade nacional
- art. 8.1.2, Armênia, de 2005 – embora presa a aspectos religiosos
- art. 72, Colômbia, de 1991
- preâmbulo, Croácia, de 1990
- art. 3°, Irlanda, de 1937-2011
- art. 9° e 11 *i*, Moçambique, de 1996
- preâmbulo e art. 64.1, Eslovênia, de 1991
- art. 2°, São Tomé e Príncipe, de 1990

» cultural
- art. 58, Guatemala, de 1985-1993
- art. 28.I.3, Indonésia, de 1945-2002
- art. 114, Letônia, de 2005
- art. 79, Montenegro, de 2007
- art. 73.1, Paraguai, de 1992
- art. 2.19, Peru, de 1993
- art. 78.2 *d*, Portugal, de 1976

---

[42] No Brasil, as comunidades indígenas, embora tratadas como "povos autônomos", se acham submetidas a um regime especial de proteção. A questão é polêmica: cf. Paula Caleffi, "O que é ser índio hoje?", *Diálogos Latinoamericanos*, n° 7, 2003, pp. 20-42.

· art. 6° e 7°, Romênia, de 1991
· art. 48, Sérvia, de 2006 (estas duas últimas incluem a identidade religiosa)
» histórica
· art. 147.2 *a*, Espanha, de 1978
» ou, como expressa a Constituição húngara, "a unidade intelectual e espiritual da nação" (preâmbulo, Hungria, de 2011)

g) » à proteção dos sítios, monumentos ou produções culturais
· art. 41.2, Argentina, de 1994
· art. 77, Azerbaijão, de 1995
· art. 15 e 54, Belarus, de 1994
· art. 101, Bolívia, de 2009
· art. 23, Bulgária, de 1991
· art. 63 e 72, Colômbia, de 1991
· art. 89, Costa Rica, de 1949-2003
· art. 52.1, Croácia, de 1990
· art. 3.7 e 58, Equador, de 2008
· art. 62.2 e 63, El Salvador, de 1983, incluindo as línguas autóctones
· art. 3.3, Espanha, de 1978
· art. 20.1, Finlândia, de 1999
· art. 24.2, Grécia, de 1975-2001
· art. 60 a 62, Guatemala, de 1985-1993
· art. 172, Honduras, de 1982-2003
· art. 9.2, Itália, de 1947
· art. 42.2, Lituânia, de 1992
· art. 57.1, Mauritânia, de 1991
· art. 78, Montenegro, de 2007
· art. 9°, Moçambique, de 1996
· art. 128, Nicarágua, de 2008
· art. 81, Panamá, de 1994
· art. 81, Paraguai, de 1992
· art. 21, Peru, de 1993
» não raro, reconhecida como dever geral de todos
· art. 44.2, Eslováquia, de 1993
· art. 73, Eslovênia, de 1991
· art. P, Hungria, de 2011
· art. 51A *f*, Índia, de 1949
· art. 44.3 e 72.1 *e*, Rússia, de 1993
· art. 89, Sérvia, de 2006
· art. 78.2, Suíça, de 1999

» sendo expressamente referida como limite à propriedade
- art. 44.3, Belarus, de 1994
- art. 20.3, Eslováquia, de 1993
» ou à circulação de mercadorias (art. 74.2, Rússia, de 1993).

A lista não pretende ser exaustiva. Sem embargo, ela fornece o estado da arte constitucional. O direito do patrimônio cultural, em seus diversos aspectos, como se pode dela concluir, integra o sistema de direitos fundamentais e abre janelas de comunicação entre as esferas estatal, social e supraestatal para sua efetiva proteção. O substrato axiológico da fraternidade alivia as tensões nacionalistas originárias de referida proteção, tanto quanto submete a cultura ao centro de uma democracia pluralista e, por assim ser, defensora dos valores e culturas minoritárias. Os potenciais conflitos decorrentes dessa inserção integram o próprio núcleo de sentido e práxis da democracia, requerendo, para seu distensionamento evolutivo, um diálogo permanente de atores e fontes de conhecimento e produção cultural, sob o denominador mínimo e comum do direito. No fundo, deve-se ter em mente a inter-relação dos seres humanos, de suas projeções de cultura como testemunhos vivos da luta histórica de (re)produzir-se, desde agora, pelo menos, de modo sustentado.

A PROTEÇÃO DO PATRIMÔNIO CULTURAL COMO CONTRAPONTO À DESTERRITORIALIZAÇÃO

- *Maria Coeli Simões Pires* -

BREVE ANÁLISE DO QUADRO NORMATIVO DOS DIREITOS HUMANOS

O debate contemporâneo sobre os direitos humanos, sem ignorar as divergências inerentes aos seus estudos preliminares, a sua abordagem histórica e as polêmicas de sua dimensão normativa, problematiza a efetividade de sua aplicação, especialmente em face de demandas que permeiam a dinâmica das relações nas sociedades atuais e do próprio intercâmbio entre os diferentes grupos sociais. A análise dessa efetividade pressupõe, de um lado, a identificação do que se entende por direitos humanos, especialmente a partir do cotejo com as expressões "direitos do homem", "direitos naturais" e "direitos fundamentais", e, de outro, a compreensão dos dilemas que antagonizam ordem internacional e ordem interna, e que repercutem na efetividade das respectivas normas.

Para a distinção conceitual, registra-se a contribuição de Francisco Targino Facundo: "A expressão 'direitos do homem' refere-se aos direitos naturais ainda na ordem principiológica, não positivados em nenhum documento. São direitos que não estão postos, quer na esfera interna ou na internacional"[1]. Os "direitos naturais", segundo o autor, são aqueles inatos ao ser humano, que antecederiam a formação da sociedade política e deveriam ser reconhecidos e garantidos. Equivalem a "direitos do homem", que a razão natural implanta em todos os homens e em todos os povos. O respeito a eles não encontra fronteiras territoriais ou temporais[2].

---

[1] Francisco Targino Facundo, "Origens gregas do discurso moderno dos direitos humanos: uma abordagem a partir da reviravolta antropocêntrica dos sofistas", artigo não publicado, p. 2. Disponível em: < www.mp.ce.gov.br/esmp/publicacoes/ed1/artigos/origens_gregas_discurso_moderno_dos_direitos _humanos.pdf >. Acesso em: 28 abr. 2015.

[2] *Ibid.*

O jusnaturalismo encontrou a fundamentação desses direitos, inicialmente, em razões divinas ou religiosas, passando pelo imperativo da natureza do ser, ou na razão, até assentar-se em invocações amparadas em pressupostos morais. Nesse sentido, tais direitos encontram-se acima da legislação ou das estruturas de poder. "A expressão 'direitos humanos' associa-se àqueles direitos fundados no reconhecimento de um conjunto de valores tidos como justos e legítimos, pretensamente universais, decorrentes da própria natureza humana e positivados na ordem internacional."[3] Já a expressão "direitos fundamentais" é mais restrita e abrange os direitos validados por uma constituição, estando, assim, "atrelados a uma concepção interna, com exigibilidade apenas no espaço jurisdicional do Estado a que estão vinculados"[4].

A doutrina não situa o nascedouro dos direitos humanos atuais em algum momento da história e num dado espaço, seja pela incompatibilidade dessa lógica com a construção do edifício dos direitos humanos a partir da filosofia jusnaturalista, seja para afastar o risco de banalização dessa arquitetura pela associação automática de qualquer norma voltada para a proteção da vida e da liberdade com aquele edifício.

Um registro deve ser feito, porém, para assinalar a importância de certas construções de caráter histórico que mais tarde sustentariam o discurso acerca desses direitos. Nessa linha estão as contribuições dos sofistas no bojo da revolução humanista que ocorreu durante a decadência democrática ateniense, em meados do séc. V a.C. Eles enfrentaram a supremacia da antiga *pólis*, que detinha sobre o homem poder de vida e de morte, sustentando a posição afirmadora da superioridade do indivíduo em relação à *pólis*. Entre outros precedentes dessa natureza, anota-se o marco constituído pela Carta Magna britânica[5].

Não obstante, o vínculo íntimo dos direitos humanos com o jusnaturalismo – usado primariamente com o fundamento hermenêutico negativo/restritivo dos ordenamentos jurídicos –, tais direitos, caracterizados pela universalidade, igualdade e equanimidade, são proclamados em declarações formais, pactos internacionais e documentos afins. As primeiras enunciações em documentos de organizações transnacionais, acordos e tratados multilaterais, influenciadas pela doutrina dos direitos naturais, são destituídas do grau de coercibilidade típico dos ordenamentos jurídicos, constituindo-se em fontes materiais como os seguintes documentos:

---

[3] *Ibid.*

[4] *Ibid.*

[5] *Ibid.*, p. 4.

1) A Declaração da Independência dos Estados Unidos da América, de 1776:

Consideramos estas verdades como evidentes por si mesmas, que todos os homens são criados iguais, dotados pelo Criador de certos direitos inalienáveis, que entre estes estão a vida, a liberdade e a procura da felicidade.

2) A Declaração de Direitos da Virgínia, de 1776:

Art. 1º Todos os homens nascem igualmente livres e independentes, têm direitos certos, essenciais e naturais dos quais não podem, por nenhum contrato, privar nem despojar sua posteridade: tais são o direito de gozar a vida e a liberdade com os meios de adquirir e possuir propriedades, de procurar obter a felicidade e a segurança.

3) A Declaração dos Direitos do Homem e do Cidadão, de 1789, na França:

Art. 1º Os homens nascem e são livres e iguais em direitos. As distinções sociais só podem fundamentar-se na utilidade comum.

Desde o fim da Segunda Guerra Mundial, contudo, os direitos humanos não só se tornaram tema comum da agenda mundial, como ganharam positivação de seus preceitos elementares, reconhecidos pela maioria dos Estados-nações.

A primeira consolidação do processo de internacionalização dos direitos humanos ocorre, assim, em 1948, marco da positivação dos direitos com a Declaração Universal dos Direitos Humanos da ONU.

Os direitos do homem, até então situados no plano do jusnaturalismo, ganharam positivação de caráter internacional por meio da Declaração Universal dos Direitos Humanos. Foi esse documento que trouxe a lume as questões de estruturação, organização e definição dos diversos direitos humanos. Apesar do debate, ainda em curso, quanto à questão da divisibilidade dos direitos humanos, eles acabaram categorizados em "direitos políticos e civis" e "direitos econômicos, sociais e culturais". Isso resultou, respectivamente, no Pacto Internacional sobre Direitos Civis e Políticos e no Pacto Internacional sobre Direitos Econômicos, Sociais e Culturais, ambos de 1966. Essa divisão, de raízes mais políticas que principiológicas, surge a partir dos debates que marcaram os trabalhos da ONU.

Em 1979, foi proposta a hoje conhecida divisão dos direitos humanos em "gerações", criação do jurista tcheco-francês Karel Vašák, com base nos três lemas da Revolução Francesa: liberdade, igualdade e fraternidade. Os direitos políticos e civis seriam direitos humanos de primeira geração, de cunho negativo, no sentido de que limitam a atuação do Estado em face da liberdade dos indivíduos.

Os direitos econômicos, sociais e culturais seriam direitos humanos de segunda geração, focados nas igualdades, exigindo atuação positiva da parte dos governos. A terceira geração de direitos humanos corresponderia ao ideal da fraternidade, abrangendo os chamados "direitos difusos", marcados pela transindividualidade e pela indeterminação de seus sujeitos. Todos abarcam temas como o direito à autodeterminação dos povos, ao meio ambiente saudável e sustentável, ao acesso aos meios de comunicação e de informação, ao desenvolvimento econômico-social.

Em termos formais, foi na seara ambiental que se observou um avanço mais concreto na agenda dos direitos humanos de terceira geração, por meio de documentos como a Declaração de Estocolmo, de 1972, e a Declaração do Rio, de 1992. Não existe, porém, consenso sobre a expressão desses direitos, o que não impediu que doutrinadores avançassem nesse campo para formular uma quarta geração (e até mesmo uma quinta).

Não se pode ignorar o profundo esforço de redefinir os direitos, de dar novo sentido para seus diversos conteúdos no plano da comunidade internacional, para além da perspectiva geracional. De igual modo, há de se ter em conta que os direitos fundamentais, como um todo, formam uma teia de dotações entrelaçadas e mantêm nexo com uma ordem normativa estruturalmente aberta. Nesse esforço de ressignificação e autocompreensão como comunidade, torna-se mais crítica a experiência dos direitos humanos de terceira geração, entre os quais talvez nenhum enfrente maior resistência perante os membros das Nações Unidas do que o direito à autodeterminação dos povos.

O direito à autodeterminação dos povos visa garantir que cada ser humano possa ser agente na formação da cultura em que se insere e usufruir da herança cultural e histórica, do complexo enlace de aspectos morais, sociais, políticos e religiosos que marcam sua sociedade, e com ela estabelecer o canal reflexivo, alimentado pela eticidade pragmática que concretiza o direito contingente. Esse direito deve ser compreendido de forma concatenada com os demais princípios e preceitos da DUDH. Desse modo, a herança cultural e histórica de um povo não deve servir de abrigo para atos de imposição ou condutas violadoras dos direitos humanos. Esse desvio, marca de regimes autoritários, é usualmente justificado com invocações demagógicas e apelos de proteção interna de valores que ocultam pretensões totalitárias.

O PATRIMÔNIO CULTURAL INSERIDO NO QUADRO DOS DIREITOS HUMANOS

O Pidesc, adotado pela Assembleia Geral da ONU em 1966, cuida, a princípio, dos direitos de segunda geração, relacionados à saúde, habitação e educação. São os chamados direitos de prestação ou positivos. Essa definição é usada em contraposição aos direitos negativos, característicos da primeira geração. É a partir de tal premissa (relativa, é certo) que se deve proceder à análise do patrimônio cultural – sob o foco bipartido dos direitos à educação e à cultura.

O direito à educação, de acordo com esse pacto, envolve o acesso à educação escolar básica e gratuita, sem prejuízo do poder-dever de atuação do Estado para prover outros níveis de educação, incluída a profissionalizante. O direito à cultura é compreendido como a prerrogativa de cada ser humano de participar da vida cultural de sua sociedade, ou seja, de ser um agente na relação dinâmica de geração e usufruto de bens e valores culturais. O Pidesc amplia o conteúdo do direito à cultura, para abranger benefícios derivados de avanços científicos.

É necessário lembrar que as diversas gerações de direitos humanos não devem ser vistas de forma estanque ou sucessória. Esse equívoco é especialmente limitador se presente na análise do patrimônio cultural sob a ótica dos direitos humanos. Vê-se, ademais, que a prática cotidiana da cidadania nacional e universal densifica as incertezas no bojo da reflexão acerca dos direitos culturais. Apesar do patrimônio cultural, como conteúdo, estar atrelado à promoção da cultura e da educação, sua tutela, como prestação positiva, exige o uso frequente de instrumentos e metodologias dos direitos difusos.

Como se observa, os direitos humanos, embora didaticamente compreendidos em divisões geracionais, são conteúdos imbricados, ao mesmo tempo opostos e complementares. A indivisibilidade, a inter-relação e a interdependência são, assim, características que devem ser consideradas no seu tratamento e na sua hermenêutica. De fato, à medida que se avança na implementação de direitos humanos, essa conectividade tensional se torna mais forçosa. Caso evidente é o direito ao meio ambiente, de aceitação unânime na agenda internacional, que consiste, em sua enunciação tradicional, em garantir a todo ser humano o acesso a um espaço equilibrado, saudável, sustentável e propício para seu pleno desenvolvimento; a sua efetividade acaba por ressignificar outros direitos e impactar a rede tensional que os articula.

Em relação ao direito à cultura ou ao patrimônio cultural em sentido lato, sustenta-se seu enquadramento também, na mesma geração, seja ao argumento de suposta integração do patrimônio cultural ao meio ambiente, seja diretamente do caráter difuso da fruição desse patrimônio na sua dimensão autônoma.

Nesse quadro, o direito ao patrimônio cultural – como o conjunto de bens de cunho histórico, artístico, cultural, paisagístico e arqueológico dotado de especial valor para um determinado povo, ou mesmo para todos os povos e tomado em dimensão imaterial – insere-se no rol dos direitos humanos, tanto de segunda quanto de terceira geração, dependendo da forma e do grau de tutela exigidos. Não pode, contudo, ser visto como tradição ou dotação naturalizada, mas como algo que deve ser reflexivamente considerado, no plano da eticidade concreta, para além dos estatutos convencionais.

Os laços de identidade cultural e histórica de Portugal e Brasil justificam e estimulam a leitura comparativa da temática nas respectivas Constituições.

A Constituição da República Portuguesa, ao tratar do meio ambiente e da qualidade de vida, prescreve, em seu art. 66, como dever do Estado:

> Art. 66 [...]
> *c) Criar e desenvolver reservas e parques naturais e de recreio, bem como classificar e proteger paisagens e sítios, de modo a garantir a conservação da natureza e a preservação de valores culturais de interesse histórico ou artístico; [...]*

No tocante aos temas da juventude (art. 70, item 2), nota-se novamente a preocupação do constituinte luso em garantir o acesso à cultura, quando determina, como parte da política da juventude:

> *[...] a criação de condições para a sua efetiva integração na vida ativa, o gosto pela criação livre e o sentido de serviço à comunidade* [grifo nosso].

Finalmente, ao dispor da educação, cultura e ciência (art. 73, item 3), a Carta Magna portuguesa não só declara que todos têm direito à educação e à cultura, mas constrói importante norma programática (no sentido de estabelecer uma política nacional da cultura), demonstrando o papel do patrimônio cultural:

> *O Estado promove a democratização da cultura, incentivando e assegurando o acesso de todos os cidadãos à fruição e criação cultural, em colaboração com os órgãos de comunicação social, as associações e fundações de fins culturais, as coletividades de cultura e recreio, as associações de defesa do patrimônio cultural, as organizações de moradores e outros agentes culturais.*

O próprio direito de petição português é entrelaçado à legitimidade para a ação popular, consoante previsto no art. 52, que prescreve, dentre as hipóteses de incidência de sua aplicação, a proteção do patrimônio cultural.

Encerrando esta análise, cabe destacar que, entre as denominadas "tarefas fundamentais do Estado", estão expressamente listadas:

> Art. 9º [...]
> *d) Promover o bem-estar e a qualidade de vida do povo e a igualdade real entre os portugueses, bem como a efetivação dos direitos econômicos, sociais,*

culturais e ambientais, mediante a transformação e modernização das estruturas econômicas e sociais;

e) Proteger e valorizar o patrimônio cultural do povo português, defender a natureza e o ambiente, preservar os recursos naturais e assegurar um correto ordenamento do território; [...]

Antes do exame dos direitos fundamentais atrelados à cultura na CF 1988, registre-se o alerta feito por Menelick de Carvalho Netto e Guilherme Scotti:

Uma compreensão normativamente consistente dos direitos fundamentais na ordem constitucional de 1988 requer que se leve a sério o disposto nos § 1º e 2º do art. 5º da CF, ou seja, que o leitor, enquanto intérprete e cidadão que é, seja capaz de alterar sua postura diante dela.

[...] uma determinada comunidade de princípios que se assume como sujeito constitucional, capaz de reconstruir permanentemente de forma crítica e reflexiva a eticidade que recebe como legado das gerações anteriores, precisamente restrito àqueles usos, costumes e tradições que, naquele momento histórico constitucional, acredita possam passar pelo crivo do que entende ser o conteúdo da exigência inegociável dos direitos fundamentais. Os direitos fundamentais, ou seja, a igualdade e a autonomia ou liberdade reciprocamente reconhecidas a todos os membros da comunidade, passam a ser compreendidos, portanto, como princípios, a um só tempo, opostos e complementares entre si. Por isso mesmo, aptos a gerar tensões produtivas e a, assim, restaurar socialmente uma eticidade reflexiva capaz de se voltar criticamente sobre si própria, colocando em xeque tanto preconceitos e tradições naturalizadas quanto a própria crença no papel não principiológico e meramente convencional das normas jurídicas[6].

O constituinte pátrio, apesar de não listar a cultura entre os fundamentos e objetivos da República Federativa do Brasil, prescreve, no art. 4º, § ún.:

Art. 4º [...]
Parágrafo único – A República Federativa do Brasil buscará a integração econômica, política, social e cultural dos povos da América Latina, visando à formação de uma comunidade latino-americana de nações.

---

[6] Menelick de Carvalho Netto e Guilherme Scotti, *Os direitos fundamentais e a (in)certeza do direito*, Belo Horizonte: Fórum, 2011, pp. 13-5.

A aparente omissão é corrigida no art. 23, no qual a proteção dos bens culturais e a promoção de meios de acesso à cultura são tratados no âmbito da competência comum de todos os entes federativos.

A Lei Maior, por fim, conceitua o patrimônio cultural brasileiro em seu art. 216, *caput*:

> Art. 216 [...] todos os bens de natureza material e imaterial, tomados individualmente ou em conjunto, portadores de referência à identidade, à ação, à memória dos diferentes grupos formadores da sociedade brasileira [...].

Dessa forma, consideram-se componentes do patrimônio cultural também os bens imateriais, como modos de vida, formas de expressão e criações científicas e intelectuais. Nesse campo é que se observa uma imbricação maior entre as áreas da educação e da cultura, sendo a linha divisória por vezes tênue ou mesmo inexistente.

Coerente, porém, com a lição de Menelick de Carvalho, há de se atrair sobre o legado das gerações anteriores a postura de reconstrução permanente, de forma crítica e reflexiva, da eticidade a partir da igualdade, da autonomia e da liberdade, reconhecidas a todos os membros da comunidade. Na linha de densificação do princípio democrático, a CF 1988 erige o patrimônio cultural sobre o tripé Estado-sociedade-cidadão. Nessa perspectiva, não será algo dado, mas (re)construído de forma compartilhada.

A PROTEÇÃO DO PATRIMÔNIO CULTURAL COMO CONTRAPONTO À DESTERRITORIALIZAÇÃO

Muitas críticas ao fenômeno da globalização são recorrentes nos países emergentes, que nela reconhecem ora uma nova roupagem do velho processo de imperialismo, ora o resultado imediato de estratégias liberalizantes da economia mundial, ora a causa do agravamento das desigualdades dos Estados. O Fórum Mundial Econômico de Davos, que tem sido o espaço de discussão dos rumos da economia global, visando promover um modelo de desenvolvimento econômico com base nos interesses das maiores empresas mundiais, faz contraponto às críticas, tendo convidado, nos últimos anos, os países emergentes para participar das proposições.

Não obstante as críticas, deve-se reconhecer que esse fenômeno de aceleração decorrente do avanço das tecnologias de informação propiciou o maior intercâmbio de bens, pessoas e valores já verificado na história da humanidade. Essa intensa troca é impulsionada não somente pelo comércio mundial e pelo deslocamento de polos industriais, como também, e sobretudo, pela enorme rede de comunicações, cujas consequências, extensão e complexidade não parecem ainda ter sido plenamente compreendidas.

Nesse contexto, estruturam-se redes sociais complexas, que, ao permitirem um acesso amplo a informações, também atuam como poderosos instrumentos exportadores de padrões comportamentais e valorativos. O choque entre esses bens imateriais resulta no enfraquecimento dos valores ainda não consolidados por sua sociedade de origem, ou simplesmente na quebra da autonomia, da liberdade e da igualdade que devem ser reciprocamente reconhecidas a todos os membros de uma comunidade em conjunto ou solidariamente. Esse quadro de "colonialismo intelectual" é um forte fator de alienação cultural, de consequências gravosas, especificamente no que diz respeito à integração e autonomia dessas sociedades.

Em parte, é a preocupação com tal quadro que motiva a defesa do direito de autodeterminação dos povos perante a ONU, instância política e jurídica capaz de guarnecer as minorias e de acautelar a diversidade cultural. Os direitos humanos já abarcam em sua amplitude o direito à herança cultural para indivíduos e sociedade, a possibilitar a expressão individual e a vivência coletiva desses valores.

É nesse ponto que se insere a importância axial do patrimônio cultural material. Como representação viva da história e do legado de uma sociedade para experiência no espaço comunitário, o patrimônio cultural material é uma referência extremamente eficaz contra a "desterritorialização" por que passam grupos sociais, culturas e mesmo nações de todo o globo. Trata-se de um fenômeno de virtualização das referências, ocasionado pelas rápidas transformações a que são submetidos os grupos sociais sob a influência das tecnologias. Essas mudanças são promovidas a partir da premissa do desenvolvimentismo, motivado pelo compromisso com soluções extrativistas agressoras, com a ampliação mercantil e industrial sem limites e de cunho consumista. Sob a ditadura desse avanço unilateral, são sacrificados centros de tradição cultural e importantes marcos históricos regionais, o que facilita ainda mais o progressivo esvanecimento do patrimônio cultural *lato sensu* e a intrusão de padrões comportamentais ditos "mundiais", sem qualquer conexão com as reais demandas ou vocações das sociedades atingidas.

Contra tal modelo de "desterritorialização" é necessário consolidar uma proteção eficaz do patrimônio cultural. De fato, a guarda e a tutela de bens materiais dotados de valor histórico, artístico, cultural, paisagístico e arqueológico são medidas essenciais para a manutenção da própria noção de identidade e autoafirmação de uma sociedade. A preservação desse patrimônio pode ser o último fator aglutinador dos valores de um povo, capaz de assegurar o compartilhamento do desenvolvimento social em âmbito regional e o intercâmbio de bens e informações, sem a desintegração das fronteiras do mundo contemporâneo.

INSTRUMENTOS DE TUTELA DO PATRIMÔNIO CULTURAL COMO DIREITO HUMANO

Uma visão atualizada da defesa, promoção e gestão do patrimônio cultural, em sua dimensão humanista e universal, como contraponto ao processo de alienação da sociedade decorrente da faceta deletéria da "globalização" econômica e cultural, passa necessariamente pelo domínio do direito internacional, que é também o nascedouro tutelar dos direitos humanos.

Nessa seara, deve-se assinalar a importância da Convenção para a Proteção do Patrimônio Mundial, Cultural e Natural, adotada pela Unesco em 16 de novembro de 1972, que inaugura a política internacional de defesa do patrimônio cultural. A convenção reconhece expressamente o caráter universal do patrimônio cultural como referência de todos os povos, ao dispor, em suas razões, que: "a degradação ou o desaparecimento de um bem do patrimônio cultural e natural constitui um empobrecimento efetivo do patrimônio de todos os povos do mundo". O mesmo diploma destaca que a salvaguarda desse bem somente na escala nacional por vezes é insuficiente, devido a deficiências ou dificuldades de ordem econômica, administrativa, científica e até política.

A definição de patrimônio cultural na convenção divide-se em patrimônio cultural e natural, valorizando, na primeira vertente, a visão tradicional de bem material como monumentalidade ou excepcionalidade. Apesar disso, o documento reconhece, em seu art. 4º, o dever dos Estados participantes de "identificar, proteger, conservar, valorizar e transmitir às gerações futuras o patrimônio cultural e natural situado em seu território", o que sugere a interação entre patrimônio e legatários, com respeito e abertura entre as partes, levando em conta o componente subjetivo dos que imortalizaram o patrimônio pelo valor que lhe atribuem – seus destinatários e sujeitos de sua atualização. Na dimensão subjetiva, superando a noção de patrimônio como algo dado, forjado pelo tempo e pela natureza, e considerando-o como algo (re)construído permanentemente, ele também é posicionado na escala dos objetos dos direitos humanos.

A convenção dispõe genericamente, no art. 5º, sobre as formas de tutela: a adoção de políticas gerais e integradas de proteção do patrimônio cultural; a constituição de órgãos ou serviços especializados de proteção; a elaboração de estudos e pesquisas científicas e técnicas; a adoção de medidas jurídicas e administrativas, entre outras. Além de prever centros nacionais e regionais, dispõe ainda sobre a criação do Comitê do Patrimônio Mundial, em conjunto com a Unesco, para o qual devem ser dirigidos inventários de bens do patrimônio cultural dos Estados-membros, e também sobre a constituição de um Fundo do Patrimônio Mundial.

Um avanço importante nos temas de promoção da cultura e do patrimônio cultural é o conceito de "diversidade cultural", empregado pela União Europeia desde 1999 em substituição ao de "exceção cultural". A mudança atualizou a estratégia de proteção, dando guarida a uma agenda afirmativa com relação às políticas de conscientização e promoção cultural[7]. Nesse novo paradigma, merece ser realçada a iniciativa do Ministério da Cultura francês, que resultou na assinatura, por 24 ministros europeus da cultura, de um protocolo voltado para um programa de política cultural continental. O objetivo central do programa é desenvolver um minucioso mapeamento cultural do continente, com vistas a preservar e promover suas diferenças culturais, com ênfase nas referências identitárias locais. Também foram criadas instituições culturais e políticas – organizações da sociedade civil, organizações não governamentais, entidades artísticas etc. – empenhadas na luta pela defesa e promoção da identidade cultural e da diversidade cultural. Essa agenda internacional culminou na Declaração Universal sobre a Diversidade Cultural, no âmbito da Unesco, em 2001.

Pode-se dizer que essa agenda internacional se apresenta como contraponto à lógica homogeneizante das políticas globais e deve ser vista como resultado da reconstrução dos direitos humanos, desde a DUDH de 1948, como fruto de um aprimoramento técnico e normativo no trato da questão cultural. Atualmente, repensa-se a própria universalidade dos direitos humanos, especialmente sob a ótica da legitimidade de provocação da tutela. O direito relativo ao patrimônio cultural não deve ser reduzido à perspectiva legitimadora restrita ao domínio do Estado. Passa-se, por conseguinte, a uma revisão e renovação do conceito de soberania dos Estados-nações[8]. Reconhece-se a relativização da soberania, que há de ser cotejada com o *status* do indivíduo, sujeito constitucional e de direitos na seara internacional, perante os Estados-nações. Trata-se de ideia ousada que, a despeito de suas formulações incipientes, já permite uma nova visão da tutela dos direitos humanos, com efeitos práticos nos ordenamentos nacionais. Esse novo paradigma ainda promove indiretamente o princípio democrático, ao ampliar a participação do indivíduo, segundo lógica emancipatória da cidadania, na gestão da *res publica*, em âmbito internacional, incidindo sobre o patrimônio da humanidade.

---

[7] Elder Patrick Maia Alves, "Diversidade cultural, patrimônio cultural material e cultura popular", *Sociedade e Estado*, v. 25, n° 3, p. 541.

[8] Flávia Piovesan, "Direitos humanos globais, justiça internacional e o Brasil", *Revista da Fundação Escola Superior do Ministério Público do Distrito Federal e Territórios*, ano 8, n° 15, 2000, p. 93.

Num recorte intranacional, o destaque deve incidir sobre o processo denominado pela doutrina de "constituição cultural", identificado por uma rede de direitos voltada para a tutela de interesses culturais e sustentada pelo binômio acesso-participação cultural[9]. Considerando-se a gama de instrumentos constitucionais, é possível citar, a título de exemplo, fragmentos normativos da chamada constituição cultural, como a previsão da ação popular contra ato lesivo ao patrimônio histórico e cultural (art. 5º, LXXIII); a competência concorrente dos entes federados para legislar sobre a proteção do patrimônio histórico, cultural, artístico, turístico e paisagístico (art. 24); e a determinação de que o ensino de História do Brasil levará em conta as contribuições das diferentes culturas e etnias para a formação do povo brasileiro (art. 231, § 1º). Esses e outros dispositivos concretizam o fenômeno da constitucionalização da cultura, derivado do reconhecimento da cultura como um direito. Não se trata de tutelar mais um bem da vida, como propriedade ou produto de trabalho humano, como elemento para sobrevivência, mas de preservar um valor para fruição.

Na gestão do patrimônio público com participação direta do indivíduo, deve-se sopesar uma variável relevante: o difícil equilíbrio entre diversidade cultural e social. Trata-se de conciliar a preservação e promoção do patrimônio cultural com o desenvolvimento material, sob o influxo do forte intercâmbio de bens e informações, característico do fenômeno "globalizatório". O princípio da participação reorienta a tutela, tendo sido pioneiramente instaurado na gestão do patrimônio cultural pátrio com a criação do Conselho do Patrimônio. É importante frisar que o direito de participação na gestão vai além da ideia tradicional de participação popular. Ele exclui o monopólio do Estado na definição dos bens a serem protegidos, dos instrumentos de tutela e dos controles de sua eficácia. Em consequência, exclui a ideia da relação proprietária do Estado com o patrimônio. O Estado passa a ter função gestora e não proprietária.

No caso brasileiro, é importante fazer uso da estrutura federativa. A instrumentalização da gestão adequada da diversidade pode encontrar guarida na competência constitucional dos municípios para tratar de temas de interesse local e na cooperação federativa das três esferas de governo. É o que sustenta Jurema Machado, representante da Unesco no Brasil:

> Há uma participação muito relevante dos municípios no financiamento da cultura, ou seja, nos investimentos e na manutenção, especialmente dos equipamentos culturais. Mais de 51% dos investimentos em cultura vêm dos municípios, o que nos leva a reforçar o princípio de que uma política da diversidade

---

[9] Carlos Magno de Souza Paiva, *O regime jurídico do bem cultural edificado no Brasil*, Ouro Preto: Editora UFOP, 2010, p. 27.

deve valorizar muito o local, cujo representante mais direto é o município [...]. Concluindo, diria que para que o país, de fato, dê consequência prática a todas as teses em defesa da diversidade, dois aspectos me parecem fundamentais: incluir uma abordagem que privilegie o nível local, ou seja, as cidades, no âmbito das políticas culturais, bem como ter sempre em mente que estaremos, ainda por muito tempo, lidando com a produção da diversidade num país que é culturalmente diverso, mas é, sobretudo, socialmente desigual[10].

O controle público dos bens que integram o patrimônio cultural – notadamente dos bens tombados – é tradicionalmente expresso por uma relação restrita e restritiva do Estado, por meio dos órgãos protetores, com os proprietários. Todavia, em razão dos avanços da doutrina e da legislação, nacional e internacional, o controle se abre à participação do cidadão ou da sociedade, dada a insuficiência do binômio original.

No âmbito desse controle, tem grande relevância o princípio da precaução, que se aplica na gestão do patrimônio cultural e garante a tomada de cautelas imediatas, independentemente de prova da relação causal entre a ameaça e o dano. Trata-se de primado reconhecido formalmente na seara internacional, por meio da Declaração do Rio, firmada na Conferência ECO-92 (Princípio 15). A Convenção de Aarhus, elaborada pela Comissão Econômica das Nações Unidas para a Europa, em vigor desde 1998, à sua vez, erigiu os pilares fundamentais para tanto, ao garantir o acesso à informação e à participação, bem como aos procedimentos judiciais.

UM NOVO CAMINHO

O patrimônio cultural serve de contraponto ao processo acelerado de desterritorialização e padronização cultural. A proteção desse patrimônio cultural, ao seu turno, deve ser tratada numa dimensão humana. Ao incidir sobre bens culturais, materiais ou imateriais, as medidas acautelatórias e de preservação são fundamentadas pelo poder de referência desses bens para a identidade dos seres humanos, por seus valores e sua capacidade de transmitir testemunho ou despertar sentimento. Essa perspectiva antropocêntrica afasta a compreensão de um patrimônio cultural divorciado dos sentidos e do sentimento das pessoas. Como referência de identidade, o patrimônio cultural não é mera expressão de carga valorativa herdada, mas sobretudo a carga valorativa que lhe é atribuída

---

[10] Giselle Dupin, "O governo brasileiro e a diversidade cultural", em: José Maurício de Barros (org.), *Diversidade cultural*, Brasília: Autêntica/Observatório da Diversidade Cultural, 2008, p. 29.

no processo identitário e de fruição. Os valores estéticos, artísticos, históricos e paisagísticos estão ligados, necessariamente, à lógica da fruição. Não existem por si, mas em relação com sujeitos, na atualização do binômio identidade-objeto. Do mesmo modo, a cultura imaterial está intrinsecamente ligada à dimensão humana. Não há expressão possível de um patrimônio cultural dissociado das pessoas que o ergueram e daqueles que constituem seu destino.

A dignidade humana deve ser garantida pelo direito cultural na complexidade de sua expressão: produção de bens culturais; participação democrática na gestão do patrimônio cultural; respeito à diversidade étnica e regional; acesso aos bens culturais e fruição; direito à informação cultural, participação no controle; e, por fim, o direito de identidade com o patrimônio. É dizer que as pessoas precisam não apenas fruir do legado, mas ver-se refletidas nele.

DIREITOS HUMANOS, PATRIMÔNIO CULTURAL E POLÍTICAS PÚBLICAS

- Frederico Barbosa -

O patrimônio cultural reúne questões variadas. Atravessam-no ações da ordem do significado e do simbólico. Materialidades e imaterialidades são suportes para a produção de narrativas patrimoniais, políticas, econômicas, administrativas, técnicas etc. Nele também se encontram problemas técnicos como identificação, documentação, registro, tombamento, vitalização, restauração etc., que envolvem a invenção do patrimônio. As definições de "o que", "como", "para quem" e "para quais usos" são tecidas em múltiplas narrativas, que movimentam os atores envolvidos no campo do patrimônio cultural, configurado como estrutura de posições relativas que aciona motivações diferenciadas. O patrimônio também é cortado transversalmente por questões de ordem política.

Sempre podemos encontrar algo intencional nas políticas. As políticas públicas patrimoniais são seletivas: ao fazer escolhas num conjunto vasto de objetos, edificações, repertórios simbólicos, narrativas, imagens etc., realizam o ato mágico de adicionar, subtrair, multiplicar, enfim, de produzir significados, legitimar ou excluir grupos, camadas e classes sociais. Portanto, o patrimônio cultural não é prévio ao processo histórico de produção política, jurídica e social.

A articulação entre direitos e políticas públicas, entretanto, não é trivial. As políticas públicas pressupõem a presença de suportes normativos variados. Planos, leis, decretos, portarias, orçamentos, regras de níveis variados compõem-nas. Porém, a questão da vinculação jurídica da ação do administrador não está resolvida, nem entre os cientistas sociais nem entre os juristas. Ter "lei" não significa o cumprimento automático das determinações normativas pelo agente responsável, pelo Estado. O apelo a ideais superiores, como a dignidade humana e os direitos econômicos, sociais e culturais, obriga moralmente, mas não jurídica e institucionalmente; portanto, não contorna problemas centrais nem garante a efetividade das políticas relacionadas ao patrimônio cultural. Elas convivem com a falta de recursos financeiros, humanos, tecnológicos etc. e colidem com outros princípios igualmente importantes, mas que em si não bastam. Agregar normas e leis ao quadro narrativo é apenas um aspecto da garantia de direitos. Enfim, subtrair os direitos do campo da história, da luta política, e localizá-los no espaço dos valores abstratamente universalizantes não ajuda a solucionar a difícil questão das condições sociais e institucionais que permitiriam realizá-los.

O patrimônio cultural é espaço de lutas simbólicas. Já se associou a narrativas de construção da nação, a lutas estéticas, a políticas urbanas, à defesa de processos de democratização e aos direitos culturais. O caminho mais curto para relacionar o patrimônio cultural com os direitos humanos é associá-los aos direitos culturais. O que o define como direito fundamental é sua inscrição na CF 1988. As políticas públicas patrimoniais são o elo institucional mais forte, que garante a realização dos direitos. Outros valores e conceitos relacionam o patrimônio cultural com os direitos. As políticas culturais relacionam patrimônio com desenvolvimento, democracia e participação social. Essa rede conceitual está no cerne dos direitos fundamentais.

POLÍTICAS PÚBLICAS

A análise das políticas públicas movimenta diferentes modelos e parte das mais variadas questões. Temos trabalhado com a análise cognitivista de políticas públicas. Esse tipo de análise trata as políticas como paradigmas, divididos em três planos que se entrelaçam: cognitivo, normativo e instrumental ou operacional[1].

O plano cognitivo trata de princípios gerais. Constitui a parte mais abstrata das políticas, composta pelas visões de mundo, e é substrato de toda a ação. É nesse plano que se fazem afirmações sobre as coisas que compõem o mundo e como este se comporta. Por exemplo, uma igreja barroca do séc. XVIII mineiro pode ser definida como parte do patrimônio. Essa igreja diz coisas, produz significados: um bem cultural – o bem edificado – que se considera importante, as técnicas construtivas, os ideais estéticos, a religiosidade, os ciclos econômicos que originam e simbolizam o patrimônio, os grupos que são valorizados como artífices dessa história. Mais interessante, porém, é discutir a tradição das artes no Brasil, o "barroco" e suas relações com o que é moderno etc. E mais, a escolha de certos bens e objetos representativos também silencia de forma eloquente: as construções populares, os objetos cotidianos, suas formas

---

[1] Alain Faure, Gilles Pollet e Philippe Warin, *La Construction du sens dans les politiques publiques*, Paris: L'Harmattan, 1995. No mesmo livro, Yves Surel, "Les politiques publiques comme paradigmes".

de relação com o sagrado, sua inserção nos processos produtivos somem do foco de atenção, não compõem o patrimônio, aparentemente não existem, ou pelo menos não são "legíveis" a partir dos bens e objetos selecionados. Por terem sido esquecidos no processo de produção de significados, não podem ser rememorados. Essa seleção também cria imagens e justificativas: narrar o nacional e sua unidade, a democracia, o pluralismo e a diversidade, as relações de poderes e contrapoderes.

O segundo plano é o normativo. A partir das narrativas elaboradas no plano cognitivo, desdobram-se explicações sobre como devemos agir. Identificada a igreja, há que rastrear sua história, seus materiais, seus planos de construção, as camadas de restauração, seus objetos etc.

Finalmente, o terceiro plano se compõe de elementos operativos: orçamentos, instituições, planos etc. Trata-se dos instrumentos e ferramentas que permitem a realização de valores e crenças presentes nos outros planos. Há planos de preservação, registro, catalogação, documentação, tombamento, restauração, pesquisa, documentação, licitação, pregão, oficinas, planejamentos, estabelecimento de metas etc.

Essa análise cognitivista mostra a dificuldade de identificar as relações entre os ideais dos direitos humanos e o patrimônio, bem como o desafio de fortalecer seus vínculos. Em primeiro lugar, é preciso apontar o desafio de traduzir os direitos humanos como direitos fundamentais, isto é, inscritos na Constituição; depois, o de traduzi-los como direitos culturais, também parte de direitos consagrados constitucionalmente; e, por último, como direitos do patrimônio, com ampla rede normativa, instrumentos jurídicos e realidades institucionais. Esses elementos resolvem-se no campo da doutrina.

Todavia, o mais problemático é dar conteúdos históricos e institucionais aos direitos e aos valores que eles encarnam. Ao serem traduzidas em níveis mais concretos, as políticas públicas devem ganhar os contornos das normas compartilhadas historicamente e receber a forma dada por instrumentos administrativos e outras ferramentas disponíveis. Todavia, faremos outro movimento, mais geral. Descreveremos, em linhas amplas, os paradigmas das políticas do patrimônio no Brasil destacando: a) os elementos que compuseram sua história; b) no plano cognitivo, a movimentação das belas-artes à cultura com experiência, ou o deslocamento da estética pura para o pragmatismo; c) a tradução e os problemas dos direitos culturais; d) a reorganização histórica das instituições.

O quadro a seguir foi organizado a partir da CF 1988.

QUADRO 1 - ESCOPO SEMÂNTICO DO CONCEITO DE PATRIMÔNIO

• Patrimônio material e imaterial • Os bens podem ser tomados Individualmente ou em conjunto	O patrimônio deve ser portador de referência à identidade, à ação e à memória	Dos grupos formadores	E abrange: as formas de expressão; os modos de criar, fazer e viver; as criações científicas, artísticas e tecnológicas; as obras, objetos, documentos, edificações e demais espaços destinados às manifestações culturais e artísticas; os conjuntos urbanos e sítios de valor histórico, paisagístico, artístico, arqueológico, paleontológico, ecológico e científico.

Elaboração do autor

O patrimônio cultural é material e imaterial, pode ser tratado de forma individual e em conjunto, deve ser portador de referências dos grupos formadores e abrange um rol que vai das formas de expressão, passando pelas artes, criações científicas e tecnológicas, até conjuntos urbanos e sítios de valor reconhecido.

As políticas patrimoniais são seletivas, ou seja, escolhem e priorizam ao longo do tempo. Por exemplo, pode-se dizer que historicamente o patrimônio material foi bastante enfatizado, expressando a identidade e a memória de grupos de origem europeia; parte da arquitetura que foi objeto de tombamento e restauração expressava, aos olhos dos grupos que conduziam as políticas, algumas das mais importantes manifestações artísticas; e a tecnologia militar representava algumas das conquistas civilizacionais. A síntese é apertada. Queremos enfatizar que as escolhas e os valores que embasam as políticas mudam a partir do que chamaremos de paradigmas de políticas patrimoniais. Associam-se a esses valores elementos normativos e instrumentais.

OS PARADIGMAS DAS POLÍTICAS PATRIMONIAIS

A abordagem das políticas públicas como paradigma é fortemente marcada pela historicidade. As representações do que é importante mudam com o correr do tempo, com a mudança da formação profissional, do imaginário político e também de elementos técnicos disponíveis, que se organizam em torno de referenciais. O referencial define-se como "uma imagem da realidade social construída através do prisma das relações de hegemonia setoriais e globais. É uma imagem codificada da realidade [...]. Não obstante, essa imagem produz efeitos tangíveis: sem tornar a realidade completamente transparente em suas relações de hegemonia, torna-a um pouco menos opaca porque permite, através das normas que ela produz, atuar sobre a realidade"[2]. Portanto, o referencial reúne representações que permitem às políticas se situarem num quadro de funções e oposições. Também está associado a mediadores, que são agentes que elaboram os referenciais. São eles que articulam as representações e imagens que determinam a percepção dos problemas por parte das instituições presentes e delimitam as soluções apropriadas à resolução dos quebra-cabeças das políticas.

O Quadro 2 apresenta uma síntese das transformações dos paradigmas das políticas do patrimônio no Brasil.

QUADRO 2 - OS PARADIGMAS DAS POLÍTICAS PATRIMONIAIS

PERÍODO/ PARADIGMA	REPRESENTAÇÕES	ORIENTAÇÕES NORMATIVAS	ELEMENTOS OPERACIONAIS	MEDIADORES
1920-37 Período pré-político	• Conceito de arte e cultura em sentido etnográfico • Dinamismos culturais • Modernismo	Acerto do relógio da produção artístico-cultural com a civilização	• Salão de arte moderna • Anteprojetos de Mário de Andrade	Movimento modernista
1937-69 Academia Sphan	• Arte, arquitetura e história • Representação da nação • Política de pedra e cal	• Construção institucional e profissionalização • Preservação dos bens edificados, recuperação do barroco mineiro como símbolo da nação	• Decreto-Lei nº 25 de 1937 • Serviço de proteção • Tombamento Bens edificados	Arquitetos
1969-82 Desenvolvimento	• Planejamento público • Diálogo com a economia e com os ideais de modernização • Bens culturais e valorização da cultura como contexto vivo • Crítica às políticas de pedra e cal	• Articulação de políticas nacionais de cultura • Acesso à cultura • Participação social	• Fortalecimento e rearticulação institucional (criação da Funarte e da Embrafilme) • Tombamento • Fomento às artes • Estabelecimento de circuitos artísticos nacionais	Arquitetos e produtores culturais

---

[2] Bruno Jobert e Pierre Mulle, *L'État en action*, Paris: PUF, 1987, apud Yves Surel, "Les politiques publiques comme paradigmes", em: Alain Faure, Gilles Pollet e Philippe Warin, *La construction du sens dans les politiques publiques*, op. cit.

PERÍODO/ PARADIGMA	REPRESENTAÇÕES	ORIENTAÇÕES NORMATIVAS	ELEMENTOS OPERACIONAIS	MEDIADORES
1982-2012 Direitos culturais	• Democratização • Participação social • Conceito antropológico de cultura • Valorização da cultura como contexto vivo	• Rearranjo das instituições • Construção do federalismo cooperativo • Participação social	• Criação do Ministério da Cultura • Construção de políticas culturais setoriais descentralizadas • Incentivos fiscais • Sistema Nacional de Cultura • Lei nº 3.551/2000	• Agentes públicos (União, estados e municípios) • Cientistas sociais • Produtores culturais

Elaboração do autor

As representações estão na primeira coluna. O modernismo marcou todas as narrativas patrimonialistas. Entretanto, o primeiro período, marcado pela mediação de Mário de Andrade, representava a política a partir do conceito de arte e associava-a a um conceito antropológico ou etnográfico. Não separava o material do imaterial.

O segundo período é representado pela política da pedra e cal que, mediada pelos arquitetos do Iphan, relacionava arte, arquitetura, patrimônio e narrativas a respeito da construção da nação. Traduzia o modernismo na arquitetura. Caracterizou-se pela profissionalização, construção institucional do órgão de preservação, pelo bem edificado, pela invenção do barroco como tradição cultural brasileira, pela tradução do Decreto-Lei nº 25/1937 em política.

O terceiro período é caracterizado pela tentativa de construção institucional de políticas culturais nacionais. É o momento em que patrimônio e artes contemporâneas convivem num rico processo de construção institucional. A ideologia do desenvolvimento informa as ações e obriga a uma atualização do discurso patrimonial. As políticas patrimoniais passam a dialogar com a economia, a preservação não é percebida como oposta à modernização econômica e o patrimônio precisa dialogar com a atualidade.

O quarto período é marcado pela ideia dos direitos culturais. Se o desenvolvimento é um dos valores que permitem a construção de pontes com os direitos humanos, como meio de ampliar os recursos que oferecem qualidade de vida, ele também se articula com a democracia e a participação social. Nesse momento, a discussão sobre o bem cultural dinâmico retoma um conceito antropológico e valoriza o contexto vivo da cultura.

Podem ser apontados como elementos instrumentais os aspectos jurídico-institucionais: o primeiro é caracterizado de forma breve pelo movimento modernista, o segundo pela criação do Iphan e pelo instituto do tombamento, o terceiro pela criação de uma institucionalidade que opôs o patrimônio às artes, o quarto pela constitucionalização da cultura, pela criação de um sistema de financiamento cultural, do MinC, de um novo instrumento normativo (o decreto n° 3.551/2000) e do Sistema Nacional de Cultura. Ainda em relação aos instrumentos, destaca-se o plano interno das políticas: viagem, pesquisa, documentação, inventário, cadastro, registro, classificação, tombamento, preservação, restauração, exposição, incentivo, parceria etc. Tocaremos nessa questão na discussão dos direitos culturais enfocando de forma rápida o tombamento e o registro.

OS SENTIDOS DA HISTÓRIA

O Quadro 3 foi organizado para cobrir de forma sintética um grande período da pré-história institucional das políticas culturais. Ele traça em linhas grossas um panorama que sintetiza alguns conceitos que condicionaram as ações públicas no Brasil[3]. As possibilidades interpretativas da periodização são apresentadas de forma sintética. O critério de periodização são os valores das estratégias dispersas nas instituições e suas características.

QUADRO 3 - PERÍODOS HISTÓRICOS DAS POLÍTICAS CULTURAIS BRASILEIRAS

PERÍODO	CARACTERÍSTICAS	PRINCÍPIO DE TOTALIZAÇÃO
1. Período iberista (1530-1822)	Construção da ideia de nação a partir da influência das três "raças"; demonstração da continuidade da colonização portuguesa e de seu papel heroico como elite construtora do Estado nacional	Civilização portuguesa
2. Período racialista (1808--1930)	Discussão da viabilidade da nação miscigenada; ideologia da democracia cultural; construção de uma sociedade branca nos trópicos	Racialismo e "culturalismo"
3. Período de expansão fragmentada (1930-88)	i) Criação de um imaginário nacional a partir da ideia de modernização e da valorização do trabalho; integração simbólica da sociedade a partir da ação do Estado ii) Construção da engenharia institucional na área federal	i) Criação do homem novo brasileiro; modernismo ii) Ideia de integração e modernização da cultura brasileira

---

[3] Publicado no boletim do Ipea *Políticas sociais: acompanhamento e análise*, n° 16, nov. 2008.

PERÍODO	CARACTERÍSTICAS	PRINCÍPIO DE TOTALIZAÇÃO
4. Direitos culturais (pós--CF 1988)	Construção de sistema público de financiamento e pactuação política: i) financiamento via mecenato – incentivos fiscais ii) constitucionalização das políticas públicas culturais	Direitos fundamentais

Elaboração do autor

Como veremos, os modernistas que criaram o Iphan dialogaram com o racialismo e recusaram suas interpretações do Brasil. Também inventaram um imaginário a respeito do que somos como nação – muitas nações dentro de uma, uma identidade complexa formada por diversidades – e trouxeram à imaginação política o dever do Estado de dinamizar a cultura. Entretanto, o período a que chamamos de expansão fragmentada não elaborou uma política cultural global. As instituições se expandiram para tratar de áreas específicas. O padrão foi estável até a década de 1980, com algumas incursões na elaboração de políticas nacionais nas décadas de 1960 e 1970. Nada que implicasse uma mudança nos padrões de organização institucional. No período pós-Constituição de 1988, outro padrão se consolidou, o de uma política ancorada no federalismo cooperativo, participativa e de grande abrangência territorial. Obviamente, o diálogo com os direitos humanos está presente em outros momentos, mas nesse período ganhou a forma dos direitos fundamentais e materializou-se gradualmente como parte dos objetivos institucionais.

O Iphan foi criado em 1937 e caracterizou-se pela reunião de um grande número de intelectuais: Rodrigo Melo Franco, Lúcio Costa, Oscar Niemeyer, Carlos Drummond de Andrade, Manuel Bandeira, entre tantos. Tornou-se referência e distinguiu-se por intenso debate e pela produção de documentos de natureza variada. O conceito de arte e cultura que orientou a formação das políticas patrimoniais era bastante próximo das ideias da antropologia. Mário de Andrade formulou, a pedido de Gustavo Capanema, um anteprojeto que continha as linhas de base para uma política cultural que levasse em consideração os contextos de vida e as necessidades de formação cultural. Entretanto, as políticas patrimonialistas efetivamente praticadas valorizaram a arquitetura colonial, bem como a leitura estética das belas-artes e a história dos grandes personagens, gente das elites, seus feitos históricos, tecnologias etc.[4]. A arte e arquitetura colonial tiveram grande espaço nos estudos realizados nos primeiros momentos do órgão. Aleijadinho foi um dos artistas validados pelas pesquisas. As igrejas mineiras representativas do barroco oitocentista também estiveram fortemente presentes. Observa-se uma ênfase nos bens arquitetônicos de origem europeia, mesmo já em forma abrasileirada. Foi esse resultado das políticas patrimonialistas que se convencionou chamar de política da pedra e cal.

A participação do modernismo nas formulações iniciais das políticas do patrimônio propicia uma interpretação a respeito dessas políticas. Interessa de perto a descrição dos instrumentos normativos e ideias gerais que a eles se associam na forma de narrativa. Três instrumentos normativos organizam a descrição histórica: a proposta de anteprojeto de Mário de Andrade, o Decreto-Lei nº 25, de 30 de novembro de 1937, e o Decreto nº 3.551, de 4 de agosto de 2000.

QUADRO 4 - REFERENCIAIS HISTÓRICOS DAS POLÍTICAS PATRIMONIAIS BRASILEIRAS

MARCO NORMATIVO	CATEGORIA	NORMAS	INSTRUMENTOS
Anteprojeto de Mário de Andrade	Arte e conceito etnográfico	• Conhecimento e invenção do Brasil • Ajuste de valores locais e universais (Civilização)	Livros de tombo
Decreto-Lei nº 25/1937	Bens patrimoniais móveis e imóveis (cultura material)	• Representação da nação e preservação de bens • Monumento (Cultura)	Tombamento
Decreto nº 3.551/2000	Cultura imaterial	• Pluralismo • Cultura como experiência (Diversidade cultural)	Registro

Elaboração do autor

---

[4] Luiz Fernando Dias Duarte lembra que "a par da reflexivização intelectual e ética, construída sobre o modo 'privado', desenvolveu-se, na cultura ocidental, a partir do renascimento, também uma reflexivização estética, essencialmente pública, associada aos deslocamentos da antiga identidade aristocrática, para o cumprimento das novas funções políticas dirigentes. Os novos 'príncipes', religiosos ou seculares, assumem explicitamente a tarefa de encadear suas identidades individuais, seu gosto estético, a expressão identitária (e suntuária) de suas 'dinastias', 'nações', 'cidades' e 'épocas'. Essa singular disposição, coetânea do empreendimento sistemático de recuperação da 'memória' das culturas clássicas e constituição de um mercado de bens móveis de 'arte', implica a organização de todo um novo aparato de recursos da memória, centrado na estratégia das 'coleções'" ("Memória e reflexividade na cultura ocidental", em: Mário Chagas e Regina Abreu, *Memória e patrimônio*, Rio de Janeiro: DP&A/Faperj/UNIRIO, 2003, p. 309).

As próximas seções discutem as ideias de Mário de Andrade cristalizadas no seu anteprojeto, no Decreto-Lei nº 25/1937 e no Decreto nº 3.551/2000, que institui o programa do patrimônio imaterial. Organizamos os argumentos em torno das ideias de bens culturais, quando os bens têm uma vigorosa relação com suportes materiais e imateriais, momento no qual as dinâmicas vivas da cultura ganham a luz. O uso de cada um dos conceitos tem consequências na escolha dos instrumentos e na significação global das políticas. Em todo caso, bem material e patrimônio imaterial associam-se historicamente a outras redes de ideias; as políticas patrimoniais dialogam com as artes e com a ideia de nação. O patrimônio imaterial vai estabelecer associações estreitas com os modos de viver, saber e fazer e com a ideia de diversidade cultural.

Então podemos retomar inspirações que, mais do que regras, são referências que aparecem e se escondem nos processos históricos. As ideias gerais que tecem os fios da narrativa são as representações da nação, a ideia modernista de que a poesia está nas coisas e no cotidiano. O eixo condutor é a inseparabilidade das políticas patrimoniais das representações políticas da nação e a inseparabilidade do patrimônio imaterial do material. Por fim, o instrumento do tombamento consolidou um corte entre patrimônio material e imaterial. Não era um instrumento adequado para realizar políticas para o imaterial nem para a apreensão do caráter dinâmico do fenômeno cultural[5].

A PROPOSTA DO ANTEPROJETO DE MÁRIO DE ANDRADE E O DECRETO-LEI Nº 25/1937

Ao formular o anteprojeto de criação do Iphan, Mário de Andrade já se valeu de um conceito antropológico de cultura de concepção ampla, que não se restringia às belas-artes e belas-letras. Ao contrário, Mário compreendia a cultura como parte de contextos dinâmicos e históricos; ainda que a entrada principal fosse o conceito de arte, sua concepção era abrangente. Marly Rodrigues assinalou que

> *o anteprojeto de criação de um serviço nacional de patrimônio, elaborado em 1936 por Mário de Andrade, atendia a essas preocupações e, assim, estruturou a ideia de patrimônio em torno de um conceito amplo de arte, no qual estavam englobados objetos de arte pura e aplicada, popular e erudita, paisagem de importância arqueológica, etnográfica, dança, música. Além disso, Mário de Andrade acrescia ao patrimônio a arte histórica,*

---

[5] Mário de Andrade acreditava que o tombamento era adequado também a "bens processuais" e da cultura cotidiana. Historicamente o instituto foi se organizando em torno da ideia do bem edificado (ver Mário Chagas, *Há uma gota de sangue em cada museu*, Chapecó: Argos/CEOM, 2006).

aqueles objetos que de alguma forma refletem, contam, comemoram o Brasil e sua evolução nacional[6].

Mário Chagas propôs o seguinte quadro para organizar a interpretação e diferenciar a proposta de Mário de Andrade do que foi depois estabelecido pelo Decreto-Lei nº 25/1937:

QUADRO 5 - SISTEMA PROPOSTO POR MÁRIO CHAGAS

ENTRADA PRINCIPAL	CATEGORIA	NORMAS
Arte	arqueológica, ameríndia e popular	arqueológico e etnográfico
	histórica	histórico
	erudita nacional e erudita estrangeira	das belas-artes
	aplicada nacional e aplicada estrangeira	das artes aplicadas

Mário Chagas, Há uma gota de sangue em cada museu, Chapecó: Argos/CEOM, 2006, adaptado pelo autor.

Por contraste ao sistema de classificação octogonal proposto por Mário de Andrade, "no qual o termo arte era apenas a entrada principal para oito categorias distintas"[7], o Decreto-Lei nº 25/1937 definiu patrimônio como o conjunto de bens móveis e imóveis de interesse público por sua vinculação com fatos memoráveis da história do Brasil, ou por apresentarem excepcional valor arqueológico, etnográfico, bibliográfico ou artístico. O bem patrimonial tornou-se testemunho de um passado excepcional.

É inegável que as políticas de preservação patrimonial realizadas tiveram importante papel para resgatar os bens culturais da corrupção e dos desgastes do tempo. Porém, é difícil discutir o fato de que elas também restringiram a representatividade da cultura e da arte a um tipo de experiência social específica. É interessante notar que as "narrativas patrimoniais" contam especialmente a experiência de formação do Estado e de sua burocracia, militar sobretudo, em suas relações com as elites e com a religiosidade católica. Essa narrativa recobre com uma densa película estética a longa série de atrocidades e exclusões cometidas na

---

[6] Marly Rodrigues, "De quem é o patrimônio?", *Revista do Patrimônio Histórico e Artístico Nacional*, nº 24, 1996.

[7] Mário Chagas, *op. cit.*

nossa formação, associadas ao escravismo, ao esnobismo social, à destruição das sociedades indígenas e à opressão social, tanto por parte do imperialismo português e outros, quanto da predação interna estimulada pelo capitalismo nativo, fatos que resultaram em desintegração e alienação cultural e social. Portanto, o Decreto-Lei nº 25/1937 limitou, por razões históricas, o alcance das formulações iniciais de Mário de Andrade. Como resultado, acabou deixando marcas nas representações e significações produzidas pela política da pedra e cal.

MÁRIO DE ANDRADE VIAJA NO TEMPO

As práticas institucionais de preservação patrimonial e suas narrativas foram revistas no decorrer dos anos 1970. Ampliaram-se as referências culturais a serem preservadas e dinamizadas; agregou-se ao conceito de cultura a ideia de dinamismo cultural, tematizou-se a questão da representatividade dos bens que compõem o patrimônio cultural, a maneira de relacionar cultura e desenvolvimento econômico e a forma de introduzir as culturas locais e comunitárias nesse quadro.

Passou a existir, na década de 1970, uma vinculação do patrimônio aos contextos vivos, às comunidades locais, à economia. Além disso, a ideia de dinâmica sociocultural ganhou força. Esses temas estão ligados, também, à ideia de democratização. As políticas patrimoniais implicavam os ideais de democratização social e política, ou pelo menos dialogavam com eles, e a abertura do Estado a grupos e classes sociais que poderiam dizer algo sobre o que é patrimonializável. Essas ideias chamaram a atenção para experiências que estavam, até então, sub-representadas pelas narrativas das práticas patrimoniais. No período anterior, as instituições eram geridas de forma técnica e se caracterizavam pelo insulamento burocrático; depois disso, os atores do patrimônio estavam mais dispostos a dar atenção ao pluralismo de formas de vida e a processos participativos de delimitação do patrimônio. Esses elementos estão, de alguma maneira, traduzidos no texto da CF 1988.

DIREITOS CULTURAIS

Entre 1988 e os anos 2000, a ideia de direito cultural entrou na agenda política. O Estado passou a garantir e dinamizar com maior ênfase os direitos culturais, embora com participação da comunidade, nos termos da CF. A partir desse momento as narrativas sobre nação puderam desenrolar-se tendo em vista a valorização da diversidade nacional e de suas fontes. A cultura sofreu mudanças em sua essência, passando a ser percebida na sua multiplicidade, dinamicidade e pluralidade. Entretanto, surgiu uma tensão maior dentro das agências de fomento, que se deu pela clivagem entre a produção artística, o espetáculo vivo (teatro, shows, artes plásticas, dança etc.), e as políticas para o audiovisual, o digital e o patrimônio. Tudo passou a ser pensado pela ideia de políticas culturais amplas, com recursos vinculados e na forma de Sistema Nacional de Cultura. Vale a pena uma ligeira parada nas ideias presentes no texto dos art. 215 e 216 da CF 1988.

Esses artigos são citados recorrentemente quando se fala do ordenamento constitucional da cultura. Ali aparece, pela primeira vez na história do constitucionalismo brasileiro, a expressão "direitos culturais". Ali há um direcionamento para políticas culturais públicas e encontra-se a definição de patrimônio cultural por enumeração. A seguir apresentam-se os art. 215 e 216 sem a EC nº 48, que aprovou o Plano Nacional de Cultura e provocou um racha na concepção política da cultura nos anos 2000[8].

> *Art. 215. O Estado garantirá a todos o pleno exercício dos direitos culturais e acesso às fontes da cultura nacional, e apoiará e incentivará a valorização e a difusão das manifestações culturais.*
> *§ 1º O Estado protegerá as manifestações das culturas populares, indígenas e afro-brasileiras, e das de outros grupos participantes do processo civilizatório nacional.*
> *§ 2º A lei disporá sobre a fixação de datas comemorativas de alta significação para os diferentes segmentos étnicos nacionais.*
>
> *Art. 216. Constituem patrimônio cultural brasileiro os bens de natureza material e imaterial, tomados individualmente ou em conjunto, portadores de referência à identidade, à ação, à memória dos diferentes grupos formadores da sociedade brasileira, nos quais se incluem:*
> *I – as formas de expressão;*
> *II – os modos de criar, fazer e viver;*
> *III – as criações científicas, artísticas e tecnológicas;*
> *IV – as obras, objetos, documentos, edificações e demais espaços destinados às manifestações artístico-culturais;*
> *V – os conjuntos urbanos e sítios de valor histórico, paisagístico, artístico, arqueológico, paleontológico, ecológico e científico.*
> *§ 1º O poder público, com a colaboração da comunidade, promoverá e protegerá o patrimônio cultural brasileiro, por meio de inventários, registros, vigilância, tombamento e desapropriação, e de outras formas de acautelamento e preservação.*
> *§ 2º Cabem à administração pública, na forma da lei, a gestão da documentação governamental e as providências para franquear sua consulta a quantos dela necessitem.*

---

[8] A interpretação completa está no boletim do Ipea *Políticas sociais: acompanhamento e análise*, nº 17 - *Vinte Anos de Constituição Federal*, volume 2, 2009.

§ 3° A lei estabelecerá incentivos para a produção e o conhecimento de bens e valores culturais.
§ 4° Os danos e ameaças ao patrimônio cultural serão punidos, na forma da lei.
§ 5° Ficam tombados todos os documentos e os sítios detentores de reminiscências históricas dos antigos quilombos.

Os dois artigos apresentam um grupo de verbos que se referem a componentes específicos da atuação do Estado – portanto, de políticas culturais. Esses verbos estão associados a objetos específicos de ação e a instrumentos para a efetivação dos direitos. Assim, a CF 1988 preconiza não apenas direitos, mas também garantias, e delineia instrumentos para sua efetivação.

Os verbos expressam ações de diferentes tipos, sempre associadas a um sujeito genérico, ao Estado ou à lei, ou seja, ao poder público autorizado e legítimo. Alguns verbos se referem a uma ação direta que cria condições para que outros agentes realizem ou exercitem a cultura: não é o Estado que a produz. Ambos os artigos possuem esse tipo de verbo: o objeto do primeiro (art. 215) é o exercício de direitos culturais e o acesso às fontes de cultura, enquanto o do segundo (art. 216) é a produção cultural e seu conhecimento. No entanto, a força de cada verbo no que diz respeito à ação do Estado depende da delimitação do objeto da ação.

O segundo tipo de verbo está ligado às ações diretas do poder público. Mais uma vez, ambos os artigos possuem esse tipo de verbo. Nesse caso, é claro que o art. 216 precisa a ação do poder público em relação ao patrimônio cultural e seu enriquecimento (incentivo à produção). Esse tipo de verbo, presente no art. 215, tem como objeto algo processual e dinâmico, o que enfraquece o verbo "proteger" e aumenta sua opacidade.

Dessa forma, o art. 215 é bastante geral, embora confira ao Estado a responsabilidade por ações positivas, enquanto o art. 216 traz um programa de ação direta com objetos bem definidos. Em parte, os artigos são claros ao recomendar a ação do poder público para oferecer as condições de exercício dos direitos culturais. No entanto, Silva afirma que esses são direitos ainda em formação, que envolvem um conjunto de regras aplicáveis às atividades culturais públicas[9], e para esse conjunto contribuem elementos do direito patrimonial cultural, de criação e formação cultural, do mecenato, da propriedade literária e artística, do direito administrativo etc.

Para contornar em parte o problema, Cunha conceitua os direitos culturais: "são aqueles afetos às artes, à memória coletiva e ao repasse de saberes que asseguram a seus titulares o conhecimento do passado, interferência ativa no presente e possibilidade de previsão e decisão de opções referentes ao futuro, visando sempre à

---

[9] José Afonso da Silva, *A ordenação constitucional da cultura*, São Paulo: Malheiros, 2001, p. 51.

dignidade da pessoa humana"[10]. A leitura de Cunha deriva de uma visão sistêmica do texto constitucional, a ponto de relacionar direito cultural com a "dignidade da pessoa humana", leitura de extensão indefinida e aberta, mas com a qual concordamos.

Podemos indicar outros elementos importantes do texto constitucional: que ele fornece uma definição da cultura e de suas dimensões que serão objeto da ação pública, dos instrumentos de ação do poder público e da participação comunitária como método de implementação das políticas culturais. Reagrupamos esses elementos e os sintetizamos no quadro abaixo. Dessa vez os organizamos em torno das referências e dos instrumentos de ação.

QUADRO 6 - CLASSIFICAÇÃO DAS AÇÕES DO ESTADO POR GRUPOS DE VERBOS UTILIZADOS NOS ART. 215 E 216 (CF 1988)

REFERÊNCIAS	INSTRUMENTOS DE AÇÃO
Art. 216. Constituem patrimônio cultural brasileiro os bens de natureza material e imaterial, tomados individualmente ou em conjunto, portadores de referência *à identidade, à ação, à memória dos diferentes grupos formadores da sociedade brasileira*, nos quais se incluem: I – as formas de expressão; II – os modos de criar, fazer e viver; III – as criações científicas, artísticas e tecnológicas; IV – as obras, objetos, documentos, edificações e demais espaços destinados às manifestações artístico-culturais; V – os conjuntos urbanos e sítios de valor histórico, paisagístico, artístico, arqueológico, paleontológico, ecológico e científico.	§ 1º O poder público, com a *colaboração da comunidade*, promoverá e protegerá o patrimônio cultural brasileiro, por meio de *inventários, registros, vigilância, tombamento e desapropriação, e de outras formas de acautelamento e preservação*. § 2º Cabem à administração pública, na forma da lei, a *gestão da documentação governamental* e as providências para franquear sua consulta a quantos dela necessitem. § 3º A lei estabelecerá *incentivos* para a produção e o conhecimento de bens e valores culturais. § 4º Os danos e ameaças ao patrimônio cultural serão punidos, na forma da lei. § 5º Ficam *tombados* todos os documentos e os sítios detentores de reminiscências históricas dos antigos quilombos.

Elaboração do autor

É possível verificar, nos itálicos da primeira coluna, que as referências dizem respeito a processos complexos relacionados à identidade, à ação e à memória, e que se desdobram para atingir os grupos formadores nos planos indicados pelos inc. de I a V. O conjunto de incisos abrange um conceito amplo de cultura. Os instrumentos de ação por parte do poder público estão presentes nos itálicos da segunda coluna. As relações entre tombamento, preservação e uso social do

---

[10] Francisco Humberto Cunha Filho, *Direitos culturais como direitos fundamentais no ordenamento jurídico brasileiro*, Brasília: Brasília Jurídica, 2000, p. 34.

bem cultural são bastante complexas. Não é hora de nos determos nessa questão. Passemos ao último ponto desta seção, a descrição do Decreto nº 3.551/2000.

O DECRETO Nº 3.551/2000

O Decreto nº 3.551/2000 instituiu o Registro de Bens Culturais de Natureza Imaterial, de responsabilidade do Iphan. Além disso, criou o Programa Nacional do Patrimônio Imaterial, que tem como objetivos: enfatizar o dever e a centralidade estratégica do Estado na documentação, no registro e no inventariamento dos bens; conferir visibilidade à cultura dos diversos grupos formadores da sociedade brasileira e ao pluralismo dessa produção; permitir o exercício do direito à memória; e facilitar aos diversos grupos a reivindicação de direitos coletivos relativos aos direitos de propriedade intelectual, bem como a de direitos autorais e que permitem o acesso aos benefícios decorrentes dos usos de conhecimentos tradicionais.

Uma leitura simultânea do decreto e da CF 1988 demonstra o acoplamento perfeito das inspirações. Na verdade o decreto expande e explicita conteúdos, mas também cria um instrumento compatível com a ideia de tombamento tal como desenhado por Mário de Andrade. No entanto, historicamente, dada a cultura institucional e o longo período cuja referência foi especialmente o bem cultural material, o bem tombado, há que ressaltar a novidade e importância do decreto na semantização da política patrimonial. Assinalem-se o objeto e os instrumentos operacionais inscritos no Decreto nº 3.551/2000. O escopo do conceito de cultura, sua abertura e diálogo com a CF e a antropologia são evidentes, inclusive nos critérios de registro, quando se diz que a inscrição terá

QUADRO 7 - SÍNTESE DOS ELEMENTOS CONSTITUTIVOS DO DECRETO Nº 3.551/2000

ÂMBITO/ESCOPO	OBJETOS	CRITÉRIOS	INSTRUMENTO
I – Livro de Registro dos Saberes II – Livro de Registro das Celebrações III – Livro de Registro das Formas de Expressão IV – Livro de Registro dos Lugares	I – Conhecimentos e modos de fazer enraizados no cotidiano das comunidades II – Rituais e festas que marcam a vivência coletiva do trabalho, da religiosidade, do entretenimento e de outras práticas da vida social III – Manifestações literárias, musicais, plásticas, cênicas e lúdicas IV – Mercados, feiras, santuários, praças e demais espaços onde se concentram e reproduzem práticas culturais coletivas	A inscrição em um dos livros de registro terá sempre como referência a continuidade histórica do bem e sua relevância nacional para a memória, a identidade e a formação da sociedade brasileira.	• Registro • Plano de salvaguarda (não previsto no Decreto)

Elaboração do autor

como referência a continuidade histórica do bem e sua relevância nacional para a memória, a identidade e a formação da sociedade brasileira. Ainda há a possibilidade de criação de outros livros de registro. Qualquer agente pode provocar a instauração de processo de registro, dirigida ao presidente do Iphan, que a submete ao Conselho Consultivo.

O decreto estabelece o seguinte fluxo de atos e decisões: a instrução deve conter descrição pormenorizada do bem a ser registrado, acompanhada da documentação correspondente, e também mencionar todos os elementos que lhe sejam culturalmente relevantes. Ela pode ser feita por outros órgãos do MinC, pelas unidades do Iphan ou por entidade pública ou privada que detenha conhecimentos específicos sobre a matéria, nos termos do regulamento expedido pelo Conselho Consultivo do Patrimônio Cultural. Ultimada a instrução, o Iphan emitirá parecer acerca da proposta de registro e enviará o processo ao Conselho Consultivo do Patrimônio Cultural, para deliberação. O parecer será publicado no *Diário Oficial da União*, para eventuais manifestações sobre o registro, que deverão ser apresentadas ao Conselho Consultivo do Patrimônio Cultural no prazo de até trinta dias a partir da publicação. O processo de registro, já instruído com as eventuais manifestações apresentadas, será levado à decisão do Conselho Consultivo do Patrimônio Cultural. Em caso de decisão favorável do conselho, o bem será inscrito no livro correspondente e receberá o título de Patrimônio Cultural do Brasil. Cabe ao MinC e ao Iphan manter documentação e banco de dados e garantir acesso ao e divulgação do bem registrado, bem como sua reavaliação pelo menos a cada dez anos. Neste ponto cabem desdobramentos[11].

É bastante clara a complexidade do registro, do processo de produção de documentos relativos ao bem a ser registrado e do processo de decisão. Entretanto, a última parte do decreto deixa invisíveis outros elementos importantes. A avaliação periódica indica que o bem e seus dinamismos devem ser acompanhados ao longo do tempo. Ora, se o bem foi registrado e reconhecido como parte do patrimônio nacional, isso sugere ações positivas de proteção e dinamização do contexto vivo em que o bem está inserido. Esse conjunto de ações, denominado "plano de salvaguarda", lida não apenas com as características do bem, mas com seus dinamismos sociais e culturais. Dessa maneira, a garantia dos direitos culturais ganha novas formas: o Estado deve proporcionar meios ou atuar na salvaguarda das manifestações reconhecidas como referência.

---

[11] Rívia Ryker Bandeira de Alencar, *O samba de roda na gira do patrimônio*, tese de doutorado, Unicamp, 2010.

ENTRE O UNIVERSALISMO E O SINGULAR

Muitos foram os modernismos e nacionalismos na década de 1930. Na concepção de Mário de Andrade, arte e cultura são concebidas como expressão de experiências sociais – antropológicas – enraizadas historicamente. Com Graça Aranha, temos uma segunda concepção, ligada à teoria da "estética da vida", de tom espiritualista, que almeja a superação do dualismo em favor da integração do eu no cosmo universal, processo realizado pela intuição estética do todo. O importante é que as narrativas modernistas acabaram por institucionalizar as práticas de preservação patrimonial. As questões centrais do modernismo podem ser sintetizadas como tentativas das mais vivas de adequação entre a vida moderna contemporânea e sua atualização na representação. Como diria Oswald de Andrade: "A poesia existe nos fatos. Os casebres de açafrão e de ocre nos verdes da Favela, sob o azul cabralino, são fatos estéticos". E ainda: "O trabalho da geração futurista foi ciclópico. Acertar o relógio império da literatura nacional"[12].

A produção simbólica – caso da literatura, mas extensivo a outras práticas culturais – deveria adequar-se aos ritmos e pluralismos da sociedade e dos seus variados códigos culturais, atualizando a cultura nacional. Essas questões podem ser sintetizadas da seguinte forma: a consciência de inadequação da cultura nacional com relação aos países onde se processavam os movimentos de vanguarda consciência de assimetria, acentuada pela colonização – deu ao modernismo uma percepção atualizada dos diferentes ritmos dos tempos culturais. O modernismo se preocupou com os significados da cotidianidade e da historicização do tempo. A vida moderna, vista pelas lentes modernistas, é marcada pelo ritmo urbano, por movimento, velocidade, eletricidade, "o ruído de um bonde"[13], "as rodas [que] rangem na curva dos trilhos"[14]. Não existem pré-requisitos fixos e métodos precisos para a expressão da variedade e riqueza impressionista do real, nos seus ritmos e tensões. O espírito não unifica. Essa disposição dá o tom, mesmo quando o tema é a construção e representação do nacional[15].

---

[12] Ambas as citações de Oswald de Andrade, "Manifesto da poesia Pau-Brasil", *Correio da Manhã*, 18 mar. 1924.

[13] Manuel Bandeira, "Profundamente", em: *Estrela da vida inteira*, 8ª ed., Rio de Janeiro: José Olympio, 1980.

[14] Manuel Bandeira, "O martelo", em: *Poesia completa e prosa*, Rio de Janeiro: Aguilar, 1967.

[15] Frederico Barbosa, *Figuras de "Raízes do Brasil"*, dissertação de mestrado, UnB, 1995. Sobre o modernismo, cf. também Eduardo Jardim Moraes, *A brasilidade modernista*, Rio de Janeiro: Graal, 1978, e "O modernismo revisitado", *Estudos Históricos*, v. 1, nº 2, 1988.

O modernismo no Brasil orientou a atenção para os ritmos múltiplos das culturas regionais e dos diferentes grupos formadores da nacionalidade. A integração dos múltiplos aspectos da realidade nacional em uma consciência contemporânea é o ponto crucial de referência e projeto prático. A nação é narrada como em um romance, algo similar ao discurso de Bakhtin segundo o qual "o objeto esta[ria] amarrado e penetrado por ideias gerais, por pontos de vista, por apreciações outras e entonações"[16]. Haacke afirma, no mesmo sentido, mas tendo como objeto a discussão da arte, que "a significação e o impacto de um objeto dado não são fixados por toda a eternidade. Eles dependem do contexto onde são examinados"[17].

Algumas questões, portanto, agenciam as narrativas modernistas. Os centros europeus de produção cultural eram rejeitados como polarizadores do imaginário, mas isso implicava a oposição entre nacional e estrangeiro. Essa oposição gerou um interesse modernista na pesquisa da brasilidade, da "contribuição brasileira para a civilização"[18]. Essa preocupação revela e organiza as dificuldades de definição da singularidade nacional a partir de códigos herdados de outros lugares. Traduz-se aqui o eterno sentimento de desterro em nossa própria terra[19].

Outro problema refere-se à enunciação do patrimônio, à sombra das narrativas de construção da brasilidade. O conceito de cultura é indicador de redes de significados e das diversas modalidades de inscrição de objetos, indivíduos e instituições em narrativas e práticas históricas. Quais são seus traços dominantes? Como foi operacionalizado para demarcar as práticas de preservação do patrimônio histórico e artístico?

Mariza Veloso, referindo-se aos anos 1920-30, escreveu o seguinte:

> [...] no campo discursivo em questão, novos conteúdos simbólicos propunham uma releitura do Brasil, baseada na ideia de cultura, entendida pela primeira vez como manifestação estética e histórica da coletividade brasileira. Ocorria nesse momento uma ruptura radical com a ideia de cultura entendida através de critérios biológico-culturais[20].

---

[16] Mikhail Bakhtin, *Marxismo e filosofia da linguagem*, São Paulo: Hucitec, 1997, p. 86.

[17] Pierre Bourdieu e Hans Haacke, *Livre troca*, Rio de Janeiro: Bertrand Brasil, 1995, p. 87.

[18] Expressão de Sérgio Buarque de Holanda em *Raízes do Brasil*, São Paulo: Companhia das Letras, 1995, pp. 146-7.

[19] *Ibid.*

[20] Mariza Veloso Motta Santos, *O tecido do tempo: a constituição da ideia de patrimônio cultural no Brasil entre 1920-1970*, tese de doutorado, UnB, 1992.

No campo das artes havia a oposição entre moderno e tradicional, na arquitetura, entre moderno e neocolonial.

O campo cultural é também constituído como objeto pelas narrativas e estas são capazes de acionar dispositivos institucionais, registrando e demarcando divisões sociais e diferenciações de grupos (artistas das mais diversas áreas: artes plásticas, teatro, literatura, arquitetura – bem como administradores culturais) e aparelhos ideológicos (universidade, escola, fundações, mídias) interessados na produção discursiva e prática do campo cultural. Esse campo pode configurar as condições de possibilidade da enunciação. Como as narrativas circulam em espaços diferenciados, configurando e sendo configuradas por eles, sua compreensão exige que tomemos alguns seus agenciadores de enunciação ou as redes de agentes privilegiados de produção simbólica. Essa é a condição de enraizamento, de realização dos valores e dos direitos culturais.

Se o ajuste da brasilidade aos ponteiros da civilização era tema caro ao modernismo, que evitava o racialismo como discurso, a década de 1970 deslocou a questão para saber de quem é o patrimônio. A preservação cultural não poderia mais se configurar como ação *para* a sociedade, mas como conjunto de ações *com* a sociedade. "Discutia-se a integração do patrimônio à economia do país, através do turismo, o que o tornaria atração e criador de empregos e divisas. Ao mesmo tempo, retornaram com força as ideias de valorização das culturas regionais, dos costumes e fazeres populares"[21]. A democracia procurava respirar.

As políticas e concepções de produção e preservação cultural deveriam ser agora pautadas por concepções de cultura como prática embebida nos processos sociais mais amplos, concepção que corresponde à crítica de Dewey ao confinamento das artes no *status* de belas-artes:

> *Nossos atuais museus e galerias para onde nossas obras de arte foram removidas e conservadas ilustram algumas das causas que conduziram à segregação da arte, em vez de integrá-la ao templo, ao fórum e a outras formas de vida coletiva [...]. Posso apontar alguns fatos relevantes. A maioria dos museus europeus são, entre outras coisas, memoriais da ascensão do nacionalismo e do imperialismo. Toda capital tem de ter seu próprio museu de pintura, escultura etc., destinado em parte a expor as grandezas de seu passado artístico, em parte a exibir as riquezas saqueadas por seus monarcas na conquista de outras nações; vejam o exemplo da acumulação de espólios*

---

[21] Marly Rodrigues, "Patrimônio, ideia que nem sempre é prática", em: *A construção da cidade*, Brasília: Depha, 1998.

de Napoleão no Louvre. Esses casos testemunham a conexão existente entre a segregação moderna da arte, o nacionalismo e o militarismo[22].

Para complementar nossa ideia central continuamos citando Dewey sobre a descontextualização dos objetos artísticos na modernidade:

Os objetos que, no passado, eram significativos em razão do lugar que ocupavam na vida de uma comunidade estão agora isolados dos seus contextos de origem. Por essa razão, eles também estão separados da experiência comum, passando a representar e simbolizar o gosto distintivo e uma cultura especial[23].

Talvez o exemplo mais notável das tentativas de representar a "arte como experiência" possa ser visto nas obras produzidas para serem apresentadas em certos espaços definidos e que, logo após, são destruídas. Outros exemplos, como as *performances* ou intervenções em espaços públicos (pichações e murais), podem indicar a dificuldade de associar a arte a objetos referenciais e exibíveis em qualquer salão, feira, museu, a qualquer momento.

Canclini expõe essa dificuldade da seguinte forma:

[...] esses comportamentos, que costumam ser interpretados como desinteresse em relação à própria obra ou como tentativas de chamar a atenção do público, traduzem o desejo de procurar a criatividade por diferentes caminhos, o qual tem base sociológica. Destaca-se o conceito de efêmero em contraposição ao duradouro porque numa cultura na qual a própria realização aparece como disfuncional e na qual a arte em sua singularidade original perde seu frescor através de reproduções em série oferecidas pelos meios de comunicação de massa, isso pode se dar como uma nova solução para os criadores. Impossível manter neste contexto os objetos de arte sem ressemantizá-los, talvez, e melhor ainda, que eles desapareçam no horizonte arrastados por grandes balões[24].

Nesses dois exemplos, no caso dos museus, a crítica da segregação entre arte e experiência, sua funcionalização política e, no caso das artes performáticas, o elogio do efêmero, do atual e da experiência, mostram possibilidades presentes no campo das políticas do patrimônio cultural. A cultura ainda pulsa.

---

[22] John Dewey, *Art as Experience*, Nova York: A Perigee Books, 1980, p. 8. Tradução livre.

[23] *Ibid.*

[24] Néstor García Canclini, *A produção simbólica*, Rio de Janeiro: Civilização Brasileira, 1979.

OS DESAFIOS DAS POLÍTICAS CULTURAIS NA REALIZAÇÃO DOS DIREITOS: SETORIALIDADE, TRANSVERSALIDADE E NOVA FORMA DE ABORDAR O FENÔMENO CULTURAL

OS DESAFIOS DA SETORIALIDADE

A cultura, como nos acostumamos a ouvir, é viva. No entanto, as formas institucionais configuram as possibilidades de produção de sentidos, pois delimitam os paradigmas vigentes, circunscrevem seus espaços de aplicação, delimitam os agentes que negociam significados e a aplicação de recursos. Por isso as experiências históricas e institucionais, as redes de relações entre Estado e sociedade, seus formatos são aspectos importantes para a interpretação do que está em jogo, conceitual e historicamente, nas experiências culturais, artísticas e estéticas.

Acreditamos que os processos de democratização ocorridos nas décadas de 1970-80 influenciaram as práticas de preservação patrimonial. Até então, essa política destacava-se pela excelência técnica – foi inclusive caracterizada pelo termo "academia Sphan"[25] –, mas também por um profundo insulamento dentro do Estado, por uma escassez de recursos e por não ter sido percebida como arena política nem pelos técnicos nem pelos agentes externos. Esse fato deveu-se, sobretudo, à primazia dos arquitetos e ao monólogo entre eles, que constituíam o principal recurso técnico de uma das principais instituições das políticas culturais, o Iphan.

O período de transição para a democracia implicou transformação conceitual, institucional e programática dos órgãos federais relacionados às políticas públicas. Essa reformulação não deixou o órgão de preservação federal imune. O Iphan abriu-se ao tema da democratização e especialmente ao da participação. Ambos implicavam a visão de que a preservação é um processo amplo do ponto de vista social e que o órgão deveria considerar as diversas experiências e práticas dos agentes, em pelo menos dois sentidos:

> (i) nos processos de decisão, implementação e repartição dos benefícios das políticas públicas;

> (ii) no apoio social que desse legitimidade à política, que lhe proporcionasse eficácia operacional e sustentabilidade.

Entretanto, outra questão surgiu de forma definitiva. A necessidade de alargamento do apoio social ao regime e ao processo de transição ampliou o raio de ação das políticas culturais, que incorporaram os produtores artísticos no rol

---

[25] Mariza Veloso Motta Santos, "Nasce a Academia Sphan", *Revista do Patrimônio Histórico e Artístico Nacional*, nº 24, 1996.

de demandantes das agências de fomento. O aparecimento da Funarte é resultado desse processo.

A presença dos produtores voltados para a criatividade e para o presente concorreu para que o Iphan reelaborasse suas premissas de atuação e criticasse os processos de consagração de bens relacionados às práticas culturais das elites dominantes. A presença de novos agentes nas políticas significou a necessidade de ampliar os pontos de vista voltados para a história da formação nacional. Os bens a serem tombados e preservados não poderiam mais se limitar às coisas, móveis e imóveis, mas deveriam estender-se aos bens imateriais, como as tradições, lendas, mitos, modos de fazer e viver, representativos das várias experiências sociais vividas por agentes concretos.

Luciana Rodrigues, ao analisar a política cultural do início da década de 1980, afirma que,

> *diante de uma política que refletia o fortalecimento da vertente patrimonial do MEC, a Funarte elaborou um documento intitulado "Crítica às definições e diretrizes para a operacionalização da política cultural", no qual eram feitas várias críticas às propostas governamentais "preservacionistas", consideradas pela Funarte uma visão nostálgica, na qual o presente apresentaria uma certa resistência à emergência do passado, uma visão angustiada diante da perda de um momento (passado) da história do país onde estaria verdadeiramente realizada a identidade cultural*[26].

Como a Funarte representava a vertente da produção, fica bem assentada a existência de conflitos entre ela e o secretário da Cultura, Aloísio Magalhães: "Muito a partir daí, mais ou menos 81-82, quando entra o Aloísio Magalhães com toda aquela ideia dele de patrimônio cultural, fazendo uma pressão muito grande [...] muito forte contra a Funarte [...] aí é que ela [Funarte] perde"[27]. Mas a questão não para aqui.

Obviamente o campo institucional se configura como espaço competitivo e, portanto, conflitivo. Essa tensão estrutural gera movimentos de debate e estruturação simbólica. As instituições criam argumentos, disputam recursos, discordam a respeito das diretrizes, mas concordam que a cultura é um espaço com regras e valores próprios que a distinguem dos demais campos.

O MinC nasceu como o órgão federal que coordenaria uma política cultural nacional. Sua gênese remonta às pressões políticas posteriores às primeiras

---

[26] Luciana B. Rodrigues, *A era Funarte: governo, arte e cultura na década de 1970 no Brasil*, dissertação de mestrado, UFRJ, 1996, p. 93.

[27] *Ibid.*

eleições diretas para os governos estaduais em 1982. Estas trouxeram mudanças dos equilíbrios políticos e fortalecimento dos governadores e das áreas culturais, exemplificado pela multiplicação das secretarias estaduais de cultura. Em sua maioria, as secretarias de cultura eram departamentos vinculados às secretarias de educação e emanciparam-se gradualmente. Esse fortalecimento da área cultural levou ao surgimento do Fórum Nacional de Secretários da Cultura, que levou adiante reivindicações específicas para a área, como sua reordenação institucional e a criação de um Ministério da Cultura.

O contexto em que ocorriam as discussões, articulações e alianças desse fórum condicionou a história posterior do ministério. Para fortalecer as demandas estaduais, os secretários desconsideraram, politicamente e não apenas do ponto de vista técnico, a Secretaria de Cultura do MEC como interlocutora legítima. Os secretários estaduais associavam a SEC ao autoritarismo e ao centralismo político. Os movimentos do Fórum fizeram com que a Nova República, na figura de Tancredo Neves, candidato à Presidência da República, se comprometesse com a criação do Ministério, indicando José Aparecido de Oliveira, líder do Fórum, como candidato ao posto de ministro.

O resultado desse movimento de secretários estaduais foi a criação do MinC, em 15 de março de 1985. Esse órgão dava maior importância e visibilidade à questão cultural no âmbito da administração federal. Sua fragilidade, entretanto, foi vista de imediato. As pretensões políticas de José Aparecido levaram-no ao governo do Distrito Federal, deixando à mercê da sorte a montagem da estrutura administrativa do MinC. Aluísio Pimenta tornou-se o novo ministro, ocupando o cargo de maio de 1985 a fevereiro de 1986, mas foi com Celso Furtado, que ocupou o Ministério até agosto de 1988, que o MinC ganhou certa organicidade[28].

Para Isaura Botelho,

> *ao novo desenho institucional gerado pela criação do MinC não correspondeu, infelizmente, nenhum estabelecimento concreto de uma nova política, embora tenha havido várias tentativas. Atropelados pela constante troca de ministros – em seus quatro primeiros anos o MinC teve cinco ministros –, os órgãos federais começaram a sofrer uma desagregação interna, motivada não só pelo fato de ter havido a necessidade de se improvisar uma burocracia, em Brasília, que desse conta da nova estrutura ministerial. A própria clientela atendida se viu confundida com a criação do ministério que, alterando canais*

---

[28] Com Celso Furtado extinguiram-se as assessorias e ficaram quatro secretarias, de cinema, artes cênicas, patrimônio (Sphan) e produção cultural (Funarte). Furtado queria que o Estado fosse auxiliar das liberdades democráticas. Hugo Napoleão, ministro da Educação, assumiu interinamente até a volta de José Aparecido em setembro de 1988.

habituais de encaminhamento de projeto, auxiliou na deslegitimação de suas instituições[29].

A fragilidade institucional do MinC foi mais uma vez evidenciada em 1990, no governo Collor de Mello, com a incapacidade de reação do setor cultural à sua extinção. Nesse ano o MinC foi transformado em Secretaria (Lei nº 8.029, de abril de 1990)[30], no contexto de um movimento no qual foram abolidos diversos incentivos à cultura, como a Lei Sarney, e foram extintas a Embrafilme, a Funarte[31], a Fundação do Cinema Brasileiro e a Fundação Nacional Pró-Leitura. Essa mesma lei criou o Instituto Brasileiro de Arte e Cultura, o Instituto Brasileiro do Patrimônio Cultural e a Biblioteca Nacional.

Em 1992, o MinC e algumas instituições extintas foram reorganizadas. O ministério passou a funcionar com entidades vinculadas recompostas e com escopo de ação modificado. A Funarte tornou-se responsável pelo desenvolvimento e pela promoção de práticas artísticas e culturais em todo o território nacional. A instituição era responsável pelas políticas de arte gráfica, artes plásticas, cinema e vídeo, circo, dança, documentação, folclore e cultura popular, fotografia, música, ópera e teatro. Herdava as atribuições da antiga Funarte, da Fundação de Artes Cênicas, do Ibac e da FCB.

Apesar de suas fragilidades – fato incontestável, dada sua instabilidade institucional e os recursos disponíveis em relação a outras áreas da política[32] –, o MinC expressa, em formato institucional novo, a tradição de participação do Estado na área cultural[33]. Portanto, a criação desse ministério está diretamente ligada às mudanças promovidas no período de construção do Estado democrático nas décadas de 1970 e 1980. As lutas por legitimação política, controle de recursos e modos de operação específicos do campo cultural traduziram-se nos

---

[29] Isaura Botelho, *Por artes da memória: a crônica de uma instituição – Funarte*, tese de doutorado, USP, 1996.

[30] Ipojuca Pontes estava investido no cargo de secretário nacional da Cultura.

[31] Sobre a história dessa fundação, consultar Luciana B. Rodrigues, *A era Funarte*, dissertação de mestrado, UFRJ, 1996, e Isaura Botelho, *op. cit.* A Funarte atual deriva do Ibac. A antiga fora criada pela Lei nº 43, de 18 nov. 1975, e extinta por Collor de Mello em abril de 1990, pela Lei nº 8.029.

[32] Os recursos orçamentários do MinC constituíam 0,08% do Orçamento Geral da União em 1996 e foram para 0,13% em 2010. Cf. Barbosa da Silva em Frederico Barbosa da Silva e Luiz Eduardo Abreu (org.), *As políticas públicas e suas narrativas*, Brasília: Ipea, 2011.

[33] Diversos estudos chamam a atenção para este fato. Cf. Sérgio Miceli e Maria Alice Gouveia, *Política cultural comparada*, São Paulo: MinC/Funarte/Finep/Idesp, 1985; Edwin Harvey, *Políticas culturales en Iberoamérica y el mundo*, Madri: Tecnos, 1990.

movimentos de constituição de uma área cultural pública[34]. A estabilização de uma burocracia especializada, depois do traumático início de década, consolidou e articulou interesses, e em tese permitiu agilidade técnica, negociação de recursos e a organização de alianças. A recriação do MinC gerou um núcleo de agentes defensores dos programas culturais e preocupados com as políticas da área. São esses funcionários que respondem pela formulação das políticas, embora a participação social possa ser incorporada.

A relativa estabilidade burocrática não foi seguida imediatamente pela estabilidade política. Ainda sob Collor, foi secretário da Cultura o embaixador Sérgio Paulo Rouanet, que colocou na agenda política a ampliação de recursos financeiros através do mecenato cultural. Essa passou a ser uma das questões centrais da área cultural, embora também controvertida. Seguiram a Rouanet, já com Itamar Franco presidente, o filólogo Antônio Houaiss, o diplomata Jerônimo Moscardo e o advogado Roberto Nascimento Silva. Depois deles, em 1995, Francisco Weffort assumiu no primeiro mandato de Fernando Henrique Cardoso e seguiu ministro no segundo mandato, acentuando a ênfase nos mecanismos de financiamento da cultura por meio, sobretudo, do aperfeiçoamento das leis de incentivo. Em 2003, Gilberto Gil assumiu a pasta no governo Lula.

A política de patrimônio vem sofrendo reajustes para dedicar maior consideração à diversidade das culturas consideradas patrimônio, e com isso as referências culturais são ampliadas. A cultura popular e suas tecnologias, as culturas comunitárias e representantes de certos modos de fazer e pensar, diversas etnias e nacionalidades que compuseram a formação do Brasil, todas passam a ser objeto de representação dentro do escopo da preservação patrimonial. Os conceitos de dinâmica social e participação das comunidades ensejaram um diálogo muito rico com as demandas de democratização e envolveram uma transformação conceitual ampla. Em lugar de patrimônio histórico e artístico, passou-se a empregar o conceito de patrimônio cultural e a ideia de bem cultural, pois esses conceitos ampliavam o conceito de práticas culturais a serem valorizadas e os grupos sociais a serem representados dentro das políticas[35].

O MinC unifica as políticas culturais, transformando-as, pelo menos em tese, em políticas setoriais, assim como reativa o problema das formas do Estado e de sua democratização. Diversos estados e municípios tomam a iniciativa de criar órgãos setoriais, políticas de incentivo e legislações de financiamento e

---

[34] As estratégias políticas dos agentes foram variadas. Em muitos momentos preferiu-se a criação de secretarias de Cultura vinculadas à Presidência, temendo-se que a criação de um ministério fragilizaria a constituição de uma estrutura institucional politicamente forte. Cf. Aloísio Magalhães, *E Triunfo?*, Rio de Janeiro: Nova Fronteira, 1985.

[35] Aloísio Magalhães, *E Triunfo?*, Rio de Janeiro: Nova Fronteira, Fundação Nacional Pró-Memória, 1985.

mecenato. Além da referencialidade histórica criada por essa dinâmica, transformam-se o campo semântico e sua configuração interna.

Os processos de descentralização, com as complexas redes sociais de apoio que os acompanham, foram associados às iniciativas de parceria com os setores privados, lucrativos ou não lucrativos. A atuação do Estado significaria um novo pacto social capaz de desenvolver ações culturais, ligando o setor privado e as comunidades. Com esse pacto, o Estado deixaria de ser mero produtor de sentidos e de legitimidade a partir de um centro. A ideia era dotá-lo da capacidade de estimular as condições para o engajamento responsável das forças sociais com vistas ao desenvolvimento cultural e social.

Nesse sentido, pode-se dizer que as políticas culturais setoriais eram insuficientes para a plena realização dos direitos culturais, dos objetivos relacionados ao desenvolvimento cultural e social. Como afirma Harvey,

> *los países industrializados hacen preferentemente hincapié en el pleno desarrollo del ser humano, en la democracia cultural, en la democratización de la cultura gracias a la educación inicial e permanente, en el mejoramiento de la condición de los artistas en la libertad de creación e investigación, en la ayuda a las minorías culturales y los grupos menos favorecidos, en la formación estética de los niños y los jóvenes, en la protección del patrimonio artístico, y en la descentralización y participación cultural. Los países en desarrollo agregan a estas preocupaciones el problema del desarrollo económico, la revalorización de su propia cultura y, especialmente, de los idiomas nacionales, la alfabetización de las masas, el papel de los intelectuales en la promoción de la cultura, el desarrollo de las actividades culturales entre los jóvenes, el reconocimiento de las culturas minoritarias y, sobre todo, el inventario y la valorización de las costumbres, tradiciones u artes populares representativos de la identidad y autenticidad culturales del país. Por último, los países de carácter socialista destacan la necesidad de una educación popular de masas para producir un hombre nuevo*[36].

O DESAFIO DA TRANSVERSALIDADE

Deixamos para este último momento a definição de um conceito central para a realização dos direitos culturais como direitos humanos fundamentais: a transversalidade. O conceito de transversalidade remete ao recorte interno dos sistemas culturais por práticas políticas. O mesmo vale para o movimento inverso, ou seja, o recorte da política pelos sistemas culturais. Félix Guattari indica duas dimensões para o conceito de transversalidade:

---

[36] Edwin Harvey, *op. cit.*, p. 132.

> [...] uma verticalidade como a que encontramos por exemplo nas descrições feitas pelo organograma de uma estrutura piramidal (chefe, subchefe etc.); uma horizontalidade como a que pode se realizar no pátio do hospital, no pavilhão dos agitados, ou, melhor ainda, no dos caducos, isto é, certa situação de fato em que as coisas e as pessoas ajeitam-se como podem na situação em que se encontram[37].

Ele conclui: "a transversalidade é uma dimensão que pretende superar os dois impasses, o de uma pura verticalidade e o de uma simples horizontalidade; ela tende a se realizar quando uma comunicação máxima se efetua entre os diferentes níveis e, sobretudo nos diferentes sentidos"[38]. Ao indicar o estudo das singularidades irrepetíveis como objeto da reflexão, Guattari recorre a Max Weber, que também citamos: "Não há qualquer dúvida de que o ponto de partida do interesse pelas ciências sociais reside na configuração real, isto é, singular, da vida sociocultural que nos rodeia"[39].

Como pudemos ver, contemporaneamente o conceito de política cultural não se liga apenas ao conceito das belas-artes e das letras, mas também às condições de vida de toda a sociedade e suas formas de participação, expressão e criatividade no contexto social. A arte, assim como a cultura, é vista como uma experiência social. No projeto político a que se associa essa premissa, as diversas experiências sociais podem ser valorizadas, desenvolvidas e apresentadas ao conhecimento e apreciação dos grupos e segmentos sociais. É nesse nível que a capacidade do Estado de funcionar segundo critérios democráticos é mais sensível e pode ser posta à prova.

A cultura não se limita ao usufruto de obras de arte e do patrimônio cultural acumulado. Relaciona-se com as maneiras de viver e se comportar, com as experiências culturais de outros seres humanos. Em suma, não está simplesmente ligada à apreciação estética das belas-artes e ao consumo passivo de símbolos produzidos por especialistas. Os processos culturais dialogam com os direitos econômicos, sociais e culturais. Também se referem às responsabilidades de uso criativo dos múltiplos códigos e sistemas de pensamento, ideologias, religiões, aspectos tão importantes quanto o direito à liberdade, à igualdade diante da lei, à seguridade social e ao desfrute do tempo livre.

A caracterização da área cultural como conjunto de atividades coerentes, que expressam e identificam os fins da política cultural do Estado, é conceitualmente importante para a definição do escopo dessa ação. A implementação de

---

[37] Félix Guattari, *Revolução molecular*, São Paulo: Brasiliense, 1981, pp. 93-4.

[38] *Ibid.*, pp. 95-6.

[39] Max Weber, *Sobre a teoria das ciências sociais*, Lisboa: Presença, 1974, p. 50.

estruturas primárias de administração cultural é uma pista que deve ser seguida para essa delimitação. Em décadas anteriores, as preocupações dos poderes públicos com assuntos relacionados à cultura estavam ligadas especialmente às artes e ao patrimônio, aos edifícios e monumentos públicos, sobretudo com a intenção de proteção do patrimônio histórico. Entretanto, os órgãos encarregados do setor cultural não tinham o *status* de setor autônomo de administração e política de Estado.

Há vantagens e desvantagens em agrupar os assuntos culturais num só ministério. A principal vantagem é a possibilidade de purificar as ações culturais, coordenando-as através de instrumentos especializados. Nesse sentido, a delimitação das atribuições permite a consolidação de identidades institucionais e facilita a alocação dos recursos. A desvantagem está relacionada com a amplitude e multiplicidade do fenômeno cultural. Algo irredutível sempre sobra no fenômeno cultural após os processos de purificação e institucionalização. A perda da singularidade, da mobilidade e da radical intraduzibilidade da experiência criativa pode se tornar uma desvantagem do processo de setorialização. Por outro lado, ganha-se em esforço de atuação interinstitucional e transversalidade. Seja como for, o MinC foi criado com o objetivo de projetar uma política global de ação, com a adoção de objetivos autônomos e metas setoriais homogêneas, com a necessária coerência e continuidade, com programas e projetos bem definidos e com melhor emprego dos recursos disponíveis. A criação do ministério é expressão da vontade política de satisfazer necessidades culturais.

Todavia, há vários obstáculos importantes. A coordenação das políticas ministeriais convive com órgãos de tradição histórica com funções específicas, como a preservação patrimonial e o estímulo às artes. A administração das políticas culturais no Brasil tem como desafio a articulação do federalismo cooperativo entre os governos de nível federal, estadual e municipal. A competência em matéria de assuntos culturais é compartilhada pelas secretarias estaduais e municipais de Cultura e pelas fundações culturais, mas tem nos órgãos federais seu elemento central de política pública, dados os seus recursos, abrangência, possibilidades normativas e financeiras. Por outro lado, o olho do furacão da cultura está na sociedade civil, onde se encontram seus dinamismos e se produz sua aura. O setorial e o global vivem ali em tensão homóloga àquela encontrada entre uma cultura purificada (setorial) e a cultura como experiência.

UM OUTRO OLHAR PARA AS POLÍTICAS CULTURAIS: O PRAGMATISMO[40]

O pragmatismo tem várias formas e alguns elementos em comum. Longe de definir as práticas culturais em sua suposta objetividade, independente,

---
[40] Frederico Barbosa, *Imagens na pedra: políticas culturais no Brasil*, tese de doutorado, UnB, 2000.

portanto, dos valores definidos socialmente, o pragmatismo considera que o objetivo final das experiências estéticas e simbólicas é o enriquecimento da experiência social. O conceito estabelece, portanto, que "a concepção segundo a qual os objetos possuiriam valores fixos e inalteráveis constitui precisamente o preconceito do qual a arte nos emancipa", uma vez que na "obra de arte a prova do pudim esta decididamente no fato de comê-lo", e não numa "regra *a priori* ou num princípio crítico qualquer"[41].

A concepção pragmatista fundamenta-se em pelo menos três premissas. Em primeiro lugar, as artes e a cultura proporcionam experiências vivas, e não apenas a apreciação estática de objetos estáticos. Assim, o pragmatismo rompe com a dominância de uma concepção "museológica" da vida cultural, cuja preocupação excessiva se dirige às obras consagradas e às belas-artes. Além disso, não admite tratar objetos e referências culturais por meio de descontextualização sistemática. Em segundo lugar, ao pensar a vida cultural como experiência, deslocamos o valor da arte, passando a considerá-la como parte dos recursos internos das pessoas ou como capacidade humana. Esses conceitos são muito mais amplos que a consideração da cultura em seus valores comerciais, ou mero entretenimento, como é corrente em muitas práticas de política cultural e preservação patrimonial, pois os valores não são bens passíveis de posse e alienação. Por fim, em terceiro lugar, o pragmatismo considera os processos culturais e seus contextos histórica e socialmente situados. O espaço dos valores e das representações articula-se de forma densa com padrões de ação e com instrumentos institucionais (vimos esses elementos na ideia de política como paradigma).

Considerar a arte e a cultura como experiência nos ajuda a solucionar o impasse entre essas dicotomias, pois o que importa não é que campos definidos imponham seus valores especializados, mas que os valores tenham circulação ampla e sejam usufruídos como experiências. A cultura e a experiência estética configuram o artefato, o artista e o público. Cultura erudita e popular, apreciação interessada e desinteressada, atitude receptiva e produtiva são momentos necessários e complementares. A indústria cultural sintetiza mais uma faceta dessa ideia. Ela é capaz de anular a dicotomia entre produção e recepção ampliando e democratizando as experiências culturais, já que a cultura se torna acessível a qualquer espectador ou praticante, em qualquer lugar.

É razoável acreditar que os significados de outras culturas não possam ser vividos por qualquer um, em qualquer tempo; a experiência é sempre pessoal, embora datada e localizada. Entretanto, a cultura pode ser pensada como *poiesis*, como fazer e produção, como reunião das habilidades humanas em virtude de uma necessidade de fruição, conhecimento e autorrealização. Mais do que isso, as experiências

---

[41] John Dewey citado por Richard Shusterman em *Vivendo a arte*, São Paulo: Editora 34, 1998, p. 249.

culturais podem ser pensadas em sua pluralidade, como um repertório de possibilidades humanas distribuídas pelos diversos segmentos sociais.

Na mesma cadência, devemos reconhecer que o Estado é um dos agentes de uma ampla rede de produção e circulação simbólica, e portanto não deveria consagrar um bem em detrimento de outros. Todavia, os valores que mobiliza são negociados entre os diversos atores envolvidos. Mesmo que a cultura ganhe valor utilitário ou econômico, mesmo que exija pureza estética, seu valor pode estar fundado em identidades coletivas. Nas políticas do patrimônio, que ainda resguardam o poder discricionário do tombamento pelo Estado, as práticas dos órgãos federais, estaduais e municipais consideram os condicionantes sociais e os interesses ligados aos bens de interesse cultural[42]. Por outro lado, as políticas de patrimônio imaterial implicam forte ativação das redes valorativas dos agentes relacionados ao patrimônio, envolvendo discussão, planejamento, ações coordenadas, articulação de parceiros, criação de fóruns etc.

Nesse contexto, as possibilidades da concepção pragmatista de liberar o conceito de cultura da ideologia elitista e utilitarista são muito evidentes. A reintegração da cultura à vida cotidiana implica remanejamentos das práticas institucionais que até agora preservaram as artes maiores e seus produtos como parâmetros ideais de controle da legitimidade cultural. Acreditamos que não faz sentido limitar os parâmetros culturais ao que se convencionou chamar de belas-artes, assim como não faz sentido idealizar o passado como objeto de valorização em detrimento do presente. Richard Shusterman faz uma afirmação sobre a arte que gostaríamos de utilizar: "Ao definir a arte como prática determinada por uma narrativa histórico-artística, todas as decisões substanciais em relação ao que faz o valor da arte (ou na arte) são entregues às decisões internas da prática, tais como são vistas pela história da arte"[43]. Insistimos num ponto: as práticas não podem ser totalizadas, são simplesmente práticas, dispersas e locais; unificadas do ponto de vista simbólico, mal se esconde que se desdobram no espaço das singularidades e diferenças.

Nesse sentido, o deslocamento das políticas de preservação patrimonial da nação para a sociedade representa bem a ideia de que o patrimônio é um retrato

---

[42] A intervenção do Estado não apenas ganha novas funções com conceitos ampliados de patrimônio, mas também tem a necessidade de adquirir novos formatos e instrumentos que correspondam aos interesses sociais. No caso de se considerar a exploração turística do patrimônio, são necessários instrumentos de planejamento e recursos humanos e a articulação de interesses de forma diferente da que leva ao simples tombamento. Por outro lado, o patrimônio não poderia ser pensado apenas como monumento, mas como parte dinâmica da configuração dos espaços urbanos. Para uma percepção da necessidade de políticas públicas de patrimônio e dos limites da figura jurídica do tombamento num conceito ampliado de política patrimonial, cf. Marly Rodrigues, *Alegorias do passado*, tese de doutorado, Unicamp, 1994.

[43] Richard Shusterman, *op. cit.*, p. 33.

do presente, "um registro das possibilidades políticas dos diversos grupos sociais, expressas na apropriação de parte da herança cultural, dos bens que materializam e documentam sua presença no fazer histórico das sociedades"[44]. O patrimônio cultural estaria relacionado com as disposições dos poderes públicos na instituição da memória social, tanto quanto os inscreveria em espaços históricos com a disputa simbólica, econômica e política que registra a presença dos diversos grupos na vida social. Se o "patrimônio" restringiu-se, em certo momento, a contar a história e sobrepunha-se à estética e às outras possibilidades culturais, e se essa história passou a ser contada através do olhar dos cânones da arquitetura modernista, mais recentemente começou a ampliar-se o conceito de patrimônio histórico e arquitetônico para o de patrimônio cultural[45]. Com a CF 1988 e o Decreto-Lei nº 3.551/2000, muitas referências das políticas patrimoniais mudaram. É um desafio de igual tamanho relacioná-las com os direitos humanos, tratá-las no duplo registro da experiência social e da política pública. A dinamização e salvaguarda do patrimônio cultural como conjunto plural de experiências só terão chance de êxito se articularem o campo dos valores com o campo das instituições de políticas públicas e da história social no quadro de uma intensa rede de trocas e reconhecimento entre os atores em campo.

---

[44] Marly Rodrigues, "De quem é o patrimônio?", *op. cit.*, p. 195.

[45] Este conceito inclui a dimensão etnográfica, étnica, ambiental, urbana e turística.

DIMENSÕES DAS PRÁTICAS CULTURAIS E DIREITOS HUMANOS

- *Sandra Cureau* -

Deixem-nos ver, antes da garganta sufocar,
o último grito de aflição.
Mãos arrogantes, empunhando chicotes,
seguram tenso nosso temor – temor do homem.
De Niska, Mila e Muranow,
Como um buquê de flores de sangue
dos canos das armas clama o coração.
Esta é a nossa primavera – nosso contra-ataque.

Poeta judeu do gueto de Varsóvia

Este texto tem como objetivo analisar, de maneira ilustrada, a intrínseca associação que se dá entre um bem cultural material e a nem sempre perceptível condição de imaterialidade. Também será analisada a forma como a elaboração do patrimônio segue o movimento das memórias e a construção das identidades. Por fim, serão abordados casos de manifestações do patrimônio cultural, marcadamente imateriais, que desrespeitam direitos humanos – os quais, despercebidamente, lhes possam estar agregados.

A noção de patrimônio como algo a ser preservado surgiu apenas no século XVIII, durante a Revolução Francesa, quando um decreto da Assembleia Nacional criou uma comissão encarregada de arrolar e selecionar os bens confiscados à nobreza e ao clero[1]. Não obstante esse fato, Françoise Choay[2] afirma que é possível sustentar que o nascimento do conceito de monumento histórico teria ocorrido em Roma, por volta do ano de 1420, quando Martinho V, após

---

[1] Márcia Dieguez Leuzinger; Sandra Cureau, *Direito ambiental*, Rio de Janeiro: Elsevier, 2008, p. 124.

[2] Françoise Choay, *L'Allégorie du patrimoine*, Paris: Seuil, 1992, pp. 26-9.

seu exílio em Avignon, do qual falaremos mais tarde, restabelecendo o Papado naquela cidade, tratou de reconstituir seu poder e seu prestígio.

Já as coleções de arte, que são as antecessoras dos museus, parecem ter aparecido no século II a.C.

No ano de 146 a.C., o general romano Lúcio Múmio Acaico, desconcertado pelo valor ofertado por Átalo II, de Pérgamo, por objetos aos quais os romanos não davam a menor importância, apossou-se de uma pintura de Aristides de mais de um século. Imediatamente agregou à pintura algumas estátuas, como forma de oferenda aos deuses romanos. Choay considera esse episódio como o momento do nascimento simbólico do objeto de arte e de sua coleção pelos romanos.

A mesma autora, porém, reconhece algumas diferenças entre aquelas coleções de objetos de arte e o patrimônio histórico ocidental: todos os objetos que encantavam os hunos e, mais tarde, os romanos, eram de origem grega e pertenciam quase exclusivamente ao período clássico do helenismo. Seu valor não era reconhecido nem por sua história, nem por sua antiguidade, mas pelo fato de serem oriundos de uma civilização superior. Eram como "modelos" que serviam para testemunhar uma arte de viver e um refinamento que só os gregos haviam conhecido. Não se tratava de uma visão reflexiva e cognitiva, mas de um processo de apropriação, por meio do qual os objetos adquiriam uma nova utilidade, sendo usados na decoração das termas, dos jardins públicos e privados, das ruas ou das residências.

Muitos séculos depois, à época da Revolução Francesa, após terem sido incendiadas igrejas, destruídos monumentos e saqueados castelos, depois que a palavra "vandalismo" foi lançada pelo abade Grégoire, as profanações, destruições e degradações acabaram por gerar uma reação por parte de intelectuais e eruditos, que consideraram imperativo identificar, reconhecer e inscrever obras de arte e monumentos que nunca haviam sido objeto de nenhum recenseamento. Sobreveio, então, a instrução do ano II, endereçada aos administradores da República Francesa, que tratava da maneira de inventariar e conservar. Essa instrução fez uso de uma linguagem que André Chastel[3] classifica de *extremamente forte*: "Vocês não são mais que os depositários de um bem do qual a grande família tem o direito de lhes exigir que prestem contas." Segundo Chastel, de alguma forma esses bens, pela simbologia que veiculavam, conferiam uma forma de existência ao passado. Pode-se dizer que foi a partir daí, com base nessa preocupação moral e pedagógica, que começou a surgir a moderna noção de patrimônio.

---

[3] André Chastel, "La notion de patrimoine", em: Pierre Nora (dir.), *Les Lieux de mémoire*, Paris: Gallimard, 1997, pp. 1435-7.

Nessa época, o conceito de patrimônio cultural já estava vinculado à concepção de memória, ainda que, para Choay[4], o valor nacional fosse o primeiro e o fundamental, aquele que legitimava todos os outros. Fazendo dos monumentos históricos, por herança, propriedade do povo francês, os comitês revolucionários os dotavam de um valor nacional dominante e lhes atribuíam destinações novas, educativas, científicas e práticas.

Ainda hoje é possível constatar esse imenso desejo de memória na sociedade francesa, que se traduz, segundo Joël Candau[5], "em um gigantesco esforço de inventário, salvaguarda, conservação e valorização de supostos indícios de seu próprio passado". Nesse sentido, os bens patrimoniais servem para alimentar a ilusão de continuidade e a reivindicação patrimonial passa a ser um investimento identitário a ser transmitido: assim, o que é material se transmuta em imaterial. O tempo presente é uma construção social: lembrar-se é, em grande parte, não esquecer. Nesse contexto, os bens patrimoniais servem como um apoio à memória, uma vez que o passado só existe porque se apoia nos objetos que lhe estão ligados. A materialidade do patrimônio cultural se encontra, portanto, intimamente relacionada a fatores imateriais que o exercício da memória coletiva pretende associar à formação identitária dos membros de uma coletividade.

Inicialmente inventariados ou encaminhados aos museus, os bens culturais, testemunhos do passado, foram adquirindo importância. Em 1810, uma circular solicitava aos prefeitos que recolhessem todas as informações possíveis sobre os castelos, as abadias, os túmulos. Pouco a pouco, a Idade Média tornou-se essencial ao patrimônio nacional francês. Passou-se a investigar as origens da nação. Os vestígios arqueológicos mais antigos passaram a ter uma enorme importância. A gestação do sentimento patrimonial, na medida em que passava pela valorização de obras ligadas a instituições religiosas, monárquicas e aristocráticas, foi longa e dramática. Foi necessário quase meio século para que fosse oficialmente reconhecida a existência de um patrimônio monumental essencial à consciência nacional.

MEMÓRIA E IDENTIDADE

A identidade cultural e a memória coletiva, bem como as maneiras pelas quais ambas se expressam – tanto na preservação do chamado patrimônio material, móvel ou imóvel, como do patrimônio intangível –, são extremamente

---

[4] Françoise Choay, *L'Allégorie du patrimoine*, op. cit., pp. 91-2.

[5] Joël Candau, *Memória e identidade*, São Paulo: Contexto, 2011, p. 159.

importantes para a compreensão do vínculo existente entre o patrimônio cultural e os direitos humanos.

Memória e identidade integram a definição de patrimônio cultural, contida no art. 216 da Constituição Federal de 1988 e na Convenção para a Salvaguarda do Patrimônio Cultural Imaterial da Unesco[6], podendo-se afirmar que os diferentes bens imóveis, móveis e documentais, monumentos, obras sacras, formas de expressão, modos de criar, fazer e viver estão intimamente ligados a esses dois conceitos.

No preâmbulo da Carta de Veneza, de maio de 1964, já se afirmava que as obras monumentais de cada povo "perduram no presente como o testemunho vivo de suas tradições seculares".

Em seu livro, João Carlos Tedesco[7] observa que, entre o presente e o passado, "apresentam-se traços, vestígios, símbolos mediante os quais se pode compreender o passado; trata-se de recordações, imagens, relíquias...". Tais elementos, contudo, são imperfeitos, pois o passado não pode ser reconstituído em sua forma integral. Além de se exteriorizar em um determinado objeto, a memória nele se condensa, o que o faz adquirir um valor simbólico. Os objetos de memória, simbolicamente, representam recordações de um passado que não se quer esquecer e que deve conviver com a lógica de uma sociedade que se funda na rápida substituição dos bens.

Pode parecer apressado afirmar que todos os bens integrantes do patrimônio cultural carregam um vínculo com a identidade e a memória dos povos ou das comunidades em que estão inseridos. Entretanto, não é tão difícil aceitar essa conclusão quando se verifica que a destruição de um bem cultural promove a passagem do material para o imaterial: é um ato de destruição do passado e daquilo que a construção coletiva da memória quer representar. Simbolicamente, como ensina Jean-Michel Leniaud[8], a destruição facilita a conscientização de que o que importa está mais ligado ao imaterial do que ao material.

Tomemos o exemplo das catedrais. Surgidas no século IV, as catedrais viveram a sua função como igreja e teatro de culto, além de servirem a uma vida mítica no plano imaginário. No momento de sua construção, a maior parte das catedrais romanas apresentavam traços que testemunhavam a originalidade de seu papel e de seu significado. Também em ocasiões em que se fizeram

---

[6] Em seu art. 2º (definições), a Convenção diz textualmente que o patrimônio cultural imaterial, que se transmite de geração em geração, "gera um sentimento de identidade e continuidade". Disponível em: <www.unesco.org/culture/ich/doc/src/00009-PT-Brazil-PDF.pdf>. Acesso em: 4 fev. 2019.

[7] João Carlos Tedesco, *Nas cercanias da memória. Temporalidade, experiência e narração*, Caxias do Sul: Educs – Editora da Universidade de Caxias do Sul, 2004, p. 83.

[8] Jean-Michel Leniaud, "Du matériel à l'immatériel: vers une nouvelle conception du patrimoine", em: Françoise Benhamou e Marie Cornu (dir.), *Le Patrimoine culturel au risque de l'immatériel*, Paris: L'Harmattan, 2010, p. 30.

necessárias reconstruções, foram levados em conta as tradições, os hábitos dos fiéis e a especificidade das cerimônias. Por outro lado, nas restaurações levadas a cabo no século XIX em igrejas que se encontravam abandonadas havia muito tempo, detalhes que se haviam tornado incompreensíveis foram suprimidos para que não interferissem na visão do conjunto.

Avancemos um pouco mais no valor simbólico das catedrais. Sendo a catedral o símbolo do poder do bispo sobre a Terra, a ele era reservado um lugar privilegiado, a cátedra. O coro dos cânones, que na Idade Média era habitualmente situado na parte oeste dos santuários, separado por um cercado baixo, era mais ou menos espaçoso, conforme a importância da igreja, e servia para garantir a indispensável tranquilidade dos religiosos em seu interior. A partir do século XI, com o maior afluxo dos fiéis, tornou-se necessária uma divisão mais segura, com paredes de pedra[9].

Desde seu surgimento, o estilo gótico[10] das catedrais, que valorizava os grandes espaços internos, a expansão das torres e dos campanários, a própria luz, possibilitou a incorporação de maneira mais completa das características comuns aos santuários. Como se poderia compreender a importância do coro de uma igreja ou mesmo de um santuário medieval sem que se conhecesse a liturgia que motivou sua construção e que requereu toda uma pesquisa de espaço, luminosidade e acústica necessários à realização dos rituais da época? Segundo o medievalista Jacques Le Goff[11], "Tanto por ser a igreja mais importante de cada diocese quanto por ser a cabeça de todas as igrejas, tanto também por suas necessidades relativas à acolhida dos fiéis quanto por precisar impor visualmente o seu prestígio, a catedral é impressionante por suas dimensões. A força de sua imagem se exprime pela robustez exterior e grandiosidade interior".

Essas igrejas e catedrais se erguiam muitas vezes em torno das relíquias de santos. As viagens de peregrinação de fiéis até esses santuários criaram caminhos, estradas e itinerários. Notemos que toda a ordem anterior, da Antiguidade greco-romana, se inverte. As relíquias católicas são restos físicos; entretanto, um objeto que teve contato com o corpo de um santo também é uma relíquia. Na Antiguidade greco-romana, apenas os objetos que lembravam os heróis ou os grandes homens eram valorizados – tal como no judaísmo, a cultura helênica considerava uma grande mancha o contato com um cadáver. O cristianismo, por sua vez, considera que todos ressuscitarão, e que o santo figurará entre os eleitos no Juízo Final e poderá interceder pelos seus. Daí vem a valorização da permanência do santo ou de relíquias ligadas a ele na

---

[9] Veja-se, entre outros, Alain Erlande-Brandenburg, *La Cathédrale*, Lille: Arthème Fayard, 1989, p. 140 e ss.

[10] Desenvolvido na Idade Média, principalmente a partir da construção das catedrais.

[11] Jacques Le Goff, *Heróis e maravilhas da Idade Média*. Rio de Janeiro: Ed. Vozes, 2009, pp. 51-2.

comunidade. Visita-se um túmulo como se visita um padroeiro. O corpo e os objetos do santo são representações visíveis do próprio santo, capazes de obter para os fiéis indulgências no além.

Le Goff afirma que "até o século XI, a Europa é antes de mais nada uma rede de santuários"[12]. Um exemplo que ilustra essa afirmação é o caminho de Santiago de Compostela, que começa na França e atravessa parte da Espanha, que, em 1987, foi declarado Primeiro Itinerário Cultural Europeu pelo Conselho da Europa e, em 1993, foi inscrito na lista do Patrimônio Mundial da Unesco.

O Caminho de Santiago teve um papel essencial no desenvolvimento religioso e cultural da Baixa Idade Média. A construção de prédios nas rotas deveria corresponder às necessidades espirituais e físicas dos peregrinos. Ligada ao local onde se encontra o túmulo do apóstolo Tiago, o Maior, a peregrinação a Compostela conheceu seu apogeu no século XI, quando milhares de pessoas, entre elas reis e clérigos, caminhavam longas distâncias para orar sobre o túmulo daquele que teria sido um dos mais próximos companheiros de Cristo. Essas jornadas eram extremamente duras para os peregrinos, que seguidamente necessitavam de cuidados médicos. Os raros centros de saúde ainda existentes na parte francesa do caminho integram a Lista do Patrimônio Mundial. Também são preservadas numerosas pontes pelo caminho, conhecidas como "pontes de peregrinos". A página da Unesco registra a importância do Caminho de Santiago de Compostela como testemunho excepcional do poder e da influência da fé cristã sobre todas as classes sociais e sobre todos os países na Idade Média[13].

Voltemos à nossa discussão sobre simbologia. Tendo em vista o fato de que a ligação com a memória e a identidade de qualquer manifestação de um bem cultural produz a transformação do material em imaterial, Leniaud[14] afirma que, em si, a Santa Cruz, a coroa de espinhos e outras relíquias da Paixão de Cristo, como a pedra do sepulcro, não possuem qualquer importância. Entretanto, como vestígios de um acontecimento – a paixão de Cristo – e de uma crença – a ressurreição –, elas possuem o inestimável valor de testemunhos. A partir de sua materialidade, elas manifestam uma imaterialidade transcendente de cunho religioso e espiritual.

Do ponto de vista da antropologia, esses mesmos vestígios assumem outra feição: nesse campo de estudo, os restos humanos ou os sepulcros não são vistos como objetos de culto. Os ossários podem mesmo vir a conhecer uma

---

[12] *Id., Em busca da Idade Média*, Rio de Janeiro: Civilização Brasileira, 2005, p. 154.

[13] Disponível em: <http://whc.unesco.org/fr/list/669>. Acesso em: 4 fev. 2019.

[14] Jean-Michel Leniaud, "Du matériel à l'immatériel: vers une nouvelle conception du patrimoine", *op. cit.*, p. 30.

notoriedade póstuma, mas em virtude de sua antiguidade. Qualquer que seja seu valor testemunhal para a posteridade, eles constituem material documental: ou seja, os esqueletos não possuem valor por serem sagrados ou por terem participado de ritos religiosos. Isso não reduz a importância dos edifícios religiosos e dos vestígios funerários, como testemunhos dos cultos da Antiguidade, para o estudo do patrimônio arqueológico[15].

O exemplo das catedrais e das relíquias sacras foi valioso para ilustrar a história e a transversalidade da correlação entre memória e imaterialidade patrimonial. Cabe agora salientar que o outro elo conceitual que nos ocupa, o *vínculo identitário*, só veio a ser definido muito mais tarde.

Clara Bertrand Cabral[16] sustenta que o conceito de identidade veio a ser divulgado nas ciências sociais na década de 1960. Já Roberto Cardoso de Oliveira[17], por sua vez, afirma que a questão identitária, no âmbito das ciências sociais, surgiu bem depois.

Em meados de 1970, por iniciativa de Jean-Marie Benoist, foi realizado em Paris um seminário intitulado "L'identité", que teve como mentor intelectual Claude Lévi-Strauss. Dele participaram profissionais das mais diversas áreas do conhecimento, como psicanalistas, filósofos, linguistas e antropólogos. Segundo Oliveira, nessa época, o tema da identidade estava fora da agenda teórica dos sociólogos e antropólogos, ainda que sempre tenha habitado "o espaço das pesquisas etnológicas, particularmente quando envolvidas com questões étnicas"[18]. Oliveira afirma que, não obstante o título do simpósio dirigido por Benoist e Levi-Strauss, a questão identitária permaneceu ali praticamente ignorada.

Citando a lição de Régis Schlagdenhauffen[19], os "lugares de memória funcionam principalmente na forma de *reminders* – índices de recordação, oferecendo,

---

[15] O direito internacional relativo ao patrimônio cultural não trata dos restos humanos, a não ser na Convenção da Unesco sobre o patrimônio subaquático, adotada em Paris, em 2001. Seu artigo 1º define o patrimônio cultural subaquático como sendo todos os traços da existência humana que apresentem um caráter cultural, histórico ou arqueológico e que estejam total ou parcialmente submersos. A esse respeito, ver, entre outros, Guy du Chazaud, "Protection des objets mobiliers. Le point de vue d´un conservateur", em: Brigitte Basdevant-Gaudemet; Marie Cornu; Jérôme Fromageau (dir.). *Le Patrimoine culturel religieux. Enjeux juridiques et pratiques culturelles*. Paris: L'Harmattan, 2006, pp. 333-5.

[16] Clara Bertrand Cabral, *Património cultural imaterial – Convenção da Unesco e seus contextos*, Lisboa: Edições 70, 2011, p. 30.

[17] Roberto Cardoso de Oliveira, *Caminhos da identidade. Ensaios sobre etnicidade e multiculturalismo*, São Paulo: Editora Unesp, 2006, pp. 20-1.

[18] *Ibidem*.

[19] Régis Schlagdenhauffen, *La Bibliothèque vide et le memorial de l´holocauste de Berlin*, Paris: L'Harmattan, 2005, p. 28.

alternadamente, um apoio às falhas da memória, uma luta dentro da luta contra o esquecimento, ou até uma substituição silenciosa da memória morta".

Existem tantas memórias quanto grupos ou comunidades; a memória é, por natureza, múltipla e multifacetada, coletiva, plural e individualizada[20]. Assim, pode-se afirmar a existência de "regiões-memória", "cidades-memória" ou mesmo "bairros-memória". Paisagens podem contribuir para a afirmação de memórias compartilhadas e para influenciar o sentimento de identidade[21].

O direito ao reconhecimento da própria identidade é um dos temas importantes no discurso intercultural. Conforme Rosa Marí Ytarte[22], "na multiculturalidade, a identidade costuma remeter à cultura, no sentido de que o pertencimento a uma 'cultura' forma uma identidade (individual e coletivamente) determinada". Assim, o direito à própria identidade, à sua manifestação e à sua valoração positiva, tanto individual como de grupo, apresenta-se como uma das questões mais significativas da interculturalidade.

De certo modo, as ideias de identidade e de cultura nasceram juntas, ainda que estes não sejam conceitos equivalentes. A identidade pode ser entendida como efeito da cultura e, dessa forma, a identidade cultural cria, no ser humano, um sentido de pertencimento com relação a um grupo, sentido que ele compartilha com os demais membros desse mesmo grupo, em um processo de diferenciação dos demais.

Nenhuma identidade cultural aparece do nada, como salienta Edward W. Said[23]: "Todas são construídas de modo coletivo sobre as bases da experiência, da memória, da tradição (que também pode ser construída e inventada), e de uma enorme variedade de práticas e expressões culturais, políticas e sociais". Sendo a identidade aquilo que, nos seres humanos, indica o pertencimento, ela também é algo que se transforma constantemente, e cada uma de suas transformações indica mudanças e rupturas. Essa dinâmica de enlaces e rupturas aponta uma relativa flexibilidade: tanto a identificação como a diferenciação fazem, com efeito, parte da identidade cultural.

---

[20] Veja-se a respeito Pierre Nora, "Entre mémoire et histoire. La problematique des lieux", em: _____ (dir.). *Les Lieux de mémoire*. Paris: Gallimard, 1997, p. 25.

[21] A respeito, cite-se Joël Candau, *Memória e identidade*, 2011, op. cit., p. 157.

[22] Rosa Marí Ytarte, *¿Culturas contra ciudadanía? Modelos inestables en educación*. Barcelona: Gedisa, 2007, p. 70.

[23] Edward W. Said, "Cultura, Identidad y historia", em: Gerhart Schroëder; Helga Breuninger (compiladores). *Teoría de la cultura. Un mapa de la cuestión*, Buenos Aires: Fondo de Cultura Económica, 2005, p. 39.

AS EMOÇÕES PATRIMONIAIS

As emoções patrimoniais são os vetores que articulam memória e identidade, que possibilitam a assimilação da "memória coletiva" pela "identidade cultural" que cada ser humano forma ao longo da vida.

São os afetos ligados a um patrimônio material ao longo de gerações. A história do Palácio dos Papas, situado em Avignon, na França, é usada por Leniaud[24] como exemplo para ilustrar a evolução da compreensão de um lugar. Construído em menos de vinte anos, a partir de 1335, o palácio foi obra, principalmente, de dois papas, Benedito XII e seu sucessor Clemente VI, tendo sido a sede do papado no século XIV. Quando o francês Bertrand de Gouth foi eleito e coroado Sumo Pontífice, em 1305, ele se recusou a se transferir para Roma, decidindo instalar-se temporariamente em um convento dominicano em Avignon, até a construção da nova sede do papado naquela cidade. Sete papas reinaram no Palácio dos Papas, até que Martinho V, eleito em 1417, restabeleceu a sede do papado em Roma. Avignon foi vendida a Clemente VI, em 1348, por Jeanne, rainha de Nápoles e da Sicília, e permaneceu como a sede dos legados pontificais italianos durante cerca de quatro séculos após o retorno dos papas a Roma. Durante a Revolução Francesa, o povo de Avignon expulsou os clérigos e decidiu que a cidade pertenceria, doravante, à França. O "Palais des Papes" é considerado o mais importante palácio gótico do mundo, integrando, juntamente com a ponte construída no século XII e o centro histórico de Avignon, a lista do Patrimônio Mundial da Unesco[25].

Em 1793, após a Revolução Francesa, a Convenção decidiu demolir a "Bastille du Midi", como a chamavam – o que só não ocorreu devido às dificuldades criadas pelas enormes dimensões do maciço edifício. Em 1810, o Palácio dos Papas tornou-se propriedade da cidade. Assim, desde uma interpretação anticlerical dada pelos revolucionários de 1789 até uma visão nacionalista posterior, não são apenas os fatos da história francesa que ilustram a maneira como essa obra monumental foi encarada do ponto de vista patrimonial, mas, acima de tudo, a compreensão do lugar e de suas sucessivas recepções ao longo dos tempos.

Leniaud[26] chama a atenção para a diferença entre a "emoção patrimonial" – lembranças e afetos ligados ao patrimônio (raízes políticas, estéticas, históricas,

---

[24] Jean-Michel Leniaud,"Du matériel à l'immatériel: vers une nouvelle conception du patrimoine", *op. cit.*, p. 28.

[25] Disponível em: <http://whc.unesco.org/fr/list/228>. Acesso em: 4 fev. 2019.

[26] Jean-Michel Leniaud, "Du matériel à l'immatériel: vers une nouvelle conception du patrimoine", *op. cit.*, p. 28.

religiosas, que se entrelaçam para manter a nostalgia e impedir a invasão do consumo turístico) – e as fontes patrimoniais imateriais propriamente ditas. Assim, quando um monumento é destruído, sua força simbólica permanece, porque a característica essencial da memória está ligada a uma emoção coletiva, que faz com que ela deixe de existir de maneira isolada para integrar um conjunto no qual se inserem outras recordações. Segundo Pierre Nora, vivemos atualmente a passagem da consciência histórica para uma consciência social, que substitui a legitimação da tradição por razões históricas por uma consciência coletiva que é, primordialmente, social: "O passado não é mais garantia do futuro e nisto está a principal razão da promoção da memória como agente dinâmico e única promessa de continuidade"[27].

LUGARES DE MEMÓRIA

Lembrar não é apenas trazer imagens à memória, não é apenas recordar o passado como algo que se foi. Muitas vezes, lembrar tem o sentido de manter vivo algo que aconteceu, para que seja lembrado pela geração presente e pelas futuras – em alguns casos, como veremos a seguir, para que algo não volte a ocorrer, já que uma característica marcante da memória é que ela abrange tanto a lembrança como o esquecimento.

Conforme Joël Candau[28], "no quadro da relação com o passado, que é sempre eletivo, um grupo pode fundar sua identidade sobre uma memória histórica alimentada de um passado prestigioso, mas ela se enraíza com frequência em um 'lacrimatório' ou na memória do sofrimento compartilhado". Neste sentido, é difícil encontrar melhor exemplo do que o de Oradour-sur-Glane, povoado situado no Departamento de Limousin, a cerca de 20 quilômetros a noroeste de Limoges, na França. O "Massacre de Oradour-sur-Glane" foi perpetrado no dia 10 de julho de 1944, quatro horas após o desembarque dos aliados na Normandia. Constitui uma das mais conhecidas atrocidades cometidas pelas tropas alemãs contra civis indefesos durante a Segunda Guerra Mundial. A Terceira Companhia do Primeiro Batalhão de Regimento Der Führer, da SS Division Das Reich das Waffen-SS, dizimou a população, assassinando 642 dos seus 652 habitantes: 190 homens foram metralhados; 246 mulheres e 207 crianças, 6 das quais com menos de 6 meses de idade, foram trancadas na igreja e queimadas vivas. Todo o povoado foi destruído, incendiado e pilhado.

---

[27] Pierre Nora, "Entre mémoire et histoire. La problematique des lieux", op. cit.,. p. 4.712.

[28] Joël Candau, Memória e identidade, op. cit., p. 151.

Nunca se reconstruiu Oradour-sur-Glane. No final da guerra, por determinação do governo francês, as ruínas foram mantidas como um testemunho desses crimes, na esperança de que tais fatos nunca mais se repetissem, e uma nova cidade foi construída do outro lado da rodovia.

As graves violações a direitos humanos perpetradas durante a Segunda Guerra Mundial levaram não só à criação de instrumentos jurídicos, como a Declaração Universal dos Direitos Humanos de 1948, da então recém-criada Organização das Nações Unidas[29], como também à preservação de lugares-testemunhos das atrocidades praticadas.

Com efeito, a iniciativa do governo francês de preservar as ruínas de Oradour-sur-Glaine parece ter sido inspiradora: em 1979, a Unesco inscreveu na Lista do Patrimônio Mundial o campo de concentração e extermínio de Auschwitz-Birkenau, que funcionaram na Polônia à época da ocupação nazista, como símbolo da crueldade do homem para com o seu semelhante[30].

Auschwitz-Birkenau foi o maior campo de concentração e extermínio do III Reich, no qual, conforme pesquisas históricas, cerca de 1,1 a 1,5 milhão de pessoas foram sistematicamente torturadas e assassinadas. Entre 1942 e 1944, tornou-se o principal campo de extermínio nazista de crianças, idosos, homens e mulheres, em sua imensa maioria judeus europeus, que eram torturados e executados por causa de sua pretensa "origem racial"[31]. É importante registrar, no entanto, que, ainda que 90% dos assassinatos tenham sido cometidos contra o povo judeu, Auschwitz também serviu como campo de extermínio de milhares de ciganos e de dezenas de poloneses.

O que restou dos campos de Auschwitz I e II (Birkenau), juntamente com sua área de proteção, foi inscrito na Lista do Patrimônio Mundial como testemunho do esforço desumano, cruel e metódico de negação da dignidade humana de grupos considerados inferiores pelo nazismo e de seu assassinato nas câmaras de gás e nos fornos crematórios. O local evoca, portanto, o genocídio deliberado dos judeus pelo regime nazista e a morte de inúmeras outras vítimas, sendo testemunha de um dos maiores crimes cometidos contra a humanidade. É um lugar de memória coletiva, símbolo do Holocausto, do racismo e da barbárie, além de um testemunho e de uma advertência para as futuras gerações.

No mesmo sentido, pode-se citar o Memorial da Paz de Hiroshima, ou Domo de Genbaku, única construção que restou de pé perto do local no qual explodiu a primeira bomba atômica, no dia 6 de agosto de 1945, matando 140 mil

---

[29] A ONU foi criada em 1945, após a Segunda Guerra Mundial, substituindo a Liga das Nações.

[30] Disponível em: <http://whc.unesco.org/fr/list/31>. Acesso em: 4 fev. 2019.

[31] Na verdade, não existe uma "raça" judaica, mas um povo judeu. O vínculo existente é de origem religiosa e não étnica.

pessoas. Esse edifício foi construído, a partir de 1914, para servir de palácio de exposição comercial e encorajar a produção industrial da cidade. Embora o prédio principal, que se encontrava a 150 metros da explosão, tenha sido quase completamente destruído, as fundações da parte central, sob a cúpula, restaram intactas. Também sobreviveram à explosão partes da fonte, que se encontrava no jardim de estilo ocidental ao lado do palácio. O edifício foi reconstruído e resgatou-se sua forma original, que permanece até hoje. O Domo de Genbaku foi preservado por seu sentido simbólico de esperança da eliminação de todas as armas nucleares, bem como da obtenção da paz mundial. Em 1996, foi incluído pela Unesco na Lista do Patrimônio Mundial[32].

Muitos outros exemplos análogos poderiam ser mencionados, mostrando a resposta positiva ao desafio lançado pela destruição causada por outros seres humanos, que trouxe consigo a ruptura com o passado. Ao examinar os casos de Varsóvia e Gdansk, na Polônia, que, sob a ocupação alemã, sofreram sucessivos bombardeios (Varsóvia foi praticamente destruída), Aleksander Gieysztor aponta o "esforço massivo, dramático e emocional, pela defesa da memória e da herança"[33] cultural, decorrente da convicção profunda que guiou arquitetos e urbanistas, historiadores e especialistas em história da arte no sentido do retorno a certos valores que haviam sido postos em perigo mortal, e que poderiam ser recuperados com a reconstrução dessas cidades. Com "suas cartas de identidade roubadas e queimadas", era necessário refazer tudo. Ainda que se trate de uma cópia feita no século XX, a reconstrução respeitou fielmente a forma original das cidades, para que os monumentos ressuscitados voltassem ao estado em que se achavam antes dos bombardeios alemães.

Gieysztor chama a atenção para dois fenômenos que se manifestaram no curso da reconstrução: essa busca do passado, iniciada por intelectuais, despertou o interesse de camadas muito mais numerosas da população polonesa, que desejavam preservar não só a identidade de sua família ou de sua comunidade, mas os grandes laços da memória nacional. A obra de reconstrução do palácio real de Varsóvia, por exemplo, até 1982 foi financiada exclusivamente por meio de uma coleta de fundos de particulares. De outro lado, durante o processo de reconstrução – não só de Varsóvia e Gdansk, mas de todo o país –, estruturas de gestão do patrimônio histórico, bem como serviços técnicos necessários, foram criados para assegurar a continuidade do processo de salvaguarda.

No Brasil, em 2014, 29 anos após o fim da ditadura militar, a antiga sede do DOI-Codi (Destacamento de Operações de Informações – Centro de Operação

---

[32] Disponível em: <http://whc.unesco.org/fr/list/775>. Acesso em: 5 fev. 2019.

[33] Aleksander Gieysztor, "La reconstrution polonaise d´après guerre", em: Jacques Le Goff, (pres.). *Patrimoine et passions identitaires*. Paris: Fayard, 1998, pp. 301-9.

de Defesa Interna), localizado na rua Tutoia, 921, na Vila Mariana, zona sul de São Paulo, foi tombada. O pedido de tombamento havia sido apresentado em 2010 pelo Conselho Estadual dos Direitos da Pessoa Humana de São Paulo[34].

O DOI-Codi foi criado em 1970, como sucessor da Oban (Operação Bandeirantes), e era dirigido pelas Forças Armadas. Até sua desativação, no início da década de 1980, por lá passaram cerca de 6 mil pessoas, segundo relatório do próprio Exército. "Aqui é a sucursal do inferno" – assim eram recebidos os presos políticos ao chegarem ao local. O pedido de tombamento considerou toda a área da atual 36º Delegacia de Polícia e encontrou resistências, certamente por simbolizar um dos mais temidos centros de repressão na ditadura militar. Naquele local foi torturado e morto, em 1975, o jornalista Vladimir Herzog.

Outro caso exemplar: no centro de São Paulo, o prédio onde hoje funciona o Memorial da Resistência abrigou o Departamento de Ordem Política e Social (Dops), de 1942 a 1983, e foi tombado em 1999 para preservar a memória do período de repressão política. Os trabalhos foram desenvolvidos pelo Fórum Permanente dos Ex-Presos e Perseguidos Políticos do Estado de São Paulo, com o apoio de colaboradores e instituições culturais e do Arquivo Público do Estado de São Paulo.

Segundo o seu *site* oficial[35], o Programa Lugares da Memória é uma das linhas programáticas do Memorial da Resistência de São Paulo, e tem por objetivo o inventário e a sinalização dos lugares da memória da resistência e da repressão políticas no estado.

Outro local tombado – em 1987 – foi o arco da entrada do presídio Tiradentes, a parte que sobrou do prédio que abrigou presos políticos após a sua demolição, em 1972, para dar lugar às obras do metrô. Conforme o *site* da Secretaria de Cultura do Estado de São Paulo[36],

> *A Casa de Correção, mais tarde presídio Tiradentes, foi criada em 1825, quando São Paulo possuía apenas uma cadeia pública, sediada no Paço Municipal, responsável pela prisão de arruaceiros e escravos fugitivos. Durante o Estado Novo, recebeu presos políticos, entre eles, Monteiro Lobato, que ocupou a cela nº 1. Com a mudança ocorrida no país a partir de 1964, o*

---

[34] Disponível em: <https://www1.folha.uol.com.br/poder/2014/01/1403770-predio-do-doi-codi-de-sao-paulo-e-tombado-pelo-patrimonio-historico.shtml>. Acesso em: 5 fev. 2019.

[35] Disponível em: <http://www.memorialdaresistenciasp.org.br/memorial/default.aspx?mn=9&c=136&s=0>. Acesso em: 5 fev. 2019.

[36] Disponível em: <http://vgnweb.publica.sp.gov.br/portal/site/SEC/menuitem.bb3205c597b9e36c3664eb10e2308ca0/?vgnextoid=91b6ffbae7ac1210VgnVCM1000002e03c80aRCRD&Id=97ffc73fb46cc010VgnVCM2000000301a8c0____>. Acesso em: 5 fev. 2019.

presídio testemunhou outra etapa de nossa história, quando se tornou lugar de detenção e repressão aos primeiros opositores do regime militar. No final de 1972, o edifício foi demolido, em função das obras do Metrô, permanecendo apenas o arco de entrada, construído na década de 1930.

Apesar desses exemplos, no Brasil ainda não se verifica um esforço muito significativo na criação de lugares de memória coletiva destinados a testemunhar fatos do passado para que sejam lembrados pelas futuras gerações. Razões de ordem política, em especial, têm sido invocadas para adiar o resgate de fatos ocorridos, particularmente no que diz respeito à violação dos direitos humanos de presos políticos e aos desaparecidos durante o longo período de ditadura militar. Isso em alguns casos implicou a negação de um dos direitos mais primários, que é o de enterrar os seus próprios mortos.

Na *Antígona*, de Sófocles, a trama já se desenvolvia em torno do direito que caberia a qualquer ser humano, que seria baseado na existência de uma lei divina, universal e natural, superior à lei dos homens, que garantiria o direito a ser sepultado. Em uma das primeiras passagens da tragédia, Antígona, dirigindo-se a sua irmã Ismênia, diz:

> *Pois não sabes que Creonte concedeu a um de nossos irmãos, e negou ao outro, as honras da sepultura? Dizem que inumou a Etéocles, como era de justiça e de acordo com os ritos, assegurando-lhe um lugar condigno entre os mortos, ao passo que, quanto ao infeliz Polinice, ele proibiu aos cidadãos que encerrem o corpo num túmulo, e sobre este derramem suas lágrimas*[37].

A seguir, Antígona pede à irmã que a ajude a transportar o cadáver, mas esta se nega, afirmando que estão submetidas ao soberano, a cujas ordens devem obediência. Ao final da tragédia, a protagonista desobedece às ordens de Creonte e sepulta o irmão morto. Por essa razão ela é presa, condenada à morte e enterrada viva.

Embora oriunda da Antiguidade grega, a tragédia se baseia numa das necessidades mais primordiais da humanidade, que é a de reservar lugares ao culto dos mortos, isto é, à preservação da memória familiar e, por extensão, da memória coletiva – o que vem sendo negado, desde o fim do regime militar, às famílias dos desaparecidos políticos no Brasil.

---

[37] Disponível em: <http://www.ebooksbrasil.org/adobeebook/antigone.pdf>. Acesso em: 5 fev. 2019.

PATRIMÔNIO CULTURAL X DIREITOS HUMANOS

A Convenção para a Salvaguarda do Patrimônio Cultural Imaterial de 2003 teve seu primeiro embrião em 1922, com a Commission International de Coopération Intellectuelle, da Sociedade das Nações. Em 1928, foi criada a Commission International des Arts Populaires, que manteve colaboração com a Unesco até 1964, ano em que se separou das Nações Unidas e adotou a denominação de Societé International d'Ethnologie et de Folklore, estando em atividade até os dias de hoje, principalmente na Europa.

A partir da Conferência Mundial sobre Políticas Culturais, realizada no México, em 1982, a Unesco adotou um conceito holístico de cultura, definindo-a, no preâmbulo da declaração, em seu sentido mais amplo, como o conjunto dos traços distintivos, espirituais e materiais, intelectuais e afetivos, que caracterizam uma sociedade ou um grupo social, englobando, além das artes e das letras, os modos de vida, os direitos fundamentais do ser humano, os sistemas de valores, as tradições e as crenças.

Esse mesmo conceito foi transplantado para a Declaração Universal sobre a diversidade cultural de 2001, da qual consta, expressamente: "A defesa da diversidade cultural é um imperativo ético, inseparável do respeito à dignidade humana. Ela implica o compromisso de respeitar os direitos humanos e as liberdades fundamentais, em particular os direitos das pessoas que pertencem a minorias e os dos povos autóctones."

A partir da década de 1990, devido às pressões dos países do Hemisfério Sul, cujo patrimônio frequentemente não cumpria os critérios para a inclusão na Lista do Patrimônio Mundial, a questão da proteção do patrimônio imaterial tomou novo impulso. Assim é que, no curso da Conferência Geral da Unesco de 1997, foi decidido que deveriam ser priorizadas as atividades relacionadas com o patrimônio imaterial.

Finalmente, a Convenção para a Salvaguarda do Patrimônio Cultural Imaterial foi adotada em 2003, durante a 32ª Conferência Geral, contando com a colaboração constante de antropólogos. Ainda assim, a definição de patrimônio cultural imaterial considerou, igualmente, o caráter político de qualquer convenção internacional, afirmando em seu artigo 2º, parágrafo 1, que "tomar-se-á em consideração apenas o patrimônio cultural imaterial que seja compatível com os instrumentos internacionais existentes em matéria de direitos do homem, bem como com as exigências de respeito mútuo entre comunidades, grupos e indivíduos e de desenvolvimento sustentável".

A TAUROMAQUIA

Ernest Hemingway tinha 27 anos quando lançou *O sol também se levanta*. Até então, tinha publicado apenas alguns contos nos Estados Unidos. Nesse livro, que o consagrou como romancista, Hemingway, já vivendo em Paris, descreve a Festa de São Firmino, em Pamplona, capital da província de Navarra, situada no País Basco, e a torna conhecida no mundo inteiro.

A Festa de São Firmino, o maior evento tauromáquico da Espanha, começa com uma grande procissão, na tarde de seu primeiro dia, na qual a imagem do santo que lhe dá o nome é trasladada de uma igreja para outra. Uma multidão, vinda de todos os cantos do mundo, participa do evento, que dura do dia 6 ao dia 14 de julho.

Três celebrações independentes deram origem à festa: os atos religiosos em homenagem a São Firmino, que datam do século XII; as feiras comerciais e as corridas de touros, estas duas últimas documentadas desde o século XIV.

Os touros chegam à cidade em jaulas e são transferidos para currais, nos quais são colocados previamente bois para recebê-los e impedi-los de se baterem e de matarem uns aos outros. Dentro dos currais, os touros, nervosos, investem contra as paredes e contra os bois, que saem feridos e, muitas vezes, mortos.

No dia seguinte à procissão, como nos demais dias até o encerramento da festa, os touros são soltos e correm, precedidos pela multidão, em direção às arenas, nas quais serão realizadas as touradas. É o chamado *encierro*[38], que consiste, na verdade, em conduzir a manada de touros e cabrestos dos currais de São Domingos, onde passam a noite, até a praça de touros. Trata-se de uma prática altamente perigosa, que conta, principalmente nos fins de semana, com milhares de pessoas de todo o mundo. Transcreva-se o relato de Hemingway[39]:

> *Subitamente, a multidão chegou. Todos corriam em fileiras cerradas. Passavam, seguindo a rua em direção às arenas; atrás vinham outros, andando mais depressa, e depois os retardatários. Estes corriam realmente. Em seguida, um pequeno espaço vazio e finalmente os touros, galopando e sacudindo as cabeças. Depois tudo desapareceu de vista, na esquina da rua. Um homem caiu, rolou na sarjeta e ficou ali imóvel. Mas os touros não o notaram. Corriam todos juntos.*
>
> *Quando desapareceram, elevou-se nas arenas um grande clamor e prolongou-se. Finalmente, a detonação de um foguete anunciou que os touros haviam atravessado a multidão e tinham entrado nos* currales.

---

[38] Na verdade, apesar de ser o ato inaugural diário das festividades, *encierro*, em espanhol, significa prisão ou encarceramento.

[39] Ernest Hemingway, *O sol também se levanta*, Rio de Janeiro: Bertrand Brasil, 2009, p. 179.

Em julho de 2011, três pessoas foram atingidas por touros durante a tradicional festa de São Firmino. Desde 1924, quinze pessoas já morreram e milhares ficaram feridas[40] durante o circuito. Somente em 2017, saíram feridos 51 participantes, sete deles chifrados pelos touros[41].

Em 2010, Madri declarou as touradas bens de interesse cultural. Na mesma época, na Catalunha, travava-se um acirrado debate sobre o tema[42]. Em 2011, uma lei, com entrada em vigor a partir de 1º de janeiro de 2012, proibiu, definitivamente, as corridas de touros na Catalunha.

Em Portugal, as touradas constituem patrimônio cultural desde o ano de 2010, ainda que em Sintra, cidade situada a 35 quilômetros de Lisboa, tivessem sido proibidos os espetáculos circenses com animais e as corridas de touros no ano de 2009.

Em 22 de abril de 2011, a tauromaquia foi inscrita na lista do patrimônio cultural imaterial francês, sob o protesto das associações anticorrida[43]. Em 2006, a França havia ratificado a Convenção para a Salvaguarda do Patrimônio Cultural Imaterial, que, em seu segundo parágrafo, faz expressa referência aos instrumentos internacionais de proteção dos direitos humanos, em particular à Declaração Universal dos Direitos Humanos de 1948, ao Pacto Internacional dos Direitos Econômicos, Sociais e Culturais, de 1966, e ao Pacto Internacional dos Direitos Civis e Políticos, também de 1966.

Em 2015, após uma luta de quatro anos de duas associações de defesa dos animais, as touradas foram retiradas da lista do patrimônio cultural imaterial francês, por decisão do Tribunal Administrativo de Paris. Entretanto, pelo menos em onze departamentos do Sul da França, elas continuam sendo realizadas (Aude, Bouches-du-Rhône, Gard, Haute-Garonne, Gers, Gironde, Hérault, Landes, Pyrénées-Atlantiques, Pyrénées-Orientales e Var)[44].

Segundo a Humane Society Internacional, as touradas, consideradas uma tradição em Portugal, na Espanha, no sul da França e em diversos países da

---

[40] Disponível em: <http://www.bbc.co.uk/portuguese/videos_e_fotos/2011/07/110708_videotourochifraebc.shtml>. Acesso em: 5 fev. 2019.

[41] Disponível em: <https://g1.globo.com/mundo/noticia/corrida-de-touros-deixa-feridos-na-festa-de-sao-firmino-na-espanha.ghtml>. Acesso em: 5 fev. 2019.

[42] Disponível em: <http://g1.globo.com/jornal-nacional/noticia/2010/07/lei-proibe-touradas-na-regiao-da-catalunha-na-espanha.html>. Acesso em: 5 fev. 2019.

[43] Disponível em: <http://www.midilibre.fr/2011/04/22/la-corrida-entre-au-patrimoine-culturel-immateriel-francais,307709.php>. Acesso em: 5 fev. 2019.

[44] Disponível em: <http://www.culturaveg.com.br/touradas-sao-retiradas-do-patrimonio-cultural-imaterial-da-franca/>. Acesso em 5 fev. 2019.

América Latina, resultam na morte de 250 mil touros por ano[45]. Como é sabido, além de culminarem na morte por estocada dos touros, por vezes levam à morte o próprio toureiro e pessoas que assistem ao espetáculo. O caso mais conhecido é o de "Joselito" – José Gomez Ortega, famoso toureiro espanhol, morto em uma corrida de touros na tarde de 16 de maio de 1920. Joselito, conhecido também como Gallito e considerado por muitos o mais perfeito toureiro de todos os tempos, havia sido incluído, de última hora, na programação de Talavera de la Reina, uma arena de touros considerada de terceira categoria. O quinto touro, chamado Bailador, pequeno e quase cego, atingiu-o com uma chifrada no ventre, o que lhe causou a morte precoce aos 25 anos de idade[46].

Outro caso, mais recente, é o de Pajarito[47], um touro de luta proveniente da pecuária de Quatro Caminhos, de 503 quilos, nascido em julho de 2001. No domingo, dia 29 de janeiro de 2006, na corrida n° 14 da Grande Temporada 2005-2006, Pajarito protagonizou um dos episódios mais inusitados da história da Monumental Praça de Touros México, localizada na capital mexicana, quando saltou da arena para a segunda fila de sombra, uma das arquibancadas mais caras, caindo sobre os espectadores. Oito pessoas foram feridas, até que o toureiro conseguiu ultrapassar a grade de proteção e apunhalá-lo. Uma das pessoas acabou morrendo em razão dos ferimentos sofridos[48].

Um *site* espanhol favorável às touradas relaciona 55 matadores famosos, mortos em consequência de lesões originadas por chifradas produzidas pelos touros entre os anos de 1771 e 1987[49]. Ao final da relação dos toureiros mortos, consta: "Igualmente rendimos un sentido homenaje a aquellos matadores, novilleros[50], picadores, banderilleros, ayudas, rejoneadores y personal de plaza no mencionados en esta lista y que contribuyeron con su vida a la grandeza y sentimiento de la Fiesta Brava".

---

[45] Disponível em: <https://vegazeta.com.br/250-mil-touros-sao-mortos-em-touradas-por-ano/>. Acesso em: 5 fev. 2019.

[46] Disponível em: <http://es.wikipedia.org/wiki/Jos%C3%A9_G%C3%B3mez_Ortega_(torero)>. Acesso em: 5 fev. 2019.

[47] *Pajarito*, em espanhol, significa "passarinho".

[48] Disponível em: <http://www.jornada.unam.mx/2007/07/10/index.php?section=sociedad&article=039n1soc>. Acesso em: 5 fev. 2019.

[49] Disponível em: <http://www.ganaderoslidia.com/webroot/relacion_fallecidos.htm>. Acesso em: 5 fev. 2019.

[50] Novilhos são os touros de menos de 4 anos de idade.

O direito fundamental à vida, como ensina Cançado Trindade[51], "abrangendo o direito de viver, acarreta obrigações negativas assim como positivas em favor da preservação da vida humana. O seu gozo é uma precondição para o gozo de outros direitos humanos". Como tal, pertence ao domínio dos direitos civis, dos direitos políticos, econômicos, sociais e culturais, demonstrando a indivisibilidade de todos os direitos humanos. Entretanto, espetáculos como as touradas continuam a acontecer nos países da península Ibérica e em outros países de língua hispânica, como o Peru, a Colômbia, a Venezuela, a Guatemala e o México (que abriga a maior arena de touros do mundo – "Plaza de Toros México", na cidade do México), e, como dito, na França.

Segundo noticiado em 24 de janeiro de 2012, o então recém-assumido prefeito de Bogotá, capital da Colômbia, Gustavo Petro, havia confirmado sua intenção de "emendar uma resolução para banir a morte de animais em touradas na capital colombiana". O prefeito se manifestou favoravelmente ao fim da morte dos animais, em entrevista realizada no dia 13 de janeiro daquele ano. Entretanto, no dia seguinte, voltou atrás, afirmando: "Nunca mencionei proibição. Minha intervenção foi apenas com o propósito de acabar com subsídios públicos para touradas." Em maio do mesmo ano, a cidade de Quito, capital do Equador e um dos maiores fóruns latino-americanos de touradas, baniu a matança de touros após um referendo sobre o assunto[52].

Em julho de 2018, um projeto de lei que abolia as corridas de touros em todo o país foi rejeitado pelo Parlamento português[53].

O próprio Brasil teve touradas, como esta realizada em Porto Alegre, na arena situada no Campo da Redenção, que hoje abriga o parque do mesmo nome. Noticiou-se no *Correio do Povo*, de 15 de fevereiro de 1910:

> *Com uma enchente á cunha, a ponto de ser esgotada a venda de localidades, realisou-se ante-hontem, no circo do Campo da Redempção, a corrida annunciada pela empresa Amaral, em benefício do habil e intelligente artista Manoel Antelo, espada da quadrilha.*
>
> *O que de mais distincto, tanto no bello sexo, como no masculino, possue a nossa sociedade, se via no circo, que apresentava, nesse dia, o mais attraente*

---

[51] Antonio Augusto Cançado Trindade, *Direitos humanos e meio ambiente. Paralelo dos sistemas de proteção internacional*, Porto Alegre: Sérgio Augusto Fabris Editor, 1993, p. 81.

[52] Disponível em: <http://www.infosurhoy.com/cocoon/saii/mobile/pt/features/saii/newsbriefs/2012/01/25/newsbrief-04>. Acesso em: 13 mar. 2012. [*AFP* (Colômbia), 24 jan. 2012; *Eltiempo.com* (Colômbia), 24 jan. 2012].

[53] Disponível em: <https://www.dn.pt/poder/interior/deputados-chumbam-proibicao-das-touradas-9559435.html>. Acesso em: 5 fev. 2019.

aspecto. A funcção foi magnifica, quer pelas peripecias nella occorridas, quer pela excellencia da maioria dos touros, todos muito bons. E muito melhormente apresentar-se-iam elles ás sortes, si não estivessem um pouco enfraquecidos, ao que parece pela falta de conveniente alimentação. Ainda assim, alguns dos animaes exhibidos, já pela sua braveza, já pela rapidez de suas arremettidas, deram que fazer aos artistas. Nessa corrida, deu-se uma circumstancia curiosa: todos os artistas, sem excepção de um só, trabalharam com rara felicidade. Ou fosse pelo desejo que todos nutriam de dar uma esplendida funcção, em honra ao beneficiado, ou fosse porque todos estivessem bem dispostos, ou fosse pela qualidade dos touros, ou por qualquer outro motivo, em summa, o facto é que, mesmo os que até aqui se têm mostrado mais mediocres, na arte tauromachica, postaram-se com a maior galhardia, executando bonitos e arriscados passes. Foi um verdadeiro desafio, em que cada qual se esmerou em bem trabalhar.

No Brasil também havia praças de touros em São Paulo, Santos, Cuiabá, Curitiba, Salvador e no Rio de Janeiro, à época capital do país. Em 1922, durante as festividades do centenário da independência, realizaram-se touradas no Rio, havendo inclusive registro cinematográfico[54].

Em 1934, as touradas, juntamente com as rinhas de galo, foram proibidas por Getúlio Vargas por meio do Decreto nº 24.645[55]. O parágrafo 3º do artigo 2º desse decreto atribuiu aos representantes do Ministério Público, *seus substitutos legais*, a assistência em juízo dos animais – mesma atribuição dada às sociedades protetoras de animais.

Entretanto, se no Brasil não mais se teve notícias de touradas, no sentido estrito do termo, não se pode afirmar o mesmo em relação às rinhas de galo, cujo controle é essencialmente mais difícil, uma vez que as rinhas podem ser realizadas em pequenos espaços fechados ou mesmo em locais pouco conhecidos das autoridades.

A VAQUEJADA

Apesar da proibição das touradas e das rinhas de galo, manifestações culturais tradicionais que implicam sacrifício ou maus tratos a animais e, não raras vezes, ferimentos e morte de seres humanos, continuaram a existir no Brasil, com o beneplácito ou ao menos com a omissão das autoridades locais.

[54] Disponível em: <http://cinemateca.gov.br/cgibin/wxis.exe/iah/?IsisScript=iah/iah.xis&base=FILMOGRAFIA&lang=P&nextAction=search&exprSearch=ID=002492&format=detailed.pft>. Acesso em: 20 fev. 2012. O curta-metragem silencioso *As grandes touradas do Centenário* foi exibido em São Paulo, no Cine República, no dia 6 de abril de 1923.

[55] Veja-se artigo 3º do Decreto nº 24.645, de 10 de julho de 1934, em especial seu inciso XXIX.

É o caso da "farra do boi", integrante da cultura popular do estado de Santa Catarina, que, segundo consta, foi introduzida na região pelos açorianos há duzentos anos. Após ficar confinado sem alimentos durante vários dias, o boi é perseguido por homens, mulheres e crianças, que carregam pedaços de pau, facas, lanças de bambu, chicotes, cordas e pedras. No desespero de escapar, ele corre em direção ao mar e acaba se afogando. Essa prática, duramente combatida pelas sociedades protetoras de animais, foi proibida em 3 de junho de 1997 pelo Supremo Tribunal Federal[56].

Posteriormente, a Suprema Corte se manifestou novamente sobre a inconstitucionalidade de práticas que atentam contra os direitos dos animais, ao examinar a ADI nº 1.856/RJ, proposta pelo Procurador-Geral da República contra a Lei Fluminense que regulamentava as rinhas de galo[57].

Mais recentemente, foi julgada inconstitucional a Lei nº 15.299/2013, do estado do Ceará, que regulamentava a *vaquejada* como prática cultural e esportiva[58]. Em seu voto, o ministro relator enfatizou que, segundo laudos técnicos, a prática implica "comprometimento da medula óssea, ruptura de ligamentos e vasos sanguíneos e fraturas nas patas tanto no gado quanto nos cavalos utilizados nas diversas modalidades" da vaquejada[59].

Na vaquejada, o objetivo dos participantes é derrubar os bois, puxando-os pelo rabo. Sustentam os adeptos tratar-se de uma tradição cultural nordestina e que a decisão do STF "não acompanhou a evolução e adaptação do esporte"[60]. Transcrevo do *site* da Agência Brasil:

> *Em seu livro* A vaquejada nordestina e sua origem, *o escritor Câmara Cascudo diz que a vaquejada é a festa tradicional do ciclo do gado nordestino e uma exibição "de força ágil, provocadora de aplausos e criadora de fama". A atividade se origina no trabalho de apartação (divisão), entre os fazendeiros, do gado criado solto nos campos do sertão. Euclides da Cunha também fala sobre a vaquejada no livro* Os sertões *e são muitas as músicas que exaltam vaqueiros e animais. No forró "Saga de um vaqueiro", da cantora e compositora Rita de Cássia, os versos mostram a tradição: "Desde cedo*

---

[56] STF, Segunda Turma, Relator ministro Francisco Rezek. Relator p/ Acórdão: ministro Marco Aurélio. Julgamento: 3 jun. 1997.

[57] STF, Pleno, ADI nº 1.856/RJ, relator ministro Celso de Mello, julgamento em 26 maio 2011.

[58] STF, Pleno, ADI nº 4.983/DF, relator ministro Marco Aurélio, julgamento em 6 out. 2016.

[59] Disponível em: <http://congressoemfoco.uol.com.br/noticias/stf-considera-lei-cearense-inconstitucional-e-declara-vaquejada-ilegal/>. Acesso em: 5 fev. 2019.

[60] Disponível em: <http://g1.globo.com/politica/noticia/2016/10/vaqueiros-protestam-pelo-pais-contra-proibicao-da-vaquejada.html>. Acesso em: 5 fev. 2019.

assumi minha paixão/de ser vaqueiro/de ser um campeão/nas vaquejadas sempre fui batalhador/consegui respeito por ser um vencedor"[61].

Entretanto, se nos detivermos na obra de Luís da Câmara Cascudo, publicada em 1966 e escrita a partir de um artigo redigido em 1953 para uma revista portuguesa, veremos que o autor não diz isso. Ao contrário. Câmara Cascudo considera que "a prática da vaquejada no presente ganha sentido como uma tradição resistente, sobrevivente e desvirtuada pela perda de sua funcionalidade, em contraste com uma tradição viva, natural e original, localizada em um passado heroico e anônimo", que deixou raros fragmentos na história[62].

De fato, não há como sustentar que a vaquejada integre o patrimônio cultural imaterial da Região Nordeste e, em especial, do estado do Ceará. Na sua origem, tratava-se unicamente de uma técnica utilizada nas várzeas para recolher os animais ariscos, que escapavam da manada e disparavam pela caatinga, pois a natureza da vegetação impossibilitava o espaço necessário para jogar o laço. Câmara Cascudo salienta que "já não há mais o gado brabo, criado solto, largado nas pastagens sem dono. Toda a gadaria vive dentro de coordenadas geográficas intransponíveis". Por isso, conclui que "a vaquejada tornou-se esporte da aristocracia rural"[63].

Para além da análise das declarações de Câmara Cascudo, é necessário considerar que nem tudo que era admitido no passado continua sendo aceito no presente. A sociedade está em constante evolução. Nesse sentido, Stuart Hall observa:

> *A lealdade e a identificação que, numa era pré-moderna ou em sociedades mais tradicionais, eram dadas à tribo, ao povo, à religião e à região, foram transferidas, gradualmente, nas sociedades ocidentais, à cultural nacional. As diferenças regionais e étnicas foram gradualmente sendo colocadas, de forma subordinada, sob aquilo que Gellner chama de "teto político" do Estado-nação [...]*[64].

Hall também chama a atenção para o fato de que "tradições que parecem ou alegam ser antigas são muitas vezes de origem bastante recente e algumas vezes inventadas"[65], o que se amolda com perfeição à vaquejada, já que, como

---

[61] Disponível em: <http://agenciabrasil.ebc.com.br/geral/noticia/2016-10/para-associacao-analise-feita-pelo-stf-sobre-vaquejada-foi-superficial>. Acesso em: 5 fev. 2019.

[62] Luís da Câmara Cascudo, *A vaquejada nordestina e sua origem*. Natal: Fundação José Augusto, 1976.

[63] Disponível em: <http://www.historiaecultura.pro.br/modernosdescobrimentos/desc/cascudo/ccrd avaquejadanordestina.htm>. Acesso em: 5 fev. 2019.

[64] Stuart Hall, *A identidade cultural na pós-modernidade*, 12. ed., Rio de Janeiro: Lamparina, 2015, p. 30.

[65] *Ibidem*, p. 32.

foi demonstrado, tratava-se essa prática tão somente de uma maneira de recolher os animais ariscos que escapavam da manada em meio à caatinga, que não possibilitava o uso do laço. Nunca foi uma "antiga prática cultural e esportiva", como pretendem fazer crer os seus adeptos.

Poucos meses após a decisão da Suprema Corte, a Mesa do Congresso Nacional promulgou a Emenda Constitucional nº 96/2017, que liberou práticas como as vaquejadas e os rodeios em todo o território brasileiro, inserindo o § 7º no art. 225 da Constituição Federal de 1988, assim redigido[66]:

> *§ 7º Para fins do disposto na parte final do inciso VII do § 1º deste artigo, não se consideram cruéis as práticas desportivas que utilizem animais, desde que sejam manifestações culturais, conforme o § 1º do art. 215 desta Constituição Federal, registradas como bem de natureza imaterial integrante do patrimônio cultural brasileiro, devendo ser regulamentadas por lei específica que assegure o bem-estar dos animais envolvidos.*

A COLLA CASTELLERA

Na reunião de 2010 do Comitê da Unesco, começou-se a discutir questões relativas ao respeito aos direitos humanos e ao respeito recíproco entre as comunidades. Isso ocorreu, por exemplo, no caso da *Colla Castellera*, prática realizada na Catalunha. Trata-se de torres humanas, formadas de *"castellers"*, que sobem uns sobre os ombros dos outros, repartindo-se em seus vários planos (entre seis e dez) e formando uma espécie de castelo. Cada nível do *tronc*, que é o nome dado do segundo plano para cima, sozinho, compreende entre dois e cinco homens robustos que sustentam rapazes ou moças mais leves e jovens. O *pom de dalt* – ou seja, os três níveis superiores da torre – é composto de crianças[67]. Na reunião de 2010 do Comitê, foi lida uma carta na qual o Grup d'Acció Valencianista sustentou que essa prática é contrária aos direitos dos menores e, em particular, ao seu direito à saúde:

> *[...] os castellers são torres humanas que representam edifícios ou castelos. No dia 23 de julho de 2006, Mariona Galindo, uma menina catalã de 12 anos, morreu em decorrência de traumatismo crânio-encefálico após ter caído de um* castell *de nove andares, no curso de uma exibição realizada durante a festa de Mataró. A menina, que participava da construção dos castelos na posição de "dosos", no antepenúltimo plano da torre, lesionou*

---

[66] Disponível em: <https://www12.senado.leg.br/noticias/materias/2017/06/06/promulgada-emenda-constitucional-que-libera-pratica-da-vaquejada>. Acesso em: 5 fev. 2019.

[67] Unesco doc. ith/10/5.com/conf.202/Decisões de 19 de novembro de 2010, p. 44.

> *as costas, caindo no momento em que o grupo estava para completar a construção. Não é a primeira vítima menor de idade desta tradição perigosa, pois em 1983 morrera um menino, caído em Barbera del Vallés*[68].

À época, o fato foi assim noticiado[69]:

> *Tinha 12 anos, tinha dois de "castellers" e era tão coquete que a chamavam "Mariona Fashion". Sua tragédia pode mudar para sempre uma tradição que remonta a 1800 e na qual as crianças sempre sobem ao nível mais alto. Quase sempre sem capacete.*
>
> *Mataró está de luto. Pela morte de Mariona Galindo, pelas críticas à tradição de fazer castelos no ar e pela dúvida de que um capacete poderia ter salvado sua vida. Mariona, de 12 anos, que era a "anxaneta" – a pequena que coroa a torre –, caiu no último dia 23 de julho do antepenúltimo piso de um castelo qualificado pelos experts como "complicado".*

Neste caso, até no noticiário local, o problema se apresenta de maneira relativamente explícita: ao mesmo tempo em que se lamenta a morte da menina que participava da *Colla Castellera*, questiona-se a propriedade de um espetáculo que não possui quaisquer normas ou equipamentos de segurança. O fato de a comunidade temer a extinção dessa prática tradicional parece confirmar o contraste entre o respeito à vida e o apego às tradições.

CONCLUSÃO

Nos chamados "direitos de terceira geração", como é o caso do direito à identidade cultural, a carga ideológica reaparece com maior nitidez, assim como as possibilidades de conflitos entre os interesses econômicos e as políticas nacionais. Além disso, seus titulares são os grupos sociais, mais do que os indivíduos que os integram. Assim, pode-se encontrar nessa categorização um importante instrumento para renovação do debate acerca do patrimônio cultural e dos direitos humanos. De qualquer modo, como adverte Alejandro Serrano

---

[68] Tullio Scovazzi, "A definição de patrimônio cultural intangível", em: Sandra Cureau *et. al.* (coord.), *Olhar multidisciplinar sobre a efetividade da proteção do patrimônio cultural*, Belo Horizonte: Fórum, 2011, p. 145.

[69] Disponível em: <http://www.elmundo.es/suplementos/cronica/2006/563/1155420011.html>. Acesso em: 5 fev. 2019.

Caldera[70], é importante garantir juridicamente a aplicação imperativa dos direitos humanos, seja mediante a incorporação de tratados à legislação interna, seja mediante sua ratificação, conferindo a esses tópicos um status privilegiado na hierarquia das normas jurídicas, além da indispensável efetividade.

Dessa forma, ainda que o direito à identidade cultural seja reconhecido como um direito de terceira geração, jamais poderá entrar em conflito com outros direitos humanos, como o direito à vida, à dignidade ou à incolumidade física. Isso significa que manifestações culturais como as corridas de touros ou a *Colla Castellera*, devem ser definitivamente proibidas – por coerência, já que os países que as abrigam são signatários de tratados internacionais, protetivos de direitos que com elas se chocam – ou ao menos passar por adaptações de modo a respeitar os direitos humanos em sua globalidade.

Não é válida a alegação de que são manifestações culturais que existem há séculos, já inseridas na identidade da comunidade que as realiza. Os instrumentos de proteção dos direitos humanos devem ser harmonizados e coordenados. Ademais, é necessário, como diz Cançado Trindade[71], "seguir adiante". Os tratados de direitos humanos incorporam conceitos evolutivos, que requerem uma interpretação dinâmica, devendo ser tomados como instrumentos vivos. Há que se levar em conta, ainda, o rumo das mudanças sociais gerais. O direito à vida é hoje reconhecido universalmente como um direito humano fundamental, do qual decorre a exigência de que os países adotem medidas positivas no sentido de tomar providências adequadas para a sua proteção.

Por fim, retomando o início de nossa discussão, notemos que a história do patrimônio é também a história da construção do sentido de identidade que acompanha o movimento das memórias coletivas. O caminho de construção da identidade é fundado sobre os acontecimentos cujo impacto os faz ficarem marcados na memória humana. Muitas vezes, a defesa da identidade e o sentimento de pertencimento fazem com que o peso das tragédias que abalaram o mundo seja transmitido por intermédio de lugares de memória, locais que funcionam como testemunhos de fatos que não desejamos ver repetidos. A apreensão dos bens culturais intangíveis conjuga memórias e o sentido de pertencimento de indivíduos e grupos de indivíduos, fortalecendo, dessa forma, seus vínculos identitários[72].

---

[70] Alejandro Serrano Caldera, "Universalidad e identidad de la política (la democracia y los derechos humanos)", em: Edgar Montiel (coord.), *Hacia una mundialización humanista*, Espanha: Unesco, 2003, p. 279.

[71] Antônio Augusto Cançado Trindade, *Direitos humanos e meio ambiente. Paralelo dos sistemas de proteção internacional, op. cit.*, p. 58 e ss.

[72] Cf. Sandra Pelegrini e Pedro Paulo Funari, *O que é patrimônio cultural imaterial*, São Paulo: Brasiliense, 2008, p. 9.

BENS CULTURAIS, DIREITOS HUMANOS E DIREITOS DA NATUREZA

A CRIAÇÃO DE PARQUES NACIONAIS E A PROTEÇÃO DO PATRIMÔNIO CULTURAL

- Márcia Dieguez Leuzinger -

A criação de unidades de conservação (UCs), em especial as de proteção integral e domínio público, dentre as quais se encontram os parques nacionais, é tida como uma das formas mais eficientes de conservação *in situ* da biodiversidade, na medida em que não é admitido o uso direto dos recursos naturais encontrados em seus limites. Os parques nacionais e as demais categorias de manejo de unidades de conservação, além de exercerem a função de proteção da diversidade biológica, podem também contribuir para a preservação do patrimônio composto de bens culturais materiais e imateriais que se encontrem em seus limites.

Diversos exemplos de parques que albergam bens culturais, no Brasil e em outros países, podem ser citados, mas, infelizmente, nem sempre prevalece a proteção desses bens, quando em confronto com outros objetivos da UC, como a visitação pública. Outra questão controvertida relacionada ao patrimônio cultural envolve a presença, nos limites dos parques nacionais, de populações tradicionais residentes. No Brasil, a legislação não admite grupos tradicionais dentro das UCs de proteção integral e domínio público, enquanto em outros países, como na Austrália, essa situação é permitida.

O presente artigo visa analisar a função dos parques nacionais para a preservação do patrimônio cultural, buscando exemplos dentro e fora do Brasil para que, a partir da avaliação de casos concretos, se possa buscar a correta interpretação das normas que os regem. Embora a situação australiana seja apresentada, não será realizada uma análise aprofundada de direito comparado, mas apenas a avaliação desses exemplos à luz da legislação local, assim como, no caso dos parques brasileiros, as soluções apontadas a partir da interpretação e aplicação da legislação pátria, especialmente no que tange ao conflito gerado pela criação de parques nacionais em áreas onde existem grupos tradicionais, indígenas e não indígenas.

O PARQUE NACIONAL DO ULURU-KATA TJUTA E O POVO ANANGU (AUSTRÁLIA)

Em visita de campo ao Parque Nacional do Uluru-Kata Tjuta, na Austrália, situado no Northern Territory (Território do Norte), foi possível avaliar o contraste entre o atendimento às expectativas dos turistas, que querem escalar a pedra símbolo do local, denominada Uluru, e sua condição de sagrada para os aborígenes que habitam a região há mais de 10 mil anos, os povos pitjantjatjara e yankunytjatjara, localmente conhecidos como anangu[1].

INÍCIO DOS CONFLITOS ENTRE ABORÍGENES E COLONIZADORES EUROPEUS

Informações fornecidas pelos *sites* oficiais do Parque Nacional e do governo australiano tratam da história da ocupação do local pelos europeus, dos conflitos gerados com os aborígenes em razão do turismo e da criação e gestão do parque. Segundo elas, até o ano de 1930, o povo anangu viveu sua vida nômade tradicional, em pequenos grupos familiares, por meio da caça e do extrativismo, nas proximidades de onde atualmente está localizado o Parque Nacional do Uluru-Kata Tjuta, no Northern Territory, no centro da Austrália. O primeiro australiano a avistar a pedra do Uluru foi o explorador William Gosse, em 1873, tendo-a batizado com o nome de Ayers Rock. Ernest Giles deu o nome de Olgas ao complexo de Kata Tjuta, para homenagear a rainha Olga, de Wertemberg. Os primeiros turistas começaram a visitar a área em 1936 e, em 1948, a primeira estrada foi construída. Naquela época, os europeus já estavam se estabelecendo na região em razão do turismo, o que começou a gerar conflitos com o povo anangu[2].

Em 1950, ônibus de turismo começaram a operar na área do Uluru, o que provocou impactos ambientais mais significativos. Em 1958, fortes pressões exercidas por grupos que visavam estabelecer no local um grande complexo turístico fizeram com que a área deixasse de ser gerida pela Petermann Aboriginal Reserve para ser administrada pelo Northern Territory Reserves Board, como Parque Nacional de Ayers Rock-Monte Olga. Em 1959, os primeiros motéis foram construídos, assim como uma pista de pouso de aeronaves. Os anangu foram desencorajados de visitar o parque, mas, em razão dos sítios sagrados e da disponibilidade hídrica, eles continuaram a frequentar o local. Como os conflitos entre os aborígenes e os turistas eram crescentes, houve

---

[1] Disponível em: <www.environment.gov.au/heritage/places/world/uluru/information.html>. Acesso em: 25 ago. 2010.

[2] Disponível em: <www.environment.gov.au/parks/uluru/culture-history/history/tourism.html> e <www.environment.gov.au/heritage/places/world/uluru/index.html>. Acesso em: 25 ago. 2010.

pressão das operadoras de turismo para que os anangu fossem removidos da área do parque. Apesar desse movimento, muitos anangu continuaram no local, ganhando maior mobilidade, ao longo do tempo, com a utilização de veículos automotores[3].

Foi determinada, em 1970, a retirada de toda a infraestrutura turística relativa a acomodações de dentro do parque e sua transferência para fora dos seus limites. Em 1975, uma área de 104 km² no entorno do parque, a 15 km da pedra do Uluru, foi aprovada para o desenvolvimento de uma estrutura turística para acomodação de visitantes e um aeroporto. O parque foi oficialmente instituído em 2 de maio de 1977, nos termos do Commonwealth National Parks and Wildlife Conservation Act de 1975. Em 1984, os motéis localizados no interior do parque foram definitivamente fechados e o Ayers Rock Resort, inicialmente denominado Yulara Resort, foi inaugurado[4].

Ainda nos anos 1970, alterações na orientação da política governamental relativa aos aborígenes a fizeram divergir da política de gestão do Parque Nacional, e os anangu puderam se estabelecer dentro dos limites da unidade, inclusive explorando lojas que vendiam artesanato. Em 26 de outubro de 1985, foi editado o Land Rights Act, reconhecendo aos anangu o domínio da área e, ao mesmo tempo, declarando a importância nacional e internacional do parque[5]. Foi conferido título de domínio inalienável aos aborígenes, administrado pelo Uluru-Kata Tjuta Aboriginal Land Trust. A gestão da unidade de conservação é feita por uma comissão, cuja maioria é formada por representantes aborígenes. Todavia, os próprios *sites* oficiais declaram que a "administração do dia a dia do parque" é realizada pelo Parks Australia, uma divisão do Departamento de Meio Ambiente, Água, Patrimônio Cultural e Artes do governo australiano[6].

No *site* oficial do governo de New South Wales constam diversas informações sobre gestão conjunta de parques nacionais naquele estado, deixando consignado que sua importância foi declarada oficialmente pelo documento denominado Statement of Reconciliation, firmado pelo Advisory Council do National Parks and Wildlife Service (NPWS), que tem a finalidade de assessorar o ministro do Meio Ambiente em diferentes tópicos, mas especialmente em relação à

---

[3] Disponível em: <www.environment.gov.au/parks/uluru/culture-history/history/tourism.html>. Acesso em: 24 ago. 2010.

[4] Disponível em: <www.environment.gov.au/parks/uluru/culture-history/history/national-park.html >. Acesso em: 24 ago. 2010.

[5] Disponível em: <www.environment.gov.au/parks/uluru/culture-history/history/joint-management.html>. Acesso em: 24 ago. 2010.

[6] Disponível em: <www.environment.gov.au/heritage/places/world/uluru/information.html>. Acesso em: 25 ago. 2010.

gestão de parques e de reservas. Nesse documento, o NPWS reconhece que os povos aborígenes tinham a custódia original das terras e da água, dos animais e das plantas de New South Wales e de suas diferentes paisagens. E, sendo o NPWS uma agência governamental de gestão do território, é reconhecida sua especial responsabilidade de encontrar soluções criativas e positivas para lidar com o passado. É reconhecido que os aborígenes, muito embora tenham perdido o domínio sobre os territórios tradicionais, mantêm uma diversidade de culturas vivas e vínculos com a terra e a água. Por isso, o governo deve respeitá-los e aprender com eles. Assim, o NPWS, segundo o documento, continuará a encorajar e atender os pedidos das comunidades aborígenes para retornar aos parques nacionais e iniciar uma gestão compartilhada deles, criando-se parcerias que conduzam a um uso sustentável dos recursos naturais[7].

Especificamente sobre as formas de gestão compartilhada, o NPWS afirma ser possível aos aborígenes assumir a completa responsabilidade pela gestão ou apenas assessorar o NPWS na administração do parque. A gestão compartilhada buscará: a redução de impactos em áreas de relevância cultural para essas populações; certificar-se de que os aborígenes estão envolvidos na escolha e divulgação das histórias sobre o parque (por meio de placas, por exemplo); melhorar o acesso dos aborígenes ao parque para atividades culturais; envolvê-los no desenvolvimento de planos de manejo, de controle de fogo e pestes, entre outros; envolvê-los no programa denominado *"guided discovery tour"*; assegurar que sejam consultados em questões relativas à gestão do parque, aprimorar a geração de empregos, a educação e a capacitação dos aborígenes. Em alguns casos de gestão compartilhada, pode haver retorno financeiro para essas comunidades[8].

O que se pode depreender das informações fornecidas pelo NPWS é que, apesar de existirem normas que determinam a titulação das terras tradicionalmente ocupadas pelos aborígenes a essas populações, essa titulação não acarreta a desafetação do Parque Nacional nem determina, necessariamente, que a gestão seja realizada somente por elas. Ao contrário, o parque continua a existir e a ser administrado pelo governo australiano. O que se altera é apenas a possibilidade de gestão compartilhada da área, que nem sempre significa retorno financeiro aos aborígenes.

Apesar de considerações sobre gestão compartilhada como as encontradas no *site* do Parque Nacional do Uluru-Kata Tjuta apontarem para a solução dos

---

[7] Disponível em: <www.environment.nsw.gov.au/NPWS/StatementOfReconciliation.htm>.
Acesso em: 26 ago. 2010.

[8] Disponível em: <www.environment.nsw.gov.au/jointmanagement/howjointmangmtworks.htm>.
Acesso em: 26 ago. 2010.

conflitos entre a criação da UC e o povo anangu, inclusive reconhecendo seu domínio sobre a área, deve-se ressaltar que não é isso o que se vislumbra ao visitar o parque. Ao contrário, os poucos aborígenes que podem ser observados são, em geral, empregados do Ayers Rock Resort e desempenham trabalhos braçais, que exigem baixa escolaridade. Não há fiscalização ao redor da pedra, e são ignorados os pedidos para que os turistas respeitem a sacralidade do local para o povo anangu.

O CASO DO PARQUE NACIONAL DO ULURU-KATA TJUTA

O Uluru (pedra sagrada para os aborígenes) é um monólito de pedra avermelhada, de 348 m de altura, 3,6 km de comprimento, 2,4 km de largura e 9,4 km de circunferência, situado no coração da Austrália, em meio a uma região desértica e praticamente inabitada, que constitui, hoje, um dos principais destinos turísticos australianos[9].

Embora o Parque Nacional do Uluru-Kata Tjuta tenha sido oficialmente criado em 1977, apenas em 1987 a área foi "devolvida" aos aborígenes e suas atrações voltaram a apresentar seus nomes tradicionais. Nesse mesmo ano, o parque foi declarado patrimônio da humanidade pela Unesco[10], inicialmente em razão de seu valor natural. Em 1994, o título passou a envolver também seu valor cultural[11]. Não existe, nas proximidades do parque nacional, qualquer centro urbano e as acomodações turísticas estão localizadas exclusivamente no Ayers Rock Resort, um grande complexo hoteleiro que conta com cinco diferentes categorias de hospedagem, da mais luxuosa à mais simples, além de áreas para *camping* e *trailers*, restaurantes, bares e algumas lojas de conveniência, todos cobrando preços exorbitantes pelos seus produtos. Além da pedra do Uluru, encontra-se nos limites do parque nacional outro complexo montanhoso, as Olgas, ou Kata Tjuta, que oferece alternativas de caminhadas em cânions e desfiladeiros.

A principal questão que emergiu da visita de campo ao Parque Nacional do Uluru-Kata Tjuta foi o contraste entre a permissão para se subir na pedra, conferida aos turistas em geral, e sua condição de sagrada para o povo anangu, que, em vão, pede que os visitantes não a escalem. Em praticamente todos os *sites* que trazem informações sobre esse parque nacional há recomendações de que a pedra do Uluru não seja escalada. Entretanto, ao chegar ao local, pode-se

---

[9] Disponível em: <www.marimari.com/content/australia/popular_places/northern_territory/ulurukata_tjuta/main.html>. Acesso em: 24 ago. 2010.

[10] *Ibid.*

[11] Disponível em: <www.environment.gov.au/heritage/places/world/uluru/index.html>. Acesso em: 25 ago. 2010.

vislumbrar, sob condições meteorológicas favoráveis, uma fila de pessoas subindo e descendo a montanha. Os guardas do parque, que ficam na base da montanha, não explicam aos turistas a condição específica da pedra, dotada de valor cultural extraordinário, e simplesmente restringem-se a disciplinar a escalada, proibindo-a quando o tempo se torna desfavorável.

A LEGISLAÇÃO AUSTRALIANA SOBRE ÁREAS PROTEGIDAS E POPULAÇÕES TRADICIONAIS

Embora não se pretenda fazer aqui uma ampla incursão sobre a legislação australiana no que se refere à proteção do patrimônio cultural e do ambiente natural, é possível detectar várias diferenças em relação à legislação brasileira. O conjunto de normas australianas que tratam da gestão de parques nacionais e reservas e da proteção dos povos aborígenes e sua herança cultural reconhece, muitas vezes, o direito desses povos sobre as terras por eles tradicionalmente ocupadas. No entanto, tais normas não lhes garantem o exercício de todos os poderes inerentes ao domínio, o que é previsto pela legislação brasileira. Na Austrália, as terras tornam-se inalienáveis e os nativos não gozam de exclusividade quando nelas tiver sido instituído parque nacional ou outra forma de reserva ambiental. Resta-lhes a garantia de participar da administração da unidade, de poder entrar na área e usar os recursos naturais nela encontrados para a preservação de sua cultura, desde que isso não signifique impactos que superem a capacidade de suporte dos ecossistemas.

O Northern Territory Aboriginal Sacred Sites Act, de 2006, que trata da situação dos sítios culturais nessa região do país, não garante a esses povos sequer a posse das terras onde estejam localizados sítios sagrados, mas somente o direito de acesso a esses locais de acordo com sua tradição (art. 46). Todavia, são mantidos os direitos dos proprietários da terra, que deverão exercê-los com as restrições impostas pela legislação específica e pela autoridade competente (art. 44).

A legislação australiana sobre os aborígenes é basicamente estadual. Isso porque, até a alteração da Constituição australiana em 1967, mediante referendo que obteve 90% de votos favoráveis, o governo australiano só podia editar leis e implementar políticas relativas aos aborígenes nos territórios do Commonwealth (Northern Territory e Victoria). Essa proibição constava da seção 51 (XXXVI) da Constituição australiana, assinada pela rainha Victoria em 9 de julho de 1900 e composta de vários documentos, dos quais o mais importante é o Commonwealth of Australia[12]. Nos estados, os aborígenes eram controlados pelos governos locais. Diferentes normas estaduais foram editadas

[12] Disponível em: <www.naa.gov.au/collection/explore/federation/index.aspx>. Acesso em: 27 ago. 2010.

para conferir "proteção" aos aborígenes, o que, na realidade, significava determinar onde podiam viver e trabalhar, e confiná-los em assentamentos. Em 1869, foi editado em Victoria o Aborigines Protection Act. Normas semelhantes foram editadas em Western Australia (1886), Queensland (1901), New South Wales (1909), South Australia e no Northern Territory (1910)[13].

Armitage divide em três diferentes períodos as políticas oficiais em relação aos aborígenes australianos. O primeiro período, que vai de 1788 a 1930, é denominado pelo autor "contato inicial". Nele se inicia a colonização da Austrália pelos britânicos, que lá estabeleceram uma colônia penal. Os europeus que se fixaram em território australiano travaram disputas desiguais com os aborígenes, tomando-lhes as terras que tradicionalmente ocupavam. A violência gerada pelos conflitos de terra fez com que, em 1837, o Comitê da Casa dos Comuns sobre Aborígenes defendesse a elaboração de políticas específicas. Poucos exemplos dessas políticas foram observados, como a tentativa do governador MacQuarrie (1810-21), que estendeu a proteção da lei britânica aos aborígenes, com o fim de "civilizá-los" em estabelecimentos educacionais específicos. Segundo o autor, esse primeiro período englobaria um sub-período, que ele chama "*status* de protegido" e que vai de 1860 a 1930. Normas para o controle do álcool e da exploração sexual foram editadas, assim como as normas estaduais já mencionadas. Os aborígenes não gozavam de direitos políticos (somente adquiridos em 1962) e eram confinados em reservas[14].

A partir de 1930, iniciou-se o período chamado pelo autor de "assimilação", que durou até 1970. A partir de políticas que, por meio de incentivos ou coerção, conduziam os aborígenes a deixar suas terras e reservas e viver entre os brancos, o governo australiano buscava "europeizá-los". Se o indivíduo se integrasse, poderia pleitear o *status* de australiano[15].

Em 1967, começou uma nova fase, que o autor denomina "integração com autoadministração limitada". A ideia foi a extensão de serviços públicos aos aborígenes e o desenvolvimento de medidas que permitissem às comunidades autóctones algum controle sobre suas questões. Segundo a Emenda Constitucional de 1967, a legislação do Commonwealth proporcionou aos aborígenes a possibilidade de desenvolver sua própria organização. Em nível estadual, a política de integração acarretou a efetiva extensão de serviços e da legislação australiana aos aborígenes (que antes eram invisíveis e sequer faziam parte do censo). Isso fez com que as normas trabalhistas também fossem aplicadas a eles, o que

---

[13] Andrew Armitage, *Comparing the Policy of Aboriginal Assimilation: Australia, Canada and New Zealand*, Vancouver: University of British Columbia Press, 1995.

[14] *Ibid.*

[15] *Ibid.*

significava que deveriam receber salários pelo trabalho desempenhado, o que antes não acontecia. Dentre as comunidades aborígenes, a política atual enfatiza o autogoverno, mas isso não ocorre, de fato, em todos os estados[16].

Essa forma de resolução dos conflitos é bastante diferente da solução jurídica adotada no Brasil, em especial no que tange aos povos indígenas. Todavia, em relação às demais populações tradicionais brasileiras, é possível encontrar algumas semelhanças e, em certos casos, as garantias oferecidas pela legislação australiana aos aborígenes têm maior efetividade do que as disposições que tratam dos povos tradicionais não indígenas no Brasil. Tal situação ocorre, por exemplo, diante de conflitos que envolvem a instituição de unidades de conservação em terras tradicionalmente ocupadas por esses povos.

PARQUES NACIONAIS E POPULAÇÕES TRADICIONAIS RESIDENTES À LUZ DA LEGISLAÇÃO BRASILEIRA: ÍNDIOS, QUILOMBOLAS E OUTROS GRUPOS TRADICIONAIS

No Brasil, três situações distintas devem ser consideradas quando a questão envolve a criação de unidades de conservação (UCs) de proteção integral em terras que contêm sítios culturais relevantes ou são ocupadas por populações tradicionais. Cada uma delas será tratada em um subitem específico: UCs instituídas em terras tradicionalmente ocupadas por populações indígenas, em áreas habitadas por povos quilombolas e em terras onde há outras categorias de grupos tradicionais não indígenas.

Contudo, antes de se verificar cada um dos casos apontados, é necessário destacar que unidades de conservação de proteção integral são aquelas que não admitem o uso direto de recursos naturais e, consequentemente, a existência de população tradicional residente. Parques nacionais, estações ecológicas e reservas biológicas são as três categorias de manejo de proteção integral, previstas pela Lei nº 9.985/2000 (Lei do Sistema Nacional de Unidades de Conservação da Natureza), que exigem posse e domínio públicos, sendo necessária a prévia desapropriação de áreas privadas localizadas em seus limites. Monumentos naturais e refúgios da vida silvestre, embora também sejam classificados pelo SNUC como unidades de proteção integral, admitem sua instituição em áreas privadas. Interessa ao presente artigo a sobreposição de parques nacionais, espécie de UC de proteção integral e domínio público, e de terras tradicionalmente ocupadas por populações tradicionais indígenas e não indígenas.

[16] *Ibid.*

SOBREPOSIÇÃO DE PARQUES NACIONAIS E TERRAS INDÍGENAS

A primeira situação diz respeito à instituição de parques nacionais em áreas tradicionalmente ocupadas por povos indígenas, que gozam de proteção constitucional diferenciada. O conceito de índio ou silvícola é conferido pelo inc. I do art. 3º da Lei nº 6.001/1973 (Estatuto do Índio) como "todo indivíduo de origem e ascendência pré-colombiana que se identifica e é identificado como pertencente a um grupo étnico cujas características culturais o distinguem da sociedade nacional". Comunidade indígena ou grupo tribal, por sua vez, é definido pelo Estatuto como "um conjunto de famílias ou comunidades índias, quer vivendo em estado de completo isolamento em relação aos outros setores da comunhão nacional, quer em contatos intermitentes ou permanentes, sem contudo estarem neles integrados".

Além dos direitos traçados pelo Estatuto do Índio, a CF 1988 lhes reconhece, no art. 231, sua organização social, costumes, línguas, crenças e tradições, além dos direitos originários sobre as terras que tradicionalmente ocupam. O § 1º do art. 231 define terras tradicionalmente ocupadas pelos índios como aquelas "por eles habitadas em caráter permanente, as utilizadas para suas atividades produtivas, as imprescindíveis à preservação dos recursos ambientais necessários a seu bem-estar e as necessárias a sua reprodução física e cultural, segundo seus usos, costumes e tradições". O § 2º do mesmo dispositivo destina essas terras à posse permanente dos silvícolas, cabendo-lhes o usufruto exclusivo das riquezas do solo, dos rios e dos lagos nelas existentes.

Todavia, apesar da garantia conferida pela CF 1988 aos índios, permanece ainda hoje a polêmica gerada pela sobreposição de terras indígenas e UCs, em especial as de proteção integral, que não admitem a presença de populações tradicionais. Como aponta Márcio Santilli, essa contradição entre ambientalistas e indigenistas iniciou-se nos anos 1960, quando cabia ao Instituto Brasileiro de Desenvolvimento Florestal a instituição e gestão das unidades. Sua atuação era bipartida, dividindo-se entre a proteção da natureza de um modo geral (pois o conceito de biodiversidade surge apenas na década de 1980) e o desenvolvimento florestal, que se valia da criação de algumas categorias de manejo de UCs e outros espaços protegidos, como os parques nacionais, as florestas nacionais e as reservas florestais. Não havia, naquela época, um sistema de unidades de conservação, que começou a ser delineado apenas no final da década de 1970. Por isso, aquelas que existiam podiam incorporar tanto o objetivo de preservação da natureza quanto o de proteção de comunidades indígenas, até porque a política de demarcação de terras indígenas, que cabia ao Serviço de Proteção ao Índio, mais tarde substituído pela Fundação Nacional do Índio, também se desenvolvia a partir da criação de reservas, para as quais eram transferidos os grupos indígenas, a fim de que suas terras fossem liberadas para outros fins.

Afirma também o autor que diferentes etnias indígenas, muitas vezes inimigas, eram transferidas para pequenas reservas, normalmente localizadas em terras desinteressantes para a agricultura e que, em geral, não serviam para a manutenção física e cultural dos povos que para lá eram levados[17].

Isso porque a política indigenista brasileira, até o final da década de 1980, era nitidamente marcada por objetivos integracionistas e de exploração dos recursos naturais que se encontravam à disposição dos índios. Em outras palavras, as terras indígenas eram vistas como reservas de utilização temporária, na medida em que os povos indígenas, mais cedo ou mais tarde, seriam integrados à sociedade envolvente[18]. Esse objetivo de integração de forma "progressiva e harmoniosa" está expresso no próprio Estatuto do Índio que, todavia, aduz não implicar a destruição da cultura indígena ou a perda da qualidade de índio (art. 4°, *caput* e inc. I).

Nesse contexto, a criação de parques nacionais que tinham populações indígenas residentes, como o do Araguaia e o de monte Pascoal, não espelhava uma solução necessariamente ruim para esses povos, tendo o conflito se iniciado mais tarde, quando a legislação ambiental incorporou a perspectiva de preservação da diversidade biológica[19]. Isso porque, para a corrente preservacionista[20], unidades de conservação típicas são apenas as de proteção integral, que não permitem a utilização direta dos recursos naturais nem, consequentemente, a convivência com populações tradicionais, por representarem uma ameaça às espécies encontradas na área, ante os impactos inevitavelmente provocados[21]. Começou, assim, a se formar um movimento que visava à retirada dos povos indígenas de dentro das UCs de proteção integral, o que, mesmo em relação à CF 1967-69, já era absolutamente inconstitucional, pois

---

[17] Márcio Santilli, "A cilada corporativa", em: Fany Ricardo (org.), *Terras indígenas e unidades de conservação da natureza*, São Paulo: Instituto Socioambiental, 2004.

[18] Sílvio Coelho dos Santos, "Sociedades indígenas e dominação do Estado", em: Sílvio Coelho dos Santos (org.), *O índio perante o direito*, Florianópolis: EdUFSC, 1982; João Pacheco de Oliveira, "Contexto e horizonte ideológico: reflexões sobre o Estatuto do Índio", em: Sílvio Coelho dos Santos *et al.* (org.), *Sociedades indígenas e o direito*, Florianópolis: EdUFSC/CNPq, 1985.

[19] Márcio Santilli, *op. cit.*

[20] O movimento ambiental, atualmente, comporta duas diferentes correntes: preservacionista e socioambientalista. Para os preservacionistas, apenas as unidades de conservação de proteção integral cumprem a finalidade de preservação da biodiversidade, sendo incompatíveis com a presença humana. Para os socioambientalistas, ao contrário, não existe natureza virgem, a natureza que conhecemos é humanizada e a presença humana não é necessariamente predatória ou degradadora. Cf. Maurício Mercadante, "Democratizando a criação e gestão de unidades de conservação da natureza: a Lei n° 9.985, de 18 de julho de 2000", *Revista de Direitos Difusos*, n° 5, fev. 2001.

[21] Márcia Dieguez Leuzinger, *Natureza e cultura: unidades de conservação de proteção integral e populações tradicionais residentes*, Curitiba: Letra da Lei, 2009.

ela determinava que as terras indígenas constituem bens da União, cabendo aos índios sua posse permanente e o usufruto exclusivo de suas riquezas naturais (art. 198).

Com a edição da Lei n° 9.985, em 2000, já sob a égide da CF 1988, que sistematizou o tratamento normativo das UCs, a criação de unidades de proteção integral e domínio público em terras tradicionalmente ocupadas pelos índios passou a ser, além de inconstitucional, absolutamente dissociada do novo sistema implementado pela norma. Por isso, a instituição desses espaços deve ser precedida de procedimento administrativo-ambiental que verifique a condição de constituir a área terra indígena. Para isso, é indispensável oficiar-se a Funai para se manifestar acerca da existência de povos indígenas nos limites em que se pretende criar a UC. Constatada a presença de grupos tribais, não poderá ser instituída UC de proteção integral.

CRIAÇÃO DE PARQUES NACIONAIS EM TERRITÓRIOS QUILOMBOLAS

A situação dos remanescentes das comunidades de quilombos é bastante diferente. Nos termos do art. 2° do Decreto n° 4.887, de 2003, que regula os procedimentos administrativos de identificação, reconhecimento, delimitação, demarcação e titulação das terras ocupadas pelos quilombolas, essas comunidades são definidas como "grupos étnico-raciais, segundo critérios de autoatribuição, com trajetória histórica própria, dotados de relações territoriais específicas, com presunção de ancestralidade negra relacionada com a resistência à opressão histórica sofrida". Os territórios quilombolas são conceituados pelo § 2° desse mesmo dispositivo como aqueles "utilizados para a garantia de sua reprodução física, social, econômica e cultural".

A esses grupos foi assegurada pela CF 1988 a propriedade das terras que estivessem ocupando quando de sua promulgação, conforme dispõe o art. 68 do Ato das Disposições Constitucionais Transitórias, mas não lhes foi conferido nenhum outro direito específico. Todavia, autores como Juliana Santilli, alinhados a uma posição socioambiental, defendem que a Constituição reconheça os direitos originários dessas populações sobre seus territórios, embora essa não seja uma posição pacífica na doutrina[22]. Isso porque, como a CF 1988 lhes assegurou de forma expressa somente o domínio das áreas que estivessem habitando, os preservacionistas entendem que é possível sua desapropriação mediante justa e prévia indenização em dinheiro à comunidade, a fim de que lá seja instituída uma UC de proteção integral e domínio público.

Essa não é, contudo, a melhor solução, pois o próprio Decreto n° 4.887/2003, que regulamenta o dispositivo constitucional em questão, determina expressamente

---

[22] Juliana Santilli, *Socioambientalismo e novos direitos*, São Paulo: Peirópolis, 2005.

que a titulação deve ser "reconhecida e registrada mediante outorga de título coletivo e pró-indiviso às comunidades a que se refere o art. 2º, *caput*, com obrigatória inserção de cláusula de inalienabilidade, de imprescritibilidade e de impenhorabilidade", o que corrobora as razões apontadas por Santilli, no sentido de ser vedada a remoção dos quilombolas de seus territórios, pois a CF 1988 procurou assegurar-lhes direitos sobre territórios específicos e determinados, essenciais para sua reprodução física e cultural[23].

Por essa razão, o art. 11 do ato normativo em questão estabelece que, quando as terras ocupadas por remanescentes das comunidades dos quilombos estiverem sobrepostas às UCs já constituídas, o Ibama – e atualmente o ICMBio – tomará as medidas cabíveis, visando garantir a sustentabilidade dessas comunidades, conciliando o interesse do Estado. Isso significa que não é possível sua remoção, tendo que se compatibilizar a preservação do meio ambiente e das culturas quilombolas. Nesses casos, o ideal é que se reclassifique a UC quando a categoria de manejo não comportar a presença de populações tradicionais residentes, pois prevalece a condição de território quilombola, conforme previsto pela CF 1988. Não havendo a reclassificação para uma categoria de uso sustentável que permita à população quilombola permanecer na área que a ela será atribuída, não será convalidado o ato ilegal de instituição da UC. Os aspectos concernentes à legalidade dos procedimentos de criação das unidades de conservação serão tratados no próximo item.

DEMAIS CATEGORIAS DE POPULAÇÕES TRADICIONAIS E A INSTITUIÇÃO DE PARQUES NACIONAIS

Em relação aos demais grupos tradicionais, a situação é ainda mais difícil, pois a CF 1988 apenas garante proteção genérica, atribuída pelos art. 215 e 216, que tratam dos direitos culturais e do patrimônio cultural brasileiro. O art. 215 determina caber ao Estado garantir a todos o pleno exercício dos direitos culturais e o acesso às fontes da cultura nacional. O § 1º desse dispositivo encarrega o Estado de proteger as manifestações das culturas populares, indígenas e afro-brasileiras, além das de outros grupos participantes do processo civilizatório nacional, estando aí incluídos os diversos grupos tradicionais que conformam a população brasileira. Suas formas de expressão e modos de criar, fazer e viver configuram o patrimônio cultural imaterial brasileiro, que compete ao poder público proteger e promover, nos moldes do art. 216, inc. I e II, da CF 1988.

A proteção desses grupos tradicionais e dos conhecimentos por eles produzidos advém diretamente da Constituição, embora seja necessário esforço

---
[23] *Ibid.*

interpretativo que lhe extraia o real sentido. Isso significa que, diante da diversidade de grupos tradicionais existentes em nosso território, que vão desde seringueiros e castanheiros da Amazônia até caiçaras do litoral do Rio de Janeiro e de São Paulo, torna-se necessário definir critérios que identifiquem dadas populações como tradicionais, para que se possa atribuir interpretação adequada às normas constitucionais e infraconstitucionais que lhes conferem direitos específicos.

Algumas normas ambientais traçam definições que, por sua vez, apresentam características desses grupos, para que possam ser assim classificados. A Lei nº 9.985/2000, que instituiu o SNUC, embora tenha sofrido veto relativo ao conceito de população tradicional, apresenta algumas características desses grupos quando trata das reservas de desenvolvimento sustentável (art. 20): sistemas sustentáveis de exploração dos recursos naturais, temporalidade (gerações sucessivas), proteção da natureza e manutenção da biodiversidade. A Convenção sobre Diversidade Biológica, sob o prisma específico e restrito da proteção dos recursos da biodiversidade, define comunidades locais e populações indígenas como aquelas que apresentam estilos de vida tradicionais relevantes para a conservação e utilização sustentável da diversidade biológica.

A Lei nº 11.284/2006, que dispõe sobre a gestão de florestas públicas, na mesma esteira da CDB, define grupos tradicionais como aqueles organizados por gerações sucessivas, com estilo de vida relevante para a conservação e utilização sustentável da diversidade biológica (art. 3º, X). Já a Lei nº 11.248/2006, que trata da utilização e proteção da vegetação nativa no bioma Mata Atlântica, traça as seguintes características para que dada população seja considerada tradicional (art. 3º, II): viver em estreita relação com o ambiente natural, depender de seus recursos naturais para sua reprodução sociocultural e praticar atividades de baixo impacto.

Como se pode perceber, todas as normas acima citadas impõem a prática de atividades de baixo impacto e/ou a conservação da biodiversidade para que a população seja classificada como tradicional.

No plano antropológico, Diegues e Arruda traçam alguns parâmetros para nortear a identificação de determinado grupo como tradicional, traduzidos:

> · pela dependência da relação de simbiose entre a natureza, os ciclos e os recursos naturais renováveis com os quais se constrói um modo de vida;
> · pelo conhecimento aprofundado da natureza e de seus ciclos, que se reflete na elaboração das estratégias de uso e manejo dos recursos naturais, conhecimento transferido por oralidade de geração em geração;
> · pela noção de território ou espaço onde o grupo social se reproduz econômica e socialmente;

· pela moradia e ocupação do território por várias gerações, ainda que alguns membros individuais possam ter se deslocado para os centros urbanos e voltado para a terra dos seus antepassados;

· pela importância das atividades de subsistência, ainda que a produção de mercadorias possa estar mais ou menos desenvolvida, o que implicaria relação com o mercado;

· pela reduzida acumulação de capital;

· pela importância dada à unidade familiar, doméstica ou comunal e às relações de parentesco ou compadrio para o exercício das atividades econômicas, sociais e culturais;

· pela importância das simbologias, mitos e rituais associados à caça, pesca e atividades extrativistas;

· pela tecnologia utilizada, que é relativamente simples, de impacto limitado sobre o meio ambiente, havendo reduzida divisão técnica e social do trabalho, sobressaindo o artesanal, em que o produtor e sua família dominam todo o processo até o produto final;

· pelo fraco poder político, que em geral reside nos grupos de poder dos centros urbanos;

· pela autoidentificação ou identificação por outros de pertencer a uma cultura distinta[24].

As principais características apontadas pelos autores relacionam-se com o conhecimento e a dependência do ambiente natural, com a territorialidade, o modo de produção, a importância do núcleo familiar, a autoidentificação e identificação pela sociedade envolvente. Não se exige que possuam um estilo de vida tradicional relevante para a conservação e utilização sustentável da diversidade biológica, nem que pratiquem atividades de baixo impacto, como requerido pela maioria dos textos normativos ambientais; faz-se referência apenas a um "impacto limitado", o que possui sentido diferente. Quando os autores falam em dependência da relação de simbiose entre a natureza, os ciclos e os recursos naturais renováveis com os quais se constrói um modo de vida, além do conhecimento aprofundado do ambiente natural, não estão condicionando a caracterização de determinada sociedade tradicional à adoção de formas de relacionamento com o ambiente que conduzam à proteção da biodiversidade. Uma comunidade de garimpeiros poderia se enquadrar dentro das características traçadas, sendo definida como tradicional, embora jamais o pudesse ser para efeito das leis ambientais. É possível, portanto, a utilização das características

[24] Antônio Carlos Diegues e Rinaldo Arruda, *Saberes tradicionais e biodiversidade no Brasil*, Brasília: Ministério do Meio Ambiente/São Paulo: EdUSP, 2001, p. 26.

apresentadas pelos autores para fins de integração das normas ambientais que versam sobre população tradicional, sem, contudo, ignorar a determinação de que suas atividades sejam relevantes para a conservação da diversidade biológica e produzam baixo impacto.

Por sua vez, os antropólogos Cunha e Almeida questionam quais seriam as populações tradicionais, assinalando que a abrangência do termo não deve ser entendida como confusão conceitual:

> *No momento, o termo "populações tradicionais" ainda está na fase inicial de sua vida. É uma categoria pouco habitada, mas já conta com alguns membros e candidatos à porta. Para começar, tem existência administrativa: o Centro Nacional de Populações Tradicionais, uma unidade dentro do Ibama. No início, a categoria congregava seringueiros e castanheiros da região amazônica. Desde então, expandiu-se, abrangendo outros grupos, que vão de coletores de berbigão de Santa Catarina a babaçueiras do sul do Maranhão e quilombolas do Tocantins. O que todos esses grupos possuem em comum é o fato de que tiveram, pelo menos em parte, uma história de baixo impacto ambiental e de que têm no presente interesses em manter ou em recuperar o controle sobre o território que exploram. E, acima de tudo, estão dispostos a negociar: em troca do controle sobre o território, comprometem-se a prestar serviços ambientais. [...]*
>
> *Pelo que foi visto, podemos dar alguns passos nesta direção e argumentar que populações tradicionais são grupos que conquistaram ou estão lutando para conquistar (através de meios práticos e simbólicos) uma identidade pública que inclui algumas, mas não necessariamente todas, as seguintes características: o uso de técnicas ambientais de baixo impacto, formas equitativas de organização social, a presença de instituições com legitimidade para fazer cumprir suas leis, liderança local e, finalmente, traços culturais que são seletivamente reafirmados e reelaborados*[25].

Por isso, continuam os autores, não é errado dizer que determinado grupo é ou se tornou tradicional, uma vez que se está lidando com um processo de autoconstituição que requer o estabelecimento de normas de conservação, assim como líderes e instituições[26]. Está presente nesse conceito a utilização de téc-

---

[25] Manuela Carneiro da Cunha e Mauro de Almeida, "Traditional Populations and Environment Conservation", em: João Paulo Ribeiro Capobianco (coord.), *Biodiversity in the Brazilian Amazon*, São Paulo: Estação Liberdade/ISA, 2004.

[26] *Ibid.*

nicas ambientais de baixo impacto, o que o aproxima dos preceitos legais, bem como a existência de traços culturais que diferenciam os grupos tradicionais da sociedade envolvente. A territorialidade, apesar de não ter sido inserida entre as características que os autores traçam para definir populações tradicionais, encontra-se na sua argumentação quando afirmam que os diferentes grupos têm em comum, no presente, interesse em manter ou recuperar o controle sobre o território que exploram.

Relativamente aos territórios tradicionais, o art. 3°, II, do Decreto n° 6.040, de 2007, que instituiu a Política Nacional de Desenvolvimento Sustentável dos Povos e Comunidades Tradicionais, define-os como:

> *Os espaços necessários à reprodução cultural, social e econômica dos povos e comunidades tradicionais, sejam eles utilizados de forma permanente ou temporária, observado, no que diz respeito aos povos indígenas e quilombolas, respectivamente, o que dispõem os art. 23 da Constituição e 68 do Ato das Disposições Constitucionais Transitórias e demais regulamentações.*

Sundfeld[27], ao tratar de territorialidade, aponta sua relevância para a identificação dos grupos tradicionais, pois desvenda a maneira como cada grupo molda o espaço em que vive, conduzindo, em geral, a um regime comunal de uso da terra.

A importância da noção de território como elemento caracterizador de grupos tradicionais reside na sua essencialidade para a reprodução física e cultural dessas populações, considerando as formas diferenciadas de uso e apropriação do espaço. Não há, todavia, relação entre territorialidade e posse imemorial. A territorialidade ocorre não em função do tempo de ocupação, mas dos usos, costumes e tradições reproduzidos pelos povos tradicionais, em geral a partir da tradição oral, que traduzem uma ocupação coletiva do espaço, na qual prevalecem o uso e a gestão compartilhada dos recursos naturais[28].

A principal crítica feita ao conceito de população tradicional, que aponta as mudanças operadas nos costumes ou tradições a partir da aquisição de bens ou da absorção de técnicas de produção e conhecimentos mais modernos, o que conduziria à sua descaracterização, não tem fundamento. Essas mudanças são inerentes a qualquer sociedade, mas não as descaracterizarão enquanto forem

---

[27] Carlos Ari Sundfeld, *Comunidades quilombolas: direito à terra*, Brasília: Fundação Cultural Palmares/MinC/Abaré, 2002.

[28] Juliana Santilli, *op. cit.* Ver também: José Afonso da Silva, *Curso de direito constitucional positivo*, 17ª ed., São Paulo: Malheiros, 2000; Márcia Dieguez Leuzinger, *Natureza e cultura*, Curitiba: Letra da Lei, 2009; José Heder Benatti, *Posse agroecológica e manejo florestal à luz da Lei n° 9.985/2000*, Curitiba: Juruá, 2003.

mantidos rituais, modos de fazer, criar e viver, formas de pensar e agir que estabelecem essa relação com o passado e determinam limites às alterações. Como afirma Stavenhagen[29], as culturas não são estáticas e, embora enraizadas na história, são capazes de evoluir com o tempo. As mudanças culturais são fenômenos que atingem todas as sociedades, afirmando o autor que uma cultura demonstra sua vitalidade quando é capaz de preservar sua identidade, integrando-a às alterações. Muito embora costumes e tradições sejam elementos intrínsecos de todas as culturas, as tradições são permanentemente reinventadas, e os costumes, que regem a vida cotidiana dos indivíduos, alteram-se regularmente em função das circunstâncias históricas.

É justamente esse conjunto de rituais que conforma o patrimônio cultural imaterial, formado por bens culturais intangíveis, constitucionalmente protegido, essencial ao direito de cada grupo cultural de conservar e desenvolver sua própria cultura, qualquer que seja seu grau de integração ou sua ligação com outras culturas. Segundo documento editado pela Comissão Mundial sobre Cultura e Desenvolvimento da Unesco, a liberdade cultural é coletiva, consistente no direito de um grupo de seguir ou adotar o modo de vida de sua escolha[30]. Diante dela, se as mudanças operadas descaracterizarem os grupos ao ponto de que deixem de apresentar as características consideradas tradicionais pela legislação vigente, será perdida a proteção legal.

Adverte Colchester[31] sobre uma possibilidade de alteração nos padrões culturais que leve populações tradicionais a adquirirem práticas que acarretem perda de biodiversidade, em função de fatores como: aumento populacional, que gera maior pressão sobre o meio ambiente; aumento de demanda por recursos financeiros, que gera pressão para a produção de bens a serem colocados no mercado; utilização de novas tecnologias mais destrutivas etc. Todavia, o autor afirma que isso não ocorre com toda população tradicional: em muitos casos, ainda que os grupos não pratiquem ações que conduzam à proteção da natureza, acabam por alcançá-la em função de práticas tradicionais, como a do abandono de campos de cultivo, onde se formam capoeiras, permitindo a regeneração da floresta.

O Centro Nacional de Populações Tradicionais, criado pelo Ibama tendo em conta o caráter dinâmico das culturas tradicionais, afirma que, no enfoque ambientalista, população tradicional não é sinônimo de população atrasada,

---

[29] Rodolfo Stavenhagen, "Les droits culturels: le point de vue des sciences sociales", em: Halina Niec (dir.), *Pour ou contre les droits culturels?*, Paris: Unesco, 2000.

[30] Unesco, *Notre Diversité créative. Rapport de la Commission Mondiale de la Culture et du Développement*, Paris: Unesco, 1996.

[31] Marcus Colchester, *Salvaging Nature: Indigenous Peoples, Protected Areas and Biodiversity Conservation*, Discussion Paper, United Nations Research Institute for Social Development, Darby: Diane Publishing, 1994.

refratária ao progresso. Não existe população tradicional estereotipada e emoldurada num único conceito, mas sim populações que possuem características comuns, apesar de tais pontos não serem idênticos qualitativa ou quantitativamente. Cada uma apresenta modos de vida e sistemas de produção próprios, além de diferentes graus de interação com outros grupos. Segundo o Centro, sua principal característica comum é a relação conservacionista com o meio ambiente, o que se aproxima das definições legais. Tais populações seriam, por isso, precursoras do séc. XXI, pois, se o homem não se tornar, neste século, um conservacionista, colocará em risco sua própria sobrevivência[32].

A partir das premissas identificadas e das considerações apontadas, entendemos ser essencial a presença de algumas características comuns para que determinado grupo seja considerado tradicional, para os efeitos da legislação ambiental[33]. São elas:

> 1 – autoidentificação e identificação pela sociedade envolvente como pertencente a um grupo distinto;
> 2 – práticas sustentáveis de exploração dos recursos naturais, que produzam baixo impacto e contribuam para a proteção da diversidade biológica;
> 3 – dependência, para sua sobrevivência física e cultural, da natureza, seus ciclos e seus elementos;
> 4 – importância das atividades de subsistência e reduzida acumulação de capital[34];
> 5 – territorialidade, entendida como noção de pertencimento a determinado território, em cujos limites se reproduzem crenças, mitos e práticas, ancestrais ou não, que reatualizam a memória coletiva[35];
> 6 – posse comunal e gestão compartilhada dos recursos naturais;
> 7 – transmissão do conhecimento por meio da tradição comunitária intergeracional, normalmente tradição oral.

Assim, para que uma dada comunidade possa ser considerada tradicional com o fim de obter a proteção atribuída pelas normas ambientais, deverá

---

[32] Disponível em: <www.ibama.gov.br/resex/pop.html>. Acesso em: 2 nov. 2006.

[33] Márcia Dieguez Leuzinger, *op. cit.*

[34] Ao tratar das comunidades quilombolas, apontam Guanaes, Lima e Portilho que sua "organização econômica e social conta com pouca ou nenhuma acumulação de capital, o trabalho assalariado não é usual e as atividades econômicas são de pequena escala, como a roça de subsistência, a coleta de produtos florestais e o artesanato". Cf. Sandra Guanaes, Solange Almeida Lima e Wagner Gomes Portilho, "Quilombos e usos sustentáveis", em: Antônio Carlos Diegues e Virgílio M. Viana (org.), *Comunidades tradicionais e manejo dos recursos naturais na Mata Atlântica*, 2ª ed., São Paulo: Hucitec, 2004.

[35] Renato Ortiz, *Cultura brasileira e identidade nacional*, 5ª ed., São Paulo: Brasiliense, 2005.

preencher essas sete características, ainda que haja uma maior ou menor intensidade de algumas em relação a outras, dependendo da população tradicional. Embora distintos, os grupos tradicionais devem apresentar alguns pontos de similaridade, a fim de que se encaixem no âmbito legal de proteção, sob pena de se estender demasiadamente o alcance da norma, atingindo qualquer porção de nossa população, ou então de restringi-lo excessivamente, deixando de fora populações com características culturais próprias, que dependem do ambiente natural para sua reprodução física e cultural, contribuindo, ainda, para a conservação da biodiversidade.

Uma vez caracterizado o grupo tradicional, impõe-se a solução do conflito gerado pela criação de UCs de proteção integral, em especial os parques nacionais, em áreas por eles habitadas. O art. 42 da Lei do SNUC restringe-se a determinar seu reassentamento em locais e condições previamente acordados, compensando-se essas populações pelas benfeitorias existentes. Todavia, como a CF 1988 garante a essas comunidades seus direitos culturais, a interpretação do art. 42 não é tão simples, pois a realocação desses grupos pode significar sua desagregação e a perda de suas formas de expressão e modos de fazer, criar e viver, que constituem patrimônio cultural brasileiro, nos termos do art. 216 da CF 1988, que compete ao Estado proteger.

Por essa razão, o disposto no art. 42 do SNUC só é aplicável quando a criação da UC tiver observado todas as determinações legais e constitucionais necessárias para sua instituição, tornando legítima a criação de espaço de proteção integral e domínio público que não comporte a presença de população tradicional residente. Sobre esse aspecto, a Lei n° 9.985/2000 remete a regulamento a ser editado pelo Poder Executivo sobre as fases do procedimento administrativo de criação de UC, restringindo-se a exigir estudos técnicos e consulta pública para sua instituição, dispensada a consulta quando se tratar de estação ecológica ou reserva biológica. O Decreto n° 4.340/2002, que regulamentou alguns dispositivos do SNUC, também não estabeleceu os atos a serem praticados e as fases a serem observadas nos referidos procedimentos.

Antes da edição da Lei do SNUC, a Instrução Normativa n° 2/1998 do Ibama, posteriormente revogada pela Portaria n° 76/1999, procurava estabelecer e uniformizar o procedimento de identificação, criação e regularização fundiária das UCs. Essa instrução, bastante minuciosa, trazia expressamente a obrigação de realizar estudos socioeconômicos para a instituição de unidades. Em 1999, o presidente do Ibama baixou a Portaria n° 77-N, visando, mais uma vez, uniformizar esse processo. O novo ato administrativo normativo, contudo, tratou das fases do procedimento de forma muito superficial, nem sequer fazendo menção à análise socioeconômica, essencial para a avaliação da existência de população tradicional residente, em flagrante oposição à CF 1988, que impõe ao poder público a proteção das culturas tradicionais, que integram o patrimônio cultural brasileiro.

O Ministério do Meio Ambiente, por seu turno, lançou em seu *site* um roteiro básico para a criação de unidades de conservação, bem mais completo que o da Portaria nº 77-N/1999 do Ibama. No entanto, a natureza jurídica desse ato, editado pelo órgão central do Sistema Nacional de Meio Ambiente, não é claramente definida. É possível, todavia, classificá-lo como ato administrativo normativo, dadas suas características[36], o que determina seja obrigatoriamente observado pelos demais órgãos e entidades que compõem o Sisnama e que possuam competência para a instituição de unidades de conservação, o que inclui o Ibama, sua entidade executora. Esse roteiro torna obrigatório verificar a existência de população tradicional ou indígena na área afetada pela instituição da UC, não estando clara a necessidade de avaliação da capacidade de suporte do ecossistema atingido, em virtude das atividades praticadas pelos grupos residentes, o que é essencial, por conta das determinações contidas nos art. 215 e 216 da CF 1988. Por essa razão, caso o roteiro do MMA não seja um ato administrativo normativo, não existirá instrumento normativo que exija a análise da presença de população tradicional e da capacidade de suporte do ecossistema. Assim, semelhantes estudos deverão instruir os processos de criação de UCs de proteção integral e domínio público, sob pena de ilegalidade. Em suma, a CF impõe ao Estado proteger o patrimônio cultural brasileiro, o que inclui os modos de fazer e viver referentes à memória dos diferentes grupos formadores da sociedade brasileira, sendo a todos garantido o pleno exercício de seus direitos culturais.

As ilegalidades no procedimento e no ato final de criação da UC, nesse caso, poderão ser de duas ordens: vício de forma e vício de objeto.

O vício de forma é uma omissão na análise de existência de população tradicional e, em caso afirmativo, da capacidade de suporte do ecossistema, que gera vício de forma do procedimento, convalidável retroativamente. A convalidação é a providência, em geral obrigatória, a ser adotada pela administração pública[37] na ocorrência de vício de forma ou de competência; nesse caso, é praticado novo ato administrativo que corrige o defeito, com efeitos retroativos. No caso em tela, a convalidação deverá ser realizada a partir da verificação da existência de população tradicional no local onde foi instituída a UC e da capacidade de suporte do ambiente. Caso essa avaliação *a posteriori* revele a

---

[36] Foi expedido pelo órgão central do Sisnama, que tem a finalidade de planejar, coordenar, supervisionar e controlar, como órgão federal, a política nacional e as diretrizes governamentais fixadas para o meio ambiente, nos termos do inc. III do art. 6º da Lei nº 6.938/1981. Foi publicado no *site*, o que é suficiente para obrigar os demais órgãos e entidades da administração pública que compõem o sistema. O Ibama, por sua vez, é a entidade executora, que executa e faz executar a política e as diretrizes governamentais.

[37] A convalidação somente não é obrigatória para os casos de vício de competência em ato de conteúdo discricionário. Há, ainda, limites à convalidação, como ocorre no caso dos atos já impugnados.

inexistência de grupos tradicionais no local ou, apesar de sua presença, a falta de capacidade de suporte ecossistêmico, o vício procedimental terá sido sanado e o ato final de criação tornar-se-á válido e perfeito. Ao contrário, constatada a existência de população tradicional e a capacidade de suporte do ambiente, apesar de sanado o vício de forma, o ato final de criação de UC de proteção integral e domínio público[38] continuará a apresentar vício de objeto, o que gera nulidade absoluta e torna cabível sua conversão.

O vício de objeto é a criação de unidade de conservação de proteção integral e domínio público que não admite a presença de população tradicional, não obstante a constatação de sua existência no local e da capacidade de suporte ecossistêmico. Tal cenário gera nulidade absoluta do ato de criação da UC, passível apenas de conversão, total ou parcial, em ato de instituição de outra categoria de manejo, compatível com sua presença. A conversão incide sobre atos administrativos eivados por vício de objeto, em que seu conteúdo contraria a lei, correspondendo, assim, à substituição do ato nulo por outro, de categoria distinta, cujo conteúdo esteja em conformidade com os preceitos legais. No caso de UC instituída em desconformidade com a ordem jurídica, é possível converter o ato administrativo de criação em outro que institua categoria distinta, com efeitos retroativos. Como o problema se refere à criação de UC de proteção integral e domínio público onde existe grupo tradicional residente e os impactos causados por suas atividades são suportados pelo ambiente, a conversão deve conduzir, preferencialmente, à criação de Reserva Extrativista ou Reserva de Desenvolvimento Sustentável, que são espécies de unidade de conservação que visam compatibilizar a proteção do meio ambiente e das culturas tradicionais. Assim, garantir-se-á a proteção do ambiente natural, o que não ocorreria diante da simples anulação do ato de criação e da desafetação da área a qualquer finalidade de proteção do meio ambiente. Ao mesmo tempo, seria garantida a permanência dos grupos tradicionais, com a consequente proteção de seus direitos culturais e de parcela do patrimônio cultural brasileiro.

Se o grupo já tiver sido realocado quando for impugnado o ato de criação, ainda que seja constatada sua nulidade, a conversão deverá considerar a viabilidade, na prática, de novo reassentamento da população tradicional, a partir da aplicação dos princípios da razoabilidade e da proporcionalidade. Assim, não serão causados maiores danos ao grupo, resolvendo-se os prejuízos sofridos em indenização por perdas e danos. Por outro lado, se a permanência da população

---

[38] O foco principal do trabalho recaiu sobre as UCs de proteção integral e domínio público, por não serem compatíveis com o domínio privado e não admitirem a presença de populações tradicionais. No caso das UCs de uso sustentável e domínio público, apenas a reserva de fauna não prevê expressamente a possibilidade de presença de população tradicional residente, o que, todavia, pode vir a ser objeto de interpretação sistemática do texto, na medida em que a floresta nacional a admite.

tradicional no local onde for instituída a UC de proteção integral e domínio público não for possível, levando-se em conta a fragilidade do ecossistema e os impactos causados por suas atividades, a criação da UC será legal. Sob tal condição, o grupo deverá ser reassentado pelo poder público em local que lhe propicie as mesmas condições de sobrevivência física e cultural, não sendo admitido o simples pagamento de indenização, a não ser que requerido pela própria população. Isso porque a simples indenização conduzirá, normalmente, à sua dispersão, com a consequente perda de sua identidade, de seus conhecimentos, de suas crenças, de seus mitos. Embora o Estado não possa obrigar a comunidade a se manter tradicional, não pode, igualmente, determinar sua dissolução, desprezando a obrigação constitucional de proteger as culturas tradicionais e o patrimônio cultural nacional.

Não se contesta, portanto, a necessidade de instituição de UCs, incluídas as de proteção integral e domínio público, por necessárias à proteção do ambiente natural e da diversidade biológica. No entanto, defende-se que sua instituição obedeça aos requisitos constitucionais e infraconstitucionais que permitem conciliar o direito ao meio ambiente ecologicamente equilibrado e os direitos culturais.

Os vícios acima apontados em teoria foram constatados na prática quando o Ibama analisou procedimentos já concluídos de criação de UCs federais de proteção integral e domínio público: Parque Nacional do Jamanxim (PA), Parque Nacional do Rio Novo (PA), Parque Nacional da Chapada das Mesas (MA), Parque Nacional da Serra do Pardo (PA), Parque Nacional da Serra do Itajaí (SC), Parque Nacional do Catimbau (PE), Estação Ecológica da Guanabara (RJ), Estação Ecológica do Castanhão (CE), Estação Ecológica de Auiaba (CE) e Reserva Ecológica da Contagem (DF).

Foram escolhidos os processos encerrados após a edição da Lei n° 9.985/2000, uma vez que o ato final, que consiste no decreto de criação da unidade, depende da observância das determinações legais, consubstanciadas em estudos técnicos e consulta pública, exigência que, mais tarde, foi incluída no Roteiro Básico para a Criação de Unidades de Conservação do MMA. Dos casos analisados, somente o procedimento de criação da Estação Ecológica da Guanabara não apresentou vícios. Os demais não avaliaram a existência de grupos tradicionais no local, o que gera, no mínimo, vício de forma. Diante da convalidação e análise, o ato de criação poderá ser nulo, passível apenas de conversão.

Relativamente ao Parque Nacional da Serra do Itajaí e ao Parque Nacional da Serra do Pardo, a avaliação da existência de grupos tradicionais residentes foi realizada. No primeiro caso, foi constatado não existir população tradicional na área. No segundo, o Instituto Socioambiental apresentou trabalho que discriminou os grupos tradicionais, suas atividades e os impactos causados. Todavia, o estudo não foi integralmente considerado, limitando-se o órgão ambiental a afastar em 10 km das margens do rio Xingu os limites da UC, sem qualquer demonstração de que essa faixa fosse suficiente para abrigar os grupos tradicionais e suas atividades. Também não foi realizada uma avaliação da capacidade de suporte ecossistêmico que levasse em conta os impactos já avaliados e apontados pelo ISA, que havia sugerido a criação no local de Resex.

A comprovação da existência real dos vícios apontados no presente artigo demonstra a urgência da revisão dos procedimentos de criação de unidades de conservação de proteção integral e domínio público, com vistas à sua convalidação/conversão, evitando-se danos graves a populações tradicionais que se encontrem nas áreas afetadas e, consequentemente, a todos os brasileiros, dado que está em jogo a integridade do patrimônio cultural nacional.

CONCLUSÃO

A criação de UCs, dentre as quais os parques nacionais, em áreas ocupadas por populações tradicionais vem causando grande debate entre preservacionistas e socioambientalistas em diversos países. Na Austrália, em visita de campo ao Parque Nacional o Uluru-Kata Tjuta, pôde-se constatar a precariedade em que se encontram os aborígenes, pois, apesar de terem conquistado a titularidade das terras, não houve a desafetação ou reclassificação do parque. Há um conjunto de normas locais que tratam tanto da criação e gestão de parques nacionais e reservas quanto da proteção dos povos aborígenes e sua herança cultural. Essas normas são editadas para cada região do país e reconhecem o direito dos povos aborígenes às terras por eles tradicionalmente ocupadas, mas não lhes garantem o exercício de todos os poderes inerentes ao domínio. Na legislação brasileira, ao contrário, as terras passam a ser inalienáveis e os nativos não gozam de exclusividade das terras quando nelas tiver sido instituído parque nacional ou outra forma de reserva ambiental, pois são abertas à visitação. Com isso, resta-lhes apenas a garantia de poder entrar na área e usar seus recursos naturais para a preservação de sua cultura, desde que isso não signifique impactos que superem a capacidade de suporte dos ecossistemas, e de participar da administração da unidade.

No Brasil, três situações distintas podem ser vislumbradas: sobreposição entre UCs de proteção integral e domínio público e terras indígenas; territórios quilombolas; e áreas ocupadas por outras espécies de populações tradicionais. No caso das terras indígenas, que gozam de proteção constitucional específica, a solução para o aparente conflito é mais fácil. A CF 1988 estipulou que as terras indígenas constituem bens da União, cabendo aos índios sua posse permanente e o usufruto exclusivo das riquezas do solo, dos rios e dos lagos. Desse modo, havendo sobreposição de terras indígenas e UCs que não admitem a presença de população residente, prevalecem as primeiras, sendo ilegal a criação da unidade. Por isso, a instituição desses espaços deve ser precedida de procedimento administrativo-ambiental que verifique a condição de se constituir a área terra indígena, sendo indispensável oficiar-se a Funai para que se manifeste acerca da existência de povos indígenas nos limites da futura UC.

Quanto aos territórios quilombolas, que também gozam de proteção constitucional específica, a situação não é tão simples. Isso porque a CF 1988 lhes atribuiu a propriedade das terras que estivessem ocupando na data de sua promulgação. Isso, para os preservacionistas, não impediria que o poder público desapropriasse as terras para instituir, na área, UC de proteção integral. Para os socioambientalistas, todavia, essa não é uma solução viável, pois a CF 1988 também teria reconhecido aos quilombolas direitos originários sobre os seus territórios, o que é reforçado pela obrigatória inserção de cláusula de inalienabilidade, impenhorabilidade e imprescritibilidade dessas terras, nos termos do Decreto nº 4.887, de 2003.

A situação mais difícil, contudo, diz respeito às demais populações tradicionais, em que a própria classificação traduz grandes divergências doutrinárias. Considerando-se, todavia, as características antropológicas que classificam um grupo humano como tradicional, as seguintes características deverão ser observadas:

1 – autoidentificação e identificação pela sociedade envolvente como pertencente a um grupo distinto;
2 – práticas sustentáveis de exploração dos recursos naturais, que produzam baixo impacto e contribuam para a proteção da diversidade biológica;
3 – dependência, para sua sobrevivência física e cultural, da natureza, seus ciclos e seus elementos;
4 – importância das atividades de subsistência e reduzida acumulação de capital;
5 – territorialidade;
6 – posse comunal e gestão compartilhada dos recursos naturais;
7 – transmissão do conhecimento por meio da tradição comunitária intergeracional, normalmente tradição oral.

Desse modo, o procedimento administrativo-ambiental de criação de UCs deverá necessariamente compreender a análise da existência de população tradicional na área afetada, com base nos requisitos elencados e, em caso afirmativo, da capacidade de suporte do ecossistema. Isso porque, havendo grupo tradicional residente, a legalidade da criação de UC de proteção integral e domínio público estará condicionada à real necessidade, para a preservação do ecossistema, daquele grau de proteção atribuído. Nesse caso, a população deverá ser reassentada em local que lhes forneça semelhantes condições de reprodução física e cultural. A falta dessa avaliação gera vício de forma do procedimento, passível de convalidação.

Por outro lado, uma vez constatado que o ecossistema é capaz de suportar o impacto produzido pelo grupo tradicional, a criação de UC que não admita sua presença é ilegal, uma vez que viola frontalmente o disposto nos art. 215 e 216 da CF 1988. Nesses casos, diante de UC já criada, a solução será a conversão do ato nulo (ato administrativo eivado de vício de objeto) em ato de categoria distinta, a partir da reclassificação da UC em unidade de uso sustentável, preferencialmente Resex ou RDS, pois a simples anulação do ato de criação da unidade não traria vantagens nem à sociedade envolvente, que perderia os benefícios advindos de um espaço ambiental, nem ao próprio grupo tradicional, cujos integrantes também são titulares do direito ao meio ambiente ecologicamente equilibrado.

PATRIMÔNIO CULTURAL E NATURAL, DIREITOS HUMANOS E DIREITOS DA NATUREZA[1]

- *José Luiz de Andrade Franco -*

*The fool on the hill
sees the sun going down
and the eyes in his head
see the world spinning round*

"The fool on the hill", John Lennon e Paul McCartney

O presente ensaio é uma reflexão sobre as relações entre patrimônio cultural e patrimônio natural, por um lado, e entre direitos humanos e direitos da natureza, por outro. Tais direitos e patrimônios são pensados a partir da sua inserção numa ética ambiental ampla, inspirada pela abordagem característica da pesquisa científica pura e da apreciação estética. Em princípio, será mostrado como natureza e cultura são constitutivas do ambiente humano, e como a percepção dessas duas dimensões da experiência humana teve um impulso forte durante os séc. XVIII e XIX. Serão discutidos, ainda, os valores atribuídos aos patrimônios cultural e natural, suas relações com a observação científica e a apreciação estética, além da importância de noções como empatia, distanciamento, imanência e transcendência para a elaboração de uma ética ambiental.

A valorização do patrimônio cultural e do patrimônio natural será pensada a partir das viagens e da configuração da atividade turística. Viagens e turismo envolvem, concomitantemente, os diversos aspectos relacionados com o processo de valorização dos diversos patrimônios culturais e naturais. Possibilitam, também, uma reflexão sobre como conciliar o usufruto dos patrimônios culturais e naturais com a sua conservação.

---

[1] Publicado igualmente em Doris Sayago *et al.*, *Por um saber ambiental: a natureza em meio a riscos, crises e políticas ambientais*, Rio de Janeiro: Garamond, 2015.

Por fim, será discutida a importância de se considerar a questão dos direitos humanos e direitos da natureza para a elaboração de uma ética ambiental ampla. A conclusão é que uma sensibilidade aguçada e a capacidade de se maravilhar ao contemplar as obras produzidas pelos humanos e pela natureza, características do sentido de apreciação estética presente nas ciências puras e nas artes, terão um papel fundamental na construção dessa ética.

O AMBIENTE HUMANO: NATUREZA E CULTURA

O ambiente humano, ou o meio ambiente, é o que está à nossa volta. Ele é formado não só pelo ambiente natural, mas também pelo ambiente construído pelos humanos, o ambiente cultural ou social. Portanto, os seres humanos pertencem, ao mesmo tempo, ao mundo natural e ao mundo cultural. Esses mundos, entrelaçados, constituem seu espaço vital. É neles e a partir deles que se desenrola a aventura humana no planeta.

A noção de ambiente humano carrega consigo a ideia de que o comportamento das pessoas é, em grande parte, produto das condições físicas e sociais em que elas vivem e se desenvolvem[2]. Mas o comportamento é também manifestação do pacote genético de cada indivíduo, que, numa perspectiva histórica, está sujeito à adaptação e às contingências ambientais. Pode-se argumentar que os seres humanos fazem escolhas, mas elas são situacionais e relacionais, ou seja, têm uma relação direta com o ambiente e com os seres que o compõem.

Há, sem dúvida, aspectos ambíguos a serem considerados quando se discutem as relações e o pertencimento dos humanos aos mundos da natureza e da cultura. Segundo Dale Jamieson:

> *A extensão da ideia de meio ambiente é refletida no movimento ambientalista contemporâneo pelo conceito de holismo. A primeira Lei da Ecologia, de acordo com Barry Commoner, em seu livro de 1971,* The Closing Circle, *diz que "tudo está conectado a tudo". Esse ideal holístico ressoa no popular slogan ambientalista: "os humanos são parte da natureza". Esse slogan é frequentemente utilizado para insinuar que o "pecado original", que leva à destruição ambiental, é uma tentativa de nos separarmos da natureza. Podemos voltar a ter uma relação saudável com ela somente depois de reconhecer que esta tentativa de separação é insensata e destrutiva*[3].

---

[2] Dale Jamieson, *Ética e meio ambiente*, São Paulo: Senac, 2010.

[3] *Ibid.*, p. 19.

Jamieson vê uma divisão entre "monistas" e "dualistas", no que diz respeito ao debate sobre meio ambiente. Estes últimos enxergam o mundo a partir de distinções significativas entre humanos e animais, natureza e sociedade, selvagem e civilizado, razão e emoção. Os primeiros, por sua vez, negam que essas distinções sejam profundas e veem continuidade e unicidade para além das categorias estabelecidas e das diferenças que elas representam. Embora o monismo exerça forte atração entre os defensores do meio ambiente, é difícil enfrentar as ambiguidades surgidas da reflexão sem trafegar por uma série de dualismos. Para Jamieson, trata-se, sobretudo, de entender em que medida os dualismos podem ser úteis.

José Augusto Drummond[4], ao discutir as relações entre patrimônio natural e patrimônio cultural, bem como as marcas que as culturas humanas deixam nas paisagens naturais, estabelece uma distinção "dura" entre natureza e cultura. A partir dessa distinção, ele classifica os espaços (ambientes) em: 1) cidade/urbanos, com predomínio da cultura e do patrimônio cultural; 2) campo/rurais, com uma mescla de natureza e cultura, mas onde a natureza é predominantemente antropizada; e 3) terras incultas ou selvagens, com predomínio da natureza em estado primitivo, áreas onde a presença humana é rala ou esporádica, com predomínio do patrimônio natural. Segundo o autor, essas categorias têm uma função prática, dentro de um amplo esquema de análise, e revelam também continuidades, fronteiras "borradas" e sobreposições.

A separação entre humanos (cultura) e natureza é funcional para respondermos a uma série de questionamentos:

> *Consideremos a ideia de que os humanos fazem parte da natureza. Se humanos e castores são ambos parte da natureza, como podemos afirmar que o desflorestamento causado pelos humanos é errado sem, de maneira similar, condenar os castores por cortarem árvores para construir seus diques? Como podemos dizer que as relações predador/presa da savana africana são maravilhas preciosas da natureza e ao mesmo tempo condenar humanos que caçam elefantes ilegalmente? Mais fundamentalmente, como podemos distinguir a morte de uma pessoa causada por um terremoto da morte de uma pessoa causada por outra pessoa?*[5]

Para as questões acima, tomadas de empréstimo de Jamieson, uma resposta possível passa pelo estabelecimento de uma distinção entre cultura e natureza,

---

[4] José Augusto Drummond, "Patrimônios natural e cultural: endereços distintos nos espaços urbanos, rurais e selvagens", em: Maria Tereza Paes-Luchiari, Heloísa Turini Bruhns e Célia Serrano (org.), *Patrimônio, natureza e cultura*, Campinas: Papirus, 2007.

[5] Dale Jamieson, *op. cit.*, p. 20.

construída a partir da noção darwiniana de gradualismo e do conceito de propriedades emergentes[6]. Os humanos são parte da natureza, são animais – com um pacote genético variado característico da espécie – e são um produto do processo evolutivo. Por outro lado, a maneira singular pela qual a espécie humana vem se adaptando aos ambientes naturais, há milênios, opera por intermédio da cultura. Isso implica uma atividade deliberada, um agir teleológico (orientado para um fim premeditado). Implica também a construção de um ambiente cultural, sobreposto a e imbricado com o ambiente natural, e consequentemente um modo muito peculiar de influenciar a natureza e deixar sua marca nela.

O gradualismo característico do processo evolutivo trouxe à cena histórica a espécie humana, com uma propriedade emergente, a cultura. Não foi uma aparição súbita. Outros primatas hominídeos, antes do *Homo sapiens*, aprenderam a usar ferramentas e utensílios de pedra, a manejar o fogo, a se organizar socialmente e se comunicar por meio de gestos e de algum tipo de linguagem falada. A agricultura e a criação de animais, a escrita, a fabricação e o uso de metais, façanhas do *Homo sapiens*, foram surgindo em locais e momentos diferentes, gradualmente. Aos poucos, a adaptação humana passava a depender cada vez mais da cultura, o que faz com que os humanos sejam um produto tanto dela como da natureza[7].

Outro aspecto importante é que os humanos, na medida em que produzem cultura, são capazes de afetar, impactar e influenciar o ambiente natural de uma maneira muito diferente de todos os outros seres vivos. Os humanos transcenderam a natureza e, em certo aspecto, aprenderam a ultrapassar certos limites impostos à reprodução. Estivessem os humanos amarrados unicamente às dinâmicas do processo evolutivo, seria muito difícil que seu número chegasse aos 7 bilhões. A espécie humana, ao longo da história, utilizou cada vez mais intensamente dos recursos naturais do planeta para satisfazer aos seus propósitos, conforme a população crescia e o aparato tecnológico permitia. Desde as extinções da megafauna até o aquecimento global, os humanos têm se mostrado capazes de impactar profundamente o ambiente em que vivem[8].

A cultura liberou os humanos dos apertados grilhões do processo evolutivo e da seleção natural, ainda que não completamente. Doenças continuam atuando cotidianamente como agentes da seleção natural entre a espécie humana. Por

---

[6] Ernst Mayr, *Biologia, ciência única*, São Paulo: Companhia das Letras, 2005.

[7] Richard Leakey e Roger Lewin, Origens, São Paulo: Melhoramentos/UnB, 1981; Richard Leakey, *A evolução da humanidade*, São Paulo: Melhoramentos/Círculo do Livro/UnB, 1981; Colin Tudge, *The Time Before History*, Nova York: Touchstone, 1997, e O elo, Rio de Janeiro: Agir, 2010; Jared Diamond, *Armas, germes e aço*, Rio de Janeiro: Record, 2002.

[8] Jared Diamond, *Armas, germes e aço, op. cit*, e *Colapso*, Rio de Janeiro: Record, 2005; Dale Jamieson, *op. cit..*

outro lado, os humanos continuam a depender de recursos naturais, que têm se revelado alternadamente abundantes ou limitados, conforme os diferentes momentos da história de diferentes sociedades. A tecnologia vem permitindo aumentar a abundância ou tornar os limites mais elásticos, embora não possibilite nenhum salto para fora da natureza. Os humanos ainda dependem fundamentalmente da produtividade e da resiliência do planeta Terra.

A distinção entre cultura e natureza é, portanto, instrumental. A ambivalência é parte do jogo do conhecimento, e não há erro algum em reconhecer os humanos tanto como integrantes, quanto como separados da natureza. Classificações como a de Drummond[9] – que estabelece distinções entre espaços do tipo cidade/urbanos, campo/rurais e terras incultas ou selvagens – são úteis para aguçar a percepção dos diferentes níveis de intervenção humana sobre os ambientes naturais. Elas permitem aprofundar a reflexão sobre as características específicas dos patrimônios cultural e natural e sobre as relações entre eles. Permitem também avaliar melhor as ações dos humanos e as perspectivas de conservação desses patrimônios e do meio ambiente – ou ambiente humano.

Uma questão importante é a seguinte: por que valorizar o patrimônio cultural e natural? A resposta mais simples e óbvia é: para garantir a conservação do ambiente humano, sem o qual a vida humana não seria possível. A depredação do ambiente humano implica perda da qualidade de vida dos seres humanos. Essa é uma razão bastante pragmática e conduz à percepção do patrimônio, cultural ou natural, como recurso a ser apropriado ou usufruído pelos humanos. Outras razões e motivações menos instrumentais podem ser aventadas e merecem um exercício de reflexão. Isso será feito, com vagar, nas próximas duas seções deste ensaio. Será, no entanto, importante introduzir aqui a noção de transcendência e estabelecer sua conexão com as motivações para a conservação do patrimônio cultural e natural.

Dois autores, bem diferentes um do outro, são boas referências para uma compreensão da noção de transcendência relacionada com o patrimônio cultural: Hannah Arendt[10] e Émile Durkheim[11]. Arendt chama a atenção para a finitude do indivíduo (mortal) e para a continuidade do mundo construído por ele (cultura):

> *A tarefa e a grandeza potencial dos mortais têm a ver com sua capacidade de produzir coisas – obras e feitos e palavras – que mereceriam pertencer e, pelo*

---

[9] José Augusto Drummond, "Patrimônios natural e cultural", *op. cit.*

[10] Hannah Arendt, *A condição humana*, Rio de Janeiro: Forense, 1987, e *Entre o passado e o futuro*, São Paulo: Perspectiva, 1988.

[11] Émile Durkheim, *As formas elementares da vida religiosa*, São Paulo: Martins Fontes, 1996.

menos até certo ponto, pertencem à eternidade, de sorte que, através delas, os mortais possam encontrar seu lugar num cosmo onde tudo é imortal exceto eles próprios. Por sua capacidade de feitos imortais, por poderem deixar atrás de si vestígios imorredouros, os homens, a despeito de sua mortalidade individual, atingem seu próprio tipo de imortalidade e demonstram sua natureza "divina"[12].

Obras, feitos e palavras, a continuidade do mundo humano está garantida por algo que transcende os indivíduos e está intimamente relacionado com o conceito de patrimônio cultural, material e/ou imaterial. Sem essa dimensão de continuidade, relacionada com os aspectos teleológicos e relacionais do agir humano, a vida humana seria bem menos do que humana. A experiência humana acontece em espaços construídos pelos humanos, carregados de significados e nos quais suas ações fazem sentido. Num trecho em que discute o valor da arte e sua relação com o mundo, os juízos estéticos e a questão do gosto, Arendt invoca novamente o caráter transcendental do mundo humano:

O gosto, portanto, na medida em que, como qualquer outro juízo, apela ao senso comum, é o próprio oposto dos "sentimentos íntimos". Em juízos estéticos, tanto quanto em juízos políticos, toma-se uma decisão, e conquanto esta seja sempre determinada por uma certa subjetividade, também decorre, pelo mero fato de cada pessoa ocupar um lugar seu, do qual observa e julga o mundo, de o mundo mesmo ser um dado objetivo, algo de comum a todos os seus habitantes. A atividade do gosto decide como esse mundo, independentemente de sua utilidade e dos interesses vitais que tenhamos nele, deverá parecer e soar, o que os homens verão e ouvirão nele. O gosto julga o mundo em sua aparência e temporalidade; seu interesse pelo mundo é puramente "desinteressado", o que significa que nem os interesses vitais do indivíduo, nem os interesses morais do eu se acham aqui implicados. Para os juízos do gosto, o mundo é objeto primário, e não o homem, nem a vida do homem, nem seu eu.[13]

A transcendência do mundo, em relação aos indivíduos, faz com que ele adquira um valor para além da mera utilidade. Certamente o mundo da cultura existe para os humanos, mas é seu caráter transcendente que possibilita que ele seja irradiador de sentido comum (objetividade) para as vidas humanas individuais. Durkheim, em *As formas elementares da vida religiosa*, procura mostrar como os rituais sagrados das sociedades primitivas estavam relacionados com

---

[12] Hannah Arendt, *A condição humana*, op. cit., pp. 27-8.

[13] Hannah Arendt, *Entre o passado e o futuro*, op. cit., pp. 276-7.

a coesão social e com a afirmação do caráter transcendental da cultura e da sociedade. Para Durkheim, o melhor do ser humano se revelava na sociedade:

> *Talvez se espantem vendo-nos atribuir à sociedade as formas mais elevadas da mentalidade humana: a causa parece muito modesta, considerado o valor que damos ao efeito. Entre o mundo dos sentidos e dos apetites, de um lado, e o da razão e da moral, de outro, a distância é tão considerável, que o segundo parece só ter podido se sobrepor ao primeiro por um ato criador. Mas atribuir à sociedade esse papel preponderante na gênese de nossa natureza não é negar essa criação, pois a sociedade dispõe precisamente de uma potência criadora que nenhum ser observável pode igualar. Toda criação, com efeito, a menos que seja uma operação mística que escape à ciência e à inteligência, é o produto de uma síntese. Ora, se as sínteses de representações particulares que se produzem no interior de cada consciência individual já são, por si mesmas, produtoras de novidades, quão mais eficazes serão essas vastas sínteses de consciências completas que as sociedades produzem! Uma sociedade é o mais poderoso feixe de forças físicas e morais cujo espetáculo a natureza nos oferece. Em parte nenhuma se encontra uma tal riqueza de materiais diversos, levados a semelhante grau de concentração. Não é surpreendente, pois, que dela emane uma vida mais elevada que, reagindo sobre os elementos de que resulta, os eleva a uma forma superior de existência e os transforma*[14].

Em sociedade, ou no mundo da cultura, há propriedades emergentes, uma espécie de vida própria, algo mais que a simples soma de indivíduos. Trata-se de um mundo que se perpetua por meio dos indivíduos humanos, de suas construções, de seus fazeres e de suas relações, um ambiente propício à vida humana, em todas as suas dimensões, e um patrimônio a ser cuidado, conhecido e admirado.

A transcendência é uma característica relacionada também com o patrimônio natural. O mundo natural não foi criado pelos humanos nem para eles, embora seja o ambiente sobre o qual a vida humana e as sociedades humanas se estabelecem. O mundo natural, com toda sua diversidade de aspectos bióticos e abióticos, é produto de um processo evolutivo, que se desenrola há bilhões de anos – ou, para os religiosos, é produto da criação divina. O fato é que os humanos são neófitos, retardatários participantes do espetáculo da natureza, quando se pensa em quão recente é seu aparecimento no planeta em relação à duração do processo evolutivo. Jamieson argumenta que:

---
[14] Émile Durkheim, *op. cit.*, pp. 497-8.

Estou sugerindo aqui que valorizamos o que é natural porque valorizamos a autonomia da natureza. Isso não é dizer que pensamos na natureza como um agente moral, responsável para nós por suas ações (exceto talvez metaforicamente). Na verdade, o que valorizamos na natureza é que ela "faz o seu trabalho" e é bastante indiferente a nós. No capítulo 5 do Tao Te Ching, atribuído ao monge taoísta do séc. I a.C. Lao-Tse, encontramos as seguintes palavras: "Céu e Terra são imparciais: eles tratam toda a criação como cachorros de palha". Nos antigos rituais chineses, esses cachorros eram queimados como sacrifícios no lugar dos cães vivos. Afirmo que a natureza é indiferente ao bem-estar humano como os humanos o são ao destino dos cães de palha que empregam no sacrifício ritual. Para muitos de nós, a indiferença da natureza pode ser um alívio bem-vindo à vida num mundo dominado pelos humanos[15].

A autonomia do mundo natural, em sua face mais extrema, remete à ideia de selvagem ou indomado. A natureza, na medida em que não foi criada pelos humanos nem para os humanos, e na medida em que é indiferente aos humanos, se reveste de um caráter transcendental num sentido mais profundo ainda que a cultura ou a sociedade. Para Holmes Rolston, quando nos perguntarmos sobre os valores carregados pela natureza, nos perguntamos sobre a maneira como atribuímos valor a ela, o que nos conduz a questionar, também, os aspectos objetivos e subjetivos envolvidos nessa valoração. No amplo espectro de valores presentes no mundo natural,

alguns (o valor nutricional contido na batata) parecem objetivamente estar lá, enquanto outros (a águia como símbolo nacional) são meramente atribuídos. De qualquer modo, as experiências humanas desejadas estão enlaçadas dentro da existência de algo fora delas. Quando nós revelamos essas valorosas "funções" da natureza, nós podemos começar a tocar a questão de se e quanto o valor intrínseco na natureza capacita os humanos a se apropriar desses valores. Vale dizer que as coisas nunca têm valor genericamente, mas preferencialmente elas têm tipos específicos de valor [...][16].

Rolston enumera uma série de tipos de valor relacionados com o mundo natural: valor de sustentação da vida, valor econômico, valor de recreação, valor científico, valor estético, valor de diversidade genética, valor histórico, valor cultural-simbólico, valor de construção do caráter, valor de diversidade-unicidade,

---

[15] Dale Jamieson, *op. cit.*, pp. 256-7.

[16] Holmes Rolston III, *Environmental Ethics*, Filadélfia: Temple University Press, 1988, p. 3. Todos os trechos de obras estrangeiras foram traduzidos livremente do original em inglês pelo autor.

valor de estabilidade e espontaneidade, valor dialético, valor da vida, valor religioso. O mais importante é a percepção de que existem vários tipos de valor, desde os mais instrumentais até os mais desinteressados. Vale notar também a questão do valor intrínseco da natureza. Este, tanto quanto seu aspecto transcendental, deve ser entendido no seu sentido mais profundo, relacionado com seu caráter autônomo. A compreensão do valor do patrimônio natural, entendido como toda a diversidade inerente e constitutiva do mundo natural, está, desse modo, para além da mera instrumentalidade. Ela está relacionada com a investigação científica pura, com a apreciação estética e com o estabelecimento de uma conduta ética dos humanos para com a natureza[17]. Aldo Leopold, ao argumentar sobre a construção de uma ética da terra (*The Land Ethic*), em 1949, observava que:

> *É inconcebível para mim que uma relação ética com a terra possa existir sem amor, respeito e admiração pela terra, e uma alta consideração pelo seu valor. Por valor, é claro, eu entendo alguma coisa muito mais ampla do que o mero valor econômico, eu entendo valor no sentido filosófico*[18].

O respeito e a admiração pelo mundo natural estão relacionados com seu caráter transcendente. Trata-se de uma atitude de humildade dos humanos, de curvar-se ante a sublimidade e a autonomia da natureza. Já o amor está relacionado com a empatia pelo mundo natural e pelos seres que fazem parte dele, e com a noção de pertencimento. Segundo Leopold:

> *Faz um século desde que Darwin nos deu o primeiro relance da origem das espécies. Nós agora sabemos o que era desconhecido de todas as gerações precedentes: que os homens são apenas companheiros de viagem com as outras criaturas na odisseia da evolução. Esse novo conhecimento deve ter nos dado, a essas alturas, um sentido de parentesco com as demais criaturas, companheiras de viagem; um desejo de viver e deixar viver; um sentido de maravilhamento com a magnitude e a duração do empreendimento biótico*[19].

Nesse aspecto, a natureza pode, ainda, exercer um papel educativo:

> *Embora a natureza não seja um agente moral, nem suas criaturas nem seus ecossistemas sejam tutores morais no campo da ética entre humanos, nós*

---

[17] *Ibid.*

[18] Aldo Leopold, *A Sand County Almanac*, Nova York: Oxford University Press, [1949], p. 223.

[19] *Ibid.*, p. 109.

podemos frequentemente "tirar uma moral" da reflexão sobre a natureza: isto é, ganhar uma lição da vida. A natureza tem uma "capacidade de liderança"; ela educa, nos conduz [...] a conhecer quem somos e onde estamos, e qual é a nossa vocação. O encontro com a natureza nos integra, nos protege contra o orgulho, nos dá um sentido de proporção e lugar, nos ensina sobre o que esperar e sobre com o que nos contentar. Viver bem é ser capaz de capturar determinados ritmos naturais[20].

A valorização do patrimônio cultural e do patrimônio natural, como dito acima, tem uma forte relação com a necessidade de garantir a conservação do ambiente humano. Esse motivo exerce um apelo poderoso a todos que tenham um mínimo de bom-senso. Já a percepção do caráter transcendental, tanto do patrimônio cultural como do patrimônio natural, implica uma percepção mais aguçada e uma sensibilidade para valores que ultrapassam a mera instrumentalidade. Quem pode dizer que a possibilidade de garantir a perpetuidade de usufruir dos bens que prezamos e de gozar as experiências que nos realizam não repousa justamente no desenvolvimento de uma nova percepção do ambiente humano?

A VALORIZAÇÃO DO PATRIMÔNIO CULTURAL E DO PATRIMÔNIO NATURAL

O conceito de patrimônio evoca universos bastante heterogêneos. Pode-se falar de patrimônio histórico, artístico ou arqueológico, ou ainda etnológico, biológico ou geológico; material ou imaterial; local, regional, nacional ou mundial[21]. No âmbito deste ensaio, essa heterogeneidade é abarcada pelos conceitos de patrimônio cultural e patrimônio natural, englobados pelo conceito mais amplo de ambiente humano ou meio ambiente. Vale notar que o ambiente humano é também o ambiente de todos os demais seres vivos e que, portanto, é um patrimônio compartilhado por humanos e não humanos.

A noção de patrimônio está relacionada com aquilo que é transmitido como herança. Envolve um processo social de valoração e escolha daquilo que vai ser transmitido ou que merece ser preservado para a posteridade, para as gerações vindouras. É um processo constitutivo da memória e da identidade, na medida em que decide o que vai ser lembrado e valorizado, e o que vai ser esquecido ou, no limite, até deixar de existir[22]. A preservação do patrimônio tem a ver com a perpetuação do ambiente humano. A valoração dos patrimônios cultural e

---

[20] Holmes Rolston III, *op. cit.*, pp. 41-2.

[21] Dominique Poulot, *Uma história do patrimônio no Ocidente*, São Paulo: Estação Liberdade, 2009.

[22] *Ibid.*

natural envolve, ao mesmo tempo, considerações sobre a utilidade e a apreciação estética. Trata-se, também, de uma operação que envolve a elaboração de valores éticos relacionados com a percepção de traços que vão caracterizar a identidade e com o valor que se atribui ao outro, ao que se considera exótico. Ciência e arte, economia e política têm um papel importante no processo social de valoração do patrimônio.

A opção de tratar a valorização do patrimônio cultural e natural a partir das viagens e da atividade turística se deu por motivos práticos. Viagens e turismo envolvem, concomitantemente, os diversos aspectos relacionados com o processo de valorização dos diversos patrimônios culturais e naturais, que estão na base dos atrativos turísticos. Para que um atrativo seja interessante, há que haver aspectos naturais relevantes que destaquem a beleza e/ou sublimidade daquilo que não é obra da mão do homem – fauna, flora, praias, rios, cachoeiras, paisagens – ou, ao contrário, aspectos culturais que ponham em evidência a genialidade do artefato humano – arquitetura, urbanismo e cultura imaterial. Existem também atrativos que misturam natureza e cultura – jardins e terras cultivadas.

O turismo, como o entendemos hoje, é uma atividade relativamente recente. Entretanto, a figura do viajante é universal, está presente nas mais diversas culturas. Podemos pensar nos gregos, um povo de navegadores – a *Ilíada* e a *Odisseia* são obras maiores da literatura grega que tratam de viagens. Há também as grandes peregrinações religiosas da Idade Média e as viagens de comércio – como bem ilustra a experiência de Marco Polo. Por fim, houve as grandes navegações que tornaram o planeta um só. Essas viagens guardam em comum com as viagens de turismo a ideia de que o viajante entra em contato com uma realidade nova, antes desconhecida, e volta modificado pela experiência, com uma perspectiva ampliada do mundo. O viajante é um contador de histórias, um mediador entre dois mundos, o seu e aquele outro que ele agora conhece. O viajante, em boa medida, encarna a saga do herói mítico[23].

A experiência mais próxima do turismo atual é o Grand Tour, que se desenvolveu na Europa nos séc. XVII e XVIII. A elite inglesa enviava seus filhos, acompanhados de tutores, para longas viagens (de três anos, em média) no continente europeu, visando ao seu aprendizado e amadurecimento, de modo que retornassem preparados para a vida adulta. O costume se difundiu pelas elites europeias, e os destinos se tornaram mais abrangentes, incluindo viagens pelos diversos continentes, com um toque de exotismo. As viagens eram um empreendimento científico e filosófico, que permitiam ao viajante fazer comparações e estabelecer um código de conduta baseado em valores mais universais que aqueles engendrados no contato exclusivo com os costumes de seu local de origem. Essa

[23] Joseph Campbell, *O herói de mil faces*, São Paulo: Pensamento, 2007.

forma de aprendizado tornou-se um complemento indispensável à educação formal dos dirigentes civis e militares, dos intelectuais e dos artistas europeus[24]. Tornaram-se comuns, também, as viagens de estudo, sobretudo para conhecer a natureza do Novo Mundo – a mais célebre delas foi a de Charles Darwin a bordo do *Beagle*. Nesse caso, trata-se da descoberta de um mundo natural muito distinto do europeu[25].

O turismo moderno é contemporâneo do transporte a vapor (navios e trens), que, a partir do séc. XIX, permitiu que as viagens para conhecer a natureza e a cultura de localidades mais ou menos distantes se tornassem mais rápidas, mais confiáveis e mais difundidas. A cultura significava a civilização, nas suas mais variadas facetas, mas no começo muito mais identificada com a Europa. Os séc. XVII, XVIII e XIX são estratégicos para a definição do conceito de patrimônio cultural. Foi durante esse período que se estabeleceu uma prática de leitura erudita empenhada em "interpretar as obras como outros tantos documentos sobre o passado, transformando, particularmente, a compreensão das antiguidades clássicas e, em seguida, nacionais num desafio intelectual e político"[26].

As primeiras medidas conservadoras do patrimônio cultural, no séc. XVII, culminaram no reconhecimento de cânones dos mestres e em coleções de objetos a proteger. Durante o séc. XVIII, a preservação do patrimônio como herança comum se revestiu de eficácia prática, passou a ser considerada um meio para dissipar a ignorância, aperfeiçoar as artes e despertar o espírito público e o amor pela pátria. Nos séc. XIX e XX, o patrimônio inscreveu-se numa vontade social de criar conexões e fortalecer a ideia de pertencimento à nação e constituição de uma identidade nacional. Tratava-se de impedir, após o período revolucionário na Europa, a depredação dos monumentos e ícones do Antigo Regime, ao mesmo tempo em que se buscava estabelecer um sentido de origem do "povo" e dos novos estados nacionais[27].

Segundo Lúcia Lippi Oliveira:

> *O gosto pela procura de vestígios da Grécia e de Roma nos séculos XVII e XVIII levou eruditos europeus a fazerem o levantamento das ruínas romanas, a encontrarem antiguidades nacionais. Assim descobriram e passaram a reconhecer o gótico, a arquitetura religiosa cristã do século V ao XV como símbolo de antiguidades nacionais.*

---

[24] Flávia Roberta Costa, *Turismo e patrimônio cultural*, São Paulo: Editora Senac/Edições Sesc, 2009.

[25] Adrian Desmond e James Moore, *Darwin: a vida de um evolucionista atormentado*, São Paulo: Geração, 2000.

[26] Dominique Poulot, *op. cit.*, p. 22.

[27] *Ibid.*

O gosto por curiosidades, que se difundiu no século XVII, conferia prestígio às raridades de uma coleção e reconhecimento social ao seu proprietário. O significativo interesse por objetos levou à publicação de catálogos, que, por sua vez, valorizavam as pinturas e esculturas neles incluídas [...][28].

A valorização dos objetos de arte, de objetos de curiosidade (como fósseis) e de antiguidades levou à criação dos museus. No séc. XIX, cada nação se orgulhava de ter em seus museus parcela do tesouro universal. Os prédios antigos (igrejas, castelos, palácios) também foram considerados patrimônios, no campo ou na cidade[29]. A visitação desses patrimônios culturais estimulava as viagens turísticas. No princípio, o interesse centrava-se na história e cultura europeia. Com o tempo, o que era exótico passou a ser valorizado também como parte do patrimônio universal da humanidade. As viagens turísticas passaram a ser um exercício de superação do estranhamento, de aproximação e de identificação com o outro.

Dominique Poulot traça uma cronologia da atitude patrimonial:

A época clássica foi marcada pela busca da excelência da informação: nesse caso, a publicidade dos acervos é sempre cerimônia a serviço do fausto da pessoa do príncipe. Por sua vez, a época das revoluções liberais assiste ao triunfo do projeto de formar os cidadãos pela instrução e pelo culto do Estado-nação: o senso do patrimônio é dominado, assim, pela pedagogia de sua divulgação. Por último, na virada do século XX para o XXI, o patrimônio deve contribuir para revelar a identidade de cada um, graças ao espelho que ele fornece de si mesmo e ao contato que ele permite com o outro: o outro de um passado perdido e como que tornado selvagem; o outro, se for o caso, do alhures etnográfico[30].

As viagens de turismo tornaram-se lugar-comum para as elites, e mesmo para as classes médias, já no último quartel do séc. XIX e no início do séc. XX. O avanço dos meios de transporte, sobretudo com a popularização do avião, a ampliação da rede hoteleira e a montagem dos pacotes turísticos, difundiu ainda mais a prática do turismo, a partir dos anos 1950. A década de 1970 marcou a explosão do turismo massificado. Os destinos escolhidos, em boa medida, estavam relacionados com a existência de atrativos culturais (patrimônio cultural), mas os objetivos focados no enriquecimento cultural e no aprendizado

---

[28] Lúcia Lippi Oliveira, *Cultura é patrimônio*, Rio de Janeiro: Editora FGV, 2008, p. 141.

[29] *Ibid.*

[30] Dominique Poulot, *op. cit.*, p. 14.

foram, aos poucos, substituídos pela diversão descompromissada. O turismo de massa tornou-se extremamente impactante, chegando ao ponto de receber a denominação de turismo "predador"[31].

Nas décadas de 1980 e 1990, as críticas ao turismo de massa e aos seus impactos negativos sobre o patrimônio cultural (material e imaterial) fizeram surgir um modelo de turismo cultural que se opunha à uniformização imposta pelos pacotes tradicionais e pela massificação. Trata-se de um turismo herdeiro da tradição do Grand Tour, em que o turista tem um interesse maior em conhecer o local e as comunidades visitadas, um espírito aventureiro, um desejo de viver novas experiências e aprender sobre o outro e sobre si mesmo. É um tipo de turismo que promove a sustentabilidade do patrimônio, baseando-se na estacionalidade dos fluxos (mais tempo num mesmo lugar), em viagens individuais ou em pequenos grupos, no uso de equipamentos qualitativamente estruturados e em serviços personalizados[32].

Flávia Costa entende que

> *o turismo cultural é a atividade ideal para auxiliar na preservação dos bens do patrimônio cultural (já que, ao menos em tese, ao mesmo tempo que gera receitas, dedicadas à própria conservação do bem, educa os visitantes para o respeitar), e a chave para o crescimento da simpatia pelos destinos encontra-se na possível exploração de seu potencial*[33].

Desse modo, a atividade turística pode congregar tipos diferentes de valorização do patrimônio cultural, desde aspectos mais instrumentais, como o valor econômico, até aspectos mais abstratos, como o valor estético e o valor relacionado com as experiências vividas. A perpetuação do patrimônio cultural dependerá da sua visitação, do seu conhecimento e da admiração que desperta, e sobretudo da capacidade de percebê-lo como dotado de um valor transcendente, apoiado na história e na sociedade.

A valorização do patrimônio natural dependeu de uma inversão da percepção de sua face mais selvagem, a *wilderness*. O conceito de *wilderness* não tem uma tradução exata para o português, mas o mais próximo é a noção de sertão, um lugar em que a presença humana é pouco perceptível, onde há espaços "desertos" e/ou desertados pela civilização e onde predomina a natureza em toda sua "selvageria", ou onde os habitantes humanos vivem em intimidade com o "mundo selvagem". No imaginário, a *wilderness* sempre esteve associada a locais demoníacos, como o deserto onde Cristo foi tentado, nos quais as amarras que

---

[31] Flávia Roberta Costa, *op. cit.*

[32] *Ibid.*

[33] *Ibid.*, p. 35.

prendiam os humanos à civilização se afrouxavam e prevaleciam os instintos e desejos mais "selvagens". A natureza que se valorizava era a da Arcádia, pastoril e antropizada, ou a natureza geométrica do classicismo – como os jardins do Palácio de Versalhes, na França[34].

Foi a partir de fins do séc. XVIII e início do séc. XIX, com os românticos, que a *wilderness* passou a ser valorada positivamente, o que inverteu uma tendência civilizacional fundadora. A natureza selvagem começava a ser admirada por suas características pitorescas, de beleza e sublimidade. As florestas, os grandes desertos, as montanhas, a vastidão das pradarias, os rios e o mar passaram a representar uma natureza transcendental a ser admirada, que estava além do artefato humano. Deus ou um processo evolutivo (a partir do momento em que Charles Darwin e Alfred Russel Wallace lançaram a teoria da evolução) com duração de bilhões de anos eram as forças responsáveis por e refletidas nas paisagens naturais. Passava-se do negativo ao positivo, do demoníaco ao divino, da ausência de civilização ao interesse científico e à apreciação estética[35].

Essa valorização positiva da *wilderness* esteve na origem das áreas protegidas, do turismo de apreciação da natureza e dos esportes de aventura, tais como o montanhismo e a descida de corredeiras. Nos Estados Unidos, foram criados o Parque do Yosemite, na Califórnia – em 1864 como parque estadual, e depois, em 1890, ampliado e transformado em parque nacional – e o Parque Nacional do Yellowstone em 1872, primeiro parque nacional dos EUA e do mundo. Indivíduos como Henry David Thoreau e John Muir idealizaram a *wilderness* como um "outro" complementar à civilização. Para eles, a civilização já havia avançado demais – espaços urbanos tumultuados, poluídos, sob o signo da pressa, e um homem civilizado estressado e carente de espontaneidade e liberdade. A *wilderness*, com sua grandiosidade selvagem, vinha perdendo espaço – as terras eram transformadas em pastagens, plantações e cidades, a flora e fauna selvagens estavam desaparecendo. A *wilderness* era espaço de contemplação estética, superação de limites, lazer e busca de conhecimento científico. Era o ponto de equilíbrio da civilização e precisava ser preservada, conhecida e usufruída[36].

[34] Frederick Turner, *O espírito ocidental contra a natureza*, Rio de Janeiro: Campus, 1990; Roderick Nash, *Wilderness and the American Mind*, New Haven: Yale University Press, 2001; Simon Schama, *Paisagem e memória*, São Paulo: Companhia das Letras, 1996; Alain Corbin, *O território do vazio*, São Paulo: Companhia das Letras, 1989.

[35] Roderick Nash, *Wilderness and the American Mind*, op. cit.; John McCormick, *Rumo ao paraíso*, Rio de Janeiro: Relume Dumará, 1992; Simon Schama, op. cit.; Alain Corbin, op. cit.

[36] Roderick Nash (ed.), *American Environmentalism*, Nova York: McGraw-Hill, 1990 e *Wilderness and the American Mind*, op. cit.; Alfred Runte, *National Parks*, Lanham: Taylor Trade, 2010; John McCormick, op. cit.; Henry David Thoreau, *Desobedecendo – a desobediência civil & outros escritos*, Rio de Janeiro: Rocco, 1984, e *Walden*, São Paulo: Global, 1984; John Muir, *Journeys in the Wilderness*, Edimburgo: Birlinn, 2009.

A ideia de uma *wilderness* grandiosa e constitutiva do caráter norte-americano passou a estar fortemente ligada à imagem dos Estados Unidos. Se a Europa era um destino turístico caracterizado pela atratividade dos artefatos da cultura, legado de milhares de anos de história da civilização, a América era o continente da *wilderness*, dotado de uma natureza selvagem, a ser explorada pelos turistas, cientistas e amantes da natureza. Roderick Nash[37] classificou os Estados Unidos como um país exportador de *wilderness* – os turistas visitavam o país em busca de um tipo de natureza raro no continente europeu. Os turistas europeus, cansados de castelos e catedrais centenários, iam aos EUA visitar os modestos "castelos" encravados nos penhascos de Mesa Verde e a "catedral" do Grand Canyon. Os parques nacionais dos EUA atraíram uma visitação intensa já no final do séc. XIX. Outros países logo se tornaram exportadores de *wilderness*, em especial a África e a Austrália. A América do Sul e Central também atraíram visitantes que ansiavam por *wilderness*.

No Brasil, a primeira proposta de parque nacional foi precoce. O engenheiro abolicionista André Rebouças, amigo do imperador dom Pedro II, sugeriu, em 1876, a criação de dois parques nacionais: um na região onde se localizavam as Sete Quedas (no rio Paraná, PR) e outro na ilha do Bananal (no rio Araguaia, TO). A proposta estava estreitamente ligada ao desenvolvimento da visitação turística. Pretendia-se conservar o patrimônio natural e promover o turismo, pela construção e operação de ferrovias. O primeiro parque nacional brasileiro, o Parque Nacional do Itatiaia, foi criado somente em 1937 e tinha como objetivos, além da proteção da natureza, a visitação turística, o lazer e a pesquisa científica[38]. A despeito das intenções até precoces, o turismo de natureza no Brasil se desenvolveu muito menos do que era de esperar. Falta de infraestrutura e de planejamento de médio e longo prazos são deficiências que persistem até hoje.

Nash, ao referir-se à visitação dos parques nacionais e outras áreas protegidas nos Estados Unidos, alerta para o risco de a *wilderness* ser "amada até a morte". Ou seja, o turismo de natureza, com seu excesso de afluxo de pessoas e infraestrutura de apoio, descaracteriza os locais de *wilderness*, pelo abuso das interferências antrópicas. Os impactos negativos se estendem frequentemente também para as populações locais. A medição da capacidade de carga e/ou dos limites aceitáveis de mudança nos ambientes naturais têm sido estratégias importantes para o estabelecimento do número e da frequência de visitantes em áreas prioritárias para a conservação da natureza. O planejamento e o

---

[37] Roderick Nash, *Wilderness and the American Mind*, op. cit.

[38] José Augusto Drummond, *Devastação e preservação ambiental no Rio de Janeiro*, Rio de Janeiro: Editora UFF, 1997; José Luiz de Andrade Franco e José Augusto Drummond, *Proteção à natureza e identidade nacional no Brasil*, Rio de Janeiro: Fiocruz, 2009.

reconhecimento de direitos das populações locais têm exercido uma influência benéfica para que haja uma repartição mais equânime dos benefícios do turismo e para que hábitos e tradições sejam respeitados.

Nos anos 1980, as preocupações com o turismo de massa em ambientes naturais e com os impactos negativos sobre populações locais conduziram a um aprofundamento da reflexão sobre as vantagens e desvantagens da atividade turística e sobre o papel que o turismo poderia representar para a economia de determinadas regiões geográficas. O conceito de ecoturismo começou a ser formulado como uma estratégia capaz de unir a conservação da natureza ao desenvolvimento econômico e social local. Em 1990, a Sociedade Internacional de Ecoturismo – primeira organização mundial dedicada ao ecoturismo – cunhou uma definição sucinta e abrangente de ecoturismo: "Viagem responsável para áreas naturais, que conserva o ambiente e promove o bem-estar das comunidades locais"[39]. A ideia ia ao encontro das proposições do planejamento biorregional elaboradas por Kenton Miller[40] que buscavam conciliar a preservação da biodiversidade em áreas protegidas com o desenvolvimento das regiões no seu entorno. Mais recentemente, John Terborgh e Carel van Schaik[41] viram no turismo a melhor alternativa para combinar os objetivos de conservação da biodiversidade em parques nacionais com a melhoria das condições de vida das populações locais.

Segundo Martha Honey[42], o ecoturismo está baseado em sete princípios fundamentais: envolve viagens para destinos naturais, minimiza o impacto sobre a natureza, promove a consciência ambiental, proporciona benefícios financeiros diretos para a conservação e empoderamento para as comunidades locais, respeita a cultura local e garante apoio aos direitos humanos e movimentos democráticos. Ainda que esses princípios, na maioria das vezes, não estejam sendo seguidos na íntegra, as potencialidades são expressivas.

O ecoturismo é, muitas vezes, parte dos conflitos rurais relacionados com o controle da terra, dos recursos naturais e dos próprios rendimentos por ele gerados. Em qualquer lugar no mundo em que haja conflito acerca de áreas protegidas e turismo (seja na Costa Rica, nas ilhas Galápagos, no leste ou no sul da África, ou mesmo no Brasil), o ecoturismo é parte da demanda e parte da solução. Nos ecossistemas mais frágeis, como as Galápagos ou o arquipélago

---

[39] Martha Honey, *Ecotourism and Sustainable Development*, Washington: Island Press, 2009.

[40] Kenton Miller, *Em busca de um novo equilíbrio*, Brasília: Ibama, 1997, e *Planejamento biorregional*, Brasília: Ibama, 1997.

[41] John Terborgh e Carel van Schaik, "Por que o mundo necessita de parques?", em: John Terborgh *et al.* (org.), *Tornando os parques eficientes*, Curitiba: Editora UFPR/Fundação O Boticário, 2002.

[42] Martha Honey, *op. cit.*

de Fernando de Noronha, o ecoturismo é a única atividade que possibilita a geração de recursos econômicos significativos sem provocar danos irreparáveis ao ambiente. Em certos casos, o ecoturismo é claramente mais rentável que as outras alternativas de atividade econômica:

> [...] por exemplo, estudos em três países da América Central descobriram que uma estadia ecoturística traz de 18 a 28 vezes mais dinheiro para a economia local do que um cruzeiro de passageiros, enquanto um estudo sobre fazendas de caça no Quênia descobriu que o turismo relacionado com a natureza selvagem era cinquenta vezes mais lucrativo do que a criação de gado. Outra pesquisa calculou que um leão vale 575 mil dólares, e uma única arara voando livre no Peru, estima-se, gera cerca de 4.700 dólares por ano relacionados com o turismo. No território tradicional dos Bophuthatswana na África do Sul, a criação de gado poderia gerar apenas oitenta empregos, enquanto seis novos luxuosos lodges planejados para uma reserva de caça estipulam a criação de 1.200 empregos, e o ecoturismo, estima-se, é sessenta vezes mais rentável do que a criação de gado. Mesmo quando comparado com a aparentemente lucrativa indústria da mineração em St. Lucia, África do Sul, calcula-se que o ecoturismo tem o potencial para garantir mais empregos, por um período maior de tempo, sem destruir as dunas de areia e o estuário[43].

Países como os EUA, o Canadá, a Austrália e a Nova Zelândia, que há muito tempo faturam com o turismo de natureza, têm procurado melhorar os padrões da visitação dos seus patrimônios naturais. Para tanto, buscam aplicar os princípios do ecoturismo. Países com maiores dificuldades financeiras e sociais, como a África do Sul, o Quênia, a Tanzânia, a Costa Rica, o Equador e o Peru, têm envidado esforços significativos para atrair e desenvolver o ecoturismo no interior de suas fronteiras. O Brasil tem enorme potencialidade para o ecoturismo. Tem preferido, no entanto, investir no turismo de massa, com pouco planejamento e com efeitos danosos para a sociedade e a imagem do país – tais como aqueles gerados pela prostituição, pela violência contra os turistas e pela falta de estruturas básicas e superação da capacidade de carga em muitos atrativos. A exploração da alternativa do ecoturismo, com planejamento e observância dos seus princípios básicos, pode, em muitos casos, ser uma solução para os conflitos entre comunidades locais e áreas protegidas, desde que acompanhada de outras políticas públicas de inclusão social capazes de garantir a transição de economias intensivas no uso de recursos naturais para economias intensivas na agregação de valor – como é o caso do turismo.

[43] *Ibid*, p. 444.

A escolha de tratar o processo social de valorização do patrimônio cultural e natural a partir das viagens e do desenvolvimento do turismo, como vimos, foi arbitrária. Poder-se-ia ter escolhido a ciência ou a arte para discutir a questão. A vantagem de refletir sobre o turismo é que ele combina os aspectos instrumentais, os de apreciação estética e os da ética. O turismo cultural e o ecoturismo têm um papel importante na conservação do patrimônio cultural e natural do planeta, ou seja, na perpetuação do ambiente humano. Eles trazem recursos econômicos significativos e ajudam a criar uma consciência da importância da conservação desses patrimônios. Ninguém ama ou valoriza o que não conhece. O turismo possibilita ao cidadão médio perfazer a saga do herói mítico – descobrir os tesouros da cultura e tocar o coração da natureza. É esse tipo de experiência profunda, que envolve o conhecimento do outro e o autoconhecimento, presente também entre cientistas e artistas, que permite ir além dos benefícios econômicos e construir uma ética ambiental ampla, baseada em conhecimento denso e em apreciação estética.

DIREITOS HUMANOS E DIREITOS DA NATUREZA

A construção de uma ética ambiental ampla, capaz de dar sentido às relações entre os humanos e o mundo da cultura, construído por eles mesmos, e entre os humanos e o mundo natural, produto do processo evolutivo, passa pelo debate sobre a questão dos limites da ação humana, bem como pela reflexão sobre os direitos humanos e os direitos da natureza. Neste tópico, trata-se de mostrar como se desenvolveu a sociedade baseada na noção de direitos humanos fundamentais e como essa noção tem evoluído no sentido de abarcar o mundo natural e seus elementos constitutivos.

A vida dos humanos em sociedade implica o estabelecimento de regras e normas, numa ordem imposta coercitivamente ou pactuada, que orienta a convivência entre os indivíduos. As sociedades contemporâneas vêm, crescentemente, se constituindo como sociedades de direito, desdobrando-se direitos fundamentais dos conceitos jurídicos de liberdade e dignidade. O paradigma das sociedades de direito e dos direitos fundamentais instituiu-se a partir do movimento de independência das 13 colônias estadunidenses (1776) e da Revolução Francesa (1789). Desdobrou-se a partir dos princípios liberais de igualdade, liberdade e fraternidade, em três gerações de direitos fundamentais: direitos civis e políticos; direitos sociais; e direitos difusos[44].

A primeira geração, característica do Estado liberal, estabeleceu os direitos civis e políticos, instituiu o indivíduo como titular deles e circunscreveu os

[44] Márcia Dieguez Leuzinger e Sandra Cureau, *Direito ambiental*, Rio de Janeiro: Elsevier, 2008.

limites de atuação do Estado à manutenção da ordem e da segurança, garantindo as condições necessárias para o exercício da liberdade. O abstencionismo do Estado liberal e as desigualdades sociais e econômicas que acompanharam o surgimento das sociedades industriais do séc. XIX fizeram surgir um movimento operário forte, que reivindicava, sobretudo, igualdade. O resultado foi o surgimento do Estado social de direito e dos direitos fundamentais de segunda geração, os direitos sociais. O Estado assumiu a responsabilidade de prover minimamente à coletividade a educação e o acesso à cultura, saúde, habitação e proteção do trabalhador[45].

Os direitos de terceira geração, os direitos difusos, estão relacionados com a noção de fraternidade e/ou solidariedade, e com o surgimento do Estado social e democrático de direito. Os direitos difusos transcendem, na sua titularidade, o indivíduo, grupos humanos específicos ou mesmo um determinado Estado. Ele destina-se ao gênero humano, caracterizando-se, justamente, por sua transindividualidade. Segundo Leuzinger e Cureau, essa nova forma de Estado, o Estado social e democrático de direito, e os direitos difusos são produto de uma transformação qualitativa, da síntese dos conceitos de Estado de direito e Estado social de direito. Assim:

> *[...] como busca do ideal de fraternidade ou solidariedade, visando-se minimizar os efeitos da desigualdade entre os povos, surgem os chamados direitos de terceira geração. Também contribuiu para essa construção a consciência da capacidade do ser humano de destruir o planeta, a partir da utilização da bomba atômica. Alguns exemplos desses direitos são o direito ao desenvolvimento, o direito ao meio ambiente equilibrado, o direito de propriedade sobre o patrimônio comum da humanidade, o direito à paz, o direito de comunicação*[46].

Os direitos difusos estão, desse modo, relacionados com a necessidade de fortalecer os laços de solidariedade entre os humanos e de garantir a perpetuação do ambiente humano. Outro aspecto importante a ser considerado é que os direitos fundamentais não surgiram todos de uma só vez, mas tampouco foram atribuídos simultaneamente para todos os seres humanos. Houve o que podemos chamar de ampliação do círculo de direitos. Quando as revoluções burguesas e os movimentos de independência abalaram os alicerces do Antigo Regime e, durante os séc. XVIII e XIX, começaram a surgir os Estados nacionais baseados no Estado de direito, os direitos fundamentais eram usufruídos, sobretudo, pela elite masculina proprietária de terras, bens e riquezas. Aos poucos, à custa de reivindicações

---

[45] *Ibid.*

[46] *Ibid.*, p. 28

e conflitos, esses direitos foram sendo estendidos para os trabalhadores, para os negros, para as mulheres e para as mais diversas categorias de excluídos[47].

Do mesmo modo, o círculo de consideração ética foi ampliado através dos tempos. Nash sugere uma pirâmide invertida, partindo do indivíduo autocentrado para a família, a tribo, a região, a nação, a raça, até atingir a espécie humana como um todo. Mais ainda, ele demonstra a existência de uma corrente de defensores de uma ampliação do círculo da consideração ética, de modo a incluir animais, plantas, seres vivos, pedras, ecossistemas, o planeta e até mesmo o universo. A partir dessa mesma lógica, pensadores e ativistas vêm defendendo a extensão do círculo de direitos até incluir a natureza. Essa nova sensibilidade em relação ao mundo natural, entretanto, não surgiu repentinamente. Segundo Keith Thomas:

> [...] foi entre 1500 e 1800 que ocorreu uma série de transformações na maneira pela qual homens e mulheres, de todos os níveis sociais, percebiam e classificavam o mundo natural ao seu redor. Alguns dogmas desde muito estabelecidos sobre o lugar do homem na natureza foram descartados nesse processo. Surgiram novas sensibilidades em relação aos animais, às plantas e à paisagem. O relacionamento do homem com outras espécies foi redefinido; e seu direito de explorar essas espécies em benefício próprio se viu fortemente contestado. Esses séculos produziram tanto um intenso interesse pelo mundo natural como as dúvidas e ansiedades quanto à relação com aquele que recebemos como herança em forma amplificada[48].

Por volta de 1800, o predomínio dos humanos sobre o mundo natural ainda era o objetivo da maioria das pessoas. No entanto, esse objetivo não estava imune a controvérsias:

> O estudo cuidadoso da história natural fizera cair em descrédito muitas das percepções antropocêntricas dos tempos anteriores. Um senso maior de afinidade com a criação animal debilitara as velhas convicções de que o homem era um ser único. Uma nova preocupação com os sofrimentos dos animais viera à luz; e, ao invés de continuarem destruindo as florestas e derrubando toda árvore sem valor prático, um número cada vez maior de pessoas passava a plantar árvores e a cultivar flores para pura satisfação emocional[49].

---

[47] Roderick Nash, *The Rights of Nature*, Wisconsin: Wisconsin University Press, 1989.

[48] Keith Thomas, *O homem e o mundo natural*, São Paulo: Companhia das Letras, 1996, p. 18.

[49] *Ibid.*, p. 289.

John McCormick tem um entendimento semelhante ao observar as sensibilidades da era vitoriana em relação ao mundo natural:

> A compreensão do ambiente natural que emergiu das pesquisas dos séculos XVIII e XIX afetou profundamente a visão do homem quanto a seu lugar na natureza. A era vitoriana foi um período de grande autoconfiança e segurança, embora o ideal vitoriano de civilização tenha quase sempre dependido da conquista da natureza pela ciência e pela tecnologia. O domínio sobre o meio ambiente era visto como essencial para o progresso e para a sobrevivência da raça humana. Mas uma "consciência biocêntrica" emergiu gradualmente, reforçando o restabelecimento do sentido de inter-relação entre o homem e a natureza e a aceitação de uma responsabilidade moral relacionada à proteção da natureza contra os abusos. A obra de Darwin forneceu um estímulo importante para esse ponto de vista; a evolução sugeria que o homem era parte integrante de todas as outras espécies e que, por sua própria conta e risco, se havia distanciado da natureza[50].

Essa nova sensibilidade se desdobrou numa percepção do mundo natural como meio ambiente necessário para a reprodução da vida humana e numa percepção mais voltada para a fruição estética da natureza. Para Alphandéry, Bitoun e Dupont:

> A sensibilidade ecológica está, assim, aberta a dois tipos de discurso sobre a natureza e o meio ambiente. Um quantificador, ligado à salvaguarda dos ecossistemas e dos grandes equilíbrios planetários. Outro retoma uma ideia muito antiga, segundo a qual a felicidade humana não está apenas na acumulação de mercadorias, mas também nas alegrias estéticas e no ressurgimento espiritual que traz uma relação mais direta com a natureza[51].

J. Baird Callicott chama a atenção para o fato de que

> Filósofos ambientais costumeiramente dividem o valor em dois tipos principais, expressados por pares alternativos de termos: instrumental ou utilitário como oposto a intrínseco ou inerente. Valor instrumental ou utilitário é o valor que alguma coisa tem como meio para a realização de um fim que lhe é alheio. Valor intrínseco ou inerente é o valor que alguma coisa tem como um fim em si mesmo. O valor intrínseco dos seres humanos é raramente contestado. Já

---

[50] John McCormick, op. cit., pp. 22-3.

[51] Pierre Alphandéry, Pierre Bitoun e Yves Dupont, O equívoco ecológico, São Paulo: Brasiliense, 1992, p. 27.

o valor intrínseco das entidades naturais não humanas e da natureza como um todo tem sido objeto de muita controvérsia. Talvez porque a sugestão de que as entidades naturais não humanas e a natureza como um todo possam ter um valor intrínseco seja tão nova e controversa, alguns proeminentes conservacionistas (e.g., Myers, 1983) têm preferido providenciar uma justificativa puramente racional para a conservação da biodiversidade. A visão de que a biodiversidade tem valor apenas como um meio para satisfazer fins humanos é chamada de antropocêntrica (centrada nos humanos). Por outro lado, a visão de que a biodiversidade tem valor simplesmente porque ela existe, independentemente de sua utilidade para os seres humanos, é chamada de biocêntrica ou ecocêntrica[52].

Como foi salientado na primeira parte deste ensaio, o tipo de apreciação estética presente na ciência pura, na atividade artística, na contemplação gratuita ou mesmo de inspiração religiosa conduz, muitas vezes, à consideração ética e à atribuição de um valor intrínseco à natureza[53]. Esse tipo de sensibilidade em relação ao mundo natural e suas criaturas tem sido expressado por muitos cientistas, naturalistas, artistas, religiosos e ativistas. O escritor Victor Hugo acreditava que:

Nas relações dos humanos com os animais, com as flores, com os objetos da criação, existe uma ética ampla e ainda escassamente vista, que eventualmente irá se tornar clara e irá se tornar o corolário e o complemento para a ética humana. [...] Sem dúvida, foi necessário, primeiro, civilizar o homem em relação aos seus companheiros homens. Com esta questão nós devemos começar, e os legisladores do espírito humano têm estado certos em negligenciar qualquer outra questão em razão dela. Esta tarefa já está muito avançada e faz progressos diariamente. Porém, é necessário também civilizar os humanos em relação à natureza. Nesse campo, tudo ainda está por fazer[54].

Albert Schweitzer, laureado do Prêmio Nobel da Paz de 1952, com sua formação universalista e humanista (músico, teólogo, filósofo, cientista e médico), reforçou a esperança na realização de uma consideração ética mais ampla:

A grande falta de todas as éticas até agora tem sido a crença sustentada por elas de que elas só devem lidar com as relações entre os homens. Na

---

[52] *Apud* Martha J. Groom, Gary K. Meffe e C. Ronald Carroll, *Principles of Conservation Biology*, Sunderland: Sinauer, 2006, p. 111.

[53] Holmes Rolston III, *op. cit.*

[54] *Apud* Holmes Rolston III, *op. cit*, p. v.

realidade, entretanto, a questão fundamental é qual o alcance da atitude dos homens em relação ao mundo e a toda a vida que ele carrega dentro dele. Um homem é ético apenas quando a vida, como tal, é sagrada para ele, a das plantas e a dos animais, tanto quanto a dos seus companheiros homens, e quando ele devota a si mesmo, prestativamente, ajudar toda a vida em dificuldade [...]. A ética da relação do homem com o homem não é alguma coisa à parte: ela é apenas uma relação particular, que resulta da relação universal[55].

John Muir, naturalista, excursionista e pioneiro da preservação da natureza nos EUA, em 1867, exclamava: "Como é grande o nosso egoísmo, que criaturas presunçosas somos em nossas simpatias! Como somos cegos para os direitos de todo o resto da criação!"[56]. Pouco mais de um século depois, em 1971, outro excursionista e defensor da natureza, o ativista David Brower, afirmou: "Eu acredito em direitos de outras criaturas além do homem"[57]. Um ano depois, o poeta e pacifista Gary Snyder defendia que "Um tipo de democracia absoluta é praticada. Plantas e animais são também pessoas, e [...] é dado a eles um lugar e uma voz nas discussões políticas dos humanos. Eles são 'representados'. 'Poder para todas as pessoas' deve ser o *slogan*"[58].

As plantas e os animais, certamente, não podem se representar. Podem ser representados pelos humanos. Isso implica, como diria Aldo Leopold, pensar como uma montanha. Para entender o mundo natural a partir de uma sensibilidade estética, característica de cientistas e artistas, não há como ser literal. Metaforicamente, pensar como uma montanha significa entender seu funcionamento como ecossistema, sua ecologia, a interação entre fatores bióticos e abióticos. É esse tipo de realidade transcendente que importa perpetuar quando se pensa numa ética ambiental ampla e em direitos da natureza.

Para Cureau e Leuzinger, o direito fundamental ao meio ambiente equilibrado é um desdobramento do direito fundamental à vida. Numa ética ambiental ampla, esse direito fundamental à vida é estendido dos seres humanos para a vida no planeta, à qual se atribui um valor intrínseco. Não se trata de impor ao mundo natural uma lógica própria ao mundo da cultura. Trata-se, sobretudo, de impor limites à ação humana sobre o mundo natural, de deixar espaço para que o processo evolutivo flua sem excessiva intervenção antrópica, de garantir o livre

---

[55] *Ibid*, p. xiii.

[56] *Apud* Roderick Nash, *The Rights of Nature*, op. cit., p. 3.

[57] *Ibid*.

[58] *Ibid*.

funcionamento dos ecossistemas e o jogo que a diversidade de espécies trava ao constituí-los.

A consideração ética no nível das espécies transcende a consideração ética no nível dos indivíduos. No processo evolutivo, na evolução dos ecossistemas, o indivíduo conta como um símbolo da espécie, que se renova a cada geração por meio dos indivíduos que alcançam sucesso nas tarefas de sobreviver e se reproduzir. Existem uma identidade e uma dignidade próprias da espécie, que residem no aspecto dinâmico da sucessão das gerações. O indivíduo herda isso, exemplifica isso e transmite essa identidade para sua prole. Trata-se de um patrimônio genético em constante fluxo. Portanto, as espécies transcendem os indivíduos, e seu valor e os deveres dos humanos para com elas são maiores, ainda que as espécies só possam existir por intermédio dos indivíduos[59].

> *Pode parecer aos humanos que, para as espécies atingirem um ponto-final, agora e depois novamente, seja algo bastante natural. Afinal, espécies se extinguem o tempo todo. Porém, existem diferenças teóricas e práticas entre extinções naturais e antropogênicas. Numa extinção natural, uma espécie morre quando se mostra incapaz de se adaptar ao seu habitat, e outra espécie ocupa o seu lugar. Semelhante extinção é uma substituição normal. Ainda que danosa para a espécie, ela raramente é um mal para o sistema. Ela é mais como uma chave para o amanhã. As espécies estão empenhadas no amplo processo histórico de evolução da vida, ainda que abandonadas a ele. As extinções artificiais, ao contrário, impedem o amanhã, porque elas impedem a especiação. Uma abre portas, a outra fecha. Os humanos não geram ou regeneram coisa nenhuma [no que diz respeito ao processo evolutivo], eles apenas finalizam essas linhas [as linhas evolutivas]. Diferenças relevantes fazem as duas [formas de extinção] tão moralmente distintas uma da outra quanto uma morte por causas naturais de um assassinato*[60].

Na escala do tempo evolutivo, a espécie humana surge repentina e tardiamente. Diferentemente de todas as outras espécies, ela se revelou capaz de aumentar drasticamente a taxa de extinção de outras espécies. Suas ações desencadearam um surto de extinção em massa – o sexto – comparável ao que extinguiu os dinossauros no final da era mesozoica, 65 milhões de anos atrás. O mais triste é que, na ausência de consideração ética pelas espécies e pela totalidade da vida encarnada no processo evolutivo, a espécie humana

---

[59] Holmes Rolston III, *op. cit.*; Callicott *apud* Martha J. Groom, Gary K. Meffe e C. Ronald Carroll, *op. cit.*

[60] Callicott *apud* Martha J. Groom, Gary K. Meffe e C. Ronald Carroll, *op. cit.*, p. 117.

tende a embarcar numa onda de interesse próprio baseada na lógica do *"men first"* – os humanos acima de tudo – e se tornar cega para as consequências de seus atos[61].

Talvez a salvação do ambiente humano – patrimônio cultural e patrimônio natural – esteja no distanciamento do autointeresse e na percepção desse "outro", presente na natureza selvagem (*wilderness*), indomada, palco do processo evolutivo. Henry David Thoreau afirmava "que o Indomado significa a preservação do Mundo"[62], e Aldo Leopold sustentava que "a natureza selvagem é o material bruto a partir do qual o homem tem martelado o artefato chamado civilização" e que "a rica diversidade de culturas do mundo reflete a correspondente diversidade de ambientes selvagens a partir dos quais elas nasceram"[63]. O entendimento de que existe uma complementaridade entre entes separados, cultura e natureza, bem como de que há no interior de cada ser humano "civilizado" um "coração selvagem" está presente nessas afirmações. Simon Schama, num resgate profundo da mitologia da natureza em suas diversas manifestações, após analisar a relação de Thoreau com a natureza selvagem, conclui que: "É inútil sonhar com uma rusticidade distante de nós. Isso não existe. O que inspira tal sonho é o charco que há em nosso cérebro e em nossas entranhas, o vigor primitivo da natureza existente em nós"[64].

A questão da consideração ética da relação entre humanos e natureza deve tocar ainda outro ponto, o direito, sobretudo dos animais superiores ou sencientes, de não serem maltratados. Mais uma vez trata-se de uma questão que envolve a identidade dos humanos com o mundo natural, ou pelo menos com uma parcela dele. O entendimento de que muitos animais sentem dor (porque têm um sistema nervoso desenvolvido) e de que os caracteres que definem linguagem, inteligência e consciência são uma questão de grau e não de natureza fortalecem os laços identitários e a empatia pelos seres vivos. Portanto, ainda que não seja possível viver sem matar, é possível escolher o que matar e como matar. Embora o assunto seja polêmico e envolva desde o vegetarianismo mais radical até os praticantes da caça esportiva, ideias como as de que a crueldade gratuita com animais sencientes deve ser abominada, de que se deve dispensar um tratamento digno aos animais domésticos, de que a caça esportiva deve ser uma atividade mais justa (valorizando a habilidade do caçador, não o aparato tecnológico) e de que é preciso evitar ao máximo experiências científicas que

---

[61] Edward O. Wilson, *The Future of Life*, Nova York: Vintage, 2002, e *A criação*, São Paulo: Companhia das Letras, 2008.

[62] Henry David Thoreau, *Walden*, São Paulo: Global, 1984, p. 97.

[63] Aldo Leopold, *op. cit.*, p. 188.

[64] Simon Schama, *op. cit.*, p. 573.

dependam do sofrimento de animais têm se tornado cada vez mais difundidas e aceitas[65].

É necessário descobrir o tênue equilíbrio entre o uso necessário, o valor instrumental e a atribuição de valor intrínseco ao mundo natural. A consideração ética e a atribuição de direitos à natureza demandam um exercício metodológico de distanciamento e aproximação. O reconhecimento do mundo natural como um ente separado, possuidor de valor intrínseco, exige distanciamento e uma atitude de humildade e respeito, de dobrar-se ante uma realidade transcendental. O movimento de aproximação implica o reconhecimento de uma identidade com a natureza e um sentimento de unidade e pertencimento. Leopold resumia sua concepção da seguinte maneira: "uma ética da terra muda o papel do *Homo sapiens* de conquistador da comunidade terrena para o de membro pleno e cidadão dela. Isso implica respeito por seus membros-companheiros e também pela comunidade como tal"[66].

Retomando a tradição de reflexão sobre as relações entre os humanos e o mundo natural inaugurada por pensadores como Henry David Thoreau, John Muir, Albert Schweitzer, Aldo Leopold e Rachel Carson, o filósofo e montanhista norueguês Arne Naess formulou, em 1973, o conceito de "ecologia profunda" (*deep ecology*). Ele defendia o direito de toda forma de vida de realizar suas funções ecossistêmicas, ou seja, o direito de "viver" e "florescer". Os norte-americanos George Sessions e Bill Devall, inspirados por Naess, desencadearam o movimento da ecologia profunda. Defendiam que os rios tinham o direito de serem rios, as montanhas de serem montanhas, os lobos de serem lobos, e os humanos de serem humanos. Tratava-se de direitos iguais para toda a vida na Terra, de um "ecoigualitarismo". A ecologia profunda era biocêntrica ou ecocêntrica em relação ao que era considerado, por Naess, Sessions e Devall, uma ecologia "rasa" (*shallow*), antropocêntrica e instrumental. Todos os princípios da "ecologia profunda" estavam embasados na atribuição de um valor intrínseco à vida e ao funcionamento dos ecossistemas. Nos anos 1970 e 1980, cientistas, filósofos, artistas e ativistas defenderam pontos de vista próximos aos da "ecologia profunda", ou pelo menos ao que se pode chamar de ecocentrismo, entre eles: Gary Snyder, Peter Berg, Raymond Dasmann, Theodore Roszak, Alan Drengson, J. Baird Callicott, David Brower, Dolores LaChapelle, Paul Shepard, Fritjof Capra, Dave Foreman e Holmes Rolston III[67].

---

[65] Dale Jamieson, *op. cit.*; Holmes Rolston III, *op. cit.*; Roderick Nash, *The Rights of Nature*, *op. cit.*

[66] Aldo Leopold, *op. cit.*, p. 204.

[67] Roderick Nash, *The Rights of Nature*, *op. cit.*; Bill Devall e George Sessions, *Deep Ecology*, Salt Lake City: Peregrine Smith, 2007; George Sessions, *Deep Ecology for the 21st Century*, Boston: Shambhala, 1995.

Em resposta ao crescente sentido de urgência relacionado com a questão da perda de diversidade biológica no planeta, o renomado biólogo Edward Wilson organizou, em 1986, um Fórum Nacional sobre Biodiversidade[68], em Washington. No mesmo ano, foi fundada, nos EUA, a Sociedade para a Biologia da Conservação (Society for Conservation Biology) e lançada a revista científica *Conservation Biology*. O crescimento do arcabouço teórico acerca dos padrões de distribuição e das ameaças à biodiversidade levou à criação da biologia da conservação. Essa disciplina acadêmica se propôs a orientar estratégias para a preservação da biodiversidade e gerou uma série de conceitos e modelos que procuram orientar o planejamento, a criação e a gestão de áreas protegidas, bem como o manejo de espécies e ecossistemas. Ela abarca, para além dos conhecimentos oriundos da biologia e demais ciências naturais, conhecimentos e técnicas provenientes das ciências sociais. A biologia da conservação ocupa-se também do debate ético sobre as relações entre humanos e natureza, assumindo que a biodiversidade tem valor intrínseco e que, para garantir sua conservação, é lícito promover ações que visem a uma tutela responsável sobre ela e à minimização dos impactos antrópicos. Um número considerável de cientistas tem se dedicado aos estudos no campo da biologia da conservação. Entre os mais destacados estão: Edward Wilson, Michael Soulé, Paul Ehrlich, Norman Myers, John Terborgh, Jared Diamond, Russel Mittermeier e Thomas Lovejoy[69].

As preocupações com a crise global da biodiversidade desembocaram na assinatura, durante a Conferência das Nações Unidas sobre Meio Ambiente e Desenvolvimento, realizada no Rio de Janeiro, em 1992, da Convenção sobre Diversidade Biológica. No seu preâmbulo, as partes contratantes assumiam estar "conscientes do valor intrínseco da diversidade biológica e dos valores ecológico, genético, social, econômico, científico, educacional, cultural, recreativo e estético da diversidade biológica e de seus componentes". Assumiam também a "importância da diversidade biológica para a evolução e para a manutenção dos sistemas necessários à vida da biosfera" e afirmavam "que a conservação da diversidade biológica é uma preocupação comum à humanidade". A CDB admitiu tanto o valor intrínseco como outros valores relacionados com o usufruto da biodiversidade pelos humanos, desde a pura fruição estética até o uso direto dos recursos naturais renováveis, este último

---

[68] O termo *biodiversity* (biodiversidade) é bastante recente. Foi cunhado por Walter Rosen em 1986, simplesmente como uma contração da expressão *biological diversity* (diversidade biológica).

[69] Donald Worster, *Nature's Economy*, Cambridge: Cambridge University Press, 1998; Martha J. Groom, Gary K. Meffe e C. Ronald Carroll, *op. cit.*; Edward O. Wilson (org.), *Biodiversidade*, Rio de Janeiro: Nova Fronteira, 1997; José Luiz de Andrade Franco e Gilberto Schittini, "História das áreas protegidas", em: Gercinair Silvério Gandara (org.), *Rios e cidades*, Goiânia: Editora PUC-GO, 2010.

denotando um interesse muito mais instrumental. Há também o entendimento da diversidade biológica como um patrimônio a ser transmitido, intacto, às próximas gerações. A perpetuação da vida e do ambiente humano depende da conservação da diversidade biológica. Logo, patrimônio natural e patrimônio cultural estão indissoluvelmente ligados. É essa lógica que permite pensar que é a partir da consideração ética do mundo natural e da atribuição de direitos à natureza que se vai garantir a perpetuação da vida humana e do patrimônio cultural. Mas, ainda que a vida e a cultura humana pudessem persistir com uma redução cada vez mais drástica da biodiversidade, permanece a afirmação do valor intrínseco de garantir a continuidade da vida nas suas mais diversas manifestações[70].

Ainda que o texto da CDB represente uma conciliação entre muitos pontos de vista distintos e existam contradições entre a consideração do valor intrínseco da natureza e valores mais antropocêntricos, relacionados com as vantagens do uso humano da biodiversidade como recurso natural, ele implica uma ampla difusão da consideração ética relacionada com o mundo natural e um compromisso com sua conservação. A densidade das análises e posicionamentos assumidos pelos pensadores e ativistas inseridos na tradição que desemboca no movimento da ecologia profunda, e também pelos cientistas engajados na construção da biologia da conservação, ultrapassa a das formulações presentes na CDB. Entretanto, ela amplifica o alcance de alguns princípios importantes surgidos nesses círculos mais restritos.

A beleza dos fluxos, florescimentos e alternâncias do mundo natural, o espetáculo do belo, do pitoresco e do sublime, além da apreciação desinteressada, permitem atribuir à natureza um valor intrínseco, possibilitam um desprendimento e uma transcendência do ser individual imediato. Obviamente, são os humanos que atribuem valor a tudo o que há na natureza e na cultura, mas isso não quer dizer que esse valor não esteja lá. Numa das cenas do filme *Blade Runner*, o androide Roy, sabendo de seu fim iminente, liberta a pomba branca, significando a continuidade da vida. É esse gesto, ao mesmo tempo de desprendimento (distanciamento) e de identificação (empatia), repetido cotidianamente, que permite a perpetuação do ambiente humano. Quanto maior a consciência desse gesto de amor (solidariedade), maiores as possibilidades de transmissão dos patrimônios cultural e natural para as próximas gerações.

---

[70] Martha J. Groom, Gary K. Meffe e C. Ronald Carroll, *op. cit.*; Edward O. Wilson (org.), *Biodiversidade*, *op. cit.*; José Luiz de Andrade Franco e Gilberto Schittini, "História das áreas protegidas", *op. cit.*

CONCLUSÃO

Retomemos a questão das ambiguidades e distinções, discutida na primeira parte deste ensaio. As distinções foram consideradas importantes, mas também os borrões entre elas. Embora as tipologias nos ajudem a pensar, as noções de gradualismo e de propriedades emergentes são importantes para que não sejam absolutizadas as separações. Por essa lógica, concluímos, anteriormente, que somos e não somos parte da natureza. É a produção da cultura que nos afasta mais e mais da natureza. É ela também que nos permite perceber o mundo natural como um outro, que nos abarca e transcende. É por intermédio da atividade humana que entendemos a importância de nos curvarmos, em sinal de respeito, diante do mundo natural e da própria cultura. A atividade humana sem reflexão torna-se puro mecanismo, ausência completa de autonomia, perde-se no turbilhão do movimento repetido e programado. A ciência e a arte, em suas facetas mais desinteressadas, como pura curiosidade e apreciação estética, permitem essa parada reflexiva, esse distanciamento fundamental para a elaboração de uma postura ética.

A produção de conhecimento científico e de obras de arte, a contemplação da beleza e a reflexão aprofundada sobre as ambiguidades e complexidades do mundo exigem um exercício constante de aproximação e distanciamento. Exigem paciência e deslumbramento ante uma realidade que, quanto mais se conhece, mais se torna intangível e fugidia. Ainda assim, por mais imperfeito e inacabado que seja o mapa, ele serve de guia para tomar decisões e agir diante das incertezas do mundo vivido. Não há controle ou verdade absolutos produzidos pela ciência ou por qualquer outro tipo de conhecimento. Não há certezas. Uma ética ambiental ampla tem de ser construída de maneira um tanto quanto tateante e por meio da experiência vivida. Mas ela é necessária. Uma sensibilidade aguçada e a capacidade de maravilhar-se ao contemplar as obras produzidas pelos humanos e pela natureza têm um papel importante nisso.

Quem sabe, podemos concordar com Lennon e McCartney quando dizem que o tolo solitário na montanha vê o sol se pôr e o mundo a girar e girar e girar.

ACESSO E USO DOS CONHECIMENTOS TRADICIONAIS NO BRASIL: O CASO VER-O-PESO

- Eliane Cristina Pinto Moreira -

O presente artigo procura rememorar o caso conhecido como Ver-o--Peso × Natura, no qual tive oportunidade de atuar quando coordenava a Comissão de Biodireito e Bioética da OAB – Seção Pará. Esse caso paradigmático representou um grande desafio para os integrantes da comissão, que se defrontaram com uma demanda proposta por um grupo de erveiras do mercado Ver-o-Peso, localizado em Belém, quando poucas experiências existiam no Brasil. De pronto enalteço o trabalho da comissão e refiro que a atuação no presente caso foi uma construção coletiva devida não apenas a seus membros, mas também à fundamental atuação do Ministério Público Federal e Estadual do Pará, que se lançaram a esse desafio com o único objetivo de assegurar a proteção de direitos culturais. Refiro, ainda, que a visão ora apresentada é apenas uma das perspectivas sobre o tema, que não pretende ser definitiva nem incontestável, mas somente extrair elementos para a reflexão acerca de assuntos que permanecem irresolutos no cenário da proteção dos conhecimentos tradicionais.

BREVES CONSIDERAÇÕES SOBRE A PROTEÇÃO DOS CONHECIMENTOS TRADICIONAIS COMO DIREITOS CULTURAIS

O debate em torno dos conhecimentos tradicionais ganhou especial relevo com a Convenção da Diversidade Biológica de 1992, com destaque especial para o art. 8º *j*, que direciona aos Estados a responsabilidade de:

> *Em conformidade com sua legislação nacional, respeitar, preservar e manter o conhecimento, inovações e práticas das comunidades locais e populações indígenas com estilo de vida tradicionais relevantes à conservação e à utilização sustentável da diversidade biológica e incentivar sua mais ampla aplicação*

com a aprovação e a participação dos detentores desse conhecimento, inovações e práticas; e encorajar a repartição equitativa dos benefícios oriundos da utilização desse conhecimento, inovações e práticas.

Se por um lado a CDB foi um instrumento extremamente importante para o reconhecimento dos direitos das comunidades tradicionais sobre seus conhecimentos, certo é que se faz necessária uma releitura de suas disposições que vá além do debate sobre acesso e uso dos conhecimentos tradicionais. Restringir a análise a tal questão limitaria esses conhecimentos à condição de *commodities*[1] e os restringiria aos setores industriais, deixando de lado sua vertente mais importante: seu reconhecimento como direitos humanos necessários ao desenvolvimento autônomo desses povos. Com efeito, é necessário entender os conhecimentos tradicionais sob o enfoque dos direitos culturais, assentados no direito à diversidade cultural e à autodeterminação. Por isso acredito na necessidade de aproximação dos conceitos de conhecimentos tradicionais aos marcos oferecidos na seara dos direitos humanos.

Sendo assim, é importante rever os parâmetros do debate, que tem se centrado em responder à pergunta: "quais são as regras para repassar os conhecimentos tradicionais à indústria?". Uma pergunta mais adequada poderia ser: "que marcos garantem os direitos culturais de povos tradicionais?". Esta, sim, me parece uma questão crucial.

Segundo lembra André de Carvalho Ramos, "os direitos humanos asseguram uma vida digna, na qual o indivíduo possui condições adequadas de existência, participando ativamente da vida de sua comunidade"[2]. No que se refere aos direitos culturais, o autor complementa: "são aqueles relacionados à participação do indivíduo na vida cultural de uma comunidade, bem como a manutenção do patrimônio histórico-cultural, que concretiza sua identidade e memória"[3].

No contexto jurídico internacional, o pensamento majoritário ainda compreende que os direitos culturais concentram, sobretudo, os direitos de propriedade intelectual (direito de autor e direito à propriedade industrial) e a proteção do patrimônio cultural construído. Mas essa percepção tende a ampliar-se, sobretudo a partir da compreensão de que o direito à diversidade e

---

[1] Sobre o assunto, sugerimos a leitura de "'Commoditização' do conhecimento tradicional", de Joaquim Shiraishi Neto e Fernando Antônio de Carvalho Dantas, em: Alfredo W. B. de Almeida (org.), *Conhecimento tradicional e biodiversidade*, v. 1, Manaus: Universidade do Amazonas, 2008.

[2] André de Carvalho Ramos, *Teoria geral dos direitos humanos na ordem internacional*, Rio de Janeiro: Renovar, 2005, p. 20.

[3] *Ibid.*, p. 92.

integridade cultural, bem como aquele relativo ao patrimônio imaterial, também estão no cerne dos direitos culturais, contexto no qual os conhecimentos tradicionais se inserem.

Como bem lembra Inês Virgínia Prado Soares, "a Carta Democrática da OEA (2001) considera os direitos culturais como inerentes ao desenvolvimento integral ao crescimento econômico com equidade e à consolidação da democracia dos Estados no hemisfério (art. 13)"[4].

A Convenção para a Salvaguarda do Patrimônio Cultural Imaterial, assinada em 2003 no âmbito da Unesco, dedicou-se à proteção da diversidade e integridade dos direitos culturais, compreendendo o patrimônio cultural imaterial como

> *los usos, representaciones, expresiones, conocimientos y técnicas – junto con los instrumentos, objetos, artefactos y espacios culturales que les son inherentes – que las comunidades, los grupos y en algunos casos los individuos reconozcan como parte integrante de su patrimonio cultural. Este patrimonio cultural inmaterial, que se transmite de generación en generación, es recreado constantemente por las comunidades y grupos en función de su entorno, su interacción con la naturaleza y su historia, infundiéndoles un sentimiento de identidad y continuidad y contribuyendo así a promover el respeto de la diversidad cultural y la creatividad humana.*
>
> *A los efectos de la presente Convención, se tendrá en cuenta únicamente el patrimonio cultural inmaterial que sea compatible con los instrumentos internacionales de derechos humanos existentes y con los imperativos de respeto mutuo entre comunidades, grupos e individuos y de desarrollo sostenible* (art. 2°).

Essa visão aproxima-se da compreensão dos direitos humanos e vai além das demandas do mercado. Ao mesmo tempo, guarda coerência com a visão dos conhecimentos tradicionais como direitos intelectuais coletivos.

Perceber os conhecimentos tradicionais como direitos humanos faz toda a diferença no debate do tema, pois nos coloca perante o postulado de Antônio Augusto Cançado Trindade, para quem:

> *O direito dos direitos humanos não rege as relações entre iguais; opera precisamente em defesa dos ostensivamente mais fracos. Nas relações entre desiguais, posiciona-se em favor dos mais necessitados de proteção. Não busca obter um equilíbrio abstrato entre as partes, mas remediar os efeitos do desequilíbrio e*

---

[4] Inês Virgínia Prado Soares, *Direito ao (do) patrimônio cultural brasileiro*, Belo Horizonte: Fórum, 2009, p. 73.

das disparidades. Não se nutre das barganhas da reciprocidade, mas se inspira nas considerações de ordre public *em defesa dos interesses superiores, da realização da justiça*[5].

A visão ora proposta pressupõe que os conhecimentos tradicionais são parte essencial do liame que permite a vida de povos tradicionais. Nesse contexto cultural, fazem parte inegável da garantia do direito à dignidade desses povos, merecendo um olhar atento que supere a percepção utilitarista que ainda recai sobre esses direitos.

O caso que discutiremos não encerra toda a demanda por proteção dos direitos culturais representados pelos conhecimentos tradicionais, mas traz à tona um conflito decorrente do acesso e uso desses conhecimentos sem autorização prévia. Além disso, expressa apenas uma parte da discussão sobre conhecimentos tradicionais. Ainda assim, não consideramos que seja este o debate mais pungente – ao contrário, cremos ser necessário travar o debate no campo do desenvolvimento autônomo dos povos tradicionais a partir da valorização de sua diversidade e cultura, com enfoque na autodeterminação.

O MERCADO VER-O-PESO E SEU SETOR DE ERVAS

Para contextualizar o caso ora estudado, é interessante situar o mercado Ver-o-Peso e indicar alguns de seus significados para o povo paraense e o grupo de trabalhadores do setor de ervas ali localizado. O Ver-o-Peso é um dos cartões-postais mais importantes da Amazônia e faz parte de um complexo arquitetônico e paisagístico tombado em 1977 pelo Instituto do Patrimônio Histórico e Artístico Nacional. Atualmente o Iphan também está elaborando o inventário do patrimônio imaterial representado pelo complexo do Ver-o-Peso.

O mercado Ver-o-Peso é muito mais que um lugar de comércio, é um território onde se estabelecem relações sociais e culturais intensas. Por essa razão, é um cadinho de saberes, fazeres e modos de viver no qual ganham relevância os conhecimentos tradicionais, daí ser considerado um "mercado cultural". Conforme esclarece a professora da Universidade Federal do Pará Wilma Leitão, organizadora do Livro *Ver-o-Peso: estudos antropológicos no mercado de Belém*:

---

[5] Antônio Augusto Cançado Trindade, apresentação do livro *Direitos humanos e o direito constitucional internacional*, de Flávia Piovesan, São Paulo: Saraiva, 2007, pp. xxxiii-iv.

> As referências culturais do Ver-o-Peso são, também, as práticas não edificadas, os modos de fazer, as expressões, as celebrações, os lugares. Você tem, ali no mercado, uma série de bens, de conhecimentos que não há como tombar[6].

Tal entendimento é corroborado por Teresa Cristina Lopes e Wilcléa da Costa Lima, que afirmam a necessidade de ver a feira como um prolongamento da sociedade:

> Logo, não como um lugar restritamente econômico, onde são estabelecidas as trocas comerciais (mercadoria × dinheiro), mas também como um lugar onde se estabelecem trocas culturais[7].

A percepção de que as relações no mercado Ver-o-Peso não são apenas comerciais permite compreender que naquele espaço existem relações afetas aos conhecimentos tradicionais, muitas vezes aplicados com o objetivo de propiciar ao "comprador" acesso à saúde física ou mental. Logo, as explicações que muitas vezes acompanham os produtos não representam cessão de conhecimentos tradicionais, mas sim sua vivência e aplicação. Neste ponto citamos novamente as autoras:

> O que nos chamou atenção foi o fato do vendedor, naquele espaço, ser, além de um comerciante, um amigo confidente. Que para o freguês se sentir à vontade, logo lhe é cedido um banquinho, e se o assunto a ser tratado for segredo, pede-se licença para quem estiver por perto e os dois, vendedor e freguês, vão para trás da barraca. E, se for o caso, o vendedor até despista o filho, o marido, o neto do freguês. Dependendo do que for, pode deixar por conta da criatividade do feirante, ele sabe o que fazer para ajudar o seu freguês/amigo nessa hora[8].

Essa visão é endossada por Maria Cecília Londres Fonseca, que afirma a existência de práticas culturais coletivas no referido mercado:

> Na cidade de Belém, cujo centro histórico à beira do rio Amazonas tem uma feição tão portuguesa, é impossível deixar de perceber, no mercado Ver-o-Peso,

---

[6] Dilermando Gadelha, "Livro estuda relações sociais no mercado", entrevista com Wilma Leitão, organizadora do *Livro Ver-o-Peso: estudos antropológicos no mercado de Belém*. Disponível em: <www.jornal beiradorio.ufpa.br/novo/index.php/2011/121-edicao-90--janeiro/1139-livro-estuda-relacoes-sociais-no-mercado>. Acesso em: 17 dez. 2014.

[7] Teresa Cristina Lopes e Wilcléa da Costa Lima, "Erveiros(as) do Ver-o-Peso", Revista *África e Africanidades*, ano 3, n° 9, maio 2010, p. 10.

[8] *Ibid.*

a forte presença indígena nos produtos trazidos da selva e, especialmente, nos modos de usá-los, também transmitidos pelos vendedores. No espaço do mercado, coexistem edificações de valor arquitetônico e artístico, como os mercados de peixe e da carne, com tendas e esteiras em que ficam expostas ervas, cheiros e outras tantas mercadorias; é um lugar onde "se concentram e se reproduzem práticas culturais coletivas", referentes aos grupos que, nesse espaço, efetuam trocas materiais e simbólicas. Trata-se de um raro exemplo de local em que coexistem claramente marcas de culturas tão distintas como a portuguesa e a indígena, sendo que apenas as primeiras foram identificadas e reconhecidas, via tombamento, como patrimônio cultural brasileiro[9].

É inegável que no mercado Ver-o-Peso se produzem e reproduzem conhecimentos tradicionais, como bem afirmam Ana Paula Pereira Costa *et al.*:

Não se sabe exatamente se o trabalho das erveiras é uma herança indígena ou cabocla, entretanto é certo que o conhecimento passado de geração em geração é o maior tesouro encontrado nas barracas de ervas[10].

Os conhecimentos tradicionais no mercado são repassados de geração em geração, frequentemente recriados e reinventados dentro de relações sociais, políticas e culturais específicas. É o que se extrai do estudo anteriormente referido:

Vimos através da pesquisa de campo realizada, entre dez dos cento e dois vendedores deste setor, que tanto seus saberes como as barracas da feira e suas experiências de trabalho foram transmitidos ao longo de gerações:

Desde criança, minha mãe já me trazia para cá, três, quatro anos. Isso aqui era de minha avó que faleceu com 115 anos. Eu não sei quanto tempo ela trabalhou, mas aprendi muita coisa com ela... (Beth Cheirosinha, setor de ervas, maio de 2009)

Vim para cá com 5 anos. Eu me interessei porque isso aqui foi uma passagem de geração a geração. Sou ajudante, trabalho na barraca da minha mãe [...] me sinto muito satisfeito de trabalhar aqui na feira do Ver-o-Peso. (Laécio Dias, 19 anos)

---

[9] Maria Cecília Londres Fonseca, "Para além da pedra e cal", em: Regina Abreu e Mário Chagas (org.), *Memória e patrimônio*, Rio de Janeiro: DP&A, 2003, p. 58.

[10] Ana Paula Pereira Costa *et al.*, "Circuito espacial das ervas medicinais do mercado Ver-o-Peso na cidade de Belém – Pará", *Anais do XVI Encontro Nacional de Geógrafos*, Porto Alegre, 2010, p. 7.

A minha mãe trabalha aqui há muito tempo. E, devido o tempo ir passando, ela foi adoecendo. Ela precisava de ajuda e eu já vim para cá. Deixei os meus estudos. Eu fazia magistério. A minha avó era descendente de português, e eu não sei se ela sabia trabalhar com isso, já conheci a minha mãe trabalhando aqui. A minha mãe é paraense e o meu pai é descendente de índio. (Edna Maria, 49 anos)[11]

A partir desses relatos os pesquisadores refletem:

Esse contexto nos permite pensar na relação que há entre território e a identidade, diante do que nos faz pensar Souza; Pedon (2007), no território como uma área delimitada em que valores sentimentais são construídos a partir das relações sociais que serão estabelecidas e a identidade como um conjunto de caracteres próprios e exclusivos de determinado grupo de indivíduos que os farão serem diferentes de outros grupos. Podemos então dizer que existe uma relação entre ambos os conceitos, no momento em que indivíduos são capazes de construir socialmente um locus *peculiar de acordo com a vivência, língua, tradições... que são específicos de cada grupo social*[12].

Dessa feita é necessário compreender que o Ver-o-Peso não se iguala a uma rede de supermercados ou feira urbana, nem implica relações puramente comerciais; pelo contrário, traz em si de forma bastante carregada os símbolos de território, identidade e cultura que fazem com que o debate sobre o acesso e uso dos conhecimentos tradicionais ali concretizados deva ser analisado *cum grano salis*.

O CASO VER-O-PESO: HISTÓRICO

O cenário acima retratado há muito desperta o interesse de quem deseja realizar pesquisas sobre novos ativos da biodiversidade, que podem ser encontrados ali juntamente com orientações de uso e características fornecidas pelos erveiros e erveiras do Ver-o-Peso. Em suma, ao lado de uma rica seleção de biodiversidade existe uma concentração de conhecimentos tradicionais.

O cenário retratado despertou o interesse da empresa Natura Cosméticos S.A., que desde 2001 realizou atividades de levantamento de ativos voltados ao desenvolvimento de novos produtos, com base na biodiversidade e nos conhecimentos tradicionais ali existentes. Esse processo foi relatado pela empresa numa matéria jornalística:

---

[11] *Ibid.*

[12] *Ibid.*

CAÇADORES DE AROMAS

O primeiro contato com a raiz da priprioca, de onde se retira o óleo essencial, chamou a atenção da pesquisadora Heleni Marcelli, em Belém, há três anos. Heleni, junto com dois pesquisadores (um funcionário do marketing e um da comunicação externa da Natura), participava de uma expedição com o objetivo de encontrar novas substâncias com potencial de transformação em cosméticos. Antes de ser agendada uma dessas missões de prospecção, há um grande trabalho de revisão bibliográfica sobre plantas brasileiras. Quando foi "descoberta" a priprioca, o departamento de marketing da Natura havia feito a indicação prévia de que o mercado Ver-o-Peso, na capital paraense, seria um local com alto potencial para se iniciar a "caçada". "Cheiramos a priprioca e, de imediato, achamos o aroma muito agradável", lembra Heleni, que tem formação em agronomia e trabalha na área de pesquisa e desenvolvimento da empresa, participando sempre das pesquisas de campo. Na mesma prospecção, feita em 2001, muitas outras plantas foram coletadas, já que, em média, somente uma de cada dez se transforma em produto[13].

O processo de aproximação com o setor de ervas do mercado também é noticiado pela empresa em seu vídeo institucional denominado "Natura Ekos Documental", de 5 de julho de 2003, que se inicia com a seguinte narrativa:

O Brasil tem perfumes que a maioria de nós jamais conheceu, perfumes escondidos, raros e secretos que as vezes se pegam no ar de surpresa à margem de um grande rio, numa caminhada pela mata ou na confusão de um mercado amazônico [mostra-se a imagem do Ver-o-Peso]. São as verdadeiras essências de nosso país, que podem estar na resina opaca e oleosa, num tronco na floresta ou nas pétalas de uma flor áspera do cerrado, ou ainda na gota que se pendura na ponta de uma folha de palmeira de sertão. Natura Ekos percorreu o Brasil na busca de nossos perfumes mais raros e desconhecidos. Este é o começo dessa história.

Mais adiante, a gerente de produtos da empresa inicia sua fala esclarecendo como se deu início à nova linha de cosméticos:

Começou então o Projeto Tamanduá, que é um bicho brasileiro que tem o nariz comprido, não enxerga direito e se guia pelo olfato. Eu achei que ele

---

[13] Conselho Empresarial Brasileiro para o Desenvolvimento Sustentável, "Sucesso da Natura no mercado de capitais não foi por acaso", *Brasil Sustentável*, 18 fev. 2005. Disponível em: <www.cebeds.org.br/cebeds/noticias.asp?ID=129area=6>. Acesso em: 13 fev. 2012.

> *pudesse nos dar a trilha certa porque os caminhos eram muitos, né? A gente podia ir pro cerrado, pra caatinga, pra floresta... Onde é que estão esses cheiros? Onde está a essência do Brasil que a gente precisava trazer? A gente resolveu partir para uma cidade famosa por seus cheiros, que é a cidade de Belém do Pará, que tem um mercado maravilhoso cheio de mulheres, de ervas. A gente mergulhou nesse conhecimento aglutinado para conhecer afinal como é o cheiro do Brasil.*

Aparecem imagens do mercado e a gerente continua:

> *É verdade, no mercado estava toda a essência que a gente buscava, estavam os cheiros, o conhecimento em volta deles, as cascas, as raízes, as folhas, as mulheres falando sobre aquilo, para que se usava cada coisa. A gente passou dias lá e teve uma coisa especial que a gente descobriu, uma coisa bruta. A ideia daquilo virar um produto, um perfume, alguma coisa assim, chamou muito a atenção. Foi o breu branco.*

Em seguida o vídeo mostra diversas entrevistas com as erveiras do Ver--o-Peso, que descrevem os usos do breu branco, suas finalidades espirituais e perfumística. O trecho seguinte demonstra como o produto foi utilizado pela empresa até virar o "Perfume do Brasil Breu Branco-Cumaru". Com base nesse material, um grupo de erveiras do mercado procurou a Comissão de Biodireito e Bioética da OAB/PA em abril de 2005. Na ocasião, as erveiras expressaram sua preocupação, conforme registrado na ata da reunião:

> *[...] têm chegado pessoas de fora de Belém, inclusive da França, filmando a imagem e o trabalho delas. Isso também foi feito pela empresa Natura, que teria afirmado que, após filmarem as imagens e os trabalhos das feirantes, utilizariam essa informação para a produção do "Breu Branco" (perfume). A mesma senhora diz que informou a eles o uso para perfume e o manejo da propriedade natural do breu e que essas informações foram gravadas em fita VHS, que foi exibida aos presentes. Foi informado que passaram informações a respeito da priprioca.*

Na ocasião o grupo de erveiras apresentou à comissão contratos de uso de imagem e voz que estabeleciam o valor de quinhentos reais para a utilização dos vídeos pela empresa no período de dois anos. Além disso, relatou-se que não houve contrato para o acesso e uso de conhecimentos tradicionais associados. O referido contrato foi analisado por alguns representantes da Comissão de Biodireito, que concluíram pela desvinculação entre a cessão da imagem, dos nomes, das vozes e dos conhecimentos tradicionais. Além disso, indicaram a necessidade de verificar se o acesso aos conhecimentos tradicionais do grupo do Ver-o-Peso havia sido regular, isto é, se estava autorizado pelo Conselho de Gestão do Patrimônio Genético.

A OAB expediu ofício ao MMA solicitando informações sobre a existência de autorização do CGEN para acesso e uso dos referidos conhecimentos tradicionais, bem como para o desenvolvimento dos perfumes Breu Branco e Priprioca, da linha Ekos. Objetivou-se verificar, também, se existiu repartição de benefícios derivados do desenvolvimento desses produtos.

Em 19 de julho de 2005, a Secretaria Executiva do CGEN respondeu à Comissão que:

> Em 19 de julho de 2004 foi autuada nesta Secretaria Executiva a solicitação para acesso e remessa de amostra do componente do patrimônio genético para fins de bioprospecção e desenvolvimento tecnológico, processo nº 2000.001608/2004-19. A solicitação teve por objetivo a regularização das atividades realizadas entre 2001 e 2003, para desenvolver um aromático natural inovador de utilização em perfumaria fina, a partir de espécies de breu branco (protium pallidum), no projeto intitulado Perfume do Brasil.
>
> As amostras do breu branco utilizadas para a bioprospecção e para o desenvolvimento tecnológico foram coletadas na Reserva Estadual de Desenvolvimento Sustentável do Iratapuru, por moradores da Comunidade do São Francisco do Iratapuru, no Amapá, que vive no entorno da reserva.
>
> Durante a tramitação do processo, a empresa reconheceu o uso do conhecimento tradicional associado para o desenvolvimento dos produtos, identificando-o como difuso na região, e também pertencente aos moradores das comunidades do Iratapuru.
>
> Em 18 de março de 2005 foi emitida a Autorização CGEN 006/2005, "Autorização de acesso a amostra de componente do patrimônio genético para fins de bioprospecção e desenvolvimento tecnológico", conforme a Deliberação CGEN nº 94/2005, que autorizou a regularização da bioprospecção e do desenvolvimento tecnológico dos produtos Perfume do Brasil e Água de Cheiro, a partir do breu branco (protium pallidum).
>
> Esta autorização não abrangeu o acesso ao conhecimento tradicional associado utilizado pela empresa, uma vez que o CGEN não possui regulamentação para a repartição de benefícios nesses casos. Esta matéria está sendo

discutida na Câmara Temática do CGEN para Conhecimentos Tradicionais. A empresa se prontificou a regularizar suas atividades com relação ao uso do conhecimento tradicional associado, realizando a repartição de benefícios, assim que a matéria estiver regulamentada pelo conselho.

Com efeito, em 24 de fevereiro de 2005 a empresa obteve autorização para acessar o patrimônio genético da espécie breu branco proveniente da Reserva Estadual de Desenvolvimento Sustentável Iratapuru, no Amapá. Todavia, apesar de ter restado evidenciado o acesso e uso de conhecimentos tradicionais, o CGEN não se debruçou sobre o tema, vindo a aprovar a Deliberação n° 94. O laudo antropológico que integra o processo de autorização perante o CGEN (fl. 40) relata:

> *[...] refere-se apenas ao acesso a componente do patrimônio genético sem conhecimento tradicional associado, uma vez que o uso do breu branco como fragrância fina e águas de banho para perfumação pessoal foi resultado da pesquisa realizada pela Natura em parceria com a IFF. Os usos tradicionais do breu como repelente, através da queima e defumação do ambiente, revelam um potencial de perfumação que pode ser interpretado como conhecimento tradicional derivado. Entretanto, sua titularidade é difusa na medida em que pode ser encontrado em inúmeras comunidades na região Norte. A abordagem desta questão, em termos de reconhecimento de conhecimento tradicional difuso e de repartição de benefícios, poderá ser revista, caso haja regulamentação nesse sentido.*

Em 17 de outubro de 2005, a OAB oficiou à empresa Natura esclarecendo que havia sido realizada reunião com as erveiras do Ver-o-Peso e solicitando informações sobre o caso. A empresa respondeu em 23 de novembro de 2005 que:

> *No que diz respeito ao conhecimento tradicional relativo à autorização de acesso ao breu branco, cabe salientar que, por se tratar de "conhecimento tradicional difuso", em razão da impossibilidade de identificação de seus detentores, e considerando a inexistência de regulamentação legal, não há como viabilizar a suposta repartição de benefícios neste caso.*

E prossegue:

> *No que diz respeito ao acesso à priprioca, ocorre situação idêntica à referida para o caso do breu branco. Ou seja, a detenção do conhecimento sobre o uso e aplicação da espécie mencionada não pode ser precisada como deste ou*

daquele grupo de pessoas. De fato, essa característica difusa está confirmada através dos registros e informações bibliográficas existentes, sendo comumente encontrada no cotidiano, por exemplo, como tema de selo postal dos Correios.

Ao final, a empresa informa que estava envidando esforços para o cumprimento da legislação. Novo ofício foi expedido com pedido de informações específicas sobre as atividades de acesso aos conhecimentos tradicionais no Ver-o-Peso por parte da empresa, o qual foi respondido nos seguintes termos:

Primeiramente, a Natura enfatiza que identificou as áreas e as comunidades produtoras das referidas espécies para a realização da coleta e o acesso ao patrimônio genético, partindo da premissa legal – contida no art. 16, § 9º da legislação citada – que dispõe que o acesso e a coleta ao patrimônio genético vinculam-se a área in situ *de localização da espécie, não havendo a previsão no marco legal em vigor de coleta e acesso no comércio.*

A Natura salienta ainda que, quanto ao questionamento de repartição de benefícios ao conhecimento tradicional, não vislumbra uma forma de atendimento legal ao pleito encaminhado pela Comissão, considerando que o conhecimento mencionado possui natureza difusa e popular na região amazônica e no âmbito nacional, demonstrado pelo lançamento do selo postal da priprioca e pela divulgação da lenda associada a essa espécie no site *dos Correios.*

Por todo o exposto, a Natura reitera a impossibilidade de repartição de benefícios quanto ao conhecimento tradicional difuso, sem que haja previsão na legislação ou em procedimento oriundo de regulamentação expedida pelo conselho de gestão do patrimônio genético, a quem cabe tal competência.

Logo, é possível concluir que, para a empresa, as principais questões diziam respeito à falta de regulamentação sobre o acesso no comércio, ao acesso a conhecimentos tradicionais considerados difusos e à falta de regulamentação de repartição de benefícios nos dois casos.

Em 11 de novembro de 2005, a Secretaria Executiva do CGEN informou à empresa que, após a análise do vídeo institucional, teria restado claro que "a empresa demonstra ter obtido informações sobre o uso tradicional do breu branco junto às senhoras que comercializam ervas no mercado do 'Ver-o-Peso', em Belém-PA". A Secretaria Executiva concluiu:

Entendemos que as questões relativas à repartição de benefícios por conta do uso dos conhecimentos tradicionais que ficaram pendentes no Processo nº 02000.001608/2004-19 (Autorização CGEN 006/2005) podem ser regularizadas mediante tratativas com as provedoras do referido mercado, considerando suas formas de organização.

Todavia, em 27 de janeiro de 2006, a empresa oficiou ao CGEN argumentando que:

A informação obtida e divulgada no documentário institucional do produto "Perfume do Brasil" classifica-se como conhecimento tradicional de caráter difuso, por possuir uma disseminação de detentores de difícil mensuração. Portanto, a repartição de benefícios a partir deste tipo de conhecimento requer regulamentação específica, contemplando a pulverização da titularidade. No presente caso, há uma nítida impossibilidade em considerar esta informação como de detenção exclusiva das senhoras que comercializam as ervas no mercado Ver-o-Peso, no município de Belém, no estado do Pará.

Desta forma, a indicação da titularidade desse direito, conforme exposto no referido Ofício, certamente levaria a uma situação de arbitrariedade e injustiça para com toda a população regional, que possui esse conhecimento difuso. Com efeito, transformar o caráter difuso de uma informação em direito exclusivo e com grau de disponibilidade única por um determinado grupo de pessoas implicaria reconhecer como privado um direito de natureza pública e difusa, através de um ato discricionário da requerente, ao atender a recomendação desta Secretaria.

Posteriormente, o CGEN solicitou informações sobre a identificação de todos que teriam fornecido informações sobre os referidos conhecimentos tradicionais.

Em 13 de abril de 2006, em resposta ao CGEN, a empresa, valendo-se de ampla argumentação, sustentou que as erveiras do Ver-o-Peso não poderiam ser consideradas comunidade local ou indígena, e reiterou seu entendimento de que o acesso teria recaído sobre um "conhecimento amplamente difundido". A empresa chegou mesmo a afirmar:

Logo, tanto a Natura quanto aquelas comerciantes do mercado Ver-o-Peso encontram-se exatamente na mesma situação: desenvolveram produtos a partir dos conhecimentos amplamente difundidos na sociedade brasileira, latino-americana e na literatura estrangeira sobre as propriedades aromáticas da resina do breu branco, não se podendo, por conseguinte, considerar tais informações como de titularidade exclusiva daquelas senhoras.

O caso ganhou notoriedade em 24 abril de 2006, quando foi publicado na imprensa. Tal fato levou o MPF e o MPE a instaurarem procedimentos destinados à investigação. Em face da divulgação do caso pela imprensa, a empresa divulgou nota por intermédio da qual afirmava:

> *A Natura, como é de conhecimento público, vem debatendo com vendedoras de ervas do mercado Ver-o-Peso o tema da utilização do conhecimento tradicional de essências aromáticas da floresta amazônica para a produção de perfumes. O impasse começou a ganhar forma em outubro de 2005, quando pesquisas realizadas pela companhia foram questionadas junto à Ordem dos Advogados do Brasil/Seção do Pará e, logo a seguir, ganhou a mídia, na forma de denúncias quanto aos procedimentos dos trabalhos levados à prática.*
>
> *Diante desses acontecimentos, a Natura, em respeito à opinião pública e em harmonia com o marco regulatório governamental, vem buscando dois caminhos principais de diálogo, simultâneos e interligados. De um lado, enfatiza a sua disposição para o diálogo e o entendimento, determinada que está em valorizar o mercado Ver-o-Peso e as ervateiras da região, sempre orientada pela atuação transparente e construção de parcerias. De outro lado, tem se empenhado em tornar cristalino seu posicionamento quanto à utilização de ativos da biodiversidade brasileira em suas linhas de produto, assinalando jamais ter cometido qualquer ilegalidade, inclusive porque o uso de conhecimento difuso, isto é, sem fonte determinada, não é regulado por lei no país. Além de discutível, a remuneração ao conhecimento tradicional difuso, da forma como o assunto é abordado pela legislação existente, pode trazer riscos ou inviabilizar iniciativas que busquem a promoção de negócios sustentáveis.*
>
> *OS FATOS. Para alimentar sua plataforma tecnológica, baseada no uso sustentável de ativos da floresta, a Natura investe recursos em pesquisa e busca inspiração em múltiplas fontes, tais como literatura acadêmica e popular, fornecedores de matérias-primas, comunidades agrícolas e extrativistas e mercados populares. Dentre as muitas missões que realizou para conhecer as práticas de manejo e as tradições culturais associadas ao desenvolvimento de óleos essenciais de priprioca – como, por exemplo, à ilha de Silves, no estado do Amazonas, ou ao centro de pesquisa da Universidade de Campinas (Unicamp), no estado de São Paulo –, a Natura visitou o mercado Ver-o-Peso, em Belém. Ali, entrevistou comerciantes de ervas com a finalidade de produzir um vídeo para uso institucional e não para ajudar a desenvolver a tecnologia de extração e formulação das fragrâncias.*

Isto porque este processo é extremamente complexo. Na realidade, o desenvolvimento de óleos extraídos da priprioca envolve casas de perfumaria especializadas que operam mundialmente e que detêm know-how *tecnológico por vezes desconhecido no Brasil. A esses óleos essenciais as casas de perfumaria somam entre 100 a 200 substâncias que vão sendo incorporadas até chegar ao produto final.*

Contudo, por reconhecer que o mercado Ver-o-Peso é um importante símbolo das tradições populares paraenses e brasileiras, procuramos divulgar – sempre de forma transparente e aberta – as tradições relacionadas com o hábito da perfumação em nossa comunicação institucional e comercial. Em outras palavras, a Natura buscou inspiração no mercado Ver-o-Peso da mesma forma que em diversas outras localidades. Vale lembrar ainda que a companhia remunerou devidamente os expositores filmados pelos direitos de uso de imagem, informando a todos as finalidades do documentário [...][14].

Todavia, em 8 de junho de 2006, a empresa novamente oficiou ao CGEN e, apesar de afirmar que o desenvolvimento da extração e da formulação das fragrâncias provém de tecnologia própria altamente sofisticada, baseada em *know-how* por vezes desconhecido no Brasil, reconheceu

ter buscado nas tradições populares, notadamente da região Norte do país, inspiração para desenvolver conceitos que integram os produtos "Perfume do Brasil e "Água de Banho". Nesse sentido, obteve informações junto a algumas comunidades e feiras representantes destas tradições populares, cujo conhecimento tem as características supracitadas, ou seja, não são exclusivos das fontes mencionadas, extrapolam os limites destas e estão amplamente disseminados por toda uma região.

E complementou:

[...] portanto, reconhecemos que as comunidades que forneceram tais informações foram: a comunidade do São Francisco do Iratapuru, no município de Laranjal do Jarí, no estado do Amapá, para o breu branco; a comunidade de Boa Vista do Acará, no município do Acará, no estado do Pará, para a priprioca; e a Associação dos Pequenos Produtores do Projeto RECA – Reflorestamento Econômico Consorciado e Adensamento, no município de

---

[14] Instituto Socioambiental, "Polêmica entre Natura e Ver-o-Peso expõe dilemas na proteção de conhecimentos tradicionais no Brasil", 25 maio 2006. Disponível em: <www.socioambiental.org/nsa/detalhe?id=2261>. Acesso em: 15 fev. 2012.

Vila Nova Califórnia, no estado de Rondônia, para o cumaru; e, como fonte de informações para os três casos mencionados, também reconhecemos o mercado Ver-o-Peso, aplicadas as ressalvas acima referidas.

Ao final, a empresa requereu a regulamentação do tema e orientações sobre os procedimentos que deveria adotar.

Em parecer jurídico, a consultoria jurídica do MMA entendeu que a ausência de regulamentação específica não impediria a repartição de benefícios com as comunidades que tiveram seus conhecimentos tradicionais acessados pela empresa.

Em 28 de junho de 2006, a empresa foi comunicada do posicionamento do referido parecer jurídico e, no dia 30 do mesmo mês, por iniciativa da coordenadora da 4ª Câmara de Revisão do MPF, a procuradora da República Sandra Cureau, foi realizada em Belém uma reunião com a presença de representantes do MPE, do Ver-o-Peso, da OAB/PA e da empresa, na qual esta concordou em tomar as providências cabíveis para a efetivação do Contrato de Repartição de Benefícios com as erveiras do Ver-o-Peso.

Efetivamente, em 17 de outubro de 2006, foram assinados o termo de Anuência Prévia, o Contrato de Utilização do Patrimônio Genético e Repartição de Benefícios por Acesso a Conhecimento Tradicional Associado, com referência ao breu branco, à priprioca e ao cumaru, além de um Convênio. Lamentavelmente, tais documentos possuem cláusula de confidencialidade que impede o acesso a seu conteúdo, bem como o estudo de seus termos.

No relatório anual de 2006 da empresa, o caso é descrito da seguinte forma:

> *A NATURA E O VER-O-PESO*
>
> *Para alimentar nossa plataforma tecnológica baseada no uso sustentável de ativos da floresta, a Natura investe recursos em pesquisa e busca inspiração em múltiplas fontes, tais como literatura acadêmica e popular, fornecedores de matérias-primas, comunidades agrícolas e extrativistas e mercados populares.*
>
> *Com o objetivo de conhecer as práticas de manejo e as tradições culturais associadas ao desenvolvimento de óleos essenciais de priprioca, a Natura realizou muitas missões, como à ilha de Silves, no estado do Amazonas, e ao centro de pesquisa da Universidade de Campinas (Unicamp), no estado de São Paulo. Visitamos também o mercado Ver-o-Peso, em Belém, no Pará. Em outubro de 2005, pesquisas realizadas pela Natura foram questionadas junto à Ordem dos Advogados do Brasil/Seção do Pará. A partir daí, coerentes com nossa prática de transparência, iniciamos diálogo com todos os agentes sociais envolvidos na questão e tornamos público nosso posicionamento*

sobre a insuficiência do marco legal que regulamenta o acesso ao patrimônio genético e a justa remuneração dos conhecimentos tradicionais.

Em 2006, antecipando-se à evolução da legislação, a Natura se tornou a primeira empresa brasileira a fechar acordos de remuneração do conhecimento tradicional difuso, estabelecendo parcerias pioneiras com a Associação das Ervateiras do mercado Ver-o-Peso e com a Associação de Produtores de Boa Vista, ambas no Pará.

Já há algumas décadas fazemos parte da vida do Pará e temos contribuído para geração de renda para os muitos públicos com os quais nos relacionamos – entre os quais cerca de 20 mil consultoras e consultores Natura – e para a sociedade como um todo. Em 2007, celebraremos um convênio de capacitação profissional no valor de R$ 560 mil com a Associação das Ervateiras do Mercado Ver-o-Peso, com o objetivo de aprimorar o processo de manipulação de ervas (GRI EC8)[15]*.*

REFLEXÕES SOBRE O CASO

Com efeito, o debate sobre o caso Ver-o-Peso × Natura transcorreu sob o marco da então vigente MP nº 2186-16/2001[16], que regulamenta o acesso e uso do patrimônio genético da biodiversidade e dos conhecimentos tradicionais associados. A MP criou um procedimento específico que previa como condições: a obtenção de anuência prévia dos detentores de conhecimentos tradicionais e de recursos da biodiversidade (o qual deve ser compreendido como consentimento prévio fundamentado segundo a Convenção 169 da OIT); emissão de laudo antropológico atestando a perfeita compreensão dos termos do consentimento; a formalização de um Contrato de Utilização e Repartição de Benefícios, prevendo as regras do referido acesso e uso; e, posteriormente, deve-se obter autorização do CGEN do MMA. Todos esses passos deviam ocorrer antes de qualquer acesso e uso. Todavia, no caso aqui comentado, essas fases ocorreram somente a partir da insurgência das erveiras do Ver-o-Peso e, mesmo assim, após o amplo debate acima relatado.

No transcurso do debate, dois pontos firmaram-se como controversos: o reconhecimento de comunidades locais urbanas como sujeitos de direito e a

---

[15] Natura Cosméticos S.A., *Relatório Anual de 2006*, p. 79. Disponível em: <www2.natura.net/Web/Br/ForYou/resp_corporativa_2006/index.asp>. Acesso em: 15 fev. 2012.

[16] Recentemente ocorreu a sanção do novo marco legal do tema, trata-se da Lei nº 13.123/2015.

distinção entre conhecimento de domínio público e conhecimento difuso e sua repercussão sobre a repartição de benefícios.

Um debate sempre presente ao tratar-se de direitos de povos tradicionais diz respeito aos argumentos recorrentes que buscam descaracterizar tais comunidades, negando-lhes sua identidade. Tal prática é observada em diferentes searas e era de fato mais comum quando ocorria o debate sobre direitos territoriais, sobretudo, no que diz respeito ao reconhecimento de territórios indígenas e quilombolas.

Sob o signo do acesso e uso de conhecimentos tradicionais, o debate é reavivado e ganha novos contornos. Com efeito, a visão ainda vigente é que os povos tradicionais precisam corresponder a um sem-número de características, uma verdadeira *checklist* que, somente quando completamente preenchida, propiciaria acesso aos direitos.

Obviamente, o debate sobre o reconhecimento dos povos da floresta como sujeitos de direitos é fundamental e deu início à percepção de diversidades sociais anteriormente invisíveis. Porém, ele precisa ser revisto, sobretudo no Brasil e na Amazônia, onde a dinâmica sociocultural inclui a violência real ou simbólica que expulsa esses povos de suas terras e, aliada a outros fatores, cria novas visões de tradição e de território.

Alfredo Wagner Berno de Almeida destaca que:

> *O advento nesta última década e meia de categorias que se afirmam através de uma existência coletiva, politizando nomeações da vida cotidiana tais como: índios, seringueiros, quebradeiras de coco babaçu, ribeirinho, castanheiros, pescadores, extratores de arumã e quilombolas, dentre outros, trouxe a complexidade de elementos identitários para o campo de significação da questão ambiental*[17].

Como bem lembram os autores Joaquim Shiraishi e Fernando Dantas:

> *No bojo das discussões em relação ao processo de regulamentação dos conhecimentos tradicionais associados à biodiversidade, é importante retomar as discussões em torno das "populações indígenas" e "comunidades locais" enquanto "novos" sujeitos de direito. As preocupações são necessárias, em função de que o reconhecimento dos grupos a partir dessa noção traz consigo uma ordem de problemas que se verifica em diversos planos.*

---

[17] Alfredo W. B. de Almeida, "Amazônia: a dimensão política dos 'conhecimentos tradicionais'", em: Henri Acselrad (org.), *Conflitos ambientais no Brasil*, Rio de Janeiro: Relume Dumará, 2004, pp. 44-5.

> *Não se trata de tentar identificar atributos que possam afirmar categoricamente quem são esses sujeitos [...].*
>
> *A "consciência de sua identidade" é o critério para determinar os grupos sociais, aos quais são aplicados os dispositivos legais relacionados ao acesso ao conhecimento tradicional associado à biodiversidade. Trata-se do mesmo critério utilizado pela Convenção nº 169 da OIT. É o que o sujeito diz de si mesmo, em relação ao grupo ao qual pertence. A maneira como se autorrepresentam reflete a representação sobre eles por aqueles que interagem com eles. Desde que os grupos sociais autodesignados como "populações indígenas" ou comunidades locais" definam-se enquanto tal, devem ser "amparados" por esses dispositivos, que se aplicam aos grupos sociais indistintamente. Não há definição prévia de quem seriam os grupos sociais, mas instrumentos que permitam aos sujeitos se definirem, segundo sua consciência*[18].

No pensamento jurídico ortodoxo, muitas vezes causa espanto a consideração de que possam existir comunidades tradicionais urbanas. De fato, não são incomuns discursos que tentam descaracterizar comunidades tradicionais e povos indígenas, alegando terem estes se "aculturado": algumas vezes, porque usam celular; outras, porque dirigem carros; outras ainda, porque participam ativamente da vida acadêmica. É preciso romper essa visão estreita. Compartilhar qualquer desses instrumentos de outras culturas não os despoja de sua cultura original. Por isso, é necessário fazer uma releitura do conceito de tradição, conforme lembra Alfredo Wagner Berno de Almeida:

> *Embora a noção de tradição apareça em textos clássicos associada ao postulado de "continuidade", conforme sublinha Foucault in "Resposta ao Círculo Epistemológico" (1968), importa sublinhar que o termo "tradicional" da expressão "povos tradicionais", aqui frequentemente repetida, não pode mais ser lido segundo uma linearidade histórica ou sob a ótica do passado ou ainda como uma "remanescência" das chamadas "comunidades primitivas" e "comunidades domésticas" (Sahlins, 1973, e Meillassoux, 1976) ou como "resíduo" de um suposto estágio de "evolução da sociedade". O chamado "tradicional", antes de aparecer como referência histórica remota, aparece como reinvindicação contemporânea e como direito envolucrado em formas de autodefinição coletiva. Nesta ordem, antes mesmo de serem interpretadas como "comunidades naturais" e "espontâneas" as chamadas "comunidades tradicionais" aparecem hoje envolvidas num processo de construção do próprio*

---

[18] Joaquim Shiraishi Neto e Fernando Antônio de Carvalho Dantas, *op. cit.*, pp. 64-5.

"tradicional", a partir de mobilizações e conflitos, que tem transformado de maneira profunda as formas de solidariedade apoiadas em relações primárias. Deste ponto de vista, além de ser do tempo presente, o "tradicional" é, portanto, social e politicamente construído[19].

Mais que isso, para que um grupo se reconheça como tradicional, não é necessário que esteja isolado em alguma floresta distante. Sobretudo na Amazônia, muitas vezes esses grupos estão no centro das cidades, como é o caso do Ver-o-Peso em Belém, onde os erveiros e erveiras são bem mais que meros comerciantes, pois carregam a tradição revisitada dos contextos amazônicos.

Boa parte dos debates sobre a questão dos direitos de povos tradicionais acaba se defrontando com a questão conceitual, como se os povos tradicionais necessitassem preencher uma relação de critérios previamente e externamente impostos para poder usufruir dos direitos correlatos.

Nesse sentido, Cunha e Almeida nos esclarecem ao afirmar que populações tradicionais são

grupos que conquistam ou estão lutando para conquistar (por meios práticos e simbólicos) identidade pública que inclui algumas e não necessariamente todas as seguintes características: uso de técnicas ambientais de baixo impacto; formas equitativas de organização social; presença de instituições com legitimidade para fazer cumprir suas leis; e, por fim, traços culturais que são seletivamente reafirmados e reelaborados[20].

Já tivemos a oportunidade de afirmar a necessidade de compreensão multicultural das categorias de comunidades tradicionais em outras ocasiões que ora transcrevemos:

Não se pode negar a grande resistência em reconhecer pequenos agricultores, aos quais preferimos nos referir como camponeses, no grupo dos povos tradicionais. É persistente também esta relutância quando esses grupos se encontram na área urbana, é o caso das feirantes (cheirosas) do mercado Ver-o-Peso, em Belém, ou as comunidades afrorreligiosas (na Amazônia, algumas se reconhecem como afro-amazônicas). Mas afinal, é possível dizer que esses grupos muitas vezes urbanos, outras vezes rurais, são comunidades locais inseridas na categoria povos tradicionais? Certamente sim, principalmente

---

[19] Alfredo W. B. de Almeida, "Arqueologia da tradição", em: *Lei do Babaçu Livre*, Manaus: PPGSCA-UFAM/Fundação Ford, 2006, pp. 10-1.

[20] *Ibid.*

quando esses grupos se reconhecem como tal, isto é, existindo uma identidade de tradição entre tais grupos associada ao autorreconhecimento genuíno dessa condição, não cabe ao Estado ou à sociedade circundante dizer que não são aquilo que culturalmente acreditam ser, pois a afirmação identitária desses grupos é um direito humano a ser protegido.

Nijar (apud Albagli, 2005, p. 21) diz que as comunidades locais "compõem um grupo de pessoas que possui uma organização social estabelecida, que as mantenha unidas numa determinada área ou de alguma outra maneira". Esse conceito nos leva a refletir sobre as condições que diferenciam as comunidades locais tradicionais das demais comunidades locais (associações de bairro, centros comunitários, grupos de boi etc.). Por óbvio, tanto uma quanto outra possui em maior ou menor grau uma organização social estabelecida que as mantém unidas, em torno de uma área ou de uma causa, uma bandeira de luta, uma atividade social ou econômica. No entanto, para algumas, nas quais reconhecemos a condição de comunidade local tradicional, subsiste um modo de vida distinto, muitas vezes baseado numa estreita e diferenciada relação com os recursos naturais, é o caso das "cheirosas do Ver-o-Peso", isso fica claro quando se verificam os outros grupos existentes na feira (comerciantes de peixe, frutas, legumes etc.). Em tal universo, elas se destacam como um grupo absolutamente distinto dos demais feirantes, o traço distintivo emana da vivência da tradição, seja no modo de se relacionar com a natureza e pelas crenças havidas nessa relação[21].

Em relação à questão dos conhecimentos difusos × domínio público, é sempre necessário destacar o grande equívoco na confusão dos dois termos: conhecimento de domínio público significa conhecimento que não pertence a ninguém; doutra sorte, conhecimento difuso é aquele que possui titulares indetermináveis. Os conhecimentos tradicionais jamais corresponderão ao conceito de domínio público, quando tomados na acepção constante da CDB, e esse é um ponto crucial do debate.

Por outro lado, entendo que os conhecimentos tradicionais fazem parte do macroconceito de direitos coletivos *lato sensu*, nos quais, dependendo da situação concreta, podem-se identificar direitos difusos, direitos coletivos em sentido estrito e direitos individuais homogêneos, os quais podem inclusive afigurar-se de forma sobreposta, mas sempre geram direitos e propiciam o necessário consentimento prévio e repartição de benefícios. Também sobre esse tema, reporto-me a pronunciamento posterior sobre o tema:

[21] Eliane Cristina Pinto Moreira, *A proteção jurídica dos conhecimentos tradicionais associados à biodiversidade*, tese de doutorado, UFPA, 2006, p. 52.

A CDB ao reconhecer que existem conhecimentos, inovações e práticas elaboradas, executadas e transmitidas por povos tradicionais importantes para a conservação e utilização sustentável da biodiversidade, consagrou uma nova esfera de direitos coletivos expresso pela categoria dos "conhecimentos tradicionais associados à biodiversidade", conforme se infere do art. 8° j, esses são espécie do gênero direitos intelectuais coletivos e por sua vez são um desdobramento dos direitos difusos e coletivos que são aqueles que transcendem o indivíduo [...].

Entendendo que a lei (Lei da Ação Civil Pública) permite a absorção de outros direitos não citados expressamente em seu texto, é inegável que qualquer outro direito marcado pela pluralidade de titulares unidos por um interesse comum seja ele decorrente da lei, do contrato ou do fato, está por ele abarcado, embora isso implique uma releitura dos conceitos atuais vigentes sobre os direitos difusos e coletivos. Por isso, os conhecimentos tradicionais devem ser vistos pelo direito a partir da perspectiva de uma nova esfera de direitos coletivos lato sensu referentes à cultura, de acordo com os direitos constitucionais consagrados pelo art. 215 e 216 da CF 1988.

Afirmada a percepção dos conhecimentos tradicionais como direitos culturais, incumbe demonstrar a sua aplicação perante a teoria dos direitos difusos e coletivos.

Em primeiro lugar, não é possível afirmar que os conhecimentos tradicionais são direitos difusos de per se, *por outra, tratam-se de direitos coletivos* lato sensu *que, marcados pela transindividualidade, podem, dependendo da ocasião, apresentar-se como direitos difusos, coletivos ou individuais homogêneos. Muitas vezes, sobre um mesmo conhecimento podem se expressar direitos difusos, coletivos em sentido estrito, ou individuais homogêneos, sem prejuízo do reconhecimento de um sobre o outro. Isso ocorre nas hipóteses do compartilhamento de conhecimentos tradicionais por povos distintos.*

O nó górdio de tal distinção dependerá da forma de sua detenção pelos povos. Serão difusos os conhecimentos tradicionais cujos titulares sejam indeterminados; coletivos, em sentido estrito, aqueles que pertençam a um grupo cujos interesses sejam indivisíveis; e, individuais homogêneos, aqueles cujos titulares sejam perfeitamente definidos e que possuam interesses divisíveis. [...]

A repartição de benefícios deve se fazer com os grupos de acordo com o tipo de conhecimento detido, isto é, em se tratando de conhecimento difuso, como por exemplo, o uso aromático do breu branco, a repartição deve se dar de modo difuso, em especial pela via de um fundo, ou por atividades que tragam benefícios difusos (como doações para a implementação de políticas públicas voltadas à defesa ou proteção dos conhecimentos tradicionais), desde que acordadas com um grupo representativo dos diversos detentores desses conhecimentos tradicionais, e homologadas pelo órgão governamental gestor dos conhecimentos tradicionais, atualmente, o CGEN.

Em sendo coletivo em sentido estrito, quando, por exemplo, apenas uma etnia o detém, deve se converter para o grupo detentor do conhecimento, segundo os ajustes internos de repartição de benefícios. Em sendo direito individual homogêneo (divisível), há que se acordar com o grupo, ainda que os benefícios sejam revertidos individualmente. Como dissemos, pode ocorrer, e não será incomum, a sobreposição de todas essas categorias ao mesmo tempo.

Importa, finalmente, esclarecer que o conceito de conhecimentos difusos quando aplicados aos conhecimentos tradicionais jamais poderá ser confundido com conceito de conhecimento de domínio público, posto que relacionados com um feixe de direitos originários dos povos tradicionais que lhes imprime a marca dos direitos consuetudinários. Ora domínio público é o conhecimento de ninguém, conhecimento difuso é conhecimento de alguém: titulares indetermináveis, mas existentes. Essa mesma lógica se aplica aos conhecimentos tradicionais disponibilizados em livros, bancos de dados, feiras livres etc.[22].

CONCLUSÕES

A proteção dos conhecimentos tradicionais ainda não ganhou o tratamento devido no cenário jurídico, posto que até o presente momento o debate não tem se articulado efetivamente com a questão dos direitos humanos, o que nos reporta à fala inicialmente transcrita de Antônio Augusto Cançado Trindade sobre a necessidade de reequilibrar forças tão díspares quanto o interesse de povos tradicionais e as atividades industriais.

Creio que o debate sobre o tema tem se enfraquecido no contexto mundial e nacional, seja porque o tema perdeu espaço acadêmico perante o debate das mudanças climáticas, seja pela grande dificuldade representada pelo debate em

[22] *Ibid*, p. 117.

torno dos limites que devem ser impostos ao sistema de propriedade intelectual pela efetivação dos direitos culturais de povos tradicionais.

O caso em exame é carregado das dificuldades de implementação da legislação e demonstra as muitas disparidades de compreensão em torno do tema. Todavia, pretendemos que a reflexão sobre ele permita construir uma reflexão crítica sobre os muitos desafios que ainda existem nesse campo.

CONHECIMENTOS E POVOS TRADICIONAIS: A VALORIZAÇÃO DA DIGNIDADE HUMANA PELO DIREITO PATRIMONIAL CULTURAL

- Sandra Akemi Shimada Kishi -

If my people are wiped out you must destroy all photographs of us, because future generations will look at our photographs and be too ashamed at such a crime against humanity.

Davi Yanomami, 1990[1]

DIREITOS HUMANOS E A PROTEÇÃO DO ACESSO À SOCIOBIODIVERSIDADE

A constatação de que os direitos ao meio ambiente equilibrado e à sadia qualidade de vida integram o sistema de direitos humanos, com todas as suas implicações na ordem jurídica nacional e internacional, é inevitável e inarredável, principalmente tomando-se por base a temática da preservação da diversidade biológica como proteção da própria vida. Na nossa ordem jurídica constitucional, o direito ao meio ambiente equilibrado e o direito à sadia qualidade de vida são, indubitavelmente, direitos humanos fundamentais, visto que consistem em requisito inafastável do direito à vida, com dignidade.

Bem por isso, os parâmetros jurídicos de proteção da sociobiodiversidade, no atual processo de fragmentação cultural e de globalização econômica, devem ser interpretados com eticidade.

Com efeito, os princípios morais de justiça ambiental devem prevalecer na proteção da sociobiodiversidade. E os direitos humanos parecem constituir o caminho mais adequado e seguro para a proteção desses novos direitos coletivos, numa dimensão que não escapou à observação de Antônio Augusto Cançado Trindade:

---

[1] Ronald Wright, *Stolen Continents: Conquest and Resistance in the Americas*, Toronto: Penguin, 2003, p. 363.

Nos últimos anos, o corpus juris normativo do direito internacional dos direitos humanos se enriqueceu com a incorporação de "novos" direitos, como, por exemplo, o direito ao desenvolvimento como um direito humano e o direito a um meio ambiente sadio. O reconhecimento desses direitos reflete a conscientização da urgente necessidade de satisfação de necessidades humanas básicas; tais direitos revelam a um tempo uma dimensão "individual" e "coletiva", porquanto dizem respeito à pessoa humana assim como a coletividades humanas[2].

Há uma interação na evolução histórica dos sistemas internacionais de proteção dos direitos humanos e do meio ambiente, concluindo que ambos convergem para o objetivo maior de assegurar uma vida digna a todos os povos.

Ao se tutelar o valor intrínseco da natureza restam protegidos os humanos que dela dependem para viver. Pode-se concluir que a humanidade, atual e futura, constitui o objeto da proteção do meio ambiente equilibrado.

Os povos e comunidades tradicionais têm uma conformação de identidade moral e cultural dos indivíduos que os integram.

De fato, como salienta David José Geraldes Falcão: "*la razón del respeto, protección y promoción de las culturas no reside en el valor de las culturas, ni siquiera en la consideración de que todas tienen igual valor (para los que lo consideran). Así, la razón reside en el respeto de la dignidad humana de los individuos que participan de esa identidad cultural de grupo*"[3].

A biodiversidade é fonte de subsistência humana e da natureza, é a própria vida. Esta realidade inarredável reclama um novo olhar sobre a diversidade biológica, um olhar integrado e compromissado com a sustentabilidade das presentes e futuras gerações humanas e não humanas[4].

O primeiro parágrafo do preâmbulo da Convenção sobre Diversidade Biológica reconhece o valor intrínseco da diversidade biológica, também em suas dimensões social e cultural. O termo "sociobiodiversidade" fortalece essa ideia, embora seja possível prescindir disso, uma vez que são intrínsecas as dimensões social e cultural no conceito de diversidade biológica.

---

[2] Antônio Augusto Cançado Trindade, *A proteção internacional dos direitos humanos e o Brasil*, 2ª ed., Brasília: Editora UnB, 2000, p. 97.

[3] David José Geraldes Falcão, "Universalización de los derechos humanos a partir de la diversidad cultural: políticas de integración, de flexibilización y de diálogo", *Revista Internacional de Direito e Cidadania* (versão eletrônica), nº 12, fev. 2012. Disponível em: <www.reid.org.br/arquivos/00000294-03-david_reid-12.pdf>. Acesso em: 17 dez. 2014.

[4] Márcia Rodrigues Bertoldi e Sandra Akemi Shimada Kishi, "Direito ao desenvolvimento dos povos tradicionais", em: Flávia Piovesan e Inês Virgínia Prado Soares (coord.), *Direito ao desenvolvimento*, Belo Horizonte: Fórum, 2010.

Nessa dimensão da biodiversidade agregam-se o conhecimento, as inovações e práticas consuetudinárias, uma dimensão imaterial de saberes de populações que vivem nesse ambiente biodiverso de ecossistemas e suas espécies. Nesse sentido, "o conceito abrange uma quarta dimensão, a cultural, representada pelos valores, visões de mundo, conhecimentos e práticas que têm íntima relação com o uso direto e os processos relacionados à biodiversidade"[5].

Cabe entender que são sistemas que evoluíram integrada e simultaneamente, o biológico e o cultural. Portanto, não se concebem conhecimentos tradicionais e biodiversidade senão sistemicamente. Contudo, a severa desorganização de vários ecossistemas do planeta está colocando em perigo essa riqueza natural e cultural, a qual necessita de longos períodos de tempo para se formar, organizar e evoluir.

O preâmbulo da CDB apresenta uma valoração intrínseca à biodiversidade, tomada não mais como matéria-prima apenas, mas por seu valor essencial para a manutenção dos sistemas necessários à vida da biosfera. Em vários outros enunciados constantes do preâmbulo da Convenção pode ser verificada a preocupação com os direitos humanos fundamentais, valendo citar os seguintes valores da diversidade biológica ali apontados: ecológico, genético, social, econômico, científico, educacional, cultural, recreativo e estético. Nem mesmo o valor econômico da biodiversidade escapa ao valor humano protegido, na medida em que a valoração econômica da biodiversidade permite que, durante todo o processo, desde o acesso até a efetiva utilização dos recursos biológicos, sejam efetiva e equitativamente compensados os valores humanos pela repartição de benefícios, um dos objetivos enunciados na CDB.

A primeira parte do art. 8º *j* ressalta o valor intrínseco da diversidade biológica em suas dimensões social e cultural, merecedor de ser mantido e preservado mediante políticas públicas adequadas. A preocupação da inter-relação do homem com a biodiversidade justifica-se não só pelo valor intrínseco e essencial que a diversidade biológica representa para a vida na terra, mas também pela perda dos recursos naturais e serviços ambientais vitais ao homem.

No Brasil, a partir de 1988, houve uma mudança de paradigma na tutela dos povos tradicionais, até então marcada pela noção de integralismo desses povos à sociedade e à cultura ocidentais ou ao contexto da sociedade envolvente, numa antiga visão paternalista de povo em via de extinção ou voltado ao desaparecimento.

O atual contexto jurídico afasta essa concepção para valorizar a dignidade dos povos tradicionais, seus modos de vida socioeconômicos e suas culturas integrantes de um patrimônio cultural nacional, numa sociedade multiétnica. A valorização da alteridade e a autodeterminação dos povos tradicionais

---

[5] Gabriela Coelho de Souza *et al.*, "Conhecimentos tradicionais: aspectos do debate brasileiro sobre a quarta dimensão da biodiversidade", em: Sandra Akemi Shimada Kishi e John Bernhard Kleba (coord.), *Dilemas do acesso à biodiversidade e aos conhecimentos tradicionais*, Belo Horizonte: Fórum, 2009, p. 72.

repercutem nas relações sociais e contribuem para o desenvolvimento desses povos, haja vista a mudança de paradigma da noção de livre acesso para o de acesso e uso equitativos, diante da gestão coletiva dos recursos naturais e do direito de propriedade intelectual coletiva *sui generis* dos povos tradicionais sobre os conhecimentos tradicionais associados à biodiversidade.

A valorização e o reconhecimento da alteridade e da autodeterminação dos povos tradicionais são novas tendências observadas também em nível internacional. Qualquer projeto mundial de tornar profícuo o multiculturalismo, dotado de autodeterminação democrática para a estruturação de uma nova identidade coletiva, contribuirá também como mecanismo efetivo de preservação da diversidade biológica, na medida em que os povos e comunidades tradicionais, por força do empoderamento, poderão se reconhecer como legítimos atores numa comunidade global, envolvidos em políticas públicas dotadas de efetiva justiça social, com suas necessárias participações, desde a fase inicial, em nível de planejamento e orçamento, em toda e qualquer decisão, quando se está em jogo o meio ambiente. Jamais se atingirá a adequada equalização dos interesses mundiais, marcados pela globalização econômica, nem tampouco se alcançará uma construção criativa de interesses voltados ao bem comum sem se levarem em conta, nesse processo, a alteridade e as diversas peculiaridades culturais de povos tradicionais.

No Peru, a Constituição de 1979, ao estabelecer o espanhol como língua oficial do país, reconheceu o direito de todos os peruanos de usar sua própria língua nas relações com as autoridades – se necessário, através de intérpretes. Em nível constitucional, também se reconheceu o direito das pessoas de aderirem às suas próprias identidades culturais, bem como a educação bilíngue[6]. No Japão, por sua vez, um país há tempos reconhecido como monoético, recentemente um tribunal reconheceu como minoria indígena com direitos especiais a população ainu, devido a seus modos de vida tradicionais. Em 8 de maio de 1997 foi aprovada uma lei destinada a proteger e preservar a cultura ainu, claramente distinta da cultura japonesa, tanto étnica quanto linguisticamente. A mesma linha de valorização operou-se com o povo indígena sami, das regiões árticas da Noruega, Suécia, Finlândia e Rússia, para quem o homem e a natureza são inseparáveis. Os imemoriais modos de pastoreio e de caça e pesca do povo sami foram reconhecidos por lei e também no âmbito dos Supremos Tribunais da Noruega e da Suécia, em 1981[7].

---

[6] Siegfried Wiessner, "Rights and Status of Indigenous Peoples: a global comparative and international legal analysis", *Harvard Human Rights Journal*, n° 57, 1999 (tradução livre da autora).

[7] Siegfried Wiessner, *op. cit.*, pp. 13-5; e Márcia Rodrigues Bertoldi e Sandra Akemi Shimada Kishi, *op. cit.*, pp. 337-67.

Bem se vê que o diálogo intercultural de direitos humanos traça o caminho seguro para a dignidade. E através desse diálogo dotado de ética e razoabilidade é possível atingir uma universalidade funcional e inclusiva, minimizando os riscos de comprometimento da alteridade e da autodeterminação.

Com efeito, anota David José Geraldes Falcão que:

> Es necesario transformar los derechos del hombre en un "idioma" universal, inter y transcultural. Pues, sólo de esta forma se pueden combatir los constantes ataques a la dignidad. [...] Un contrato consensual solamente puede valer si en el diálogo entre culturas, se prescinde de lógicas de dominación que prevalecen hasta hoy. Es cierto que para muchos pueblos la cuestión de la universalidad e igual dignidad es, todavía, algo abstracto. Es tiempo de entender que es posible compartir principios universales entre las diversas culturas sin que sea necesario igualarlos en todo[8].

Nesse diapasão, também no nível das comunidades internacionais, os diálogos interciências devem ser dotados de ética e razoabilidade. As características funcionais da biodiversidade reclamam uma cooperação internacional ambiental, que não deve abolir as autonomias de outros níveis de governo. Jungidas que estão as nações ao dever universal de desenvolvimento sustentável, que corresponde a um direito humano fundamental, cabe-lhes cooperar de forma a reconhecer as peculiaridades locais, regionais e nacionais, propiciando sinergias e integração dessas ações nacionais com convenções, tratados e acordos internacionais.

Bem por isso, no regime jurídico de acesso ao patrimônio genético e ao conhecimento tradicional associado no Brasil, o consentimento prévio informado e a repartição de benefícios são direitos humanos fundamentais ao mínimo existencial socioambiental para assegurar a vida digna e sadia e o desenvolvimento sustentável, num espaço cidadão em que a sociedade e a economia são pilares mais fracos suportados por uma base estrutural como fundamento, a natureza. Segundo Gerd Winter, o quadro apropriado para o desenvolvimento sustentável não é o de três pilares, em que a economia e a sociedade são parceiros mais fracos, já que os humanos certamente não podem existir sem a biosfera, que, por sua vez, pode existir sem os humanos[9].

---

[8] David José Geraldes Falcão, op. cit.

[9] Gerd Winter preleciona uma releitura mais rigorosa da noção de desenvolvimento sustentável, anotando que desde o Relatório Brundtland, na verdade, o conceito de desenvolvimento sustentável está lastreado na viga-mestra ou fundamento da "biosfera", que, por sua vez, suporta os pilares da sociedade e da economia, devendo ser abandonada a equivocada concepção dos três pilares num mesmo patamar de sustentação. Cf. "Um fundamento e dois pilares: o conceito de desenvolvimento sustentável 20 anos após o Relatório de Brundtland", em: Paulo Affonso Leme Machado e Sandra Akemi Shimada Kishi (org.), Desenvolvimento sustentável, OGM e responsabilidade civil na União Europeia, trad. Carol Manzoli Palma, Campinas: Millennium, 2009, pp. 1-4.

PROTEÇÃO DO PATRIMÔNIO CULTURAL – OS CONHECIMENTOS TRADICIONAIS E AS ORGANIZAÇÕES INTERNACIONAIS

A CF 1988 reconhece o direito ao patrimônio cultural como direito fundamental, em sua dupla dimensão, a material e a imaterial, protegendo as formas de expressão, os modos de criar, fazer e viver e as criações científicas, artísticas e tecnológicas dos diferentes grupos sociais brasileiros. A prescrição constitucional da tutela de bens culturais materiais e imateriais, tomados individualmente ou em conjunto, dotados de referência à identidade, à ação e à memória dos diferentes grupos formadores da sociedade brasileira (art. 216) garante a valorização da cultura dinâmica das comunidades tradicionais. Dentre os bens culturais imateriais, a CF elenca as formas de saber, fazer e viver, as criações científicas, artísticas e tecnológicas (art. 216, II e III) e prevê formas de acautelamento e preservação do bem cultural imaterial, como, por exemplo, o registro, o inventário, a vigilância.

No âmbito das organizações intergovernamentais há diversos tratados ou convenções internacionais de proteção do meio ambiente. Não podemos deixar de citar a preocupação da Unesco quanto ao patrimônio cultural. Desde 1985 o órgão mantém normas referentes à proteção do folclore. Embora obras de folclore não se confundam com conhecimentos tradicionais associados aos recursos biológicos, muitas de suas expressões culturais traduzem-se em conhecimentos tradicionais associados à biodiversidade.

Segundo Eliane Abrão,

> *obras de folclore são manifestações de cultura tradicional e popular definidas na Recomendação sobre a Salvaguarda da Cultura Tradicional e Popular aprovada pela Conferência Geral da Unesco, em Paris, em 15 de novembro de 1989, como o conjunto de criações que emanam de uma comunidade cultural fundadas na tradição, expressadas por um grupo ou por indivíduos e que reconhecidamente correspondem às expectativas da comunidade enquanto expressão de sua identidade cultural e social; as normas e os valores são transmitidos oralmente, por imitação ou de outras maneiras. Suas formas compreendem, entre outras, a língua, a literatura, a música, a dança, os jogos, a mitologia, os ritos, os costumes, o artesanato, a arquitetura, e outras artes*[10].

Esse instrumento internacional produzido no âmbito da Unesco tem natureza de *soft law*, sem previsão de sanções para sua infração.

---
[10] Eliane Abrão, *Direitos do autor e direitos conexos*, São Paulo: Editora do Brasil, 2002, p. 123.

Recentemente, na 32ª sessão da Conferência Geral da Unesco[11], foi adotada a Convenção sobre a Diversidade Cultural[12], que valoriza os conhecimentos tradicionais e os sistemas de conhecimento das populações indígenas, além de ressaltar a necessidade de sua adequada promoção. Estabelece ainda como "cultura hereditária intangível" expressões, conhecimentos, transmitidos de geração em geração, que garantem identidade própria e a própria continuidade das comunidades[13].

A Convenção para a Salvaguarda do Patrimônio Cultural Imaterial[14] conceitua patrimônio imaterial como o conjunto de práticas, representações, expressões, conhecimentos e técnicas, junto com os instrumentos, objetos, artefatos e lugares culturais que lhes são associados – que as comunidades, os grupos e, em alguns casos, os indivíduos reconhecem como parte integrante de seu patrimônio cultural. Prevê ainda que o patrimônio cultural imaterial é constantemente recriado pelas comunidades.

A Convenção 169, adotada em 1989 e que no Brasil é norma com força cogente, dissocia-se totalmente da anterior Convenção 107 da OIT, já que estabelece padrões internacionais de proteção do desenvolvimento dos direitos das populações indígenas, com destaque à tutela de sua cultura. Reconhece que os Estados devem respeitar o especial significado da relação desses povos tradicionais com suas terras e particularmente seus valores culturais e espirituais. Prevê a necessidade de consulta prévia desses povos e da participação de seus representantes em qualquer projeto de desenvolvimento regional ou local. A Convenção 169 da OIT entrou em vigor no Brasil em julho de 2003, um ano após sua ratificação.

A CDB, que é um dos principais documentos assinados na Conferência das Nações Unidas para o Meio Ambiente e Desenvolvimento em 1992, dispõe que os Estados devem preservar o conhecimento, as inovações e as práticas das comunidades locais e das populações indígenas com estilos de vida tradicionais relevantes para a conservação e utilização sustentável da diversidade. Além disso, devem incentivar sua mais ampla aplicação, com a aprovação e a participação dos detentores desse conhecimento, e ainda encorajar a repartição equitativa dos benefícios oriundos da utilização dessas inovações e práticas[15]. Prevê a convenção

---

[11] Conferência realizada entre 29 set. e 17 out. 2003.

[12] Aprovada pelo Congresso Nacional pelo Decreto Legislativo nº 485/2006 e promulgada pelo Decreto Presidencial nº 6.177, de 1º ago. 2007.

[13] Disponível em: <www.terra.com.br/istoe/1780/internacional/1780_franca.htm>. Acesso em: 20 nov. 2009.

[14] Aprovada pelo Congresso Nacional pelo Decreto Legislativo nº 22/2006 e promulgada pelo Decreto Presidencial nº 5.753, de 12 abr. 2006.

[15] Art. 8º *j* da CDB.

que o acesso aos recursos genéticos depende do consentimento prévio fundamentado dos provedores ou detentores dos recursos biológicos. O consentimento deve ser pautado em bases justas e prever a equitativa repartição de benefícios resultantes da utilização sustentável da biodiversidade.

No âmbito da FAO, a necessidade de um mecanismo de proteção especial do conhecimento tradicional para fins de agricultura está prevista no recente Tratado Internacional de Recursos Fitogenéticos para Alimentação e Agricultura. Esse tratado regula a proteção jurídica dos conhecimentos tradicionais que se referem às variedades de plantas para alimentação e agricultura.

A Declaração das Nações Unidas sobre os Direitos dos Povos Indígenas[16] estabelece que os povos indígenas têm o direito de manter, controlar, proteger e desenvolver seu patrimônio cultural, seus conhecimentos tradicionais, suas expressões culturais tradicionais e as manifestações de suas ciências e tecnologias, compreendidos os recursos humanos e genéticos, as sementes, os medicamentos, o conhecimento das propriedades da fauna e da flora, as tradições orais e literaturas, os desenhos, os esportes e jogos tradicionais e as artes visuais e interpretativas. Também têm o direito de manter, controlar, proteger e desenvolver sua propriedade intelectual sobre o mencionado patrimônio cultural, seus conhecimentos tradicionais e suas expressões culturais tradicionais. Também dispõe expressamente a Declaração que, em conjunto com os povos indígenas, os Estados adotarão medidas eficazes para reconhecer e proteger o exercício desses direitos[17].

GLOBALIZAÇÃO ECONÔMICA, PLURICULTURALISMO E VALORIZAÇÃO DOS CONHECIMENTOS TRADICIONAIS

É importante sublinhar que, oposta e subordinada ao processo de globalização mundial, deve ser posta em prática a globalização da sustentabilidade dos bens jurídicos plurais. Na ótica de Octavio Ianni, "no mesmo curso da integração e homogeneização desenvolvem-se a fragmentação e a contradição. Tanto podem reavivar-se as formas locais, tribais, nacionais ou regionais como podem ocorrer desenvolvimentos inesperados de ocidentalidade, capitalismo, racionalidade. O mesmo vasto processo de globalização do mundo é sempre um vasto processo de pluralização dos mundos"[18]. Este fenômeno presta-se a que a ten-

---

[16] Aprovada na 107ª Sessão Plenária de 13 set. 2007 e assinada no Rio de Janeiro em 2008.

[17] Art. 31, I e II da DDPI, em: Luiz Fernando Villares Silva (org.), *Coletânea da legislação indigenista brasileira*, Brasília: CGDTI/Funai, 2008, p. 31.

[18] Octavio Ianni, *Teorias da globalização*, 2ª ed., Rio de Janeiro: Civilização Brasileira, 1996, p. 89.

dência atual ao fragmentarismo não seja causa de uma proteção jurídica que desconsidere o todo. A proteção jurídica dos povos tradicionais há de ser holística, integrando todos os demais valores de interface, como aqueles relacionados ao saneamento, à segurança, ao trabalho, aos serviços públicos, ao ambiente, à cultura, à economia e aos peculiares modos de vida daquelas comunidades. A dosagem equilibrada entre o fragmentarismo e uma visão holística na proteção dos povos e dos conhecimentos tradicionais tende a facilitar o caminho para um efetivo desenvolvimento desses povos e de sua cultura, com vital dignidade.

Já se sentem os reflexos dessa tendência na tutela coletiva dos direitos dos povos tradicionais e dos seus imemoriais conhecimentos, na ordem jurídica nacional e internacional. Veja-se a Resolução da ONU que aprovou[19] a DDPI. Em nível interno, houve a edição em 2007 do Decreto nº 6040, que institui a Política Nacional de Desenvolvimento Sustentável dos Povos e Comunidades Tradicionais. O decreto prevê o desenvolvimento sustentável como um princípio a nortear ações para a promoção da melhoria da qualidade de vida dos povos e comunidades tradicionais nas gerações atuais. Ele garante as mesmas possibilidades para as gerações futuras e respeita seus modos de vida e suas tradições[20]. Restou ainda expressa como direito dos povos tradicionais a segurança alimentar e nutricional com acesso regular e permanente a alimentos de qualidade, em quantidade suficiente, em bases ambiental, cultural, econômica e socialmente sustentáveis[21]. Não se trata de uma tutela de indivíduos que compõem um todo, que no caso é o povo tradicional, mas de um conjunto representado pelo sujeito coletivo, pelo qual os sujeitos detêm e vivem de forma holística uma experiência autônoma de vida. Nesse diapasão, os interesses e direitos são coletivos e dotados de caráter identitário.

O reconhecimento de interesses comuns e a valorização da cultura indígena sempre pressupõem uma identidade territorial. Somadas à identidade sociocultural, lançam os pilares para o efetivo desenvolvimento comunitário. Nesse passo, desenvolvimento comunitário pode ser entendido como um modo de idealização, consolidação e transformação de uma identidade coletiva de uma comunidade, sobre seu território e seus métodos e valores de crescimento. É uma estratégia metodológica de apoio à construção de um senso de identidade dos atores locais, inicialmente a respeito do seu território, mas também de seu projeto de desenvolvimento, visando influir no seu ambiente e transformar continuamente o próprio senso coletivo identitário, num processo primado de legitimidade.

---

[19] Na 107ª Sessão Plenária da ONU, em 13 set. 2007.

[20] Art. 1º, V do Anexo do Decreto nº 6040/2007.

[21] Art. 1º, III do Anexo do Decreto nº 6040/2007.

Por isso, no art. 1º da DDPI está prescrito que os indígenas têm direito, a título coletivo ou individual, ao pleno desfrute de todos os direitos humanos e liberdades fundamentais reconhecidos pela Carta das Nações Unidas, pela Declaração Universal dos Direitos Humanos e pelo direito internacional dos direitos humanos. Por sua vez, o art. 2º do Decreto nº 6.040/2007 dispõe que a política nacional dos povos e comunidades tradicionais tem como principal objetivo promover o desenvolvimento sustentável desses povos, com ênfase no reconhecimento, fortalecimento e garantia dos seus direitos territoriais, sociais, ambientais, econômicos e culturais, com respeito e valorização à sua identidade, suas formas de organização e suas instituições.

Restou deliberada a necessidade de que os interesses coletivos dos povos indígenas sejam levados em conta nos trabalhos do Conselho de Direitos Humanos da ONU, para a promoção e proteção dos direitos humanos, civis, políticos, econômicos, sociais e culturais, incluindo aquele relativo ao desenvolvimento[22]. O progresso pressupõe a construção de capacidades, requer educação e a promoção de valores basilares que invoquem igualdades reais de oportunidades.

Já afirmamos que a exclusão social está presente mesmo em países ricos. Quando não há capacidade e capacitação, não se está apto a decidir prioridades com razoabilidade:

> *Com efeito, o valor da capacidade de representantes de povos tradicionais pode mover uma comunidade a demandas diferenciadas, voltadas ao seu desenvolvimento. A capacidade dependerá da efetiva liberdade de uma pessoa ou de um povo efetivamente poder escolher e decidir com liberdade, potencializando os resultados dessas escolhas dotadas de alteridade e autodeterminação*[23].

Na linha de raciocínio de Amartya Sen[24], a capacidade pode "melhorar o entendimento da natureza e das causas da pobreza e privação desviando a atenção principal dos meios (e de um meio específico que geralmente recebe atenção exclusiva, ou seja, a renda) para os fins que as pessoas têm razão em buscar e, correspondentemente, para as liberdades de poder alcançar esses fins".

A sociedade precisa decidir com liberdade o que deseja preservar em espaços de participação livre, igualdade de oportunidades e acesso prévio a informações atuais e verossímeis. Não apenas a sociedade, mas também os

---

[22] Informe do grupo de trabalho sobre direito ao desenvolvimento em seu décimo período de sessões, Genebra, 22-26 jun. 2009 (A/HCR/12/28, 30/07/2009), p. 5.

[23] Márcia Rodrigues Bertoldi e Sandra Akemi Shimada Kishi, *op. cit.*, p. 356.

[24] Amartya Sen, *Desenvolvimento como liberdade*, São Paulo: Companhia das Letras, 2000, p. 112.

indivíduos precisam estar capacitados para agir e decidir com liberdade como sujeito coletivo em prol de interesses transindividuais do grupo. Com efeito, segundo Castells, a identidade coletiva se fortalece quando, fundados numa história comum, "os atores sociais [...] constroem uma nova identidade capaz de redefinir sua posição na sociedade e, ao fazê-lo, de buscar a transformação de toda a sociedade"[25].

Essa identidade coletiva pressupõe, pois, um reforço das capacidades (*capacity-building*) no âmbito dos povos e comunidades tradicionais. A informação jamais será eficaz se não for acessível materialmente, com mecanismos que garantam a efetividade do acesso à informação e tornem profícua a participação desde a fase inicial dos planejamentos. Toda essa dinâmica deve desenvolver-se na língua própria do povo tradicional envolvido e respeitando seus valores culturais.

Como conclui Armelle Guignier: "*Ainsi, la mise en oeuvre de ces deux aspects du droit de l'homme à l'environnement nécessite une prise en compte des aspects culturels et sociaux des populations tout au long du processus, y compris dans l'élaboration même des mécanismes de participation et d'information*"[26].

CONHECIMENTO TRADICIONAL É PATRIMÔNIO CULTURAL IMATERIAL?

Uma resposta bem simplista invocaria o que expressa a MP nº 2.186-16/2001: sim, o conhecimento tradicional associado à biodiversidade integra o patrimônio cultural brasileiro (§ 2º do art. 8º). Mas qual é a essência da natureza jurídica que está a lhe conferir legitimidade?

A princípio, é importante frisar que a CF 1988 reconhece o direito ao patrimônio cultural como direito fundamental, em sua dupla dimensão material e imaterial. Ela protege as formas de expressão, os modos de criar, fazer e viver e as criações científicas, artísticas e tecnológicas dos diferentes grupos sociais brasileiros. Essa tutela, individual ou em conjunto, faz referência à identidade, ação e memória dos diferentes grupos formadores da sociedade brasileira (art. 216) e garante a valorização da cultura dinâmica das comunidades tradicionais. A CF ainda prevê formas de acautelamento desses bens.

Como também ponderou Sandra Cureau: "poder-se-ia indagar se essas comunidades tradicionais – constituídas de ribeirinhos, povos indígenas, extrativistas, seringueiros, pequenos agricultores – são formadoras de cultura, que

---

[25] Manoel Castells, "O poder da identidade", em: *A era da informação: economia, sociedade e cultura*, v. II, Rio de Janeiro: Paz e Terra, 1999, p. 27.

[26] Armelle Guignier, *Le Rôle des peuples autochtones locaux dans le développement durable: figurants ou acteurs?*, Limoges: Pulim, 2003, p. 77.

possa ser considerada como bem cultural imaterial." A própria autora pautou sua resposta na seguinte observação de Edward Said: "nenhuma identidade cultural aparece do nada; todas são construídas sobre bases da experiência, da memória, da tradição (que também pode ser construída e inventada) e uma enorme variedade de práticas e expressões culturais, políticas e sociais"[27]. E concluiu que "a valorização dos bens culturais decorre do fato de serem bens de interesse público, institucionalmente destinados à fruição por parte da coletividade. Por isso, deve-se propiciar ou melhorar a possibilidade de acesso ao seu conhecimento, facilitando a apreensão pelo público dos valores a eles inerente, e não o contrário"[28].

Com efeito, também no que tange à proteção do conhecimento tradicional associado à biodiversidade como patrimônio cultural brasileiro, existe a função de tornar mais profícuos e efetivos o acesso e a fruição desse bem, sem descurar do devido reconhecimento dos valores inerentes aos conhecimentos e povos tradicionais. Na mesma linha de raciocínio, Tullio Scovazzi critica a referência às comunidades indígenas e minorias apenas no preâmbulo da Convenção sobre a Proteção e Promoção da Diversidade Cultural, de 2004, com a seguinte observação: "É lamentável que, provavelmente pela delicadeza deste tema de um ponto de vista político para alguns Estados, as comunidades indígenas sejam mencionadas apenas no preâmbulo da Convenção"[29], na parte em que a Conferência Geral da Unesco reconhece que *"communities, in particular indigenous communities, groups and, in some cases, individuals, play an important role in the production, safeguarding, maintenance and re-creation of the intangible cultural heritage, thus helping to enrich cultural diversity and human creativity"*[30].

Prossegue o autor:

> *Na realidade, a Convenção foi redigida também para salvaguardar o patrimônio cultural dos povos indígenas, que detêm uma porção considerável do patrimônio cultural intangível existente no mundo e enfrentam numerosas*

---

[27] *Apud* Sandra Cureau, "Direito ao desenvolvimento dos povos tradicionais", em: Flávia Piovesan e Inês Virgínia Prado Soares (coord.), *Direito ao desenvolvimento*, Belo Horizonte: Fórum, 2010, p. 388.

[28] *Ibid.*, p. 390.

[29] Ao contrário, a Convenção sobre a Proteção e Promoção das Diversidades das Expressões Culturais (Paris, 2005) dispõe claramente que "a proteção e a promoção da diversidade das expressões culturais implicam o reconhecimento do princípio da igual dignidade e do respeito de todas as culturas, inclusive das pessoas que pertencem às minorias e às populações indígenas" (art. 2º, princípio 3).

[30] Tradução livre da autora: "As comunidades, e em particular as comunidades indígenas, os grupos e, em alguns casos, os indivíduos têm um papel importante na produção, na salvaguarda, na manutenção e na recriação do patrimônio cultural intangível, e contribuem de tal modo para enriquecer a diversidade cultural e a criatividade humana".

ameaças que os prejudicam de muitos modos como, por exemplo, conforme as circunstâncias, a globalização, o desflorestamento, o uso comercial por parte de terceiros ou os conflitos armados. Em qualquer caso, não há dúvida, como se pode inferir do significado comum da palavra "comunidade" e como restou claro também durante os trabalhos preparatórios da Convenção, de que as comunidades indígenas entram no mais amplo conceito de "comunidades". Alguns elementos já inscritos na lista representativa se referem a comunidades indígenas, como, por exemplo, a "cosmovisão andina dos kallawaya" (Bolívia), as "expressões gráficas e orais dos wajapi" (Brasil), o "patrimônio oral e as manifestações culturais dos povos zápara" (Equador e Peru) e a "tradição do teatro de danças rabinal achí" (Guatemala)[31].

E nem se argumente que o mesmo patrimônio cultural imaterial não poderia ser partilhado por comunidade presente em distintas regiões no planeta, tendo em vista o que dispõe o art. 2º, § 1º da referida Convenção de 2005. Aliás, é para isso que se considera o conhecimento tradicional como patrimônio cultural imaterial, pois, mesmo partilhando-o por vários grupos de pessoas, por força de seu valor identitário[32], será possível distingui-lo dos demais.

Tullio Scovazzi destaca que também os próprios indivíduos que não constituam uma comunidade ou um grupo, porque se encontram, *v.g.*, em diversas partes de um ou mais Estados, podem partilhar o mesmo patrimônio cultural intangível, citando o exemplo da "falconeria, um patrimônio humano vivo" (Emirados Árabes Unidos, Bélgica, República Tcheca, França, República da Coreia, Mongólia, Marrocos, Catar, Arábia Saudita, Espanha, Síria): "Ainda que os falconeiros tenham origens diferentes, eles partilham valores comuns, tradições e práticas, como por exemplo os métodos de adestramento e de tratamento dos pássaros, o equipamento utilizado e o liame entre falconeiros e pássaros, que são similares em todo o mundo"[33].

Assim, os direitos dos povos tradicionais, por sua natureza de direitos humanos, encontram adequada ressonância ética de proteção nas normas protetivas do patrimônio cultural, pela garantia de valores identitários e pelos valores de referência cultural praticados num ambiente de pluriculturalismo, sem que restem diluídos ou aniquilados pelos efeitos da globalização econômica. Com efeito, os instrumentos jurídicos de proteção do patrimônio cultural prestam-se a proteger de modo *sui generis* os conhecimentos tradicionais associados

---

[31] Tullio Scovazzi, "A definição de patrimônio cultural intangível", em: Sandra Cureau *et al.* (coord.), *Olhar multidisciplinar sobre a efetividade da proteção do patrimônio cultural*, Belo Horizonte: Fórum, 2011, p. 135.

[32] Art. 2º, § 1º, item 2 da Convenção sobre a Diversidade Cultural, de 2005, da Unesco.

[33] Tullio Scovazzi, *op.cit.*, p. 136.

à biodiversidade, em sua essência de cunho humanitário. Assim se assegura aquela esfera de intangibilidade voltada à dignidade de toda pessoa, pelo simples fato de existir como ser humano na comunidade detentora do conhecimento.

As normas de proteção do patrimônio cultural imaterial protetivas do conhecimento tradicional associado à biodiversidade ganham relevância diante do vácuo de normas de proteção desse direito coletivo. Nessa linha de raciocínio, é importante destacar que não basta que sejam *sui generis* as normas de proteção do patrimônio cultural dos conhecimentos tradicionais. Pela natureza fundamental do bem tutelado, as normas protetivas devem ser a exata expressão e garantia de um conjunto de medidas tendentes a alcançar a justiça ambiental, de forma ética. A noção de justiça ambiental busca a redução das desigualdades sociais e econômicas nas relações que se estabelecem num ambiente de vulnerabilidade, nos povos e comunidades tradicionais, com políticas de gestão que necessariamente os envolvam e valorizem suas culturas, sempre voltadas à garantia fundamental da autodeterminação e da alteridade. A vulnerabilidade e a hipossuficiência das comunidades tradicionais exigem a busca da paridade nessa relação desigual de forças. Uma futura lei de patrimônio cultural, segundo Inês Virgínia Prado Soares, deve ser "baseada na necessidade de participação efetiva da sociedade e de construção de processos dinâmicos e interativos para a proteção e promoção dos bens culturais"[34].

As normas fundamentais de proteção do patrimônio cultural estão aptas a tutelar bens e valores tanto imemoriais quanto contemporâneos. Elas são de fruição coletiva e sujeitas a formas próprias de evolução diante das dinâmicas de desenvolvimento e modo de transmissão por gerações de povos e comunidades tradicionais. O art. 216, § 1º da CF, ao prever outras formas de acautelamento e preservação do patrimônio cultural, prescreve a necessária elasticidade ao sistema de acesso ao conhecimento tradicional. Isso possibilita adequações nos mecanismos jurídicos de proteção de modo a reconhecer e valorizar os modos de vida social e cultural das comunidades, provedoras do conhecimento. O arcabouço jurídico internacional de proteção da sociobiodiversidade incorporado ao sistema jurídico brasileiro, indubitavelmente, com suas normas cogentes e determinantes na proteção do acesso à sociobiodiversidade, estabelece os contornos de eticidade a partir dos quais a sociedade e o Estado brasileiro têm o dever de atuar. Tal tarefa, além de urgente, é desafiadora, dadas as diferenças e desequilíbrios abissais num sistema econômico mundial pautado na concentração de riquezas e na miséria. Uma proteção jurídica que desconsidere o alcance holístico que envolve os povos tradicionais, integrando-os com todos seus peculiares modos de vida e valores conectados

---

[34] Inês Virgínia Prado Soares, *Direito ao (do) patrimônio cultural brasileiro*, Belo Horizonte: Fórum, p. 377.

às questões de segurança, trabalho, saneamento, ambiente, cultura, sociedade e economia, em nada contribuirá para a proteção do desenvolvimento digno desses povos e suas culturas. Destarte, a regulação e as políticas públicas em matéria de proteção da sociobiodiversidade existentes ou a serem criadas devem considerar mecanismos concretos de participação e informação que integrem os povos e comunidades tradicionais, desde o início, nos processos decisórios. O esperado projeto social formador de cidadãos livres e capazes de participar, a partir de novas expectativas emancipadoras, mantém-se sob o olhar da resistência a qualquer realidade não condizente com a dignidade da pessoa humana.

Paulo Affonso Leme Machado observa que "os constituintes colocaram tanto o poder público como a comunidade como responsáveis pela promoção e proteção do patrimônio cultural"[35]. Não obstante, no tocante à distribuição de competências no acesso ao conhecimento tradicional, anota este autor, em relação ao previsto no art. 7º da Lei Complementar nº 140/2011, que: "À União está reservado gerir o patrimônio genético e ao acesso ao conhecimento tradicional associado, respeitadas as atribuições setoriais", esclarecendo que a expressão "respeitadas as atribuições setoriais" sinaliza que não houve, nem poderia haver, a centralização da gestão do patrimônio genético somente no poder público federal[36].

APLICAÇÃO DAS NORMAS DE PROTEÇÃO DA SOCIOBIODIVERSIDADE NO TEMPO E A NATUREZA DE DIREITOS HUMANOS

Tais reflexões invocam questões atinentes à aplicabilidade das normas no tempo. Em matéria de acesso à biodiversidade e ao conhecimento tradicional associado, não procede sustentar como marco normativo de irretroatividade a MP nº 2.186-16/2001[37]. Esse aspecto se percebe quando se tomam por base as normas que regulam as duas garantias primordiais do devido acesso à sociobiodiversidade: a repartição de benefícios e o consentimento prévio informado. Na pior das hipóteses, a repartição de benefícios deve ter sua irretroatividade marcada na CDB, ratificada e promulgada no Brasil, e, portanto, incorporada

---

[35] Paulo Affonso Leme Machado, *Direito ambiental brasileiro*, 20ª ed., São Paulo: Malheiros, 2012, p. 173.

[36] *Ibid.*, p. 184.

[37] *Contrario sensu*, no Brasil, o CGEN recentemente considerou como marco de irretroatividade a MP nº 2186-16/2001, diante da Resolução nº 35, de 27 abr. 2011, publicada no *DOU* de 23 maio 2011, que dispõe sobre a regularização de atividades de acesso ao patrimônio genético e/ou ao conhecimento tradicional associado e sua exploração econômica realizadas em desacordo com a MP nº 2.186-16, de 23 ago. 2001. Tal Resolução estipula a data de 30 jun. 2000 como marco regulatório para possíveis regularizações de atividades de exploração econômica decorrente do acesso ao patrimônio genético ou ao conhecimento tradicional em relação à exigencia da autorização e da apresentação de contrato de utilização e repartição de benefícios.

ao sistema jurídico como norma com força cogente. Já em relação ao consentimento prévio informado, por previsão expressa em tratados internacionais ratificados e promulgados no Brasil, a retroatividade pode alcançar até fatos anteriores à CF 1988.

A relevância e necessidade da exigência do consentimento prévio fundamentado evidenciam-se pela sua previsão em tratados e acordos internacionais. A Convenção para a Proteção do Patrimônio Mundial, Cultural e Natural, de 1972[38], em seu art. 11, item 3, determina que a "inclusão de um bem na Lista do Patrimônio Mundial não poderá ser feita sem o consentimento do Estado interessado"[39]. Além disso, como anotam Dömpke, Gündling e Unger, a Convenção sobre a Proteção e Integração das Tribos Indígenas e outras Tribos e Populações Semitribais em Países Independentes, de 1986, mais conhecida como Convenção 169 da OIT, estabelece em seu art. 15 que os povos indígenas devem ser consultados antes da exploração e utilização dos recursos naturais e que estão autorizados a participar da utilização desses recursos. Destacam ainda que a Ordem Executiva Presidencial, de 1995, já regulamentada, visa estabelecer normas para a realização de bioprospecção e prevê procedimentos para o acesso aos recursos genéticos e seus produtos para fins científicos e comerciais. Ela exige o consentimento prévio informado das comunidades indígenas para a exploração de recursos genéticos e biológicos em seus territórios tradicionais[40].

A ideia de um processo de consentimento prévio fundamentado, com a necessária troca de informações e efetiva participação popular, notadamente das comunidades tradicionais interessadas, não é inovadora no cenário dos tratados internacionais. Conforme Paulo Affonso Leme Machado, de acordo com o Tratado de Cooperação Amazônica, de 1978, a troca de informações deve estar inserida num "sistema regular" e deve haver a apresentação de um relatório[41]. Outros acordos e convenções internacionais fazem menção ao consentimento prévio informado: o Compromisso Internacional sobre Recursos Genéticos de Plantas da FAO (Resolução FAO n° 4/1989); a Convenção das Nações Unidas para o Combate à Desertificação em países enfrentando secas graves e/ou desertificação, especialmente na África, de 1994; a Minuta da Declaração das Nações Unidas sobre os Direitos de Povos Indígenas de 1981 (art. 24 e 29); e

---

[38] Promulgada no Brasil pelo Decreto n° 80.978, de 12 dez. 1977.

[39] Fábio Konder Comparato, *A afirmação histórica dos direitos humanos*, 3ª ed., São Paulo: Saraiva, 2003, p. 385.

[40] Stephan Dömpke, Lothar Gündling e Julia Unger, *Protection and Use of Biological Diversity and the Rights of Indigenous Peoples*, Bonn: NGO Forum Environment and Development, 1998, pp. 30 e 35 (tradução livre da autora).

[41] Paulo Affonso Leme Machado, *op. cit.*, p. 126.

a Agenda 21 da Declaração do Rio de Janeiro (especialmente o capítulo 26). Todos eles se referem ao direito das comunidades indígenas de controlar o acesso e utilizar os recursos e conhecimentos a eles associados dentro de seus territórios. Diversas outras declarações internacionais exigem o consentimento prévio fundamentado antes da autorização do acesso a recursos genéticos e conhecimentos tradicionais em terras indígenas, dentre as quais destacamos: a Declaração de Princípios do Conselho Mundial para Povos Indígenas de 1984, o Estatuto da Terra dos Povos Indígenas de 1992, a Convenção da Biodiversidade – os Interesses dos Povos Indígenas de 1995, e a Carta de São Luís do Maranhão: Representantes dos Pajés do Brasil, de 6 de dezembro de 2002[42].

Levando-se em conta a natureza de direito fundamental das garantias do acesso ao conhecimento tradicional associado, como o consentimento prévio informado, a retroatividade atingirá até mesmo fatos anteriores à CDB. Vale lembrar que o consentimento prévio informado no acesso à biodiversidade e ao conhecimento tradicional é um instrumento para a garantia e implementação de direitos humanos. Assim entendeu a Comissão Interamericana de Direitos Humanos ao julgar o caso nº 11.140, conhecido como Mary and Carrie Dann (ou "Dann Sisters"), de 27 de dezembro de 2002, em razão do governo dos EUA ter injustamente permitido a prospecção de ouro dentro do território de comunidades tradicionais. Nesse caso emblemático, a comissão reconheceu o direito permanente e inalienável dos povos indígenas de dispor de seus direitos originários somente através do mútuo consenso entre o Estado e o respectivo povo, garantindo-lhes total conhecimento e compreensão da natureza ou atributos de tais direitos originários sobre as terras que tradicionalmente ocupam, e a justa compensação. E esse direito dos povos tradicionais foi reconhecido pela CIDH como um princípio internacional geral aplicável no contexto dos direitos humanos dos povos indígenas[43].

É emblemática a decisão da Corte de Justiça colombiana que decidiu um caso a favor de comunidades tradicionais que disseram "não" a um grande empreendimento em seu país. Tal decisão pautou-se no precedente sobre a comunidade quilombola Saramaco, na Colômbia. Em síntese, na referida decisão[44], a Corte determinou a suspensão do empreendimento de mineração Mandé Norte da empresa Muriel Mining Corporation, o qual se desenvolvia em territórios ocupados

---

[42] Laurel Firestone, "Consentimento prévio informado: princípios orientadores e modelos concretos", em: A. Lima e N. Bensusan (org.), *Quem cala consente?*, São Paulo: Instituto Socioambiental, 2003, p. 25.

[43] CIDH, caso nº 11.140, Mary and Carrie Dann *vs.* United States, Decisão nº 75/2002, depositada nos arquivos da Secretaria do IACHR, pp. 33-4 (tradução livre da autora).

[44] Sentença T-769, 29 out. 2009, Bogotá (Colômbia). Disponível em: <ccr6.pgr.mpf.gov.br/destaques-do-site/corte-constitucional-colombiana-dicta-sentencia-historica-sobre-consulta-previa-a-pueblos-indigenas-y-comunidades-negras>. Acesso em: 27 mar. 2012.

tradicionalmente por povos indígenas e comunidades afro-colombianas, na região de Urabá (noroeste da Colômbia). Tal decisão se ancorou no entendimento de que subsistiam falhas graves no projeto, a saber: a ausência total de consulta a várias comunidades; a falta de representação de líderes indígenas e negros em algumas fases de consulta e a falta de divulgação de informações adequadas.

Outra consequência da natureza de direito fundamental dos instrumentos de proteção do acesso à sociobiodiversidade é sua imprescritibilidade e prevalência perante outros direitos, como os relacionados ao direito de propriedade intelectual pelo usuário interessado. Tal lógica prioriza uma interpretação dirigida sempre à norma que mais eficientemente proteja a dignidade da pessoa humana. Com efeito, o art. 4º do Protocolo de Nagoya esclarece que não se pretende criar uma hierarquia entre o Protocolo, a CDB e outros instrumentos internacionais. Mas, por outro lado, reza que o Protocolo será implementado de modo a se apoiar mutuamente em outros instrumentos internacionais pertinentes, desde que apoiem os objetivos da CDB e do Protocolo.

MECANISMOS DE PROTEÇÃO *SUI GENERIS* DO CONHECIMENTO TRADICIONAL COMO PATRIMÔNIO CULTURAL

A CF protege as "manifestações das culturas populares, indígenas e afro-brasileiras e das de outros grupos participantes do processo civilizatório nacional"[45] e prescreve as bases para a proteção jurídica do patrimônio cultural, reconhecendo o direito a esse patrimônio como direito fundamental que incorpora o patrimônio intangível ou imaterial em cujo espectro de proteção jurídica, pautada na qualidade socioambiental, se realiza a dignidade da pessoa humana. O regime *sui generis* de proteção do acesso à biodiversidade e aos conhecimentos tradicionais associados invoca sistemas e instrumentos jurídicos alternativos, sempre norteados pelos princípios do reconhecimento, valorização e preservação dos conhecimentos tradicionais, favorecendo a continuidade de sua dinâmica de desenvolvimento e as tradições a eles inerentes.

Nesse contexto é que devem ser estruturados bancos de dados de conhecimentos tradicionais, sempre com ampla participação da comunidade tradicional envolvida, desde as reflexões para sua conformação até a catalogação, revisão, exclusão ou atualização de informações. Nos contratos de transferência de tecnologia do direito comercial, pode-se aplicar a cláusula de sigilo e confidencialidade, com obrigações das partes contratantes de manterem a confidencialidade sobre o *know-how*, pertinente a informações de conhecimento restrito. Tais contratos

---

[45] CF, art. 215, § 1º.

de transferência de tecnologia são *sui generis* em relação à proteção patentária do direito comercial, pois o *know-how* mantém-se em sigilo[46]. O mesmo tratamento poderia em tese ser aplicado mediante consulta prévia da comunidade tradicional envolvida aos bancos de dados de conhecimentos tradicionais.

Além da necessidade de haver mecanismos *sui generis* de proteção dos conhecimentos tradicionais associados à biodiversidade, deve-se operar a efetiva participação dos povos tradicionais desde a fase inicial das decisões sobre o valor de referência das culturas tradicionais. As normas protetivas dos conhecimentos tradicionais podem operar concomitantemente a outros mecanismos de proteção *sui generis* de propriedade intelectual. Assim, um acervo ou inventário digital poderia guardar conhecimentos tradicionais mediante a licença *creative commons*[47], que é a licença alternativa de direitos autorais, mais flexível em relação aos moldes tradicionais de proteção de propriedade intelectual, desde que com a devida autorização expressa dos povos detentores do conhecimento.

Essa alternativa viria no mesmo passo de políticas públicas de inclusão digital. A lógica da preservação do patrimônio cultural digital é a mesma da aplicada ao patrimônio cultural material e imaterial. A Unesco produziu em 2002 a Carta pela Preservação do Patrimônio Digital, que criou o órgão E-Heritage, dedicado à conscientização de governos e à capacitação de arquivistas. O documento da Unesco sugere que "os principais critérios devem ser significância e durabilidade (cultural-científica). Materiais 'nativos digitais' devem ter prioridade"[48]. Projetos de catalogação digital de uma planta ou de conhecimentos tradicionais a ela relacionados poderiam ficar a cargo das próprias comunidades tradicionais. Todos os envolvidos poderiam participar da preservação da natureza, a partir de suas regras tradicionais para esse inventário, visando à proteção da sociobiodiversidade.

CONSIDERAÇÕES CONCLUSIVAS

A CF 1988 e os tratados internacionais de direitos humanos e patrimônio cultural protegem a cultura com viés humanitário. Esse entendimento deve também nortear a interpretação das normas de propriedade intelectual coletiva

---

[46] Maurício Curvelo de Almeida Prado, *Contrato internacional de transferência de tecnologia, patente e know-how*, Porto Alegre: Livraria do Advogado, 1997, p. 132.

[47] Também é citada a licença *creative commons* como aplicável aos conhecimentos tradicionais no texto de Fernando Mathias Baptista, "Os impasses da abordagem contratualista da política de repartição de benefícios no Brasil: algumas lições aprendidas no CGEN e caminhos para sua superação", em: Sandra Akemi Shimada Kishi e John Bennhard Kleba (coord.), *op. cit.*

[48] "*Site* arqueológico", *O Estado de S. Paulo*, nº 965, 28 abr. 2010, Caderno Link, p. L1.

dos povos tradicionais, assim como os instrumentos jurídicos de acesso e fruição sustentáveis, sempre mediante intensa participação, por força das garantias de justiça socioambiental para legitimar e tornar eficazes os consentimentos prévios informados e as repartições de benefícios.

A CF abarca, no direito ao patrimônio cultural, a dupla natureza do bem material e imaterial. O conhecimento tradicional associado constitui um bem cultural imaterial, sendo que a Constituição acolhe o aspecto dinâmico, vivo e mutável desse conhecimento na tutela do patrimônio cultural imaterial. Assim, para a efetiva proteção jurídica do conhecimento tradicional associado, convém a convergência de olhares multidisciplinares na busca de decisões razoáveis e justas sobre seu valor identitário, dentre outros valores de referência, num ambiente equilibrado por dinâmicas de cooperações interciências. O sistema *sui generis* de proteção do conhecimento tradicional leva a proposições de mecanismos especiais de proteção coletiva desse bem, sempre com colaboração e participação de todos os atores envolvidos, desde o início do processo, nos planos e orçamentos. Nesse regime especial de proteção, há a aplicação integrada de instrumentos de proteção do meio ambiente e de proteção especial da propriedade intelectual coletiva, além da proteção como patrimônio cultural imaterial, à luz da prescrição constitucional do meio ambiente como uma universalidade formada pelo bem material e imaterial, de valor ambiental e cultural.

Uma efetiva proteção e a valorização identitária do conhecimento tradicional associado à biodiversidade estarão tão mais distantes apenas de um olhar antropológico ou de regras próprias do mundo ocidental e tão mais próximas das tradições e dos modos peculiares de vida e de cultura, quando for consolidada uma conscientização coletiva no povo ou na comunidade tradicional sobre sua efetiva capacidade de interagir como atores sociais num mundo global. Isso só será possível se, na prática, lhes forem assegurada a participação na tomada de decisões socioambientais, na plenitude do exercício da alteridade e da autodeterminação.

Os conhecimentos tradicionais associados à biodiversidade são dotados de natureza de patrimônio cultural e podem estar unidos a um regime especial de acesso e fruição, assim como a mecanismos especiais de proteção de propriedade intelectual coletivo e de gestão do direito ao patrimônio cultural com certas peculiaridades, de forma diferenciada do regime aplicável aos demais bens culturais. Se assim se definisse uma proteção especial do conhecimento tradicional associado, a dignidade da pessoa humana estaria realmente valorizada. Poder-se-ia cogitar uma proteção pelo registro considerando-se o conhecimento tradicional associado à biodiversidade como um bem cultural imaterial, aliada a um instrumento especial de proteção da propriedade intelectual, como a licença *creative commons*, que é geralmente utilizada para proteção da propriedade intelectual envolvendo direitos humanos e garante uma fruição regrada desde que seja identificada sua origem. Mas isso só seria plausível se garantida a participação das comunidades tradicionais para a efetividade da justiça ambiental, desde as fases iniciais, nos planos e na eleição do valor identitário do bem a ser protegido.

Ademais, esse arcabouço especial de proteção do conhecimento tradicional associado facilitaria que fossem assegurados direitos e garantias, como o de propriedade intelectual coletiva dos povos detentores do conhecimento tradicional associado, a garantia do consentimento prévio informado no procedimento de acesso, o direito à alteridade dos povos tradicionais, o direito à autodeterminação e o direito fundamental à justa e equitativa repartição de benefícios.

ONDE ESTÃO NOSSOS MORTOS? A REMEMORAÇÃO NA ERA DOS DIREITOS HUMANOS

O MORTO COMO PATRIMÔNIO CULTURAL E UM EVENTUAL DIREITO HUMANO AO MORTO

- Alfredo Culleton -

Deve ser a sementeira
O defendido hectare,
Onde se guardam as cinzas
Para o tempo de semear.

João Cabral de Melo Neto, "Cemitério pernambucano (Toritama)"

Matar e morrer não parecem ser as coisas mais trágicas da cultura humana, mas sim o tratamento que se deve dar aos mortos. Morrer, pelo fato de ser natural e irremediável; matar, porque socialmente se criaram mecanismos e instituições que legitimam essa prática, desde o banal acidente até a chamada legítima defesa – própria, de terceiros e do patrimônio. Mas o que deve ser feito com o cadáver é o ponto mais traumático. Uma civilização pode ser conhecida a partir de seus mortos e do tratamento dado a eles. Mesmo entre os animais, nossa antepassada mais próxima, a chimpanzé (assim como a orangotanga), continua a carregar seu filhote morto como se estivesse vivo, para depois abandoná-lo. Com o fim da amamentação e a volta dos ciclos menstruais normais, termina o apego pelo cadáver, já que as fêmeas podem engravidar novamente[1]. Se entre os animais a morte é um evento natural, ainda que presumivelmente indesejado quando se trata de iguais, entre os seres humanos é o evento constitutivo de sua cultura, um patrimônio cultural, e é isso que este ensaio pretende sustentar.

O tema da morte, ou do morto, assim como o da sexualidade humana, é tão delicado que mal pode ser pensado como objeto de investigação ou pesquisa sistemática. Por esse motivo, é natural que sejam assuntos favoritos da

---
[1] Disponível em: <www1.folha.uol.com.br/folha/ciencia/ult306u726719.shtml>. Acesso em: 18 maio 2015.

literatura e da fantasia e, paradoxalmente, estejam entre as coisas humanas mais regradas socialmente. Tratados clássicos de filosofia moral, ética e fundamentação do direito destacam a tragédia *Antígona*, de Sófocles, como o primeiro registro escrito de uma demanda pela dignidade humana e da primazia da dignidade diante da vida[2]. Chama a atenção que o morto, tema central da *Antígona*, da civilização de origem europeia e do cristianismo, não seja objeto de direitos na Declaração Universal dos Direitos Humanos.

O clássico livro de Philippe Ariès *Sobre a história da morte no Ocidente*[3] mostra o comportamento humano diante da morte. O historiador e sociólogo apresenta como aconteceu, de forma lenta mas progressiva, a passagem da morte familiar, "domesticada", da Idade Média para a morte repelida, maldita, "interdita" dos dias atuais. Mas a perspectiva aqui proposta é filosófica, de pensar a relação com essa entidade real e abstrata que é o morto. Eis o roteiro:

> I. Primeiramente, serão evidenciados momentos na história em que o tratamento dado ao morto foi altamente significativo para nossa cultura. São os casos de José de Arimateia, da antropofagia na América, dos charruas que comeram Solís, dos desaparecidos sob regimes autoritários, dos que pereceram em campos de concentração e da repatriação de mortos, entre os quais San Martín, Perón e Evita.

> II. Em seguida, será mostrada a importância da morte em algumas passagens memoráveis da literatura, a começar por *Antígona*, seguindo com Homero, Virgílio e Jonathan Swift, sem tocar, na medida do possível, o cristianismo.

> III. Por último, será mencionado o morto como patrimônio cultural e um eventual direito humano ao morto (não do morto) e o pouco-caso dado aos mortos no Brasil.

I.

Menciono a seguir alguns fatos históricos, como forma de ilustrar o tema e sua complexidade, ressaltando assim sua relevância.

Quando os conquistadores chegaram às Américas, um dos mais importantes motivos para os nativos serem considerados selvagens e incivilizados era o

---

[2] Bárbara Freitag, *Itinerários de Antígona*, São Paulo: Papirus, 1992.

[3] Philippe Ariès, *Sobre a história da morte no Ocidente*, Lisboa: Teorema, 2011.

tratamento dado aos mortos por algumas populações locais, algumas das quais praticavam a antropofagia. Um caso memorável foi o de Juan Díaz de Solís, navegador e cartógrafo espanhol que, ao ser capturado e morto pelos charruas, teria sido comido por eles na costa do Uruguai. Esse tipo de acontecimento era motivo suficiente para que os conquistadores se posicionassem a favor da escravização dos nativos, fundando-se em interpretações de certas passagens da *Política* de Aristóteles nas quais o filósofo afirma que alguns grupos humanos mais se parecem com feras e devem ser submetidos à escravidão para que se tornem civilizados. Teóricos religiosos como Francisco de Vitória e Bartolomé de Las Casas os defendiam evocando os católicos, que, na ceia eucarística, cometem o mesmo ato antropofágico ao se alimentarem do corpo e do sangue de Cristo.

Vale destacar que um dos pontos cruciais na condenação à morte do judeu Jesus de Nazaré foi sua posição a respeito do destino do corpo humano depois da morte, que se tornaria dogma de fé para os cristãos no Concílio de Niceia na fórmula "creio na ressurreição da carne". Lembremos uma figura coadjuvante no cenário da tradição cristã, José de Arimateia (João 19:38). Foi ele quem providenciou o sepultamento de Jesus, que, como os dois ladrões também condenados à morte, teria sido deixado pendurado no monte das Caveiras (Calvário) para ser devorado pelos abutres.

A repatriação, por outro lado, tem sido um tema importante e delicado do direito e da política internacionais em toda a História, na tensão entre o suposto direito do morto, o direito dos vivos com relação ao cadáver e a própria natureza que, com rapidez assustadora, quer absorver, reincorporar o corpo do defunto ao ecossistema local – "lembra-te, homem, que és pó, e em pó te hás de tornar" (*memento homo quia pulvis es, et in pulverem reverteris*).

Na história argentina existem casos ainda mais delicados quando se trata de figuras destacadas que morreram no exílio, como San Martín, Juan Manuel de Rosas ou Eva Perón (Evita). Esta morreu na Argentina, mas seu marido levou seus restos mortais para a Espanha durante seu exílio, trazendo-os de volta a Buenos Aires mais tarde para colocá-los no cemitério da Recoleta. O próprio Juan Domingo Perón teve seu túmulo profanado em 1987, quando uma de suas mãos foi roubada. Há também o caso de Jorge Luis Borges, que desejou ser sepultado no cemitério de Plainpalais, em Genebra, para a ira dos nacionalistas argentinos.

Meus trinta anos de Brasil não registram lembranças dessa natureza, a não ser por alguma discussão quando do trágico desaparecimento de Ulysses Guimarães em acidente aéreo ou da repatriação do corpo do ex-presidente brasileiro João Goulart, que morreu no Uruguai. Na história do Brasil, encontramos a tentativa de dom Pedro II de trazer para o Rio de Janeiro os restos de Pedro Álvares Cabral e a repatriação do mesmo dom Pedro II ao Brasil, em 1939, por Getúlio Vargas, para ser enterrado no mausoléu da catedral de Petrópolis.

Com dificuldade, fiz uma rápida pesquisa sobre o paradeiro de algumas figuras da história brasileira. Encontrei uma estranha dispersão. Na longínqua cidade de São Borja, no interior do Rio Grande do Sul, quase fora do país, jazem Getúlio Vargas, João Goulart e Leonel Brizola. Pouca gente sabe que Juscelino Kubitschek foi enterrado em Brasília, duas vezes, uma no cemitério Campo da Esperança e, posteriormente, no Memorial JK. Tancredo Neves está em São João del Rei. Ao procurar o paradeiro de Oswaldo Aranha, uma das figuras mais importantes na internacionalização do Brasil do pós-guerra – que, por ter sido um dos articuladores da criação do Estado de Israel, foi homenageado emprestando seu nome a uma rua em Tel Aviv –, não consegui descobrir onde estão seus restos mortais. Há alguns vultos históricos sepultados no cemitério da Santa Casa de Misericórdia, em Porto Alegre, como os de Júlio de Castilhos e os de Borges de Medeiros. Tampouco descobri o paradeiro de João Pessoa – polêmico político nordestino, vice-presidente de Getúlio Vargas, assassinado no centro do Recife por seu adversário político João Dantas, em 1930. Dom João VI está no panteão dos Bragança, em Lisboa, e Luís Alves de Lima e Silva, o tenebroso duque de Caxias, jaz num panteão dedicado a ele no centro do Rio de Janeiro. Também no Rio de Janeiro, mas na praça Paris, descansam os restos de Deodoro da Fonseca, primeiro presidente do Brasil. Elaborei esta lista fora de ordem alfabética, cronológica ou ideológica, para representar a confusão amnésica e a dispersão geográfica.

Sobre os casos dos desaparecidos sob regimes autoritários, basta recordar o quanto foi difícil para os repressores se livrarem dos corpos[4] e quão exaustiva foi a busca dos familiares pelo destino dos seus cadáveres.

Não vou comparar nosso tratamento dado aos mortos com os rituais semelhantes realizados por outros povos e culturas, com os quais nos esforçamos tão empenhadamente em nos parecer, por considerá-las referências acadêmicas, políticas e culturais. Seria cansativo e deselegante. Mas bastará visitar, pessoal ou virtualmente, alguns cemitérios, como o Père Lachaise[5] em Paris, a abadia de Westminster[6] em Londres, as catacumbas romanas e alguns memoriais norte-americanos para ter uma ideia do que os mortos significam para essas culturas.

---

[4] Em 15 dez. 2011 a OEA entregou à Justiça argentina 130 fotos de corpos encontrados na costa uruguaia, correspondentes a vítimas dos "voos da morte", acontecidos durante a ditadura da década de 1970 na Argentina.

[5] Tour virtual no *site* <www.pere-lachaise.com/perelachaise.php?lang=en>.

[6] Tour virtual no *site* <www.request.org.uk/main/churches/tours/westabbey/tour.htm>.

II.

Vou lembrar algumas passagens memoráveis da literatura universal que nos ajudam a entender a densidade do tema. No caso da *Antígona*, a tragédia relata a disputa entre Creonte e Antígona a respeito do destino a ser dado ao corpo do irmão dela, Polinice. Creonte proíbe, sob pena de morte, o sepultamento de Polinice. A irmã debate longamente com Creonte, que representa a lei, e com as amigas, que representariam o senso comum, o destino que deve ser dado ao cadáver do irmão. Contrariamente aos dois, Antígona assume perder a própria vida para dar sepultamento ao morto, em nome de uma dignidade que todo ser humano teria independentemente de sua moralidade. Esse mito grego, que na versão de Sófocles data do ano 490 a.C., é representado, comentado e publicado até os dias atuais, inclusive em lugares distantes dos grandes centros de cultura, porque o conflito que apresenta está longe de ser resolvido. O problema que o texto suscita não é o de uma suposta dignidade espiritual ou religiosa da pessoa, mas de uma dignidade material do corpo morto.

Ainda entre os gregos, vale destacar algumas passagens da *Odisseia* de Homero. Muitas são as leituras que podem ser feitas do texto, mas o que desejo fazer aqui é resgatar as passagens que dão sentido à morte e ao corpo morto. Odisseu é conhecido ao mesmo tempo por aceitar os limites da natureza e por empurrar esses limites que a mesma natureza lhe impõe. Seu gesto decisivo reside na rejeição da imortalidade, o que reafirma seu vínculo com a humanidade, e na aceitação dos limites de sua condição de humano: a finitude, a morte como fim último do homem e, nessa aceitação, sua transcendência. O personagem homérico enfrenta duas tentações opostas, que o ilustram e caracterizam perfeitamente naquilo que nos interessa. Por um lado, rechaçando a morte resultante do canto das sereias e, por outro, a imortalidade oferecida por Calipso. Ambas as passagens só se entendem quando ele faz a visita aos mortos, que lhe indicam o caminho para casa. Rejeita a imortalidade e luta tenazmente contra a morte.

No canto V da *Odisseia*, vemos o pesar de Odisseu diante do apelo de Calipso, que intercede perante os imortais não só pela sua imortalidade, mas também por uma imortalidade com juventude:

> [...] *sua doce vida se consumia sonhando com o retorno pois já não lhe agradava a ninfa, ainda que passasse as noites pela força na côncava cova junto à que o amava sem que ele a amara. Durante o dia sentava-se junto às pedras da beira do mar desgarrando seu ânimo com lágrimas, gemidos e dores, e olhava o estéril mar derramando lágrimas (5:150-160).*

O que Calipso oferecia não era pouco; o lugar era um verdadeiro paraíso com parreiras, fontes de água fresca, floridos bosques, aves de longas asas, sem falar dela própria, a "de formosas tranças, divina entre as deusas", que o amava. Ela acaba aceitando sua vontade, mas adverte-o:

> *Então queres partir para tua casa e tua terra pátria? Vai em boa hora. Mas se soubesses quantas tristezas te deparará o destino antes que chegues à tua pátria, ficarias aqui comigo para guardar esta morada e serias imortal por mais desejoso que estivesses de ver tua esposa, que continuamente desejas todos os dias.*

Odisseu sabe muito bem o quanto Penélope é inferior a Calipso, pois diz: "uma é mortal, a outra, imortal". Mas ele quer a mortal. Ainda no canto V, com a ajuda da "divina entre as deusas", fabrica uma balsa resistente, com madeira nobre, boas velas tecidas pela própria Calipso, um leme firme e provisões suficientes, para partir com ventos suaves e favoráveis. Depois de 17 dias de magnífica navegação, o 18° é catastrófico, quando o herói encontra uma nova irada tempestade. Ele recorda a profecia de Calipso e diz:

> *Oxalá houvesse morrido eu, e assim teria me enfrentado com meu destino, no dia em que tantos troianos atiraram contra mim lanças... Aí teria obtido honras fúnebres e os aqueus celebrariam a minha glória.*

É esta a criação homérica: detestar a imortalidade e detestar a morte. Odisseu não quer morrer, rejeita os dois tipos de morte: rejeita a morte, rejeita dar a vida, como no caso de Sócrates, pelo saber. Quando as sereias cantarem: "vem aqui, famoso Odisseu, e faz deter tua nave para que possas ouvir nossa voz, a doce voz das nossas bocas, pois sabemos tudo de quanto os aqueus e troianos fizeram... Sabemos quanto acontece sobre a terra fecunda", dirá ele: "Então meu coração desejou ouvi-las e ordenei a meus companheiros que me soltassem, fazendo-lhes sinais com as minhas sobrancelhas, mas eles se curvaram para a frente e remaram". Rejeita também a morte nos naufrágios, recusa-se a morrer nas mãos da natureza, do destino ou dos humores dos deuses; também não quer o fim nas mãos das deliciosas substâncias que lhe oferece Circe, nem morrer heroicamente nas mãos do Ciclope, que poderia representar qualquer um dos nossos conhecidos totalitarismos; ele não é o herói que dá a vida por seus amigos.

O sentido é outro, e Odisseu vai buscá-lo no *descensus ad inferos*, no canto XI, quando, por orientação de Circe, oferece libações para os defuntos, primeiramente com leite e mel, depois com deliciosos vinhos e em terceiro lugar com água; por último "espargi por cima", diz Odisseu, "branca farinha". Depois sacrificou o gado. "Então começaram a se congregar as almas dos defuntos." Nesse ponto, o autor descreve os grupos, ternas donzelas, anciãos, mortos em guerras, que "andavam a um e outro lado do fosso, com um clamor sobrenatural e de mim se apoderou o pálido terror". Em dado momento, ele precisa tirar a espada porque os mortos o importunam. O primeiro a falar com ele é seu companheiro Elpenor, "pois tinham abandonado seu cadáver, não chorado e não sepultado". Ele lhe conta as circunstâncias de sua morte[7] e faz uma súplica que, resumidamente, é esta:

> *Te peço, soberano, que te lembres de mim lá, que não te afastes, me deixando, sem chorar nem sem sepultura, não seja que me converta para ti numa maldição dos deuses. Constrói uma tumba para mim sobre a beira do mar para que o saibam também os viandeiros. Cumpre isto e crava no meu túmulo o remo com o qual eu remava quando estava vivo, quando estava entre meus companheiros.*

O remo é essa extensão da vontade sobre a natureza.

Imediatamente após, ocorre o encontro com sua mãe, depois com o rei tebano Tirésias, que o repreende: "Filho de Laertes, de linhagem divina, rico em engenho, por que vieste, desgraçado, abandonando a luz de Hélios, para ver os mortos e este lugar carente de gozos?". E proclama a mais terrível profecia, que me parece o momento mais forte de toda a obra. Diz-lhe que chegará a Ítaca, "ainda que depois de muito sofrimento", que perderá navio e companheiros, chegará mal e em nave alheia:

> *[...] encontrará desgraça em casa, uns homens insolentes que te comem tua comida, que pretendem tua divina esposa e lhe entregam presentes esponsais... mas, com tudo, vingarás ao voltar às violências daqueles. Depois... toma um remo bem fabricado, e põe-te a caminho até chegar aos homens que não conhecem o mar, que não conhecem as naves vermelhas [um lugar isolado e interior]... quando um caminhante sair ao teu encontro e te disser que levas um bieldo [forquilha] sobre teu esplêndido ombro, crava em terra o remo, realiza sacrifícios, volta à casa, realiza hecatombes aos deuses imortais. E então te*

---

[7] Elpenor, integrante do contingente de Ítaca que foi à guerra de Troia sob o comando de Odisseu, é remador, o mais jovem da tripulação. Foi um daqueles que Circe metamorfoseou em porco. Na noite anterior à partida de Odisseu e dos seus, Elpenor excedeu-se no vinho e dormiu a bebedeira no telhado do palácio da feiticeira. Na manhã seguinte, sob os efeitos da ressaca, caiu do alto e faleceu. Ao regressarem à morada de Circe, na ilha de Ea, recuperam seu cadáver, o choram e celebram exéquias. Finalmente, é queimado e levantam um túmulo coroado pelo remo que em vida manejava.

chegará a morte fora do mar, uma morte muito suave que te consumirá esgotado sob a suave velhice.

Não profetiza glória, conquistas; profetiza, sim, sofrimentos, sacrifícios e uma morte muito suave vinda do mar. Uma morte de imortal.

A conversa com sua mãe é comovente. Enchem-se mutuamente de perguntas e ela o interroga sobre sua presença: "Vens errante desde Troia? Não chegaste ainda a Ítaca? Não viste no palácio tua esposa?". Ao que ele responde: "A necessidade me trouxe a Hades; ando errante e não consigo chegar a Ítaca". Só os mortos permitem que ele se encontre, encontre sua Ítaca, sua intimidade, seu lugar, seu sentido.

Se Odisseu só pôde encontrar Ítaca depois de ir ao encontro dos mortos e ouvi-los, o outro sobrevivente de Troia, Eneias, na obra de Virgílio, não volta à sua origem, mas sai para conquistar um novo mundo, o Lácio, onde assentará as bases do Império Romano. Eneias sai de Troia levando sua esposa Creusa, o filho Ascânio e seu velho pai Anquises, que ele carrega nas costas – na verdade, como um moribundo que só será enterrado ao chegar na Sicília. A discussão é sobre a razão por que se deve carregar um morto para terras novas. Nada pode ser sério e duradouro sem mortos, será a resposta. Todo o livro V da *Eneida* é dedicado a uma minuciosa descrição dos jogos fúnebres organizados por Eneias para a celebração do primeiro aniversário da morte de Anquises. Para esses longos ritos, dignos de um rei, ele volta à Sicília.

Mesmo que a obra mais popular de Jonathan Swift, *As viagens de Gulliver*, possa ser lida como um livro de aventuras para crianças, o autor é conhecido como o maior satirista britânico. Mesmo nessa obra, seu objetivo é expor o universo das imperfeições humanas. O autor, nascido em Dublin em 1667, diplomata graduado no Trinity College, escreve em 1729 uma corrosiva paródia de artigo científico, escrito por um presuntivo estudioso, que julga ser o canibalismo a resposta mais sensata para a erradicação da pobreza. A sátira, chamada *Modesta proposta*[8], foi publicada no Brasil na bela e delicada coleção Pequenos Frascos da Editora Unesp.

O caso da curiosa proposta é o de um suposto pesquisador preocupado com a situação de pobreza de vastos setores da sociedade irlandesa e com a abastada situação dos nobres ingleses. Pragmática e realisticamente, depois de fazer um levantamento objetivo da situação do país, onde se veem "as ruas, as estradas ou a soleira dos casebres apinhadas de mendigas, seguidas por três, quatro ou seis crianças, todas em andrajos e importunando os transeuntes pedindo esmolas", considera que "quem quer que descobrisse um meio justo, fácil e barato

---

[8] Jonathan Swift, *Modesta proposta e outros textos satíricos*, São Paulo: Unesp, 2002.

de tornar essas crianças membros úteis e saudáveis da nação mereceria uma estátua de salvador da pátria"[9].

A seguir, argumenta:

> *Um americano muito entendido, conhecido meu em Londres, assegurou-me que uma criancinha saudável e bem tratada é, com um ano, um alimento realmente delicioso, nutritivo e complexo, seja cozida, grelhada, assada ou fervida; e não tenho dúvidas de que possa servir igualmente para um guisado ou um ensopado. A proposta que, portanto, humildemente ofereço à apreciação do público é que, das 120 mil crianças calculadas, 20 mil sejam reservadas para a reprodução, das quais uma quarta parte apenas seja de machos, o que é mais do que admitimos para ovinos, bovinos ou suínos; e meu argumento é que essas crianças raramente são fruto do matrimônio, circunstância não muito levada em conta por nossos selvagens, sendo portanto um macho suficiente para servir a quatro fêmeas. Que as 100 mil restantes sejam, com a idade de um ano, colocadas à venda para pessoas de bem e fortuna em todo o Reino, sempre se aconselhando às mães que as deixem mamar abundantemente durante o último mês, de modo a torná-las gordas e rechonchudas para uma boa mesa... Calculei que uma criança recém-nascida pesa em média umas 12 libras e que, num ano solar, razoavelmente bem cuidada, aumentaria para 28 libras.*

O texto de Swift segue nesse tom repugnante, supondo estar apenas propondo sacrificar alguns em benefício da maioria, agregando valor a algo que não teria valor nenhum. O autor proporá a otimização dos corpos dos mortos para produzir alimento para outros animais que, posteriormente, seriam consumidos por humanos, atacando diretamente o problema da fome que assola a nação; nada mais moderno, prático e econômico.

É evidente que o autor brinca com um aspecto sagrado que a modernidade se empenha em negar, em atitude semelhante à de Nietzsche ao anunciar a morte de Deus. Ele está querendo que os homens assumam a radicalidade de sua ideologia: no caso de Nietzsche, de que é possível a felicidade sem Deus, e no caso de Swift, o pragmatismo.

III.

As referências literárias antes postas têm por finalidade tornar evidente que o morto – não a memória do morto, mas o próprio corpo do morto – é um bem

---
[9] *Ibid.*, pp. 19-20.

cultural por ser constitutivo da identidade, não só de qualquer ser humano vivo, mas de uma sociedade. Desde a sociologia, sabemos que um dos elementos que diferenciam uma criança de um adulto é sua relação com a morte. Enquanto para uma criança matar gente pode ser um jogo de *video game*, em que os corpos dos mortos somem da tela uma vez dessangrados, os adultos progressivamente começam a desgostar desse tipo de jogo, preferindo os de competitividade entre iguais. Os corpos dos mortos parecem ser mais reais que os dos vivos, produzindo naquele que com eles se relaciona uma pergunta sobre a própria identidade, que se constitui a cada novo morto. Por isso, o corpo morto é um patrimônio cultural.

O modo como essa relação se estabelece, ou se nega, e quais são os corpos mortos com os quais uma sociedade se considera digna de relação, é o que diferencia uma sociedade de outra e o que a constitui. Se são os gloriosos, se são os virtuosos, se são os poderosos, se são os midiáticos, ou se a morte é sempre um fracasso, quando morrer é considerado um mal em si mesmo que deve ser evitado a qualquer custo e não existe a possibilidade de uma boa morte a não ser uma morte rápida e indolor, todos esses modos de se relacionar com o morto constituirão identidades culturais diferentes.

Podemos chamar de natureza humana aquilo que encontramos concretamente em todas as sociedades humanas, mesmo que com identidades diferentes. Por exemplo, em todas as sociedades humanas encontramos algum tipo de restrição ao exercício da sexualidade, mesmo que essas restrições e normas variem de cultura para cultura. Igualmente, em nenhuma sociedade se permite matar outro ser humano sem uma justificativa bem definida. Em toda sociedade há uma ideia de respeito e inviolabilidade para com um certo meu e teu; este meu ou teu mudará de uma cultura para outra, e mesmo dentro de uma cultura, assim como um certo e errado institucionalizado com punições previstas para cada caso. Tais aspectos não foram instituídos arbitrariamente de uma hora para outra por vontade de uma autoridade, mas são construções coletivas, resultado de conflitos e disputas, que culminaram em determinadas práticas que dão conta dessa natureza comum e concreta a todos os seres humanos. Por isso, são bens culturais, porque constituem e preservam através dessa identidade própria a espécie humana. A fragilização dessa identidade leva essa cultura à sua dissolução e à transformação em outra.

Por esse motivo, o direito não explicitado na DUDH de culto aos mortos é importante. É o direito de tratá-los conscientemente e de sermos educados no trato desse bem cultural específico, assim como somos educados, bem ou mal, no trato da propriedade, da violência e da sexualidade. É um direito humano não porque esteja explicitado em declaração ou pacto, mas porque constitui uma sociedade e agrega valor a ela.

ATUAIS DESAFIOS DE GESTÃO DO SÍTIO ARQUEOLÓGICO DO CAIS DO VALONGO

- Sergio Gardenghi Suiama[1] -

"Salve o navegante negro, que tem por monumento as pedras pisadas do cais."

(J. Bosco e A. Blanc)

Este artigo tem como objetivo apresentar, de forma resumida, alguns dos principais desafios à gestão do sítio arqueológico do Cais do Valongo, localizado no centro da cidade do Rio de Janeiro, na perspectiva do Ministério Público Federal (MPF), instituição constitucionalmente incumbida de garantir a proteção jurídica do bem cultural em questão.

A partir da revelação arqueológica, no ano de 2011, e, mais recentemente (em julho de 2017), com a inscrição do bem na lista de Patrimônio Cultural Mundial da Unesco, os vestígios do antigo cais de pedra construído no início do século XIX se tornaram um dos mais importantes lugares de memória da diáspora africana e o único materialmente preservado nas Américas.

Contudo, como se sabe, o reconhecimento nacional ou internacional de um bem cultural não garante, por si só, sua adequada proteção jurídico-administrativa, tampouco a adoção de meios eficazes para sua conservação e valorização. Assim, a inclusão do sítio na lista de patrimônio cultural mundial constitui o início de um novo processo (no sentido de um conjunto ordenado de atos dirigido a um fim), pautado por normas técnicas e jurídicas, e no qual está envolvida uma multiplicidade de agentes, públicos e privados.

No caso do Valongo, esse processo se revela especialmente complexo, sobretudo em decorrência do fato de o sítio encontrar-se inserido no meio urbano,

---

[1] O autor agradece a leitura crítica e o diálogo com os amigos Inês Prado Soares, Jaime Mitropoulos e Antonio Zagato.

do que decorre uma inevitável sobreposição de interesses econômicos, legislações de incidência e competências administrativas.

Além disso, o local está no epicentro da região que, menos de um século após a construção do cais, seria apelidada por Heitor dos Prazeres de "Pequena África", e que, até hoje, não obstante a pressão do mercado imobiliário, é majoritariamente habitada por negros e pardos pobres, que sustentam a identidade cultural herdada da tradição.

O processo de proteção e valorização do bem – conduzido, especialmente, pelo Instituto do Patrimônio Histórico e Artístico Nacional (Iphan) e pela prefeitura do município – vem sendo acompanhado há sete anos pelo MPF no Rio de Janeiro[2]. Até agora, foram realizadas duas audiências públicas e dezenove vistorias ao sítio, além de dezenas de reuniões com os envolvidos. Foi assinado um Termo de Ajustamento de Conduta com a prefeitura, voltado à conservação e à pesquisa das cerca de 1,3 milhão de peças que constituem o acervo arqueológico revelado durante as escavações[3]. Também foram ajuizadas duas ações civis públicas.

Pretende-se aqui registrar alguns dos problemas e desafios relacionados à gestão do sítio arqueológico que já foram identificados pelo MPF. Acredita-se que o registro dos percalços, resistências e interesses envolvidos na defesa e promoção de um bem arqueológico com as características do Valongo, com a memória que ele nos traz, é, ele próprio, parte desta mesma história, e de como ela é interpretada, reinterpretada, ignorada ou assumida pelos sujeitos do processo histórico.

1. DESCRIÇÃO DO SÍTIO ARQUEOLÓGICO E RESPECTIVA ZONA DE AMORTECIMENTO

O dossiê apresentado pelo Estado brasileiro à Unesco descreve o Cais do Valongo como um "sítio arqueológico composto dos vestígios do antigo cais de pedra, construído a partir de 1811, para o desembarque de africanos escravizados, no porto do Rio de Janeiro, e daquele construído em 1843 para receber a princesa napolitana Tereza Cristina de Bourbon, esposa do imperador dom Pedro II"[4].

---

[2] Através do Inquérito Civil nº 1.30.001.002725/2012-80, posteriormente convertido no PA 1.30.001.002779/2017-50.

[3] O TAC assinado com a prefeitura pode ser acessado no seguinte endereço: <http://www.mpf.mp.br/rj/sala-de-imprensa/noticias-rj/mpf-rj-assina-tac-com-prefeitura-do-rio-para-preservacao-do-patrimonio-arqueologico-do-cais-do-valongo>. Acesso em: 29 jan. 2019.

[4] Instituto do Patrimônio Histórico e Artístico Nacional (Iphan), *Sítio arqueológico Cais do Valongo: proposta de inscrição na lista do patrimônio mundial*, Brasília: Iphan, 2016, p. 12. Disponível em: <http://www.unesco.org/new/pt/brasilia/culture/world-heritage/list-of-world-heritage-in-brazil/valongo-wharf-archaeological-site/>. Acesso em: 29 jan. 2019.

Registra o Iphan:

> *O Brasil foi o país que mais recebeu cativos trazidos da África e o Rio de Janeiro foi seu principal porto a partir de fins de século XVIII, sendo a região do Valongo o local de entrada e o centro do comércio escravagista na cidade naquela época. Nas décadas finais do tráfico atlântico chegaram, neste local, mais de setecentos mil africanos e africanas, segundo registros nos arquivos históricos. A proibição e o fim do tráfico de africanos escravizados e a abolição da escravidão africana no Brasil foram seguidas por um processo de ocultamento, inclusive material, dos vestígios dessa prática na região. O próprio Cais do Valongo, porto escravagista do período colonial e do Primeiro Império, foi encoberto, por ocasião do Segundo Império, pelo Cais da Imperatriz, o qual passou a se chamar Cais da Saúde a partir de 1889 e este foi por sua vez ocultado quando das grandes obras de reforma do cais do porto do Rio de Janeiro, em 1904.*
>
> *[...] Os distintos olhares, partindo de naturalistas/cronistas, historiadores, arqueólogos, antropólogos, arquitetos/urbanistas dentre outros, nos oferecem uma visão profunda e complexa [...] da presença da população negra na região portuária da cidade. O Cais do Valongo se enquadra como um marco das relações entre a cidade do Rio de Janeiro e o mundo atlântico na época do tráfico transoceânico de africanos escravizados, mas a história da presença negra na região se estende ao longo do tempo após a abolição do cativeiro e segue até o desvelamento do sítio arqueológico em tempos recentes. Sua descoberta e escavação, assim como de seu ocultamento, fazem parte dessa história*[5].

---

[5] *Ibidem*, pp. 24-5. Armelle Enders registra que os africanos que aportavam no Rio de Janeiro tinham as mais variadas origens: "Enquanto os traficantes baianos privilegiam os portos de embarque da 'costa de Mina' – que corresponde atualmente ao litoral norte do golfo de Benim –, os mercadores cariocas se abastecem sobretudo a partir das cidades de Cabinda, Luanda e Benguela, entre o Congo e Angola. No início do século XIX, mais de dois terços dos escravos do Rio são originários da África central e austral. A guerra contra o tráfico à qual se dedica a Marinha britânica obriga os negreiros cariocas a diversificar seus pontos de abastecimento. Assim é que a costa oriental da África, entre Mombaça e o cabo da Boa Esperança, fornece depois de 1830 um quarto dos escravos do Rio, onde eles ganham o nome genérico de 'moçambiques'. Após a revolta abortada dos malês, que aterroriza a Bahia em 1835, o tráfico entre a província do Nordeste e o Rio de Janeiro cresce e dirige para a capital do Brasil inúmeros 'minas', isto é, cativos embarcados nos portos da costa de Mina e originários da África ocidental" (*A história do Rio de Janeiro*. Rio de Janeiro: Gryphus, 2008, pp. 143-4). A mesma autora nota que "até 1758, a venda de escravos se fazia ao longo da rua Direita, a mais antiga do Rio e, por muito tempo, sua artéria principal. Como o estado de saúde lastimável dos recém-chegados fazia-os ser designados como foco de perigoso contágio para os habitantes da cidade, o marquês do Lavradio, vice-rei do Brasil, relegou o comércio de homens a uma área afastada da zona urbanizada, num pequeno vale espremido entre o morro da Conceição e o do Livramento, a rua do Valongo [...]. Antes de alcançarem as casinholas disseminadas ao longo do Valongo, onde aguardavam comprador, os recém-chegados têm a atravessar a alfândega, ser contados e taxados como qualquer mercadoria e percorrer algumas ruas da cidade. São abundantes os testemunhos sobre essas filas de homens cuja nudez ou quase nudez lhes sublinha a magreza e as feridas. Aqueles que a alimentação do Valongo não consegue recuperar são enviados à Santa Casa de Misericórdia, que atende e enterra mais de setecentos africanos por mês, nos anos de 1830" (p. 148).

O dossiê acrescenta, mais adiante, que:

Na memória da comunidade local, aquela era uma região de desembarque dos navios trazendo cativos da África e de longa história de presença negra. Durante muito tempo era lugar em que negros chegados da Bahia ou do interior do país tinham acolhida, em casas conhecidas por sua hospitalidade aos irmãos de fé de religiões afro-brasileiras e companheiros de condição no mundo do trabalho [...]. Surgiram, na localidade, espaços de reunião com caráter religioso e festivo, marcando-a culturalmente como lugar de memória e celebração das heranças africanas[6].

O historiador e professor da UFBA e da UFRRJ, Carlos Eugenio Líbano Soares, que desenvolveu aprofundada pesquisa na região, assinala:

Podemos dividir a história da antiga região portuária do Rio, ou litoral norte da cidade, em dois momentos, até o século XX: antes e depois de 1808. Anterior a esta data poucas obras de monta se destacavam [...]. Após 1808, uma metamorfose toma conta da área. Em menos de 50 anos a região é totalmente coberta de trapiches. A rede viária e a população crescem no mesmo ritmo. Um marco deste momento foi o cais do Valongo. Apesar da determinação de tornar o Valongo centro do comércio negreiro da cidade datar pelo menos de 30 anos antes de 1811, foi a construção por Dom João VI do cais do Valongo e do Lazareto dos Escravos que consolidou a importância da região [...][7].

---

[6] Iphan, *Sítio arqueológico Cais do Valongo, op. cit.*, p. 25. É bom destacar que, na primeira metade do século XIX, o Rio de Janeiro era a maior cidade escravista das Américas. "As freguesias centrais da Candelária e Santa Rita tinham em 1849 mais de treze mil escravos cada. Em 1821, os escravos representavam 45,6% da população dessas freguesias urbanas. Juntando freguesias urbanas e rurais do município do Rio de Janeiro, os cativos já alcançavam 48,8% com mais de 55 mil. O interessante é que mais de 65% dos escravos viviam nas freguesias urbanas. Em 1838, esse índice alcançaria 78% e, em 1870, aproximadamente 81,2%" (Juliana Barreto Farias, Flávio dos Santos Gomes, Carlos Eugênio Líbano Soares e Carlos Eduardo Moreira de Araújo, *Cidades negras: africanos, crioulos e espaços urbanos no Brasil escravista do século XIX*, São Paulo: Alameda, 2006, p. 10). Os mesmos autores observam que as "cidades negras" não eram só números, pois "tinham suas próprias identidades, reinventadas cotidianamente. Africanos e crioulos não eram necessariamente uma multidão ou massa escrava nos centros urbanos. Os recém-chegados produziam identidades diversas, articulando as denominações do tráfico, aquelas senhoriais e a sua própria reinvenção em determinados cenários" (p. 13).

[7] Carlos Eugenio Líbano Soares, *Valongo, cais dos escravos: memória da diáspora e modernização portuária na cidade do Rio de Janeiro, 1668 – 1911*, relatório de pós-doutoramento apresentado ao Programa de Pós-Graduação em Arqueologia do Museu Nacional, Rio de Janeiro: UFRJ, 2013, p. 109.

Prossegue Soares:

> *Este papel de mercado negreiro marcou a região até muito depois. Antes do epíteto de Pequena África, era ali, na Saúde, entre a Prainha e a Gamboa, que morava densa população de africanos libertos, espalhados nos labirintos de sobrados, casas, postigos, corredores, que marcavam a paisagem. [...].*

Apesar de o negócio negreiro dominar a região até 1831, a chegada de novos parceiros interessados em construir [...] marca de forma indelével esta nova fase. Assim vemos serem construídos atracadouros [...] para receber mercadorias como madeira e café. Este novo papel foi vital para o entendimento da história da região nos cem anos após a construção do cais do Valongo[8].

Nos primeiros anos do século XX, sobretudo antes do "bota-abaixo" promovido por Pereira Passos, a região se consolidou como o espaço de armazenagem de carga e de conserto de embarcações. A população que lá residia era, como registra o mesmo historiador:

> *[E]m esmagadora maioria descendente dos africanos que ali aportaram entre 1779 e 1831. Em outras palavras, a região se tornou um enclave negro na cidade, principalmente no pós-1850, com o colapso definitivo do comércio de escravos vindos da África. [...] Os africanos e seus descendentes tiveram papel vital na história da região, inclusive no pós-abolição. O morro da Favela, a Pedra do Sal, o cortiço Cabeça de Porco, a capela dos Pretos da rua Barão de São Félix, são apenas alguns dos lugares apropriados e ressignificados pela população afrodescendente, de uma forma que não se via em outros pontos da área central do Rio de Janeiro[9].*

Consequentemente, o dossiê prevê a intervenção sobre

> *[...] o conjunto edificado da zona de amortecimento, na sua volumetria e nas características de suas arquiteturas, garante a ambiência necessária à compreensão da ocupação que gerou a zona de comércio escravagista do Cais do Valongo e contém registros das transformações sucessivas por que passou a área no século XIX e no primeiro quartel do século XX, representando hoje um dos trechos mais característicos do centro histórico do Rio de Janeiro[10].*

---

[8] *Ibidem*, p. 110.

[9] *Ibidem*.

[10] Iphan, *Sítio arqueológico Cais do Valongo*, op. cit., p. 24.

A localização do sítio arqueológico no epicentro de uma área ainda hoje ocupada por uma população majoritariamente pobre e negra representa, por esses e outros motivos, a chave e o desafio para valorização e gestão do patrimônio mundial do Valongo.

2. GESTÃO DO SÍTIO

Nos termos do art. 20, inciso X, da Constituição, os sítios arqueológicos são bens de propriedade da União. O regime jurídico aplicável aos monumentos arqueológicos e pré-históricos brasileiros está disciplinado na Lei Federal nº 3.921/61. O sítio do Valongo está registrado desde abril de 2012.

A praça Jornal do Comércio, onde se localiza o sítio, é de propriedade do município. A área da zona de amortecimento é protegida pelo Iphan[11] e, também, pela prefeitura, por se encontrar em uma Área de Proteção do Ambiente Cultural (Apac). Além dessa Apac, o município criou, em 2009, a "Área de Especial Interesse Urbanístico da Região do Porto do Rio". As operações nessa área têm, dentre outros, o objetivo de possibilitar a recuperação de imóveis com importância para proteção do patrimônio cultural, contemplando a devida identificação dos patrimônios material e imaterial e permitindo a criação de circuitos histórico-culturais e a capacitação técnica de moradores na área de turismo e hotelaria[12].

As ações e os projetos de proteção e conservação do sítio arqueológico do Cais do Valongo e sua Zona de Amortecimento são conduzidos em comum acordo pelo Iphan e pela prefeitura, sob a supervisão do primeiro. No município, as atribuições administrativas sobre a área são compartilhadas entre a Secretaria Municipal de Cultura, o Instituto Rio Patrimônio da Humanidade (IRPH) e a Companhia de Desenvolvimento Urbano da Região do Porto do Rio de Janeiro (Cdurp).

Segundo o dossiê, o Plano de Gestão do Cais do Valongo – ainda não elaborado – deve:

> *[R]econhecer o sítio arqueológico Cais do Valongo e sua zona de amortecimento como referência identitária da grande diáspora forçada pela escravidão de africanos para o continente americano. Neste sentido procura, dentro do planejamento da cidade para a Área de Especial Interesse Urbanístico do Porto do Rio de Janeiro, garantir os atributos que dão ao bem o valor universal excepcional, segundo uma perspectiva de sustentabilidade que absorva*

---

[11] A portaria Iphan nº 135/2013 dispõe sobre a delimitação e diretrizes para a área de entorno dos bens tombados federais na região.

[12] Iphan: *Sítio arqueológico Cais do Valongo, op. cit.*, p. 150.

os impactos da grande densificação prevista para as áreas próximas à zona de amortecimento[13].

A proposta apresentada à Unesco estrutura três níveis de ação: normativa, operacional e de monitoramento. Essas ações incidem igualmente sobre as três dimensões do bem e de sua zona de amortecimento, a saber: a) a dimensão arqueológica, que envolve as ações concernentes ao sítio propriamente dito e sua manutenção; b) a dimensão urbanística, que se refere ao tratamento e valorização do contexto urbano em que se insere o sítio arqueológico e sua articulação com o resto da cidade; c) a dimensão de uso, que se refere às ações de valorização do sítio, na sua perspectiva social e cultural, e especialmente na relação deste com a população local e com o turismo[14].

3. ESTADO ATUAL DO SÍTIO E DA COLEÇÃO ARQUEOLÓGICA

A coleção arqueológica do Valongo, compreendendo mais de 1,3 milhão de peças, encontra-se depositada em condições razoavelmente adequadas, em um galpão na região da Gamboa, sob responsabilidade da prefeitura. Segundo o Termo de Ajustamento de Conduta assinado com o MPF, o município deve adaptar o galpão para nele instalar o Laboratório Aberto de Arqueologia Urbana (LAAU). A obrigação ainda não foi cumprida, havendo a previsão de licitação da obra para o ano de 2019[15].

O sítio arqueológico se encontra preservado, porém sem sinalização ou interpretação adequadas. As obras de adaptação da área, pactuadas com a Unesco[16], ainda não foram iniciadas. Em novembro de 2018, a prefeitura noticiou a celebração de parceria com o governo norte-americano, o Iphan e o Instituto de Desenvolvimento e Gestão (IDG, atual gestor do Museu do Amanhã), envolvendo investimentos da ordem de R$ 2 milhões oriundos do Fundo dos Embaixadores dos EUA para Preservação Cultural. Esses recursos serão destinados à restauração

---

[13] *Ibidem*, p. 156.

[14] *Ibidem*.

[15] Informação prestada pelo IRPH e pela Secretaria da Casa Civil da Prefeitura, constante dos autos do PA nº 1.30.001.002779/2017-50.

[16] As obrigações assumidas pelo Estado brasileiro encontram-se em um documento denominado "Plano de Promoção Arqueológica do Sítio Cais do Valongo", subscrito pela presidente do Iphan e pelo prefeito do município do Rio de Janeiro, constante do procedimento de acompanhamento instaurado pelo MPF, e foi referido e juntado aos autos da ação civil pública nº 5045231-63.2018.4.02.5101, citada a seguir.

do pavimento original de pedras, à drenagem das águas pluviais e ao reforço estrutural de paredes, fundações e superestrutura[17].

Após audiência pública promovida pelo MPF em agosto de 2018, o Comitê Gestor do sítio arqueológico foi enfim instalado, e conta com a participação de todos os órgãos públicos envolvidos, além de representantes do movimento negro e da comunidade local[18]. O colegiado se reuniu uma vez no ano de 2018.

O Centro de Interpretação do Valongo, outro ponto acordado com a Unesco, ainda não foi instalado no prédio tombado do Galpão Docas Pedro II, de 1871, projetado pelo engenheiro abolicionista negro André Rebouças e situado exatamente em frente ao sítio. O imóvel é objeto de litígio com a organização não governamental que ocupa o prédio público e o subloca para a realização de festas e eventos comerciais[19].

Na audiência pública realizada pela Procuradoria da República no Rio de Janeiro, o ministro da Cultura havia prometido a alocação, ainda em 2018, de R$ 2 milhões, provenientes do Fundo Nacional da Cultura, especificamente para a instalação do centro de interpretação no prédio projetado por André Rebouças. Os recursos foram aprovados, porém deixaram de ser efetivamente gastos, uma vez que nem a Fundação Palmares nem o próprio ministério adotaram as medidas administrativas necessárias para o cumprimento da obrigação acordada com a Unesco. Em razão da omissão, o MPF ingressou, em dezembro de 2018, com a ação civil pública nº 5045231-63.2018.4.02.5101, requerendo a desocupação do imóvel por parte da ONG, e também que a União e a Fundação Palmares efetivamente deem ao local, no prazo estipulado, a destinação prevista no "Plano de Promoção Arqueológica do Sítio do Cais do Valongo". O pedido de antecipação da tutela foi deferido pela 20ª Vara Federal do Rio de Janeiro. Na decisão, o juiz Raphael Barbosa determinou, além da desocupação do imóvel em 30 dias, que a União e a Fundação Palmares apresentem, no mesmo prazo, "cronograma de trabalho com prazo de conclusão para o mês de dezembro de 2019, contendo a previsão, mês a mês, das medidas administrativas que serão adotadas a fim de cumprir a obrigação contraída com a Unesco, referente à

---

[17] A notícia da parceria pode ser consultada em: <http://www.rio.rj.gov.br/web/smc/exibeconteu do?id=8749456>. Acesso em: 29 jan. 2019.

[18] Cf. a Portaria Iphan nº 360, de 30 de agosto de 2018. Disponível em: <http://imprensanacionalgov.br/materia/-/asset_publisher/Kujrw0TZC2Mb/content/id/39127148/do2-2018-08-31-portaria-n-360-de-30-de-agosto-de-2018-39126978>. Acesso em: 29 jan. 2019.

[19] Objeto da Ação Civil Pública nº 5045231-63.2018.4.02.5101, ajuizada pelo MPF em 12 de dezembro de 2018, e distribuída à 20ª Vara Federal do Rio de Janeiro. São réus da ação a União, a Fundação Palmares e a Associação Comitê Rio da Ação da Cidadania contra a Fome, a Miséria e pela Vida, que ocupa o prédio. A íntegra da ação pode ser acessada em: <http://www.mpf.mp.br/rj/sala-de-im prensa/noticias-rj/mpf-rj-move-acao-para-garantir-centro-turistico-do-cais-do-valongo-em-predio-da-uniao>. Acesso em: 29 jan. 2019.

instalação do centro de acolhimento turístico e do memorial da celebração da herança africana [...] no Armazém Central das Docas Pedro II". Determinou, também, a reserva, no orçamento de 2019, dos R$ 2 milhões destinados ao Cais do Valongo e que não foram gastos em 2018[20].

Os recursos municipais decorrentes de percentual da comercialização dos certificados de potencial construtivo da operação urbana "Porto Maravilha", por sua vez, esgotaram-se antes mesmo da inscrição do Cais do Valongo na lista de patrimônio cultural mundial da Unesco[21]. Na verdade, até o presente, os poucos investimentos públicos destinados à área (originados do município) foram alocados na consolidação do sítio e na limpeza, seleção e acautelamento da coleção arqueológica. A Secretaria Municipal de Cultura promoveu, também, seminários e intercâmbios como parte do processo de construção de um museu de território e do centro de interpretação do sítio. Mais recentemente, como já mencionado, anunciou o aporte de R$ 2 milhões, provenientes do governo dos EUA.

Não houve, até o momento, a alocação de recursos públicos ou privados para interpretação e sinalização adequadas, nem para ações voltadas à promoção do turismo e da economia local.

4. ORIENTAÇÕES DA UNESCO SOBRE A GESTÃO DE BENS RECONHECIDOS COMO PATRIMÔNIO MUNDIAL

O Brasil é signatário da Convenção da ONU sobre a Proteção do Patrimônio Mundial, Cultural e Natural (1972) e, nessa condição, postulou e obteve a inclusão do Sítio Arqueológico Cais do Valongo na lista de patrimônio cultural mundial. Para promover a aplicação da Convenção e estabelecer procedimentos perante o organismo internacional, o Comitê do Patrimônio Mundial (constituído pelo próprio tratado) elaborou e mantém atualizado um documento

---

[20] Decisão proferida em 17 de dezembro de 2018 pelo juiz federal Raphael Nazareth Barbosa, da 20ª Vara Federal do Rio de Janeiro, nos autos da ação civil pública. Na decisão, o magistrado ressaltou o valor histórico e cultural do sítio e do prédio: "Se confirmados na instrução processual, desvios administrativos dessa natureza comprometeram a execução de política pública em matéria sensível, a envolver o direito de todos, e de cada um, à efetiva promoção do patrimônio imaterial brasileiro. O debate não se resume, nestes autos, à proteção de interesses individuais de qualquer das partes. Abrange, sim, bens jurídicos de titularidade difusa, quer sob a perspectiva da moralidade da Administração, quer sob o respeito, em sentido amplo, que o Estado deve aos cidadãos, quer, ainda, sob a ótica do direito da coletividade à preservação, com dignidade, da sua história e da sua cultura". A decisão está disponível em: <http://www.mpf.mp.br/rj/sala-de-imprensa/noticias-rj/mpf-rj-justica-determina-reintegracao-de-posse-de-armazem-do-cais-do-valongo-2>. Acesso em 29 jan. 2019.

[21] A Lei Complementar Municipal nº 101/2009, que autorizou a operação urbana, previu que 3% dos recursos arrecadados com a venda dos Certificados de Potencial Adicional de Construção (Cepac) seriam destinados à "recuperação do patrimônio" na região.

denominado "Diretrizes Operacionais para a Implementação da Convenção do Patrimônio Mundial"[22].

Nos termos do parágrafo 117 das "Diretrizes", "os Estados-partes são responsáveis pela execução de atividades de gestão eficazes para a proteção de um bem integrante do patrimônio mundial", devendo agir em estreita colaboração com os gestores do bem e com os outros parceiros e partes interessadas no assunto. O documento também ressalta que, para efeitos de proteção e gestão, os Estados deverão assegurar que as condições de integridade e/ou de autenticidade definidas quando da inscrição sejam mantidas ou melhoradas. Para verificar o cumprimento dessa obrigação foram instituídos processos de monitoramento por parte do Comitê da Unesco, inclusive com o dever de apresentação de relatórios periódicos. É relevante citar, também, as seguintes regras constantes das "Diretrizes" a respeito da gestão dos bens incluídos na Lista do Patrimônio Mundial:

> *97. Todos os bens inscritos na Lista do Patrimônio Mundial devem ter uma proteção legislativa, regulamentar, institucional ou tradicional adequada que garanta sua salvaguarda a longo prazo. Esta proteção deve incluir limites delineados de forma adequada. Assim, os Estados-partes deverão fazer prova de uma proteção legislativa adequada aos níveis nacional, regional, municipal e/ou tradicional de um bem.*
> *[...]*
> *108. Cada bem proposto para inscrição deverá ter um plano de gestão adequado, ou outro sistema de gestão documentado, que deverá especificar a forma como deve ser preservado o valor universal excepcional de um bem, de preferência por meios participativos.*
> *[...]*
> *110. Um sistema de gestão eficaz depende do tipo, características e necessidades do bem proposto para inscrição e do seu contexto cultural e natural. Os sistemas de gestão podem variar conforme as diferentes perspectivas culturais, os recursos disponíveis e outros fatores. Podem integrar práticas tradicionais, instrumentos de planejamento urbano ou regional em vigor e outros mecanismos de controle de planejamento, formais e informais. É essencial que qualquer intervenção em bens do patrimônio mundial seja precedida de uma avaliação de impacto.*
> *[...]*
> *112. Uma gestão eficaz deve incluir um ciclo de medidas de curto, médio e longo prazo destinadas a proteger, conservar e apresentar o bem proposto*

---

[22] Disponível em: <https://whc.unesco.org/en/guidelines/>. Acesso em: 29 jan. 2019.

para inscrição. É essencial proceder-se a uma abordagem integrada de planeamento e gestão a fim de acompanhar a evolução dos bens ao longo do tempo e de assegurar a preservação de todos os aspectos que contribuem para o seu valor universal excepcional. Esta abordagem extravasa o bem para incluir a(s) sua(s) zona(s)-tampão, bem como o espaço envolvente mais amplo. O espaço envolvente mais amplo pode estar relacionado com a topografia do bem, com o ambiente natural e o construído e com outros elementos tais como a infraestrutura, os padrões de utilização do solo, organização espacial e relações visuais. Pode também incluir práticas sociais e culturais relacionadas, processos econômicos e outras dimensões imateriais do patrimônio, tais como percepções e associações. A gestão do espaço envolvente mais amplo está relacionada com o papel que desempenha de suporte ao valor universal excepcional.

5. PROBLEMAS IDENTIFICADOS NA GESTÃO DO CAIS DO VALONGO

Uma vez descrito o bem que é objeto da proteção jurídica e as regras que sobre ele incidem, apontaremos, a seguir, os principais problemas já identificados pelo MPF no que se refere à proteção, conservação, valorização e gestão do sítio arqueológico do Cais do Valongo.

5.1. ACESSO E PESQUISA À COLEÇÃO ARQUEOLÓGICA

Como citado, o MPF assinou, em dezembro de 2016, com a Prefeitura do Município, um Termo de Ajustamento de Conduta (TAC) que tem por objeto a conservação e o acesso público à coleção de bens arqueológicos resgatados durante as escavações na área.

O prazo acordado no TAC expirou sem que a Prefeitura tenha cumprido a obrigação de instalar o Laboratório Aberto de Arqueologia Urbana em um galpão no sopé do Morro da Providência, onde se encontra atualmente depositado. O IRPH se comprometeu a licitar e iniciar as obras de reforma em 2019, com atraso de mais de dois anos do prazo originalmente previsto[23].

Até que o laboratório seja instalado, a coleção arqueológica não estará acessível à pesquisa científica. Portanto, a demora prejudica a produção de conhecimento sobre o cotidiano da região portuária no século XIX (e, consequentemente, a apropriação das informações pelos atores envolvidos).

---

[23] Informação constante dos autos do PA nº 1.30.001.002779/2017-50.

5.2. COORDENAÇÃO POLÍTICO-INSTITUCIONAL ENTRE OS ENTES FEDERATIVOS

Como já foi mencionado, a gestão do sítio é compartilhada entre a Prefeitura do Município e a União. No município, os órgãos públicos diretamente envolvidos são a Secretaria Municipal da Cultura, o Instituto Rio Patrimônio da Humanidade e a Cdurp. Pela União, participam do processo o Iphan, a Fundação Cultural Palmares, a Secretaria de Patrimônio da União e o Ministério da Cultura.

Não são poucas as dificuldades de coordenação observadas entre os entes federativos, bem como entre diferentes órgãos das duas administrações públicas. A descontinuidade das tratativas e a mudança dos agentes envolvidos no processo, ambos fatores impactados pelas eleições intercaladas e pela crise político-institucional que afeta a administração federal desde 2015, causam atrasos, mudanças de projetos já acordados e uma grande incerteza quanto ao futuro do Cais do Valongo. Um exemplo desse problema é a mudança do que fora acordado com a gestão anterior do Ministério da Cultura a respeito da cessão do prédio das Docas Pedro II para que a Prefeitura do município lá instalasse o Centro de Interpretação do Valongo. A cessão prometida foi sustada pelo ex-ministro Sérgio Sá Leitão, que, a quatro meses do fim do mandato presidencial, anunciou a Fundação Palmares como nova cessionária da área.

Outro problema grave relacionado a esse tópico é a ausência de garantias quanto à continuidade dos programas desenvolvidos para o Valongo e região. Cortes orçamentários em todos os níveis federativos, discursos autoritários de governos que não reconhecem o valor da diversidade cultural, conflitos de interesses econômicos, são alguns dos fatores que ameaçam a integridade do sítio arqueológico e seu futuro como patrimônio mundial.

5.3. PARTICIPAÇÃO DA COMUNIDADE

A participação da comunidade na gestão de um bem é condição estabelecida pela Unesco para qualquer candidatura a patrimônio mundial. O guia a respeito da aplicação da Convenção sobre Patrimônio Mundial que foi aprovado pela organização ressalta:

> Os bens do patrimônio mundial podem acolher diversas utilizações, presentes ou futuras, que sejam ecológica e culturalmente sustentáveis e que possam contribuir para a qualidade de vida das comunidades envolvidas. [...] Toda a legislação, política e estratégia que afete os bens do patrimônio mundial deve garantir a proteção do seu valor universal excepcional, apoiar a conservação do patrimônio natural e cultural e promover e incentivar a participação ativa

das comunidades e partes interessadas, a fim de assegurar a sua proteção, conservação, gestão e apresentação sustentável[24].

No caso específico do Valongo e da Pequena África, há uma multiplicidade de atores envolvida no processo[25], que tem como pano de fundo a intervenção promovida pela operação urbana "Porto Maravilha". Uma descrição das disputas territoriais envolvendo esses atores pode ser encontrada no livro de Roberta Sampaio Guimarães, *A utopia da Pequena África*. Sobre os habitantes da região que se identificam como "negros" e "do santo", a autora observa:

> *Os herdeiros da Pequena África demarca[m] o passado da Zona Portuária através de tempos e espaços específicos: a comercialização de escravos africanos no mercado do Valongo e o enterro em cova rasa na Gamboa daqueles que haviam morrido na travessia marítima, a partir do século XVIII; a ocupação das casas da Saúde e do entorno da Pedra do Sal por migrantes baianos e africanos, a partir de meados do século XIX; e, com as reformas urbanísticas realizadas pelo prefeito Pereira Passos no início do século XX, o deslocamento habitacional desses migrantes para a Cidade Nova e para as favelas e subúrbios da cidade. A fim de presentificar tal passado, opera[m] uma gramática performativa própria em suas manifestações públicas: toca[m] ritmos percussivos, oferta[m] comidas associadas à culinária afro-brasileira, como feijoada, frango com quiabo, acarajé e angu, e utiliza[m] gestuais e vestimentas do candomblé*[26].

Como conclui a autora, por meio da noção da Pequena África idealiza-se "uma sociedade aperfeiçoada a partir de um modelo de ancestralidade, identidade e religiosidade africanas, com a valorização da sociabilidade do samba, do trabalho portuário, do candomblé e das formas de habitar em que

---

[24] Unesco, "Diretrizes operacionais para a implementação da convenção do patrimônio mundial", *op. cit.*, par. 119. No mesmo sentido, o par. 12 do mesmo documento: "Os Estados-partes na Convenção são encorajados a assegurar a participação de uma ampla diversidade de partes interessadas, incluindo gestores de sítios, autoridades locais e regionais, comunidades locais, organizações não governamentais, outras partes interessadas e parceiros na identificação, elaboração de propostas de inscrição e proteção de bens do patrimônio mundial".

[25] No que se refere especificamente à gestão do sítio, participam do comitê instituído pelo Iphan as seguintes entidades não governamentais: Associação Cultural Recreativa Afoxé Filhos de Gandhi, Associação de Remanescentes do Quilombo da Pedra do Sal, Centro Cultural Pequena África, Instituto de Pesquisa e Estudos Afro-Brasileiros, Instituto Pretos Novos e Organização Cultural Remanescentes de Tia Ciata.

[26] Roberta Sampaio Guimarães, *A utopia da Pequena África: projetos urbanísticos, patrimônios e conflitos na zona portuária carioca*, Rio de Janeiro: Editora FGV, 2014, pp. 21-2.

diversos núcleos familiares cooperavam entre si". É nesse sentido que, mais do que um "emblema identitário", o patrimônio da Pequena África representa para muitos de seus moradores uma *utopia*, "uma forma de vivenciar os espaços da Zona Portuária não limitada à percepção de um território inanimado a ser economicamente explorado; mas como um *mundo habitado*, constituído por humanos, animais, plantas, deuses e mortos, e em constante criação e dissolução"[27].

À exceção do espaço das audiências públicas anuais promovidas pelo MPF e do recém-criado comitê gestor do sítio, houve a participação da comunidade em oficinas e seminários promovidos pela Secretaria Municipal da Cultura, voltados à definição da proposta museológica para o sítio. Contudo, outros processos decisórios não contaram e ainda não contam com a participação direta da comunidade interessada, o que denota a importância de se fortalecer o comitê recém-instituído e as deliberações nele tomadas para que as diretrizes da Unesco se efetivem com maior sucesso, não obstante a existência dos fatores políticos externos que interferem na gestão do sítio.

5.4. FUNÇÃO DE SUSTENTABILIDADE DO PATRIMÔNIO CULTURAL

Inês Prado Soares observa que a função de sustentabilidade do patrimônio cultural possui um viés interno, que é o de valorização ou enriquecimento cultural dos próprios bens culturais, e um viés externo,

> *[...] voltado à comunidade e às demandas de desenvolvimento. O incentivo e apoio público que possibilitam novos olhares sociais conduzem à percepção do patrimônio cultural como um conceito dinâmico, que deve agregar nas respostas às demandas socioeconômicas a concepção de bem cultural como direito fundamental e recurso socioeconômico, indicando-lhes os possíveis aproveitamentos alternativos.*

Nesse sentido, "para impulsionar a aparição de novos atores culturais, é necessário que os governos nutram um interesse crescente da sociedade pelo desenvolvimento cultural, ao mesmo tempo que proporcionem condições para atuação desses atores"[28].

Nota-se, no caso do Valongo, um grande potencial para a geração de renda por parte das comunidades de moradores da região, a partir do turismo de memória (cf. o item seguinte), que não vem sendo explorado. Espera-se que o

---

[27] *Ibidem*, pp. 22-3.

[28] Inês Virgínia Prado Soares, *Proteção jurídica do patrimônio arqueológico no Brasil*, tese de doutorado, São Paulo: Pontifícia Universidade Católica, 2007, p. 57.

plano de gestão do sítio, ainda a ser confeccionado, trate do tema. Por outro lado, a pressão do mercado imobiliário sobre a área da operação urbana "Porto Maravilha" tende a expulsar a população mais pobre da região, não havendo, atualmente, políticas habitacionais voltadas a garantir a permanência dos residentes.

Ora, como ocorre com as populações indígenas e outras comunidades tradicionais, a memória coletiva, no caso do Valongo, também está ligada ao território. É por isso que "a proteção do território em que vivem tais populações e o direito destas de lá permanecerem são pressupostos para o desenvolvimento dessa função patrimonial". A territorialidade, neste caso, traduz-se em uma "ocupação coletiva do espaço, onde predomina o uso e a gestão compartilhada dos recursos naturais"[29]. Para o Valongo e a Pequena África, a territorialidade se traduz no cumprimento da função social da propriedade urbana no centro do Rio de Janeiro, na recuperação do casario tombado e na regularização fundiária dos imóveis habitados (inclusive nos morros do Pinto, da Conceição, onde está a Pedra do Sal, e da Providência, território da mais antiga favela do Brasil, ocupada pelos soldados negros que regressaram de Canudos).

5.5. TURISMO DE MEMÓRIA E ROTA DA ESCRAVIDÃO ("WHICH STORY SHALL BE TOLD?")

Em 1994, a Unesco aprovou o projeto "Rota dos escravos: resistência, liberdade, patrimônio", iniciativa que tem por objetivos contribuir para uma melhor compreensão das causas, *modus operandi* e consequências da escravidão no mundo; enfatizar as transformações globais e as interações culturais dela resultantes; e contribuir para uma cultura de paz, promovendo a reflexão sobre o pluralismo cultural, o diálogo intercultural e a construção de novas identidades e cidadanias[30].

O projeto é coordenado por um comitê científico internacional, que, dentre outras funções, elabora guias para identificação, preservação e promoção de sítios e itinerários de memória relacionados ao tráfico de escravos e à escravidão.

---

[29] *Ibidem*, p. 55.

[30] A página principal do projeto na internet está disponível no seguinte endereço: <http://www.unesco.org/new/en/social-and-human-sciences/themes/slave-route/>. Acesso em: 30 jan. 2019.

Com o reconhecimento do Cais do Valongo pela Unesco, atualmente dezesseis sítios estão inscritos na lista de Patrimônio Mundial por estarem diretamente ligados à escravidão e à rota do tráfico de escravos[31].

Porém, como observa Elisa Magnani, os lugares relacionados ao tráfico de escravos são depositários de uma memória do passado que é a chave para a autoidentificação de todos os negros da diáspora: "Diversos autores se interrogam sobre o modo pelo qual este patrimônio deve ser representado e, ainda, como sugere Bruner, *'which story shall be told?'* [qual história deve ser contada?]. Que história transmitir, através de um projeto turístico, é um tema muito debatido em Gana"[32].

Segundo a autora, o turismo de memória ligado à escravidão traz dois riscos: por um lado, o esquecimento e o apagamento dos acontecimentos; por outro, o risco de que ela seja lembrada de forma errada, de modo a comprometer, mercantilizar ou mistificar a história[33].

A reflexão feita pela pesquisadora italiana, sobre qual história será contada, relaciona-se com as discussões sobre o nome do museu de território que a Secretaria Municipal de Cultura planeja para a região ("MEL – Museu da Escravidão e da Liberdade") e com os seminários realizados pelo órgão, envolvendo a comunidade local, sobre o conteúdo museológico a ser desenvolvido.

6. CONCLUSÃO

O processo iniciado em 2011, com a revelação dos vestígios do mais contundente lugar de memória da diáspora africana no continente americano, está longe de uma conclusão. Após mais de um ano do reconhecimento do Cais do Valongo como patrimônio cultural mundial pela Unesco, pouco se avançou no que se refere à conservação, proteção e gestão do bem, e nada de concreto

---

[31] São eles: centro histórico de Ribeira Grande (Cabo Verde); ilha Kunta Kinteh e sítios relacionados (Gâmbia), fortes e castelos em Volta (costa de Gana), Stone Town (Zanzibar, Tanzânia), Aapravasi Ghat (Ilhas Maurício), paisagem cultural Le Morne (Ilhas Maurício), ilha de Moçambique (Moçambique), ilha de Gorée (Senegal); cidade marítima mercantil (Liverpool, Reino Unido), Estátua da Liberdade (Nova York, EUA), montanhas Blue e John Crow (Jamaica), área jesuíta e estâncias de Córdoba (Argentina), Centro Histórico de Bridgetown e sua guarnição (Barbados), centro histórico de Salvador (Bahia, Brasil), Parque Histórico Nacional Citadel, Sans Souci, Ramiers (Haiti), Fortaleza de Brimstone Hill (ilha de St. Christopher, Saint Kitts), bairro histórico da cidade de Colônia de Sacramento (Uruguai). Fonte: Unesco, disponível em <http://www.unesco.org/new/en/social-and-human-sciences/themes/slave-route/spotlight/preservation-of-memorial-sites-and-places/wh-properties-directly-linked-to-slavery/>. Acesso em: 30 jan. 2019.

[32] Elisa Magnani, *Turismo, memoria e tratta degli schiavi: l'heritage come strumento di sviluppo locale in Africa*, Milão: Franco Angeli, 2013, p. 57. [Tradução livre do autor].

[33] *Ibidem*, p. 58.

foi feito para promover a valorização do sítio arqueológico. Ainda não houve a implementação de sinalização adequada no local, tampouco a consolidação e a adequação paisagística do sítio determinadas pela organização internacional. A coleção dos artefatos revelados durante as escavações arqueológicas não está acessível para pesquisas, pois o Laboratório Aberto acordado com a prefeitura ainda não foi construído. O comitê gestor do bem somente foi instalado recentemente, e ainda não elaborou o plano de gestão do sítio. Além disso, disputas judiciais e interesses particulares atrasam a instalação do Centro de Interpretação do Valongo no prédio histórico projetado pelo engenheiro negro André Rebouças. Os prazos ajustados com a Unesco começam a vencer no final de 2018 e durante o ano de 2019, e não é certo que serão cumpridos a tempo.

Salta aos olhos, em especial, a fragilidade do arranjo institucional envolvendo os governos federal e municipal, sobretudo no que se refere aos recursos orçamentários necessários ao atendimento das obrigações internacionais e à excessiva dependência da burocracia e da vontade política dos governantes. Com relação à região da Pequena África, que constitui a zona de amortecimento do bem, ainda não há nenhuma proposta de regularização fundiária, recuperação dos imóveis tombados e geração de renda por meio do turismo cultural.

Como nota Inês Prado Soares, os direitos básicos ao patrimônio cultural podem ser sistematizados em:

> [D]ireito de conhecer sua própria história e a de seu povo e suas manifestações culturais; direito de conservar suas manifestações culturais pelo contato com as tradições e pela sua continuidade; direito de ser informado e emitir opinião na tomada de decisões que afetem os bens culturais; direito de se beneficiar, com prioridade, do desenvolvimento socioeconômico gerado pela utilização do bem cultural; e, direito a que seja considerada, prioritariamente, a qualidade de vida do morador local e que esta não fique prejudicada pelas atividades econômicas ou científicas (como turismo, pesquisas, obras de infraestrutura etc.)[34].

Tais direitos, no que se refere ao sítio do Valongo, não estão sendo devidamente garantidos pelo poder público. Os direitos ao conhecimento histórico e ao (re)conhecimento da identidade cultural negra esbarram na burocracia e em arranjos políticos frágeis, enquanto a participação da comunidade no processo decisório ainda é insuficiente. A receita auferida com a operação urbana "Porto Maravilha" não foi revertida para a população mais pobre dos bairros da Gamboa, Saúde e Santo Cristo e inexiste, até o presente, projeto privado

---

[34] Inês Virgínia Prado Soares, *Proteção jurídica do patrimônio arqueológico no Brasil*, op. cit., p. 54.

ou público voltado à geração de renda com o turismo cultural no Valongo, no Cemitério dos Pretos Novos, na Pedra do Sal e em outros marcos da presença negra na história do Rio de Janeiro e do Brasil.

Neste contexto, tornam-se fundamentais o fortalecimento das instâncias participativas/democráticas de deliberação e o apoio (público e privado) a formas de economia solidária ligadas à valorização da presença da cultura negra na área e ao turismo de memória. Em um cenário como o atual, de retrocesso de direitos, é importante também o estabelecimento de redes de solidariedade e de formas de atuação coletiva. Ao Ministério Público, a meu ver, cabe adotar medidas extrajudiciais e judiciais no sentido de, em primeiro lugar, garantir o cumprimento das obrigações nacionais e internacionais decorrentes do reconhecimento do valor excepcional do sítio; e, em última instância, buscar fazer com que as "pedras pisadas do cais" cumpram a função social e cultural apropriada para um patrimônio da população negra, do Brasil e da humanidade.

ANTIMONUMENTOS: A MEMÓRIA POSSÍVEL APÓS AS CATÁSTROFES

- *Márcio Seligmann-Silva* -

Existe uma vasta e interessante história da teoria da memória que vem sendo reatualizada nos últimos anos em função da revolução cibernética e da construção do universo da internet. É como se um novo continente tivesse sido descoberto. Não apenas imperativos tecnológicos determinam nossa nova visão do ser humano e revolucionam sua memória. Devemos destacar também questões de ordem política e histórica. O séc. XX foi uma era de extremos. Se, pela primeira vez em muitos séculos, pôde surgir mais de uma geração de homens que não foram à guerra e nunca pegaram em arma de fogo, por outro lado, nunca se exterminaram tantas vidas numa escala tal e dentro de contextos nacionalistas e de "limpeza étnica" como nesse período. Além disso – e como consequência dessas catástrofes – o fim das ideologias e interpretações universais para a "história da humanidade" fez com que a articulação de nossa autoimagem abandonasse qualquer esperança quanto a uma utopia "coletivista" e migrasse cada vez mais para os limites estreitos de nosso corpo. A teoria sociológica clássica foi substituída por uma reflexão de base antropológica, psicanalítica e biológica. Mais do que nunca, agora o universal é visto como resultado do individual: não se trata apenas da "virada linguística" no conhecimento, porém de uma crise muito mais profunda que corrói seus fundamentos como um todo e o lança sobre um patamar que torna a questão da memória incontornável. No que segue, partindo de alguns pressupostos da tradição da arte da memória, apresento os antimonumentos, uma nova modalidade de lidar com esse novo papel da memória.

A ARTE DA MEMÓRIA

A arte da memória tem como sua figura originária (histórica e mítica) Simônides de Ceos (556-468 a.C.). Três anedotas que cercam a figura desse poeta mostram em que medida a arte da memória deve muito ao culto da memória no sentido de louvor aos grandes feitos (e aqui deveríamos pensar evidentemente no conceito de fama), ao culto dos mortos (lembremos a noção de piedade) e, finalmente e paradoxalmente, ao desejo de selecionar o que queremos lembrar e, portanto, de determinar quais dados preferiríamos esquecer.

A primeira dessas anedotas é a mais conhecida e constitui um lugar-comum em qualquer estudo sobre a arte da memória. Refiro-me à história do banquete que foi oferecido em homenagem ao pugilista Skopas, que acabara de obter um prêmio. Durante essa recepção, recordo rapidamente, Simônides – que fizera um encômio em sua homenagem no qual louvara também a Castor e Pólux – foi chamado à porta por duas pessoas que queriam falar com ele. Ao chegar à soleira do salão, Simônides não encontrou ninguém; mas logo compreendeu o que estava acontecendo, pois entrementes o salão havia desabado matando todos os convivas. Os dióscuros, percebemos logo, recompensaram-no pelo encômio salvando sua vida. O teto da sala de recepções caíra com uma violência tal sobre os convivas, que eles ficaram totalmente desfigurados e irreconhecíveis. Simônides, o único sobrevivente, pôde nomear cada um dos cadáveres graças à sua arte da memória. E, na medida em que se recordava exatamente do local que cada conviva ocupara, todos puderam ser identificados e enterrados com honras fúnebres.

A segunda anedota também trata de um enterro e da sobrevivência do pai da mnemotécnica: durante uma de suas viagens, ele teria encontrado um cadáver e imediatamente providenciado seu enterro. Na noite seguinte a esse evento, o espírito do cadáver surgiu num sonho de Simônides para lhe prevenir que o barco no qual ele deveria partir iria afundar. Simônides desistiu de continuar sua viagem e a embarcação de fato naufragou, matando todos os seus passageiros[1].

Se nessa última anedota o passado e os mortos assumem uma forma espectral (e seu culto, uma maneira de apaziguar essas almas), na terceira historieta aqui recordada esse traço espectral ressurge em sua face assustadora e não mais salvacionista. Cícero narra que o general e político ateniense Temístocles (*c.* 524-459 a.C.), responsável pela derrota dos persas na Batalha de Salamina e, portanto, a quem Atenas devia seu poderio sobre o Mediterrâneo, quando já estava idoso, devido a intrigas, foi submetido a um tribunal que o condenou ao ostracismo. Durante seu exílio, Simônides teria oferecido ensinar-lhe sua arte da memória. Temístocles – que era conhecido justamente por sua memória prodigiosa – recusou a oferta dizendo que ele necessitava de uma outra arte: a *ars*

---

[1] Aleida Assmann, *Erinnerungsräume: Formen und Wandlungen des kulturellen Gedächtnisses*, Munique: C. H. Beck, 1999, pp. 35 ss.

oblivionalis. Isto porque o general sofria de "memória demais" e não carecia de uma *ars memoriae*. Apesar de sabermos que não pode existir rigorosamente falando uma *ars oblivionalis*[2], não é menos verdade que a Antiguidade também nos legou muitos exemplos, belamente analisados por Harald Weinrich, de como o esquecimento pode ser atingido: ele lembra de passagens da *Odisseia*, como a de Ulisses sendo apanhado pelos encantos de Circe e de Calipso (que o fazem esquecer momentaneamente a volta a Ítaca), da cena da sua tripulação na ilha dos lotófagos, sucumbido ao esquecimento após comer a flor de lótus, e recorda ainda de Ovídio tratando do *Amor Lethaeus*, entre outras passagens tópicas da história do esquecimento. Assim, nessa terceira anedota aparece a imagem de um passado que não é mero conjunto de fatos que podem ser guardados, mas que constituem, ao mesmo tempo, uma peça fundamental na nossa vida e na nossa identidade. Com relação a esse passado, fica mais evidente em que medida a memória não é apenas um "bem", mas encerra ainda uma carga espectral que gostaríamos muitas vezes de esquecer – ou enterrar, da maneira como fazemos com nossos mortos. Esse passado que não quer passar também é um íntimo conhecido nosso, moradores da era dos extremos.

A arte da memória foi descrita na Antiguidade por vários retores, sendo que as descrições que chegaram até nós são as de Cícero, Quintiliano e sobretudo a do autor do tratado *Ad Herennium*. Cícero vê a memória como uma das cinco partes da retórica (*inventio, dispositio, elocutio, memoria, pronunciatio*[3]). A arte da memória servia tanto como uma técnica para decorar longos discursos como também deveria desenvolver a capacidade de memorização do orador (essencial, por exemplo, para atuar nos tribunais, quando os argumentos do oponente deveriam ser cuidadosamente registrados). Na Antiguidade, não só inexistia a impressão de livros, como tampouco havia papel tal como nós o conhecemos hoje; daí a importância da memória para o orador. Também em Cícero é patente o valor atribuído à visão dentro da técnica de memorização. O princípio central da mnemotécnica antiga consiste na memorização dos fatos através da sua redução a certas imagens que deveriam permitir a posterior tradução em palavras: a realidade (*res*) e o discurso final (*verba*) seriam mediados pelas imagens (*imagines agens*). Essas imagens, por sua vez, deveriam ser estocadas na memória em certos locais (*loci*) imaginários ou inspirados em arquiteturas de prédios reais. O importante era que o retor tivesse domínio sobre esses espaços da memória que deveriam ser percorridos no ato de sua fala, quando cada imagem seria retraduzida numa palavra ou numa ideia.

---

[2] Harald Weinrich, *Lethe: Kunst und Kritik des Vergessens*, Munique: C. H. Beck, 1997, pp. 23 ss.

[3] Cf. *De inventione*; Frances Yates, *Art of memory*, Chicago: University of Chicago Press, 1974, pp. 8 ss.

ANTIMONUMENTOS

O termo "monumento" vem do latim *monere*, que significa advertir, exortar, lembrar. Mas, desde a Antiguidade, a tradição de construção de monumentos esteve ligada mais à comemoração (de vitórias bélicas) do que à ideia de advertir. Foi depois da Segunda Guerra Mundial, e sobretudo no contexto do processo de memorialização de Auschwitz, que se desenvolveu uma estética do que se tornou conhecido como antimonumento, que de certa maneira funde a tradição do monumento com a da comemoração fúnebre. Desse modo, o sentido heroico do monumento é totalmente modificado e deslocado para um local de lembrança (na chave da admoestação) da violência e de homenagem aos mortos. Os antimonumentos, na medida em que se voltam aos mortos, injetam uma nova visão da História na cena da comemoração pública e, ao mesmo tempo, restituem práticas antiquíssimas de comemoração e rituais de culto aos mortos.

Pode-se considerar que a relação de cada população com seus mortos constitui o núcleo simbólico de sua cultura. Se Freud insistia na relação entre morte e o nascimento da cultura, podemos dizer com ele que o simbólico se estrutura em diálogo com a ideia de morte. Na própria etimologia do termo grego *sema* podemos vislumbrar a proximidade entre signo e morte: originalmente, esse termo significa "túmulo" e só posteriormente recebe o sentido de "signo". Já o conceito de *mnema*, desde suas origens remotas, indica traços ou vestígios de um passado esquecido. Ou seja, memória e dificuldade de leitura dos seus traços são ideias arcaicas dentro do imaginário grego. Por outro lado, *mnema* passa a significar não só o elemento material de uma lembrança, mas também o próprio canto fúnebre, para finalmente se aproximar cada vez mais da noção de *sema* como túmulo, conforme ocorre, por exemplo, em Eurípides. *Sema* significa mais o próprio local, a elevação que indica o túmulo, sendo que *mnema* é a qualidade que faz do *sema* um memorial ou um objeto de glória (*kléos*), remetendo à imbricação existente no universo grego entre morte, signo e vida eterna. Mnemósine, a mãe das musas (logo, da cultura), portanto, só pode ser pensada no seu aspecto de face dupla: uma voltada para o passado, outra para o futuro[4].

Também o deus Jano, tradicionalmente representado como o porteiro celestial, é caracterizado por possuir dois rostos. Na interpretação de Hannah Arendt[5], Jano, o deus do recomeço, atua em polaridade com Minerva, a deusa da recordação. Para a autora, Jano e Minerva são as divindades que mais se identificavam com a cultura e religião romanas. A ampliação do Império Romano e

---

[4] Michèle Simondon, *La Mémoire et l'oubli dans la pensée grecque jusqu'à la fin du Ve siècle avant J.-C.*, Paris: Les Belles Lettres, 1982, *passim*.

[5] Hannah Arendt, *Entre o passado e o futuro*, São Paulo: Perspectiva, 1982, p. 64.

a preservação não só da unidade política, mas também da identidade religiosa e cultural, refletem-se na própria religião. Na base etimológica dessa palavra está a ideia de *re-ligare*, que pode ser interpretada como "ligar ao passado". O novo território conquistado (representado pela divindade Jano, o recomeço) se vinculava sempre à fundação original de Roma, ao mito de Remo e Rômulo e a todo o peso das antigas tradições. Minerva traduz a ligação de cada ato do presente ao sagrado início da História. O recomeço sempre arrasta consigo o passado e reinterpreta a História a partir do presente. O futuro proclama a memória do passado, pois a outra face de Jano está sempre voltada para olhar e relembrar, com Minerva, a História que se projeta[6].

Michele Simondon apresentou em detalhes os diversos significados de *mnema* na sua relação com a morte, a glória, o monumento belo (que compensa a morte) e a gratidão (*cáris*). Entre outros pontos essenciais, ela recorda que, para o poeta Simônides, a poesia e a memória no espírito dos homens (*mnastis*) eram mais duradouras que a pedra da sepultura. Essa ideia é fundamental na estética-ética dos antimonumentos. Eles abandonam a retórica da "memória escrita em pedra para sempre", e optam por matérias e rituais mais efêmeros, apostando justamente na força das palavras e dos gestos, mais do que no poder das representações bélicas (generais sobre seus cavalos, tanques e canhões) ou triunfais (arcos do triunfo, altares das nações etc.).

O antimonumento se desenvolve, portanto, numa era de catástrofes e também de teorização do trauma, com a psicanálise. Ele corresponde a um desejo de recordar de modo ativo o passado (doloroso), mas também leva em conta as dificuldades do "trabalho de luto". Mais ainda, o antimonumento, que normalmente nasce do desejo de lembrar situações-limite, leva em si um duplo mandamento: ele quer recordar, mas sabe que é impossível reter uma memória total do fato, bem como sabe o quanto é dolorosa essa recordação. Essa consciência do ser precário da recordação manifesta-se na precariedade tanto dos antimonumentos como dos testemunhos dessas catástrofes. Estamos falando de obras que trazem em si um misto de memória e de esquecimento, de trabalho de recordação e resistência. São obras esburacadas, mas sem vergonha de revelar seus limites que implicam uma nova arte da memória, um novo entrelaçamento entre palavras e imagens na era pós-heroica. Elie Wiesel, referindo-se à sua obra testemunhal sobre os campos de concentração nazistas, escreveu: "Eu não contei algo do meu passado para que vocês o conheçam, mas sim para que saibam que vocês nunca o conhecerão".

Essa impossibilidade da memória e sua resistência ficou expressa de modo lapidar na famosa frase de Adorno, de seu ensaio "Crítica cultural e sociedade",

---

[6] Agradeço a Ariani Bueno Sudatti por me lembrar esta importante passagem de Hannah Arendt.

de 1949: "escrever um poema após Auschwitz é um ato bárbaro, e isso corrói até mesmo o conhecimento de por que hoje se tornou impossível escrever poemas"[7]. Podemos pensar o testemunho e o antimonumento como práticas dessa escritura rasurada *avant la lettre*. Essa rasura se expressa de muitas maneiras, e não só no "ser esburacado" dessas manifestações simbólicas. Devemos lembrar que existe algo como uma tendência à literalidade nas tentativas de inscrição da memória do trauma. Ernst Simmel, autor de *Kriegsneurosen und psychisches Trauma* (1918), descreveu o trauma de guerra com uma fórmula que deixa clara a relação entre técnica, trauma, violência e o registro de imagens: "A luz do *flash* do terror cunha/estampa uma impressão/cópia fotograficamente exata"[8]. Essa literalidade, no entanto, impede o fluxo da simbolização. O testemunho e o antimonumento procuram quebrar essa literalidade e abrir um espaço para a simbolização.

Jochen Gerz é, sem dúvida, um dos artistas mais interessantes na atualidade, quando se trata de pensar sobre a nossa cultura da memória. Sua arte lida há anos com a história recente da Europa, sendo que, pelo fato de ser alemão, nascido em Berlim em 1940, a centralidade do passado nazista na sua temática não deve causar surpresa. Outra característica que faz desse artista um exemplo particularmente representativo da cena artística atual é sua relação com a literatura e com a filosofia. Gerz não apenas estudou essas disciplinas, mas incorpora a seu trabalho textos e muitas vezes o próprio gesto da escritura. Ele escreve com textos e imagens[9]. Muitas vezes são imagens fotográficas e o dispositivo fotográfico também é central na arte da memória, na medida em que a fotografia é pensada, como o próprio Gerz afirma, como uma escritura visual[10]; um conjunto de traços deixados pela luminosidade do "real", cuja apresentação – e não representação – norteia a obra desse autor[11].

Nesse aspecto, sua arte se desdobra normalmente no contexto de projetos que envolvem discussões com seus estudantes e com a comunidade, pesquisas,

---

[7] *"Nach Auschwitz ein Gedicht zu schreiben, ist barbarisch, und das frißt auch die Erkenntnis an, die ausspricht, warum es unmöglich ward, heute Gedichte zu schreiben"* (Theodor Adorno, *Prismen*, Frankfurt a.M.: Suhrkamp, 1976, p. 26); cf. Márcio Seligmann-Silva, *Adorno*, São Paulo: PubliFolha, 2003.

[8] *"Das Blitzlicht des Schreckens prägt einen photographisch genauen Abdruck"*, apud Aleida Assmann, *op. cit.*, pp. 157 e 247.

[9] "Para escrever eu necessito de imagens, assim como mostrou-se que, para que eu tivesse minhas imagens, preciso de textos. Não posso imaginar um sem o outro" (Jochen Gerz, *Gegenwart der Kunst*, Regensburg: Lindinger + Schmid, 1995, p. 125).

[10] Philippe Mesnard, *Consciences de la Shoah*, Paris: Kimé, 2000, p. 80.

[11] Nesse sentido, é sempre bom recordar a teoria e as obras fotográficas de Moholy-Nagy, sobretudo de seus fotogramas que representam uma suma do dispositivo fotográfico como escritura luminosa: objetos deixados sobre o papel fotográfico eram expostos à luz. A fotografia não é nada mais que a marca do corpo deixada no papel.

coleta de informações, de tal modo que muitas vezes a obra "em si" ou seu resultado final é o menos importante. Gerz é um crítico, não apenas da temporalidade aparentemente eterna das obras de arte tradicionais – auráticas – e do elemento consolador que a identificação com essa pseudoimortalidade traz, mas também é um opositor da instituição museológica tradicional.

Nesse sentido, uma de suas obras, *Exit/Materialien zum Dachau-Projekt* (Exit/Materiais para o Projeto Dachau, 1972), é baseada nas fotos que fez em museus: fotos não de obras de arte, mas de placas como "saída", "silêncio", "proibido fumar" etc. Gerz se revolta contra a instituição museológica que faz com que respondamos de modo mecânico ao ritual do culto das obras: nas suas palavras, no museu somos "vítimas do passado"[12]. No sentido oposto ao da musealização enquanto embalsamento do passado, Gerz pratica uma arte que quer encenar os processos de embalsamento desse passado: ele visa reatualizar os processos de recalque e enterramento do passado – encriptamento, diríamos com o psicanalista Nicolas Abraham –, particularmente dos eventos que não podem ser acomodados na falsa continuidade do histórico. Daí a necessidade de se romper (seguindo as vanguardas "clássicas") com as paredes do museu tradicional, historicista, e partir para o domínio do espaço público. Daí também o desaparecimento e a invisibilidade estarem no centro da sua poética: ao invés do paradigma romântico do Pigmaleão, ou seja, do artista como alguém que deveria dar vida à sua obra, Gerz, ao encenar o desaparecimento, não apenas reafirma a arte como algo além de toda ilusão, mas torna-a eminentemente política.

A política da memória, no sentido mais nobre dessa expressão, pode ser lida no seu famoso antimonumento contra o fascismo, feito junto com sua esposa, Esther Shalev-Gerz, em Hamburgo. Esse monumento era basicamente um "obelisco" de 12 metros de altura, quadrado, com um metro de cada lado, recoberto de chumbo. Cinzéis estavam presos à obra e os espectadores eram convidados a escrever seus nomes sobre ela, numa forma de coletivização do trabalho do artista e de comprometimento com o tema. Quando a superfície estava totalmente cheia de inscrições, o monumento era enterrado na profundidade de dois metros e uma nova superfície lisa ficava acessível para as assinaturas.

Por fim, em 1993, os dois últimos metros foram finalmente soterrados e o antimonumento sumiu. Hoje, ele existe como uma coluna sob a terra: as assinaturas, palavras antifascistas, mas também nazistas – até os tiros que a obra recebeu –, tudo se encontra enterrado. Essa obra agora é como os nossos passados, que sempre estão ausentes e de certa forma também estão enterrados na nossa memória. Mas, até hoje, perdura a discussão sobre esse trabalho, que funciona como um potente catalisador de reflexões sobre os dispositivos

---

[12] Jochen Gerz, *Gegenwart der Kunst*, op. cit., p. 34.

mnemônicos. A superfície do chumbo é particularmente interessante no nosso contexto: não apenas porque esse é o metal saturnino, e Saturno é o planeta que rege os melancólicos (em termos freudianos, aqueles que incorporaram um passado que não pode ser enlutado[13]), mas também porque encena a própria memória como um tablete de cera. Gerz ficou fascinado com o fato de que não podemos apagar completamente as inscrições no chumbo. Podemos apenas rasurá-las ou escrever por cima delas.

Assim, não existe a possibilidade do apagamento inocente, anônimo. A coluna funciona como uma espécie de bloco mágico freudiano[14] defeituoso, sem o dispositivo de apagamento das marcas na superfície e onde as camadas do palimpsesto acabam por anular toda possibilidade de inscrição e leitura, ao menos no sentido tradicional dessas atividades, ou seja, dentro da nossa visão alfabética de escritura como uma sucessão lógica de fonemas e lexemas. A escritura torna-se puro traçamento e espaçamento: como as inscrições no nosso próprio inconsciente. Também esse elemento meta ou pré-semântico da escritura nesse "obelisco" não deixa de mimetizar a nossa (im)possibilidade de dar um sentido para o passado fascista. Essa mímesis, no entanto, não se reduz na obra de Gerz a um movimento reflexo: antes, ao encenar o movimento de encriptamento do passado, ele permite uma reflexão sobre esse processo. Ao invés de uma figurabilidade, que tornaria o passado legível – como ocorre, por exemplo, em algumas obras de ficção sobre a Shoah[15] – Gerz apela para uma superliteralidade que violenta nossos hábitos e nossa inércia que nos leva a não olhar para nossos passados encapsulados, assim como não olhamos para os enormes monumentos do séc. XIX nos centros de nossas cidades (os quais Freud, com razão, comparou aos sintomas de um histérico)[16]. De resto, Gertz chamou sua obra contra o fascismo de *Mahnmal* (termo derivado de admoestação), não de *Denkmal*

---

[13] Sigmund Freud, "Trauer und Melancholie", *Freud-Studieausgabe*, v. 3, Frankfurt a.M.: Fischer, 1975.

[14] Sigmund Freud, "Notiz über den Wunderblock", *Freud-Studieausgabe*, op. cit.

[15] Márcio Seligmann-Silva e A. Nestrovski (org.), *Catástrofe e representação*, São Paulo: Escuta, 2000.

[16] Gerz, assim como os artistas que lidam com as catástrofes do séc. XX, sabe que a História não pode ser mais decantada em "imagens artísticas". Existe a possibilidade de simplesmente mimetizar as "imagens traumáticas", de repetir mecanicamente essas imagens que se fixaram na nossa "memória coletiva". A questão é sair desse registro da repetição (que vemos, por exemplo, na arte dos anos 1960 de Andy Warhol). A traduzibilidade entre fatos, imagens e palavras deixa de ser aceita como algo automático. Cabe ao artista buscar uma solução para dar conta desse passado que não se deixa capturar nas imagens, gêneros e práticas artísticas herdadas. Assim como o literato que se volta para as catástrofes deve buscar o "tom correto" para lidar com esse passado, cada artista busca um dispositivo que abra acesso para seu "trabalho de memória" (que envolve sempre uma "desmemória", uma descristalização das criptas). No caso de Gerz, ele costuma encenar a própria mecânica do recalcamento; outros artistas optam pela metáfora fotográfica, outros ainda pela poética do acúmulo de ruínas, de traços e documentos do passado, ou mesmo de "restos" dos mortos, sendo que o museu de Auschwitz, com suas pilhas de malas, sapatos e cabelos, é paradigmático.

(monumento): enquanto para ele este último estaria ligado à comemoração de um passado positivo, o *Mahnmal* volta-se para uma herança pesada, negativa[17], assim como suas obras e a arte da memória contemporânea são negativos de nossa cultura da amnésia e constituem jogos em que é possível virar ao avesso o *Unheimlich* (o estranho/sinistro), revelando seu outro lado, a outra face da sua moeda, o familiar (nosso passado), que está dentro de nós e nos é estranho[18].

Outra obra de Gerz que pode ser posta ao lado desse antimonumento é seu trabalho intitulado *2146 Steine, Mahnmal gegen Rassismus* (2.146 pedras, memorial contra o racismo), de 1993, que realizou em Saarbrücken. Essa obra foi o resultado de um trabalho com os alunos da escola de artes dessa cidade e se iniciou de um modo inusitado, como uma atividade noturna, na qual eles retiravam as pedras de pavimentação ao lado do castelo onde se encontra atualmente o parlamento estadual. As pedras eram substituídas na calada da noite por outras similares. Após a inscrição do nome de um dos 2.146 cemitérios judaicos da Alemanha embaixo de cada pedra, ela era devolvida a seu lugar. Um dos pontos curiosos nesse projeto é que ele envolveu o levantamento – inédito – de todos os cemitérios judaicos da Alemanha, cadastramento realizado com a consulta a todas as organizações judaicas locais do país. Sem contar, é claro, com a própria ideia de realizar uma obra que novamente "des-obra" nosso processo de enterramento do passado. O antimonumento existe apenas devido às discussões que existiram e persistem em torno dele – como nosso passado "desaparecido" também só existe no presente. Conforme Gerz afirmou numa entrevista: "A memória não pode ter nenhum lugar fora de nós. O trabalho trata apenas disso"[19]. Ele ainda recorda, ao falar dessa obra, que a palavra *Steinpflaster*, "pedras de pavimentação", tem duplo sentido em alemão: *Pflaster* significa tanto pedra como curativo; *Wundpflaster*, curativo de uma ferida: palavra essa que remete justamente à etimologia grega do termo "trauma". A obra reabre a cicatriz do passado, mas também a possibilidade de sua aproximação e libertação da cripta que condenava o passado a morar na área enfeitiçada e proibida do tabu e, desse local, comandava nossas reações mecânicas, nosso *Agieren* (*acting-out*), que estava no lugar da recordação.

No nosso contexto, poderíamos recordar ainda duas outras obras de Gerz: seu *Questionário de Bremen 1995* e o *Monument vivant de Biron*, de 1996. Em ambas as obras, novamente, interveio o questionário. Em Bremen, Gerz propôs a seus cerca de 50 mil habitantes três perguntas: "O que para você é tão

---

[17] Jochen Gerz, *op. cit*, pp. 147 ss.

[18] Cf. suas palavras: "Eu não estou do lado dos construtores de monumento e dos fabricantes de ícones. É quase um insulto me dizer que faço monumentos. Eu faço tudo que pode ser feito para que não se faça isso. São dispositivos, tudo menos isso" (Philippe Mesnard, *op. cit.*, p. 89).

[19] Jochen Gerz, *op. cit.*, p. 157.

importante a ponto que queira ver realizado no espaço público?", "Você acha que com os meios da arte contemporânea isso pode ser realizado?" e "Você gostaria de estar pessoalmente implicado na realização desse trabalho?"[20]. O resultado desse questionário e da discussão que se seguiu a ele não foi a construção de nenhuma das desejadas obras: Gerz inscreveu o nome de todos os autores da obra – a saber: da discussão – numa placa que foi posta num "canto" que ele implantou numa ponte de Bremen. Olhando essa obra, cada um poderia se recordar de seu projeto.

Já em Biron, uma pequena cidade francesa marcada pelas duas guerras mundiais, Gerz recebeu a encomenda de fazer uma obra para substituir o antigo obelisco aos mortos da cidade, que estava quebrado. Contudo, ao invés de substituí-lo, o artista novamente realizou um questionário envolvendo toda a população e perguntou o que seria para os habitantes de Biron tão importante a ponto de valer pôr em risco suas próprias vidas. As respostas foram posteriormente gravadas de modo fragmentário e anônimo (em espaço equivalente a sete linhas para cada uma), em plaquetas que foram fixadas no obelisco e no seu pedestal. A ideia é que esse "monumento" continue em perpétuo devir. Gerz não apenas integrou o monumento antigo à cidade, mas o próprio processo de recordação. "Nós apenas nos recordamos daquilo que esquecemos"[21], afirma o artista. Nas suas obras, essa arte da memória dá continuidade à antiga mnemotécnica, ao entrelaçar o culto dos mortos, a escritura verbal e visual e o procedimento de fazer "listas" de nomes. "No final das contas, tudo o que fica são listas, *listings*"[22], disse ele também.

Eu gostaria ainda de tratar da arte da memória de outros artistas contemporâneos como Naomi Tereza Salmon, Christian Boltanski, Cindy Sherman, Horst Hoheisel, Andreas Knitz, Rosângela Rennó, Marcelo Brodsky, Micha Ullman, Anselm Kiefer e Daniel Libeskind. Cada um deles desenvolveu uma poética própria, onde a memória desempenha o papel de polo aglutinador e as artes fazem jus ao fato de serem filhas de Mnemósine. Nas obras desses autores – que não posso tratar aqui por uma questão de espaço – algumas das principais caraterísticas da arte da memória contemporânea vêm à tona.

Encontramos, por exemplo, o procedimento de literalização do passado e do seu processo de transformação em cripta/arquivo/palimpsesto/camadas "geológicas" (cf. *Asservate Exhibits* de Salmon, a obra de Hoheisel e Knitz *Zermahlene Geschichte* em Weimar, o *Aschrottbrunnen* [1987] e o *Denk-Stein-Sammlung* [1988--95] de Hoheisel em Kassel e as obras de Kiefer com chumbo e palha), além do

---

[20] Philippe Mesnard, *op. cit.*, p. 84.

[21] Jochen Gerz, *Le Monument vivant de Biron*, Arles: Actes Sud, 1996, p. 9.

[22] Jochen Gerz, *Gegenwart der Kunst*, *op. cit.*, p. 154.

uso da fotografia como meio de expressão (em Gerz, Salmon, Rosângela Rennó, Boltanski, Sherman, Brodsky), uma poética muito mais próxima da tradição do sublime e do abjeto que do belo (sobretudo em Sherman, que também emprega o procedimento de tornar suas imagens chocantes e dá atributos aos seus personagens, como na pintura tradicional herdeira da arte da memória antiga), o uso de palavras e de colagens (como na obra de Nuno Ramos *111*, em *The Missing House* de Boltanski [1989] e nos trabalhos de Kiefer, que dialogam com a poesia de Paul Celan).

As exposições, realizadas em São Paulo no segundo semestre de 2003, dos artistas Horst Hoheisel, Andreas Knitz (ambos de Kassel), Marcelo Brodsky (de Buenos Aires) e Fulvia Molina (de São Paulo) deixam claro em que medida uma nova arte da memória finca pé na cena internacional (e local). Nas duas exposições, a *Pássaro Livre/Vogelfrei* (apresentada no Octógono da Pinacoteca) e a *MemoriAntonia* (exposta no Centro Cultural Maria Antônia da USP), observamos metamorfoses do tempo e de histórias catastróficas de um passado recente decantar-se em imagens que pedem para ser lidas e em vozes que querem ser escutadas. Nas duas exposições, os artistas conseguiram também estabelecer canais comunicantes entre temporalidades e espaços que um tratamento historiográfico tradicional apenas com muita dificuldade conseguiria reunir.

Observemos, primeiro, a instalação do Octógono. No centro desse espaço panóptico, Horst Hoheisel e Andreas Knitz construíram em escala 1:1 uma cópia do portal do presídio Tiradentes (portal que permanece preservado, a poucos metros da Pinacoteca, como única lembrança daquele prédio que foi demolido em 1973). Este portal, no entanto, não foi construído em pedra, mas sim na forma de uma gaiola. A ruína do presídio é citada pelos artistas e metamorfoseada em prisão. O portal, local de passagem, por onde inúmeros prisioneiros entraram e eventualmente saíram, foi transformado numa alegoria de todo o prédio, que ele representa *pars pro toto*. Durante a exposição, o portal-prisão serviu de abrigo para 12 pombos que, depois de iniciada a mostra, a cada fim de semana, foram sendo libertados.

Vogelfrei é um título ambíguo e impossível de ser traduzido, de circular de um local cultural para outro. Em alemão, temos "pássaro livre" embutido no vocábulo (*Vogel-frei*), e na exposição podíamos assistir de modo concreto à libertação dos pássaros. Mas o termo significa em alemão, antes de mais nada, "proscrito": alguém que foi decretado *vogelfrei*, que teve sua própria cabeça posta a prêmio, é considerado fora da lei. O presídio Tiradentes, que os artistas resolveram retirar do esquecimento em que se encontrava, ruína "invisível" na avenida Tiradentes, que poucos reconheciam na sua historicidade, é justamente aquele que abrigou durante os anos mais duros da ditadura militar centenas de presos políticos. Pessoas que da noite para o dia foram transformadas em "foras da lei": porque um governo "de exceção" havia se instalado e se arvorou no direito de perseguir de modo brutal todos seus inimigos.

A obra em questão (que, como a arte de Duchamp, é composta por um conjunto de imagens em tensão com seu título-lema) faz lembrar que a lei depende de modo essencial de sua relação com as instituições penitenciárias. A lei tem como uma de suas portas a entrada da prisão, pois ela está subordinada à possibilidade do estado de exceção, uma criação legal que, paradoxalmente, autoriza que o poder político estabelecido suspenda *in toto* a lei das leis, ou seja, a própria Constituição. Assim, o chamado "poder soberano" é autoridade dentro e, ao mesmo tempo, fora da lei, por isso não passível de ser encarcerada, mas sim de criar leis, encarcerar e sacrificar o outro, decidindo não apenas sobre a ordem que subsiste em caso extremo de emergência, mas também sobre as ações que devem ser tomadas para superar a situação política instaurada. A figura da lei que proscreve nunca foi tão reatualizada como ao longo da história do séc. XX. Esse portal em forma de prisão lembra, não por acaso, outro proscrito que nasceu da pena de um dos escritores que melhor compreendeu essa verdade política da instituição jurídica: refiro-me ao Kafka autor do romance *O processo* e da pequena narrativa "*Vor dem Gesetz*" (Diante da lei).

Esta narrativa, de apenas duas páginas, concentra tudo o que a lei possui de misteriosamente perverso: ela conta a história de um homem do campo que quer "entrar na lei". Mas ocorre que "diante da lei está um porteiro". O homem passa toda sua vida querendo ali adentrar e o porteiro não lhe cede passagem. No final, quando o homem já moribundo pergunta por que em todos aqueles anos de espera ninguém mais apareceu para entrar na lei, o porteiro lhe responde: "Aqui ninguém mais poderia receber a permissão para entrar, pois esta entrada estava destinada apenas a você. Agora eu vou embora e fecho-a".

A lei já traz em si a capacidade de gerar a "exceção", ela não pode depender de exemplos, de fatos, de pessoas, e tal autonomia é a garantia de sua capacidade de proscrever, de banir. No caso radical da ditadura brasileira – quando até "decretos secretos" nós tínhamos – o presídio Tiradentes representou de modo simbólico a barbárie instituída pelo poder. O prédio havia sido construído em 1850 para servir como depósito de escravos. Pouco mais de um século depois, prestou-se para aprisionar os perseguidos políticos e praticar tortura em prisioneiros comuns, como lemos em relatos de presos políticos que por lá passaram[23]. As prisões políticas daquele período eram divididas entre as instituições de interrogatório (Oban, DOI-Codi, Cenimar, Deops etc.) e as de reclusão, como

---

[23] Cf. o texto fundamental de Jacob Gorender, *Combate pelas trevas*, São Paulo: Ática, 1987, pp. 215-25, bem como o volume muito bem documentado de Alípio Freire, Izaías Almada e J. A. de Granville Ponce, *Tiradentes, um presídio da ditadura*, São Paulo: Scipione, 1997.

era o caso do presídio Tiradentes[24]. Ali chegaram a conviver mais de quatrocentos prisioneiros políticos nas piores condições carcerárias imagináveis (ou inimagináveis), com direito apenas ao "banho de sol" de duas horas por semana, em celas superlotadas, imundas, úmidas, trancadas todo o tempo.

Alípio Freire, que ali foi aprisionado quando perseguido pelo regime militar, soltou o primeiro pombo da gaiola do Octógono. Pensar que esse ato literaliza o termo *Vogelfrei* – proscrição – desloca-o para um campo bem longe do aparente gesto estereotipado de paz. Nesse mesmo dia, Alípio levou os presentes por uma viagem ao passado tenebroso das perseguições e "desaparecimentos": nas paredes do Octógono foram afixadas pequenas fotos policiais com os retratos de muitos perseguidos políticos que passaram pelo presídio. Alípio recordou os nomes e alguns momentos característicos das histórias desses combatentes. Nesse ato de memória, a "transparência" da pedra do portal da avenida Tiradentes (ou seja, a invisibilidade desse monumento) tornou-se opaca. A História ganhou novamente densidade e peso. Essa obra de Horst Hoheisel e Andreas Knitz nos faz abrir os olhos para um passado que resistimos a olhar.

As obras desses mesmos artistas, ao lado das do fotógrafo e artista portenho Marcelo Brodsky e da artista Fulvia Molina, expostas no Centro Cultural Maria Antônia, desdobraram esta poética – ética – da memória. Na sala com as obras de Horst Hoheisel víamos duas escrivaninhas, com abajures e duas cadeiras de escritório. Entre elas, uma tela e uma faixa. Na primeira, os abajures estavam voltados para a parede, formando dois círculos focando sobre dois exemplares da *Estética* de Hegel perfurados cada um por um tiro. Num monitor víamos a cena da "execução" dos livros. Uma lupa sobre o orifício de um dos livros permitia ler a palavra *sehen*, "ver". Já na outra escrivaninha um livro também perfurado por bala encontrava-se na gaveta aberta: Norbert Haase, *Das Reichskriegsgericht und der Widerstand gegen die Nationalsozialistische Herrschaft* (O tribunal marcial superior e a resistência contra o domínio nazista) e uma folha de papel continha a frase *Deutscher Wiederstand*, "resistência alemã"[25].

As duas obras retratam a violência contra livros, em referência explícita ao contexto da exposição: por um lado o prédio da rua Maria Antônia com a memória das lutas de resistência contra o regime militar brasileiro, por outro as perseguições nazistas aos intelectuais e as queimas de livros. O deslocamento pela cultura alemã e suas referências históricas e culturais geram tanto um desnorteamento como uma resistência, ao expor livros perfurados com balas. Além disso, pode desencadear um diálogo entre diferentes memórias da barbárie. Na

---

[24] Jacob Gorender, *op. cit.*, p. 220.

[25] Esta obra de Hoheisel encontra-se no Gedenkstätte Deutscher Widerstand em Berlim e foi emprestada para essa exposição.

tela entre as escrivaninhas, via-se a projeção de uma cena manipulada no computador da área central de Berlim, com o portal de Brandemburgo que, aos poucos, desaparece. Trata-se de uma concretização midiática da proposta que Horst Hoheisel fizera durante o concurso em 1993-94 para um memorial que lembra o assassinato dos judeus europeus no Holocausto e foi construído ao lado do portal de Brandemburgo. Como lemos no cartaz, Hoheisel propôs a explosão do portal (símbolo da unidade nacional alemã: outro portal da lei, portanto, que representa a constituição da nação) seguido pela dispersão do pó no terreno previsto para o memorial. Hoheisel propôs, na verdade, um antimonumento: uma ação de literalização dos assassinatos e do desaparecimento dos cadáveres judeus nos fornos crematórios.

Na sala com as obras de Marcelo Brodsky, podíamos ver uma documentação fotográfica e em vídeo que ele fez da sua intervenção na *Coluna com o portador de tocha* na beira do Maschsee, em Hannover. Brodsky, em certa ocasião, quando acabara a montagem de sua exposição *Buena memoria*, no museu Sprengel de Hannover, percebeu que a apenas 50 metros do museu encontrava-se aquela coluna conhecida como o *Fackelträger am Maschsee* (Portador de tocha no lago Masch), de autoria do escultor Hermann Scheuerstuhl (que, como o mais conhecido artista Arno Breker, atuou durante o governo nazista). Sobre uma coluna de 15 metros, um jovem atleta segura uma tocha na sua mão esquerda e com a direita faz um gesto que lembra uma saudação nazista. A obra foi feita em 1936, como marco comemorativo das Olimpíadas de Berlim, do mesmo ano. Brodsky decidiu então realizar uma intervenção no monumento fascista que ele denominou de *Imagens contra a ignorância*: ou seja, contra a indiferença da população de Hannover em relação àquele marco histórico e a favor do não esquecimento do seu significado.

Também nesta intervenção a poética do antimonumento se explicita. Como o artista Christo já o mostrou, uma estratégia eficaz para abrir nossos olhos em direção a um passado que se encontra "encriptado" em enormes "monumentos invisíveis" é justamente encobri-los novamente. Marcelo cobriu a águia do Terceiro Reich, que estava na base da coluna, com uma persiana. Quando fechada, essa persiana como que citava a obra *Quadro preto sobre fundo branco* de Kasimir Malevitch, que se encontra no Sprengel. Em sua base, se lia: "*Nie wieder, nunca más*". Em outras duas faces da coluna ele afixou duas enormes faixas com fotos suas de duas placas memoriais: uma delas em Berlim, com o dizer "*Orte des Schreckens, die wir niemals vergessen dürfen*" (Locais do terror, dos quais nunca devemos nos esquecer), seguido da lista de campos de extermínio e de concentração nazistas. A memória é tratada aqui como uma lei: "não esquecereis".

Já a outra placa é de formato idêntico e se encontra em Buenos Aires, exibindo os dizeres: "*Lugares de memoria que no debemos olvidar jamás*", seguido da lista dos "campos" argentinos onde prisioneiros políticos foram torturados, presos ou "desaparecidos". O trabalho de memória de Marcelo – apoiado pelo museu Sprengel e pela prefeitura – foi tão efetivo que não apenas levantou um debate sobre este e outros monumentos alemães da era nazista, como também despertou o ímpeto destrutivo daqueles que querem cultivar a memória positiva daquele passado. Assim, a instalação de Brodsky foi atacada duas vezes ao longo do período de dois meses e meio em que ficou montada. Segundo a polícia, a possível participação de neonazistas nos ataques "não deveria ser descartada".

Ainda na mesma sala com as obras de Marcelo Brodsky, era possível ver trabalhos fotográficos de uma outra mostra sua, a exposição *Buena memoria*, que estava representada com fotos de seus colegas do Colégio Nacional de Buenos Aires. As fotos apresentam jovens da turma de Marcelo, sendo que alguns deles foram depois vítimas da política de "desaparecimento" perpetrada pela ditadura, como foi o próprio irmão de Brodsky. Ocorre que elas são, na verdade, fotografias de fotografias: naquelas em preto e branco, dos anos 1970, vemos refletidos no vidro protetor rostos em cores de jovens argentinos que nos anos 1990 contemplavam essas fotos-documento e que se misturam com as faces do passado. Novamente, Marcelo trabalha não apenas com o dispositivo fotográfico e mnemônico da cópia e da repetição, da inscrição do passado em camadas sobre o papel fotográfico, mas também com o fenômeno topográfico da "telescopagem": o engavetamento de diferentes temporalidades num mesmo espaço.

Assim como a memória só existe no presente, o artista trabalha com a multiplicidade de tempos e gerações envolvidos no seu trabalho. Da exposição de Brodsky *Nexo*[26] víamos ainda as fotos de livros que haviam sido enterrados durante a ditadura argentina na casa de Nélida Valdez e Oscar Elissamburu, em Mar del Plata. As obras desenterradas aparecem sobre a terra e desgastadas pela umidade. Entre elas, o volume *Os condenados da terra*, de Frantz Fanon, faz lembrar de outros lugares de memória, das lutas anticolonialistas, mas também, com seu nome, leva a pensar nesses livros que foram condenados a ficar sob a terra, num esquecimento imposto. Os livros ficaram numa tumba, enquanto, ao mesmo tempo, o sepultamento foi negado aos mais de 30 mil desaparecidos durante o regime militar argentino.

A sala maior da exposição estava ocupada com a memória do prédio da Maria Antônia da Faculdade de Filosofia da USP, referente à época da resistência contra a ditadura. Estavam reunidos ali pedaços do prédio anexo que funcionou durante muitos anos – após a transferência da faculdade para o *campus* no Butantã – como administração do sistema carcerário paulista: janelas, uma latrina com tampa e a

[26] Cf. os dois catálogos de Marcelo Brodsky, 2000 e 2001, nos quais o leitor pode se informar sobre suas múltiplas produções, entre as quais suas obras em torno das ruínas da Amia (a Associação Mútua Israelita Argentina da rua Pasteur, em Buenos Aires, que sofreu atentado terrorista em 18 jul. 1994, deixando 84 mortos), bem como seu engajamento na construção do Parque da Memória em Buenos Aires.

pátina de uma densa camada de pó, excremento e penas de pombo, fotografias de Marcelo Brodsky desses mesmos escombros quando estavam ainda no prédio anexo, antes de terem sido "salvos" pelos artistas Horst Hoheisel e Andreas Knitz. Esses fragmentos lançavam os visitantes num campo de ruínas onde esses cacos solicitavam um sentido impossível de lhes ser atribuído. A operação que se levava a cabo naquela sala era justamente a recuperação de um passado "amputado", legado pela ditadura em forma de torso. Os artistas se propuseram a fazê-lo reviver, a juntar os cacos: a dar uma face e uma voz a um passado traumático, difícil de representar, mas que clama por um espaço e solicita um diálogo.

Fulvia Molina construiu cilindros de dimensões humanas com as fotos dos estudantes assassinados durante as lutas em 1968. Ela também realizou uma série de entrevistas com os participantes do movimento estudantil dos anos 1960 (sendo que ela mesma integrava o movimento). Em meio a sua pesquisa, descobriu uma lista com mais de trezentas assinaturas de participantes de uma assembleia de 1966. Esse documento também foi exposto numa vitrine horizontal e sobreposto às fotos dos cilindros: construindo hieróglifos da memória, mistos de imagem e texto. Próximo dos cilindros, uma série de vídeos apresentava as entrevistas das lutas antiditadura e, a poucos passos dos monitores, um fone de ouvido permitia aos visitantes ouvir cada uma das falas. Ao entrar na sala vazia, o visitante encontrava-a totalmente escura, apenas com um monitor ligado ao fundo, transmitindo *life*, o trabalho de renovação do prédio anexo. Na medida em que ele se deslocava pelas vitrines – que também continham material jornalístico sobre a história da repressão aos alunos da Maria Antônia – as luzes iam se acendendo e iluminavam apenas o local mais próximo ao visitante: uma verdadeira metáfora do trabalho de arqueologia da memória, como sempre, calcado no local e no solo do presente.

Como aprendemos com a teoria da memória de Walter Benjamin, nossa relação com o passado pode ser comparada a um trabalho de recolher os destroços da História (que seria para ele uma única catástrofe), as ruínas, em parte soterradas, que guardam o esquecido. Aquele que recorda se choca com o segredo que o esquecido encerrava. "Talvez o que [...] faça [o esquecido] tão carregado e prenhe" – afirmou ele no seu livro *Infância em Berlim* – "não seja outra coisa que o vestígio de hábitos perdidos, nos quais já não poderíamos nos encontrar. Talvez seja a mistura com a poeira de nossas moradas demolidas o segredo que o faz sobreviver"[27]. As obras dos artistas que aqui apresentamos nos levam pelos caminhos da arqueologia da memória em cujas paisagens reconhecemos, misturadas, ora mais claras, ora mais embaçadas pelo tempo, imagens que nos espantam na mesma medida em que clamam por justiça. Cabe a nós dar continuidade ao trabalho de expor a céu aberto o que o esquecimento e a injustiça cuidaram de tornar "invisível".

---

[27] Walter Benjamin, *Obras escolhidas II*, São Paulo: Brasiliense, 1987, p. 105.

REFLEXÕES SOBRE OS ESPAÇOS PARA A MEMÓRIA DA DITADURA EM BUENOS AIRES[1]

- Andrés Zarankin e Melisa Salerno -

*Todo está guardado en la memoria,
sueño de la vida y de la historia.*

"La memoria", canção de León Gieco, 2001

Neste trabalho discutimos os vínculos entre espaço, narrativa e memória. Para isso apresentamos algumas ideias e conceitos sobre memória e analisamos as histórias que a cidade de Buenos Aires oferece sobre a última ditadura militar na Argentina (1976-83). Diversos lugares públicos remetem a esse período obscuro. Faz poucos anos que alguns deles foram oficialmente reconhecidos como "espaços para a memória". É nesses lugares que decidimos centrar nossa atenção. Assim, consideramos um conjunto de ex-centros clandestinos de detenção (CCDs), parques e outros lugares como praças, placas e monólitos que o governo declarou de interesse público.

Em alguns casos, os espaços para a memória foram criados pela ditadura com interesses completamente distintos dos atuais (é o caso dos CCDs). Com o retorno da democracia, o governo – a pedido das entidades de direitos humanos e das associações de vítimas e familiares – conseguiu recuperar esses lugares e ressignificar sua função como sítios históricos geradores de consciência. Outros espaços surgiram durante a ditadura, mas como resistência aos abusos do regime. Finalmente, numerosos sítios foram criados durante o período constitucional

---

[1] Tradução do artigo de Zarankin e Salerno "'Todo está guardado en la memoria…': reflexiones sobre los espacios para la memoria de la dictadura en Buenos Aires, Argentina", publicado originalmente em *Historias desaparecidas: arqueología, memoria y violencia política*, Andrés Zarankin, Melisa Salerno e María Celeste Perosino (ed.), Córdoba: Brujas/Universidad Nacional de Catamarca, col. Con-textos, 2012, pp. 143-71.

(parques, *plazoletas*[2], placas). Estes não só buscaram alertar sobre os perigos do terrorismo de Estado, mas também recordar seus milhares de vítimas.

Neste trabalho analisamos os espaços para a memória de Buenos Aires sob uma perspectiva arqueológica, ou seja, numa abordagem centrada na cultura material[3]. Em primeiro lugar, partimos do pressuposto de que a materialidade dos espaços pode contribuir para modelar e atualizar a memória dos acontecimentos históricos[4]. Para isso salientamos que a experiência de certos lugares gera ideias e sensações que podem ser ordenadas numa sequência narrativa sobre o passado[5]. Em segundo lugar, discutimos a forma como os espaços para a memória – especialmente aqueles sancionados pelo governo – cumprem (ou não) o propósito para o qual foram designados. Finalmente, nosso objetivo reside em compreender algumas tensões que definem a construção da memória nacional no presente e no vínculo presente-passado[6].

MEMÓRIA E FORMAS DE LEMBRAR

Antes de apresentar as principais características dos "espaços para a memória" oficialmente reconhecidos de Buenos Aires, consideramos relevante explorar alguns conceitos vinculados à memória. Tentaremos responder às seguintes perguntas: O que entendemos por memória? Existem tipos diferentes de memória? De que maneira lembramos? Que papel desempenha a materialidade do mundo na definição da memória? A memória é subjetiva ou objetiva?

Atualmente, o conceito de memória é debatido por diversos pesquisadores em ciências sociais[7]. Nosso propósito não é contribuir para essa discussão, mas apre-

---

[2] *Plazoleta* é uma espécie de praça pequena, geralmente criada com o fim específico de abrigar um monumento, seja uma placa, um monólito, uma estátua etc. Preferimos manter a palavra no original na falta de um correlato em português que seja fiel ao sentido.

[3] Ian Hodder, *Symbols in Action*, Cambridge University Press, 1982; Michael Shanks e Christopher Tilley, *Re-Constructing Archaeology*, Londres: Routledge, 1987.

[4] Louise Ganz, *Paisagens pessoais*, dissertação de mestrado, UFMG, 2008; Alfredo Ruibal, "Time to Destroy: An Archaeology of Supermodernity", *Current Anthropology*, v. 49, n° 2, 2008.

[5] Milton José de Almeida, *O Teatro da Memória de Giulio Camillo*, Editora da Unicamp, 2005; Maria do Céu Oliveira, *Imagens do Inferno*, tese de doutorado, Unicamp, 2000; Matthew Potteiger e Jamie Purinton, *Landscape Narratives*, Nova York: Wiley & Sons, 1998.

[6] Michael Galaty e Charles Watkinson (ed.), *Archaeology under Dictatorship*, Nova York: Springer, 2006.

[7] Paul Connerton, *How Societies Remember*, Cambridge University Press, 1989; Michael Graves, "Memory and forgetting on the national periphery", *Journal of Multidisciplinary International Studies*, v. 7, n° 1, 2010; Marianne Hirsch, *Family Frames*, Cambridge, Mass.: Harvard University Press, 1997; Paul Ricoeur, *Time and Narrative*, University of Chicago Press, 1984; Beatriz Sarlo, *Tiempo pasado*, Buenos Aires: Siglo XXI, 2005; Frances Yates, *A arte da memória*, Editora da Unicamp, 2007.

sentar uma série de definições operativas. A memória é um conceito que pode ser associado tanto à possibilidade de lembrar algo que ocorreu no passado, como à capacidade de guardar experiências em nosso próprio corpo-mente ou outros dispositivos materiais[8]. Essas ideias mantêm uma relação estreita, já que, quanto mais lembranças (ou memórias) existem, mais rica pode ser a reconstrução do passado.

A memória jamais pode oferecer uma visão acabada do passado. Pelo contrário, compõe-se de uma série de traços ou vestígios a partir dos quais se gera um recorte particular do sucedido. Posteriormente, os fragmentos se ordenam e conectam numa sequência narrativa – que não difere, necessariamente, da estrutura de um relato[9]. O conceito de narrativa resulta relevante nos estudos sobre a memória, pois a narrativa implica a capacidade humana de representar a complexa experiência do tempo[10]. Por meio da narrativa podemos não só construir sucessões lineares de eventos, mas também definir um presente, um passado e um futuro. Nessa estrutura, a memória excede as referências vinculadas ao passado, pois é criada no presente e supõe uma projeção no futuro.

A memória pode adquirir diversas expressões. No nosso trabalho, cremos ser necessário destacar as chamadas "memórias pessoais" e "pós-memórias". De acordo com Paul Connerton[11], as memórias pessoais têm por objetivo remeter-nos a nossa própria história de vida. Isso posto, vale a pena considerar que – embora estejamos falando de nossa própria experiência – a lembrança gerada produz frequentemente uma ruptura que nos faz estranhar o vivido (como se fôssemos espectadores do que aconteceu com outra pessoa). Por exemplo, ao nos vermos numa fotografia antiga, podemos chegar a nos perguntar: "este era eu?".

Diferentemente das memórias pessoais, as "pós-memórias" incluem lembranças associadas às histórias de vida ou memórias alheias. Segundo Marianne Hirsch[12], que cunhou o conceito, as pós-memórias não são mais que as recordações de gerações anteriores (as que protagonizaram os acontecimentos em questão). Elas acabam sendo narradas por seus descendentes ou outras pessoas, que relatam – sem excluir suas próprias interpretações e perspectivas – o que em algum momento

---

[8] Andrew Jones, *Memory and Material Culture*, Cambridge University Press, 2007; Göran Sonesson, "The extensions of man revisited", em: John Michael Krois *et al.* (org.), *Embodiment in Cognition and Culture*, Amsterdã: John Benjamins, 2007.

[9] Stephen Crites, "The narrative quality of experience", em: Lewis Hinchman e Sandra Hinchman (org.), *Memory, Identity, Community*, Albany: State University of New York Press, 1997; Matthew Potteiger e Jamie Purinton, *op. cit.*; Paul Ricoeur, *Memory, History, Forgetting*, University of Chicago Press, 2004.

[10] Paul Ricoeur, *Time and Narrative, op. cit.*

[11] Paul Connerton, *op. cit.*

[12] Marianne Hirsch, *op. cit.*

lhes foi transmitido. Nesse sentido, Beatriz Sarlo[13] sustenta que as pós-memórias são lembranças produzidas por outros que acabam gerando uma história das histórias.

Todas as memórias – pessoais ou pós-memórias – precisam da ajuda de traços ou vestígios para manter-se ativas. Os vestígios podem ser materiais (no caso dos objetos, estruturas, paisagens) ou imateriais (no caso das lembranças). Quanto aos vestígios imateriais, Frances Yates[14] analisou a capacidade das pessoas de memorizar dados e acontecimentos de modo eficiente e destacou a utilização de "imagens agentes" como recurso mnemônico. Para Yates, as imagens agentes são os traços com maior impacto na constituição da memória (por sua abundância, intensidade e duração). Sua agência reside precisamente em sua capacidade gerativa. Elas são resultado da experiência sensorial. Porém, no mundo social nem todos os sentidos são igualmente valorizados[15]. A visão, por exemplo, é privilegiada nas civilizações de origem europeia (especialmente na modernidade)[16]. Isso não exclui a participação dos outros sentidos na configuração da memória. Mas é certo que, dada nossa formação cultural, muitas vezes atribuímos um correlato visual aos traços que compõem nossas lembranças[17]. Por outro lado, por serem ligadas aos sentidos, as imagens estimulam emoções de forma mais simples que qualquer outro tipo de dado. As emoções possuem um papel privilegiado na constituição da subjetividade, pois asseguram a perdurabilidade das lembranças (ao menos quando não são reprimidas)[18].

Quanto aos vestígios materiais da memória, há algumas décadas a arqueologia foi definida como o estudo do mundo social através da cultura material[19]. Essa cultura se mostra significativa por participar de forma ativa e dinâmica da rede de relações sociais, e contém diversos sentidos[20]. Como nosso trabalho possui uma perspectiva arqueológica, nossa exposição centrar-se-á nos aspectos materiais da memória.

Para além do que foi dito, não podemos deixar de ressaltar que os aspectos imateriais e materiais da memória estão intimamente relacionados. Por um lado,

---

[13] Beatriz Sarlo, *op. cit.*

[14] Frances Yates, *op. cit.*

[15] Susan Stewart, "Prologue: From the museum of touch", em: Marius Kwint, Christopher Breward e Jeremy Aynsley (org.), *Material Memories*, Oxford: Berg, 1999.

[16] Julian Thomas, "Archaeologies of place and landscape", em: Ian Hodder (org.), *Archaeological Theory Today*, Cambridge: Polity Press, 2001.

[17] Frances Yates, *op. cit.*

[18] Rafael Narváez, "Embodiment, collective memory and time", *Body & Society*, v. 12, n° 3, 2006.

[19] Ian Hodder, *op. cit.*; Christopher Tilley, "Interpreting material culture", em: Ian Hodder (org.), *The Meaning of Things*, Londres: Harper Collins Academic, 1989.

[20] Mary Beaudry, Lauren Cook e Stephen Mrozowski, "Artifacts and active voices", em: Randall McGuire e Robert Paynter (org.), *The Archaeology of Inequality*, Londres: Blackwell, 1991; Barbara Little e Paul Shackel, "Meanings and uses of material culture: Introduction", *Historical Archaeology*, v. 26, n° 3, 1992.

as lembranças se constroem a partir de vivências próprias ou alheias nas quais as pessoas interagem de formas específicas com a materialidade do mundo. Por outro lado, a materialidade das coisas pode despertar, reforçar ou construir lembranças em circunstâncias distintas. Comumente se frisa que, se as possibilidades de lembrar se limitassem a nossas habilidades subjetivas, a extensão de nossa memória seria muito menor do que a que evidentemente possuímos[21]. Contudo, tanto quanto nossa existência é indissociável da materialidade do mundo, a memória é inseparável das coisas que nos rodeiam.

Alguns pesquisadores consideram que os objetos podem formar uma espécie de registro extrassomático da memória[22]. Isso posto, podemos afirmar que os objetos são unicamente extrassomáticos (ou extracorporais) porque ultrapassam as fronteiras do corpo físico. Todavia, não podem ser considerados externos ao sujeito quando puderem ser corporificados, ou seja, integrados ao esquema corporal[23]. À medida que nos familiarizamos com as coisas, podemos adquirir um conhecimento prático das mesmas[24]. Esse conhecimento inclui invariavelmente traços ou vestígios da memória.

Os objetos nos conectam com o passado de várias maneiras. Alguns evocam pessoas e situações sem que, necessariamente, tenham sido criados ou vinculados de forma explícita a esse propósito[25]. Nesses casos, a mera presença de certas qualidades sensoriais nos remete a outro momento em que experimentamos traços semelhantes. Por outro lado, diversos objetos representam em si mesmos atos comemorativos[26]. Assim, tornam presentes pessoas e eventos que se espera que sejam lembrados. Sem dúvida, em ambos os casos, a materialidade do mundo outorga durabilidade e efetividade à memória.

Alguns objetos só possuem significado para certos indivíduos ou grupos reduzidos. É o caso dos artigos de posse pessoal ou familiar[27]. Os familiares dos

---

[21] Maria do Céu Oliveira, op. cit.; Frances Yates, op. cit.

[22] Milton José de Almeida, op. cit.

[23] Jean-Pierre Warnier, "A praxeological approach to subjectification in a material world", Journal of Material Culture, v. 6, nº 1, 2001.

[24] Pierre Bourdieu, Meditaciones pascalianas, Barcelona: Anagrama, 1999; Maurice Merleau-Ponty, Fenomenología de la percepción, México: Fondo de Cultura Económica, 1993 [1945].

[25] Marius Kwint, "Introduction: The physical past", em: Marius Kwint, Christopher Breward e Jeremy Aynsley (org.), op. cit.

[26] Paul Shackel, "Public memory and the search for power in American historical archaeology", American Anthropologist 103 (3), 2001; Howard Williams, "Introduction. The archaeology of death, memory and material culture", em: Howard Williams (org.), Archaeologies of Remembrance, Nova York: Kluwer Academic/Plenum Publishers, 2003.

[27] Marianne Hirsch, op. cit.

detentos-desaparecidos da última ditadura militar na Argentina comumente consideram que certos elementos condensam sua história de vida (álbuns de fotos, cartas etc.) e chegam a considerá-los uma extensão de sua própria pessoa (vestimentas, acessórios). Por outro lado, outros objetos remetem a eventos socialmente relevantes para um maior número de pessoas. É o caso dos monumentos históricos[28]. Os lugares de memória que apresentamos neste trabalho constituem esse tipo de materialidade.

Até aqui mencionamos alguns aspectos relativos à formação e produção da memória. Porém, existe uma questão na qual ainda devemos pensar: a memória é objetiva ou subjetiva, sustenta-se em fatos passados ou é uma invenção? Essas perguntas são relevantes nos estudos históricos, particularmente naqueles que se referem a causas de direitos humanos. Nesse sentido, se afirmarmos que a memória é subjetiva, alguns poderiam pensar que os assassinatos sistemáticos da última ditadura não foram mais que uma invenção. Em contrapartida, se considerarmos que a memória é objetiva, outros poderiam indicar as dificuldades de ressignificar um passado previamente definido de modo contrário, até como um processo de "reorganização" e "saneamento" da sociedade[29]. Essa discrepância nos leva a considerar um caminho que combine ambas as perspectivas a partir da arqueologia.

As formas como experimentamos o mundo são subjetivas. Apesar disso, as subjetividades não se fecham sobre si mesmas sem estabelecer nenhum tipo de contato entre elas – o que equivaleria a uma espécie de solipsismo[30]. Nossa participação no mundo social (o fato de compartilharmos certo contexto material e percebermos certas semelhanças nas práticas) nos permite tecer vínculos entre diferentes pontos de vista. A intersubjetividade oferece a possibilidade de alcançar certo consenso sobre as formas como se compreende a realidade[31] – por exemplo, o bom e o mau, o desejado e o indesejado, o normal e o anormal (pelo menos em relação a certo grupo de pessoas).

A percepção do que interpretamos como "realidade" também depende do tipo e da quantidade de elementos de que dispomos para criar uma determinada visão dela. Assim, as tentativas sistemáticas de certos grupos de ocultar "evidências" revelam a existência de algum tipo de "verdade" que eles temem ver revelada. A descoberta desses acontecimentos gera um impacto nas subjetividades e, inclusive, certa aceitação deles no nível intersubjetivo. Portanto, no caso da última ditadura

---

[28] Robert Nelson e Margaret Olin, "Introduction", em: Robert Nelson e Margaret Olin (org.), *Monuments and Memory, Made and Unmade*, University of Chicago Press, 2003; Howard Williams, *Death and Memory in Early Medieval Britain*, Cambridge University Press, 2006.

[29] Melisa Salerno, "'Algo habrán hecho...'", *Revista de Arqueología Americana*, n° 24, 2007.

[30] Nick Crossley, "Body techniques", *Sociology*, v. 29, n° 1, 1995.

[31] Maurice Merleau-Ponty, *op. cit.*

militar na Argentina, as pessoas assassinadas, os sobreviventes, suas histórias, os restos dos lugares de detenção e morte apresentam-se como vestígios que se negam a desaparecer. É através deles que atualmente se tenta trazer para o presente certas memórias e construir uma nova base de consenso sobre nossa história.

ESPAÇOS PARA A MEMÓRIA

Nesta seção pretendemos responder a algumas perguntas sobre os lugares de memória, tanto no nível geral como numa escala mais comprometida com o caso portenho. Entre elas podemos mencionar: Como se definem os espaços para a memória? Como surgem? Que tipo de eventos pretendem comemorar? Que particularidades definem os lugares de memória de Buenos Aires? Qual é sua vinculação com as políticas governamentais?

Um dos primeiros trabalhos que assinalaram a importância dos "lugares de memória" foi produzido em 1984 por Pierre Nora, que entendeu que eles abarcavam desde "o material e concreto, possivelmente localizado geograficamente, até o mais abstrato e intelectualmente construído"[32]. Sob essa perspectiva, os lugares de memória incluíam não apenas diferentes tipos de espaço (paisagens, museus, memoriais), mas também arquivos, objetos, entre outros. Com o passar do tempo, a expressão "lugares de memória" restringiu-se cada vez mais à materialidade do espaço. Dessa forma, a bibliografia anglo-saxã começou a falar de *"sites of memory"* e a hispanófona de *"sitios o espacios para la memoria"*[33].

A memória articula-se estreitamente ao esquecimento[34]. Os lugares de memória constituem um esforço para que certos eventos não sejam ignorados[35]. Originalmente, muitos espaços desse tipo surgiram como contramonumentos[36]. Isso significa que sua mera presença representou um desafio à história oficial (a visão dominante dos fatos). Nesse enfoque, os lugares de memória podem transformar-se em ferramentas úteis para que certas histórias tradicionalmente ignoradas adquiram visibilidade. Porém, com o passar do tempo, as novas memórias podem gerar consenso e tornar-se história oficial. Além do mais, podem submeter-se aos embates de outras memórias e o ciclo pode ser reiniciado.

---

[32] *Apud* Matthew Graves, "Memory and forgetting on the national periphery", *Journal of Multidisciplinary International Studies*, v. 7, nº 1, 2010.

[33] Andreas Huyssen, *Present Pasts*, Stanford University Press, 2003.

[34] Michael Pollack, "Memória, esquecimento e silêncio", *Estudos Históricos* 2 (3), 1989; Beatriz Sarlo, *op. cit.*

[35] Peter Carrier, *Holocaust Monuments and National Memory*, Nova York: Berghahn Books, 2005.

[36] Graeme Gilloch, *Myth and Metropolis*, Cambridge: Polity Press, 1997.

A possibilidade de dar voz a certas histórias que até o momento haviam permanecido invisibilizadas é uma das características da pós-modernidade. Diferentemente do pensamento moderno, a pós-modernidade não concebe a existência de uma única forma de ver o passado[37]. Pelo contrário, entende que a realidade é demasiado complexa e heterogênea para negar a diversidade de seus entendimentos[38]. Na busca pela diversidade, a crítica pós-moderna permitiu que novos setores tivessem participação na construção da História. Entre eles destacam-se os grupos oprimidos, que haviam sido tradicionalmente submetidos à subjugação social, econômica e política[39].

As pessoas e os acontecimentos que os espaços para a memória comemoram variam de um contexto social para outro, segundo os temas que demandam preocupação e sensibilidade no seio da comunidade. Em outras palavras, os lugares de memória expressam as tensões do mundo cultural. Por exemplo, na Alemanha, a história da Segunda Guerra Mundial e suas trágicas consequências constituem temas propostos abertamente por diversos espaços comemorativos[40]. Por outro lado, na Espanha, os lugares de memória começaram apenas recentemente a abordar a temática da Guerra Civil e do franquismo[41].

No caso da Argentina, a definição de espaço para a memória está ligada especialmente aos sítios destinados a lembrar o horror gerado pela repressão política e a rememorar suas vítimas[42]. Sem dúvida, nossa sociedade considera o passado recente um período conflituoso (bem mais que o passado distante, ainda que este também seja permeado de tensões). Durante anos, as histórias das vítimas da ditadura foram negadas: suas vidas permaneceram suspensas; seus paradeiros, desconhecidos. Desse modo, as vítimas acabaram transformando-se numa espécie de "gente sem história"[43].

A última ditadura militar na Argentina estendeu-se de 1976 a 1983. Num contexto internacional dominado pela Guerra Fria, o golpe de Estado buscou responder – entre outros fatores – ao crescimento da esquerda e à consolidação de grupos revolucionários. O "Processo de Reorganização Nacional" procurou

---

[37] Zygmunt Bauman, *Liquid Modernity*, Cambridge: Polity Press/Malden: Blackwell, 2000.

[38] Nicolás Casullo, *El debate modernidad-postmodernidad*, Buenos Aires: Punto Sur, 1989.

[39] Eric Wolf, *Europa y la gente sin historia*, México: Fondo de Cultura Económica, 1982.

[40] Nicholas Saunders (ed.), *Matters of Conflict*, Londres: Routledge, 2004; John Schofield, *Aftermath: Readings in the Archaeology of Recent Conflict*, Nova York: Springer, 2009.

[41] Alfredo González-Ruibal (ed.), "Arqueología de la Guerra Civil Española", *Complutum*, v. 19, nº 2, 2008.

[42] Instituto Espacio para la Memoria, *Un espacio para la memoria: memoria anual 2006*, Buenos Aires: Instituto Espacio para la Memoria, 2007.

[43] *Sensu* Eric Wolf, *op. cit.*

aniquilar toda forma de resistência. Sua principal ferramenta foi o desaparecimento forçado (incluindo a perseguição, sequestro, cativeiro, tortura e assassinato dos inimigos). Essa política produziu resultados trágicos. Após o regresso da democracia, a Comissão Nacional sobre o Desaparecimento de Pessoas registrou mais de 9 mil denúncias de desaparecimentos[44]. Por sua vez, diversos órgãos de direitos humanos como a Associação Mães da Praça de Maio e o Serviço de Paz e Justiça relataram mais de 30 mil casos[45].

Os espaços para a memória apresentam-se como lugares adequados para repensar (e até reconstruir) as histórias da violação sistemática de direitos humanos. No caso dos desaparecimentos forçados, a materialidade dos lugares cumpre objetivos intimamente relacionados: ante a ausência dos corpos e a impossibilidade de cumprir os preceitos culturais associados aos ritos funerários, ela abre um espaço para o luto; ante o temor e o isolamento que provoca a repressão, congrega os esforços dos sobreviventes e familiares; ante o desconhecimento e o sigilo da ação da ditadura, promove o debate e a reflexão pública; finalmente, ante uma situação de impotência, permite recuperar certo grau de agência por parte dos afetados.

Na Argentina, os primeiros espaços conectados à memória das trágicas consequências do terrorismo de Estado surgiram de forma espontânea. Isso aconteceu nos tempos da ditadura como resposta à necessidade dos familiares e amigos das vítimas de serem ouvidos. Entre os primeiros espaços tomados do regime podemos mencionar, por seu profundo impacto na população, a marcha das mães na Praça de Maio e o *Siluetazo* nas ruas da cidade. Esses lugares, desprovidos de consentimento oficial, surgiram como expressão de resistência nos interstícios de uma política repressiva. Foram contramonumentos que contestaram uma história oficial que buscava se impor.

As marchas organizadas pelas mães de detidos-desaparecidos na Praça de Maio começaram em 1977. Seu objetivo era mostrar força e unidade para que os membros da Junta finalmente lhes concedessem uma audiência. Nela tentariam obter respostas sobre o destino final de seus filhos[46]. Como nessa época a Argentina estava em estado de sítio, o governo proibiu reuniões públicas em grupos de mais de duas pessoas[47]. As mães decidiram circular (não ficar paradas) ao redor da Pirâmide de Maio. Assim, encontraram nas próprias regras da ditadura uma brecha através da qual – não sem dificuldades, como ameaças,

---

[44] Conadep, *Nunca más*, Buenos Aires: Eudeba, 2005 [1984].

[45] Madres de Plaza de Mayo, *La dictadura, la impunidad y la compleja trama de complicidades*, Buenos Aires: Asociación Madres de Plaza de Mayo, 2005.

[46] Madres de Plaza de Mayo, *Ni un paso atrás*, Tafalla: Txalaparta, 1997.

[47] Pilar Calveiro, *Poder y desaparición*, Buenos Aires: Colihue, 1998; Conadep, *Nunca más*, op. cit.

perseguições e, inclusive, mais desaparecimentos – puderam expressar-se (ver abaixo em "Outros lugares" a referência aos lenços pintados na praça).

O *Siluetazo* foi um movimento artístico que contou com uma importante participação da população. Em 1983, pouco antes do retorno da democracia, um grupo de artistas propôs traçar no papel uma série de silhuetas para cobrir com elas as ruas de Buenos Aires. Essa apropriação do espaço constituiu uma tentativa de tornar presente a ausência gerada pelos desaparecimentos. O interessante do *Siluetazo* foi que as pessoas conseguiram "colocar o corpo" no processo: independentemente dos moldes que se planejou utilizar, as pessoas decidiram usar suas próprias figuras como modelo[48]. Assim, pôde-se promover um tipo de identificação com as vítimas, que podiam ser qualquer um de nós.

Nas marchas da Praça de Maio e no *Siluetazo*, os espaços para a memória constituíram-se através da prática. A suposta fugacidade das ações e o fato de não deixarem sinais materiais perduráveis foram indispensáveis para que os protestos ocorressem no contexto da ditadura. Para os militares, as pessoas que caminhavam ao redor da praça podiam "desaparecer", do mesmo modo que as figuras de papel podiam ser arrancadas (tanto das lembranças como da própria materialidade do presente). No entanto, as marchas e o *Siluetazo* conseguiram ter um efeito maior que o estimado: puseram em evidência aquilo que se suspeitava e de que não se falava. Por esse motivo, construíram memória.

O ano de 1983 marcou o fim da ditadura e o retorno da democracia. Apesar dos altos e baixos (o julgamento das Juntas, as leis de obediência devida e ponto--final, a recente reabertura das causas), as condições políticas se tornaram propícias para a reflexão e a contestação. Nesse contexto, surgiram novos espaços para a memória dos crimes de Estado. Muitos desses lugares não só puderam adquirir uma expressão material mais duradoura, mas também puderam ser institucionalizados, ou seja, designados e protegidos por força de lei. O caso de Buenos Aires é significativo. Essa cidade talvez seja uma das que mais espaços para a memória concentra no país e uma das que mais lugares oficialmente reconhecidos possui.

O CASO DE BUENOS AIRES

Os espaços para a memória que foram institucionalizados em Buenos Aires são interessantes por diversos motivos. Em primeiro lugar, expressariam publicamente o distanciamento do Estado atual em relação aos atos de violência política (pelo menos do passado). Em segundo lugar, marcariam o esforço das

---

[48] Ana Longoni e Gustavo Bruzzone, "Introducción", em: Ana Longoni e Gustavo Bruzzone (org.), *El Siluetazo*, Buenos Aires: Adriana Hidalgo, 2008, p. 30.

autoridades para construir uma nova história da ditadura. Assim, a designação e conformação dos espaços suporiam um trabalho conjunto das autoridades e das pessoas que foram ignoradas durante o regime (representantes de direitos humanos, sobreviventes, familiares e amigos das vítimas). Em terceiro lugar, os lugares institucionalizados possuiriam idealmente maiores recursos e proteção, de modo que poderiam gozar de maior perdurabilidade e acessibilidade para os cidadãos.

A partir disso, é possível fazer diversas perguntas: Qual é a materialidade dos espaços que foram institucionalizados? Que tipo de narrativas sobre a ditadura permitem modelar? São efetivos na construção da memória? O que nos dizem sobre o presente de nossa própria sociedade? Responderemos por meio de um enfoque experiencial e interpretativo. Vale a pena considerar aqui que a experiência envolve a corporeidade e os sentidos. Os lugares de memória não são espaços abstratos (espaços físicos ou receptáculos, tal como os definiria o pensamento cartesiano[49]). Pelo contrário, são espaços que devem ser vividos[50]. Dessa maneira, nós investigadores devemos apontar como os percebemos, sentimos e percorremos.

Em nossa perspectiva, a experiência pode transformar-se em guia das interpretações. Isso porque a própria ação sobre o mundo apreende sentidos práticos[51] que podem ser ordenados numa sequência narrativa[52] – neste caso, sobre o passado recente. É importante destacar que a experiência e a interpretação do espaço nunca se desenvolvem num vácuo cultural. Pelo contrário, só se produzem num contexto social específico[53]. Os espaços para a memória de Buenos Aires materializam-se num cenário em que as histórias oficiais prévias sobre a ditadura militar na Argentina estão sendo discutidas por diversos atores.

Nosso trabalho de levantamento foi efetuado em fins de 2009. A lista de lugares foi elaborada a partir de informações publicadas pelo Instituto Espacio para la Memoria[54], um órgão economicamente autárquico, com autonomia nos temas de sua incumbência, que pertence à administração descentralizada da prefeitura

---

[49] Eric Hirsch, "Introduction. Landscape: Between Place and Space", em: Eric Hirsch e Michael O'Hanlon (org.), *The Anthropology of Landscape*, Oxford: Clarendon Press, 1995.

[50] Julian Thomas, "The Politics of Vision and the Archaeologies of Landscape", em: Barbara Bender (org.), *Landscapes: Politics and Perspectives*, Oxford: Berg, 1993; idem, *Time, Culture, and Identity*, Londres: Routledge, 1996; idem, "Archaeologies of place and landscape", em: Ian Hodder (org.), *Archaeological Theory Today, op. cit.*; Christopher Tilley, *The Phenomenology of Landscape*, Oxford: Berg, 1994.

[51] Nick Crossley, "Merleau-Ponty, the elusive body and carnal sociology", *Body & Society*, v. 1, n° 1, 1995; idem, "The phenomenological habitus and its construction", *Theory and Society* 30, 2001.

[52] Hans-Georg Gadamer, *Verdade e método*, Petrópolis: Vozes, 1997; Paul Ricoeur, *Time and Narrative, op. cit.*

[53] Nick Crossley, "Merleau-Ponty, the elusive body and carnal sociology", Body & Society, v. 1, n° 1, 1995; Thomas Csordas, "Embodiment as a paradigm for anthropology", *Ethos*, v. 18, n° 1, 1990.

[54] Instituto Espacio para la Memoria, "Ex-CCD TyE", 2009.

e possui participação de entidades de direitos humanos. Sua finalidade é: *"El resguardo y transmisión de la memoria e historia de los hechos ocurridos durante el terrorismo de Estado [...] con el objeto de promover la profundización del sistema democrático, la consolidación de los derechos humanos y la prevalencia de los valores solidarios de la vida, la libertad y la dignidad humana"* (Lei n° 961/2002).

Com o fim de ordenar a apresentação dos casos, decidimos conservar, aproximadamente, a classificação dos lugares proposta pelo Instituto Espacio para la Memoria[55]: ex-centros de detenção clandestinos, parques e "outros lugares" (fig. 1). Porém, foram realizadas algumas mudanças nas categorias para facilitar a análise: os parques foram colocados num grupo separado e os "outros lugares" não incluíram as escolas para manter o número de casos manejável.

CENTROS CLANDESTINOS:
- Escola de Mecânica da Armada (Esma).
- "Club Atlético".
- "El Olimpo".
- "Virrey Cevallos".
- "Automotores Orletti".

PARQUES:
- Parque da Memória.
- (Parque Indo-americano: Passeio dos Direitos Humanos).

OUTROS LUGARES:
- Espaços públicos remanescentes da Rodovia 25 de Maio (Ángela M. Aieta de Gullo, María Ponce de Bianco, Delia Avilés de Elizalde, Ramona Gastiazoro de Brontes, Esther Ballestrino de Careaga, Matilde Vara de Anguita, Irene Orlando, Rosa H. Cirullo de Carnaghi, Elsa Rabinovich de Levenson).
- Lenços da Pirâmide de Maio.
- Escultura trabalhadores-desaparecidos do Porto de Buenos Aires.
- Praça Rodolfo Walsh.
- Praça Roberto Santoro.
- *Plazoleta* Hermana Alice Domon y Hermana Leonie Duquet.
- Canteiro Central Héctor Oesterheld.
- Canteiro Central Francisco "Paco" Urondo.
- *Plazoleta* Haroldo Conti.
- Canteiro Central Irma Carrica.
- Praça Jorge Di Pascuale.
- Praça Derechos del Hombre.

Figura 1: Espaços para a memória institucionalizados pela prefeitura de Buenos Aires. Fonte: Instituto Espacio para la Memoria (2009).

[55] Instituto Espacio para la Memoria, "Ex-CCD TyE", 2009.

EX-CENTROS CLANDESTINOS DE DETENÇÃO

De modo geral, o desaparecimento de pessoas durante a última ditadura esteve associado ao emprego de centros clandestinos de detenção. Nesses cárceres, os sequestrados eram interrogados mediante procedimentos que envolviam tortura sistemática. Também eram mantidos cativos até que as forças de segurança decidissem seu destino final. O caráter clandestino dos CCDs transformou-os numa espécie de "não lugares" (*"no-lugares"*, na definição de Zarankin e Niro[56]). Por isso, ninguém sabia onde ficavam (exceto os militares e alguns sequestrados que podiam reconhecer sua localização), não tiveram existência oficial e seu sigilo lhes oferecia absoluta impunidade. Assim, os CCDs converteram as vítimas em desaparecidos.

A transformação de um CCD em espaço para a memória supõe a apropriação e ressignificação de um elemento repressivo. A lógica do CCD oferece um fator importante para contra-argumentar a história que a ditadura tentou forjar acerca de seu plano de extermínio. Os CCDs eram distribuídos por toda a cidade (praticamente todos os bairros tinham um)[57]. Isso facilitava o traslado dos sequestrados, despertando a menor quantidade de suspeitas possível. Na atualidade, a localização dos CCDs permite transformá-los em espaços de reflexão para um importante número de pessoas. Assim, a primeira impressão que temos ao encontrá-los é: estavam onde ninguém esperava encontrá-los; operavam no meio de todos nós.

Com o objetivo de manter sua clandestinidade, os CCDs exibiam fachadas que ocultavam seu verdadeiro propósito[58]. Assim, empregavam estruturas preexistentes e acondicionavam seu interior às novas funções. Em contrapartida, seu exterior mantinha-se intacto e os edifícios davam a impressão de continuar oferecendo seus antigos serviços (por exemplo, garagens, oficinas mecânicas, dependências policiais). A recuperação transformou os CCDs em símbolos do terrorismo de Estado e de sua estratégia sádica de extermínio e negação. Contudo, para que os cidadãos possam identificar esses espaços e reconhecer sua significação no presente, torna-se necessário que seu sigilo seja posto a descoberto. Para isso, sua correta sinalização constitui uma tarefa importante.

Até fins de 2009, diversos CCDs foram reconhecidos como sítios históricos e/ou espaços de utilidade pública pela prefeitura: Escola de Mecânica da Armada (Esma), Club Atlético, El Olimpo, Virrey Cevallos, Automotores Orletti[59]. É provável que a Esma seja um dos CCDs mais emblemáticos da ditadura (fig. 2). Calcula-se que por ali tenham passado 5 mil detentos (um número maior que o de qualquer

---

[56] Andrés Zarankin e Claudio Niro, "La materialización del sadismo", em: Andrés Zarankin e Pedro Paulo Funari (org.), *Arqueología de la represión y la resistencia en América Latina*, Córdoba: Brujas, 2006.

[57] Conadep, *Nunca más, op. cit.*

[58] *Ibid.*

[59] Instituto Espacio para la Memoria, "Ex-CCD TyE", 2009.

outro centro). Apesar do fato de que todo o prédio estava comprometido em atividades repressivas, a maior parte dos detentos se concentrou no Clube dos Oficiais. A Esma ficou conhecida por possuir uma maternidade, onde as detentas davam à luz em condições desumanas e tinham seus filhos apropriados pelos captores[60].

A transformação da Esma em "Espaço para a Memória e para a Promoção e Defesa dos Direitos Humanos" implicou a restituição do prédio pertencente ao antigo Ministério da Marinha à cidade de Buenos Aires (Lei nº 392). Para assegurar a transferência das instalações, em 2004 decidiu-se formar uma comissão bipartida com representantes do governo federal e da prefeitura (Lei nº 1.412). A desocupação do edifício pelos militares foi significativa para os sobreviventes, os familiares e a sociedade em seu conjunto (um fato seguido de perto pela imprensa). Isso porque, mesmo com o retorno da democracia e a demonstração dos atos de tortura e morte ali cometidos, a Esma continuou funcionando (o que demonstrou a impunidade com que contaram as instituições desse tipo).

Outro caso interessante é o do Club Atlético (fig. 3 e 4). Esse CCD funcionou no porão de um edifício destinado a abrigar depósitos e oficinas da Polícia Federal. Por ali passaram em torno de 1.500 pessoas entre fevereiro e dezembro de 1977[61]. Posteriormente a essa data, o edifício foi demolido e sepultado sob a construção da rodovia 25 de Maio. Diferentemente de outros centros que se mantiveram em pé e puderam ser reconhecidos, o Club Atlético permaneceu inacessível durante 25 anos. Por esse motivo, os sobreviventes reivindicaram escavações no lugar. Diversas tarefas foram efetuadas de 2002 até o presente[62], dando origem a um projeto no qual arqueólogos, sobreviventes, entidades de direitos humanos e a prefeitura trabalharam em conjunto. Finalmente, os restos foram declarados sítio histórico em 2005 (Lei nº 1.794).

El Olimpo foi um galpão que funcionou como terminal de coletivos e acabou sendo expropriado pelos militares. Durante o ano de 1978, operou como CCD e encerrou aproximadamente quinhentos detentos[63]. Com o retorno da democracia, o edifício foi transformado num pátio de verificação de automóveis. Finalmente, em 2003, foi declarado sítio histórico e passou às mãos da cidade de Buenos Aires (Lei nº 1.197). Virrey Cevallos foi uma casa da Força Aérea que funcionou como CCD em 1977 (e talvez em 1976)[64]. Durante anos, o agrupamento Vecinos de San

---

[60] Conadep, Nunca más, op. cit.

[61] Ibid.

[62] Marcia Bianchi Villelli e Andrés Zarankin, "Arqueología como memoria", manuscrito, Buenos Aires: Comisión de Trabajo y Consenso del Proyecto "Recuperación de la Memoria del Centro Clandestino de Detención y Tortura Club Atlético", 2003; Marcelo Weissel, "Informe final investigación arqueológica", manuscrito, Buenos Aires: Secretaría de Obras y Servicios Públicos, Gobierno de la Ciudad Autónoma de Buenos Aires, 2002.

[63] Conadep, Nunca más, Ibid.

[64] Ibid.

Cristóbal contra la Impunidad lutou para recuperar o lugar (fig. 5). Isso aconteceu finalmente em 2004, quando o ex-CCD se transformou em sítio de utilidade pública (Lei n° 1.454). Outro CCD funcionou no prédio da Automotores Orletti, que havia sido uma oficina de automóveis. Ali ocorreu não somente a tortura de pessoas sequestradas, mas também se coordenaram tarefas repressivas destinadas a outros países latino-americanos no âmbito da Operação Condor. Em 2006, o lugar foi declarado de utilidade pública (Lei n° 2.112).

Os CCDs que mencionamos foram reapropriados e ressignificados com êxito como espaços para a memória. Externamente, esses lugares chamam a atenção dos transeuntes de diferentes maneiras. Por um lado, sua presença é sinalizada mediante cartazes e placas que explicitam sua antiga função e seu novo papel. Por outro lado, suas paredes costumam ser marcadas por manifestações artísticas ou mensagens deixadas por sobreviventes e familiares das vítimas. O espaço interno (ou o que resta dele) foi conservado como testemunho do que ali acontecia (e os cidadãos desconheciam). Atualmente, esses CCDs oferecem visitas guiadas. Geralmente, o percurso desperta nos visitantes experiências e sentimentos que nem sempre podem ser traduzidos em palavras. Algumas pessoas conseguem reencontrar-se com seu próprio passado, enquanto outras podem identificar-se (ao menos até certo ponto) com as vítimas e tomar consciência dos perigos da repressão.

Figura 2: Vista da ex-Esma (foto de Flávio Bastos, 2015).

Figuras 3 e 4: Vistas do ex-CCD Club Atlético (fotos de Zarankin e Salerno, 2009).

Figura 5: Vista do ex-CCD Virrey Cevallos (foto de Zarankin e Salerno, 2009). Notem-se os cartazes e manifestações artísticas que marcam a reapropriação e ressignificação do espaço.

O caso do Garage Azopardo é claramente diferente (fig. 6). Até o momento, o prédio continua sendo utilizado pela Polícia Federal como centro de tramitação de passaportes e cédulas de identidade. No seu exterior, o espaço praticamente não é sinalizado como um ex-CCD. Sobre sua calçada apenas se observa uma lajota colocada pela Comissão Azopardo e pela Coordenação Federal para a Memória e a Justiça que menciona sua antiga existência. Outras marcas que associações de direitos humanos tentaram deixar parecem ter sido apagadas. Essas circunstâncias representam a realidade de outros CCDs menores e incidentais que – diferentemente do Garage Azopardo – não foram institucionalizados como espaços para a memória. Atualmente, esses lugares continuam servindo a diversas funções – em alguns casos, inclusive, vinculados às forças de segurança (delegacias, hospitais militares etc.).

Figura 6: Espaço onde funcionou o ex-CCD Garage Azopardo (atual centro de tramitação de documentos da Polícia Federal argentina). Note-se a ausência de sinalização e as dificuldades para conseguir a reapropriação e ressignificação do espaço (foto de Zarankin e Salerno, 2009).

PARQUES

O Parque da Memória encontra-se na Costanera Norte, numa zona relativamente afastada do centro da cidade. Não se trata de uma área residencial, mas de uma avenida que apresenta alguns locais de oferta gastronômica e constitui caminho obrigatório para a Cidade Universitária. A avenida Costanera é percorrida geralmente de automóvel ou ônibus, e raramente transitada por pedestres. É possível que quem contemple o Parque da Memória não saiba que aquele foi um espaço criado com o fim de recordar as vítimas da repressão política na Argentina. À primeira vista, o parque parece uma praça ou espaço verde bastante despojado (excetuando-se a presença de algumas obras de arte). O cartaz que assinala sua entrada e seu propósito é relativamente pequeno se comparado à imensidão do local (fig. 7). Também é importante destacar que nem sempre existe divulgação suficiente das atividades que ali se desenvolvem.

Figura 7: Vista exterior do Parque da Memória (foto de Zarankin e Salerno, 2009).

A maior parte dos que percorrem o parque não são visitantes desprevenidos, que simplesmente sentiram curiosidade pelo seu aspecto exterior. Pelo contrário, são pessoas que têm a intenção específica de conhecer (ou reencontrar-se com) esse espaço. Aqueles que ingressam no parque têm a possibilidade de experimentar um lugar bastante distinto do observado da avenida. Por trás de uma praça aberta, existe um complexo enorme que conduz até a orla. Esse complexo contém o Monumento às Vítimas do Terrorismo de Estado, salas, escritórios, obras de arte e um grande auditório. De acordo com a Comissão pró-Monumento[65], a localização do parque foi escolhida por sua proximidade ao rio da Prata, onde foram jogados os corpos de numerosas vítimas da ditadura.

O parque tem um percurso em zigue-zague que representa a ferida provocada pelo terrorismo de Estado no tecido social[66]. O desenho do monumento parece inspirar-se no modelo dos memoriais estadunidenses, iniciado com o monumento aos caídos no Vietnã[67]. Esse modelo, que já foi utilizado na Argentina para comemorar os soldados mortos nas Malvinas, vale-se de muros nos quais se indicam o nome e a data de óbito da vítima. No caso do parque, a data foi substituída pela idade que tinha a pessoa no momento em que foi sequestrada (já que, normalmente, se desconhece com exatidão a data de seu assassinato). Os muros do monumento ainda apresentam placas vazias, prontas para agregar novos nomes à medida que se estendam as denúncias.

Para além do estilo em que foi inspirado, o parque impacta quem o percorre, transformando-se num espaço onde os muros, com seus milhares de placas e nomes, nos parecem incrivelmente extensos, nos rodeiam e transmitem a angústia de perceber as verdadeiras dimensões do genocídio[68] (fig. 8 e 9). Temos a impressão de que o parque não é um lugar que as pessoas ou famílias visitam para desenvolver algum tipo de atividade recreativa. Provavelmente, isso geraria a sensação de profanar um espaço de luto. Assim, o projeto opta por um caminho específico quanto à forma da recordação, no qual se destaca o caráter holocáustico da repressão. Trata-se de um espaço onde o silêncio e o recolhimento constituem elementos quase obrigatórios. O parque é uma espécie de cemitério do qual os corpos se encontram ausentes, ainda que seus nomes (suas identidades) se encontrem presentes nas placas de granito.

---

[65] Comisión pro Monumento a las Víctimas del Terrorismo de Estado, Monumento, 2007.

[66] *Ibid.*

[67] Kristin Ann Hass, *Carried to the Wall*, Berkeley: University of California Press, 1998.

[68] Patricia Tappatá de Valdez, "El Parque de la Memoria en Buenos Aires", em: Elizabeth Jelin e Victoria Langland (org.), *Monumentos, memoriales y marcas territoriales*, Madri: Siglo XXI, 2003.

Figuras 8 e 9: Vistas do Monumento às Vítimas do Terrorismo de Estado e seu memorial. Notem-se as dimensões (ainda que se tenha fotografado somente um trecho do percurso) e o caráter intimidador do espaço (fotos de Zarankin e Salerno, 2009).

Por outro lado, existem projetos que buscam converter-se simultaneamente em lugares para a lembrança das vítimas e para o lazer da comunidade. Um possível antecedente é o parque de Ben Semen, em Israel. Nesse caso, os desaparecidos judeo-argentinos foram representados por árvores numa área recreativa nos arredores de Tel Aviv. Na Argentina, o Passeio dos Direitos Humanos (Parque Indo-americano) foi concebido de forma similar. Ele se encontra no extremo oeste da cidade, no bairro de Lugano. Assim como o Parque da Memória, o Parque Indo-americano fica distante das áreas residenciais e é rodeado de outros prédios que dificultam sua clara identificação (o Parque Almirante Brown, a Escola de Cadetes da Polícia Coronel Ramón Falcón, clubes esportivos). Quem o percorre pode observar que o passeio compreende vários hectares de espaço verde, com um percurso linear ao longo do qual se avistam montes de árvores que recordam distintos grupos de desaparecidos[69].

OUTROS LUGARES

Em "outros lugares" incluímos espaços institucionalizados como praças, *plazoletas*, canteiros, monólitos, entre outros, que recordam ou carregam nomes de pessoas que foram vítimas e/ou resistiram às trágicas consequências da repressão. Ao contrário dos CCDs ou dos parques, esses lugares são bastante numerosos e estão dispersos por toda a cidade de Buenos Aires. A seguir, centramos nosso interesse em três casos diferentes: 1) os espaços comemorativos localizados no bairro de Puerto Madero, 2) os espaços remanescentes da rodovia 25 de Maio[70] e 3) os lenços das mães na Praça de Maio. Os dois primeiros grupos concentram a maior quantidade de sítios da categoria, enquanto o terceiro se refere a um lugar com características específicas que acabou vinculado à história da ditadura.

Puerto Madero é o bairro mais recente e de maior crescimento de Buenos Aires. Também constitui um reduto das classes mais endinheiradas do país. Em Puerto Madero localizam-se diversos espaços para a memória. Entre eles podemos mencionar o Bulevar Azucena Villaflor, batizado em homenagem a uma das fundadoras da Associação Mães da Praça de Maio, que foi detida-desaparecida em 1977. Também encontramos o canteiro central Héctor Oesterheld (fig. 10), criado para rememorar o escritor argentino sequestrado junto com suas filhas naquele mesmo ano. Quando realizamos o levantamento, o canteiro (uma espécie de *plazoleta* de aproximadamente um quarteirão) encontrava-se bastante deteriorado. O espaço estava sinalizado por um cartaz sem outra referência além do nome e continha um pequeno monólito com uma placa oxidada

---

[69] Gobierno de la Ciudad de Buenos Aires, Parque Indoamericano, Paseo de los Derechos Humanos, 2010.

[70] *Sensu* Instituto Espacio para la Memoria, "Ex-CCD TyE", 2009.

de difícil leitura. Este último se perdia na imensidade da *plazoleta* e no fundo composto pelas torres de Puerto Madero.

Outro caso interessante é a escultura em homenagem aos trabalhadores desaparecidos do porto de Buenos Aires. Mesmo conhecendo a localização exata da obra, foi impossível encontrá-la. Quase na mesma direção, acabamos achando um monólito numa praça seca, com uma placa que recordava os trabalhadores desaparecidos da automotora Mercedes-Benz (fig. 11). Esse monumento contrastava com uma estátua feita em escala, de bronze brilhante, de Fangio e seu carro de corrida (um Mercedes). Sem dúvida, a estátua chamava toda a atenção e minimizava a visibilidade da placa. A pequenez e simplicidade do monólito também surpreendiam em comparação com os edifícios que rodeavam o lugar, particularmente as luxuosas instalações da Mercedes-Benz na Argentina.

Figura 10: Monólito do canteiro Héctor Oestherheld (foto de Zarankin e Salerno, 2009).

Figura 11: Monólito que recorda os trabalhadores desaparecidos da automotora Mercedes-Benz. Note-se o contraste entre as placas e a escala dos edifícios circundantes (foto de Zarankin e Salerno, 2009).

Uma zona que concentra um número importante de "outros lugares" para a memória encontra-se embaixo da rodovia 25 de Maio (fig. 12 e 13). Trata-se de um conjunto de jardins, pátios e *plazoletas* que levam nomes de mães desaparecidas (como Delia Avilés de Elizalde, Ramona Gastiazoro de Brontes, Esther Ballestrino de Careaga, Matilde Vara de Anguita, entre outras)[71]. Talvez o fato da prefeitura ter considerado esses espaços "remanescentes" da rodovia possa nos dar alguma ideia de suas características. Em geral, são lugares de dimensões reduzidas, com apenas algum cartaz ou placa que comunicam sua denominação. Além disso, conformam uma série de espaços que – a não ser pela criação dos jardins e sítios comemorativos – possivelmente permaneceriam inutilizados por parte da comunidade (tal como acontece em outras áreas associadas às rodovias).

A localização desses lugares sob a rodovia 25 de Maio pode ter diversas interpretações (algumas delas aparentemente contraditórias). Por um lado, sua localização constitui uma forma de apropriar-se de um espaço historicamente criado pela ditadura e ressignificá-lo. Na verdade, parte dos cidadãos ainda considera as rodovias e outras obras de infraestrutura parte do "bom legado" do regime. A presença de lugares comemorativos transforma-se, então, numa ferramenta útil para discutir o custo de seus "êxitos". De outro ponto de vista, pode parecer discutível que os espaços se encontrem "sob" a rodovia, como se os erros do regime só ocupassem

---

[71] "Nuevos nombres para edificios, parques y el puerto de la ciudad", *La Nación*, 10 out. 2003.

um lugar "remanescente" no universo de suas obras. Nesse sentido, a localização dos pátios e *plazoletas* dá a impressão de que a memória das vítimas ainda ocupa o espaço circunscrito da resistência, confinada nos interstícios do poder.

Finalmente, vale a pena mencionar a acessibilidade desses espaços e as experiências ocasionadas ao percorrê-los. Ainda que as *plazoletas* se encontrem relativamente perto do centro da cidade (nos bairros de San Telmo e San Cristóbal), é certo que as ruas onde se localizam são pouco transitadas. Algumas delas só se estendem por algumas quadras (por exemplo, a Dr. Eduardo Jenner) e são produto de mudanças geradas pela implantação da rodovia sobre o traçado. Ademais, quem percorre a área de automóvel ou a pé dificilmente notará – salvo se reconhecer os nomes nos cartazes ou estiver informado sobre a história dos lugares – que os jardins e *plazoletas* situados sob a rodovia são consagrados à comemoração das vítimas da ditadura.

Em certo sentido, os traços gerais dos lugares considerados não provocam em quem os visita interesse em apropriar-se deles. Por um lado, as *plazoletas* têm um aspecto sombrio e úmido, devido a sua localização. Por outro lado, os espaços foram fechados com grades que só permanecem abertas durante o dia (nem sequer em todos os casos). As grades provocam a sensação de que parte da materialidade dos lugares foi explicitamente desenhada para expulsar as pessoas, e não para convidá-las a entrar. Por esse motivo, têm sido simbolicamente conectadas à perda de liberdade, à discriminação e à repressão – sem dúvida, algo que os espaços para a memória não deveriam representar. Vale a pena esclarecer que a utilização de grades por parte da prefeitura tem sido criticada por entidades de direitos humanos, sobreviventes e familiares das vítimas em vários casos.

Figura 12: Plazoleta *Delia Avilés de Elizalde (foto de Zarankin e Salerno, 2009).*

Figura 13: Plazoleta *Ramona Gastiazoro de Brontes. Notem-se as características do espaço sob a rodovia e o uso de gradeados (foto de Zarankin e Salerno, 2009).*

Apesar de suas características, os espaços "remanescentes da rodovia" contam com alguns implementos (como bancos, mesas e brinquedos) para que a comunidade possa fazer uso deles. Na maior parte dos casos, essas instalações não parecem ter boa manutenção. O investimento nelas é baixo, o que parece corresponder à escassa oferta de serviços que a cidade reserva ao bairro onde se encontram os jardins e *plazoletas* (composto de lares de baixos recursos e casas invadidas, entre outros). Porém, desconsiderando as características desses lugares, alguns vizinhos optam por aproximar-se deles (o que sugere a importância de melhorá-los para incrementar o bem-estar do bairro).

Finalmente, mencionamos um último caso: os lenços brancos pintados ao redor da Pirâmide de Maio (fig. 14). Esses lenços, dispostos no chão, marcam o percurso da marcha que as mães de detentos-desaparecidos iniciaram em 1977 com o fim de solicitar às autoridades do regime informações sobre o paradeiro de seus filhos. Ao contrário dos CCDs, que foram originalmente criados pelo terrorismo de Estado, ou dos novos espaços para a memória, que surgiram durante o período democrático, a marcha das mães foi um símbolo da luta contra a repressão que surgiu durante o próprio período militar e sobreviveu como pedido de justiça até a atualidade.

Os lenços possuem um incrível potencial como símbolo de luta das mães. Originalmente, foram confeccionados com o tecido que as mulheres da década de 1970 empregavam para fabricar as fraldas dos seus bebês. O uso desse artigo, consequentemente, remeteu ao vínculo entre mães e filhos. Os lenços uniram as mães sob um mesmo símbolo, sem que houvesse distinções significativas entre elas (sua reivindicação era a mesma)[72]. O símbolo dos lenços adquiriu transcendência não apenas na Argentina, mas também em escala global. Quando as mães solicitaram a presença dos órgãos internacionais de direitos humanos (durante o Mundial de 1978, em plena ditadura), sua aparição pública foi marcada por seu aspecto característico.

Figura 14: Lenços pintados em torno da Pirâmide de Maio (foto de Zarankin e Salerno, 2009).

[72] Madres de Plaza de Mayo, *Ni un paso atrás, op. cit.*

Os lenços pintados ao redor da Pirâmide de Maio encontram-se no microcentro de Buenos Aires, na praça mais importante da República (rodeada de edifícios institucionais, como a Casa Rosada, alguns ministérios e a catedral). A Praça de Maio não apenas conforma um ponto nevrálgico no funcionamento da cidade, mas também constitui um espaço histórico de reunião social[73]. Aproximadamente desde o séc. XIX, ali aconteceram celebrações e protestos. Alguns desses últimos, como a luta das mães – e, atualmente, a dos veteranos da guerra nas Malvinas –, parecem ter adquirido uma presença constante.

A Praça de Maio é visitada diariamente por milhares de pessoas. Os lenços não podem ser avistados da rua, mas quem decidir atravessar a praça não terá dificuldade em contemplá-los (ainda que estejam pintados no chão). Mesmo que não estejam acompanhados por placas nem monólitos, os lenços não necessitam mais que sua figura para contar sua história. Os argentinos saberão imediatamente do que se trata, e até os turistas poderão reconhecê-los. A Praça de Maio é um lugar visitado com frequência por estrangeiros e os guias de turismo costumam destacar a presença dos lenços para quem visita Buenos Aires pela primeira vez.

REFLEXÕES SOBRE OS ESPAÇOS PARA A MEMÓRIA

A proliferação dos espaços institucionalizados para a memória na cidade de Buenos Aires (e também em outras regiões do país) é, sem dúvida, parte de um processo de reescrita da história oficial contemporânea na Argentina. Huyssen[74] afirma que lugares desse tipo têm o potencial de construir ou reforçar narrativas acerca da memória pública. Nesse processo, a materialidade dos lugares recorre à força de experiências e emoções. Isso posto, acreditamos ser importante perguntar se os espaços considerados neste trabalho realmente contribuem para construir ou reforçar uma memória crítica sobre a ditadura e suas estratégias repressivas. Para isso discutimos o efeito que os três tipos de espaços diferenciados produzem sobre as pessoas.

Os CCDs são os espaços que provavelmente mais se destacam, por serem amplamente distribuídos e causarem um impacto profundo nos cidadãos. Salvo em um caso, os centros que foram declarados sítios históricos são facilmente reconhecíveis. Na atualidade, Esma, El Olimpo, Club Atlético são sinônimos das atrocidades cometidas pela ditadura. Passar em frente a eles produz uma sensação de espanto que perdura depois de deixá-los. A visita às suas instalações

---

[73] Gabriel Lerman, *La plaza política*, Buenos Aires: Colihue, 2004.

[74] Andreas Huyssen, *op. cit.*

é muito mais comovedora, pois apela ao que pode significar estar preso, ser torturado – e até morrer – em completo estado de indefensabilidade. Já os parques (especialmente o da Memória) ocupam uma posição intermediária. São distantes do centro da cidade e não necessariamente chamativos quando vistos do exterior. Porém, oferecem uma experiência diferente para quem os percorre. Sua materialidade tem potencial para gerar consciência, dado que rememoram as vítimas que o regime quis fazer desaparecer. Talvez seja necessário divulgar mais sua presença, assim como as atividades que ali se realizam, para que os cidadãos possam aproveitá-los mais.

Os "outros lugares" localizam-se em diversos pontos da cidade, mas os casos que decidimos analisar se concentram nas proximidades do centro (abarcando desde bairros abastados até outros mais humildes). Esses espaços são mais numerosos que os associados a outras categorias, por isso se poderia esperar que tivessem certo impacto na população. Não obstante, compartilham uma situação de invisibilidade generalizada. A maior parte desses lugares é pouco sinalizada (muitos apresentam um cartaz sem mais referências que um nome ou uma placa perdida num espaço de maiores dimensões), está à sombra de obras de maior tamanho ou destaque visual (com todas as implicações simbólicas que já mencionamos), está pouco conservada e em alguns casos é difícil de encontrar. Talvez uma das exceções sejam os lenços da Praça de Maio (principalmente por seu amplo reconhecimento social).

É possível que os lugares que geram maior impacto sejam aqueles que surgiram no contexto da ditadura e ainda perduram. Referimo-nos aos ex-CCDs e aos espaços de resistência durante o regime, como a marcha das mães na Praça de Maio. Esses lugares apresentam um nexo direto com o passado, por estarem localizados nos mesmos lugares onde aconteceram os fatos. Foram instaurados pela força de práticas passadas e conseguiram projetar-se no presente mediante novos atos. No caso dos CCDs, a perversão das detenções ilegais e dos crimes instituídos como exercício comum da ditadura foi seguida por um processo de denúncia, apropriação e ressignificação dos espaços. No caso da marcha, a continuidade das reuniões conseguiu legitimá-las como símbolo de luta. Tanto os CCDs como os lenços da Praça de Maio nos trasladam a outro tempo e nos fazem enfrentar a pergunta – nós que não vivemos diretamente os fatos – sobre o que sentiríamos se estivéssemos nessas circunstâncias. Por sua vez, os protagonistas da história (sobreviventes, familiares) podem reencontrar-se com o passado e reconstruir sua identidade, inclusive a partir de novas perspectivas.

Os demais espaços analisados (isto é, os parques e a maior parte dos "outros lugares") surgiram durante a democracia. Sua materialidade não é produto de atos de repressão ou resistência desenvolvidos *in situ* no passado. Por esse motivo, devem realizar outro tipo de esforço para gerar memória a partir do presente. Os parques parecem apontar nessa direção, ainda que não sem dificuldades. Todavia, os "outros lugares" ainda não podem cumprir – ao menos de forma integral – o propósito desejado. Na maior parte dos casos, não despertam os sentidos nem as emoções com a mesma intensidade que os outros lugares. Sua presença e suas características parecem estar associadas principalmente a decisões governamentais.

Huyssen[75] afirma que, em algumas ocasiões, a intervenção estatal gera um "excesso" de políticas da memória. Isso tem diversas consequências. Em primeiro lugar, nem todos os projetos conseguem receber o apoio necessário para sua devida execução ou manutenção: enquanto alguns ganham destaque, outros permanecem ignorados. Assim, torna-se necessário desenvolver estratégias de planificação e gestão em escalas distintas. A situação torna-se especialmente complexa a longo prazo, pois nem todos os governos têm o mesmo interesse em sustentar os projetos de seus predecessores (algumas discussões desse teor ocorreram no caso de Buenos Aires). Em segundo lugar, de acordo com Huyssen[76], é frequente que as autoridades tentem substituir o cumprimento efetivo da justiça pelo apoio às políticas da memória. Uma possível leitura dessa situação é que a maneira mais fácil que os políticos encontram para satisfazer as demandas de reparação histórica é construir monumentos, colocar placas recordativas ou rebatizar ruas e praças. Felizmente, à construção de espaços comemorativos na Argentina seguiu-se a reabertura dos julgamentos contra os crimes de Estado. Mas essa é uma tarefa em marcha, que esperamos possa ser sustentada e completamente alcançada.

PALAVRAS FINAIS

As lembranças, muitas vezes, chegam como fragmentos e compõem um mosaico de histórias que – como afirma Sarlo[77] – nos assaltam a qualquer momento (mesmo quando não queremos). Os lugares de memória catalisam vivências e acendem lembranças. Administrados de forma consciente e responsável, permitem que construamos relatos sobre os excessos da ditadura e nos aproximemos (ainda que de modo indireto) dos que sofreram na carne a perseguição e a repressão. Uma memória material de índole social (inclusive politicamente legitimada) tem o potencial de alcançar a população em seu conjunto, de marcar presença na paisagem, produzindo emoções e sensações que desafiam a falta

---

[75] Andreas Huyssen, *op. cit.*

[76] *Ibid.*

[77] Beatriz Sarlo, *op. cit.*

de imaginação. Mas cuidado: os objetos em si mesmos não guardam a memória; pelo contrário, são seus disparadores. Levando em conta essa premissa, consideramos que os espaços para a memória devem funcionar como imagens agentes que permitam nosso envolvimento com as histórias passadas, ainda que não sejam as nossas, mas as de outras gerações (pós-memórias). Devem construir uma narrativa sobre a ditadura e exigir um compromisso moral efetivo para que seus horrores não voltem a se repetir. Nesse sentido, os lugares de memória devem transformar-nos em depositários vivos de uma memória que não pode ser apagada.

AGRADECIMENTOS

Agradecemos o apoio oferecido pela UFMG e pelo Consejo Nacional de Investigaciones Científicas y Técnicas (Argentina). Também agradecemos a colaboração de nossos colegas. Seus comentários foram importantes para melhorar os rascunhos do trabalho. As ideias apresentadas, porém, são de nossa exclusiva responsabilidade. Obrigado a Anaeli Almeida pela sua ajuda na revisão da tradução deste artigo para o português.

ARQUEOLOGIA DA RESISTÊNCIA E DIREITOS HUMANOS

- *Inês Virgínia Prado Soares e Pedro Paulo Funari* -

MEMÓRIA E FORMAS DE LEMBRAR

Lidar com a verdade sobre violações em massa de direitos humanos significa iluminar a violência do Estado ou de grupos. Essa violência é muitas vezes silenciada pela narrativa oficial e ignorada pela maioria da sociedade. O esclarecimento desses acontecimentos nefastos depende da conjugação de forças sociais, econômicas e políticas com um aparato instrumental adequado, no qual se incluem as pesquisas arqueológicas e, mais especificamente, a arqueologia da repressão e resistência.

O trabalho arqueológico é uma tarefa que está intrinsecamente ligada aos direitos humanos, tanto para a revelação da verdade, como a compreensão dos atos violentos e para a (re)formulação da memória coletiva, com novos componentes narrativos. No Brasil, no campo da arqueologia da repressão e resistência, estudos sobre a materialidade da violência que atingiu comunidades quilombolas, povos indígenas e outros grupos perseguidos, injustiçados ou hipossuficientes, como os presos políticos desaparecidos, foram desenvolvidos de modo mais constante a partir da redemocratização, em meados da década de 1980.

Neste capítulo abordaremos as conexões entre arqueologia e direitos humanos, sob o enfoque da importância dessa disciplina para lidar com o legado de violência da ditadura militar brasileira (1964-85). Com a arqueologia, é possível estudar a materialidade dos locais e os instrumentos utilizados para a prática dessas graves violações de direitos humanos, incluindo provas científicas que contribuam para a reconstrução dos cenários de crimes, para a indicação dos responsáveis[1] e para a elaboração de uma narrativa que permita

---

[1] Luis Fondebrider, "Arqueologia e antropologia forense", em: Pedro Paulo Funari, Andrés Zarankin e José Alberioni dos Reis (org.), *Arqueologia da repressão e da resistência na América Latina na era das ditaduras*, São Paulo: Annablume/Fapesp, 2008, pp. 151-60.

a inclusão de outros atores na memória coletiva[2] e, ainda, para a ressignificação de locais[3].

Neste tópico introdutório, deixamos ao leitor a pergunta: "Arqueologia para os direitos humanos ou vice-versa?", como uma provocação à reflexão acerca da riqueza e potencialidade de ambos os campos de conhecimento e pesquisa. Ao longo deste artigo tentaremos responder a esse questionamento. Para isso, apresentaremos, de forma muito breve, o caminho percorrido pela arqueologia até encontrar os direitos humanos e a inserção de temas sociais e políticos do mundo contemporâneo (como os direitos dos indígenas ou das minorias) nos debates sobre os trabalhos arqueológicos. Depois, analisaremos as possibilidades de amparo jurídico para o desenvolvimento da arqueologia de resistência no Brasil, contextualizando a proteção do patrimônio arqueológico no sistema jurídico brasileiro. Será dada atenção à base legal para a tutela dos lugares e locais ligados ao passado violento da ditadura militar e para a realização de pesquisas arqueológicas com a finalidade de encontrar os restos mortais dos desaparecidos e esclarecer a verdade sobre tais acontecimentos.

DESENCONTROS E ENCONTROS DA ARQUEOLOGIA E DOS DIREITOS HUMANOS

A arqueologia iniciou-se como disciplina no séc. XIX, na esteira da construção dos Estados nacionais modernos e do imperialismo das grandes potências[4]. As nascentes nações deviam forjar uma unidade antes inexistente entre seus membros. No antigo regime, a República – fosse ela uma monarquia ou outro qualquer arranjo político – estava baseada na submissão dos súditos ao regente, não havendo compartilhamento de língua, cultura ou mesmo território. O caso paradigmático da França sempre é lembrado: até a Revolução de 1789, os súditos do rei de França não falavam um único idioma, mas vários; o território francês estendia-se por mais de um continente. O soberano o era por direito divino e as pessoas não eram iguais, mas seu estatuto jurídico e social era diferenciado: plebeus, nobres e clero formavam estamentos. A universidade e a ciência estavam a serviço da Igreja e do rei, tanto em áreas católicas como nos

---

[2] Alejandro Haber, "Tortura, verdade, repressão, arqueologia", em: Pedro Paulo Funari, Andrés Zarankin e José Alberioni dos Reis (org.), *Arqueologia da repressão e da resistência na América Latina na era das ditaduras*, op. cit.

[3] Melisa Salerno, Andrés Zarankin e María Celeste Perosino, "Arqueologías de la clandestinidad", *Revista Universitaria de Historia Militar*, v. 2, 2012, pp. 50-84.

[4] Chris Gosden, *Archaeology and Colonialism*, Cambridge: University Press, 2004.

principados e reinos protestantes.

Tudo isso iria mudar com o projeto político do Estado nacional de criação de cidadãos, em substituição aos súditos do antigo regime. Estabelecia-se o princípio da igualdade, de um único povo, com um só território, uma língua e cultura. Esse projeto seria colocado em prática por meio da escola, que devia fazer com que todos aprendessem um único idioma e compartilhassem uma mesma narrativa sobre o passado, num território contíguo e delimitado. No caso da França, impunha-se o francês (alijando-se idiomas locais como a popularíssima *languedoc* do sul do país), criava-se o antepassado gaulês (antes, havia uma diferença de estamento entre a nobreza germânica e o povo composto de gauleses e romanos) e as fronteiras europeias formavam o hexágono, nome do país que se popularizou e hoje é sinônimo de França, desfeitos os laços com os colonos franceses da América do Norte. A universidade e a ciência despiam-se das vestes eclesiais e, impulsionadas pelo Iluminismo, buscavam a experiência e o livre-pensamento racional para compreender e revolucionar o mundo. Esses recém-criados Estados iriam, além disso, empenhar-se em conquistar o mundo, impondo-se a regiões consideradas periféricas, num movimento de colonização que viria a ser caracterizado como imperialismo. A expedição de Napoleão ao Egito (1798-1801) pode ser tomada como epítome dessa ligação umbilical entre o nascente Estado nacional e as expedições imperiais.

Nessas circunstâncias entende-se o surgimento da arqueologia como parte do aparato científico destinado a contribuir para que o projeto do Estado nacional se pudesse fixar e ser bem-sucedido num contexto imperialista[5]. A disciplina surgiu em ambiente acadêmico, em particular como o estudo sistemático de tudo o que fosse material e que pudesse ilustrar e documentar as grandes civilizações, antecessoras dos Estados nacionais e suas políticas imperialistas. Assim foi com o Egito e com as civilizações grega e romana. As grandes conquistas imperialistas do séc. XIX foram de fundamental importância para a constituição da disciplina, pois permitiram que as potências criassem escolas de arqueologia. A mais importante foi o Instituto de Correspondência Arqueológica, fundado em 1829, em Roma. Na sua primeira sessão, no dia do aniversário de 2.582 anos da fundação de Roma (21 de abril de 1829), o Instituto aprovou seu manifesto de associação, no qual se entendia como uma instituição internacional para criar ferramentas de investigação arqueológica. O Instituto se encarregaria da tarefa de compilar e difundir, por meio de seus correspondentes, os descobrimentos arqueológicos da Antiguidade clássica, bem como estreitar os laços entre os estudiosos, gerando uma cooperação internacional com a criação

---

[5] Margarita Díaz-Andreu, *A World History of Nineteenth-Century Archaeology*, Oxford: Oxford University Press, 2007.

de uma associação e a publicação de dois periódicos: o boletim e os anais do Instituto de Correspondência Arqueológica[6]. Em certo sentido, pode dizer-se que assim surgia a mais antiga arqueologia histórica, voltada para o estudo de objetos, mas com as informações escritas também disponíveis e importantes.

Outras iniciativas seguiram-se. A recém-independente Grécia (1830) criou seu Departamento de Arqueologia em 1834 e a Sociedade Arqueológica de Atenas em 1837. A França também criou sua Sociedade de Arqueologia Grega em 1837 e, logo depois, a primeira instituição estrangeira na Grécia, a Escola Francesa de Atenas em 1846, sendo seguida por outras de várias nações, como o Instituto Alemão de Arqueologia em 1875, a Escola Americana de Estudos Clássicos em Atenas em 1882, a Escola Britânica em Atenas em 1885. O mesmo se deu na Itália com a fundação da Escola Francesa de Roma em 1873, da Escola Italiana de Arqueologia em 1875 e do Instituto Alemão de Arqueologia em 1929[7].

Não há dúvida, portanto, de que a arqueologia estava ligada, de forma orgânica, ao Estado nacional e ao imperialismo. A disciplina crescia na esteira das missões estrangeiras e das escavações metropolitanas em busca dos antepassados imaginados da nação. O caráter militar da carreira está alicerçado em alguns dos seus epígonos, como o aristocrata inglês general Pitt Rivers (1827-1900)[8], que serviu na Guerra da Crimeia (1853-56), e o brigadeiro inglês Mortimer Wheeler (1890-1976), que atuou na Primeira Guerra Mundial (1914-18) como oficial e na Segunda Guerra Mundial (1939-45) no serviço de informação[9]. Ambos foram fundamentais para o desenvolvimento das técnicas de campo e de análise do material arqueológico, aplicando seus conhecimentos militares para a organização do trabalho de campo e de análise de laboratório. Suas interpretações seguiam, como seria esperado, padrões nacionalistas, militaristas, elitistas e conservadores.

A disciplina começou a mudar, de forma mais pronunciada, a partir das transformações nas sociedades ocidentais, resultantes dos movimentos sociais. Desde o séc. XIX, anarquistas e socialistas, assim como as mulheres e sua luta pelo direito de voto, questionavam o *status quo* e buscavam alterar as relações sociais, tendo como objetivo, muitas vezes, maior justiça social e respeito aos direitos individuais e coletivos.

No séc. XX, em especial após a Segunda Guerra Mundial, com a consagração dos direitos humanos pela ONU e com a luta antirracista desencadeada pela

---

[6] Susan Alcock e Robin Osborne, *Classical Archaeology*, Oxford: Blackwell, 2007.

[7] José Grillo e Pedro Paulo Funari, *Arqueologia clássica*, São Paulo: Annablume, 2012.

[8] Michael Thompson, *General Pitt Rivers: Evolution and Archaeology in the Nineteenth Century*. Bradford-on-Avon: Moonraker Press, 1977.

[9] Mortimer Wheeler, *Still Digging*, Londres: Michael Joseph, 1955.

Unesco, surgiram diversas frentes de contestação da velha ordem. A luta pelos direitos civis, o feminismo e a pílula anticoncepcional, os movimentos contrários à guerra e ao colonialismo, assim como a busca pelo respeito à diversidade em todos os campos (religioso e sexual), tudo viria a confluir para um engajamento das disciplinas científicas com a sociedade em seus conflitos e contradições. Como resultado, surgiram áreas para estudar e tentar entender essas novas realidades, como a sociologia do conflito ou a antropologia das sociedades.

A ARQUEOLOGIA E AS GRAVES VIOLAÇÕES EM MASSA DOS DIREITOS HUMANOS

A arqueologia reagiu a essas novas injunções em dois momentos. De início, refugiou-se na ciência objetiva e neutra, afastando-se da perspectiva cultural que a caracterizara e que a havia associado a abordagens militaristas, evolucionistas sociais e migracionistas[10]. Mesmo o grande arqueólogo marxista Vere Gordon Childe (1892-1957) havia pensado o passado como uma sucessão de conquistas militares, por povos superiores que migravam e se sobrepunham à força aos mais fracos e menos evoluídos[11]. Ante o questionamento desses axiomas, o arqueólogo Lewis Binford (1930-2011), que havia lutado na Guerra da Coreia (1950-53), propôs uma arqueologia sem juízos culturais[12]. A palavra-chave dessa fuga da política era "processo", algo objetivo a ser identificado pelo arqueólogo, logo chamado de processual. Mas, perdida a inocência, como dizia em título sugestivo David Clarke (1937-66), essa proposta de fuga da sociedade e seus conflitos não resistiria aos ventos que advinham dos embates sociais[13].

Na América Latina, uma arqueologia social latino-americana[14] mostrou-se relevante nesse movimento de crescente engajamento social da disciplina, bem no auge da Guerra Fria (1947-89). Toda essa efervescência viria a desembocar no movimento que se designou como contextual, pós-processual, crítico ou pós-moderno. Buscava-se relacionar a disciplina com as inquietações sociais e políticas das grandes potências, mas também de outros pontos

---

[10] Clive Gamble, *Archaeology, the Basics*, Londres: Routledge, 2001.

[11] V. Gordon Childe, *What Happened in History*, Harmondsworth: Penguin, 1942.

[12] Lewis Binford, "Archaeology as Anthropology", *American Antiquity*, v. 28, nº 2, 1962.

[13] David Clarke, "Archaeology: the loss of innocence", *Antiquity*, nº 47, 1973.

[14] Hugo Benavides, "Retornando à origem: arqueologia social como filosofia latino-americana", *Terceiro Incluído*, v. 1, nº 2, 2011.

do planeta. A criação do Congresso Mundial de Arqueologia, em 1986, foi um marco decisivo. Pela primeira vez, rompiam-se as barreiras sociais, acadêmicas e hierárquicas e surgia uma organização com representação igualitária de arqueólogos de países ricos e pobres. Das reuniões participavam leigos, como indígenas e não arqueólogos, e graduandos, mestrandos, doutorandos, doutores e catedráticos. Os temas debatidos voltavam-se para os embates sociais e políticos do mundo contemporâneo, como os direitos dos indígenas ou das minorias[15]. Nas décadas seguintes, essa tendência da disciplina ao engajamento social e político, em particular no campo dos direitos humanos e sociais, só se fez mais importante, em consonância com os conceitos de pluralismo e diversidade[16].

A América Latina experimentou uma situação muito particular. Sofreu, de forma acentuada, a confrontação entre os Estados Unidos e a União Soviética, durante a Guerra Fria – em particular, após a Revolução Cubana de 1959. Por injunções internacionais e pela confrontação entre as elites e os movimentos reivindicatórios, a região foi varrida por uma série de golpes de Estado e, na maioria dos casos, pela implantação de ditaduras. As exceções testemunharam, mesmo assim, lutas armadas, guerras civis e regimes civis pouco eficazes na implementação de equidade e justiça para as maiorias e minorias de excluídos. O quadro latino-americano foi particularmente infenso aos direitos humanos e sociais até o período final da Guerra Fria, quando começou uma reversão da situação, a partir, talvez, da derrocada da ditadura militar argentina, em 1983. A *perestroika* (ou "reconstrução") e *glasnost* ("transparência") promovidas pelo líder soviético Mikhail Gorbatchov entre 1985 e 1991 aprofundaram e concluíram a transição da região latino-americana da autocracia para a democracia, com o crescente respeito aos direitos humanos e sociais. O processo completou-se na década de 1990, com a generalização da democracia.

Todo esse contexto histórico marcou de forma profunda a disciplina arqueológica. Por duas décadas, os arqueólogos que não se conformassem à linha autoritária e reacionária foram perseguidos, exilados ou mesmo mortos. Casos notáveis são os do brasileiro Paulo Duarte (1899-1984), cassado em 1969 pelo AI-5, e do chileno Felipe Bate, exilado no México desde o golpe militar de 1973, para citar dois nomes de particular destaque, dentre muitos outros[17]. Em quase

---

[15] Pedro Paulo Funari, "The World Archaeological Congress from a critical and personal perspective", em: *Archaeologies*, World Archaeological Congress, Blue Ridge Summit, USA, v. 2, nº 1, 2006.

[16] Siân Jones, *The Archaeology of Ethnicity*, Londres: Routledge, 1997.

[17] Pedro Paulo Funari e Glaydson Silva, "Notas de investigación sobre el Proyecto Acervo Arqueológico del Archivo 'Paulo Duarte'", em: Javier Nastri e Lúcio Menezes Ferreira (org.), *Historias de Arqueología Sudamericana*, v. 1, Buenos Aires: Fondación de Historia Natural Félix de Azara, 2010.

todos os países, a disciplina foi dominada pelos que se alinhavam com o autoritarismo. O restabelecimento do estado de direito e das liberdades civis foi, portanto, decisivo para que a disciplina, a partir de meados da década de 1980, se aproximasse da sociedade e dos embates políticos e sociais.

A disciplina passou a tratar de temas como o dos desaparecidos políticos das recentes ditaduras, como no caso precoce e paradigmático da Argentina, e nesse caso, como em tantos outros, mostrou-se uma liderança, ao criar um grupo de antropologia forense que passou a atuar em regiões submetidas ao jugo ditatorial pelo mundo afora. A Equipe Argentina de Antropologia Forense, criada em 1984, ao final da ditadura militar, consolidou as experiências dos anos pós-ditadura e, segundo Fondebrider,

> *foi a apresentação de um novo modo de se fazer arqueologia e antropologia forenses. Esse fazer incluiu: a) uma interdisciplinaridade com todos os âmbitos da antropologia representados – cultural, arqueológico, biológico; b) um viés fortemente social, tendo as famílias das vítimas como um eixo fundamental das tarefas, respeitando seus padrões culturais e religiosos, assim como seu direito de saber*[18].

Ao mesmo tempo, o trabalho da antropologia forense abriu uma nova linha de trabalho e de investigação dentro da disciplina. Forçou-a a interatuar com outras especialidades científicas e com outros atores da sociedade. Mostrou que a antropologia em geral, e a arqueologia em particular, podem brindar um aporte fundamental à compreensão de nosso passado recente e à preservação da memória do sucedido[19].

Outros temas relativos aos direitos humanos e sociais se desenvolveram em diversos países, como a arqueologia dos quilombos, surgida no Brasil ao final do regime ditatorial em 1985[20]. A restauração do Estado de direito desde a década de 1980 acabaria por levar o tema das ditaduras para o centro da atenção social. De novo, a Argentina foi pioneira ao instituir julgamentos e, no campo da arqueologia, liderar as iniciativas de estudo da repressão e resistência.

Nesse sentido, a relevância da arqueologia é bem exemplificada por Fondebrider, que relata a primeira escavação após o fim da ditadura argentina, em julho de 1984, no cemitério de San Isidro, nos arrabaldes de Buenos Aires. Esta exumação foi realizada sob a coordenação de Clyde Snow, antropólogo forense estadunidense que veio à Argentina graças à iniciativa de entidades locais

---

[18] Luis Fondebrider, "Arqueologia e antropologia forense", *op. cit.*

[19] *Ibidem.*

[20] Lúcio Ferreira, "Arqueologia da escravidão e arqueologia pública", *Vestígios*, v. 3, 2009.

de direitos humanos. Snow é um dos primeiros antropólogos forenses que ainda na década de 1970 decidiu utilizar a arqueologia na recuperação dos corpos, em casos médico-legais[21].

Na maioria dos países latino-americanos a herança patrimonial secular prevaleceu e as antigas elites que atuaram nos regimes autoritários continuaram no poder, junto às novas lideranças democráticas. Nas lides arqueológicas, os arqueólogos expurgados foram readmitidos e novas gerações cresceram em ambiente de liberdade, mas, em muitos casos, os antigos hierarcas mantiveram-se no poder acadêmico por longo período. Exemplos sobre a necessidade da arqueologia da resistência para países que precisam lidar com legados de violência não faltam. Na Espanha essa arqueologia tem se desenvolvido para a recuperação dos vestígios arqueológicos do período da ditadura franquista (1936-75), assim como em muitos países latino-americanos[22].

Por diversos motivos, especialmente a manutenção no poder, tanto político como acadêmico, de pessoas ligadas ao regime autoritário, nem sempre o estudo da repressão e resistência tem encontrado o devido apoio no âmbito local. Esses fatores têm tardado e limitado a difusão da arqueologia da repressão e resistência na América Latina, como, também, em outros países de fora do continente e que passaram por experiências ditatoriais[23].

Apesar disso, pesquisas arqueológicas começam a ser consideradas importantes para a compreensão da violência, a valorização da memória das vítimas e principalmente para a revelação da verdade sobre os acontecimentos mais nefastos da ditadura militar brasileira (1964-85). Nas últimas décadas, com a consolidação da democracia no Brasil e com as demandas por justiça, memória e verdade, só se reforça a importância do estudo arqueológico dos centros de detenção, das valas comuns e dos restos de pessoas mortas, entre outros.

---

[21] Fondebrider relata a manhã de julho de 1984 na qual, pela primeira vez na Argentina, a arqueologia trabalhou no âmbito judicial-médico-policial: "Após uma hora de trabalho, a terra começa a mudar de cor e de textura. Por fim, algo reconhecível, que os faz sentir menos assustados e mais no controle da exumação. Um dos médicos da polícia se acerca e diz ao coveiro: 'Já estamos próximos. Avisa-me quando tocares o osso com a pá'. Quando começa a distanciar-se, quase em uníssono, os estudantes estalam um só grito: 'Não, não, assim não se faz'. Ante o olhar surpreso do juiz e de todos os que rodeiam a fossa, diante de um meio sorriso de Snow, um deles se mete dentro da sepultura. Começa a desembaraçar a terra com uma colher de pedreiro, enquanto outro se recolhe e começa a peneirar. É provavelmente a primeira vez que, na Argentina, a arqueologia dá a mão ao âmbito judicial-médico-policial, ainda que pareça mais uma irrupção inesperada e não desejada, do que um procedimento planejado e pactuado de antemão. Horas mais tarde, os estudantes e o arqueólogo se encontram em pleno controle da cena. A exumação começa a parecer um trabalho arqueológico. Porém, essa já é outra história" (Fondebrider, 2008, pp. 152-3).

[22] Pedro Paulo Funari, "Comment to 'Time to destroy, an archaeology of supermodernity'", *Current Anthropology*, v. 49, 2008; Alfredo González-Ruibal, "The archaeology of internment in Francoist Spain (1936--1952)", em: Adrian Myers e Gabriel Moshenska (ed.), *Archaeologies of Internment*, Nova York: Springer, 2011.

[23] Pedro Paulo Funari, Andrés Zarankin e Melisa Salerno, *Memories from Darkness*, Nova York: Springer, 2009.

FUNDAMENTOS JURÍDICOS PARA TRABALHOS NO ÂMBITO DA ARQUEOLOGIA DA REPRESSÃO E RESISTÊNCIA NO BRASIL

A PROTEÇÃO JURÍDICA DO PATRIMÔNIO ARQUEOLÓGICO NO BRASIL

O sistema normativo de proteção do patrimônio arqueológico no Brasil é integrado pela CF, pela legislação específica sobre o patrimônio arqueológico (Decreto-Lei nº 25/1937, Lei nº 3.924/1961, Lei nº 7.542/1986 e Portarias do Iphan), por normas que compõem o sistema jurídico ambiental (Lei de Política Nacional de Meio Ambiente e a Lei de Crimes Ambientais, as Resoluções do Conama, em especial as Resoluções nº 001/1986 e 237/1997), por normas de direito administrativo e pelo sistema processual, que ampara a defesa dos direitos difusos e coletivos.

A CF adotou, em seu art. 216, um conceito inovador de patrimônio cultural, segundo o qual constituem patrimônio cultural brasileiro os bens de natureza material e imaterial, tomados individualmente ou em conjunto. Esses bens são portadores de referência à identidade, à ação, à memória dos diferentes grupos formadores da sociedade brasileira, nos quais se incluem: as formas de expressão; os modos de criar, fazer e viver; as criações científicas, artísticas e tecnológicas; as obras, objetos, documentos, edificações e demais espaços destinados às manifestações artístico-culturais; e os conjuntos urbanos e sítios de valor histórico, paisagístico, artístico, arqueológico, paleontológico, ecológico e científico.

A doutrina elogia essa amplitude da concepção constitucional de patrimônio cultural por entender que esta abriga simultaneamente o conceito de "valor histórico", prescrevendo a proteção de bens individualmente ou em conjunto, desde que "portadores de referência à identidade, à ação, à memória dos diferentes grupos formadores da sociedade brasileira", sem exigir que sejam de "valor excepcional", e também o conceito de "valor sociológico", uma vez que consagra a defesa de bens imateriais ao lado da dos materiais tradicionais[24].

A Constituição brasileira não se preocupa em definir o que é patrimônio arqueológico, nem faz distinção entre o tratamento a ser dado aos bens arqueológicos ou aos bens de interesse arqueológico. No mesmo sentido amplo, o Icomos conceitua patrimônio arqueológico como

> *a porção do patrimônio material para a qual os métodos da arqueologia fornecem os conhecimentos primários. Engloba todos os vestígios da existência*

---

[24] Ana Maria Moreira Marchesan, "A importância da preservação do patrimônio cultural na pós-modernidade", em: Vladimir Passos de Freitas (coord.), *Direito ambiental em evolução 4*, Curitiba: Juruá, 2005; Carlos Frederico Marés, "A proteção jurídica dos bens culturais", *Revista dos Tribunais*, ano 1, nº 2, 1993; Marcos Paulo de Souza Miranda, *Tutela do patrimônio cultural brasileiro*, Belo Horizonte: Del Rey, 2006; José Eduardo Ramos Rodrigues, "Patrimônio cultural: análise de alguns aspectos polêmicos", *Revista de Direito Ambiental*, nº 21, 2001, p. 178; Inês Virgínia Prado Soares, *Direito ao (do) patrimônio cultural brasileiro*, Belo Horizonte: Fórum, 2009.

humana e interessa todos os lugares onde há indícios de atividades humanas não importando quais sejam elas, estruturas e vestígios abandonados de todo o tipo, na superfície, no subsolo ou sob as águas, assim como o material a eles associados[25].

Assim, as ações para a proteção do patrimônio arqueológico seguem uma concepção de larga abrangência de artefatos e sítios que o integram. Essa concepção está prevista tanto constitucionalmente como nas leis infraconstitucionais e nas cartas sobre patrimônio cultural[26].

De modo geral, no sistema normativo brasileiro, os traços mais importantes e específicos sobre patrimônio arqueológico são: a) a propriedade pública (da União) do bem arqueológico; b) a ausência de distinção entre bens arqueológicos emersos e submersos; c) a proteção conferida diretamente pela Constituição e por normas infraconstitucionais, sem necessidade de reconhecimento da administração pública, por meio de instrumento protetivo específico (tombamento, registro etc.), de que o bem é arqueológico; d) a necessidade de permissão ou autorização do Iphan para a realização de pesquisas e escavações arqueológicas, sejam as mesmas realizadas por particulares ou pelo poder público; e) a previsão de responsabilidade civil, administrativa e penal para o causador de dano ao patrimônio arqueológico; f) a proibição de aproveitamento econômico de sítio arqueológico; g) a proibição de destruição ou mutilação de sítio arqueológico antes de ser devidamente pesquisado; e h) a obrigação de implementação de programas de educação patrimonial, quando um sítio for identificado e pesquisado[27].

A Constituição protege os bens de natureza material e imaterial, constitutivos do patrimônio cultural brasileiro, dentre os quais os sítios de valor histórico e os sítios de valor arqueológico (art. 216, inc. V)[28]. O texto constitucional faz referência ao patrimônio arqueológico também em outros dispositivos e deixa transparecer a natureza difusa desses bens, com a indicação de que o poder público (União, estados e municípios) deve atuar na sua proteção, proporcionando à sociedade o acesso a eles (art. 23, inc. III). Para isso, no exercício da

---

[25] Definição dada pela Carta para a Proteção e a Gestão do Patrimônio Arqueológico, Lausanne: Icomos/ICAHM, 1990.

[26] Inês Virgínia Prado Soares, *Proteção jurídica do patrimônio arqueológico no Brasil*, Erechim: Habilis, 2007.

[27] *Idem, Direito ao (do) patrimônio cultural brasileiro*, Belo Horizonte: Fórum, 2009.

[28] Embora desde 1934 o patrimônio arqueológico estivesse albergado nos dispositivos constitucionais que se referiam aos monumentos históricos (art. 10, inc. III da CF de 1934, art. 134 da CF de 1937 e art. 175 da CF de 1946), a menção expressa aos bens arqueológicos se deu com a Constituição de 1967 que, em seu art. 172, § ún. destacou que as jazidas arqueológicas ficavam sob a proteção especial da União.

competência comum, os entes federativos devem impedir a evasão, destruição e descaracterização dos sítios ou artefatos arqueológicos[29], bem como proporcionar meios de acesso à educação e ciência que sejam revertidos em conhecimento da matéria arqueológica[30], além de proteger o meio ambiente e combater a poluição em quaisquer de suas formas (inc. I).

Em outro dispositivo constitucional é estabelecido que são bens da União as cavidades naturais subterrâneas e os sítios arqueológicos e pré-históricos (art. 20, inc. X). Mais do que uma alusão expressa à dominialidade da União em relação a tais bens, o artigo indica que os bens arqueológicos são sempre de interesse público, seja por serem bens socioambientais, seja pelo valor autônomo que portam. Além disso, esse dispositivo constitucional, lido em conjunto com o art. 216 (*caput* e inc. V da CF), confirma a concepção do bem arqueológico como portador da memória e representação do espírito humano. A Constituição também dispõe que é competência comum da União, dos estados e dos municípios a proteção dos sítios arqueológicos (art. 23, inc. III) e estabelece novos instrumentos para a tutela do patrimônio cultural (art. 216, § 1°).

No âmbito infraconstitucional, a Lei n° 3.924/1961 protege os bens de valor arqueológico e apresenta, em seu art. 2°, um rol (exemplificativo) de locais e artefatos que constituem monumentos arqueológicos ou pré-históricos. O art. 17 dessa lei estabelece, para as descobertas fortuitas, que a posse e salvaguarda dos bens de natureza arqueológica ou pré-histórica constituem, em princípio, direito imanente do Estado. O art. 1.230 do Código Civil também dispõe que a propriedade do solo não abrange os monumentos arqueológicos e outros bens referidos por leis especiais. O § 1° do art. 1.228 do Código Civil estabelece que o direito de propriedade deve ser exercido em consonância com as finalidades econômicas e sociais para que sejam preservados, em conformidade com o estabelecido em lei especial, o patrimônio histórico e artístico.

Além de bens públicos federais, os bens arqueológicos também são de interesse público, o que modifica a própria relação do poder público com o bem e com a sociedade. A principal consequência da previsão constitucional de titularidade da União sobre os bens arqueológicos é a definição, sem sombra de dúvidas, da finalidade e gestão pública desses bens. A segunda é que a Constituição dirime as questões relativas ao uso do bem privado (ligado ao bem arqueológico) para atender a uma função social. Como bens da União, a fruição dos bens arqueológicos deve ser estabelecida de acordo com o interesse da coletividade. Ao mesmo tempo, o destino deles está sujeito ao controle social e a todos os mecanismos de controle dos bens públicos.

---

[29] Art. 23, inc. IV.

[30] Art. 23, inc. V.

Em suma, os bens arqueológicos, emersos ou submersos, históricos ou pré-históricos, são bens públicos afetados (pelo interesse público que portam), sendo sua tutela intermediada por uma pessoa jurídica de direito público federal (atualmente pelo Iphan, autarquia federal com atribuições para a gestão desses bens), mas compartilhada pelos municípios, estados e União e também pela comunidade e demais instituições, públicas ou privadas. E mais, os bens arqueológicos são bens públicos afetados para uso especial: produção de dados e informações acerca do modo de vida dos nossos antepassados e de suas relações sociais e com o meio.

A afetação desses bens repercute também no espaço físico onde estão localizados. E a desafetação do bem arqueológico encontrado só é cabível dentro de um processo em que sejam considerados todos os interesses envolvidos e a necessidade de manutenção da afetação. A destinação do bem às pesquisas e à produção de conhecimento sobre o passado da humanidade é regra. A exceção é a desafetação, daí só ser cabível com o equacionamento da colisão entre o direito fundamental de propriedade da União e o direito fundamental ao acesso e à fruição do patrimônio cultural arqueológico pela sociedade brasileira.

A consequência de um sítio ser caracterizado como de interesse arqueológico é a necessidade do uso da metodologia arqueológica nas intervenções e da autorização do Iphan para que tais pesquisas se desenvolvam. Um aspecto de grande importância para a arqueologia da resistência é a repercussão dessa larga concepção de patrimônio cultural para a proteção também do intangível (valor/interesse cultural) presente no bem cultural material/físico. Essa proteção – da porção intangível dos bens culturais, pelo valor/interesse cultural que possuem – se traduz juridicamente como uma proteção de interesses difusos, de toda a sociedade, sem um titular imediato e exclusivo[31]. Com essa concepção, é possível o uso de ferramentas e instrumentos jurídicos aptos à defesa dos direitos coletivos para a proteção dos locais e artefatos portadores de interesse para os trabalhos da arqueologia da resistência. Esses locais e artefatos são bens arqueológicos históricos.

ARQUEOLOGIA DA RESISTÊNCIA E SÍTIOS ARQUEOLÓGICOS HISTÓRICOS

Os sítios, os bens móveis e imóveis, os acervos documentais, artísticos e fotográficos, dentre outros que versam sobre o período da ditadura militar brasileira (1964-85) integram o patrimônio histórico e cultural do Brasil. Nesse conjunto de bens há aqueles que portam interesse arqueológico e que, por consequência, constituem o patrimônio histórico[32]. Mas essa absorção do patrimônio arqueológico pelo histórico não é essencial para a abordagem feita neste texto, já que não resolve a obrigatoriedade de utilização da metodologia

---

[31] Carlos Frederico Marés, "A proteção jurídica dos bens culturais", *Revista dos Tribunais*, ano 1, n° 2, 1993.

[32] Cf. José Casalta Nabais, *Introdução ao direito do patrimônio cultural*, Coimbra: Almedina, 2004, pp. 14-5.

arqueológica na investigação e interpretação de um sítio onde estejam os restos mortais de desaparecidos políticos, por exemplo.

O que importa é discutir a potencialidade da arqueologia da repressão na interpretação dos sítios compostos por vestígios e materiais resultantes da produção humana e consequentes da violência do regime militar ou da resistência a tal regime (estes sítios integram, com certeza, o patrimônio arqueológico brasileiro). Para isso, é importante que seja fixada a concepção de que esses locais são bens arqueológicos (ou bens arqueológicos históricos). Por essa concepção, os locais utilizados pelos órgãos da repressão para a tortura de presos políticos ou para "descarte" das vítimas são bens arqueológicos, assim como os locais e objetos usados para a resistência à ditadura. Em ambos os casos – bens usados para repressão ou para resistência – cabe sempre tratá-los como bens arqueológicos (art. 216, inc. V, e art. 2° da Lei n° 3.924/1961).

Embora as iniciativas de estudo desses espaços surjam de uma demanda de direitos humanos[33], a proteção jurídica dos sítios e locais se justifica não somente pelo valor que têm sob a ótica da proteção desses direitos, mas também por seu valor como bens culturais[34]. Esses lugares se caracterizam como um conjunto formado por espaço geográfico, materialidade e memória do passado violento, interligados por uma base temporal (o período do regime ditatorial), que se projeta no presente democrático para que se inicie uma reflexão do que não pode nunca mais acontecer[35].

No caso da arqueologia da repressão e resistência, a metodologia arqueológica é utilizada para a produção de conhecimentos sobre um legado de violência, com foco nos desaparecidos e nos locais e estruturas em que essas graves violações de direitos humanos eram praticadas ou naqueles em que se resistia aos atos nefastos da ditadura. Ou seja, os locais em que se localizam os restos mortais ou onde foram praticados atos de violência (prédios oficiais ou centros clandestinos, por exemplo) ou resistência (locais para reunião, manifestações etc.) se enquadram na concepção constitucional de sítios de valor cultural/interesse arqueológico (estabelecida no art. 216, inc. V) por abrigarem a materialidade da violência do regime autoritário que, neste caso, é elemento essencial para a história e a memória do país[36].

---

[33] Elizabeth Jellen, "Quiénes? Cuándo? Para qué? Actores y escenarios de las memorias", em: Ricardo Vinyes, *El Estado y la memoria*, Barcelona: RBA Libros, 2009.

[34] Beatriz Sarlo, "Vocación de memoria. Ciudad y museo", em: Ricardo Vinyes, *El Estado y la memoria*, Barcelona: RBA Libros, 2009.

[35] Pierre Nora, "Entre memória e história: a problemática dos lugares", em: *Projeto História*, n° 10, 1993; Salerno, Zarankin e Perosino, "Arqueologías de la clandestinidad", *Revista Universitaria de Historia Militar*, v. 2, 2012, pp. 50-84.

[36] Inês Virgínia Prado Soares e Renan Quinalha, "Lugares de memória: bens culturais?", em: Sandra Cureau et al. (coord.), *Olhar multidisciplinar sobre a efetividade da proteção do patrimônio cultural*, Belo Horizonte: Fórum, 2011.

A aplicação da arqueologia histórica para a interpretação de sítios com vestígios pós-coloniais é de enorme importância, pois "pode fornecer elementos necessários para se proceder a restaurações e reconstituições fiéis do monumentos históricos acerca dos quais os documentos sejam inexistentes ou de difícil interpretação"[37]. O outro lado dessa conclusão é a percepção de certa vantagem, decorrente de lapso temporal, na realização dos trabalhos de arqueologia da resistência em sítios históricos vinculados à ditadura brasileira. Como essa pesquisa arqueológica se refere a um passado muitíssimo recente, é possível entrar em contato direto com atores dos acontecimentos e confrontar as narrativas com os documentos, para que se obtenha uma reconstrução da história que leve em conta a visão das vítimas. A desvantagem está no curto tempo que se passou: como tudo é muito recente, o acesso a documentos produzidos pelos órgãos de repressão ainda pode ser dificultado, mesmo com a atual legislação sobre o tema, publicada no final de 2011 (Lei nº 12.527, de 18 de novembro de 2011).

É nesse cenário que se desenvolvem – ou devem se desenvolver – os trabalhos arqueológicos de busca de restos mortais das vítimas da ditadura brasileira e a identificação de locais e sítios que simbolizam as graves violações de direitos humanos praticadas durante o regime militar. A arqueologia da resistência encontra no regime jurídico protetivo dos bens arqueológicos um forte amparo para justificar a realização dos trabalhos que atendam às demandas de direitos humanos de verdade, memória e justiça. Os sítios que abrigam restos mortais são de interesse arqueológico, apesar de portarem uma materialidade muitíssimo recente, do último quarto do séc. XX. Ou, mais especificamente, são sítios arqueológicos históricos (em contraposição à expressão "sítios arqueológicos pré-históricos") e têm à sua disposição ferramentas e instrumentos protetivos próprios.

O Judiciário tem se posicionado pela não distinção entre bens arqueológicos históricos e pré-históricos no uso dos instrumentos protetivos quando eles são ameaçados por atividades potencialmente degradadoras. No âmbito administrativo, importantes sítios arqueológicos históricos ou pré-históricos foram encontrados e/ou pesquisados quando da realização de empreendimentos sujeitos ao licenciamento ambiental. Nesse enfoque, o arqueólogo Flávio Calippo relaciona, como exemplo, os seguintes sítios: "Cais do Valongo – Rio de Janeiro/RJ; Gruta do Gavião – Carajás/PA – área de mineração; Sítio Lítico Morumbi – São Paulo/

---

[37] Marcos Paulo Miranda traz dois exemplos interessantes de proteção desses sítios por determinação judicial: um de Minas Gerais, de uma Ação Civil Pública proposta em 2007, para proteção do sítio arqueológico de Gogô (com vestígios de atividades minerárias dos séculos XVIII e XIX), em razão da construção de uma escola pelo município de Mariana; e outro da cidade de São Paulo, também por meio de Ação Civil Pública proposta em 2009, para proteção de sítio onde haviam sido encontrados artefatos dos séculos XVIII e XIX. Marcos Paulo de Souza Miranda, "Proteção e gestão dos sítios arqueológicos históricos no Brasil", em: Sandra Cureau et al. (coord.), *Olhar multidisciplinar sobre a efetividade da proteção do patrimônio cultural*, Belo Horizonte: Fórum, 2011, pp. 421-2.

SP – área de construção civil; Sítio Portocel – Aracruz/ES – área de silvicultura; Geoglifos – Acre – linha de transmissão; Sítio Pinheiros II – São Paulo/SP – área de construção civil; Sítio Arqueológico Caetetuba – São Manuel/SP – sítio de 12 mil anos – área de expansão de lavoura; Porto de Santos – SP – dragagem do leito do porto; datação mais antiga para sambaquis no Espírito Santo – área de loteamento; Arraial de São Francisco – Mato Grosso – área de mineração."[38]

MARCOS PARA A ARQUEOLOGIA DA REPRESSÃO E RESISTÊNCIA NO BRASIL: EXPERIÊNCIAS DEPOIS DA TRANSIÇÃO PARA A DEMOCRACIA

A arqueologia da repressão e resistência é um campo de conhecimento que visa realizar pesquisas e investigações sobre a materialidade da violência sofrida por grupos vulneráveis em determinado momento do passado recente ou distante; ou mesmo sobre a materialidade da resistência oferecida por algum grupo. Por isso, a arqueologia da repressão apresenta-se, tanto no plano judicial como no extrajudicial, como importante instrumento para a elucidação da verdade, pelo Estado democrático, sobre o legado de violência do regime ditatorial.

Desde o retorno à democracia, o trabalho arqueológico começou a ser incorporado à legislação que prevê as tarefas para a revelação da verdade sobre os crimes da ditadura militar. O ponto de partida legal para a inserção da arqueologia da repressão e resistência nessa busca é a Lei dos Mortos e Desaparecidos[39], de 1995. Essa lei reconheceu a responsabilidade do Estado pelos desaparecimentos de presos políticos e estabeleceu a criação e o funcionamento da Comissão Especial sobre Mortos e Desaparecidos Políticos[40] (CEMDP) para analisar as denúncias de outros desaparecimentos ou mortes. Além da previsão de indenizações financeiras para os familiares das vítimas, a lei também permitiu iniciativas de reparação simbólica.

A CEMDP conseguiu, no âmbito da justiça administrativa, cumprir com êxito o dever estatal de reparação dos familiares de desaparecidos políticos, tendo cumprido essa tarefa com o julgamento de quase quinhentos casos, além de produzir um acervo importante sobre as vítimas e as atrocidades por elas sofridas. Os julgados da CEMDP serviram de base para a publicação do

---

[38] Flávio Calippo, "O papel da arqueologia no licenciamento ambiental: retrocessos à proteção do patrimônio arqueológico?", *Jota*, 2017. Disponível em: <https://tinyurl.com/jota0606>. Acesso em: 14 fev. 2019.

[39] Lei nº 9.140/1995.

[40] Esta comissão iniciou seus trabalhos no Ministério da Justiça e hoje está abrigada na SEDH da Presidência da República.

livro *Direito à memória e à verdade*, lançado pela Secretaria Especial de Direitos Humanos da Presidência da República em 2007[41].

Há um dispositivo na Lei dos Mortos e Desaparecidos que prevê expressamente que uma das atribuições da comissão é "envidar esforços para a localização dos corpos de pessoas desaparecidas no caso de existência de indícios quanto ao local em que possam estar depositados" (art. 4°, inc. II). No entanto, apesar da possibilidade de desenvolvimento de pesquisas arqueológicas com base nessa legislação, especialmente para a localização dos restos mortais, isto não aconteceu. Assim, não há registro de uma contribuição efetiva, sob a perspectiva arqueológica, para reparação dessas vítimas. Apesar de todos os méritos da Comissão, faltou o esclarecimento sobre o paradeiro das vítimas, bem como explicações sobre os motivos das mortes. Em agosto de 2009, o acervo produzido pela CEMDP foi recolhido ao Arquivo Nacional e hoje integra o acervo sobre o regime militar, que tem ênfase na repressão política no Brasil durante sua vigência[42].

Antes da edição dessa lei, os trabalhos de localização dos desaparecidos já haviam se iniciado no Brasil. Aline Carvalho e Pedro Funari[43] relatam que a experiência de antropologia e arqueologia forense no Brasil foi iniciada no Rio de Janeiro, em 1992, com a formação de uma equipe forense interdisciplinar para buscar os restos mortais de 14 presos políticos[44] que estariam enterrados no cemitério Ricardo de Albuquerque, localizado na cidade do Rio de Janeiro. Essa foi a primeira experiência de antropologia e arqueologia forense e é considerada iniciativa exemplar do trabalho de arqueologia da repressão e resistência, não pelo sucesso em termos de resultado na investigação, mas porque se reconheceu que a arqueologia, a antropologia e a medicina legal podem contribuir para a área forense[45].

---

[41] Esta publicação também está disponível na internet em: <www.sedh.gov.br/.arquivos/livrodireitomemoriaeverdadeid.pdf>. O livro *Direito à memória e à verdade* integra o projeto Direito à Memória e à Verdade, da SEDH. Esse projeto tem três linhas de atuação: a) projeto editorial, do qual também fazem parte os livros *Os afrodescendentes na luta contra a ditadura, Histórias de meninas e meninos marcados pela ditadura, Luta, substantivo feminino, Habeas corpus – que se apresente o corpo, Retrato da repressão política no campo – Brasil 1962-1985* (editados entre 2008 e 2010); b) memoriais "Pessoas Imprescindíveis", com a inauguração de 27 memoriais, painéis, placas e/ou esculturas em várias cidades do país, onde são homenageados combatentes na luta contra a ditadura; c) exposição fotográfica "A Ditadura no Brasil 1964-1985", que traz uma ambientação visual que conduz o público a uma viagem no tempo, desde os primeiros momentos do golpe de Estado até os grandes comícios populares das Diretas Já.

[42] Vivien Ishaq e Pablo E. Franco, "Os acervos dos órgãos federais de segurança e informação do regime militar no Arquivo Nacional", *Revista Acervo*, v. 21, n° 2, 2008.

[43] Aline de Carvalho e Pedro Paulo Funari, "Arqueologia forense como arqueologia pública", em: Aline de Carvalho et al. (org.), *Arqueologia, direito e democracia*, Erechim: Habilis, 2009.

[44] De acordo com os relatórios do Grupo Tortura Nunca Mais do Rio de Janeiro.

[45] Aline de Carvalho e Pedro Paulo Funari, "Arqueologia forense como arqueologia pública", *op. cit.*

Para esse trabalho de busca e identificação dos desaparecidos políticos foi montada, pelo Grupo Tortura Nunca Mais do Rio de Janeiro (GTNM/RJ)[46], uma equipe de antropólogos físicos da Escola Nacional de Saúde Pública da Fiocruz e do Museu Nacional da UFRJ, todos voluntários. Essa equipe, treinada pela já experiente Equipe de Arqueologia e Antropologia Forense da Argentina, iniciou suas atividades com a abertura de uma vala comum no cemitério Ricardo de Albuquerque[47]. Os relatos sobre o trabalho realizado apontam não somente a dificuldade de lidar com as feridas ainda abertas dos familiares que esperam encontrar os corpos de seus entes queridos, mas também os inúmeros desafios para a realização da tarefa, desde a existência de 2.100 ossadas, de covas comuns e de indigentes, com esqueletos todos desmembrados e misturados, até a ausência de recursos financeiros para a continuidade da investigação. Nessas condições, as técnicas de análise arqueológica não foram suficientes para diferenciar esqueletos mais recentes – possivelmente dos presos políticos desaparecidos – de outros mais antigos[48].

Passados vinte anos, os desafios não são muito diferentes. A busca pelos restos mortais dos presos políticos desaparecidos em São Paulo no cemitério de Vila Formosa[49], em razão de liminar concedida em Ação Civil Pública proposta pelo MPF, é exemplo da dificuldade de identificação das ossadas. A equipe de busca encontrou restos mortais no interior do ossuário clandestino que ficava debaixo de um canteiro onde havia um letreiro do cemitério Vila Formosa[50]. Não há notícias de trabalhos específicos de arqueólogos neste caso, mas, pela formação da Equipe (representantes do MPF em São Paulo, da CEMDP, ligada à SEDH da Presidência da República, do Instituto Nacional de Criminalística do Departamento de Polícia Federal e do Instituto Médico Legal do Estado de São Paulo), nota-se a influência da antropologia forense e o cuidado para que as buscas sejam pautadas pelos direitos humanos, com atenção às demandas das vítimas.

---

[46] O GTNM/RJ é uma organização não governamental fundada em 1985 por familiares de mortos e desaparecidos políticos, atuante na defesa dos direitos humanos e na procura pelos corpos de desaparecidos entre 1964 e 1984.

[47] De acordo com os relatórios do GTNM/RJ.

[48] Pedro Paulo Funari e Nanci Vieira de Oliveira, "A arqueologia do conflito no Brasil", em: Funari, Zarankin e Reis (org.), *Arqueologia da repressão e da resistência na América Latina na era das ditaduras*, São Paulo: Annablume/Fapesp, 2008, pp. 141-9; Aline de Carvalho e Pedro Paulo Funari, "Arqueologia forense como arqueologia pública", *op. cit.*

[49] Até a construção do cemitério de Perus, os cadáveres dos militantes políticos eram enterrados em outros cemitérios públicos, sendo o mais conhecido o de Vila Formosa.

[50] A ação sobre a lentidão nas identificações recebeu o nº 2009.61.00.025169-4 e foi distribuída à 6ª Vara Federal Cível de São Paulo.

Outra iniciativa importante sob a ótica da arqueologia da resistência é o conjunto de medidas adotadas pelo Estado brasileiro para buscar os corpos de desaparecidos políticos na região do Araguaia (de Marabá, São Domingos e São Geraldo do Araguaia, no Pará, e em Xambioá, no Tocantins). A primeira iniciativa oficial visou cumprir a decisão judicial de ação proposta em 1982 por familiares de 22 desaparecidos na guerrilha do Araguaia[51]. Para essa finalidade foi criado o Grupo de Trabalho Tocantins pelo Ministério da Defesa, por meio da Portaria nº 567/MD, de 29 de abril de 2009. Em julho daquele ano, foi formada uma equipe composta por integrantes do exército e representantes da sociedade civil para ida a campo. Não havia arqueólogos no trabalho de busca e a presença de militares no grupo que viajou à região despertou desconfiança e questionamentos pelos familiares das vítimas e por movimentos de direitos humanos.

Com a condenação do Brasil pela Corte Interamericana de Direitos Humanos, no final de 2010, pelo desaparecimento de aproximadamente setenta vítimas durante a guerrilha do Araguaia[52], surgiu uma organização administrava diferente para o cumprimento efetivo dessa decisão: o GT criado em 2009 para cumprir essa tarefa (Grupo de Trabalho Tocantins) foi ampliado e reestruturado pela Portaria Interministerial nº 1, de 5 de maio de 2011, passando a se chamar Grupo de Trabalho Araguaia. Passou a contar, então, com a coordenação geral conjunta dos Ministérios da Defesa, da Justiça e da SEDH da Presidência da República, com acompanhamento do presidente da CEMDP[53].

Nessa reorganização, nota-se a preocupação do Estado brasileiro com o desenvolvimento das tarefas de busca nessa região do Araguaia (entre os estados do Pará, Maranhão e Goiás) por uma equipe técnica multidisciplinar, formada a partir da concepção dos trabalhos de antropologia forense, inclusive com arqueólogos, e sempre com a participação de familiares das vítimas. O MPF também passou a acompanhar de perto essa investigação em campo, inclusive participando das buscas *in loco*.

---

[51] Em 1982, familiares de 22 desaparecidos na guerrilha do Araguaia propuseram uma ação civil perante a Justiça Federal, 1ª Vara Federal do Distrito Federal (ação nº 82.00.24682-5). O trânsito em julgado dessa decisão ocorreu apenas em 9 de novembro de 2006.

[52] Caso Júlia Gomes Lund e outros contra o Estado brasileiro, autuado como caso nº 11.552 na Corte IDH, com sentença de 24 de novembro de 2010.

[53] Sob a alegação de violação de diversos direitos garantidos pela Convenção Americana de Direitos Humanos, o caso guerrilha do Araguaia começou em 1995, quando foi apresentado à CIDH pelo Centro pela Justiça e o Direito Internacional e pela Human Rights Watch/Americas. Também ingressaram na ação, como copeticionários, o GTNM/RJ e a Comissão de Familiares de Mortos e Desaparecidos Políticos de São Paulo. A comissão admitiu o caso guerrilha do Araguaia no ano 2000 (autuado com nº 11.552) e, no ano de 2009, por entender que o Brasil não cumpriu com suas obrigações, submeteu o caso à corte.

No que toca à arqueologia da repressão e resistência, a decisão da Corte IDH impôs ao Estado brasileiro o dever de determinar o paradeiro das vítimas desaparecidas e, se for o caso, identificar e entregar os restos mortais a seus familiares. A corte também determinou que o Brasil continue desenvolvendo iniciativas de busca, sistematização e publicação de toda a informação sobre a guerrilha do Araguaia, assim como daquela relativa a violações de direitos humanos ocorridas durante o regime militar. Acerca do ponto específico que demonstra a importância dos trabalhos arqueológicos, o § 261 da citada decisão diz:

> *Receber os corpos das pessoas desaparecidas é de suma importância para seus familiares, já que lhes permite sepultá-los de acordo com suas crenças, bem como encerrar o processo de luto vivido ao longo desses anos. O Tribunal considera, ademais, que o local em que os restos sejam encontrados pode oferecer informação valiosa sobre os autores das violações ou a instituição a que pertenciam.*

É interessante que, no parágrafo transcrito acima, a corte se refere expressamente à potencialidade do local como produtor de informações valiosas sobre a autoria das violações. A extração de informações sobre o local de depósitos dos restos mortais precisa da metodologia arqueológica, já que esse é um trabalho que parte da materialidade encontrada no sítio. A Portaria Interministerial nº 1.670, de 22 de julho de 2011, que instituiu "o grupo de trabalho com o objetivo de estudar e propor a criação de Conselho de Antropologia e Arqueologia Forenses" (art. 1º), é o instrumento normativo que facilita a integração dos arqueólogos a essas buscas. O objetivo central do Conselho de Antropologia e Arqueologia Forenses é "auxiliar a pesquisa das causas e circunstâncias de eventos que resultam em morte de indivíduos em precárias condições de identificação" (art. 2º). Essa Portaria Interministerial faz menção às atividades ligadas à antropologia forense, o que indica a necessidade de investigações interdisciplinares acerca do legado de violência, as quais podem trazer resultados duradouros para a democracia brasileira. A Portaria Interministerial nº 1 também prevê, em seu art. 2º, a participação no GT de representantes do Museu Emilio Goeldi e de universidades federais e estaduais em apoio e exercício de atividades periciais (inc. IX e X).

Sobre as atividades do Grupo de Trabalho Araguaia (GTA), em nota datada de outubro de 2015, publicada no site governamental, esclareceu-se que de 2009 a 2015 foram realizadas 24 expedições ao local, com o recolhimento e envio de 27 ossadas para análise. Nenhuma das ossadas foi identificada até fevereiro de 2019. No biênio 2016/2017 não foi realizada sequer uma expedição à área. O site do governo, noticiou, em setembro de 2018, a realização de expedição ao Pará e ao Tocantins pelo GTA. Nos primeiros meses do governo Bolsonaro não houve sinalização quanto à continuidade ou não dos trabalhos do GTA.

Ainda no plano legal, em 2011, foi estabelecido um importante marco para o envolvimento da arqueologia na tarefa de revelação da verdade, com a promulgação da lei que cria a Comissão Nacional da Verdade (CNV)[54], com o objetivo de examinar e esclarecer as graves violações de direitos humanos praticadas entre 1946 e 1988. Essa lei relaciona, em seu art. 3°, como objetivos da Comissão, tarefas que precisam de trabalho arqueológico, especialmente para: esclarecer as circunstâncias dos casos de graves violações de direitos humanos (inc. I); promover o esclarecimento circunstanciado dos casos de torturas, mortes, desaparecimentos forçados, ocultação de cadáveres e sua autoria, ainda que ocorridos no exterior (inc. II); e identificar e tornar públicos as estruturas, os locais, as instituições e as circunstâncias relacionados à prática de violações de direitos humanos e suas eventuais ramificações nos diversos aparelhos estatais e na sociedade (inc. III). Além da CNV, vários estados e municípios brasileiros já criaram suas comissões de verdade.

Certamente, o trabalho de identificação dos locais de prática de violações dos direitos humanos só será completo se contar com estudos arqueológicos, de acordo com a experiência da antropologia forense, já amplamente conhecida pelos profissionais que lidam com o tema da arqueologia da resistência na América Latina. Como a CNV tem por objetivo promover, com base nos informes obtidos, a reconstrução dos casos de graves violações de direitos humanos, as pesquisas arqueológicas que contenham "achados" ou quaisquer indícios que contribuam para auxiliar o trabalho da Comissão devem ser levadas a seu conhecimento. Do mesmo modo, cabe à Comissão a iniciativa de determinar a realização de perícias e diligências para a coleta ou recuperação de informações, documentos e dados[55]; de promover parcerias com órgãos e entidades, públicos ou privados, nacionais ou internacionais, para o intercâmbio de informações, dados e documentos; e de requisitar o auxílio de entidades e órgãos públicos (no caso dos trabalhos arqueológicos, as universidades e o Iphan)[56].

Sob a ótica da contribuição da arqueologia da repressão e resistência para a busca e revelação da verdade, além da possibilidade de encaminhar voluntariamente informações, dados e documentos à CNV, ela pode também solicitar a colaboração de arqueólogos para uma atuação ligada à antropologia forense. Por isso, como as pesquisas arqueológicas são realizadas por profissionais especializados, de acordo com as normas, diretrizes e metodologias estabelecidas

---

[54] Lei n° 12.528/2011.

[55] Art. 3°, inc. IV; art. 4°, inc. IV e VII.

[56] Art. 3°, inc. IV; art. 4°, inc. IV, VII e VIII.

para os trabalhos de campo, é importante que as universidades estejam preparadas para tal colaboração, com centros ou grupos de pesquisa em arqueologia da resistência, assim como as organizações não governamentais dedicadas ao tema (especialmente a Sociedade de Arqueologia Brasileira) e as empresas de arqueologia de contrato.

Na mesma data da publicação que criou a CNV, foi promulgada também a Lei de Acesso às Informações Públicas[57]. Ela pode facilitar o trabalho dos arqueólogos na sistematização de informações para a compreensão das violações dos direitos humanos, especialmente sobre os acontecimentos mais nefastos da ditadura militar brasileira, pois permite lançar mão das narrativas das vítimas e do acesso aos arquivos da ditadura como recursos à investigação arqueológica acerca da materialidade da violência no período autoritário. A lei brasileira de acesso à informação seguiu os parâmetros já presentes nas normas de diversos países sobre o tema, adotando como diretrizes: a publicidade como preceito geral; a divulgação de informações de interesse público, independentemente de solicitações; a utilização de meios de comunicação viabilizados pela tecnologia da informação; o fomento ao desenvolvimento da cultura de transparência na administração pública; e o desenvolvimento do controle social da administração pública[58].

Na garantia e defesa dos direitos humanos há disposição expressa proibindo qualquer restrição no acesso a informações ou documentos que versem sobre condutas de violação dos direitos humanos praticadas por agentes públicos ou a mando de autoridades públicas (art. 21, § ún.). Esse dispositivo reproduz o art. 14 da lei mexicana, Lei Federal de Transparência e Acesso a Informações Públicas (ou Lei de Direito à Informação), de junho de 2002[59], que é considerada uma das mais avançadas do mundo[60]. A lei brasileira também prevê que a restrição de acesso à informação relativa à vida privada, honra e imagem de pessoa não poderá ser invocada com o intuito de prejudicar a apuração de irregularidades em que o titular das informações esteja envolvido, bem como de ações voltadas para a recuperação de fatos históricos de maior relevância (art. 31, § 4°).

---

[57] Lei n° 12.527, 18 de novembro de 2011, que estabelece procedimentos a serem observados pela União, estados, Distrito Federal e municípios para garantir o acesso de qualquer cidadão ou entidade às informações e documentos públicos dos órgãos integrantes da administração direta e indireta.

[58] Art. 3°, inc. I a V.

[59] O art. 14 da lei mexicana proíbe que as informações sejam confidenciais "quando está em jogo a investigação de graves violações de direitos humanos".

[60] Toby Mendel, *Freedom of Information: A Comparative Legal Survey*, Nova Delhi: Unesco, 2003. Disponível em: <portal.unesco.org/ci/en/file_download.php/fa422efc11c9f9b15f9374a5eac31c7efreedom_info_laws.pdf>. Acesso em: 1 mar. 2012.

Para a proteção dos direitos humanos, especialmente para a arqueologia da resistência, um dos pontos frágeis da nova legislação é a previsão do prazo máximo de 25 anos para restrição ao acesso a documentos públicos (art. 24, § 1º), podendo se estender até 50 anos, no caso das informações classificadas como ultrassecretas (art. 35, § 1º, III)[61]. Mesmo quando o sigilo é imprescindível à segurança da sociedade e do Estado, esse tempo é demasiadamente longo, pois prejudica o conhecimento e a revelação da verdade em relação a violações de direitos humanos[62].

CONCLUSÃO

Esperamos ter respondido, ao menos em parte, à pergunta que fizemos na introdução: "Arqueologia para os direitos humanos ou vice-versa?", ao demonstrarmos a importância dessa disciplina para a afirmação e defesa dos direitos humanos, especialmente para a agenda brasileira de consolidação da democracia no que se refere às formas de lidar com o legado de violência deixado pelo regime militar brasileiro. Para tratar da arqueologia da resistência, apresentamos a evolução da arqueologia até seu encontro com os direitos humanos. No âmbito jurídico, demonstramos a importância da definição de bens arqueológicos históricos para a tutela efetiva da memória das vítimas da ditadura brasileira e para medidas de revelação da verdade histórica.

O destaque para a categoria de bens arqueológicos históricos ainda se justifica no cenário brasileiro porque, embora prevaleça uma uniformidade no tratamento jurídico dos bens arqueológicos, é possível que nos casos práticos haja questionamento sobre o uso de instrumentos protetivos dos bens arqueológicos nos trabalhos de antropologia forense. Esse questionamento não se dará por oposição aos resultados dos trabalhos da arqueologia da resistência, mas sim porque a realização dessas pesquisas é, na maioria das vezes, um obstáculo para a continuidade de um empreendimento relevante, que envolve interesses políticos, econômicos e sociais, ou uma despesa extremamente alta em termos

---

[61] O tratamento e classificação de informações sigilosas está nos art. 24 a 35.

[62] Quando essa lei ainda estava em discussão no Senado, a responsável pela área de direitos humanos na ONU, Navi Pillay, criticou esse prazo, por ser demasiadamente longo, um exagero "quando se trata de violações de direitos humanos durante a ditadura" (cf. <www.estadao.com.br/noticias/nacional,onu-critica-brasil-por-anistia-e-sigilo-de-papeis,739387,0.htm>). Na mesma reportagem consta que, para Navi Pillay, há uma resistência no Brasil em lidar com seu passado, haja vista a forma como as informações de Estado são tratadas. Na avaliação da ex-juíza sul-africana, as autoridades estariam ajudando a "enterrar provas". As legislações mais modernas, que inspiraram a brasileira, trazem prazos menores. Novamente tomamos como exemplo a lei mexicana, que prevê prazo de 12 anos para informações sigilosas (art. 13 e 14). É possível a prorrogação do prazo, mas essa exceção só pode ser aberta pelo Instituto Federal de Acesso à Informação ou órgão de supervisão competente, quando persistirem os motivos originais da restrição (art. 15).

financeiros, pois exige uma organização difícil, envolvendo recursos humanos com *expertise* necessária e disponibilidade.

Um exemplo da ocorrência de ambos os fatores aconteceu com a preterição das investigações arqueológicas na região do Araguaia. Ali, se não bastassem os graves prejuízos ao valioso patrimônio arqueológico de pinturas rupestres, destruído com a inundação de área para a viabilidade da hidrelétrica Santa Isabel, houve também a inundação do local onde poderiam estar os restos mortais de quase sessenta vítimas eliminadas pelas Forças Armadas nos anos 1970. Tal desprezo pelas pesquisas arqueológicas é resultado da conjunção dos interesses econômicos e políticos em viabilizar o empreendimento – sob a justificativa da necessidade de oferecer mais recursos energéticos – com o interesse em encobrir a verdade sobre as causas das mortes dos desaparecidos políticos.

As áreas onde se encontram o acervo de pinturas rupestres e os corpos das vítimas são dois sítios arqueológicos, respectivamente pré-histórico e histórico, que não podem ser destruídos (ou inundados) sem pesquisas e salvamentos necessários, já que assim determina a lei. O licenciamento ambiental que ignorar esse aspecto para a emissão de licenças para a hidréletrica Santa Isabel ou qualquer outra será nulo, porque afronta a legislação vigente. Além da propositura de ações judiciais para sua proteção, esses sítios arqueológicos têm, à sua disposição, mecanismos de proteção dos bens culturais previstos no ordenamento jurídico brasileiro. Assim, o trabalho arqueológico no Araguaia contribui para a compreensão da trajetória, dos sonhos e do sofrimento do ser humano, desde tempos pré-históricos (por meio de pintura rupestre) até um período recente.

Concluímos afirmando que, ao lidar com o legado autoritário e buscar mecanismos de revelação da verdade, é imprescindível que o Estado recorra à *expertise* de diversas áreas e cumpra suas obrigações a partir de um trabalho interdisciplinar, do qual devem participar os arqueólogos.

AGRADECIMENTOS

Agradecemos a Margarita Díaz-Andreu, Lúcio Menezes Ferreira, Clive Gamble, Alfredo González-Ruibal, Chris Gosden, José Geraldo Costa Grillo, Siân Jones, Glaydson José da Silva e Andrés Zarankin. Mencionamos o apoio institucional da Fapesp, CNPq, Unicamp, Museu de Arqueologia e Etnologia da USP, World Archaeological Congress e MPF. A responsabilidade por este artigo restringe-se aos autores.

BENS CULTURAIS
NO COTIDIANO

MOVIMENTOS SOCIAIS, DIREITOS HUMANOS E PATRIMÔNIO CULTURAL

- Ana Maria Moreira Marchesan -

DIREITOS HUMANOS, INDIVISIBILIDADE E PATRIMÔNIO CULTURAL

Os direitos humanos são marcados pelos traços da indivisibilidade e interdependência[1]. O chamado princípio da indivisibilidade dos direitos humanos consiste na superação da ideia de que o ser humano foi consolidando sucessivas gerações de direitos pela convicção de que os direitos mais caros ao ser humano, individual ou coletivamente, devem existir em conjunto. Portanto, os direitos civis e políticos, assim como os econômicos, sociais e culturais, foram textualmente proclamados indivisíveis pela Conferência de Teerã sobre direitos humanos. Isso significa um entrelaçamento permanente entre os direitos humanos.

Mais do que o direito à vida, temos direito a uma vida de qualidade. Esse compromisso é assumido na CF 1988, tanto no preâmbulo como no artigo inaugural do Título VIII (art. 193). "Bem-estar" é expressão sinônima de qualidade de vida. Tal assertiva é corroborada pela legislação basilar sobre promoção, proteção e recuperação da saúde no Brasil, a Lei nº 8.080/1990, quando detalha os fatores determinantes da efetividade desse direito igualmente fundamental e insere em seu elenco o meio ambiente. Em seguida, considera como ações voltadas à sua promoção as que se destinam a garantir às pessoas e à coletividade condições de "bem-estar físico, mental e social".

Noção inconstante no tempo, a qualidade de vida associa-se à evolução tecnológica, econômica e sociocultural. Ao se conectar com o direito ao meio ambiente sadio e ecologicamente equilibrado, não se revela restrita à dimensão natural, mas se projeta diretamente no homem e nas suas relações sociais, culturais, de trabalho e lazer. Não por outra razão, como diagnostica Meira, a participação social na questão do patrimônio "vai, aos poucos, introduzindo no debate outros

---

[1] Inês Virgínia Soares, *Direito ao (do) patrimônio cultural brasileiro*, Belo Horizonte: Fórum, 2009, p. 69.

conceitos, outras práticas e frequentemente a ação preservacionista se associa à mobilização por melhor qualidade de vida"[2]. A "sadia qualidade de vida" a que faz referência o art. 225 da CF, conquanto distanciada de um conceito estático e preciso, não pode ser neutralizada, despida de concretude, mas há que ser identificada com um piso mínimo de bem-estar espiritual e material com o qual se compromete a República Federativa do Brasil para o alcance da dignidade humana.

Nessa linha, Derani, com particular profundidade, avalia que a qualidade de vida no ordenamento jurídico brasileiro apresenta dupla configuração: "o do nível de vida material e o do bem-estar físico e espiritual. Uma sadia qualidade de vida abrange esta globalidade, acatando o fato de que um mínimo material é sempre necessário para deleite espiritual"[3]. Após assentar que a objetivação da ideia de qualidade de vida depende dos aspectos relacionados ao meio físico, a questões antropológicas e de tutela do bem-estar (referido a políticas que conduzam ao atendimento das necessidades básicas de alimentação, habitação, saúde e educação), resume sua posição na vinculação da obtenção da qualidade de vida à efetivação das normas de direito ambiental que conduzam ao bem-estar de toda a coletividade, e não somente de grupos isolados[4].

O Estado de direito que se pretendeu implantar com a edição da Carta de 1988 amolda-se às novas características do Estado social, que deixa de ser um passivo espectador, regulador de conflitos e repressor dos atentados aos valores consagrados pelo sistema capitalista, para ser um ente ativo na correção das distorções e, em especial, das injustiças sociais. Não é por nada que a Constituição encerra provisões destinadas a amparar os hipossuficientes, especialmente aquelas gravadas com o rótulo dos direitos sociais (art. 6º a 11).

Na esteira da doutrina de Canotilho, pode-se dizer que nossa Constituição, ao invés de ser um "mero estatuto organizatório liberal", compromete-se na órbita social com objetivos bem claros, podendo ser qualificada, em razão disso, de "constituição programático-dirigente"[5]. Comparato esboça a distinção entre o constitucionalismo do Estado liberal, segundo o qual "não compete ao Estado guiar a sociedade para a realização de fins comuns" e o do Estado social, que incumbe a esse "pilotar a sociedade na rota do bem comum, entendido este, doravante, como um conjunto de metas ou objetivos a serem alcançados pelo desenvolvimento de políticas públicas"[6]. O

---

[2] Ana Lúcia Meira, *O passado no futuro da cidade*, Porto Alegre: Editora da UFRGS, 2004, p. 57.

[3] Cristiane Derani, *Direito ambiental econômico*, São Paulo: Max Limonad, 1997, p. 94.

[4] *Ibid.*, p. 77.

[5] José Joaquim Gomes Canotilho, *Direito constitucional*, 6ª ed., Coimbra: Almedina, 1993, p. 334.

[6] Fábio Konder Comparato, "O ministério público na defesa dos direitos econômicos, sociais e culturais", em: Eros Roberto Grau e Sérgio Sérvulo da Cunha (org.), *Estudos de direito constitucional em homenagem a José Afonso da Silva*, São Paulo: Malheiros, 2003, p. 253.

poder político do qual os governantes são munidos é, antes de mais nada, serviço social. E servir à sociedade é buscar políticas emancipatórias que concretizem o ideal da dignidade humana, para cuja densificação deve-se investir na cultura, como universo referencial, e no patrimônio cultural como base de construção da identidade da nação multicultural. Afinal de contas, o Estado continua a ser, como foi nos tempos da realeza, um mecenas privilegiado na formação do patrimônio cultural.

No tocante às normas relacionadas à cultura, exige-se dessa nova visão do Estado uma ação cultural afirmativa, que equacione a situação dos socialmente desiguais e universalize o acesso às benesses da cultura, mercê do reconhecimento e concretização de um direito à memória. Da mesma forma, ao fundar a ordem social no primado do trabalho e comprometê-la com o bem-estar e com a justiça social, a Constituição deixou claro que os corpos orgânicos por ela eleitos para realizar dita ordem hão de trabalhar em consonância com o princípio da dignidade da pessoa humana.

O fato é que a CF 1988 aderiu a uma perspectiva fundada no reconhecimento de que o ser humano é dotado de um duplo estatuto. Essa concepção filosófica, abordada por nós em trabalho anterior[7] e extraída de obra de Morin e Kern[8], consiste em assumir a ideia de que somos a um só tempo conformados pela cultura e pela natureza. Häberle[9] considera a proteção da natureza e a proteção da cultura como duas vertentes de um todo que é a proteção da humanidade. Essa conexão, afirma, se enraiza na *conditio* humana que está selada pela natureza e pela cultura e a vida humana só floresce sobre a base de uma proteção interestatal e universal da cultura e da natureza.

Miranda, abordando várias facetas do que ele denomina "direito à cultura", divide-o, para fins didáticos, em direitos relativos à identidade cultural (o direito de pertencer a um povo com uma identidade cultural comum e que faz parte da individualidade de cada pessoa); direito ao uso da língua (a língua materna é o primeiro elemento distintivo da identidade cultural) e direito de defender, inclusive em juízo, o patrimônio cultural[10]. Essa perspectiva nos remete à percepção de que a cultura é um processo cumulativo. "Para que seja possível produzir cultura torna-se necessário receber cultura, o que implica educação. Não há liberdade de criação cultural sem liberdade de aprender."[11]

---

[7] Ana Maria Moreira Marchesan, *A tutela do patrimônio cultural sob o enfoque do direito ambiental*, Porto Alegre: Livraria do Advogado, 2007, p. 73.

[8] Edgar Morin e Anne Brigitte Kern, *Terra-pátria*, 4ª ed., Porto Alegre: Sulina, 2003.

[9] Peter Häberle, "La protección constitucional y universal de los bienes culturales: un análisis comparativo", *Revista Española de Derecho Constitucional*, nº 54, set.-dez. 1998, p. 25.

[10] Jorge Miranda, "Notas sobre cultura, constituição e direitos culturais", em: Carla Amado Gomes e José Luís Bonifácio Ramos, *Direito da cultura e do patrimônio cultural*, Lisboa: AAFDL, 2011, pp. 175-6.

[11] *Ibid.*

A interação do homem com o meio natural se dá a partir de sua bagagem cultural. Para atingir o ideal da qualidade de vida, o ser humano necessita de um equilíbrio entre todas as dimensões que integram o conceito de meio ambiente. Havendo distorções em algum desses planos, rompido está o sensível equilíbrio ambiental.

Asseverando que os bens integrantes do patrimônio cultural brasileiro (arrolados no art. 216 da CF) são recursos essenciais à sadia qualidade de vida, Reisewitz observa que, por meio da sua preservação, a sociedade exerce seu direito à memória, do qual depende sua sobrevivência histórica. "Aquilo que não está guardado na memória não existiu. Portanto, para a construção da cidadania, da identidade nacional e da soberania, é preciso preservar os patrimônios de nossa cultura"[12]. Acrescenta a autora que, ao preservar o patrimônio cultural brasileiro, o Estado está praticando uma política de preservação do meio ambiente cultural, que "é meio para garantia da qualidade de vida humana. Portanto, a preservação do patrimônio cultural é, a um só tempo, direito ambiental e direito cultural"[13].

Richter realça que a aceitação da noção holística de meio ambiente, abrangendo tudo que nos cerca, enfatizou a importância das produções humanas sobre os demais componentes da natureza a integrar "este mesmo mundo circunstante e, de produto, tornam-se cenário, palco, condicionantes do espaço onde se desenvolve o cotidiano do homem. Daí porque [sic] não poder ignorar tal categoria no estudo do direito à qualidade de vida"[14]. Portanto, o patrimônio cultural é sinônimo de meio ambiente cultural, de sorte que integra a ampla noção do direito humano a um meio ambiente sadio e ecologicamente equilibrado. A concretização desse direito passa pelo empoderamento social, ou seja, participação dos grupos sociais e indivíduos tanto na formulação de critérios para a seleção do que possa integrar o conceito de patrimônio cultural, como nas lutas e na aplicação das políticas preservacionistas.

Como destaca Trindade[15], a própria Declaração das Nações Unidas sobre o Direito ao Desenvolvimento de 1986[16] insiste na participação de toda a população no processo de desenvolvimento e na justa distribuição dos benefícios daí resultantes. No art. 8º, item 2, a aludida declaração conclama os Estados a

---

[12] Lúcia Reisewitz, *Direito ambiental e patrimônio cultural*, São Paulo: Juarez de Oliveira, 2004, p. 59.

[13] *Ibid.*, p. 77.

[14] Rui Arno Richter, "Omissão do poder público na gestão do patrimônio cultural", em: *O Ministério Público e a proteção do patrimônio cultural*, Goiânia: Instituto Centro-Brasileiro de Cultura, 2004, p. 68.

[15] Antônio Augusto Cançado Trindade, *Direitos humanos e meio ambiente*, Porto Alegre: Sérgio Antônio Fabris, 1993, p. 204.

[16] Disponível em: <www.dhnet.org.br/direitos/sip/onu/spovos/lex170a.htm>. Acesso em: 3 mar. 2012.

encorajar a participação popular em todas as esferas como um fator importante na plena realização de todos os direitos humanos. No caso do Brasil, autoproclamado um Estado misto de democracia representativa e participativa (art. 1º, § ún., da CF), a incorporação desse ideal converte-se em imperativo.

No art. 216, ao destacar o dever do Estado de promover e proteger o patrimônio cultural, a Constituição enfatiza a necessária "colaboração da comunidade". Determina ainda que a administração pública realize a gestão da documentação governamental, franqueando a consulta aos interessados (§ 1º e 2º do art. 216). Da mesma forma, no art. 225, a Constituição incumbe ao poder público e à coletividade o dever de preservar o meio ambiente. Portanto, não existem políticas preservacionistas relacionadas ao meio ambiente (na sua mais ampla concepção) sem a participação da coletividade.

O PRINCÍPIO DA PARTICIPAÇÃO DA POPULAÇÃO NA TUTELA DO PATRIMÔNIO CULTURAL

Não é de hoje que os especialistas proclamam ser a comunidade a melhor guardiã de seu patrimônio. Na Carta de Atenas, em item alusivo à conservação de monumentos, restou convencionada a necessidade de educar a juventude para o cuidado com o patrimônio e para a assimilação de sua importância como testemunho da civilização[17].

A seu tempo, a Convenção de Paris relativa à proteção do patrimônio mundial, cultural e natural, de 1972, quando traça as linhas gerais dos programas educativos, assim se pronuncia:

Artigo 27
1 – Os Estados-partes na presente convenção procurarão por todos os meios apropriados, especialmente por programas de educação e de informação, fortalecer a apreciação e o respeito de seu povos pelo patrimônio cultural e natural definido nos art. 1º e 2º da convenção.
2 – Obrigar-se-ão a informar amplamente o público sobre as ameaças que pesem sobre esse patrimônio e sobre as atividades empreendidas em aplicação da presente convenção.

Artigo 28
Os Estados-partes na presente convenção que receberem assistência internacional em aplicação da convenção tomarão as medidas necessárias para

---
[17] Disponível em: <portal.iphan.gov.br/portal/baixaFcdAnexo.do?id=232>. Acesso em: 2 mar. 2012.

tornar conhecidos a importância dos bens que tenham sido objeto dessa assistência e o papel que ela houver desempenhado[18].

Considerando-se a complexidade ínsita aos bens ambientais, qualquer processo de intervenção deve se integrar aos sentimentos da população local, primeira destinatária dessa política. O poder público não detém o monopólio da gestão, devendo compartilhá-la com a sociedade. A evolução da gestão patrimonial caminha no sentido da politização do processo de identificação dos diversos sentidos do patrimônio cultural, ampliando o leque de protagonistas envolvidos na questão em suas múltiplas etapas: construção, identificação, eleição, gestão, valorização etc. Se no início da trajetória o trabalho dependia quase exclusivamente da análise dos arquitetos, com o passar do tempo passou a haver a colaboração dos chamados "leitores privilegiados do espaço"[19] (intelectuais, fotógrafos, cronistas, artistas plásticos), em especial do espaço urbano. Hoje, sabe-se que, quanto mais participativa for uma política de preservação, maior seu êxito e sua sustentabilidade. Assim, a sociedade civil organizada tem atuado decisivamente no histórico recente da preservação patrimonial.

O reconhecimento constitucional do direito ao meio ambiente sadio e ecologicamente equilibrado conectado com a qualidade de vida como direito fundamental pressupõe, como preleciona Rangel, "que a responsabilidade pela problemática ambiental não é um feudo exclusivo do Estado. Ou seja, os cidadãos, as empresas, as agremiações, a comunidade em geral são, juntamente com o Estado, corresponsáveis pela defesa do ambiente"[20]. Em relação à participação da população, ela deve ser precedida de uma política continuada de pré-conscientização cultural do grupo social, enfatizando-se a questão da educação patrimonial como atitude relacionada à preservação e valorização patrimonial. Na sempre oportuna lição de Varine-Bohan, "uma população só pode se colocar como artífice ativa e responsável de seu presente e de seu futuro à medida que dominar sua própria cultura"[21]. Afinal, só se valoriza o que se conhece.

O Congresso do Patrimônio Arquitetônico Europeu, realizado em Amsterdã em 1975, pôs em evidência a relevância do engajamento da população:

---

[18] Disponível em: <portal.iphan.gov.br/portal/baixaFcdAnexo.do?id=233>. Acesso em: 2 mar. 2012.

[19] Esta expressão é atribuída a Sandra Pesavento em "Muito além do espaço: por uma história cultural do urbano", *Estudos Históricos*, v. 8, nº 16, 1995, pp. 279-90.

[20] Paulo Castro Rangel, *Concertação, programação e direito do ambiente*, Coimbra: Coimbra Editora, 1994, p. 97.

[21] Hugues Varine-Bohan, "Patrimônio e educação popular", *Ciências e Letras*, nº 31, jan.-jun. 2002, pp. 287-98.

O patrimônio arquitetônico não sobreviverá a não ser que seja apreciado pelo público e especialmente pelas novas gerações. Os programas de educação em todos os níveis devem, portanto, se preocupar mais intensamente com essa matéria. O apoio da opinião pública é essencial. [...] A população deve, baseada em informações objetivas e completas, participar realmente, desde a elaboração dos inventários até a tomada das decisões[22].

A professora e advogada peruana Rocío Silvia Cárdenas enfatiza que o homem que convive diariamente com as principais manifestações culturais é aquele que melhor pode conservá-las, quando as reconheça e respeite. Nesse campo, arrola os seguintes direitos básicos:

*a) direito de conhecer sua própria história e a de seu povo e manifestações culturais;
b) direito a conservar suas manifestações culturais em contato e continuidade de tradições;
c) direito a ser informado e emitir opinião na tomada de decisões que afetem os bens culturais;
d) direito de beneficiar-se, com prioridade, do desenvolvimento socioeconômico que a utilização do bem possa gerar;
e) direito a que se considere, prioritariamente, a qualidade de vida do morador local e que essa não reste prejudicada pela atenção ao turismo ou a terceiros (por exemplo, pesquisadores).*[23]

Partindo desse rol de direitos, a autora questiona o esquecimento da população local nas políticas de valorização e preservação patrimonial e aponta algumas causas para isso: isolamento do bem cultural em relação ao morador; concentração inadequada de população pobre que busca se beneficiar do movimento econômico gerado pelo turismo; encarecimento dos custos de vida; surgimento de atividades ilegais e consequente aumento da criminalidade; carência de planos de aproximação do bem ao morador.

No tocante ao último aspecto, critica a omissão quanto ao desenvolvimento de projetos de participação social que permitam o entendimento do morador sobre o patrimônio de seu entorno, o que gera uma distorção na eleição de prioridades e valores. Isso também conduz a uma percepção errônea do patrimônio pelas populações tradicionais, que passam a encará-lo como mero recurso econômico e não como elemento cultural que integra e afirma suas identidades.

---

[22] Disponível em: <portal.iphan.gov.br/portal>. Acesso em: 2 mar. 2012.

[23] Fábio Konder Comparato, "O ministério público na defesa dos direitos econômicos, sociais e culturais", em: Eros Roberto Grau e Sérgio Sérvulo da Cunha (org.), *op. cit.*

A esse fenômeno, a autora chama de "trivialização do patrimônio" e conclama os especialistas e políticos à elaboração de planos de participação social que assumam duas tarefas: 1) a promoção de medidas para evitar, nos lugares onde a relação entre o morador e seu meio resulte negativa, a deterioração do meio ambiente cultural, através da integração desse morador, recuperando seus laços espirituais com seus valores culturais; 2) a adoção de políticas de desenvolvimento nas quais o uso racional do bem também possa gerar benefícios a ele.

A grande vantagem apontada por Cárdenas em relação à preservação do patrimônio é que o envolvimento da comunidade multiplica as forças dos meios institucionais sobre cujos ombros recai o pesado fardo de investigar, controlar e intervir cientificamente quando necessário. Assim, a única esperança de que esses bens sejam protegidos está em inserir a comunidade nessa tarefa, porquanto ela está em melhores condições para impedir ou pelo menos denunciar o saque e a destruição de bens culturais. Ademais, a parceria do morador local evita que ele adira, como mão de obra barata, à máfia do tráfico de bens culturais, deixando ele de se converter em degradador de seu próprio acervo cultural.

Enfocando o direito positivo português, Teixeira define o "princípio da colaboração dos cidadãos" como basilar na tutela do meio ambiente cultural, citando como fonte maior o art. 2º da Lei Quadro portuguesa quando nele se impõe "o direito e dever de todos os cidadãos de preservar, defender e valorizar o patrimônio cultural"[24]. Semelhante abordagem é feita por Canotilho e Moreira ao discorrerem sobre o direito à fruição e criação cultural, em cujo cerne vislumbram a comparticipação na defesa e enriquecimento do patrimônio cultural, como instrumento de salvaguarda e valorização dos testemunhos da "identidade cultural comum"[25].

Na doutrina brasileira, especialmente dentre arquitetos dedicados à "causa" do patrimônio, há unanimidade quanto à imperatividade desse princípio. Volkmer enfatiza o aspecto da participação da comunidade no processo de preservação do patrimônio cultural, considerando-a indispensável ao permanente processo de atualização e aperfeiçoamento das políticas voltadas a esse escopo. Elas passam a ter sua legitimação ampliada devido à consideração das "características locais e próprias dos diversos segmentos da sociedade, em harmonia com os objetivos globais e os valores universais"[26].

---

[24] Carlos Adérito Teixeira, "Da protecção do patrimônio cultural". Disponível em: <www.diramb.gov.pt>. Acesso em: 17 set. 2004.

[25] José Joaquim Gomes Canotilho e Vital Moreira, *Constituição da república portuguesa anotada*, 3ª ed., Coimbra: Coimbra Editora, 1993, p. 378.

[26] José Albano Volkmer, "Operacionalidade dos bens culturais", em: *Conferências realizadas no 1º Ciclo de Palestras sobre patrimônio cultural*, Porto Alegre: Secretaria Municipal de Educação e Cultura, 1979, p. 86.

Focado na tutela do patrimônio arqueológico, Santos Júnior[27] considera mais importante a implantação de uma política de educação patrimonial que envolva a população local, explicando o mérito dessa preservação, do que a edição de leis cada vez mais severas de punição para os atos lesivos a esse patrimônio. Segundo ele, a legislação deveria ser alterada para que os poderes públicos redirecionassem suas posturas intimidatórias para a adoção de diretrizes voltadas para a educação patrimonial. O especialista exemplifica a falta de informação por parte da população sobre o que é patrimônio histórico pela denominação que os caçadores e agricultores costumam dar às pinturas rupestres encontradas em sítios arqueológicos – "escrita dos brutos", "escrita dos índios", "pedra pintada" ou "escrita dos holandeses". Tais achados, expostos a fatores naturais e antrópicos, sem proteção por parte dos poderes públicos, muitas vezes não são levados em conta pelo homem simples, que é quem está mais perto deles, já que, em nossa sociedade, o valor econômico costuma ser predominante. Essa passagem do nível de assimilação do conceito de bem econômico para o de bem cultural é complexa e depende de um programa educacional consistente que transmita conteúdos sobre o sentido e a importância desse patrimônio. Só assim, na perspectiva de Santos Júnior, as pessoas deixarão de agir de forma indiferente ou mística ao se depararem com os grafismos arqueológicos.

Froner, após examinar as mais importantes cartas patrimoniais internacionais e nacionais, conclui que nem sempre os interesses da comunidade do entorno das áreas pesquisadas, tombadas ou gerenciadas como pontos turísticos, são levados em consideração, como "tampouco se produz uma relação de cumplicidade, respeito e troca"[28]. Como exemplo positivo de políticas de valorização patrimonial, a autora cita a cidade de Goiás-Velho, antiga capital do estado de Goiás, na qual os órgãos de cultura, aliados ao Poder Público Municipal, têm procurado investir na infraestrutura física da cidade, usando o turismo como vetor de fortalecimento econômico e a educação para enfatizar a importância da preservação cultural. Até mesmo atividades rurais têm sido mais bem orientadas por técnicos da Empresa de Assistência Técnica e Extensão Rural, no intuito de evitar queimadas, desmatamentos e uso de agrotóxicos na agricultura e promover a preservação das cachoeiras e da vegetação ciliar e o uso adequado do solo.

---

[27] Valdeci dos Santos Júnior, "A influência das cartas internacionais sobre as leis nacionais de proteção ao patrimônio histórico e pré-histórico e estratégias de preservação dos sítios arqueológicos brasileiros", *Dossiê Arqueologias Brasileiras*, v. 6, nº 13, dez. 2004-jan. 2005, pp. 7-8.

[28] Yacy Ara Froner, "Patrimônio histórico e modernidade: construção do conceito a partir da noção de revitalização de sítios, monumentos e centros urbanos". Disponível em: <www.ufop.br/ichs/conifes/ac2.htm>. Acesso em: 11 ago. 2005.

Como exemplo negativo, citado por Froner, Cantarino e pela antropóloga Tânia Fedotovas Lopes[29], aparece Ouro Preto, cidade mineira detentora do título de patrimônio histórico da humanidade, cuja população nativa ostenta um sentimento paradoxal de orgulho e exclusão social, por não ter havido um trabalho de sensibilização para a preservação do patrimônio da cidade. Os moradores acham-se injustiçados em relação às regras para reforma e construção de seus imóveis, previstas no plano diretor do município, cuja obediência importa alto custo para a manutenção das fachadas e características dos imóveis dentro das especificações do Iphan. Longe de ser seu espaço de experiência e identidade, o patrimônio acaba se tornando algo que interfere em suas vidas negativamente. Os exemplos reforçam a tese defendida por Magalhães de que a comunidade deve se conscientizar de sua ambiência cultural, a fim de entender por que determinado prédio deve ser preservado: "Em outras palavras, a própria comunidade é a melhor guardiã de seu patrimônio"[30].

Em obra na qual discute a participação popular na preservação do patrimônio cultural de Porto Alegre, Meira[31] a classifica em duas formas: direta ou indireta. No primeiro caso, insere os espaços de participação como o orçamento participativo, os Congressos da Cidade, as Conferências de Cultura. No segundo, abarca os conselhos municipais, as pesquisas, incluindo as teorias da percepção ambiental, dentre outras. Ao rol exposto pela renomada arquiteta, agrega-se a participação do cidadão em espaços institucionais como os gerados pelas audiências públicas no contexto dos estudos de impacto ambiental ou de impacto de vizinhança, os abaixo-assinados, as denúncias e representações encaminhadas ao poder público, bem como as ações populares contra atos lesivos ao meio ambiente cultural e as ações civis públicas de tutela dessa vertente integrativa do direito fundamental ao meio ambiente sadio e à qualidade de vida.

Cabe destacar o papel que as comunidades exercem na identificação daquilo que Jeudy[32], citado por ela[33], denomina "novos patrimônios". Nesse caso, afastando-se da ideia de monumentalidade, tão comum às políticas de preservação do patrimônio cultural no século passado, sobretudo sob o reinado quase exclusivo do Decreto-Lei nº 25/1937, surgem demandas da sociedade organizada para o reconhecimento da importância transcendental de prédios antigos,

---

[29] Tânia Fedotovas Lopes, "Orgulho e exclusão social caracterizam a vida dos moradores de Ouro Preto". Disponível em: <www.comciencia.br/200405/noticias/3/patrimonio.htm>. Acesso em: 21 set. 2005.

[30] Aloísio Magalhães, *E Triunfo? A questão dos bens culturais no Brasil*, Rio de Janeiro: Nova Fronteira/Fundação Nacional Pró-Memória, 1985, p. 184.

[31] Ana Lúcia Meira, *O passado no futuro da cidade*, Porto Alegre: Editora da UFRGS, 2004, p. 106.

[32] Henri-Pierre Jeudy, *Memórias do social*, Rio de Janeiro: Forense Universitária, 1990, p. 7.

[33] Ana Lúcia Meira, *O passado no futuro da cidade*, op. cit., p. 26.

equipamentos de infraestrutura etc. Materializa-se na ação social a abertura material contida no art. 216 da CF que, por meio de uma norma exemplificativa, permite a "patrimonialização" de outros bens.

Assim leciona Rodrigues:

> *Outra questão fundamental referente aos incisos do art. 216, é que estes formam uma lista exemplificativa, de tal forma que o legislador constitucional, não pretendendo esgotar uma rica e dinâmica realidade, deixou em aberto a possibilidade de construção de novos tipos de bens culturais. Assim, qualquer bem pode vir a integrar o patrimônio cultural brasileiro, desde que seja portador de referência à identidade, à ação, à memória dos diferentes grupos formadores da sociedade brasileira, nos termos do* caput *do art. 216*[34].

Rodrigues põe ênfase na participação da comunidade como fator preponderante para aferir o valor cultural de um bem:

> *Para decidir sobre a valoração de um bem cultural, sobre a necessidade de se preservá-lo ou não, é preciso aplicar-se o princípio do equilíbrio. Deve-se preservar um bem arquitetônico integralmente, somente no aspecto externo, apenas alguns de seus elementos ou autorizar sua demolição? Tal decisão não deve caber apenas ao Estado, nem somente a dotados de notório saber. A participação da comunidade é fundamental, pois ela, como legítima produtora e beneficiária dos bens culturais, apresenta mais do que ninguém legitimidade para determinar um valor cultural, que não precisa ser apenas artístico, arquitetônico ou histórico, mas também estético ou simplesmente afetivo*[35].

O apreço de uma comunidade por determinado bem cultural pode representar uma prova de seu valor superior àquela obtida por laudos técnicos que, por vezes plenos em erudição, carecem de sensibilidade. Andrade[36] exalta a importância da colaboração da comunidade na proteção do meio ambiente. Na sua avaliação, isso ocorre por meio da efetivação dos direitos fundamentais, de cunho individual ou coletivo, com assento no art. 5º da CF, especialmente os

---

[34] José Eduardo Ramos Rodrigues, "A evolução da proteção do patrimônio cultural – crimes contra o ordenamento urbano e o patrimônio cultural", *Revista de Direito Ambiental*, nº 11, p. 33.

[35] José Eduardo Ramos Rodrigues, "Patrimônio cultural: análise de alguns aspectos polêmicos", *Revista de Direito Ambiental*, nº 21, pp. 179-80.

[36] Filippe Augusto Vieira de Andrade, "O patrimônio cultural e os deveres de proteção e preservação", em: José Carlos de Freitas (org.), *Temas de direito urbanístico 3*, São Paulo: Imprensa Oficial do Estado/ Ministério Público Estadual de São Paulo, 2001, p. 397.

contidos nos inc. IV, V, VI, IX, XIII, XXI, XXIII, XXVII, XXVIII *a* e *b*, XXXIII, XXXIV *a* e *b*, XXXV, LV, LXIX, LXX *a* e *b*, LXXI, LXXII *a* e *b*, e LXXIII.

Diante da crescente abordagem da necessária participação da comunidade na tutela e valorização de seu acervo cultural, é possível afirmar que os valores sociais por ele representados só têm chances de cumprir suas funções de símbolo, identidade, testemunho, gerador de vínculos culturais e integração com o meio ambiente quando reconhecidos pela população. É justamente um panorama dos avanços dessa participação que se pretende traçar no presente estudo.

MOVIMENTOS SOCIAIS E PRESERVAÇÃO DO PATRIMÔNIO CULTURAL: ALGUMAS EXPERIÊNCIAS

Com o reconhecimento do valor do patrimônio como fator essencial de elevação espiritual do indivíduo, as comunidades passaram a ter voz mais ativa nas políticas de preservação. A atuação dos movimentos sociais ocorre, geralmente, em dois momentos. Numa etapa inicial, na busca da declaração do valor cultural de determinado bem. Numa etapa final, pode ser necessário lutar para que o bem venha a ser efetivamente preservado. Em função do limite desse trabalho, iremos nos ater a algumas experiências vividas em Porto Alegre que contaram com a mediação do Ministério Público.

O CONJUNTO DE SEIS CASAS EM FITA DA RUA LUCIANA DE ABREU

No ano de 2002, o MPE do Rio Grande do Sul, através da Promotoria de Justiça de Defesa do Meio Ambiente de Porto Alegre, foi procurado por alguns moradores do bairro Moinhos de Vento (um bairro de classe média alta, dos mais antigos da cidade), preocupados com a provável demolição de seis casas contíguas na rua Luciana de Abreu, que já haviam sido adquiridas por uma construtora que pretendia erguer um espigão no local.

Foi então instaurado, em 15 de outubro de 2002, o inquérito civil público (n° 108/2002). Um dos primeiros desdobramentos desse Inquérito foi a criação de uma Comissão Interdisciplinar de Estudos sobre o bairro Moinhos de Vento, então presidida pela arquiteta Ediolanda Liedke, especialista em restaurações e moradora do bairro.

Essa comissão produziu laudo que habilitou o Ministério Público a ajuizar uma ação civil pública[37] contra a construtora que havia adquirido os imóveis e contra o município de Porto Alegre. Nessa ação foi pedida, em sede de

---

[37] Ação Civil Pública n° 001/1050318659-0, tramitando junto à 10ª Vara da Fazenda Pública de Porto Alegre.

tutela antecipada, a expedição de ordem para sustar a licença demolitória e para que a construtora praticasse manutenção permanente e eficiente dos imóveis, os quais não eram tombados nem sequer inventariados como patrimônio cultural.

Em pedidos finais, buscou-se: a declaração definitiva do valor cultural dos imóveis, com a anulação definitiva das licenças demolitória e edilícia relativas ao projeto do edifício; a condenação do município e da construtora à obrigação de fazer, consistente na manutenção e preservação dos imóveis por meio de tombamento ou quaisquer outras formas de acautelamento dentre as arroladas no § 1º do art. 216 da CF; a condenação solidária dos réus ao pagamento de indenização à coletividade por danos morais e materiais ambientais, na hipótese de que os imóveis objeto da demanda viessem a ser demolidos, com ou sem autorização provisória.

Em primeiro grau houve a acolhida integral dos pedidos deduzidos em sede de tutela antecipada[38], mas, quando do julgamento do Agravo de Instrumento, o TJ/RS deu provimento parcial ao recurso da construtora afastando a obrigatoriedade de manutenção permanente dos imóveis[39].

A movimentação social desencadeada para preservar muito além dessas casas, mas uma ambiência urbana composta pela harmonia entre elas e a vegetação, representou um marco para a criação de um movimento permanente chamado Moinhos Vive. Fundado em agosto de 2002, esse movimento "tem a finalidade de unir esforços da comunidade para a preservação e conservação nas questões do meio ambiente, patrimônio histórico, cultural e arquitetônico do bairro Moinhos de Vento"[40].

Esse grupo social não está aguardando passivamente o desfecho dessa ação civil pública. Ao contrário, está permanentemente mobilizado em torno de questões urbano-ambientais relacionadas à qualidade de vida do bairro. Inclusive, inspirando-se no tombamento de alguns bairros de São Paulo[41], encaminhou denso dossiê ao Iphan pleiteando o tombamento do bairro Moinhos de Vento.

---

[38] Cf. decisão monocrática prolatada em 6 fev. 2003 nos autos da ACP nº 001/1050318659-0.

[39] Cf. acórdão no Agravo de Instrumento nº 70005974837 do TJ/RS.

[40] Disponível em: <moinhosvive.blogspot.com/p/quem-somos.html>. Acesso em: 3 mar. 2012.

[41] Em São Paulo, há forte movimentação social em prol da preservação de ambiências urbanas, inclusive com o ajuizamento de ações por parte de organizações não governamentais. Um exemplo emblemático é o retratado no acórdão prolatado no REsp 302.906 da lavra do min. Hermann Benjamin. Nesse caso, o Movimento Defenda São Paulo, a Associação dos Amigos e Moradores do Alto da Lapa, dentre outras associações, buscaram fazer valer restrições urbano-ambientais previstas na formação do loteamento City Lapa pelo seu instituidor, inviabilizando a construção de um edifício de nove andares. Para melhor compreensão do tema, ver acórdão e comentários publicados na *Revista de Direito Ambiental*, v. 62, abr.-jun. 2011, p. 389.

A PRESERVAÇÃO DA CASA DA ESTRELA

Surpreendidos pela remoção de uma casa previamente inventariada pelo município de Porto Alegre do inventário pelo Conselho Municipal do Patrimônio Histórico e Cultural, moradores do bairro Petrópolis procuraram a Promotoria de Meio Ambiente de Porto Alegre para que desencadeasse uma investigação sobre o assunto e impedisse as demolições da casa e da escadaria que lhe é adjacente.

No mesmo ano da criação do movimento Moinhos Vive, em 2002 surgiu o Petrópolis Vive[42], organização de moradores do bairro homônimo cujo principal mote é a luta contra os espigões, devido à sua interferência na ambiência do bairro. Esse movimento abraçou a causa da preservação da Casa da Estrela, que significava a não construção de mais uma torre para retirar o sol e o ar dos moradores do entorno. O movimento alimentou-se da luta que conduziu a um desfecho raro na ação civil pública[43] ajuizada pelo Ministério Público contra o município de Porto Alegre e a proprietária: o poder público desapropriou amigavelmente o imóvel e hoje pretende instalar uma repartição pública no local.

O INVENTÁRIO DA CAIXA D'ÁGUA DA PRAÇA MAFALDA VERÍSSIMO[44]

Também coordenado pelo movimento Petrópolis Vive, um grupo de moradores posicionou-se contra a demolição de uma caixa d'água situada numa praça. Num primeiro momento, os moradores acorreram ao poder público municipal tentando preservar aquele bem incomum, sem beleza arquitetônica ou valor histórico, exceto o de ter sido um dos primeiros acumuladores do bairro. Entretanto, aquele equipamento que é referência para a circunvizinhança que outrora se reunia na "praça da caixa d'água" seria demolido, pois não era mais do interesse do Departamento Municipal de Águas e Esgotos a continuidade do seu uso. Havia o temor dos moradores de que, na esteira das alterações pelas quais passara o Plano Diretor prevendo maior verticalização para o bairro Petrópolis, o município decidisse permutar a área.

Em que pese a pressão dos moradores junto ao município, foi necessária a intervenção do Ministério Público através de inquérito civil[45]. Submetido o pedido de tombamento à Equipe do Patrimônio Artístico, Histórico e Cultural do município de Porto Alegre, ela entendeu que o bem não teria mérito arquitetônico suficiente para ser objeto de tombamento, mas, diante de seu valor de identidade

---

[42] Cf. Fernando Weiss Xavier, "Conflito *versus* consenso no contexto do planejamento participativo – o caso da revisão do Plano Diretor de Porto Alegre". Disponível em: <http:www.agb.org.br/evento>. Acesso em: 3 mar. 2012.

[43] Ação Civil Pública nº 01/1.06.0064352-6.

[44] Para visualização do bem, acesse: <www.clicrbs.com.br/especial/rs/diario-gaucho/19,0,2804293>.

[45] Inquérito Civil nº 115/2007, instaurado em 5 set. 2007 e arquivado em 28 jul. 2011.

para a população do bairro, foi sugerida a inclusão do bem no inventário dos bens culturais[46]. Em 2 de dezembro de 2010, o prefeito homologou o parecer do Conselho Municipal do Patrimônio Histórico Cultural de Porto Alegre e incluiu o reservatório elevado no inventário na categoria de estruturação[47]. Sem dúvida alguma, esse episódio representou uma vitória da comunidade para preservar um espaço público significativo na história do bairro.

CONCLUSÕES

Considerando que o patrimônio cultural, como dimensão do meio ambiente, representa uma ponte, um liame que liga o presente ao futuro, através do passado, a adoção de amplas políticas de preservação concretiza o escopo maior da Constituição brasileira, que é o ideal da dignidade da pessoa humana.

A participação da sociedade civil é essencial na formatação da ampla conotação assumida pelo art. 216 da CF em relação ao patrimônio cultural brasileiro. É a própria sociedade, com seu sentimento de pertencimento a determinado local, a determinada cultura, que apresenta as melhores condições de avaliar seu patrimônio e de colaborar nas estratégias de preservação.

A democracia prevista na CF 1988, misto de representativa e participativa, não prescinde da ativa participação do morador local na efetivação dos direitos fundamentais. A gestão do patrimônio cultural não pode ser obra exclusiva de especialistas. A comunidade deve ser ouvida quer no momento de escolha dos bens que devem transcender o tempo presente para o futuro, quer no momento da efetivação da preservação por qualquer um dos meios previstos no art. 216 da CF, ajustando-se o meio à tipologia do patrimônio.

Com a migração de um modelo essencialista (o patrimônio importante por si mesmo) para uma perspectiva de valorização do patrimônio como fator essencial de elevação espiritual do indivíduo, resta patente o caráter de direito humano da preservação do patrimônio cultural associado tanto à questão ambiental como à questão da memória.

---

[46] Fl. 87 do aludido inventário.

[47] De acordo com o art. 10 da Lei Complementar Municipal de Porto Alegre, "as edificações inventariadas de estruturação não podem ser destruídas, mutiladas ou demolidas, sendo dever do proprietário sua preservação e conservação".

CRIMINALIZAÇÃO DO *FUNK* E VIOLAÇÃO DO DIREITO À CULTURA E AO LAZER

- Danilo Cymrot -

O DIREITO À CULTURA E AO LAZER

Os direitos à cultura e ao lazer foram consagrados, ao lado dos direitos sociais e econômicos, como direitos humanos de segunda geração e são intimamente relacionados. No mundo em via de desenvolvimento, a melhoria da situação econômica e social é condição da fruição dos direitos culturais[1]. Num Estado de bem-estar social e pleno emprego, por sua vez, com o processo de mecanização da produção, os homens deveriam obter mais horas vagas, dedicadas ao lazer e à atividade cultural[2].

Na fábrica, procura-se garantir a qualidade do tempo empregado no processo de produção. O princípio da não ociosidade, da utilização exaustiva, determina que o tempo deve ser empregado da melhor forma, pois é proibido perder um tempo que é pago pelos homens[3]. A construção burguesa do corpo faz parte da organização do trabalho capitalista, que não assume o corpo como algo estranho, mas o incorpora, nos músculos e na cabeça. Como brilhantemente encenado por Charles Chaplin em *Tempos modernos*, a máquina se funde com o homem[4]. Nesse

---

[1] Unesco, *Os direitos culturais como direitos do homem*, Porto: Telos, 1970, p. 220.

[2] *Ibid.*, p. 8.

[3] Michel Foucault, *Vigiar e punir*, 28ª ed., Petrópolis: Vozes, 2004, pp. 128-31.

[4] Dario Melossi e Massimo Pavarini, *Cárcere e fábrica*, Rio de Janeiro: Revan/Instituto Carioca de Criminologia, 2002, pp. 73, 77. Os regulamentos fabris, sob o pretexto de pensar no bem do empregado, na moral e nos bons costumes, regulavam sua vida privada para protegê-lo de situações que poderiam afetar sua produtividade ou disciplina. Proibiram-se a blasfêmia, o uso do jargão popular e obsceno, os livros ou cartas, as canções ou baladas que não fossem ordenadas pelos diretores, os jogos e os apelidos, com o objetivo de despedaçar uma cultura popular subterrânea que representava uma encruzilhada das velhas formas de vida camponesa recém-abandonada com as formas novas de resistência ao novo estilo de vida (*ibid.*, p. 47). A ética puritana empobrece o operário ao assumir uma postura desconfiada e de muitas maneiras hostil em relação aos bens culturais cujo valor não seja diretamente religioso ou científico. Repudiava, por exemplo, festas, superstições e jogos (Max Weber, *A ética protestante e o espírito do capitalismo*, São Paulo: Companhia das Letras, 2004, pp. 152-3).

sentido, os direitos trabalhistas, dentre os quais os que limitam a jornada de trabalho, são fundamentais para garantir ao trabalhador o pleno exercício do direito à cultura e ao lazer.

Os direitos culturais também pressupõem o gozo dos direitos civis e políticos, principalmente os relativos à liberdade de reunião e de expressão. Segundo José Afonso da Silva, por um lado, a intervenção pública na esfera da atividade cultural sujeita-se a uma função negativa de respeito à liberdade cultural. Para que haja uma democracia cultural, o Estado não pode impor determinada cultura oficial e tolher a liberdade de criação, expressão e de acesso à cultura, por qualquer forma de constrangimento ou de restrição oficial.

Ao mesmo tempo, o Estado deve ter uma função positiva de promoção cultural com o fim de realizar o princípio da igualdade no campo da cultura. Cabe ao poder público tornar os direitos culturais efetivos, proporcionar as condições para o exercício desses direitos, favorecer a livre procura das manifestações culturais e o gozo dos bens culturais à massa da população excluída[5].

De acordo com a DUDH (1948), toda pessoa tem direito à liberdade de reunião pacífica (art. XX), ao lazer (art. XXIV) e de participar livremente da vida cultural da comunidade (art. XXVII). O Pacto Internacional sobre Direitos Econômicos, Sociais e Culturais (1966) prevê igualmente o direito de toda pessoa ao lazer (art. 7º d) e de participar da vida cultural (art. 15 a).

O direito ao lazer está previsto no art. 6º da CF como direito social e no art. 7º, inc. IV, como direito dos trabalhadores. O art. 227, *caput*, estabelece que é dever da família, da sociedade e do Estado assegurar à criança, ao adolescente e ao jovem, com absoluta prioridade, o direito ao lazer, à cultura e à convivência comunitária. Já o art. 215, *caput*, prescreve que o Estado garantirá a todos o pleno exercício dos direitos culturais e o acesso às fontes da cultura nacional, e apoiará e incentivará a valorização e a difusão das manifestações culturais.

Não há dúvida, portanto, de que os direitos ao lazer e à cultura são direitos humanos dignos de proteção pelo poder público, principalmente de forma comissiva, mas também de forma omissiva. Termos vagos como "manifestações culturais", no entanto, fazem com que muitas vezes o poder público responsável por interpretá-los não só deixe de reconhecer manifestações culturais como as associe a práticas criminosas.

Cabe salientar que numa sociedade complexa e desigual existem variantes culturais, as quais podem coincidir com a estratificação social. Há, por exemplo, "valores culturais burgueses" e uma "cultura de indigentes". Alguns consideram a cultura de massa um fenômeno patológico e transitório. Outros sustentam que o que é considerado vulgar numa determinada época pode tornar-se aceitável

---

[5] José Afonso da Silva, *Ordenação constitucional da cultura*, São Paulo: Malheiros, 2001, pp. 206 ss.

noutra, que o gosto é uma questão de escolha, que a cultura de massa ocupa um lugar muito importante em certas sociedades contemporâneas, e que os meios de informação coletiva permitem ao homem médio criar sua arte, conhecendo as normas da elite. Em que pese muitos só enxergarem valor cultural na chamada "cultura de elite", a cultura não deve ser considerada privilégio dessa classe. Cada pessoa na sociedade tem o direito tanto de criar como de usufruir da vida cultural[6].

FUNK CARIOCA E SELETIVIDADE DO SISTEMA PENAL

Os primeiros bailes *black*, que precederam os bailes *funk*, eram realizados no Canecão, casa de *shows* na Zona Sul carioca, e frequentados por um público bastante heterogêneo. Com a elitização do Canecão, os bailes se transferiram para clubes do subúrbio e passaram a ser frequentados por um público predominantemente jovem, negro e pobre[7]. Em virtude da associação do baile *funk* à juventude negra, pobre e suburbana carioca, ainda hoje muitas pessoas, pautadas em preconceitos e valores elitistas, consideram as letras e músicas do *funk* vulgares e têm dificuldade em reconhecer o baile *funk* como um bem cultural digno de proteção por parte do Estado, associando-o à violência, ao consumo de drogas e à apologia ao crime.

Não há, porém, um componente ideológico e axiológico somente no processo de reconhecimento de bens culturais. Sendo crime aquilo que é definido pela lei penal como crime, qualquer pessoa que tenha cometido alguma conduta tipificada pela lei penal poderia, abstratamente, ser tida como criminosa. A criminalidade é um fenômeno distribuído por todas as classes sociais e, portanto, obra de uma maioria e não de uma minoria desviante ou anormal. Contudo, apenas uma parte da população é alvo do sistema penal. A seletividade do sistema se expressa tanto no momento de eleição dos bens jurídicos tutelados penalmente (criminalização primária), quanto na perseguição dos indivíduos estigmatizados selecionados entre todos aqueles que infringem normas penalmente sancionadas (criminalização secundária)[8].

Apesar de não haver um tipo penal que criminalize diretamente o *funk* ou o baile *funk* – talvez até porque a Constituição reserve ao Poder Legislativo federal

---

[6] Unesco, *op. cit.*, pp. 9 ss.

[7] Manoel Ribeiro, "*Funk'n'*Rio: vilão ou *big business?*", *Revista do Patrimônio Histórico e Artístico Nacional*, n° 24, 1996, p. 289.

[8] Luiz Flávio Gomes e Antonio García-Pablos de Molina, *Criminologia*, 3ª ed., São Paulo: RT, 2000, p. 362.

a competência exclusiva de legislar em matéria penal –, diplomas legislativos estaduais, embora tragam normas de direito administrativo, demonstram ter um caráter bastante repressor ao impor inúmeras exigências burocráticas para que os bailes *funk* sejam realizados de forma lícita, inviabilizando-os na prática. Além disso, é próprio do direito administrativo e de normas penais em branco, como as que tutelam a "ordem pública" e a "paz pública", deixar à autoridade policial uma grande margem de arbitrariedade, o que neutraliza o princípio da legalidade e acentua ainda mais o caráter seletivo da criminalização secundária.

Apesar do pretexto de resguardar a ordem pública, a criminalização do *funk* insere-se numa lógica mais ampla de criminalização caracterizada pela seletividade. Determinadas práticas culturais produzidas e/ou consumidas predominantemente pela juventude pobre e negra são objeto de uma política penal em detrimento de uma política cultural.

O FECHAMENTO DOS BAILES NO RIO DE JANEIRO

Em 18 de outubro de 1992, as galeras rivais de Vigário Geral e Parada de Lucas, frequentadoras de bailes *funk*, encontraram-se nas areias da praia do Arpoador e começaram a brigar, gerando um tumulto que foi "confundido" pela mídia com um "arrastão promovido por funkeiros"[9]. Principalmente a partir desse momento, os jornais da época passaram a relatar arrastões, brigas, mortes e quebra-quebras nas saídas dos bailes. Toda essa onda de criminalização culminou, durante as Operações Rio I e II (1995 e 1996), com a interdição definitiva dos bailes *funk* de comunidade por decisão judicial[10].

De acordo com Herschmann, o fator decisivo para a proibição, em 1995, do baile de comunidade mais famoso da cidade, o do Chapéu Mangueira, frequentado por muitos jovens do "asfalto", não foi a "perturbação da ordem", os congestionamentos ou o barulho que incomodava a vizinhança, mas as "evidências" que sugeriam a proximidade do *funk* com o crime organizado, dentre as quais

---

[9] A galera é uma rede de amigos, formada geralmente por jovens de uma mesma comunidade com gostos afins que vai junto à praia, aos bailes *funk*, ao *shopping* etc. Cf. Alba Zaluar, "Gangues, galeras e quadrilhas: globalização, juventude e violência", em: Hermano Vianna (org.), *Galeras cariocas*, Rio de Janeiro: Editora UFRJ, 1997. Sobre o suposto "arrastão" ocorrido na praia do Arpoador em 18 out. 1992, cf. Hermano Vianna, "O *funk* como símbolo da violência carioca", em: Marcos Alvito e Gilberto Velho, *Cidadania e violência*, Rio de Janeiro: Editora UFRJ/Editora FGV, 2000.

[10] Micael Herschmann, *O funk e o hip-hop invadem a cena*, Rio de Janeiro: Editora UFRJ, 2000, pp. 127-8. Os bailes de comunidade eram realizados nas favelas. Eram geralmente gratuitos e pacíficos, pois o tráfico não permitia brigas nem confusões que pudessem atrair a polícia. Já os bailes de clube eram realizados em clubes do subúrbio do Rio de Janeiro. A entrada era cobrada e eles eram palco de conflitos violentos entre galeras rivais. A proibição dos bailes de comunidade empurrou os bailes para territórios "neutros", onde as brigas eram permitidas (Janaína Medeiros, *Funk carioca: crime ou cultura?*, São Paulo: Terceiro Nome, 2006, p. 56).

a apreensão pela polícia de músicas que faziam apologia ao crime, o livre consumo de drogas nos bailes e o fato de as associações de moradores nunca conseguirem provar plenamente quem eram os responsáveis pelo pagamento das equipes de som. Por outro lado, setores conservadores consideravam perigosa essa aproximação de classes, essa "promiscuidade" entre segmentos sociais[11].

No mesmo ano de 1995, organizou-se uma CPI municipal (Resolução nº 127) que visava investigar a suposta ligação do *funk* com o tráfico de drogas no Rio. Como não se conseguiu provar essa ligação, alguns políticos se mobilizaram para regulamentar os bailes e garantir essa forma de lazer dos jovens oriundos dos segmentos populares[12]. A Lei Municipal nº 2.518/1996, de autoria do vereador Antônio Pitanga (PT), foi a primeira iniciativa legislativa em todas as esferas federativas no sentido de regulamentar os bailes *funk*. Teve pareceres favoráveis de todas as comissões e cinco de seus nove artigos vetados.

A lei atribuía ao município, em seu art. 2º, a competência para "garantir a realização dessa manifestação cultural de caráter popular, em cumprimento ao art. 346, inc. VII, da Lei Orgânica do Município do Rio de Janeiro". Já o art. 4º atribuía "aos organizadores a adequação das instalações necessárias para a realização dos bailes sob sua responsabilidade, dentro dos parâmetros estabelecidos na legislação vigente"[13].

No ano de 1999, muitos bailes foram interditados e os principais organizadores de bailes *funk* da cidade do Rio de Janeiro, Rômulo Costa e Zezinho, foram presos sob a acusação de apologia ao crime, corrupção de menores, porte ilegal de armas, tráfico de drogas, associação ao Comando Vermelho e falsidade ideológica. Em maio daquele ano iniciou-se uma investigação do Ministério Público que levaria, seis meses depois, à instauração de uma CPI estadual na Assembleia Legislativa do Rio de Janeiro[14].

---

[11] No Chapéu Mangueira, durante algum tempo, propôs-se, como solução para a convivência do baile com seus vizinhos, a construção de uma concha acústica no local da quadra (Micael Herschmann, *op. cit.*, pp. 103 ss., 170-2).

[12] *Ibid.*, p. 181. Uma análise jurídica e criminológica completa, até o ano de 2006, da legislação que regula o *funk* é feita no cap. 4 de Denis Martins, *Direito e cultura popular*, monografia, Faculdade de Direito, Uerj, 2006. Neste artigo, serão abordadas apenas as leis municipais e estaduais aprovadas no Rio de Janeiro e não os diversos projetos de lei sobre o assunto não aprovados, incluindo o de nº 1075/1999, do deputado estadual Sivuca (PSC), que visava proibir a realização de bailes *funk* em todo o território brasileiro, e a Sugestão Legislativa nº 17, de 2017, de autoria do cidadão Marcelo Alonso, que visa criminalizar o funk como crime de saúde pública às crianças, aos adolescentes e à família. Com mais de vinte mil apoios, a ideia foi analisada pelo Senado Federal e rejeitada em decisão terminativa pela Comissão de Direitos Humanos e Legislação Participativa.

[13] A Lei Pitanga, todavia, não garantiu que os bailes de comunidade não fossem interditados, a despeito da sua tranquilidade e popularidade (Micael Herschmann, *op. cit.*, pp. 170-1).

[14] Sílvio Essinger, *Batidão*, Rio de Janeiro: Record, 2005, pp. 193-5.

A CPI tinha o objetivo de "investigar os 'bailes *funk*' com indícios de violência, drogas e desvio de comportamento do público infanto juvenil" (art. 1º)[15]. A comissão, presidida pelo deputado Alberto Brizola (então no PFL), reuniu-se de novembro de 1999 a maio de 2000. Ao longo de seus trabalhos, convocou para depoimento os principais promotores do *funk* e as autoridades que ofereceram denúncias, bem como elaborou uma lista com cerca de trinta bailes que sofreram intervenção de quarenta dias "para manter a integridade física de seus frequentadores". Como resultado prático, o principal feito da CPI foi o de propor um projeto de lei tendente a disciplinar a organização de bailes *funk*[16].

O Projeto de Lei nº 1.392/2000 foi aprovado e resultou na Lei Estadual nº 3.410/00. Seu art. 2º estabelece a obrigação de instalação de detectores de metais nas portarias dos clubes, entidades e locais fechados em que são realizados os bailes *funk*. O art. 3º dispôs que só seria "permitida a realização de bailes *funk* em todo o território do estado do Rio de Janeiro com a presença de policiais militares, do início ao encerramento do evento". Segundo a redação do art. 4º, "os responsáveis pelos acontecimentos de que trata essa lei deverão solicitar, por escrito, e previamente, autorização da autoridade policial para sua realização, respeitada a legislação em vigor".

De acordo com o disposto no art. 5º, "a Força Policial poderá interditar o clube e/ou local em que ocorrer atos de violência incentivada, erotismo e de pornografia, bem como onde se constatar o chamado corredor da morte". O art. 6º proibiu "a execução de músicas e procedimentos de apologia ao crime nos locais em que se realizam eventos sociais e esportivos de quaisquer natureza" e o art. 7º atribui à autoridade policial a adoção de "atos de fiscalização intensa para proibir a venda de bebidas alcoólicas a crianças e adolescentes, nos clubes e estabelecimento de fins comerciais".

Em 2003, a Lei Estadual nº 4.264, proposta pelo deputado Alessandro Calazans (então no PV), retomou a direção adotada pela Lei Municipal nº 2.518/1996, reconhecendo os bailes *funk* como "atividade cultural de caráter popular", desta vez em âmbito estadual. O parágrafo único do art. 2º previu que "a realização dos bailes *funk* será regulada através de um contrato previamente assinado entre os organizadores e a entidade contratante, e este contrato ficará disponível para ser apresentado, sempre que solicitado, à autoridade pública fiscalizadora". O art. 3º atribui aos organizadores a "adequação das instalações necessárias para a realização dos bailes sob sua responsabilidade, dentro dos parâmetros estabelecidos na legislação vigente".

---

[15] Cf. Denis Martins, *op. cit.*, pp. 89 ss.

[16] *Ibid.*, pp. 98 ss.

Já o art. 4º atribui "aos organizadores, bem como às entidades contratantes dos eventos, a garantia das condições de segurança da área interna dos bailes, seja em ambientes fechados ou abertos". De acordo com o disposto em seu parágrafo único, "deverá haver também classificação prévia do Juizado de Menores, que se pronunciará quando à idade e ao horário, não podendo, no entanto, o horário se estender após as 4 (quatro) horas"[17].

A Lei Estadual nº 5.265/2008, de autoria do deputado Álvaro Lins (PMDB), revogou a Lei Estadual nº 3.410/2000 e impôs uma série de empecilhos para a realização dos bailes *funk*, de tal forma que tornou praticamente impossível a organização de um baile lícito. Além disso, conferiu à autoridade policial uma grande margem de discricionariedade para proibir ou fechar bailes em nome da "ordem pública". O art. 3º dispõe que "os interessados em realizar os eventos de que trata esta lei deverão solicitar a respectiva autorização à Secretaria de Estado de Segurança, com antecedência mínima de 30 (trinta) dias úteis", mediante a apresentação de diversos documentos.

Entre os documentos exigidos, está o contrato da empresa encarregada pela segurança interna do evento, devidamente autorizada pela Polícia Federal; o comprovante de instalação de detectores de metal, câmeras e dispositivos de gravação de imagens; o comprovante de previsão de atendimento médico de emergência, com, no mínimo, um médico socorrista, um enfermeiro e um técnico de enfermagem; e "nada a opor da Delegacia Policial, do Batalhão da Polícia Militar, do Corpo de Bombeiros, todos da área do evento, e do Juizado de Menores da respectiva Comarca" (inc. I, *e* a *h*).

O art. 4º permite à autoridade responsável pela concessão da autorização "limitar o horário de duração do evento, que não excederá a 12 (doze) horas, de forma a não perturbar o sossego público, podendo ser revisto a pedido do interessado ou para a preservação da ordem pública". O art. 6º prevê a obrigatoriedade da "instalação de câmeras de filmagem e a gravação das imagens do evento, devendo o vídeo permanecer à disposição da autoridade policial por seis meses após o evento". Seu parágrafo único dispõe que "o local de entrada onde serão realizadas as revistas dos frequentadores deverá ter cobertura das câmeras de filmagens, devendo ser devidamente iluminado".

De acordo com o disposto no art. 7º, "a regulamentação da presente Lei disporá sobre o órgão da Secretaria de Estado de Segurança responsável pela fiscalização e autuação nos casos de descumprimento dos preceitos desta Lei". Seu parágrafo único prescreve que "o órgão de fiscalização velará pelo cumprimento do disposto nesta Lei e adotará as providências necessárias para inibir a prática de qualquer infração penal durante a realização do evento" e o art. 8º elenca as penalidades a que estão sujeitos o infrator, sem prejuízo das sanções cíveis e penais.

---

[17] Denis Martins, *op. cit.*, pp. 108 ss.

Finalmente, após a mobilização de MCs[18], organizadores de bailes, políticos e intelectuais, principalmente em torno da APAFUNK (Associação dos Profissionais e Amigos do Funk), criada em 2008, foi aprovada a Lei Estadual nº 5.543/2009, de autoria dos deputados Marcelo Freixo (PSOL) e Wagner Montes (então no PDT). O art. 1º, *caput*, reconhece o *funk* como movimento cultural de caráter popular, mas não se aplica em relação a "conteúdos que façam apologia ao crime" (art. 1º, § ún.). O art. 2º atribui ao poder público a competência de assegurar "a esse movimento a realização de suas manifestações próprias, como festas, bailes, reuniões, sem quaisquer regras discriminatórias nem diferentes das que regem outras manifestações da mesma natureza".

O art. 3º prescreve que os "assuntos relativos ao *funk* deverão, prioritariamente, ser tratados pelos órgãos do Estado relacionados à cultura". O art. 4º proíbe "qualquer tipo de discriminação ou preconceito, seja de natureza social, racial, cultural ou administrativa contra o movimento *funk* ou seus integrantes" e o art. 5º reconhece os artistas do *funk* como "agentes da cultura popular", que, como tal, "devem ter seus direitos respeitados". A Lei Estadual nº 5.544/2009, de autoria dos deputados Marcelo Freixo (PSOL) e Paulo Melo (PMDB), por sua vez, revogou a Lei Estadual nº 5.265/2008 e manteve a revogação da Lei Estadual nº 3.410/2000. Já a Lei Estadual nº 7.489/2016, de autoria de André Lazaroni (PMDB), instituiu no Calendário Oficial do Estado do Rio de Janeiro o "Dia do Funk", a ocorrer, anualmente, no segundo domingo do mês de setembro.

No entanto, a Resolução 013/2007 da Secretaria de Segurança Pública do Rio de Janeiro, editada para regulamentar o decreto 39.355/2006 e já revogada, e a Resolução 135/2017 mantiveram exigências para a realização de bailes funk, como autorizações da Polícia Militar e da Polícia Civil, o que constitui um obstáculo para a fruição do direito que a legislação estadual fluminense reconhece.[19]

QUANDO O LAZER SE CONFUNDE COM BADERNA

Os "funkeiros" são acusados de fazer baderna nas saídas dos bailes, nos transportes coletivos, nos *shoppings* e nas praias, sendo constantemente alvo

---

[18] O termo MC vem do inglês *"master of ceremony"*. Originalmente um mestre de cerimônias, que apresentava atrações nos bailes e animava o público, o termo foi adotado para designar os cantores de *funk* e *hip-hop*.

[19] Para uma análise das Resoluções 013/2007 e 135/2017, ver Passos, Pâmela; Rosa, Sandro Henrique. Funk! Pauta para políticas de segurança pública? Disponível em: https://tinyurl.com/funkpautas. Acesso em 20 dez 2018. Para uma análise da luta contra a Resolução 013/2017, ver Adriana Facina, *Cultura como crime, cultura como direito: a luta contra a resolução 013 no Rio de Janeiro*, em: João Fortunato Soares de Quadros Júnior. (Org.). *Discussões epistemológicas: as Ciências Humanas sob uma ótica interdisciplinar*. 1 ed., São Luís: EDUFMA, 2016, v. p. 87-111.

de *blitze* policiais. Para os "funkeiros", entretanto, transitar ruidosamente pela cidade, gritando gritos de guerra, consiste numa forma de se autoafirmar, de exaltar suas comunidades de origem, de ocupar simbolicamente a cidade ou de simplesmente "zoar".

O que caracteriza a "zoação" é o fato de ser sempre uma atividade coletiva, na qual o estar junto é mais importante do que a atividade em si ou o local no qual ela é desempenhada. Esse é um aspecto importante, tendo-se em vista que as opções de lazer dos jovens pobres é bastante limitada em virtude de seu baixo poder aquisitivo. O tédio é condição suficiente para a instalação da "zoação" entre a galera[20].

Do ponto de vista sociológico, o lazer constitui-se em elemento de distinção e diferenciação. Os jovens de classe média e alta dispõem de espaços de interação tais como a própria casa, clubes, teatros, casas de *shows*, baladas, cinemas, restaurantes, *shoppings* etc., e "demarcam seus espaços geográficos como patrimônio da classe média e dos turistas". A maioria desses espaços é inacessível aos jovens pobres. Suas casas, por seu tamanho e condições, não são adequadas para as reuniões de amigos, que, por outro lado, geram suspeitas quando são realizadas nos *shoppings*, haja vista a forte reação de setores da população aos chamados "rolezinhos"[21].

Por isso, a não ser que passem seu tempo livre nas igrejas, só dispõem como espaço de lazer dos terrenos baldios, bailes *funk*, parques públicos, ruas, praças, estações de metrô e praias, onde se expõem e, simultaneamente, tornam-se poderosos e vulneráveis a confrontos com galeras rivais ou com policiais[22]. O surgimento da própria "cultura de rua", da dança *break* e do movimento *hip-hop* como um todo está relacionado a essas condicionantes de ordem socioeconômica.

Fugindo de uma ótica criminalizante reducionista, Herschmann defende que a violência possui um papel não apenas destrutivo, constituindo uma linguagem que expressa a heterogeneidade social e os conflitos que podem emergir na forma de manifestações culturais. De certa forma, esses jovens só ganharam

---

[20] Sobre o conceito de "zoação", cf. Maria Isabel Mendes de Almeida e Kátia Maria de Almeida Tracy, *Noites nômades*, Rio de Janeiro: Rocco, 2003, pp. 125 ss. "O acesso às manifestações artísticas e, principalmente, aos espetáculos é muitas vezes limitado pelo nível elevado dos preços. O custo total compreende não só o preço dos bilhetes para determinada representação, mas também as despesas de vestuário etc." (Unesco, *op. cit.*, pp. 15-6).

[21] A esse respeito, ver Pinheiro-Machado, Rosana; Scalco, Lucia. Rolezinhos: Marcas, consumo e segregação no Brasil. *Revista de Estudos Culturais EACH USP*, v. 1, p. 01, 2014; e Barbosa-Pereira, Alexandre. Os "rolezinhos" nos centros comerciais de São Paulo: juventude, medo e preconceito. Revista Latinoamericana de Ciencias Sociales, Niñez y Juventud, 14 (1), 2016, pp. 545-557.

[22] José Manuel Valenzuela Arce, *Vida de barro duro*, Rio de Janeiro: Editora UFRJ, 1999, pp. 100-101; Paulo Sérgio do Carmo, *Culturas da rebeldia*, São Paulo: Editora Senac, 2001, p. 218; Maria Cecília de Souza Minayo *et al.*, *Fala, galera*, Rio de Janeiro: Garamond, 1999, pp. 51-2, 56, 62.

espaço na mídia e, posteriormente, junto ao Estado na medida em que se tornaram uma possível "ameaça à ordem"[23].

Os "arrastões" imputados pela mídia aos "funkeiros" desencadearam uma política de repressão, estigmatização e criminalização da juventude pobre e negra das favelas, mas também glamorizaram o *funk*, inseriram-no nas páginas culturais dos jornais, expandiram seu mercado para as classes médias e altas, colocaram o tema do espaço do jovem e do pobre na sociedade em pauta e deram origem a uma série de eventos acadêmicos para pensar políticas públicas não repressivas, sendo que algumas foram colocadas em prática.

No seminário "Barrados no baile: entre o *funk* e o preconceito", promovido pela Faperj em dezembro de 1992, Rômulo Costa, dono da equipe de som Furacão 2000, pediu permissão para realizar seus bailes nos Centros Integrados de Educação Pública. O prefeito César Maia prometeu ceder espaços da prefeitura, como a praça da Apoteose, para os bailes. Declarou que o *funk* era "um movimento cultural reconhecido pela prefeitura", disse querer "levar as galeras, com seu balé aprimorado, para as portas de hotéis" e até criar um Dia do Funk e um "vale-lazer", que traria a passagem de ônibus embutida no preço dos ingressos para os bailes.

Para ele, a política de diversificar os locais de realização dos bailes era a melhor opção para acabar com a violência das galeras. O *funk* foi encarado naquele momento como um fato consumado, muito difícil de sufocar. O que se deveria fazer era dar condições para que ele se desenvolvesse da forma mais ordeira possível[24]. Para Hermano Vianna, o Estado deveria aproveitar a vitalidade do *funk* de uma forma construtiva, fiscalizando os bailes, regulamentando o mercado, fornecendo infraestrutura adequada e utilizando as estrelas mais populares em campanhas sociais ou educacionais[25].

O Projeto Rio Funk, de 1993, gerenciado pela Secretaria Municipal de Desenvolvimento Social, ofereceu a jovens de 12 comunidades carentes oficinas e cursos, inclusive de DJ, como forma de valorizar a cultura funkeira e

---

[23] Micael Herschmann, *op. cit.*, pp. 42 ss.

[24] Sílvio Essinger, *op. cit.*, pp. 126-8. Na oficina "Galeras: uma manifestação cultural? Uma ameaça? Um problema da cidade?" no Fórum de Ciência e Cultura da UFRJ, quase todos os participantes tentavam encontrar soluções para a questão da violência, bem como para o excessivo barulho dos bailes, que não deixava os moradores vizinhos dormirem. Propuseram-se medidas como policiamento na entrada e saída dos salões, melhores condições de transporte, mais espaços para a realização de bailes, isolamento dos baderneiros pelos líderes de galeras e organizadores dos bailes, distribuição de carteiras entre os funkeiros e gincanas de galeras que contemplassem mais o desempenho artístico do que os feitos viris (Zuenir Ventura, *Cidade partida*, Rio de Janeiro: Companhia das Letras, 1994, pp. 151 ss.). Cf. também Manoel Ribeiro, *op. cit.*, p. 289.

[25] *Apud* Janaína Medeiros, *op. cit.*, pp. 102-3.

aproximá-los do Estado[26]. Foram oferecidos bailes grátis, dando alternativa para quem não queria ou podia participar dos confrontos nos grandes bailes *funk* dos subúrbios[27]. Fornecer transporte às galeras, por sua vez, é importante para a segurança dos funkeiros. A ausência de transporte impede que muitos jovens venham ao baile, pois voltar a pé ou dormir nas calçadas os torna mais vulneráveis à violência e aos perigos da rua[28].

Tal como no *kickboxing* e no jiu-jítsu, a violência nos bailes poderia ser regulamentada para tornar-se segura e não ferir ninguém. As lutas aconteceriam numa arena maior e os lutadores contariam com equipamentos de proteção[29]. Resta saber se o combate teria a mesma graça para as galeras, dado que o "gostinho pelo proibido" faz parte de determinadas subculturas.

Não se pode esquecer que a capoeira, mistura de luta e dança dos ex-escravos negros, foi criminalizada no Código Penal de 1890 e que as brigas dos bailes de clube encontram muitas semelhanças com ela. Ambas são coreografias violentas e ritualizadas. Ao contrário do que ocorre nas brigas de *hooligans*, na fisionomia dos "jovens guerreiros funkeiros", que extravasam agressividade, não há ódio, mas satisfação, excitação, sorrisos ou um ar de deboche. No fundo, eles estão "brincando"[30].

De acordo com Shecaira, não se pode fazer o combate à criminalidade subcultural somente com repressão. Em alguns casos, é recomendável um processo de cooptação dos grupos, inserindo-os no mercado de trabalho e oferecendo-lhes acesso à sociedade produtiva. Na gestão da ex-prefeita de São Paulo Luiza Erundina, por exemplo, houve a "concessão" de alguns muros da cidade, em locais de grande visibilidade, onde os jovens podiam grafitar. A ex-prefeita

---

[26] Micael Herschmann, *op. cit.*, pp. 87-9, 112, 116-7, 223, 228-9, 248. Cf. também Olívia M. G. Cunha "Conversando com Ice-T: violência e criminalização do funk", em: Micael Herschmann (org.), *Abalando os anos 1990: funk e hip-hop*, Rio de Janeiro: Rocco, 1997, p. 92; Sílvio Essinger, *op. cit.*, p. 130. O artista plástico Artur Omar visualizava que, ao desfazer-se das marcas da violência, o arrastão poderia transformar-se num ato performático e artístico. O debate sobre a violência do arrastão foi sucedido pela descoberta da dimensão cultural do *funk* e pela percepção de que "não são os jovens 'suburbanos' a causa do incômodo, mas a ausência de ordem e disciplina no uso dos bens públicos. Não é a música que escutam que ensurdece, mas os códigos a ela relacionados, que contêm termos e insinuam práticas ligadas à guerra do tráfico e à criminalidade" (Olívia M. G. Cunha "Bonde do mal", em: Yvonne Maggie e Cláudia B. Rezende (org.), *Raça como retórica*, Rio de Janeiro: Civilização Brasileira, 2001, p. 100).

[27] Manoel Ribeiro, *op. cit.*, p. 289; Zuenir Ventura, *op. cit.*, pp. 158 ss.

[28] Fátima Cecchetto, "As galeras *funk* cariocas: entre o lúdico e o violento", em: Hermano Vianna (org.), *op. cit.*, pp. 100 ss.; Micael Herschmann, *op. cit.*, pp. 149 ss.; Olívia M. G. Cunha op. cit., p. 118.

[29] Zuenir Ventura, *op. cit.*, p. 121; José Manuel Valenzuela Arce, *op. cit.*, pp. 106-7.

[30] Micael Herschmann, *op. cit.*, pp. 136, 159-60; Zuenir Ventura, *op. cit.*, p. 125.

Marta Suplicy, por sua vez, incentivou os grupos de *hip-hop* da periferia, antes associados estereotipicamente à marginalidade[31].

A Escola de Chicago já previa que instituições locais, igrejas, escolas e associações de bairro deveriam se envolver em programas preventivos que combatessem a desorganização social e reconstruíssem o controle social informal, intensificando atividades recreativas para preencher o tempo livre dos jovens e concebendo uma nova divisão territorial para conscientizar a comunidade de que áreas comuns, como praias e metrôs, são áreas pertencentes à comunidade e, portanto, dignas de proteção por todos[32].

Segundo o DJ Marlboro, surgem problemas nos bailes *funk* como em todos os lugares onde se lida com tanta gente. O futebol, por exemplo, não tem culpa se, eventualmente, há assaltos, brigas ou tiroteios fora do estádio[33]. O poder público deveria agir da mesma forma como age em relação às brigas provocadas por *"pitboys"* brigões de classe média e alta nas boates da Zona Sul: dar segurança para que os frequentadores dos bailes *funk* se divirtam em paz, identificar os bailes problemáticos e punir apenas os responsáveis. A legislação estadual administrativa deveria coibir, em abstrato, as brigas e o volume alto do som, independentemente do local em que ocorram, e não eleger como alvo especificamente o baile *funk*.

A polícia e as autoridades, entretanto, confundiram as vítimas com o problema, generalizaram e fecharam até os bailes que não tinham brigas institucionalizadas, prejudicando organizadores, MCs e DJs que combatiam esse tipo de evento. A política repressora mostrou-se contraproducente. Os bailes legais enfraqueceram-se ou acabaram, pois as diretorias dos clubes sentiram-se pressionadas a barrá-los de sua programação.

A cada vez que a mídia anunciava o fechamento dos bailes, os organizadores, com medo, suspendiam sua realização. Em seguida, aos poucos, os mais corajosos voltavam à rotina. Eram beneficiados os organizadores que pagavam propina a policiais, os quais se aproveitavam das ameaças de fechamento antecipadas pela mídia. A arbitrariedade policial não diminuiu com a edição de leis repressoras, que exigiam prévia autorização do batalhão para a realização dos

---

[31] Sérgio Salomão Shecaira, *Criminologia*, São Paulo: RT, 2004, pp. 268-9.

[32] Sérgio Salomão Shecaira, "Importância e atualidade da Escola de Chicago", em: *Discursos Sediciosos*, v. 9-10, 2000, pp. 161-2; Manoel Ribeiro, *op. cit.*, p. 292.

[33] Da mesma forma, o *funk* não pode ser responsabilizado pela violência, podendo até minimizá-la. Muitas músicas pregam a paz, pois, instintivamente, o movimento quer tirar de si a culpa que insistem em lhe atribuir (Lúcia Salles (org.), *DJ Marlboro: o funk no Brasil*, Rio de Janeiro: Mauad, 1996, p. 44).

bailes[34]. Além disso, a atribuição do comportamento violento de uma minoria a uma maioria pacífica aumentou sua vulnerabilidade e fez com que esta começasse a se identificar com o estigma, agravando a violência[35].

Simplesmente fechar bailes significa aumentar as possibilidades de confronto entre galeras rivais, na redistribuição dos "órfãos" por outros pontos de baile. Com o fechamento do baile do Boêmios do Irajá em 1993, as galeras brigonas migraram para os bailes do Mesquitão, Coleginho, Pavunense e Praça Seca. Já a venda do ginásio de natação do Botafogo, com o consequente fechamento do baile do Mourisco, redundou na migração da "Torcida Jovem-Bota" para o baile do Clube Carioca, no Jardim Botânico, reduto da "Jovem-Flá", sua tradicional inimiga do Maracanã, provocando conflitos que resultaram em mortes[36].

FUNK E TRÁFICO: A OMISSÃO DO PODER PÚBLICO E A VIOLAÇÃO DA LIBERDADE DE EXPRESSÃO

Com a perseguição, o *funk* saiu dos clubes, onde as autoridades poderiam fiscalizá-lo, e foi acolhido dentro das comunidades, onde passou a retratar seu cotidiano, seus personagens e a se sujeitar às autoridades locais[37]. Por ser uma das únicas alternativas de lazer da juventude pobre e favelada, é natural que as associações de moradores tenham interesse em ajudar na realização dos bailes de comunidade, ainda mais porque tais eventos constituem um espaço de sociabilidade importante e muitos MCs da comunidade só têm espaço para cantar suas músicas nesses palcos, elevando a autoestima da comunidade como um todo. Entretanto, há denúncias de que muitas associações de moradores das

---

[34] Sílvio Essinger, *op. cit.*, p. 192; Janaína Medeiros, *op. cit.*, pp. 57-8; Lúcia Salles, *op. cit.*, p. 43. No campo da violência nos estádios, há a tentação das generalizações fáceis, que implicam acabar com as torcidas, em razão de as "uniformizadas terem se desviado de suas finalidades originais". "A escola e a saúde públicas, a Justiça, os parlamentos [...] por vezes (várias) não têm se desviado de suas metas de origem? E o que fazer: eliminar ou transformar? As torcidas organizadas são instituições comunitárias importantes para a cultura da massa [...] no Brasil e para a afirmação de uma coletividade [...]. Se há desvios – e há – cumpra-se a lei, exerça-se a autoridade pública e o controle social sobre os torcedores uniformizados. Identificação e punição, sem generalização – este o método eficaz de combate à impunidade e triunfo da cidadania. O que falta é vontade política, porque em verdade o problema já está diagnosticado e é bem menor do que se supõe [...]. As torcidas organizadas são parcela pequena no universo de milhões de torcedores [...]. E dentro das organizadas, os violentos, brigões ou arruaceiros, numa palavra, vândalos (prazer sádico com a violência) formam um segmento ainda menor, ou seja, em torno de 5%" (Maurício Murad, "Futebol e violência no Brasil", em: *Discursos Sediciosos*, ano 1, n°1, 1996, p. 116).

[35] José Manuel Valenzuela Arce, *op. cit.*, p. 96; Janaína Medeiros, *op. cit.*, pp. 57-8.

[36] Manoel Ribeiro, *op. cit.*, p. 289.

[37] Sílvio Essinger, *op. cit.*, p. 235.

comunidades do Rio de Janeiro foram cooptadas pelo tráfico e constituem seu canal lícito de atuação[38].

Independentemente de o tráfico estar pagando ou não bailes comunitários, o que deve ser levado em conta é a evidente e ávida demanda por lazer nas comunidades. Quando a festa é de interesse da comunidade e promovida pelo poder público ou alguma ONG, "bocas" são fechadas para sua realização. O eventual custeio de um baile de comunidade por um traficante pode ser explicado pela dificuldade de soluções de mercado para o lazer de boa parte das populações jovens das periferias, pelas relações afetivas traficante/comunidade e pela ausência de ações sistemáticas dos poderes públicos nesse campo.

Conforme aponta Manoel Ribeiro, enquanto o Estado não ocupar esses espaços, é complicado impedir a comunidade de participar de bailes, *shows* e distribuição de brindes, pagos "não se sabe por quem", e dizer às equipes de som "vejam lá de onde vem o dinheiro que paga os seus serviços" ou "vai lá e diz que você não toca pra bandido"[39]. Todavia, ao invés de o Estado financiar ele próprio a realização dos bailes, no contexto de uma política cultural, e recuperar uma função que foi preenchida pelo tráfico, adotou-se uma política repressiva, de proibição desses eventos, encarados como caso de polícia.

Deve-se questionar, por outro lado, se o consumo de drogas justifica o fechamento dos bailes, uma vez que também há tráfico em festas da classe média. Se houvesse real interesse em acabar com o tráfico, faria muito mais sentido o fechamento das bocas de fumo, cuja localização é conhecida por todos[40]. É mais fácil, porém, acusar o *funk* de "arregimentar mão de obra para o tráfico" que reconhecer como o próprio modelo econômico faz com que haja uma fila

---

[38] Marcos Alvito, *As cores de Acari*, Rio de Janeiro: Editora FGV, 2001, p. 132. Segundo ele, traficantes financiam bailes espetaculares como parte de um orgulho comunitário: "Mal comparando, é como o tirano Pisístrato, que teria sido o responsável pela grandiosidade do festival das grandes panateneias, de onde veio a se originar o teatro. Ninguém pensava, em Atenas, postular uma relação entre a deusa Palas Atena e o tirano Pisístrato. Mas a relação entre o tirano Pisístrato e a comunidade, a intenção dele em reforçar esse vínculo, em se apresentar como campeão do orgulho comunitário, fazia com que ele engrandecesse as festas das grandes panateneias [...] Um orgulho comunitário que não aceita mais as imagens que eram produzidas, da favela singela, ou da favela exótica, de barracão de zinco, ave-maria no morro, que agora diz assim: 'Também não queremos que ninguém produza as imagens, nós mesmos vamos produzir uma representação sobre nós'". Olívia Cunha lembra, por sua vez, que o fato de os bicheiros financiarem as escolas de samba já foi de alguma forma legitimado e é aceito por nós todos como parte da estrutura ou do mundo do samba. Ninguém nunca perguntou quem é que paga as rodas de pagode, de samba e outras atividades comunitárias (Debate 7 – Organizações comunitárias, cultura popular e violência II, em: Marcos Alvito e Gilberto Velho, *Cidadania e violência*, op. cit., pp. 354-6).

[39] Manoel Ribeiro, *op. cit.*, p. 291.

[40] Sílvio Essinger, *op. cit.*, pp. 134-5. Com os bailes interditados, acabou-se com uma das raras formas de lazer dos jovens das favelas e o tráfico continuou (Micael Herschmann, *op. cit.*, p. 178).

de jovens desempregados se oferecendo para trabalhar na estrutura de varejo do comércio de drogas[41].

Assim como jogadores de futebol, os MCs buscam um caminho rápido e alternativo à rotina estafante do trabalhador "otário" para ganhar dinheiro e prestígio junto às mulheres. Nesse ponto, mais do que aproximar os jovens do tráfico, o *funk* pode representar uma alternativa a ele, enquanto o fechamento dos bailes pode acarretar aumento da criminalidade ao fazer muita gente perder seu sustento[42].

O chamado *funk* "proibidão" é acusado de fazer apologia ao crime. Defensores dessa vertente sustentam que não é a descrição da realidade feia que deve ser combatida, mas a realidade em si que deve ser mudada. O "proibidão" incomoda porque joga na cara da sociedade uma realidade que ela prefere esconder[43]. Proibir que o jovem cante sobre violência policial e exalte a facção criminosa não fará com que a violência policial deixe de existir nem impedirá o jovem de admirar o traficante ou a facção criminosa.

Muitos funkeiros declaram que o que os leva aos bailes é, mais que a possibilidade de encontros amorosos, a dança. Nesse contexto, as letras dos *funks* são coadjuvantes e muitos nem sequer prestam atenção no que falam[44]. Por sua vez, há jovens que frequentam bailes de comunidade simplesmente por não terem outra opção barata de lazer ou espaço para encontrar os amigos.

Deve-se ter em mente que, assim como o mercado formal e lícito de trabalho não absorve toda a parcela de jovens, levando alguns deles a procurar alternativas informais e/ou ilícitas de vida, o mercado, ao fechar suas portas para o *funk*, obriga alguns MCs a procurar espaços alternativos para fazer *shows* a fim de garantir sua sobrevivência. Rejeitados pela mídia e pela indústria cultural, são acolhidos em suas comunidades, onde o gênero "proibidão" faz sucesso. Quem não entra nesse esquema muitas vezes deixa de fazer os bailes nas favelas[45].

---

[41] Cf. Manoel Ribeiro, *op. cit.*, p. 292; Maria Cecília de Souza Minayo *et al.*, *op. cit.*, p. 162.

[42] Micael Herschmann, *op. cit.*, pp. 170, 255-6. Sobre o mercado de trabalho gerado pelo *funk*, cf. Jane Souto, "Os outros lados do *funk* carioca", em: Hermano Vianna (org.), *op. cit.*

[43] Cf. Janaína Medeiros, *op. cit.*, p. 119; Manoel Ribeiro, *op. cit.*, p. 291. Vera Malaguti Batista defende que o *funk* incomoda porque traz a juventude expressando com protagonismo, com sua visão, a verdade nua e crua dos morros do Rio (*apud* Janaína Medeiros, *op. cit.*, pp. 107-8).

[44] Suylan Midlej e Silva, "O lúdico e o étnico no *funk* do 'Black Bahia'", em: Lívio Sansone e Jocélio Teles dos Santos (org.), *Ritmo em trânsito*, Salvador: Dynamis, 1997, p. 211; Hermano Vianna, *O mundo funk carioca*, 2ª ed., Rio de Janeiro: Zahar, 1988, p. 83; Janaína Medeiros, *op. cit.*, p. 109.

[45] Sílvio Essinger, *op. cit.*, pp. 238-40; Manoel Ribeiro, *op. cit.*, p. 291.

CONCLUSÃO: A VIOLAÇÃO DO DIREITO AO LAZER DA JUVENTUDE NEGRA, POBRE E FAVELADA

A dimensão de resistência dos funkeiros está em sua capacidade de assumir uma identidade proscrita, associada a violência, insegurança, arrastões e decomposição moral, o que os expõe à intolerância social e racial, os estigmatiza e os condena a suspeita constante. Só com sua presença no espaço público os funkeiros se opõem à segregação, "evidenciam e questionam um universo simbólico dominante que pretende condená-los ao silêncio e à clandestinidade"[46].

Apesar de haver núcleos de funkeiros com discursos mais politizados, o ritmo é essencialmente um fenômeno de resistência implícita e é disso que deriva seu sentido político. Sua contraproposta vem de sua obstinação em pertencer e em manter uma rede hermenêutica que incomoda certos grupos de poder. O *funk* surge como recurso de interação e de comunicação entre os jovens pobres, que nutrem uma forte desconfiança quanto à política tradicional como meio de solução para suas expectativas sociais e um sentimento de exclusão, discriminação e revolta[47].

Em países com graves problemas e conflitos sociais, econômicos e políticos, a arte "pura" ou a "neutralidade moral" é mais ou menos impossível, pois o esforço artístico se mistura com preocupações sociais e políticas coletivas. A arte implica, muitas vezes, a revolta e o artista introduz novos modos de expressão para resumir a experiência da sua comunidade e do seu tempo[48].

Por ser o principal meio de lazer e expressão da juventude negra, pobre e favelada do Rio de Janeiro, é natural que ele espelhe todos os graves problemas econômicos, políticos e sociais a que ela está sujeita. Fechar bailes e prender MCs não só viola, portanto, o direito desse setor social ao lazer, como também seu direito de se expressar e ser reconhecido como produtor de bens culturais

---

[46] O mesmo processo histórico de condenação ocorreu com bailes e danças populares como rumbas, *guarachas, jaranas, gatos, danzones* e *habaneras* antes da independência mexicana e com expressões de dança afro-brasileiras no Brasil (José Manuel Valenzuela Arce, *op. cit.*, pp. 101-2).

[47] Cf. Hermano Vianna, *op. cit.*, pp. 32-3.

[48] Unesco, *op. cit.*, pp. 16 ss.

PATRIMÔNIO CULTURAL IMATERIAL E DIREITOS HUMANOS: O REGISTRO DO FANDANGO CAIÇARA COMO FORMA DE EXPRESSÃO

- Daniele Maia Teixeira Coelho -

O presente trabalho retrata o processo de obtenção do registro do bem cultural imaterial denominado fandango caiçara como Patrimônio Cultural do Brasil sob a ótica dos direitos humanos.

Dedicamos a segunda seção deste artigo às características do fandango caiçara como forma de expressão, trazendo algumas informações sobre sua complexa estrutura, que envolve música, coreografia, poesia e festa. Também comentamos as iniciativas tomadas para que o pedido de registro fosse apresentado ao Iphan, bem como seus desdobramentos.

Na terceira seção, tratamos do patrimônio cultural imaterial para demonstrar como ocorreu a construção das políticas públicas a respeito do aspecto imaterial dos bens culturais, sob a perspectiva dos direitos humanos. Nesse sentido, alguns nomes se destacam em nossa narrativa pelos esforços envidados para que, hoje, pudéssemos dispor da garantia formal de proteção da imaterialidade no campo do patrimônio cultural, presente na CF 1988 e na legislação infraconstitucional.

Nas considerações finais, refletimos acerca da necessidade de irmos além da garantia formal já alcançada para atingirmos a garantia real de proteção jurídica de bens culturais imateriais, tendo, assim, políticas públicas patrimoniais culturais plenamente eficazes.

FANDANGO CAIÇARA

CARACTERÍSTICAS DO GÊNERO COMO FORMA DE EXPRESSÃO

O fandango caiçara é um gênero musical-coreográfico-poético e festivo transmitido oralmente de geração a geração, no seio da comunidade tradicional caiçara[1] localizada nos municípios de Iguape e Cananeia, no litoral sul do Estado de São Paulo, e nos municípios de Morretes, Paranaguá e Guaraqueçaba, no litoral norte do estado do Paraná.

Bastante complexa é a estrutura dessa prática cultural, segundo Pimentel, Pereira e Corrêa,

> *envolvendo diversas formas de execução de instrumentos musicais, melodias, versos e coreografias. Basicamente reúne dança em pares, por vezes marcada pelo batido de tamancos de madeira, além de música executada em instrumentos de confecção artesanal, principalmente a viola branca ou de fandango, a rabeca e o adufo. As diferentes formas musicais, dependendo da localidade, são classificadas como marcas ou modas, que podem ser valsadas (ou bailadas) – dançadas em pares, sem uma coreografia específica – ou batidas (ou rufadas) – com coreografias, marcadas pelo palmeado e pelo tamanqueado masculino*[2].

Sobre a música, "sua formação musical mais comum é composta [de] dois tocadores de viola perfazendo a primeira e segunda vozes em intervalo de terças paralelas", e três são as afinações para a viola, a saber: "oitavada" e as chamadas "pelo meio" e "pelas três"[3].

No que concerne à dança, Pimentel, Pereira e Corrêa afirmam que "nos estudos dedicados ao fandango encontramos registros que dão conta de até duzentas marcas ou modas registradas", sendo que os "batidos se caracterizam, resumidamente, por um conjunto de danças de roda, homens alternando mulheres, dançando em sentido anti-horário, os homens sapateando vigorosamente"[4].

Há percussão além do uso da viola branca ou de fandango, da rabeca e do adufo:

> *[...] os tamancos no fandango são usados exclusivamente pelos homens nas marcas batidas ou rufadas, e a eles deve-se a fama do fandango como "baile ruidoso". Os considerados bons são confeccionados com cepa de limão ou de laranjeira*[5].

---

[1] Segundo Antônio Carlos Diegues: "entende-se por caiçaras as comunidades formadas pela mescla da contribuição étnico-cultural dos indígenas, dos colonizadores portugueses e, em menor grau, dos escravos africanos. Os caiçaras apresentam uma forma de vida baseada em atividades de agricultura itinerante, da pequena pesca, do extrativismo vegetal e do artesanato" (*Enciclopédia caiçara* v. I, São Paulo: Hucitec/NUPAUB/CEC-USP, 2004, p. 9).

[2] Alexandre Pimentel, Edmundo Pereira e Joana Corrêa, "Museu Vivo do Fandango", 35º Encontro Anual da ANPOCS, 2011, p. 5.

[3] *Ibid.*, p. 6.

[4] *Ibid.*, pp. 6-7.

[5] Iphan, *Fandango caiçara*, Associação Cultural Caburé, 2011, p. 57.

Praticado há muitas décadas na localidade mencionada, o fandango caiçara exerce a função de fortalecer os laços de amizade e parentesco entre os caiçaras, assim como a de reforçar o sentimento de identidade. Essa prática cultural era atrelada à roça, à pesca e ao extrativismo e "se apresentava como o espaço da 'reciprocidade', onde o 'dar-receber-retribuir' constituía a base de suas socia[bi]lidades, marcada pelas dimensões familiares, de compadrio e vizinhança":

> *De casamentos e batismos, festas de santos padroeiros e aniversários, até aliança de ajuda mútua e compadrios, observa[m]-se dinâmicas sociais marcadas e conduzidas pelas cadências do fandango. [...] [A] lógica do mutirão acompanhava as diferentes configurações deste fazer fandango*[6].

Quanto ao mutirão, informa Fortes Filho que tal alternativa de trabalho coletivo era adotada pela família que não dava conta sozinha de suas tarefas e que "não cumpria apenas a função social de solidariedade no trabalho, mas servia também para manter laços de camaradagem entre os vizinhos do bairro ou da vizinhança"[7]. Ademais, tal modalidade de ajuda "permitia uma troca de informações, de certa forma favorecendo os namoros, eventuais casamentos entre os [...] mais jovens e o fortalecimento das amizades entre os mais velhos"[8].

Fortes Filho descreve os dias de mutirão. Importa-nos o final de seu relato: "Terminada a tarefa, é hora de se aprontar e se preparar para a festa de encerramento da atividade, o baile. Porém, antes disso, todos são convidados para jantar [...] e, após seu término, começa o fandango"[9].

Após esse breve relato sobre o fandango caiçara, comentamos, no item seguinte, como ele se tornou Patrimônio Cultural do Brasil.

PROTEÇÃO JURÍDICA COMO PATRIMÔNIO CULTURAL DO BRASIL

A partir das características do fandango caiçara descritas acima, percebemos que estamos diante de um bem cultural imaterial na modalidade forma de expressão, um bem portador de referência à identidade, à ação, à memória da comunidade tradicional caiçara, que é um dos diferentes grupos formadores da sociedade brasileira. Enquadra-se, portanto, no que dispõe o art. 216, inc. I e § 1º da CF 1988:

> *Art. 216. Constituem patrimônio cultural brasileiro os bens de natureza material e imaterial, tomados individualmente ou em conjunto, portadores de referência*

---

[6] *Ibid.*, p. 40.

[7] Paulo Fortes Filho, *Enciclopédia caiçara v. II*, São Paulo: Hucitec/NUPAUB/CEC-USP, 2005, pp. 44-5.

[8] *Ibid.*, p. 45.

[9] *Ibid.*

à identidade, à ação, à memória dos diferentes grupos formadores da sociedade brasileira, nos quais se incluem:

I – as formas de expressão; [...]

§ 1º O poder público, com a colaboração da comunidade, promoverá e protegerá o patrimônio cultural brasileiro, por meio de inventários, registros, vigilância, tombamento e desapropriação, e de outras formas de acautelamento e preservação. [...]

Conforme nosso atual sistema jurídico de proteção de bens culturais, os bens materiais estão divididos em bens imóveis (sendo exemplos os núcleos urbanos, sítios arqueológicos e paisagísticos e bens individuais) e móveis (sendo exemplos os acervos museológicos, documentais, bibliográficos, arquivísticos, videográficos, fotográficos e cinematográfico e as coleções arqueológicas). Já os bens imateriais são as formas de expressão, os modos de criar, fazer e viver, além das criações científicas, artísticas e tecnológicas, incluindo os lugares em que essas manifestações culturais ocorrem (sendo alguns exemplos os mercados, feiras, santuários).

Dependendo da natureza do bem cultural em questão, aplica-se em âmbito federal, por meio da atuação do Iphan, um instrumento jurídico específico. Sendo material, o instrumento do tombamento é adequado, ao passo que, sendo imaterial, os instrumentos do inventário nacional de referências culturais e do registro de bens culturais de natureza imaterial (registro) são aplicáveis[10].

Conforme o Decreto nº 3.551/2000, que regulamentou parcialmente o art. 216 da CF 1988, instituiu o registro e criou o Programa Nacional do Patrimônio Imaterial, quatro são os Livros de Registro: Livro dos Saberes (para conhecimentos e modos de fazer enraizados no cotidiano das comunidades), Livro das Celebrações (para rituais e festas que marcam a vivência coletiva do trabalho, da religiosidade, do entretenimento e de outras práticas da vida social), Livro das Formas de Expressão (para manifestações literárias, musicais, plásticas, cênicas e lúdicas) e Livro dos Lugares (para mercados, feiras, santuários, praças e demais espaços onde se concentram e se reproduzem práticas culturais coletivas)[11].

---

[10] O inventário e o registro foram acrescentados em 2000 ao já existente arcabouço jurídico de proteção do patrimônio cultural, que contava com a existência do tombamento (no caso, este se aplica a bens materiais e aqueles aos bens imateriais) desde 1937. Tais instrumentos supriram lacunas em razão, principalmente, da ampliação do conceito de cultura, que passou a abarcar as práticas culturais, ou seja, a essência intangível de manifestações existentes na sociedade e não passíveis de proteção jurídica por meio do tombamento.

[11] Alguns exemplos de bens culturais imateriais já registrados em cada um dos livros de registro são o ofício das paneleiras de Goiabeiras (Espírito Santo, Livro dos Saberes, 2002), a arte kusiwa – pintura corporal e arte gráfica dos índios wajãpi (Amapá, Livro das Formas de Expressão, 2002), o Círio de Nossa Senhora de Nazaré em Belém (Pará, Livro das Celebrações, 2004) e a cachoeira de Iauaretê – lugar sagrado dos povos indígenas dos rios Uaupés e Papuri (Livro dos Lugares, 2006).

Assim, o instrumento de proteção jurídica aplicável ao fandango caiçara é o registro. O processo de solicitação e obtenção do título de Patrimônio Cultural do Brasil levou aproximadamente quatro anos para ser concluído[12] e começou com a iniciativa da Associação Cultural Caburé, que esboçou, em 2002, o projeto do Museu Vivo[13] do Fandango, com "a ideia de organização [...] não como um edifício, mas como um território, articulando ampla rede de personagens, famílias e localidades [...]"[14] nos municípios de Cananeia e Iguape (São Paulo) e de Morretes, Paranaguá e Guaraqueçaba (Paraná). O resultado foi bastante satisfatório:

> *[...] um circuito de visitação e troca de experiências [que abarca] casas de fandangueiros e construtores de instrumentos musicais, centros culturais, espaços de comercialização de artesanato caiçara, além de locais de disponibilização de acervos bibliográficos e audiovisuais*[15].

Em julho de 2008, durante o II Encontro de Fandango e Cultura Caiçara, no município de Guaraqueçaba, no Paraná, a Associação Cultural Caburé, em conjunto com a Associação de Fandangueiros do Município de Guaraqueçaba, a Associação de Cultura Popular Mandicuera, a Associação dos Jovens da Jureia, a Associação Rede Cananeia, o Instituto de Pesquisas Cananeia, a Associação dos Fandangueiros de Cananeia, além do Núcleo de Apoio à Pesquisa sobre Populações Humanas e Áreas Úmidas Brasileiras da Universidade de São Paulo e o Instituto Silo Cultural, entregaram ao Iphan o dossiê preliminar composto de justificativa do pedido, denominação e descrição do bem proposto para registro (com indicação da participação e/ou atuação dos grupos sociais envolvidos de onde ocorre ou se situa, do período e da forma em que ocorre), informações históricas básicas sobre o bem e referências documentais, bibliográficas e audiovisuais disponíveis. Tal pedido contou com a assinatura de mais de quatrocentos

---

[12] Os autos do processo referentes ao fandango caiçara ganharam a seguinte numeração no Departamento do Patrimônio Imaterial (DPI) do Iphan: 01450.014268/2008-59. Para maiores detalhes, cf. Daniele Maia Teixeira Coelho, *Reflexões sobre a eficácia do registro do fandango caiçara como forma de expressão do patrimônio cultural do Brasil*, dissertação de mestrado, USP, 2013.

[13] Segundo os fundadores da Associação Cultural Caburé, o movimento denominado Nova Museologia decorreu de um processo iniciado em 1972, quando foram feitas críticas ao conceito de patrimônio (reivindicando sua ampliação) e à função social dos museus (até então pautados nos modelos europeus) e se consolidou em 1984, com a Declaração de Quebec (Pimentel, Pereira e Corrêa, *op. cit.*, 2011, p. 2). Em 2004, o projeto foi aprovado pelo Programa Petrobrás Cultural e, em 2005, foi certificado pela Lei Federal de Incentivo à Cultura.

[14] Pimentel, Pereira e Corrêa, *op. cit.* p. 2.

[15] *Ibid.*, p. 9.

fandangueiros e agentes culturais[16] e retratou os principais anseios da comunidade tradicional caiçara, que havia debatido o assunto nos anos anteriores[17].

Seguindo os procedimentos estabelecidos pela Resolução nº 1/2006 do Iphan, na reunião do seu Conselho Consultivo do Patrimônio Cultural de 29 de novembro de 2012, a conselheira relatora Rosina Coeli Alice Parchen apresentou seu parecer e voto a favor do registro do fandango caiçara no Livro das Formas de Expressão como Patrimônio Cultural do Brasil e concluiu com os seguintes apontamentos:

> *Do processo ora em análise pode-se depreender que estão muito vivas e ativas as referências culturais do objeto em análise. A manifestação cultural é parte integrante da vida comunitária dos caiçaras, que se mescla com a história da formação da região em que se insere. A transmissão dos conhecimentos, quer pelos seus integrantes, fandangueiros e comunidades, quer pelas instituições que os pesquisam, incentivam e valorizam, é fato preponderante nesta análise. Pode-se, sem a menor dúvida, considerar o fandango como uma forma de expressão representativa da diversidade cultural brasileira e um elemento fundamental para a construção e afirmação da identidade cultural das comunidades caiçaras. A complexa composição que reúne a manufatura dos diversos instrumentos (como os tamancos), a música, a dança, a poesia e o canto, e as relações sociais da comunidade, o apoio e a integração que atravessam o tempo e resistem ao desconhecido transformam esta manifestação cultural, de fato, num digno representante da cultura brasileira*[18].

A decisão foi submetida ao Conselho Consultivo, que, por unanimidade, aprovou o registro. O registro foi assinado pela Presidência do Iphan em 19 de fevereiro de 2013.

O registro do fandango caiçara como Patrimônio Cultural do Brasil no Iphan é hoje um fato e decorre de um processo de luta para que um direito cultural fosse reconhecido e um bem cultural fosse tornado passível de proteção pelo ordenamento jurídico, conforme será melhor detalhado abaixo, na terceira seção.

Uma vez conferido o registro, faz-se imprescindível que sejam postos em prática os planos de salvaguarda elaborados em conjunto com a comunidade tradicional caiçara e entregues ao Iphan, inclusive porque somente com a execução dos referidos planos é que se poderá continuar a praticar essa forma de

---

[16] Cumprindo a exigência legal de apresentação de declaração de interesse e anuência.

[17] Pimentel, Pereira e Corrêa, *op. cit.*, 2011.

[18] Documento constante dos autos do processo de registro nº 01450.014268/2008-59 do DPI.

expressão. Para corroborar tal entendimento, citamos trecho dos autos do processo de registro do fandango caiçara:

> Sendo o fandango uma prática social já enraizada e repleta de significados torna-se uma manifestação de referência cultural para as comunidades que os executam. Através do fandango se revelam e se atualizam formas, valores, ritos e crenças, tornando-se o registro um importante instrumento de reconhecimento e sustentabilidade para essa prática. Com a instituição do fandango enquanto um bem de caráter imaterial almeja-se o fortalecimento de condições para a sua reprodução resguardando toda sua complexidade e dinâmica própria. [...] O reconhecimento do fandango caiçara como patrimônio cultural é também elemento fundamental para a conformação [das] leis [ambientais] ao abrigo e à permanência das populações tradicionais que habitam a região, de modo a facilitar a continuidade dos ofícios e práticas culturais[19].

A mobilização dos caiçaras, seja no papel de músicos(as), dançarinos(as), cantores(as) ou feitores(as) dos instrumentos musicais, foi evidentemente facilitada e ampliada com a criação do Museu Vivo do Fandango e, posteriormente, com o registro como forma de expressão, contribuindo para a tessitura das relações sociais de forte componente simbólico na afirmação da identidade dessa comunidade tradicional. Nesse contexto, os diversos encontros promovidos a respeito do fandango caiçara possibilitaram verificar que "os caiçaras começaram a falar sobre eles mesmos, num fenômeno de apropriação de suas identidades, em vários lugares reapareceram grupos de fandango"[20].

Com o registro, os caiçaras passaram a poder contar com variadas possibilidades socioeconômicas ao receberem convites para participar de eventos musicais, oficinas, encontros para trocar informações a respeito de sua profissão e prática cultural, assim como ao verem a localidade habitada receber turistas interessados em vivenciar o fandango caiçara. Nesse contexto, os planos de salvaguarda são fundamentais para promover condições materiais para a continuidade dessa prática agora qualificada como Patrimônio Cultural do Brasil.

Os responsáveis pela elaboração do registro ouviram os caiçaras, enquanto os planos de salvaguarda foram apresentados ao Iphan versando sobre pontos centrais como a realização de encontros para incentivar o espírito do mutirão que acarreta a realização do fandango caiçara; a educação para todos, presente na escola e em oficinas; o reconhecimento do território tradicionalmente ocupado como sendo caiçara para que haja maior espaço para a prática cultural;

---

[19] Documento constante dos autos do processo de registro nº 01450.014268/2008-59 do DPI, p. 22.

[20] Iphan, op. cit., p. 86.

a conciliação do registro com as regras ambientais de acesso e uso da matéria-prima; e a divulgação e produção de bibliografia documental e audiovisual.

A nosso ver, o fandango caiçara é um complexo quebra-cabeça, cujo registro não teve o condão de assegurar outros direitos intrínsecos, relacionados à tangibilidade desse bem cultural imaterial, resultando ineficaz[21].

A proteção jurídica de um bem cultural imaterial suscita interessantes reflexões acerca das bases em que construímos as estruturas de nossas instituições sociais, compartimentalizando responsabilidades e iniciativas na separação conceitual entre natureza e cultura. Esse modelo tem nos levado a produzir políticas públicas culturais na área do patrimônio que não têm visão de conjunto e futuro a longo prazo. Essa afirmação ficou evidente quando examinamos o processo de registro do fandango caiçara, que se preocupou com a intangibilidade do bem cultural imaterial, mas deixou de fora questões relacionadas à sua tangibilidade. Tal é o caso do acesso aos recursos naturais para a confecção dos instrumentos musicais e do reconhecimento do território habitualmente ocupado por caiçaras: sem a resolução dessas questões a manifestação cultural não terá meios de ser praticada com vistas à continuidade e às gerações futuras.

Bens culturais imateriais, a nosso ver, requerem um olhar interdisciplinar que dê conta também dos seus aspectos tangíveis, sendo imprescindível, no âmbito do Estado, o diálogo e a atuação entre instituições de natureza diversa. Falta, ainda, uma legislação sistematizada sobre o patrimônio cultural que leve em consideração a complexidade dos elementos que o compõem com regras claras e factíveis, para evitar que o Brasil continue atuando de forma casuística nessa matéria.

Sabemos que o meio ambiente se constitui tanto pelos elementos naturais quanto pelos culturais. No âmbito jurídico, este entendimento já é há muito tempo pacífico na doutrina especializada. Sabemos também que a natureza está relacionada à própria existência e ao desenvolvimento da vida, sendo indissociável da cultura. Do mesmo modo, a cultura é indissociável da natureza, do ambiente onde se vive e se desenvolvem práticas e representações. E é indiscutível que tangibilidade e intangibilidade estão igualmente presentes: no caso do fandango caiçara, além de seus elementos intangíveis (música, coreografia, poesia e festa), existem ainda elementos tangíveis (instrumentos musicais e território tradicionalmente habitado pelos caiçaras).

Em outras palavras, um bem cultural imaterial, sendo um fato social total, precisa de muito mais do que a atuação do Iphan para efetivamente manter-se como Patrimônio Cultural do Brasil e conferir significado pleno aos seus produtores e detentores, assim como aos seus receptores.

---

[21] Daniele Maia Teixeira Coelho, *op. cit.*

A seguir, examinamos o caminho trilhado para se alcançar o sistema protetivo do patrimônio cultural imaterial de que hoje dispomos, do qual faz parte o registro obtido pelo fandango caiçara. Para tanto, abordamos a questão sob a ótica da luta pela imaterialidade para que o patrimônio cultural imaterial viesse a ser reconhecido como direito humano e passasse a ser garantido pela CF 1988 e pela legislação infraconstitucional brasileira.

O PATRIMÔNIO CULTURAL IMATERIAL SOB A PERSPECTIVA DOS DIREITOS HUMANOS

DIREITOS CULTURAIS E DIREITOS HUMANOS

Hoje é inquestionável que, ao se falar na proteção do meio ambiente, também se esteja referindo à proteção do meio ambiente cultural. Isso ocorre porque, conforme Reisewitz, "a preservação dos recursos ambientais culturais é meio para garantia da sadia qualidade de vida humana"[22], pois, ao protegermos o patrimônio cultural, "estamos exercitando nosso direito à memória, direito do qual depende a nossa sobrevivência histórica"[23].

O patrimônio cultural brasileiro, nos termos do art. 216 da CF 1988, diz respeito às formas de expressão; aos modos de criar, fazer e viver; às criações científicas, artísticas e tecnológicas; às obras, objetos, documentos, edificações e demais espaços destinados às manifestações artístico-culturais; e aos conjuntos urbanos e sítios de valor histórico, paisagístico, artístico, arqueológico, paleontológico, ecológico e científico. Esse patrimônio está inserido no direito ambiental, podendo contar com seu sistema protetivo e com as normas específicas que o protegem como direito cultural.

Não pretendemos discorrer acerca dos direitos humanos e fundamentais, que são objeto de vasta bibliografia. Cabe-nos apenas situar nosso tema: os direitos culturais (como ramo do direito ao meio ambiente), dos quais o patrimônio cultural faz parte, como direitos humanos[24].

---

[22] Lúcia Reisewitz, *Direito ambiental e patrimônio cultural*, São Paulo: Juarez de Oliveira, 2004, p. 63.

[23] *Ibid.*, p. 59.

[24] Soares afirma que "o direito cultural, que reflete o acesso, a divulgação e a fruição dos bens culturais materiais e imateriais, passou a ser, precipuamente, direito de natureza coletiva, abrangendo também interesses difusos" (*Direito ao (do) patrimônio cultural brasileiro*, Belo Horizonte: Fórum, 2009, pp. 75-6). Ainda conforme Soares, "o conteúdo dos direitos culturais se modifica constantemente como resultado da própria dinâmica social: são preservados alguns valores e bens culturais das gerações passadas, os quais se juntam aos agora selecionados por portarem um valor de referência no presente e serem necessários para a fruição imediata da sociedade. O rumo desse processo de interação e fruição cultural é o legado deixado para as gerações futuras" (*ibid.*, p. 71).

As expressões "direitos do homem" (ou "direitos humanos") e "direitos fundamentais" são frequentemente utilizadas como sinônimas. Entretanto, Canotilho explica que

> segundo a sua origem e significado poderíamos distingui-las da seguinte maneira: direitos do homem são direitos válidos para todos os povos e em todos os tempos (dimensão jusnaturalista-universalista); direitos fundamentais são os direitos do homem, jurídico-institucionalmente garantidos e limitados espaço temporalmente. Os direitos do homem arrancariam da própria natureza humana e daí o seu caráter inviolável, intertemporal e universal; os direitos fundamentais seriam os direitos objetivamente vigentes numa ordem jurídica concreta[25].

Silva classificou os direitos fundamentais culturais da seguinte forma[26]: direito de criação cultural; direito de acesso às fontes da cultura nacional; direito de difusão da cultura; liberdade de formas de expressão cultural; liberdade de manifestações culturais; direito-dever estatal de formação do patrimônio cultural brasileiro e de proteção dos bens de cultura.

Seguindo a classificação acima, no caso da comunidade tradicional caiçara, como produtora e detentora do fandango caiçara, os direitos culturais referem-se ao pleno exercício de seu direito de criação cultural, de liberdade de expressão, de se manifestar culturalmente e também de ter asseguradas a proteção e a divulgação de sua criação. Por sua vez, no caso dos receptores, a sociedade em última análise, os direitos culturais dizem respeito ao direito às fontes de cultura, à sua divulgação e à sua proteção como patrimônio cultural nacional.

Na CF 1988, a previsão desses direitos consta do art. 215, sendo dever do Estado garantir a todos o pleno exercício dos direitos culturais e o acesso às fontes da cultura nacional, devendo apoiar a valorização e difusão das manifestações culturais. Essa garantia, no que concerne às formas de expressão como o fandango caiçara, é instrumentalizada por meio de registro como bem cultural imaterial no Iphan.

Quanto ao seu enquadramento nos direitos fundamentais, a doutrina é uníssona nesse sentido em razão da interpretação sistemática dos art. 5º, 215, 216 e 225 da CF 1988, que versam sobre direitos fundamentais individuais e coletivos. Conforme explica Soares:

---

[25] José Joaquim Gomes Canotilho, *Direito constitucional e teoria da constituição*, 6ª ed., Coimbra: Almedina, 2002, p. 393.

[26] José Afonso da Silva, *Curso de direito constitucional positivo*, São Paulo: Malheiros, 1996, p. 303.

> *[...] há a previsão de que os direitos fundamentais não são apenas os indicados nominalmente na Carta, mas também os direitos previstos nos tratados e convenções internacionais que versem sobre a matéria, com a incorporação imediata pelo ordenamento jurídico constitucional, por força do que prescrevem os § 2° e 3° do art. 5° da Constituição*[27].

Comparato traz importante questionamento para a compreensão desses direitos:

> *Mas como reconhecer a vigência efetiva desses direitos (direitos humanos) no meio social, ou seja, seu caráter de obrigatoriedade? É aí que se põe a distinção, elaborada pela doutrina jurídica germânica, entre direitos humanos e direitos fundamentais* (Grundrechte)*. Estes últimos são os direitos humanos reconhecidos como tais pelas autoridades às quais se atribui o poder político de editar normas, tanto no interior dos Estados quanto no plano internacional; são os direitos humanos positivados nas Constituições, nas leis, nos tratados internacionais*[28].

Estando esses bens inseridos no âmbito do meio ambiente cultural, a proteção do patrimônio cultural imaterial é bem jurídico ambiental e cultural, como vimos acima. No entanto, a consideração do aspecto imaterial no próprio conceito de patrimônio cultural não foi imediata. Um caminho de lutas foi necessário para que chegássemos às normas jurídicas de que atualmente dispomos, conforme retratado a seguir, o que possibilitou a proteção de bens culturais imateriais como o fandango caiçara.

A LUTA PELA PROTEÇÃO DA IMATERIALIDADE

Soares, ao tratar dos direitos culturais como direitos humanos, afirma que os direitos humanos "se desenvolvem num processo de acomodação constante para a satisfação humana a partir dos referenciais construídos pela geração presente"[29]. Prossegue a autora:

> *Nesse sentido, Joaquim Herrera Flores: "Os direitos humanos, mais que direitos 'propriamente ditos', são processos; quer dizer, o resultado, sempre provisório, das lutas que os seres humanos põem em prática para poder ascender aos bens necessários para a vida"*[30].

---

[27] Inês Virgínia Prado Soares, *Direito ao (do) patrimônio cultural brasileiro*, Belo Horizonte: Fórum, 2009, p. 110.

[28] Fábio Konder Comparato, *A afirmação dos direitos humanos*, São Paulo: Saraiva, 2003, p. 57.

[29] Inês Virgínia Prado Soares, *op. cit.*, p. 69.

[30] *Ibid.*, p. 70.

Nesse processo de acomodação, algumas decisões foram tomadas na escolha dos referenciais que retratariam a sociedade da época e seus valores. Ainda nas palavras de Soares:

> [...] como direitos humanos, os direitos culturais se desenvolvem numa dinâmica social na qual os instrumentos políticos, jurídicos, sociais, econômicos e culturais são utilizados com a finalidade de garantir o amplo acesso aos bens culturais [...]. Desse modo, os direitos humanos culturais não necessitam somente de uma garantia formal – a sua declaração em Cartas internacionais e nas Constituições –, mas da garantia real, que se revela pelo aparato estabelecido para a sua fruição[31].

O arcabouço legislativo e as políticas públicas patrimoniais culturais são, nesse sentido, responsáveis por conferir a garantia real mencionada pela autora supracitada. Como dito anteriormente, o fandango caiçara foi acautelado pelo instrumento jurídico do registro e agora é Patrimônio Cultural do Brasil. Para que isso fosse possível, houve uma trajetória de lutas para o reconhecimento formal da imaterialidade no âmbito do patrimônio.

No Brasil, a construção de políticas públicas no campo do patrimônio cultural não foi linear. Calabre[32] aponta o ano de 1930[33] como marco inicial das políticas culturais em razão das transformações ocorridas na vida social e política como a urbanização crescente: "iniciou-se a transição de um modelo de Estado agrário-exportador para um modelo urbano-industrial, que foi consolidado na década de 1950 [...]"[34].

Mário de Andrade e Aloísio Magalhães são nomes bastante conhecidos quando o assunto é patrimônio cultural imaterial. Na literatura especializada, fase retratada como inovadora[35] e intensa foi a de Mário de Andrade no comando do Departamento de Cultura e Recreação da Cidade de São Paulo, em 1934. Ali se deu importância à capacitação dos profissionais que comporiam o referido departamento e se objetivava ampliar o acesso a e a fruição dos bens culturais. Além disso, a Mário de

---

[31] Ibid.

[32] Lia Calabre, *Políticas culturais no Brasil dos anos 1930 ao século XXI*, Rio de Janeiro: Editora FGV, 2009, p. 17.

[33] Exemplos de iniciativas: criação do Conselho Nacional de Educação (1931), do Ministério da Educação e da Saúde (MES), da Inspetoria dos Monumentos Nacionais (1934) e do Conselho Nacional de Cultura (1938). Nas palavras de Calabre, "pela primeira vez, surgiram na legislação do MES referências ao campo da cultura" (*op. cit.*, 2009, p. 17). Em 1953, criou-se o Ministério de Educação e Cultura (MEC) com a cisão do então MES, uma vez que a saúde ganhou um ministério próprio.

[34] Lia Calabre, *op. cit.*, p. 15.

[35] "Pode parecer surpreendente que uma experiência municipal seja reivindicada como inauguradora num panorama histórico acerca das políticas culturais nacionais. Acontece que ela [...] transcende em muito as fronteiras paulistanas", comenta Rubim (*Políticas culturais*, Salvador: EdUFBa, 2012, p. 31).

Andrade foi solicitado um anteprojeto para organizar a área cultural nacional. Em 1935, a preocupação do governo estava profundamente influenciada pelo "sentimento de perda cultural" advindo da Revolução Francesa, quando os bens saíram das mãos da nobreza e do clero e se temia por sua destruição completa[36].

De acordo com Abreu[37], no meio desse sentimento patriótico desenvolveu-se "a concepção de bem comum e, ainda, de que alguns bens formam a riqueza material e moral do conjunto da nação". Mário de Andrade foi além da preocupação com edificações e monumentos imperante na França e entregou proposta que contemplava também rituais, festas, danças, jogos, cerimônias, hábitos, modos de fazer e formas de expressão que fazem parte do cotidiano e compõem a cultura brasileira. No entanto, foi necessário o transcurso de muitas décadas para que suas ideias aparecessem no nosso sistema protetivo.

Os autores que já se debruçaram sobre esse período histórico afirmam que alguns fatores levaram à não implementação do esboço traçado por Mário de Andrade, sendo os mais citados os de ordem orçamentária (diz-se que não havia verbas suficientes nem quadro capacitado), jurídica (argumentava-se que não havia instrumento jurídico de proteção para os bens imateriais) e política (sabe-se que as autoridades brasileiras buscavam unificar o país com o que chamavam de "cultura nacional oficial", rechaçando muitos componentes populares indicados por ele).

O anteprojeto aprovado contou com sugestões de Rodrigo Melo Franco de Andrade (tais como a inclusão da letra "H" à sigla do órgão, tornando-o Serviço do Patrimônio Histórico e Artístico Nacional – Sphan) e ignorou boa parte das propostas de Mário de Andrade. Assim, atrelado ao Ministério da Educação, em 1937, foi criado o Sphan e inaugurou-se a previsão legislativa com o instrumento do tombamento, por meio do Decreto-Lei nº 25/1937, de bens culturais materiais.

Como escolha a respeito da política pública a ser seguida, optou-se por identificar o que seria culturalmente aceito como brasileiro e neste contexto não houve espaço para o imaterial[38]. Segundo Rubim, o Sphan "opta pela preservação do patrimônio de pedra e cal, de cultura branca, de estética barroca e teor monumental. Em geral: igrejas católicas, fortes e palácios do período colonial"[39].

---

[36] A França foi precursora na adoção das noções de autenticidade e permanência entre os países ocidentais, tendo sido pioneira na escolha do instrumento jurídico aplicável, o *classement*, semelhante ao tombamento, adotado pelo Brasil em 1937.

[37] Regina Abreu, "A emergência do patrimônio genético", em: Regina Abreu e Mário Chagas (org.), *Memória e patrimônio*, Rio de Janeiro: Lamparina, 2009, p. 35.

[38] Funcionários do Sphan consideravam-se eleitos, chamados para a missão de "encontrar a cara do Brasil". Segundo Oliveira, eles buscavam respostas: "existe ou não uma tradição brasileira […]? Passaram a reler o Brasil, sua cultura, como uma manifestação estética e histórica da coletividade […]. Situaram no barroco a origem" (*Cultura é patrimônio*, Rio de Janeiro: Editora FGV, 2008, p. 123).

[39] Antônio Rubim e Renata Rocha, *Políticas culturais*, Salvador: EdUFBa, 2012, p. 32.

Na definição de patrimônio dada pelo Decreto-Lei n° 25/1937[40], percebe-se que a sugestão de Mário de Andrade foi ignorada, mas sua contribuição é inegável na política pública implementada a partir da década de 1930, que "redescobriu" o Brasil por meio da atribuição de importância às suas cidades históricas, bem como na posterior inclusão de bens imateriais ao conceito de patrimônio cultural, o que veio a acontecer somente na CF 1988[41].

Seguimos, assim, a prática ocidental perpetrada pela França, que fundou sua lógica de preservação de bens culturais materiais nas noções de autenticidade e permanência, "conduzindo à criação de instrumentos voltados para a proteção, guarda e conservação dos bens patrimoniais, pelo tempo mais longo e da forma mais íntegra possível"[42].

A literatura do patrimônio ressalta que o Sphan contou com a contribuição de muitos intelectuais de diversas formações e produziu importantes etnografias, mas que passou por períodos difíceis pela falta de verba e pela discordância da elite que integrava a sociedade. Assim, o órgão aderiu cada vez mais à cultura estrangeira, rechaçando o folclore brasileiro.

Conforme Andrade, em publicação original de 1944:

> *Em resumo: o folclore no Brasil, ainda não é verdadeiramente concebido como um processo de conhecimento. Na maioria das suas manifestações, é antes uma forma burguesa de prazer (leituras agradáveis, audições de passatempo) que consiste em aproveitar exclusivamente as "artes" folclóricas, no que elas podem apresentar de bonito para as classes superiores. Na verdade este "folclore" que conta em livros e revistas ou canta no rádio e no disco, as*

---

[40] "Conjunto dos bens móveis e imóveis existentes no país e cuja conservação seja de interesse público, quer por sua vinculação a fatos memoráveis da história do Brasil, quer por seu excepcional valor arqueológico ou etnográfico, bibliográfico ou artístico". O Decreto-Lei n° 25/1937, no entanto, incorporou a limitação prevista na CF 1934 quanto ao direito de propriedade, que deixou de ser absoluto. Tal mudança demonstra a presença do Estado no universo da cultura e a necessidade de se ponderar o direito de propriedade diante de direitos culturais.

[41] Porém ainda mais louvável foi sua iniciativa: mesmo diante da "derrota" de seu anteprojeto, inventariou, documentou, fotografou e filmou pelo Norte e Nordeste manifestações culturais tidas na ocasião como menos representativas da nação.

[42] Márcia Sant'anna, "A face imaterial do patrimônio cultural", em: Regina Abreu e Mário Chagas (org.), *op. cit.*, p. 51. Em contrapartida, desde 1950 o Japão possui legislação para conservar e transmitir as manifestações culturais, incentivando as pessoas a manterem viva a tradição ("Patrimônio imaterial", *Tempo Brasileiro*, n° 147, 2001, pp. 152-3). Ainda conforme a supracitada autora, "no mundo oriental, os objetos jamais foram vistos como os principais depositários da tradição cultural. A permanência no tempo das expressões materiais dessas tradições não é o aspecto mais importante, e sim o conhecimento necessário para reproduzi-las. Nesses países, em suma, mais relevante do que conservar um objeto como testemunho de um processo histórico e cultural passado é preservar e transmitir o saber que o produz, permitindo a vivência da tradição no presente" ("A face imaterial do patrimônio cultural", *op. cit.*, p. 52).

anedotas, os costumes curiosos, as superstições pueris, as músicas e os poemas tradicionais do povo, mais se assemelha a um processo de superiorização social das classes burguesas[43].

"Foi o movimento intelectual do Romantismo que chamou a atenção dos escritores brasileiros para as manifestações tradicionais populares e provocou as primeiras colheitas sistemáticas de documentos", segundo Andrade[44].

Terminada a Segunda Guerra Mundial, em 1945, foi criada a Unesco. Como desde a Revolução Francesa imperava a ideia de que as nações dispunham de patrimônios, o cenário de destruição do pós-guerra aumentou a preocupação com sua proteção e fez surgir o entendimento de que as nações poderiam se aproximar na celebração da paz por meio do enaltecimento do patrimônio cultural e da necessidade de respeitar a diversidade entre os povos.

Abreu menciona que, quando da criação da Unesco, o conceito de cultura começou a sofrer influência da antropologia:

Uma nova questão que tomou vulto naquele momento foi sobre o conceito antropológico de cultura. Contrapondo-se às tendências racistas que haviam desencadeado a guerra que acabara de acontecer, o conceito antropológico de cultura foi apropriado como antídoto aos conflitos entre os povos. [...]

O antropólogo Claude Lévi-Strauss [...] chamou a atenção para o fato de que o relacionamento entre as culturas seria a forma mais positiva de atualizar o ideário da igualdade dos homens, em suas realizações particulares. Delineava-se a ideia de que havia um patrimônio cultural a ser preservado e que incluía não apenas a história e a arte de cada país, mas o conjunto de realizações humanas em suas mais diversas expressões. A noção de cultura incluía hábitos, costumes, tradições, crenças; enfim, um acervo de realizações materiais, e imateriais, da vida em sociedade. Duas concepções afirmaram-se: em primeiro lugar, a de que mesmo no interior do contexto nacional existiam culturas diversas e plurais [...]; em segundo, a noção de que a cultura congregava bens materiais e imateriais ou intangíveis[45].

---

[43] Mário de Andrade, "Folclore", em: Rubens Borba de Morais e Willian Berrien (dir.), *Manual bibliográfico de estudos brasileiros*, Brasília: Senado Federal, 1998, p. 423.

[44] *Ibid.*

[45] Regina Abreu, "A emergência do patrimônio genético", em: Regina Abreu e Mário Chagas (org.), *op. cit.*, p. 37.

No mesmo sentido, Sant'anna[46] demonstra que, somente após o término da Segunda Guerra Mundial, se começou a deixar de lado, por influência dos países orientais e em desenvolvimento (liderados pela Bolívia), a noção de patrimônio cultural calcado apenas em bens corpóreos para se pensar nos processos e nas práticas como bens patrimoniais em si.

Assim, a diversidade cultural das nações passou a ser vista como potencial geradora de paz e de compreensão entre os povos. No Brasil, a década de 1950 trouxe uma série de iniciativas ainda em "busca da tradição nacional", enquanto no plano cultural o estudo do folclore foi marcante e contou com nomes como Câmara Cascudo, Cecília Meireles e Gilberto Freyre, sucessores dos pioneiros Sílvio Romero, Amadeu Amaral e Mário de Andrade[47]. O Movimento Folclórico (1947-64), como ficou conhecido pela tomada de múltiplas decisões da Comissão Nacional de Folclore[48], tinha como bandeira a alegação de que "os elementos culturais autênticos da nação estariam seriamente ameaçados pelo avanço da industrialização e pela modernização da sociedade"[49].

Segundo Cavalcanti e Vilhena[50], o Congresso Brasileiro do Folclore, realizado em 1951, produziu importante documento: a Carta do Folclore Brasileiro, que almejava

> *realizar um mapa folclórico do país, realizar missões assistenciais nos locais de romaria, organizar grupos de pesquisas nas universidades, escolas normais e colégios, incluir canções folclóricas nos programas escolares e sensibilizar o governo no sentido da criação de um órgão estatal de defesa do folclore*[51].

Com a busca pelo rigor científico e a transformação do folclorista e das pesquisas por ele realizadas em produções mais etnográficas, vários pesquisadores deslocaram-se para diferentes localidades do país onde se poderia "encontrar"

---

[46] Márcia Sant'anna, "A face imaterial do patrimônio cultural", em: Regina Abreu e Mário Chagas (org.), *op. cit.*, p. 51.

[47] Maria Laura Cavalcanti, "Entendendo o folclore", Rio de Janeiro, 2002, p. 1. Segundo a autora, "os estudos de folclore são parte de uma corrente de pensamento mundial, cuja origem remonta à Europa da segunda metade do século XIX. Ao mesmo tempo em que procuravam inovar, esses estudos são herdeiros de duas tradições intelectuais que se ocupavam anteriormente da pesquisa do popular: os Antiquários e o Romantismo" (*op. cit.*, p. 1).

[48] Exemplo foi o lançamento da Campanha de Defesa do Folclore Brasileiro, em 1958, no MEC. Em 1979, a Campanha foi incorporada à Fundação Nacional de Folclore, que se transformou em Instituto Nacional do Folclore.

[49] Maria Laura Cavalcanti, "Cultura e saber do povo", *Tempo Brasileiro*, n° 147, 2001, p. 71.

[50] Maria Laura Cavalcanti e Luís Rodolfo Vilhena, "Traçando fronteiras: Florestan Fernandes e a marginalização do folclore", *Estudos Históricos*, v. 3, n° 5, 1990, p. 80.

[51] Por ocasião do VIII Congresso Brasileiro de Folclore (1995), realizado na Bahia, o texto original da carta foi ampliado para condizer com a atualidade.

o folclore brasileiro. Vários estudos regionais específicos foram produzidos, inclusive, a respeito do fandango caiçara[52].

O Brasil corrobora o que vinha sendo cunhado internacionalmente: o "folclore é um instrumento de compreensão entre os povos, compreensão esta que [...] se dá através de uma ênfase no particular, permitindo a construção de identidades diferenciadas entre os povos"[53]. Conforme Cavalcanti, as festas populares foram o tema principal de ação do Movimento Folclórico porque "expressavam a cultura popular como um todo integrado, inseparável da vida cotidiana. Eram o folclore em ação, aberto e contraditório, ligado ao passado e continuamente adaptado ao presente"[54].

Como sabemos, a partir de 1964 a ditadura militar aumentou paulatinamente o controle dos meios de comunicação, a censura e a repressão, permeando seus atos com violência e prisões. Só verificamos mudanças nesse cenário a partir de 1974, quando o país passou a contar com um Plano Nacional de Cultura (1975) e com a criação de instituições voltadas para políticas culturais[55].

Apesar disso, no plano internacional, o ano de 1964 foi relevante pela assinatura da Carta de Veneza. Sua importância está retratada, de acordo com Sant'anna[56], no seu art. 1º: "a noção de monumento histórico se estende 'não só às grandes criações, mas também às obras modestas, que tenham adquirido, com o tempo, significação cultural'". Posteriormente, a Convenção para a Proteção do Patrimônio Mundial, Cultural e Natural, de 1972, foi assinada por vários países. Ela é considerada um importante marco para o começo do desenho mais concreto de uma nova realidade, baseada na preservação de práticas culturais populares e decorrente das críticas lançadas contra a concepção de patrimônio histórico e artístico de valor excepcional e monumental que apenas considerava os bens materiais.

Aloísio Magalhães destacou-se nessa fase por ter conseguido engendrar mudanças institucionais com seus pensamentos e ações em pleno regime militar. Almejando a ampliação do conceito de patrimônio cultural, conseguiu que rompêssemos com a visão elitista, incorporando bens anteriormente tidos como "não consagrados" (expressão por ele cunhada), advindos de classes e grupos

---

[52] Neste contexto, os trabalhos de Alceu Maynard de Araújo, no interior e no litoral do estado de São Paulo, e de Fernando Corrêa de Azevedo, Rosellys Roderjan e Inami Custódio Pinto, no Paraná, destacam-se (Iphan, *Fandango caiçara: expressões de um sistema cultural*, 2011, pp. 28-9).

[53] Maria Laura Cavalcanti e Luís Rodolfo Vilhena, "Traçando fronteiras: Florestan Fernandes e a marginalização do folclore", *Estudos Históricos*, v. 3, nº 5, 1990, p. 76.

[54] Maria Laura Cavalcanti, "Cultura e saber do povo", *Tempo Brasileiro*, nº 147, 2001, p. 72.

[55] Antônio Rubim e Renata Rocha, *op. cit.*, p. 35.

[56] Márcia Sant'anna, "Patrimônio imaterial", *Tempo Brasileiro*, nº 147, 2001, p. 153.

populares. Em 1973 criou o Programa de Cidades Históricas; em 1975, o Centro Nacional de Referência Cultural; e, em 1979, a Fundação Nacional Pró-Memória (FNPM). Após sua morte, foi criado o MinC, em 1985. "Um dos grandes feitos de Aloísio Magalhães, já como presidente da FNPM, e depois como Secretário da Cultura do MEC, foi a ampliação da atuação do Estado em relação ao patrimônio não consagrado, vinculado às culturas populares, às culturas indígenas, e aos cultos afro-brasileiros. Essa orientação levou ao tombamento, nos anos 1980, da serra da Barriga, em Alagoas, onde se localizavam os quilombos de Zumbi, e do terreiro da Casa Branca, um dos mais importantes, antigos e atuantes centros de atividade do candomblé baiano"[57].

Nas décadas de 1970 e 1980, vários encontros no México reivindicaram que se pensasse a respeito das "expressões populares de valor tradicional" e se propusesse um instrumento internacional para sua proteção[58]. Decorrem daí as Recomendações sobre a Salvaguarda da Cultura Tradicional e Popular, de 1989, da Unesco. O Brasil, por meio da CF 1988, já estabelecia a proteção de bens culturais de natureza imaterial:

> [...] cada testemunho material não é mais, portanto, considerado isoladamente, mas em seu contexto e na compreensão das múltiplas relações que mantém de modo recíproco com seu ambiente físico – cultural e natural – e não físico. Os elementos do patrimônio físico aparecem, juntamente com seu ambiente, sempre como suporte de saberes, de práticas e de crenças; eles organizam uma "paisagem" vivida pela comunidade e participam de sua identidade[59].

As lutas travadas por Mário de Andrade e Aloísio Magalhães na construção de um patrimônio cultural amplo, que englobasse bens culturais materiais e imateriais, estão hoje consolidadas no já transcrito art. 216 da CF 1988[60]. Estas lutas

---

[57] Iphan, *Os sambas, as rodas, os bumbas, os meus e os bois*, Brasília: MinC/Iphan, 2010, p. 14.

[58] Márcia Sant'anna, *op. cit.*, pp. 153-4. E também: "não se menciona ainda a expressão 'patrimônio imaterial ou intangível'. O conceito de cultura tradicional e popular toma seu lugar, indicando que na preservação desse patrimônio estão em jogo – como em qualquer outro – aspectos materiais e imateriais" (*op. cit.*, p. 154).

[59] Claude Lévi-Strauss, "Patrimônio imaterial e diversidade cultural: o novo decreto para a proteção dos bens imateriais", *Tempo Brasileiro*, nº 147, 2001, p. 24. O antropólogo ainda comenta que "essa reflexão foi feita no âmbito da própria Unesco, ao longo da implantação da Convenção de 1972. A Lista do Patrimônio Mundial mostra, de fato, desproporção cada vez mais acentuada em favor da Europa, da cristandade, das cidades antigas, dos 'grandes' monumentos, das 'grandes' civilizações e dos períodos históricos, em detrimento das culturas e das espiritualidades não-europeias e, de modo geral, dos patrimônios de todas as culturas vivas, especialmente daquelas sociedades ditas 'tradicionais'" (*op. cit.*, pp. 24-5).

[60] Os anos seguintes foram de retrocesso no plano cultural, pois o governo do presidente Fernando Collor extinguiu a Fundação Nacional Pró-Memória e o Iphan, deixando em seu lugar o Instituto Brasileiro do Patrimônio Cultural (IBPC), até o governo do presidente Itamar Franco retomar a sigla Iphan.

tiveram papel fundamental na construção e evolução de nossas políticas públicas voltadas para o patrimônio cultural. Mas é interessante notar que, mesmo diante de todo o cenário internacional e nacional descrito acima, somente em 1997, com a realização pelo Iphan de um seminário, em Fortaleza, para tratar da instrumentalização das formas de preservação, é que se chegou a ações mais concretas de proteção, como a criação pelo MinC de uma Comissão Interinstitucional e de um Grupo de Trabalho Patrimônio Imaterial, que resultou na redação do já comentado Decreto nº 3.551/2000.

A Unesco, por sua vez, tomou várias medidas nesse sentido: adotou o Programa de Proclamação das Obras-Primas do Patrimônio Oral e Imaterial da Humanidade (1997-2005), que "selecionou, por meio de um júri internacional, espaços e expressões de excepcional importância, dentre candidaturas oferecidas pelos países"[61]; promoveu a Conferência Internacional de Washington, em 1999, para retomar a importância dos agentes envolvidos no patrimônio cultural; elaborou a Declaração Universal sobre a Diversidade Cultural, em 2001; a Declaração de Istambul, em 2002; a Convenção para a Salvaguarda do Patrimônio Cultural Imaterial, em 2003; e a Convenção sobre a Proteção e Promoção da Diversidade das Expressões Culturais, em 2005.

A Convenção para a Salvaguarda do Patrimônio Cultural Imaterial, da qual o Brasil também é signatário, fez menção abrangente ao que se deve entender por patrimônio cultural imaterial, demonstrando ter absorvido todas as reivindicações feitas pelas nações a respeito da proteção mais adequada: não só as práticas, representações e expressões em si, mas também os instrumentos, objetos, artefatos e lugares culturais que lhes são associados e que as comunidades, os grupos e os indivíduos reconhecem como parte integrante de seu patrimônio cultural[62].

De acordo com a Convenção sobre a Proteção e Promoção da Diversidade das Expressões Culturais, também ratificada pelo Brasil, diversidade cultural

> *refere-se à multiplicidade de formas pelas quais as culturas dos grupos e sociedades encontram sua expressão. Tais expressões são transmitidas entre e dentro dos grupos e sociedades. A diversidade cultural se manifesta não apenas nas variadas formas pelas quais se expressa, se enriquece e se transmite o patrimônio cultural da humanidade mediante a variedade das expressões culturais, mas também através dos diversos modos de criação, produção,*

---

[61] Representação da Unesco no Brasil, "Patrimônio cultural imaterial". Disponível em: <www.unesco.org/new/pt/brasilia/culture/world-heritage/intangible-heritage>. Acesso em: 14 jul. 2015.

[62] As medidas de salvaguarda sugeridas são a "identificação, documentação, investigação, preservação, proteção, promoção, valorização, transmissão", nos termos do art. 2º, § 3º.

difusão, distribuição e fruição das expressões culturais, quaisquer que sejam os meios e tecnologias empregados (art. 4°, item 1).

E "expressões culturais são aquelas expressões que resultam da criatividade de indivíduos, grupos e sociedades e que possuem conteúdo cultural" (art. 4°, item 3 da Convenção), sendo que este "refere-se ao caráter simbólico, dimensão artística e valores culturais que têm por origem ou expressam identidades culturais" (art. 4°, item 2 da Convenção).

A "retórica da perda" e a busca pela identidade brasileira, como vimos anteriormente, foram responsáveis pelos primeiros passos em direção à proteção jurídica de bens culturais. A ampliação do conceito e, consequentemente, das medidas legislativas deve-se aos esforços de pessoas como Mário de Andrade e Aloísio Magalhães. Mesmo fazendo parte do importante grupo de intelectuais, gestores culturais e formadores de opinião da época, eles não se preocuparam apenas com bens culturais escolhidos pela elite. No âmbito interno, portanto, a ampliação do conceito de patrimônio cultural hoje disposto na CF 1988 tem origem nas lutas travadas por ambos.

CONSIDERAÇÕES FINAIS

Seja material ou imaterial, para que o bem cultural receba proteção jurídica e possa ser considerado Patrimônio Cultural do Brasil, deve dizer respeito à memória, à identidade, à ação dos diferentes grupos formadores da sociedade brasileira. Foi por cumprir com esses ditames que o fandango caiçara foi registrado pelo Iphan no Livro das Formas de Expressão.

Para que continue como prática cultural, essa forma de expressão, que já goza da garantia formal de proteção jurídica, necessita que os planos de salvaguarda elaborados pelos gestores culturais junto à comunidade tradicional caiçara sejam cumpridos para que tal garantia se torne realmente válida.

Uma vez obtido o registro, portanto, cabe à comunidade geri-lo e cobrar do Poder Público o cumprimento de suas obrigações constitucionais de documentação, apoio, divulgação, promoção e fomento para que o fandango caiçara se mantenha como referência cultural e possa cada vez mais reforçar a identidade da comunidade tradicional caiçara às gerações futuras[63].

Conforme Cavalcanti e Fonseca:

---

[63] Antônio Carlos Diegues e Daniele Maia Teixeira Coelho, "O fandango caiçara como forma de expressão do patrimônio cultural do Brasil", *Iluminuras*, v. 14, n° 34, 2013.

[...] a noção de patrimônio cultural imaterial vem, portanto, dar grande visibilidade ao problema da incorporação de amplo e diverso conjunto de processos culturais – seus agentes, suas criações, seus públicos, seus problemas e necessidades peculiares – nas políticas públicas relacionadas à cultura e nas referências de memória e de identidade que o país produz para si mesmo em diálogo com as demais nações[64].

Dessa forma, o valor cultural nacional, que é aquele construído historicamente pelo Brasil como identitário da nação como um todo, seguindo a tradição francesa e objeto das medidas legislativas e administrativas do Estado, deve ceder espaço ao valor cultural do grupo formador da sociedade, no caso em questão, da comunidade tradicional caiçara, para que se efetive plenamente como forma de expressão, direito cultural e direito humano.

---

[64] Maria Laura Cavalcanti e Maria Cecília Fonseca, *Patrimônio imaterial no Brasil*, Brasília: Unesco/Educarte, 2008, p. 12.

ESTATUTO DA CIDADE, PLANO DIRETOR E ZONEAMENTO URBANO COMO INSTRUMENTOS DE PROTEÇÃO DOS BENS CULTURAIS[1]

- Flávio Ahmed -

O PATRIMÔNIO CULTURAL NO ÂMBITO DAS CIDADES

A noção de patrimônio cultural desenvolve-se primordialmente e de forma mais pujante no âmbito da ocupação humana na urbe. É na eclética vida nas cidades que o homem irá produzir artefatos, objetos (suntuosos ou não), arte, que merecerão, por parte da coletividade, a atribuição de valores, de significado especial. O patrimônio cultural não se resume ao aspecto monumental, não se limita aos atributos artísticos do que quer que seja, um prédio, uma canção, um filme, mas adquire importância por carregar em si valores que traduzem o que é significativo para a população e digno, portanto, de ser preservado.

Assim, o que nos parece evidente é que, quando se tomba uma igreja centenária, o que se quer preservar não é o bem em si, mas os valores que a construção consagra. Por isso não nos parece exagerado afirmar que qualquer movimento para preservar a cultura será sempre direcionado a seu aspecto imaterial, valorativo. Do mesmo modo o registro de uma manifestação cultural é realizado pelo que ela significa como valor não só para a comunidade, mas para todos os cidadãos.

As cidades são o palco da circulação humana, onde o homem – como afirma Celso Fiorillo – realiza o trinômio vida-trabalho-consumo[2]. A história das cidades representa também a história de sua distribuição espacial, sendo tal distribuição espacial a construção da própria identidade, de suas distorções, de suas diferenças, de formas de afirmação de grupos e de indivíduos, daí sua especial relevância quando o tema são direitos humanos.

Não podemos falar em meio ambiente cultural sem falar em meio ambiente construído, posto que a própria edificação das cidades implica escolhas que

---

[1] Versão adaptada de texto originalmente publicado em: Flávio Ahmed, *Direitos culturais e cidadania ambiental no cotidiano das cidades*, Rio de Janeiro: Editora Lumen Juris, 2014.

[2] Celso Antônio Pacheco Fiorillo, *Estatuto da Cidade comentado*, 2ª ed., São Paulo: RT, 2005, p. 118.

também traduzem opções culturais, as quais são concebidas no seu aspecto macro. Do mesmo modo, o exercício dos chamados direitos culturais projetados na fruição de bens culturais de consumo indispensáveis à sadia qualidade de vida (como filmes, peças teatrais, esportes) não é possível se a cidade, em sua distribuição espacial, não for propícia a tal aspiração.

Assim, em primeiro lugar, cabe marcar algumas diferenciações para compreendermos o estatuto dos direitos culturais no âmbito das cidades como direito humano fundamental. O patrimônio cultural não se relaciona exclusivamente com monumentos, mas possui um espectro alargado.

Em segundo lugar, o patrimônio cultural prescinde de valoração estatal, embora o reconhecimento pelo Estado seja essencial para assegurar sua proteção através da tutela administrativa em que se fundamentam os instrumentos de proteção.

Em terceiro lugar, a definição de meio ambiente cultural abrange o patrimônio cultural, mas a ele não se limita, uma vez que envolve a circulação de bens simbólicos e sua produção, bens esses que se revelam essenciais à sadia qualidade de vida da população.

É nesse contexto que podemos afirmar que os direitos culturais são exercidos no âmbito da cidade de forma ampla sem conceituação restrita, mas se projeta em objetos que possuem, do ponto de vista simbólico, valor imaterial para que o indivíduo se realize como pessoa humana. Realizada essa breve introdução, abordaremos itens essenciais para a compreensão da matriz propulsora desses direitos no âmbito do direito da cidade, que não pode prescindir da garantia de sustentabilidade.

Já tivemos a oportunidade de, em outro trabalho, discorrer sobre a questão do território, da cidade e do meio ambiente cultural[3], estabelecendo a relação entre eles para uma interpretação da definição do direito à cidade. Não nos alongaremos em tal questão, indicando tal trabalho ao leitor que pretenda obter uma abordagem mais detalhada. Mas não podemos deixar de apresentar aqui alguns conceitos que envolvem tal problemática como requisito para a compreensão de nossa abordagem dos instrumentos legais aptos a salvaguardar os bens culturais e do exercício dos direitos sobre eles do ponto de vista da espacialidade no âmbito das cidades.

MEIO AMBIENTE URBANO, TERRITÓRIO E CULTURA

Falar em meio ambiente artificial ou construído é falar em cultura. E falar em cidades e direito à cidade significa articular habitantes e seus direitos à

---

[3] Flávio Ahmed, "Cultura e espaço urbano no direito das cidades", em: Ronaldo Coutinho e Luigi Bonizzato (coord.), *Direito da cidade*, 2ª ed., Rio de Janeiro: Lumen Juris, 2011.

porção do território com seus usos espaciais, físicos e simbólicos. Debater hoje sobre cultura, exercício de direitos culturais e política cultural diz respeito ao estudo e à visualização dos mecanismos de apropriação simbólica e ao uso de espaços mediante a forma de ocupação de territórios, e de espaços.

Segundo assinala José Afonso da Silva, "cada civilização, ao expandir-se – a partir de certos centros metropolitanos – difunde-se sobre uma área, organizando-a como seu território de dominação político-econômica e de influenciação cultural"[4]. Assim, sob tal perspectiva a análise passa também pela aferição de como forças que emergem do poder político partidário – considerando aqueles investidos de mandato e que falam em nome da população que geralmente não é ouvida – se articulam do ponto de vista da gestão da coisa pública para torná-la menos pública. A ruptura de laços sociais que possibilitam o convívio comunal e a construção de identidades a partir de referenciais estranhos agem como forma de expropriação de conteúdos simbólicos relevantes que se transformam em obras, em produção cultural material e imaterial, testemunho das gerações presentes para as futuras.

Falar, portanto, em direito não só ao patrimônio cultural, mas também ao meio ambiente cultural significa articular não só o respeito ao passado, mas ainda: vocacionar condições espaciais para que o pleno exercício dos direitos culturais forje um testemunho de uma época rica para o futuro. Uma concepção jurídica da matéria reclama, portanto, a pontuação de certas questões.

Quis o legislador constitucional, numa vocação democrática avançada, albergar não apenas a noção de monumentalidade já consagrada pelo nosso ordenamento jurídico, mas expandir suas fronteiras. Essa expansão se deu basicamente em várias frentes. Numa visão inicial, surge uma ampla noção de patrimônio cultural em vetores que apontam para direções distintas, mas se relacionam fornecendo um mosaico do que pode firmar nossa compreensão jurídica da cultura. Dela emerge o dever do Estado de assegurar o exercício dos direitos culturais, mas também o acesso, o incentivo, a valorização e a difusão. Quando se fala em Estado, está se referindo à União, aos estados e aos municípios. O dever do Estado há de albergar o paradigma multicultural traçado no texto constitucional.

A Constituição afirma-se, portanto, como instrumento protetor de um acervo que se criou pelos valores nele embutidos (art. 216) e pelo que representa para as gerações futuras, mas significa também uma alforria para o presente sob uma perspectiva de afirmação de valores essenciais à sadia qualidade de vida, que se consubstanciam por meio de práticas que devem ser diárias e cotidianas e para as quais se exigem condições específicas para que tais exercícios possam se realizar de forma plena.

---

[4] José Afonso da Silva, *Ordenação constitucional da cultura*, São Paulo: Malheiros, 2001, p. 38.

DIREITO À CIDADE COMO PRODUÇÃO DE ESPAÇOS - FÍSICOS E SIMBÓLICOS

Caminhamos, assim, para outro ponto central; é da possibilidade de construção de novos espaços que estamos falando, espaços simbólicos, físicos e que se revelam como objeto e instrumento da realização de uma sociedade que, ao menos do ponto de vista legal, aspirou a uma construção alicerçada em valores culturais e ideais de participação como base para realizações coletivas e como instrumento de transformação individual.

Além de todos os aspectos jurídicos relacionados ao bem ambiental cultural, a cidade submeteu-se, a partir da CF 1988 e com a regulamentação dos art. 182 e 183 por meio da edição do Estatuto da Cidade, a uma nova disciplina jurídica, enquadrando-se na categoria de bem ambiental, assumindo a natureza jurídica de bem de uso comum do povo. Deve, pois, ser interpretada à luz dos fundamentos constitucionais da dignidade da pessoa humana, vinculando-se a execução da política urbana ao conceito de sadia qualidade de vida. Como bem lembra Celso Fiorillo, "a propriedade urbana assume a feição de bem ambiental"[5], deixando de ser considerada no seu aspecto puramente material, mas se vinculando de forma radical à dignidade da pessoa humana como fundamento do Estado democrático de direito, plural. Na qualidade de bem ambiental, resta, portanto, superada a tradicional dicotomia bem público/bem privado.

Por certo que essa perspectiva empalidece o aspecto administrativo que matizou o município como unidade territorial em que o poder público gere os espaços públicos, enquanto os particulares administram o espaço privado. Assim, os bens públicos e privados passaram a se submeter à sua função social, que, no âmbito do Estatuto da Cidade, deve ser definida e esquadrinhada pelo Plano Diretor, conforme veremos.

Esses pressupostos legais contemplam no cenário da cidade a gestão e a participação popular, além de uma noção de dinâmica territorial já antevista por Milton Santos ao salientar que "num território, quando ele é analisado a partir da dinâmica social, ele é perceptível pelas coisas que são fixas e pelas que se movimentam. As coisas que se movimentam é que dão valor às que são fixas. Para entender a vida no território ou a vida nacional, é preciso jogar com os dois"[6]. Portanto, enquanto a noção de território assume feição dinâmica, a de espaço ganha ares específicos e os lugares assumem papel importantíssimo como signos de pertencimento e de realização social.

---

[5] Celso Antônio Pacheco Fiorillo, "Direito ambiental tributário como instrumento de defesa de cidades sustentáveis no Brasil", em: Edis Milaré (org.), *A Ação Civil Pública após 20 anos*, São Paulo: RT, 2005, p. 103.

[6] Milton Santos, *O Brasil: território e sociedade no início do século XXI*, Rio de Janeiro: Editora Record, s.d.

Nesse sentido torna-se necessário investigar a relação espaço/cultura, que ganha relevo como elemento afirmador da cidadania e como instrumento de emancipação. Para tanto, recorremos a Lefebvre, que assim conceitua:

> *O espaço é político e ideológico. É uma representação literalmente povoada de ideologia. Existe uma ideologia do espaço. Por quê? Porque esse espaço, que parece homogêneo, que parece dado uma vez na sua objetividade, na sua forma pura, tal como o constatamos é um produto social. A produção do espaço não pode ser comparada à produção deste ou daquele objeto particular, desta ou daquela mercadoria. E, no entanto, existem relações entre a produção das coisas e a produção do espaço. Essa se vincula a grupos particulares que se apropriam do espaço para geri-lo, para explorá-lo. O espaço é um produto da História, com algo outro e algo mais do que história no sentido clássico do termo*[7].

A categoria espaço não abrange, por sua vez, apenas o físico (que compreende a noção de território), mas envolve também o simbólico, representações de espaço e espaços de representação (como invoca Lefebvre), os virtuais (que se estabelecem na internet, intensificando-se as relações à distância), alargando a dimensão exclusivamente material do tema. Ou seja, o conceito de espaço abrange o território e compreende também as feições dinâmicas que sobre ele se desenvolvem. Portanto, em sua definição sociológica, o conceito releva-se mais adequado e representativo quando buscamos o moderno tratamento conferido à cidade no plano jurídico-constitucional, espaço esse sobre o qual irá se estabelecer o direito à cidade.

Lefebvre prossegue, definindo o direito à cidade:

> *O direito à cidade legitima a recusa de se deixar afastar da realidade urbana por uma organização discriminatória, segregadora. Esse direito do cidadão (se se quiser falar assim: do "homem") anuncia a inevitável crise dos centros estabelecidos sobre a segregação e que a estabelecem: centros de decisão, de riqueza, de poder, e de informação, de conhecimento, que lançam para os espaços periféricos todos os que não participam dos privilégios políticos. Do mesmo modo o direito à cidade estipula o direito de encontro e de reunião; lugares e objetos devem corresponder a certas necessidades, em geral mal conhecidas, a certas funções menosprezadas, mas por outro lado, transfuncionais: a necessidade da vida social e de um centro, a necessidade e funções lúdicas, a função simbólica do espaço (próximas do que se encontra aquém,*

---

[7] Henri Lefebvre, *Espaço e política*, Belo Horizonte: Editora UFMG, 2008, p. 62.

como além, das funções e necessidades classificadas, daquilo que não se pode objetivar como tal porque figura do tempo, que enseja a retórica a que só os poetas podem chamar por seu nome: desejo).

O direito à cidade significa, portanto, a constituição de uma unidade espaço temporal, de uma reunião, no lugar de uma fragmentação. Ela não elimina as lutas. Ao contrário![8]

Como conclusão desses postulados, temos que "o direito à cidade implica e aplica um conhecimento que não se define como 'ciência do espaço' (ecologia, geopolítica, equística, planejamento etc.), mas como conhecimento de uma produção, a do espaço"[9].

O exercício do direito à cidade, portanto, se dará na medida em que não se fizer o uso segregado do espaço urbano, respeitando-se a vocação plural e diversificada que dele pretenda fazer a população, mas também como palco de conflitos e contradições. Espaços públicos serão aqueles em que os cidadãos podem estabelecer relações de pertencimento, estimulando práticas de convívio social, fomentando a participação e, no caso da cultura, a criação, uso e fruição de bens culturais.

Trata-se agora de identificar em quais diplomas legais é possível buscar a vocação para qualificar a vida no âmbito das cidades, como item essencial à realização da dignidade da pessoa humana.

ESTATUTO DA CIDADE E AS BASES PARA CONSTRUÇÃO DE UMA CIDADANIA CULTURAL NO ÂMBITO DA CIDADE

O Estatuto da Cidade[10] consagra, no inc. II do art. 2°, a gestão democrática das cidades "por meio da população e de associações representativas de vários segmentos na comunidade na formulação, execução e acompanhamento de planos, programas e projetos de desenvolvimento urbano". Transplantando para o âmbito da cidade o que podemos vislumbrar numa leitura democrática do art. 216, na sua dicção "com a colaboração da comunidade", é certo que, quando o Estatuto fala em participação, concebe uma participação plena, que pode ser direta ou indireta. Na participação direta, os moradores se inserem de forma plena nas discussões, e na indireta eles se fazem representar por associações. Lembra José dos Santos Carvalho Filho que a participação pode ser

---

[8] *Ibid.*, p. 32.

[9] *Ibid.*, p. 33.

[10] Lei n° 10.257/2001.

de interesse geral ou específico – aquela focando a cidade como um todo e seu interesse geral, e esta atendo-se aos interesses de segmentos da cidade[11].

Ou seja, não só o Estatuto concebe a gestão democrática de várias formas, como também assim o faz tratando-a como gestão plena, ou seja, que engloba as diversas fases da política urbana: a fase de formulação é aquela em que se realizam os estudos preliminares, elaboram pareceres, projetam as ações; na fase de execução se transporta para o plano prático tudo aquilo que é proposto inicialmente; por fim, na fase de acompanhamento se exerce a fiscalização do que foi concebido e executado. A lei não admite a gestão democrática se ela não incidir sobre essas três fases da política urbana. E essa política concretiza-se através de planos, programas e projetos de desenvolvimento urbano.

Se política é o nome geral para a fixação e a execução de diretrizes, lembrando ainda as palavras de José dos Santos Carvalho Filho, planos, programas e projetos fazem parte do "sistema geral de planejamento"[12]. Nesse cenário, destacam-se os planos por seu espectro de maior generalidade, e eles ainda representam o instrumento onde programas e projetos terão apoio. Os programas[13] dizem respeito à "particularização de certos setores integrantes dos planos"[14]. Por sua vez, os projetos se revelam como o intuito das autoridades, que devem correspondem à vontade popular e que serão exteriorizados por ações contempladas nos planos e programas.

O inc. XII do art. 2º do Estatuto ainda se refere à "proteção, preservação e recuperação do patrimônio natural e construído, do patrimônio cultural, histórico, artístico, paisagístico e arqueológico" como diretrizes gerais a serem observadas, o que significa afirmar que é concebido como política urbana e que possui como objetivo a ordenação do pleno desenvolvimento urbano e das funções sociais da cidade.

A bem da verdade, podemos identificar um vasto rol de garantias consagradas no Estatuto da Cidade essenciais ao exercício dos direitos culturais. O rol dessas garantias é explicitado no art. 2º do Estatuto e se traduz nos seus diversos incisos, a saber:

> *I) a garantia do direito a cidades sustentáveis, entendido como direito ao trabalho e ao lazer, para as presentes e futuras gerações; [...]*

---

[11] José dos Santos Carvalho Filho, *Comentários ao Estatuto da Cidade*, Rio de Janeiro: Lumen Juris, 2005, p. 37.

[12] *Ibid.*

[13] Carlos Henrique Dantas da Silva destaca que os programas significam "o início das operações práticas das normas estabelecidas nas políticas e planos, cabendo ainda um conjunto de instruções e projetos que em determinada sequência permitem a execução das metas estabelecidas. Os programas têm a premissa de não serem necessariamente efêmeros, pois podem fazer parte de políticas permanentes" (*Plano Diretor – Teoria e prática*, São Paulo: Saraiva, 2008, p. 89).

[14] *Ibid.*

V) a oferta de equipamentos urbanos e comunitários adequados aos interesses e às características locais; [...]

VIII) a adoção de padrões de consumo de bens e serviços e de expansão urbana compatíveis com os limites da sustentabilidade ambiental, social e econômica do município e do território sob sua área de influência; [...]

X) a adequação dos instrumentos de política econômica, tributária e financeira e dos gastos públicos aos objetivos do desenvolvimento urbano, de modo a privilegiar os investimentos geradores de bem-estar e a fruição dos bens pelos diferentes segmentos sociais; na proteção, preservação e recuperação do patrimônio cultural, paisagístico e arqueológico; [...]

XII) a proteção, preservação e recuperação do patrimônio cultural, artístico, paisagístico e arqueológico;

XIII) a audiência do poder público municipal e da população interessada nos processos de implantação de empreendimentos ou atividades com efeitos potencialmente negativos sobre o meio ambiente natural ou construído, o conforto ou a segurança da população, para citar aqueles mais direcionados ao tema de nosso estudo.

Não podemos conceber a cultura destacada dessas diretrizes, porque ela é explicitada num de seus incisos. É preciso lembrar que "a paisagem urbana e o patrimônio natural e cultural" são elencados no inc. VII do art. 37, quando o Estatuto se refere à autorização de empreendimentos ou atividades no âmbito das cidades, como itens que devem ser analisados por ocasião do estudo prévio de impacto de vizinhança.

Tais mecanismos demonstram uma percepção sistêmica do legislador de preservação do espaço urbano no seu aspecto cultural. Essa percepção é extensiva às políticas públicas não só com vistas à destinação de recursos, mas por meio de mecanismos fiscais de incentivos que lhes devem ser direcionados, para além da ampliação da vocação cultural em todas as suas acepções, porque não cabe ao Estado afirmar o que é cultura, mas ao povo identificá-la e construí-la.

O Estatuto da Cidade consagra objetivamente tais instrumentos e propicia que eles se revistam de particular importância, incumbindo-lhes de vocacionar o uso da cidade para o exercício plural dos direitos culturais como parte da construção da cidadania e como direito humano fundamental.

Passamos, doravante, a comentar alguns desses instrumentos.

PLANO DIRETOR E DIREITOS CULTURAIS

Num contexto de definição de espaços, o plano diretor é instrumento por excelência para que sejam destinados espaços urbanos não apenas à produção da cultura, mas também à sua preservação, sem embargo de toda a legislação protetiva existente. Com efeito, por meio de tal instrumento os cidadãos definem como querem a cidade e como a propriedade privada cumprirá localmente sua função social mediante a realização de audiências públicas e outros instrumentos de participação popular.

Na lição de José Afonso da Silva, "o plano diretor é, nos termos da Constituição e do Estatuto da Cidade, o instrumento básico da política de desenvolvimento e de expansão urbana"[15]. Lembra ainda o constitucionalista que "é plano, porque estabelece os objetivos a serem atingidos, o prazo em que estes devem ser alcançados (ainda que, sendo plano geral, não precise fixar prazo, no que tange às diretrizes básicas), as atividades a serem executadas e quem deve executá-las. É diretor, porque fixa as diretrizes do desenvolvimento urbano"[16]. Mas define objetivos gerais e específicos, conforme as realidades locais.

A seu respeito, assinala Victor Carvalho Pinto que o plano diretor, embora aprovado por lei, não é lei em sentido formal:

> *Sua natureza jurídica não é, entretanto, de lei material, por faltar-lhe as características de generalidade e abstração. O plano diretor não é uma lei, mas é aprovado por lei, assumindo a forma de um anexo.*
>
> *As leis destinam-se a regular determinada situação por prazo indeterminado. A vigência por prazo determinado é excepcional. Os planos, por outro lado, atuam sobre situações conjunturais e dinâmicas.. Já se sabe desde a sua elaboração que as prescrições nele contidas perderão atualidade se não forem implementadas num período determinado, podendo até ser contraproducentes num futuro distante. [...]*
>
> *A lei deve ser genérica, tratando igualmente todas as pessoas. As regras estabelecidas no plano diretor não são gerais, mas específicas para cada zona em que divida a cidade. [...]*
>
> *A lei não depende de qualquer capacitação técnica. Já o plano diretor resulta de estudos técnicos, que devem ser elaborados por profissionais habilitados a fim de que as medidas propostas guardem coerência com o diagnóstico realizado e com os resultados pretendidos*[17].

---

[15] José Afonso da Silva, *Direito urbanístico brasileiro*, São Paulo: Malheiros, 2008, p. 139.

[16] *Ibid.*

[17] Victor Carvalho Pinto, *Direito urbanístico*, São Paulo: RT, 2005, pp. 256-8.

Sem embargo das considerações do autor, as quais sublinham o caráter dinâmico de que se reveste o plano e os efeitos concretos que visa produzir, é certo que o mesmo, como lei de efeitos concretos, não prescinde de aspectos técnicos e muito menos políticos.

No que diz respeito ao objeto de nosso estudo, o plano diretor consagra-se como instrumento de relevância porque consiste em lei formal (ou que se executa por meio de lei formal, na visão do autor) aprovada pela Câmara e que exige a participação popular para a efetividade do direito à cidade. Esse direito deve ser exercido com sua transformação em tradutor e indutor dos reais anseios da população na ocupação do espaço urbano.

Portanto, o plano diretor poderá atuar como instrumento de definição de áreas destinadas exclusivamente à produção cultural e de delimitação de áreas de proteção de bens históricos e seu entorno. Servirá também como instrumento fundamental para instituir normas específicas para padrões de construção. Assim, será possível proteger a paisagem urbana, inclusive delimitando espaços de não uso da propriedade privada, para que ela não perca sua função social, dentre os quais se inserem seus atributos estéticos.

Elida Séguin cita como exemplo a delimitação de entorno do bem tombado e suas consequentes limitações ao direito de construir. Essa delimitação deve ser incorporada ao capítulo do plano diretor relativo à política de preservação do patrimônio cultural[18]. Segundo Ana Maria Moreira Marchesan:

> [...] a definição de áreas especiais de interesse ou valorização cultural através do zoneamento apresenta-se como o instrumento de maior vocação para promover o essencial casamento entre os valores culturais, naturais e artificiais que conformam as paisagens urbanas. No oportuno destaque de Condesso, "de nada serve proteger um palácio, ou uma casa da Idade Média se à sua volta a construção for livre e desregrada. Não basta, pois, proteger um edifício. É necessário defender sua área envolvente"[19].

Ou seja, a definição de tais espaços pelo plano diretor se revela importantíssima no destaque de paisagem urbana e ambiência num contexto que contemple o crescimento urbano com qualidade de vida, conforme veremos mais adiante.

A utilização das praças e espaços destinados à produção cultural e ao lazer são pontos essenciais, que podem encontrar guarida no âmbito do plano diretor para estabelecer os locais para onde a cidade deve crescer. Deve-se atentar

---

[18] Élida Seguin, *Estatuto da Cidade*, Rio de Janeiro: Forense, 2002, p. 110.

[19] Ana Maria Moreira Marchesan, *A tutela do patrimônio cultural sob o enfoque do direito ambiental*, Porto Alegre: Livraria do Advogado, 2007, p. 234.

sempre à qualidade de vida e ao estatuto da cidadania cravado na Constituição e no diploma que a regulamenta nesse aspecto. Ana Conte destaca que:

> *O plano diretor delimita os conjuntos urbanos e ambientes que dizem respeito à memória cultural do povo. O patrimônio cultural, além do seu significado como elemento do processo de constituição da memória coletiva de uma sociedade, e como expressão das diversidades, que identificam uma cultura específica, tem um papel importante na estruturação do urbano, que é o de qualificar o espaço público. Por esse motivo, é imprescindível que a proteção do patrimônio cultural esteja disciplinada pelo Plano Diretor dos municípios. Permite a elaboração de avaliações dos reflexos das várias normativas no território e no ambiente urbano da cidade. Em relação à proteção do patrimônio cultura, o plano diretor deve ser o instrumento da expressão da preocupação com a preservação daqueles espaços urbanos que, culturalmente, emprestaram e emprestam significado à história da cidade. Por esse motivo, é imprescindível que a proteção do patrimônio cultural esteja disciplinada pelo Plano Diretor dos municípios. Permite a elaboração de avaliações dos reflexos das várias normativas no território e no ambiente urbano da cidade. Em relação à proteção do patrimônio cultura, o plano diretor deve ser o instrumento da expressão da preocupação com a preservação daqueles espaços urbanos que, culturalmente, emprestaram e emprestam significado à história da cidade*[20].

Outro não é o posicionamento de Carlos Frederico Marés de Souza Filho, que, ao discorrer sobre a obrigação do município na proteção do patrimônio cultural, assinala:

> *Para cumprir essa obrigação, compete à administração municipal organizar serviços próprios, não apenas para que no Plano Diretor sejam respeitados esses bens, mas para que coisas muito mais concretas possam ser aferidas, como, por exemplo, não sejam expedidos alvarás ou licenças que ponham em risco o bem pela poluição, perda de visibilidade ou qualquer outra contingência nociva ao uso*[21].

O plano diretor é concebido, pois, como instrumento de sustentabilidade. Ele não pode ser mera carta de princípios, mas deve traduzir-se em instrumento

---

[20] Ana Carolina Papacosta Conte, *A proteção do patrimônio cultural brasileiro em face do direito ambiental*, dissertação de mestrado, PUC-SP, 2002, p. 140.

[21] Carlos Frederico Marés de Souza Filho, *Bens culturais e sua proteção jurídica*, 3ª ed., Curitiba: Juruá, 2009, p. 121.

de implementação de políticas de ocupação do espaço urbano na perspectiva de uma sadia qualidade de vida. É o que se lê em Marcos Paulo de Souza Miranda:

> A visão contemporânea coloca a questão cultural como fundamento do Plano Diretor, não apenas no capítulo que trata da preservação da memória e do patrimônio cultural, mas como chave metodológica importante. Assim, exploram-se as questões de apropriação do tecido urbano pelas populações e da proteção da paisagem, dentro de uma estratégia de desenvolvimento sustentável também do ponto de vista cultural[22].

Portanto, o plano diretor revela-se como instrumento de relevo na concretização legal da cidadania cultural. Essa expressão é explicitada no próprio Estatuto da Cidade, o qual, em diversos de seus dispositivos, contempla normas específicas aptas a assegurar esse direito.

O ZONEAMENTO URBANO

No plano diretor é estabelecido o macrozoneamento, que delimita zonas para a ocupação do solo urbano. Não obstante o próprio plano diretor estabeleça prioridades[23], não é só ele que o faz. Estabelecem-se diretrizes, mas a ocupação do solo urbano se dá segundo o microzoneamento urbano consubstanciado na lei de zoneamento e uso do solo. Essa percepção é bem delineada por Consuelo Yatsuda Moromizato Yoshida, que lembra:

> Na previsão das diretrizes e dos instrumentos da política urbana está bem evidenciada a ênfase na prevenção dos problemas urbanísticos e ambientais nas cidades.
>
> Assim, a ordenação e controle do uso do solo devem ser conduzidos de forma a evitar, entre outros problemas, a deterioração das áreas urbanizadas, a poluição e a degradação ambientais (art. 2°, I, f e g)[24].

---

[22] Marcos Paulo de Souza Miranda, *Tutela do patrimônio cultural brasileiro*, Belo Horizonte: Del Rey, 2006, p. 196.

[23] Isto porque o próprio plano pode prever o zoneamento especial, criando áreas e zonas de uso especial, de acordo especificidades locais. Cf. Nelson Saule Jr. et al., "Plano Diretor do município de São Gabriel da Cachoeira" em: Nelson Saule Jr. (org.), *Direito urbanístico*, Porto Alegre: Sérgio Antônio Fabris, 2007, p. 249.

[24] Consuelo Yatsuda Moromizato Yoshida, *Poluição em face das cidades no direito ambiental brasileiro*, tese de doutorado, PUC-SP, 2001, p. 71.

A ideia de zoneamento está prevista na Lei nº 6.938/1981, que instituiu a Política Nacional de Meio Ambiente, cujos inc. V do art. 1º e inc. II do art. 9º contemplam o zoneamento ambiental como instrumento dessa política. Em obra considerada pioneira no direito ambiental brasileiro, Diogo Figueiredo Moreira Neto já destacava a importância do zoneamento, sublinhando seu significado ao consignar que "não é mais que uma divisão física do solo em microrregiões ou zonas em que se promovem usos uniformes; há, para tanto, indicação de certos usos, exclusão de outros e tolerância de alguns. A exclusão pode ser absoluta ou relativa"[25]. Outro não é o posicionamento de Paulo Affonso Leme Machado, para quem "o zoneamento veio dar um novo enfoque no critério de generalidade das restrições à propriedade", segundo a qual "conforme a zona em que a propriedade está situada, a limitação pode ser diferente", apontando duas situações em que a propriedade passa a sofrer os ônus em benefício da sociedade: "quando a propriedade vinculada está situada num contexto de outros bens vinculados ou limitados", ou "quando a propriedade é escolhida individualmente para ser vinculada"[26].

Se é certo que nos primórdios da vida nas cidades a ocupação do solo era realizada mediante critérios exclusivamente práticos e culturais, já que as cidades se estabeleciam às margens de ferrovias e estradas e iam se expandindo gradativamente, seu crescimento desordenado impõe o estabelecimento de regras com vistas à ocupação do território. Como assevera Marcelo Lopes de Souza, "o zoneamento é considerado, normalmente, como o instrumento de planejamento urbano por excelência" e "de um simples instrumento de planejamento, acabou, indubitavelmente, transmutando-se muitas vezes em atividade de planejar"[27]. O autor afirma que a visão funcional do zoneamento como instrumento de segregação e uso do solo foi se modificando, apontando para uma visão de zoneamento de prioridades ou includente, e hoje visa contemporizar as duas visões: a funcional, de uso do solo, com a includente[28]. Assim, o zoneamento, em seu aspecto macro, pode e deve constar da lei do plano diretor, mas pode se instrumentalizar por meio de outras leis, como a de zoneamento urbano e uso do solo, bem como nos projetos de estruturação urbana e em leis especiais.

O plano diretor pode prever a criação de zonas e áreas de proteção e preservação cultural, que podem ser criadas por leis específicas. A propósito, é dever do município, ouvindo a população, assim fazê-lo. Nesse sentido, Marés afirma

---

[25] Diogo de Figueiredo Moreira Neto, *Introdução ao direito ecológico e urbanístico*, 2ª ed., Rio de Janeiro: Forense, 1977, p. 87.

[26] Paulo Affonso Leme Machado, *Ação Civil Pública e tombamento*, 2ª ed., São Paulo: RT, 1987, pp. 93-5.

[27] Marcelo Lopes de Souza, *Mudar a cidade*, 5ª ed., Rio de Janeiro: Bertrand Brasil, 2008, p. 250.

[28] *Ibid.*, p. 265.

que "o poder público municipal que não se utilizar de sua competência legislativa para proteger seu patrimônio cultural local, e por isso se omitir na preservação e cuidado destes bens, estará infringindo a CF, além, é claro, de perder sua própria história e de desrespeitar o direito de seus cidadãos"[29]. Como lembra Carlos Henrique Dantas da Silva, "usualmente a lei de zoneamento tende a 'substituir' o plano diretor em suas atribuições". Essa afirmação parte de um ponto de vista com o qual não concordamos: "o legado deixado pelo primeiro, por se tratar de um instrumento técnico em sua essência, apesar de sua utilização política, será falta de uma visão de conjunto sobre o espaço da cidade, das relações dinâmicas que essas partes possuem entre si"[30].

O plano diretor, portanto, deve contemplar aspectos macro para fornecer essa visão de conjunto, que será explicitada pela lei de zoneamento, de acordo com a qual se permitirá contemplar as vocações espaciais específicas. O plano diretor é também instrumento político (embora técnico) por excelência, porque exige audiências públicas para sua confecção. Para isso, deverá contar com a participação substantiva da população na sua elaboração.

Não queremos dizer com isso que o plano e a lei de zoneamento possam significar a redenção dos direitos culturais. Para tanto, devem ser superados problemas formais que acontecem com frequência, dentre eles mecanismos que mitigam a participação popular. Mas não se deve desprezar seu valor como instrumento jurídico para a salvaguarda e exercício de direitos culturais no âmbito das cidades. Nesse sentido, lembra Marés:

> *As leis de zoneamento e outras normas urbanísticas têm servido aos municípios para proteção do seu patrimônio cultural e ambiental, como a Lei Municipal nº 726/1976, em Embu/São Paulo, que instituiu a "zona de preservação do acervo cultural e histórico, para proteção dos bens e entornos paisagisticamente significativos" ou a Lei Paulistana nº 8328/1975 que cria a Z8-200 em que classifica os imóveis históricos ou de excepcional valor artístico, cultural ou paisagístico destinados à preservação*[31].

Como diz Ana Maria Moreira Marchesan, "a definição de áreas especiais de interesse ou de valorização cultural através de zoneamento apresenta-se como instrumento com maior vocação para promover o essencial casamento entre valores culturais, naturais e artificiais que conformam as paisagens urbanas"[32]. Posição se-

---

[29] Carlos Frederico Marés de Souza Filho, *Bens culturais e sua proteção jurídica*, p. 122.

[30] *Ibid.*, p. 136.

[31] *Ibid.*, p. 122.

[32] Ana Maria Moreira Marchesan, *op. cit.*, p. 234.

melhante é defendida por José Eduardo Ramos Rodrigues, que sustenta que "as áreas de proteção especial estão previstas no art. 13, inc. I, e 14 da Lei 6.766, de 19/12/1979, que dispõe sobre o parcelamento do solo urbano. Com fundamento em tais dispositivos, elas podem ser criadas por decreto estadual para oferecer proteção, em áreas sujeitas a parcelamento do solo, isto é, urbanas, de expansão urbana ou de urbanização específica (art. 3º do mesmo diploma legal), aos mananciais ou ao patrimônio cultural, histórico, paisagístico e arqueológico"[33].

Sobre esse tema, Sonia Rabello de Castro distinguiu o instituto do tombamento do zoneamento cultural, citando o estabelecimento de índices urbanísticos para parte da área do Jardim Botânico no Rio de Janeiro, para proteção do entorno do Corcovado, bem tombado pela União[34]. Com efeito, o zoneamento como instrumento de preservação do meio ambiente cultural deverá considerar os lugares de pertencimento, ou seja, a memória do cidadão e da coletividade. Esse instrumento deverá disciplinar a ocupação segundo as vocações locais expressadas no sentimento específico por meio de processo de participação popular.

Tal possibilidade é amplamente acolhida pela doutrina. É o que se lê em Sonia Rabello de Castro, que afirma, ao discorrer sobre a legislação urbana na proteção do patrimônio cultural, que: "a criação dessas áreas tanto pode se dar através de procedimento legislativo, isto é, inseridas na própria lei do uso do solo urbano, quanto virem a ser estabelecidas por decreto do executivo, quando a lei de uso e parcelamento do solo assim o permitir. [...] é que dentre as diretrizes que orientam o planejamento urbano e o uso do solo, está a preservação ambiental"[35]. E ainda, como distingue Marcos Paulo de Souza Miranda, "a dotação de potencial construtivo adequado nas zonas de interesse histórico da cidade minimiza conflitos entre preservação e desenvolvimento urbano, incentivando a defesa dos bens imóveis ligados à memória local"[36]. Saliente-se, por fim, que o zoneamento não exclui a adoção de outras medidas de preservação, algumas dignas de nota, como a preservação de conjuntos urbanos, que se tornarão passíveis de proteção por leis especiais ou pelo instituto do tombamento.

Ainda sobre o zoneamento, Hely Lopes Meirelles destaca o zoneamento superveniente repartindo-o em áreas industriais, residenciais, comerciais, mistas

---

[33] José Eduardo Ramos Rodrigues, "Unidades de Conservação não integrantes do Sistema Nacional das Unidades de Conservação", em: Flávio Ahmed e Ronaldo Coutinho (org.), *Tutela jurídica das áreas protegidas (a Lei nº 9.985/2000)*, Rio de Janeiro: Lumen Juris, 2011, pp. 26-7.

[34] Sônia Rabello de Castro, "Estatuto da Cidade: a preservação do patrimônio cultural federal", em: Daniel Roberto Fink (org.), *Temas de direito urbanístico 4*, São Paulo: Imprensa Oficial do Estado/ Ministério Público de São Paulo, 2005, pp. 44-5.

[35] Sônia Rabello de Castro, *O Estado na preservação de bens culturais*, Rio de Janeiro: Renovar, 1991, p. 8.

[36] Marcos Paulo de Souza Miranda, *op. cit.*, p. 197.

e institucionais. Em seguida, inclui as culturais entre estas últimas considerando-as destinadas a museus, bibliotecas, pinacotecas. Por fim, assinala que "tais zonas exigem o correto dimensionamento dos equipamentos de cada instituição, para sua adequada localização e preservação da área conveniente, com as limitações urbanísticas pertinentes, não só para as construções institucionais como para as das zonas circundantes, a fim de compatibilizar os usos e evitar os conflitos de proximidade entre uma zona e outra"[37].

Outrossim, de nada valem os instrumentos citados se não se articulam políticas públicas aptas à criação de espaços públicos que envolvem praças, espaços culturais, bibliotecas e museus, tudo isso de forma articulada com as instituições privadas já existentes, de forma a gerar sinergia no âmbito da vida cultural e qualificar a vida nas cidades. Para tal, no âmbito das cidades, esse direito há de estar contemplado em suportes específicos, seja através de equipamentos públicos, capacitação e disposições espaciais, seja de critérios que permitam o pleno exercício dos direitos culturais sob uma perspectiva plural e cidadã.

FORMAS DE APROPRIAÇÃO DO ESPAÇO URBANO

Assim, museus, bibliotecas, praças públicas, como espaços do ponto de vista físico, qualificam-se não como mero suporte, mas como elementos construtores da cidadania no seu vetor cultural como representação. Esses elementos são dotados de significado, permitindo-nos não perder de vista seu substrato público e o sentido que impregna a vida citadina no sentido da convivência humana em prol da dignidade da pessoa humana e da qualidade de vida.

Dentro dessa perspectiva, lembramos palavras de Paulo Affonso Leme Machado, para quem "o espaço público pode ser mensurado *contrario sensu* do que é o espaço privado. A vida exteriorizada aos outros, a vida nas ruas, nas praças, nos parques, nos rios, nas praias e nos ares fazem parte, *grosso modo*, da vida pública"[38]. Ou seja, diante da perspectiva de um meio ambiente artificial e cultural como dimensão do meio ambiente, em razão da sua natureza de bem de uso comum direcionado à qualidade de vida, o caráter público da apropriação de espaços físicos pelo cidadão há de ser referenciado, já que constitui a própria ocupação uma decorrência da cultura, sob a égide de valores culturais por ele aprovados.

Ocorre que modernas teorias do urbanismo e forças da economia têm eliminado o caráter público de tais espaços. Elas criam segregação, segmentando o

---

[37] Hely Lopes Meirelles, *Direito de construir*, 10ª ed., São Paulo: Malheiros, 2011, p. 134.

[38] Paulo Affonso Leme Machado, *Direito à informação ambiental e qualidade do ar*, São Paulo: Instituto de Energia e Meio Ambiente, 2009, p. 16.

espaço urbano e tornando-o ora um projeto de racionalidade submetido a técnicas de gestão, ora um produto de forças econômicas que "ocupam" a cidade conforme interesses especulativos. Isso acaba por representar uma apropriação privada de um espaço público com fortes impactos na vida cultural, já que tais processos estrangulam as vias de produção, uso e gozo de bens, em razão da eliminação de condições materiais essenciais à sua realização.

Nessa perspectiva, situamos duas incompatibilidades com o paradigma constitucional: a primeira, verificada na dimensão do meio ambiente artificial, ao propiciar a criação de modelos de apropriação e de exclusão, alcançando feições patrimoniais que repugnam o uso do meio ambiente artificial como bem de uso comum do povo.

Tal paradigma traduz-se, via de regra, numa apropriação indevida porquanto subtrai, por critérios econômicos, o uso de um espaço cuja ocupação deveria ser balizada por critérios culturais. Essa ocupação deveria ocorrer mediante gestão popular, por meio de instrumentos (plano diretor, zoneamento) fundamentais na perspectiva do que aqui se afirmou (EIV, EIA, tombamento). A cultura está presente, mas de forma mediata, repelida em tal modelo no que representa de autêntico, velada num projeto de irresignação em que se estampa a dissociação entre os valores da população e o contraste com o modo de ocupação.

A segunda se dá de forma imediata, já que o modelo de exclusão expropria critérios solidários para impor uma segregação e, ao fazê-lo, elimina espaços públicos essenciais à realização da cultura em âmbito da cidade, sob seus diversos matizes.

Com a eliminação, atitudes e projetos dão lugar a uma particularização da cultura, eliminando o que deveria ser uma rotina na vida das cidades, que é a cultura em todo canto, em prol de uma privatização da atividade cultural voltada para os segmentos sociais que possuem recursos para tal consumo. O teatro em *shoppings* de áreas abastadas é um exemplo disso. Não advogamos aqui a exclusão da hipótese primeira, que deve ser festejada, pois corre risco permanente de diminuição, mas não deve ser esse o modelo dominante.

Existiria um modelo com o qual poderíamos contar como expressão adequada e propícia à sedimentação da cidadania cultural no âmbito do espaço urbano? Difícil antever, mesmo porque regiões são diferentes e os valores também. Não pretendemos negar o capitalismo insculpido no texto constitucional, mas apenas destacar que o mesmo é matizado por critérios democráticos que reverberam em práticas sociais. No caso que descrevemos, ele é atado a circunstâncias que decorrem de paradigmas constitucionais essenciais, núcleos formadores do Estado democrático brasileiro.

É sob essa perspectiva que cabe assegurar o direito à cidade, reconhecendo, a título de premissa, sua função social, como bem ambiental que é, e os direitos culturais nela exercidos como elementos formadores da vida urbana de forma plena e libertadora, os quais não podem ser obnubilados. Mecanismos de apropriação que desviem essa rota devem ser afastados. Quando não pelo Estado, por meio das medidas judiciais anunciadas no presente trabalho, que compõem um feixe de instrumentos em prol de sua garantia. Afinal, de que valem direitos em lei se não possuímos os instrumentos apropriados para a adequada promoção de sua observância?

A cidade deve ser submetida, tanto no plano urbano (porquanto a ocupação urbana deve ser lida como produto cultural) quanto no plano cultural (compreendidos como os direitos culturais já definidos no presente trabalho), a um resgate. Desse modo, serão reapropriados os espaços nela existentes, e não em prol de interesses exclusivos, mas gerais ou plurais. Esses interesses devem traduzir a expressão cultural da população em sua diversidade, contemplando suas aspirações múltiplas, não se admitindo práticas segregacionistas.

Inês Virgínia Prado Soares, referindo-se a sítios históricos, em passagem pertinente ao que aqui se expôs, destaca que "o viés participativo nos processos de proteção decisórios de proteção dos sítios históricos é imprescindível, já que sua proteção, gestão e manejo atingem diretamente a vida da comunidade, com repercussões não somente no plano cultural, mas em todos os enfoques que toquem direta ou indiretamente o bem-estar social (tema de direitos sociais, econômicos, políticos entre outros)"[39]. Já Ana Maria Moreira Marchesan, reportando-se a Carsalade, assinala que o desenvolvimento deve ser culturalmente sustentável através da implementação eficaz e eficiente de meios, traduzindo-se numa política da qual participem todos os atores do processo, assim considerados em sua diversidade cultural local, regional e nacional[40].

Mas não é apenas o espaço físico material urbano que deve se submeter a essa regra. O espaço simbólico e físico, cujo uso estético se faz pela população, assim o exige, sob pena de a cidade se tornar um reflexo não da diversidade e das aspirações dos que nela habitam, mas uma expressão de exclusão.

---

[39] Inês Virgínia Prado Soares, *Direito ao (do) patrimônio cultural brasileiro*, op. cit., p. 246.

[40] Ana Maria Moreira Marchesan, op. cit., p. 189.

ACESSIBILIDADE AOS BENS CULTURAIS: DIREITO HUMANO FUNDAMENTAL

- *Marcos Paulo de Souza Miranda e Andrea Lanna Mendes Novais* -

O ACESSO AO PATRIMÔNIO CULTURAL COMO DIREITO HUMANO FUNDAMENTAL

O princípio da fruição coletiva do patrimônio cultural decorre diretamente do art. 215, *caput*, da CF, que dispõe: "O Estado garantirá a todos o pleno exercício dos direitos culturais e acesso às fontes da cultura nacional, e apoiará e incentivará a valorização e a difusão das manifestações culturais". Como os bens culturais são, a toda evidência, "fontes de cultura", o acesso a eles deve, como regra, ser assegurado à coletividade em geral (ou seja: a todos, na exata dicção constitucional), seja por meio do direito de visita ou do direito à informação.

Em âmbito internacional, segundo a Declaração Universal dos Direitos Humanos, adotada e proclamada pela Resolução n° 217-A-III da Assembleia Geral da ONU em 10 de dezembro de 1948: "Toda pessoa tem o direito de participar livremente da vida cultural da comunidade, de fruir das artes e de participar do processo científico e de seus benefícios". Ademais, nos termos da Declaração dos Direitos das Pessoas Portadoras de Deficiência, também editada pela ONU:

> *As pessoas deficientes têm o direito inerente de respeito por sua dignidade humana. As pessoas deficientes, qualquer que seja a origem, natureza e gravidade de suas deficiências, têm os mesmos direitos fundamentais que seus concidadãos da mesma idade, o que implica, antes de tudo, o direito de desfrutar de uma vida decente, tão normal e plena quanto possível*[1].

Alexandre de Moraes, citando Pérez Luño, assevera que os direitos humanos fundamentais constituem um conjunto de faculdades e instituições

---
[1] Resolução adotada pela Assembleia Geral da ONU em 9 dez. 1975.

que, em cada momento histórico, concretizam as exigências da dignidade, da liberdade e da igualdade humanas. Tais exigências devem ser reconhecidas positivamente pelos ordenamentos jurídicos em nível nacional e internacional[2]. O reconhecimento de um direito fundamental à fruição do patrimônio cultural insere-se na categoria dos chamados "novos direitos humanos". Ela se caracteriza pela inserção da dimensão humana em áreas onde tem sido frequentemente esquecida e na medida em que se pode exigir do Estado uma concepção que deixa de lado o indivíduo para valorizar a própria dignidade da pessoa humana[3].

Em nosso direito positivado, no que tange à acessibilidade das pessoas portadoras de deficiências, a CF vigente estatuiu em seu art. 244 que: "a lei disporá sobre a adaptação dos logradouros, dos edifícios de uso público e dos veículos de transporte coletivo atualmente existentes a fim de garantir acesso adequado às pessoas portadoras de deficiência, conforme o disposto no art. 227, § 2º". Verifica-se pela conjugação do art. 215, *caput*, com o 225, § 2º que o legislador constituinte brasileiro quis assegurar a todos, inclusive aos portadores de deficiência, em homenagem ao princípio da isonomia, o acesso aos bens culturais existentes no país, tais como museus, cinemas, bibliotecas, teatros, galerias de arte, núcleos históricos, sítios arqueológicos etc. Por isso, o direito de acesso e fruição aos bens culturais constitui-se em direito humano fundamental, na medida em que objetiva garantir uma existência humana digna e plena.

A acessibilidade das pessoas portadoras de deficiências aos bens integrantes do patrimônio cultural brasileiro integra também o direito à memória, caracterizado como materialmente fundamental porque corresponde à necessidade individual e coletiva de afirmação e de conhecimento atuais do passado, para formar a identidade do indivíduo ou dos grupos sociais[4]. Ademais, conforme leciona José Eduardo Ramos Rodrigues, dentro da regra da verdadeira igualdade, que consiste em tratar desigualmente os desiguais na razão de suas desigualdades, o portador de deficiência precisa de assistência especial do Estado para poder participar efetivamente da vida cultural da sociedade em que vive[5].

---

[2] Alexandre de Moraes, *Direitos humanos fundamentais*, 8ª ed., São Paulo: Atlas, 2007, pp. 20-1.

[3] Ingo Wolfgang Sarlet e Tiago Fensterseifer, *Direito constitucional ambiental*, São Paulo: RT, 2011, p. 36.

[4] Fabiana Santos Dantas, *Direito fundamental à memória*, Curitiba: Juruá, 2010, p. 265. A propósito, Ingo Wolfang Sarlet cita como exemplo de direito fundamental deslocado do rol do Título II da CF a garantia do exercício dos direitos culturais, previsto no art. 215. Cf. *A eficácia dos direitos fundamentais*, 3ª ed., Porto Alegre: Livraria do Advogado, 2003, p. 129.

[5] José Eduardo Ramos Rodrigues, "O acesso do portador de deficiência ao patrimônio cultural", em: *Direitos da pessoa portadora de deficiência: advocacia pública e sociedade*, São Paulo: Max Limonad, 1997, p. 97.

Nesse sentido, como assinalado pela ministra Cármen Lúcia, do STF[6], a Constituição "determinou que o Estado deve empreender todos os esforços para garantir a acessibilidade, para que se promova a igualdade de todos, em cumprimento aos fundamentos da República, da cidadania e dignidade da pessoa humana, o que se concretiza pela definição de meios para que eles sejam alcançados". Tornar os bens culturais acessíveis é eliminar barreiras físicas, sociais, naturais ou de comunicação, seja no equipamento e no mobiliário urbano, seja nas edificações, nos espaços culturais, no transporte público[7] ou nos meios de comunicação.

NORMATIVA INFRACONSTITUCIONAL

Em obediência aos preceitos constitucionais acima mencionados, a Lei nº 7.853, de 24 de outubro de 1989, dispôs sobre o apoio às pessoas portadoras de deficiência, estabelecendo, dentre outras coisas, que:

> Art. 2º Ao poder público e seus órgãos cabe assegurar às pessoas portadoras de deficiência o pleno exercício de seus direitos básicos, inclusive dos direitos à educação, à saúde, ao trabalho, ao lazer, à previdência social, ao amparo à infância e à maternidade, e de outros que, decorrentes da Constituição e das leis, propiciem seu bem-estar pessoal, social e econômico.
> Parágrafo único. Para o fim estabelecido no caput deste artigo, os órgãos e entidades da administração direta e indireta devem dispensar, no âmbito de sua competência e finalidade, aos assuntos objeto desta lei, tratamento prioritário e adequado, tendente a viabilizar, sem prejuízo de outras, as seguintes medidas:
> [...]
> V – na área das edificações:
> a) a adoção e a efetiva execução de normas que garantam a funcionalidade das edificações e vias públicas, que evitem ou removam os óbices às pessoas portadoras de deficiência, permitam o acesso destas a edifícios, a logradouros e a meios de transporte.

Por seu turno, a Lei nº 10.098, de 19 de dezembro de 2000, estabelece normas gerais e critérios básicos para a promoção da acessibilidade das pessoas portadoras de deficiência ou com mobilidade reduzida, mediante a supressão de

---

[6] Ação Direta de Inconstitucionalidade 2649-DF.

[7] Adriana Romeiro de Almeida Prado, "De barreiras arquitetônicas ao desenho universal", em: *Direitos da pessoa portadora de deficiência*, São Paulo: Max Limonad, 1997, p. 185.

barreiras e de obstáculos nas vias e espaços públicos, no mobiliário urbano, na construção e reforma de edifícios (de uso privado multifamiliar, uso coletivo e uso misto), nos meios de transporte e de comunicação.

Essa lei, cujas normas gerais se aplicam a todos os entes da Federação, foi regulamentada pelo Decreto n° 5.296, de 2 de dezembro de 2004, que, por sua vez, se reporta às Normas Técnicas da Associação Brasileira de Normas Técnicas, merecendo destaque a NBR 9.050 (Acessibilidade a edificações, mobiliário, espaços e equipamentos urbanos) e a NBR 13.994 (Elevadores de passageiros – elevadores para transportes de pessoa portadora de deficiência). Em síntese, nos termos da normatização vigente, a acessibilidade deve ser garantida à pessoa com deficiência (permanente ou temporária) física, visual, auditiva, mental e múltipla; e àqueles com mobilidade reduzida, tais como idosos, obesos e gestantes.

Basicamente, esta acessibilidade pode ser garantida com[8]: acessos através de rampas ou equipamentos eletromecânicos (plataformas elevatórias de percurso vertical ou inclinado e elevadores); estacionamento ou garagens reservados e de acordo com as normas; circulação interna acessível; escadas com corrimão, com condições mínimas de segurança e conforto, associadas a rampas ou equipamentos de transporte vertical; sanitários adaptados; mobiliário adequado; piso tátil de alerta e direcional; utilização de materiais de acabamento adequados.

Além da acessibilidade física às edificações, é necessário que espaços culturais como museus, arquivos e bibliotecas forneçam, a seus usuários, informações sobre a visitação e o acervo. Isso permitirá que a pessoa com deficiência possa usufruir daquele espaço com autonomia e segurança, o que pode ser conseguido com: ambientes bem iluminados e desobstruídos, com contraste de cor ou tonalidade que facilitem o acesso de pessoas com deficiência visual; informação tátil; informação sonora; sinalização visual e distribuição de material informativo.

Também é necessário promover acessibilidade à cidade onde estão localizadas as edificações históricas e os espaços culturais, seja ela um sítio histórico ou não. Torna-se necessário, para isso, prever percursos acessíveis nos passeios e nas travessias das vias de tráfego de veículos para permitir o deslocamento com autonomia e segurança até os bens culturais.

Segundo Melissa Gerente e Vera Ely, os seguintes princípios devem orientar a acessibilidade aos bens culturais:

---

[8] Luiz Antônio Miguel Ferreira, "Acessibilidade: pessoa com deficiência e imóveis adaptados". Disponível em: <www.ampid.org.br/Artigos/Imoveis_Adaptados_Luiz_Antonio_Ferreira.php>. Acesso em: 29 ago. 2008.

a) direito à equidade e participação: sempre que possível, todos os locais dos sítios históricos deverão ser adaptados para a acessibilidade das pessoas com restrições de modo a não segregá-las ou excluí-las, promovendo a socialização e a integração de indivíduos com diferentes condições físicas, mentais e sensoriais. Assim, deve-se possibilitar percurso e acesso iguais, pelos mesmos locais, para todas as pessoas;

b) direito à independência: todos os espaços físicos – pátios, caminhos etc. – e seus componentes – bancos, lixeiras etc. – devem possibilitar o desempenho de atividades de maneira independente por todos. No caso de pessoas com restrições, devem-se prover condições, sempre que possível, para sua independência;

c) direito ao conforto e segurança: todos os espaços e equipamentos dos sítios históricos deverão, sempre que possível, ser adaptados para possibilitar uma performance *confortável e segura, de acordo com as necessidades espaciais de cada usuário. O desenho da adaptação deverá minimizar o cansaço, reduzir o esforço físico e evitar acidentes e riscos à saúde dos indivíduos;*

d) direito à informação espacial: deve ser prevista a possibilidade de acesso à informação espacial, do tipo visual, tátil e sonora, para a compreensão, a orientação e o uso dos espaços históricos a todos os usuários, independentemente de suas habilidades[9].

PARTICULARIDADES DO ACESSO AOS BENS CULTURAIS

Eliminar as barreiras físicas e sociais dos espaços, edificações e serviços destinados à fruição do patrimônio cultural é medida indispensável para que os portadores de deficiência possam ser incluídos no processo de conhecimento de nossa cultura e história. Além disso, facilitar e democratizar o acesso a tais bens faz com que eles se tornem reconhecidos e valorizados por uma parcela mais ampla da sociedade. Tal ato legitima de maneira especial sua conservação, posto que "o patrimônio arquitetônico não sobreviverá a não ser que seja apreciado pelo público e especialmente pelas novas gerações"[10]. Ademais, o uso é a melhor forma de conservação do patrimônio e, portanto, para manter-se em condições de atender às exigências da sociedade atual as edificações devem receber adaptações[11].

---

[9] Melissa Gerente e Vera Helena Moro Bin Ely, "Diretrizes de projeto para a acessibilidade em sítios históricos: porque o patrimônio brasileiro é de todos e para todos". Disponível em: <www.arq.ufsc.br/petarq/wp-content/uploads/2008/02/abergo-27.pdf>. Acesso em: 16 maio 2011.

[10] Declaração de Amsterdã, Congresso do Patrimônio Arquitetônico Europeu, 1975.

[11] Oscar Luís Ferreira, *Patrimônio cultural brasileiro e acessibilidade*, Brasília: FAU/UnB, 2011, p. 288

Entretanto, nem sempre será fácil, na prática, assegurar o direito integral de acesso aos bens culturais, muitas vezes situados em locais perigosos (grutas e sítios arqueológicos, por exemplo) ou concebidos numa época em que a acessibilidade e a inclusão não eram valores reconhecidos pela sociedade (casarões coloniais de vários pavimentos, igrejas situadas em cumes de montanhas, grandes escadarias para "valorizar" o bem etc.). Além disso, as características tipológicas das edificações integrantes do patrimônio cultural nacional, como sistemas estruturais, vedações, organização espacial, forma, uso e função, apresentam graus variados de flexibilidade às adaptações sempre necessárias quando falamos em acessibilidade[12], de maneira que não existe uma fórmula genérica para se abordar tal temática. Como bem ressalta José Antonio Juncà Ubierna:

> *Analizar el binomio accesibilidad y patrimonio no es asunto fácil, sino complejo; aquí no valen "fórmulas mágicas", especificaciones concretas aplicables a todos los casos que se puedan presentar de una forma automática, no. La aproximación entre accesibilidad y patrimonio requiere una percepción sensible del entorno y de la persona en sus diversas situaciones, sin rigidez, sin posiciones preconcebidas inflexibles, sin maximalismos. Trabajar en accesibilidad y patrimonio supone, ante todo, um ejercicio de respeto y de capacidad de escuchar, si se me permite la expresión, "a la otra parte"[13].*

Com efeito, o desafio é complexo, posto que "as intervenções realizadas em bens culturais com vistas a sua acessibilidade não podem chegar a ponto de causar mutilação ou descaracterização gravosa ao testemunho histórico que a proteção do bem cultural visa garantir"[14], sob pena de caracterização de ilícito em âmbito cível, administrativo e mesmo criminal[15]. Assim, deve-se buscar o cumprimento simultâneo da Lei da Acessibilidade e das normas que regulamentam o regime jurídico dos bens culturais, como, por exemplo, o Decreto-Lei n° 25/1937, que trata dos bens tombados; a Lei n° 3.924/1961, que trata dos sítios arqueológicos; o Decreto n° 99.556/1990, que trata das cavidades naturais subterrâneas etc. Aliás, a própria Lei n° 10.098/2000 (Lei da Acessibilidade) estabeleceu textualmente que: "Art. 25. As disposições desta Lei aplicam-se aos edifícios ou imóveis declarados bens de interesse cultural ou de valor histórico-artístico,

---

[12] *Ibid.*

[13] José Antonio Juncà Ubierna, "Patrimonio cultural. Accesibilidad y patrimonio cultural", *Boletín del Real Patronato sobre Discapacidad*, n° 64, 2008, p. 8.

[14] Disponível em: <4ccr.pgr.mpf.gov.br/institucional/grupos-de-trabalho/patrimonio/documentos-docs/acessibilidade_a_bens_culturais.pdf>.

[15] Cf. art. 17 do Decreto-Lei n° 25/1937 e art. 62 e 63 da Lei n° 9.605/1998.

desde que as modificações necessárias observem as normas específicas reguladoras destes bens".

O Decreto nº 5.296/2004, que regulamenta a Lei nº 10.048/2000, dispõe em seu art. 30 que: "As soluções destinadas à eliminação, redução ou superação de barreiras na promoção da acessibilidade a todos aos bens culturais imóveis devem estar de acordo com o que estabelece a Instrução Normativa nº 1 do Iphan, de 25 de novembro de 2003". Essa Instrução Normativa do Iphan, que, por força do contido na Lei nº 10.048/2000 (norma geral sobre acessibilidade) e no art. 30 do Decreto nº 5.296/2004, aplica-se também aos bens acautelados pelos estados, Distrito Federal e municípios (CF 1988, art. 24, § 1º), estabelece diretrizes, critérios e recomendações para a promoção das devidas condições de acessibilidade aos bens culturais imóveis, a fim de equiparar as oportunidades de fruição desses bens pelo conjunto da sociedade, em especial pelas pessoas portadoras de deficiência ou com mobilidade reduzida.

São diretrizes de intervenção estabelecidas pela Instrução Normativa:

> a) As soluções adotadas para a eliminação, redução ou superação de barreiras na promoção da acessibilidade aos bens culturais imóveis devem compatibilizar-se com sua preservação e, em cada caso específico, assegurar condições de acesso, de trânsito, de orientação e de comunicação, facilitando a utilização desses bens e a compreensão de seus acervos para todo o público.
> b) As intervenções poderão ser promovidas através de modificações espaciais e estruturais; pela incorporação de dispositivos, sistemas e redes de informática; bem como pela utilização de ajudas técnicas e sinalizações específicas, de forma a assegurar a acessibilidade plena sempre que possível, devendo ser legíveis como adições do tempo presente, em harmonia com o conjunto.
> c) Cada intervenção deve ser considerada como um caso específico, avaliando-se as possibilidades de adoção de soluções em acessibilidade ante as limitações inerentes à preservação do bem cultural imóvel em questão.
> d) O limite para a adoção de soluções em acessibilidade decorrerá da avaliação sobre a possibilidade de comprometimento do valor testemunhal e da integridade estrutural resultantes.

Em âmbito doutrinário, de acordo com Melissa Gerente e Vera Ely[16], é recomendado, antes de qualquer adaptação para a acessibilidade: a) identificar os

---
[16] Melissa Gerente e Vera Helena Moro Bin Ely, "Diretrizes de projeto para a acessibilidade em sítios históricos: porque o patrimônio brasileiro é de todos e para todos". Disponível em: <www.arq.ufsc.br/petarq/wp-content/uploads/2008/02/abergo-27.pdf>. Acesso em: 16 maio 2011.

valores patrimoniais, definindo seus elementos importantes (materiais, formas, localização, configuração espacial, usos e significados), de modo que a identidade cultural seja resguardada; b) definir os elementos a serem mantidos ou conservados; c) realizar planos de intervenção com adaptações que sejam reversíveis a curto prazo, devido ao surgimento crescente de novas técnicas de restauração e adaptação que contribuam com a preservação do patrimônio e a qualidade da *performance* das pessoas com restrições nesses locais; d) escolher soluções que promovam o máximo de acessibilidade ao mesmo tempo que ofereçam um impacto mínimo no patrimônio histórico; e) na escolha de adaptações que poderão danificar ou destruir os valores patrimoniais, estas não deverão ser realizadas, devendo ser resguardada a integridade cultural do bem, porém, sendo oferecidas outras formas de conhecimento e/ou visitação; f) discutir com as comunidades a importância da realização de ações para a acessibilidade, levando em consideração sua vivência local, seus anseios e suas expectativas; g) a promoção de acessibilidade nos sítios históricos exigirá um trabalho multidisciplinar, incluindo profissionais do patrimônio histórico, da acessibilidade e os próprios usuários, devido à complexidade dos problemas a serem resolvidos.

Com efeito, nos casos de áreas ou elementos em que não seja possível promover a adaptação do imóvel para torná-lo acessível ou visitável, deve-se garantir o acesso por meio de informação visual, auditiva ou tátil das áreas ou dos elementos cuja adaptação seja impraticável. No caso de sítios considerados inacessíveis ou com visitação restrita, devem ser oferecidos mapas, maquetes, peças de acervo originais ou suas cópias, sempre proporcionando a possibilidade de serem tocados para compreensão tátil[17].

Ou seja, quando não for possível adequar o meio físico para garantir o direito à acessibilidade da pessoa com deficiência, deverão ser adotadas medidas de acesso à informação e compreensão a respeito do bem cultural. Quanto aos acervos de museus, galerias de arte etc., poderão ser providenciadas réplicas que permitam o toque, facilitando seu entendimento e compreensão pelos deficientes visuais.

EFETIVIDADE DO DIREITO DE ACESSIBILIDADE

Além das alternativas extraprocessuais para a atuação na área da implementação do direito de acessibilidade, existe a via judicial, que pode ser utilizada por meio do instrumento da ação civil pública.

---

[17] Luiz Antônio Miguel Ferreira, "Acessibilidade: pessoa com deficiência e imóveis adaptados". Disponível em: <www.ampid.org.br/Artigos/Imoveis_Adaptados_Luiz_Antonio_Ferreira.php>. Acesso em: 29 ago. 2008.

Os instrumentos extraprocessuais (recomendação do Ministério Público e termo de compromisso de ajustamento de conduta), por sua celeridade e eficiência, têm sido sempre privilegiados, deixando-se a utilização da via judicial para os casos em que o consenso não seja possível.

Havendo necessidade de acionar o poder Judiciário, a Lei n° 7.853/1989 estabelece:

> *Art. 3° As ações civis públicas destinadas à proteção de interesses coletivos ou difusos das pessoas portadoras de deficiência poderão ser propostas pelo Ministério Público, pela União, estados, municípios e Distrito Federal; por associação constituída há mais de 1 (um) ano, nos termos da lei civil, autarquia, empresa pública, fundação ou sociedade de economia mista que inclua, entre suas finalidades institucionais, a proteção das pessoas portadoras de deficiência.*
>
> *§ 1° Para instruir a inicial, o interessado poderá requerer às autoridades competentes as certidões e informações que julgar necessárias.*
>
> *§ 2° As certidões e informações a que se refere o parágrafo anterior deverão ser fornecidas dentro de 15 (quinze) dias da entrega, sob recibo, dos respectivos requerimentos, e só poderão ser utilizadas para a instrução da ação civil.*
>
> *§ 3° Somente nos casos em que o interesse público, devidamente justificado, impuser sigilo poderá ser negada certidão ou informação.*
>
> *§ 4° Ocorrendo a hipótese do parágrafo anterior, a ação poderá ser proposta desacompanhada das certidões ou informações negadas, cabendo ao juiz, após apreciar os motivos do indeferimento, e, salvo quando se tratar de razão de segurança nacional, requisitar umas e outras; feita a requisição, o processo correrá em segredo de justiça, que cessará com o trânsito em julgado da sentença.*
>
> *§ 5° Fica facultado aos demais legitimados ativos habilitarem-se como litisconsortes nas ações propostas por qualquer deles.*
>
> *§ 6° Em caso de desistência ou abandono da ação, qualquer dos colegitimados pode assumir a titularidade ativa.*
>
> *Art. 4° A sentença terá eficácia de coisa julgada oponível* erga omnes, *exceto no caso de haver sido a ação julgada improcedente por deficiência de prova, hipótese em que qualquer legitimado poderá intentar outra ação com idêntico fundamento, valendo-se de nova prova.*
>
> *§ 1° A sentença que concluir pela carência ou pela improcedência da ação fica sujeita ao duplo grau de jurisdição, não produzindo efeito senão depois de confirmada pelo tribunal.*
>
> *§ 2° Das sentenças e decisões proferidas contra o autor da ação e suscetíveis de recurso, poderá recorrer qualquer legitimado ativo, inclusive o Ministério Público.*

Art. 5º O Ministério Público intervirá obrigatoriamente nas ações públicas, coletivas ou individuais, em que se discutam interesses relacionados à deficiência das pessoas.

Art. 6º O Ministério Público poderá instaurar, sob sua presidência, inquérito civil, ou requisitar, de qualquer pessoa física ou jurídica, pública ou particular, certidões, informações, exame ou perícias, no prazo que assinalar, não inferior a 10 (dez) dias úteis.

§ 1º Esgotadas as diligências, caso se convença o órgão do Ministério Público da inexistência de elementos para a propositura de ação civil, promoverá fundamentadamente o arquivamento do inquérito civil, ou das peças informativas. Nesse caso, deverá remeter a reexame os autos ou as respectivas peças, em 3 (três) dias, ao Conselho Superior do Ministério Público, que os examinará, deliberando a respeito, conforme dispuser seu Regimento.

§ 2º Se a promoção do arquivamento for reformada, o Conselho Superior do Ministério Público designará desde logo outro órgão do Ministério Público para o ajuizamento da ação.

A imposição, pelo Judiciário, do cumprimento das regras asseguradoras do direito à acessibilidade não implica violação do princípio da separação dos poderes, uma vez que à administração pública cabe o estrito cumprimento dos mandamentos constitucionais. Não haverá que se falar, nesse caso, em discricionariedade administrativa.

A propósito, em 29 de julho de 2011, o STJ, por meio de decisão do ministro presidente Ari Pargendler proferida nos autos de suspensão de liminar e segurança nº 1423-BA, manteve acórdão proferido pelo Tribunal de Justiça da Bahia, que decidiu:

Agravo de instrumento. Ação civil pública. Antecipação de tutela. Possibilidade. Requisitos processuais presentes. Prevalência dos direitos fundamentais da pessoa humana. Viabilização do acesso dos portadores de deficiência física aos locais franqueados ao público em geral. Mandamento constitucional. Lei reguladora incidente desde 2004. Inércia caracterizada. Legitimidade da intervenção do judiciário. Prazo de 60 dias para apresentação de projetos. Razoabilidade. Obras que já deveriam ter sido findadas. Elasticidade do prazo com a suspensividade deferida. Oportunidade de iniciar os procedimentos. Possibilidade de se demonstrar com eficácia a disposição de cumprimento e eventual impossibilidade material. Decisão dotada de reversibilidade. Limites cognitivos da via recursal eleita. Injuridicidade não demonstrada. Manutenção do decisum. *Agravo improvido.*

O TJSP também já decidiu sobre o tema: "A efetivação dos direitos sociais sempre competirá ao poder público que não pode negar vigência aos dispositivos legais, em especial, aos de ordem constitucional. A discricionariedade por sua vez, não autoriza o poder público a escolher entre cumprir ou descumprir a lei e, sim deve se nortear às hipóteses delineadas pelo legislador"[18].

Conforme ensinamento de Celso Antônio Bandeira de Mello:

> *Sobremodo no Estado de direito, repugnaria ao senso normal dos homens que a existência de discrição administrativa fosse um salvo-conduto para a Administração agir de modo incoerente, ilógico, desarrazoado e o fizesse precisamente a título de cumprir uma finalidade legal, quando – conforme se viu – a discrição representa, justamente, margem de liberdade para eleger a conduta mais clarividente, mais percuciente ante as circunstâncias concretas, de modo a satisfazer com a máxima precisão o escopo da norma que outorgou esta liberdade*[19].

Por isso, a ação civil pública tem se mostrado um importante instrumento de efetivação do direito à acessibilidade, cabendo ressaltar os seguintes precedentes jurisprudenciais:

> *A Carta Magna de 1988, bem como toda a legislação regulamentadora da proteção do deficiente físico, são claras e contundentes em fixar condições obrigatórias a serem desenvolvidas pelo poder público e pela sociedade para a integração dessas pessoas aos fenômenos vivenciados pela sociedade, pelo que há de se construírem espaços acessíveis a elas, eliminando barreiras físicas, naturais ou de comunicação, em qualquer ambiente, edifício ou mobiliário, especialmente nas Casas Legislativas. (STJ – MS n° 9.613, São Paulo, 1ª C. Cív., rel. min. José Delgado, j. 11 maio 1999)*

> *Apelação. Ação civil pública. Ação intentada pelo Ministério Público visando compelir a Fazenda Estadual a implementar reformas em escola pública desprovida de condições de acessibilidade a deficientes físicos. Legitimidade passiva da FESP, ante previsão legal. Cerceamento de defesa inocorrente, por ser evidente a violação à Lei praticada pela administração pública. Sentença que condenou a ré na obrigação de fazer consistente em reformar, adaptar ou construir acesso na escola. Sentença que deve ser mantida.*

---

[18] TJSP, Agravo de Instrumento nº 911.420-5/2.

[19] Celso Antônio Bandeira de Mello, *Discricionariedade e controle jurisdicional*, 2ª ed., São Paulo: Malheiros, 2010, p. 96.

Recurso improvido. (TJSP; APL 0263993-24.2009.8.26.0000; Ac. 5001869; Itapetininga; Terceira Câmara de Direito Público; rel. des. Leonel Costa; julg. 15/03/2011; DJESP 08 abr. 2011)

Ação civil pública. Cidadania. Ministério Público. Prédio do fórum de Lorena que não atende à legislação que garante a acessibilidade de pessoas portadoras de deficiência física ou com mobilidade reduzida. Acesso adequado. Exigibilidade. Separação de poderes. A determinação ao executivo do cumprimento da Lei, ainda que implique na realização de despesas, não ofende o princípio da separação de poderes. Art. 227 da CF, Lei n° 7.853/1989 e NBR 9050 da Associação Brasileira de Normas Técnicas. Recursos improvidos. (TJSP; APL 0000705-24.2008.8.26.0323; Ac. 4935796; Lorena; Décima Primeira Câmara de Direito Público; rel. des. Pires de Araújo; julg. 17 jan. 2011; DJESP 03 mar. 2011)

Pessoas com necessidades especiais. Acessibilidade. Elevador. Manutenção. Obrigação do estabelecimento privado. 1 – Os edifícios privados, destinados ao uso coletivo, devem garantir o acesso das pessoas com necessidades especiais, com observância dos padrões definidos pela ABNT (L. 10.098/2000 e L. Distrital 3.939/2007). 2 – Defeitos constantes no elevador que criam obstáculos ao acesso de alunos portadores de necessidades especiais a dependências do prédio, devem ser reparados para que esses não tenham dificuldades de acesso. 3 – A multa, com finalidade inibitória, serve para compelir o devedor a cumprir a obrigação. Se o valor é elevado, o devedor, para não pagá-lo, deve cumprir a obrigação. 4 – Agravo não provido. (TJDF; Rec. 2010.00.2.014306-5; Ac. 464.541; Sexta Turma Cível; rel. des. Jair Soares; DJDFTE 26 nov. 2010; p. 285)

Obrigação de fazer. Dever de reformar área comum interna de edifício, para garantir a acessibilidade dos portadores de deficiência física pedido juridicamente possível. Carência da ação afastada. Aplicação, todavia, do disposto pelo § 3°, do art. 515, do Código de Processo Civil – exigência de atendimento à disposição legal e à proteção constitucional. Aplicação da Lei Federal 10.098/2000 e dos princípios constitucionais da dignidade e da promoção do bem-estar de todos – art. 1°, inc. III, e 3°, inc. IV, da CF 1988. Caracterização. Sentença reformada. Recurso provido, com determinação. (TJSP; APL 9068208-39.2007.8.26.0000; Ac. 5378452; Franca; Sétima Câmara de Direito Privado; rel. des. Élcio Trujillo; julg. 31 ago. 2011; DJESP 01 dez. 2011)

CONCLUSÕES

a) O direito de acesso e fruição ao patrimônio cultural tem natureza de direito humano fundamental e deve ser assegurado a todos, inclusive aos portadores de deficiência em homenagem ao princípio da isonomia, que preconiza a exigência de tratamento igualitário e veda o tratamento discriminatório.

b) Facilitar e democratizar o acesso aos bens culturais faz com que eles se tornem reconhecidos e valorizados por uma parcela mais ampla da sociedade, o que legitima de maneira especial sua conservação.

c) Nos termos da normatização vigente, a acessibilidade deve ser garantida à pessoa com deficiência (permanente ou temporária) física, visual, auditiva, mental e múltipla; e àqueles com mobilidade reduzida, tais como idosos, obesos e gestantes.

d) As intervenções realizadas em bens culturais com vistas a sua acessibilidade não podem causar mutilação ou descaracterização gravosa ao testemunho que a proteção do bem cultural visa garantir, sob pena de caracterização de ilícito. Assim, deve-se buscar o cumprimento simultâneo da Lei da Acessibilidade e das normas que regulamentam o regime jurídico desses bens.

e) A efetividade do direito de acessibilidade aos bens culturais pode ser alcançada tanto por meio de instrumentos extraprocessuais (como no caso da recomendação e do termo de compromisso de ajustamento de conduta utilizados pelo Ministério Público) quanto por meio da ação civil pública regida pela Lei nº 7.856/1989.

f) A imposição, pelo Judiciário, da obrigação de cumprimento às normas asseguradoras do direito à acessibilidade não implica agravo ao princípio da separação dos poderes, nem tampouco à discricionariedade administrativa.

A DESTRUIÇÃO DE BENS CULTURAIS, O PRINCÍPIO DA *RESTITUTIO IN INTEGRUM* E A VEDAÇÃO DE FALSOS HISTÓRICOS

- Annelise Monteiro Steigleder -

Um dos temas mais relevantes da responsabilidade civil ambiental é a reparação do dano, que restabelece o equilíbrio ecológico constitucionalmente tutelado pelo art. 225 da CF 1988. A doutrina e a jurisprudência[1] afirmam que a reparação é norteada pelo princípio da *restitutio in integrum*, o que, na área da defesa do meio ambiente, significa empreender todos os esforços para assegurar a efetiva restauração[2] da área degradada, mediante a execução de um projeto de reabilitação funcional do ecossistema. Para os casos em que os danos ambientais forem considerados insuscetíveis de restauração natural *in situ*, busca-se a implementação de alguma medida compensatória de conteúdo ecológico, capaz de assegurar benefícios ecossistêmicos equivalentes àqueles que poderiam ser proporcionados pela restauração *in situ*[3]. O que realmente importa é a recuperação das funções ecossistêmicas. A indenização por danos irreversíveis prevê a hipótese de não ser viável sequer a compensação do dano e antevê os casos em que o dano pode

---

[1] STJ, Recurso Especial 605.323/MG, 1ª turma, rel. min. José Delgado, rel. para o acórdão min. Teori Albino Zavaski, julg. 18 ago. 2005. Neste precedente, o STJ acolheu os princípios da prevenção, do poluidor-pagador e da reparação integral, entendendo que, na interpretação do art. 3º da Lei nº 7347/1985, a conjugação "ou" deveria ser considerada com o sentido de adição, permitindo, com a cumulação de pedidos, a tutela integral do ambiente, e não o de alternativa excludente, o que tornaria a ação civil pública instrumento inadequado a seus fins. Na doutrina, ver José Cunhal de Sousa Sendim, *Responsabilidade civil por danos ecológicos*, Coimbra: Coimbra Editora, 1998, e Annelise Monteiro Steigleder, *Responsabilidade civil ambiental*, 2ª ed., Porto Alegre: Livraria do Advogado, 2011.

[2] O conceito de restauração consta do art. 4º, XIV da Lei nº 9.985/2000 e significa a restituição de um ecossistema ou população silvestre degradada à condição mais próxima possível de sua condição original. Esse conceito se contrapõe ao de recuperação, previsto no art. 4º, XIII como "restituição de um ecossistema ou de uma população silvestre degradada a uma condição não degradada, que pode ser diferente de sua condição original".

[3] Esse critério é adotado pelo art. 17 da Lei nº 11.428/2006, relativa à mata atlântica, e pelo art. 5º, § 6º, da Resolução nº 369/2006 do Conama, relativa à compensação de supressão de área de preservação permanente.

atingir bens jurídicos imateriais, como o bem-estar e a qualidade de vida, configurando dano extrapatrimonial coletivo[4].

Tais premissas jurídicas são verdadeiras para a reparação de muitos danos ao ambiente natural – ainda que, do ponto de vista ecossistêmico, qualquer dano aos bens ambientais afete formas de vida únicas e irrepetíveis. No entanto, para a reparação de danos ao patrimônio cultural, falar em reposição do bem ao estado anterior soa como heresia gravíssima, quase um delito contra os valores de autenticidade e de historicidade do bem cultural degradado. É que, na temática do patrimônio cultural, não há "equivalência funcional" entre os bens materiais lesados. Muito embora existam diversos casos de falsos históricos, a restauração dos monumentos e edifícios de valor artístico e cultural sempre enseja controvérsias, pois, com o dano, a "aura" do patrimônio é perdida para sempre. Obtém-se, na realidade, a reconstrução de um cenário que pode assemelhar-se ao dos parques temáticos, como o Parque da Festa da Uva de Caxias do Sul, que contém a réplica de uma aldeia típica de imigrantes italianos como se configurava em 1885[5].

A respeito dos falsos históricos, Odete Dourado aponta para a reconstrução do campanário de São Marcos, localizado em Veneza. O monumento, construído em 1511, ruiu em 1908, deixando um vazio na imagem da praça de São Marcos. Foi, então, realizado um plebiscito, que teve como opção vencedora a reconstrução "como era, onde estava". A torre foi reconstruída e, para os desavisados, apresenta-se como a autêntica torre de 1511. Para a autora, trata-se de um falso histórico, porque faz parecer antigo o que não é, e de um falso artístico, porque, como expressão, não corresponde à linguagem de seu tempo[6].

O centro de Varsóvia também foi inteiramente reconstruído em virtude das destruições ocasionadas pelos bombardeios aéreos associados à Segunda Guerra Mundial. Foi-lhe atribuído por Françoise Choay valor monumental exatamente em virtude de ser uma réplica: "o centro de Varsóvia, fielmente reconstruído, lembra ao mesmo tempo a identidade secular da nação polonesa e a vontade de aniquilamento que animava seus inimigos"[7]. Sobre o tema, Cesare

---

[4] Annelise Monteiro Steigleder, op. cit., p. 139. Ver ainda obra pioneira sobre dano moral coletivo, de autoria de José Rubens Morato Leite, Dano ambiental, São Paulo: RT, 2000.

[5] A respeito, Maturino Luz afirma que o conjunto distorce a história, pela carência de elementos capazes de afirmar sua autenticidade: topografia, implantação, falta de exemplares originais etc. A réplica tem apenas um valor evocativo, servindo de cenário para um espetáculo de som e luz, como se fosse integrante de um parque temático ("Réplicas ou 'réplicas'?", Ciências e Letras, n° 31, jan.-jun. 2002, pp. 241-51).

[6] Odete Dourado, "Por um restauro urbano". Disponível em: <www.portalseer.ufba.br/index.php/rua/article/download/3225/2342>. Acesso em: 14 abr. 2012.

[7] Françoise Choay, A alegoria do patrimônio, São Paulo: Unesp, 2001, p. 25.

Brandi, um dos maiores teóricos da restauração[8] do patrimônio cultural do séc. XX, cujas ideias influenciaram a elaboração da Carta de Veneza de 1964 e a Carta de Restauro italiana de 1972, afirma que

> *a cópia é um falso histórico e um falso estético, e por isso pode ter uma justificação puramente didática e rememorativa, mas não se pode substituir sem dano histórico e estético ao original. No caso do campanário de São Marcos, aquilo que importava era um elemento vertical na Praça, a reprodução exata não era requerida a não ser pelo sentimentalismo bairrista [...]. O adágio nostálgico, "como era, onde estava" é a negação do próprio princípio da restauração, é uma ofensa à história e um ultraje à estética, colocando o tempo como reversível e a obra de arte como reproduzível à vontade*[9].

No Brasil, a reconstrução do Hotel Pilão, bem tombado pelo Iphan, edificado no séc. XVII, localizado em plena praça Tiradentes, em Ouro Preto, e consumido pelo fogo em 14 de abril de 2003, também ensejou polêmica. A obra utilizou tecnologia e materiais de construção modernos, simplificando-se os novos elementos arquitetônicos (esquadrias, gradis e cimalha), a fim de que a intervenção contemporânea fosse diferenciada das ruínas remanescentes. Justificando o projeto escolhido, Benedito Tadeu de Oliveira, chefe do Escritório Técnico do Iphan à época, esclarece ter levado em consideração os seguintes fatores:

> *[...] a complexidade de uma intervenção num espaço urbano fortemente caracterizado pela harmonia de seu conjunto arquitetônico; caracterização da intervenção como reintegração de uma grande lacuna urbana da praça Tiradentes, causada pela destruição do antigo Hotel Pilão; dificuldades para se organizar um concurso público para a escolha de técnicos com sólida formação teórica e prática no assunto para a elaboração de um projeto de intervenção numa propriedade privada; sentimento de que a grande maioria da população de Ouro Preto aprovaria uma reconstrução no local*[10].

---

[8] "A restauração é a disciplina que individualiza e legitima o modo de intervenção sobre os bens patrimoniais, que são continuamente sujeitos a diversos tipos de deterioração, pela ação humana, pelo clima, por riscos naturais. Tem por finalidade a conservação do patrimônio para as futuras gerações" (Ana Lúcia Meira Goelzer, *O patrimônio histórico e artístico nacional do Rio Grande do Sul no século XX*, tese de doutorado, UFRGS, 2008, p. 74).

[9] Cesare Brandi, *Teoria da restauração*, Cotia: Ateliê Editorial, 2004, pp. 88-9.

[10] Benedito Tadeu de Oliveira, prefácio a Anna Maria de Grammont, *Hotel Pilão, um incêndio no coração de Ouro Preto*, São Paulo: edição da autora, 2006, p. 18.

De outro lado, Odete Dourado aponta que a reconstrução, mesmo com materiais contemporâneos e simplificação formal, não foge do "epíteto do pastiche"[11].

Esses exemplos apontam para a complexidade da reparação do dano ao patrimônio cultural e implicam a necessidade de o direito também estabelecer diretrizes capazes de assegurar a efetiva reparação dos bens jurídicos culturais lesados. Para isso, deve-se atentar para o fato de que, no dano ao patrimônio cultural, atingem-se os valores imateriais que justificaram a proteção do bem, ou seja, uma determinada relação jurídica de identidade e memória estabelecida com os titulares do direito à proteção do patrimônio. Daí a ausência de equivalência que permitiria a mera reconstrução do bem corpóreo degradado em outro morfologicamente semelhante.

Assim, importa examinar qual será o papel do direito, comprometido com a preservação do patrimônio cultural, nos termos do art. 216 da CF 1988, na definição da forma da reparação dos danos, sobretudo quando se identifica que a reprodução dos bens culturais degradados, além de não resgatar a aura do patrimônio destruído, pode conduzir à ocultação da verdade e apagar a história do bem. Além disso, num Estado social e democrático de direito, que reconhece a sociedade como verdadeira titular do direito à proteção do patrimônio cultural, também cabe uma reflexão sobre a forma como se assegurará a efetiva participação de seus integrantes quando das decisões sobre a eventual reconstrução do bem. Tais decisões não podem ser tomadas exclusivamente no âmbito acadêmico ou pelos técnicos dos órgãos públicos encarregados da proteção do patrimônio.

Este apontamento decorre do fato de que o direito, cada vez mais, reconhece como relevantes os atributos de afetividade e de identidade dos bens culturais. Em determinado caso concreto a comunidade pode efetivamente desejar uma reconstrução como forma de preservar sua memória coletiva e seus valores afetivos e simbólicos. É o que se verificou com o campanário de São Marcos. Nessa hipótese, o desafio transfere-se para a forma de assegurar a preservação da verdade, a fim de que as gerações futuras tenham consciência da origem e das motivações que conduziram à construção da réplica. Assim, cabe refletir sobre

---

[11] Odete Dourado, *op. cit.* No mesmo sentido é o posicionamento de Vanessa Regina Freitas da Silva (O patrimônio arquitetônico como imagem. III Encontro Nacional de Estudos da Imagem, Londrina, 3-6 maio 2011), quando aponta que, no caso do Hotel Pilão, o que interessou foi a manutenção da imagem paisagística pelo conjunto da praça Tiradentes, indiferente ao impacto sobre a autenticidade do bem, daí a reprodução da arquitetura colonial. A autora afirma que "a reinterpretação dos elementos procurou restabelecer a unidade de um conjunto em busca da manutenção de uma realidade local a ser visitada e consumida. A reprodução externa da arquitetura colonial predominante na paisagem permite a restauração de uma imagem urbana consolidada, histórica, estética e simbolicamente". Disponível em: <www.uel.br/eventos/eneimagem/anais2011/trabalhos/pdf/vanessa%20regina%20freitas%20da%20silva.pdf>. Acesso em: 14 abr. 2012.

a reparação do dano ao patrimônio cultural e pontuar, sem qualquer pretensão de esgotar o tema, alguns critérios a serem utilizados pelo direito quando da excepcional necessidade de reconstrução de algum bem cultural destruído.

A COMPLEXIDADE DA REPARAÇÃO DO DANO AO BEM CULTURAL

O DANO AO BEM CULTURAL

A CF 1988, em seu art. 216, protege o patrimônio cultural, entendido como

> *os bens de natureza material e imaterial, tomados individualmente ou em conjunto, portadores de referência à identidade, à ação, à memória dos diferentes grupos formadores da sociedade brasileira, nos quais se incluem: I – as formas de expressão, os modos de criar, fazer e viver; II – as criações científicas, artísticas e tecnológicas; III – as obras, objetos, documentos, edificações e demais espaços destinados às manifestações artístico-culturais; e IV – os conjuntos urbanos e sítios de valor histórico, paisagístico, artístico, arqueológico, paleontológico, ecológico e científico*[12].

Dissertando sobre a proteção jurídica do patrimônio cultural, Ana Maria Moreira Marchesan conceitua o bem cultural como

> *algo apto a satisfazer uma necessidade de cunho cultural e que se caracteriza por seu valor próprio, independentemente de qualquer valor pecuniário, de ser testemunho da criação humana, da civilização, da evolução da natureza ou da técnica, não se esgotando em seus componentes materiais, mas abarcando sobretudo o "valor" emanado de sua composição, de suas características, utilidade, significado etc.*[13]

A autora esclarece que o conceito é juridicamente indeterminado, pois carece de definição por teóricos de outras disciplinas, os quais deverão estabelecer justamente os valores atribuídos ao bem que correspondem às categorias protegidas pelo direito. Essas categorias formam o que Marchesan denomina

---

[12] Sobre a definição de cada um dos bens culturais, consultar Marcos Paulo de Souza Miranda, *Tutela do patrimônio cultural brasileiro*, Belo Horizonte: Del Rey, 2006, pp. 59-86.

[13] Ana Maria Moreira Marchesan, *A tutela do patrimônio cultural sob o enfoque do direito ambiental*, Porto Alegre: Livraria do Advogado, 2007, p. 39.

Estatuto do Patrimônio[14] e consistem em valor para a nação[15], valor de testemunho[16] e valor de referência. Esses valores não são intrínsecos ao bem, mas lhe são atribuídos, instituídos historicamente, no seio da interação social e, por isso, são mutáveis e heterogêneos. Conforme enfatiza Ulpiano Bezerra de Meneses, "o conflito é seu berço e trajetória naturais (do valor cultural), pois não está desvinculado de interesses de indivíduos, grupos e sociedades e, assim, por sua natureza política, precisa ser declarado, proposto, legitimado, tornado aceitável ou desejável"[17].

Quando ocorre a destruição ou descaracterização de um monumento ou edificação que funciona como suporte físico para os valores juridicamente protegidos como relevantes para a memória, ação e identidade da população, tal ato põe em risco a permanência desses valores para as gerações futuras. Além disso, há dano ao patrimônio cultural, a desafiar a responsabilidade civil, que deverá se debruçar sobre a melhor forma de restabelecer os valores que justificaram a proteção jurídica do patrimônio.

Carla Amado Gomes conceitua o dano ao patrimônio cultural como aquele que afeta, total ou parcialmente, a integridade de um bem cultural, corpóreo ou incorpóreo, na sua dimensão de memória:

> *Donde, deve afetar o núcleo simbólico do bem, o que o torna representativo para a comunidade que nele se revê. Note-se que o bem pode valer por si, exclusivamente, ou pode estar inserido num contexto que mantenha com ele uma relação interpretativa e informativa. Daí que o dano possa refletir-se direta e exclusivamente sobre a coisa em que encarna o bem cultural (mutilação de uma estátua, destruição da fachada de um palácio, supressão de páginas de*

---

[14] *Ibid.*, p. 40.

[15] Maria Cecília Londres Fonseca, *Patrimônio em processo*, Rio de Janeiro: Editora UFRJ/Iphan, 1997, p. 30. A autora aponta para as dificuldades de atribuir valor nacional aos bens, na medida em que se tornam viáveis tombamentos estaduais e municipais, bem como em função da emergência do patrimônio da humanidade promovido por organizações internacionais. Ela defende que eventuais perplexidades serão resolvidas à luz do conceito de patrimônio cultural adotado pelo art. 216 da CF, que inclui os bens materiais e imateriais evocativos dos "diferentes grupos formadores da sociedade brasileira".

[16] Marchesan afirma que "a essência dos bens culturais ambientais (categoria compressiva dos bens paisagísticos e urbanísticos) está no seu particular valor enquanto vivo testemunho do processo civilizatório". No entanto, essa concepção não significa apenas valor histórico, assim entendido como um passado remoto associado à história oficial. Deve-se compreender que o bem cultural integra "um conjunto maior de bens e valores que envolvem processos múltiplos e diferenciados de apropriação, recriação e representação construídos e reconhecidos culturalmente e, aí sim, histórica e cotidianamente, portanto, anterior à própria concepção e produção daquele bem" (*op. cit.*, p. 41).

[17] Ulpiano Bezerra de Meneses, *Mesa 3. Patrimônio cultural: dentro e fora dos museus*, Seminários de capacitação museológica, Belo Horizonte: Instituto Cultural Flávio Gutierrez, 2004, p. 203.

> um livro único), ou indiretamente (exclusiva ou simultaneamente) sobre o bem cultural porque (o) afeta (e a) o seu contexto[18].

A autora também desenvolve o conceito de dano moral cultural, que ocorre quando se dá a privação da fruição do bem. No que tange à reparação deste dano, a autora identifica pelo menos duas hipóteses de interesse para o presente trabalho:

> a) o dano é reparável pela reconstituição natural, ainda que restem danos morais a reparar. Nesse caso, a reparação deve obedecer à condição de singularidade do bem, que, diante das peculiaridades do caso concreto, pode desaconselhar a reconstituição da coisa degradada. Exemplifica com a suposição de destruição de um painel de azulejos dos vários que decoram o claustro do mosteiro de São Vicente de Fora, datados do séc. XVIII, caso em que, em sua opinião, seria melhor substituir o painel por uma fotografia em tamanho natural, numa estrutura em frente ao painel destruído, do que encomendar um painel idêntico, forçosamente diferente do original em textura, brilho, cor, em virtude das técnicas utilizadas na época de feitura dos azulejos. Carla Amado Gomes afirma que "o imperativo da preservação da singularidade do bem pode afastar o princípio da preferência pela restauração natural. O que torna a coisa um bem de interesse cultural único pode constituir, pela sua singularidade ou raridade, a razão da impossibilidade da sua restauração"[19];
> b) o dano é irreparável porque o bem pereceu na sua totalidade, ou ficou de tal modo desfigurado que qualquer valor de memória se perdeu irreversivelmente. Nesse caso, a autora sustenta que o dano deverá ser objeto de indenização pecuniária, a ser revertida para fins de preservação e promoção do patrimônio cultural, e a ser calculada a partir do valor de mercado do bem lesado ou do lucro da sua acessibilidade pública[20].

Observe-se que Carla Amado se refere expressamente a valores de "memória" e "singularidade" do bem lesado. Tais valores correspondem ao que Walter Benjamin denomina "aura"[21], atributo diretamente associado à autenticidade do bem cultural.

---

[18] Carla Amado Gomes, "O dano cultural – pistas para a decifração de um enigma", em: Carla Amado Gomes e José Luís Bonifácio Ramos, *Direito da cultura e do patrimônio cultural*, Lisboa: Instituto de Ciências Jurídico-Políticas da Faculdade de Direito de Lisboa, 2001, p. 124.

[19] *Ibid.*, p. 145.

[20] *Ibid.*

[21] Carla Amado Gomes reporta-se ao texto de Walter Benjamin intitulado "A obra de arte na era de sua reprodutibilidade técnica".

A "AURA" DOS BENS CULTURAIS E OS FALSOS HISTÓRICOS

Antes do advento da fotografia e de outras técnicas de reprodução de bens e imagens, a experiência do público com a obra de arte era única e condicionada pelo que Benjamin chama de aura, isto é, pela distância e reverência que cada obra de arte, na medida em que é única, impõe ao observador. Primeiro, nas sociedades tradicionais ou pré-modernas, pelo modo como vinha associada ao ritual ou à experiência religiosa; depois, com o advento da sociedade moderna burguesa, pelo seu valor de distinção social, contribuindo para colocar num plano à parte aqueles que podem aceder à obra "autêntica". Todavia, com o aparecimento e desenvolvimento de outras formas de arte (começando pela fotografia), em que deixa de fazer sentido distinguir original e cópia, a "aura" desaparece.

No Documento de Nara sobre a autenticidade (1994), do Icomos, a autenticidade é tratada como um critério de atribuição de valor a um bem, identificado com a credibilidade das fontes de informação sobre o objeto. Todavia, o documento adverte que os julgamentos de valor, bem como o juízo sobre a credibilidade, podem diferir de cultura para cultura e mesmo dentro de cada cultura, de sorte a não ser possível basear tais julgamentos em critérios fixos (item 11). Além disso, no item 13, o documento enfatiza que os julgamentos de autenticidade podem relacionar-se com a forma, o desenho, os materiais, a substância, o uso e a função, as tradições e as técnicas, a localização, o enquadramento, o espírito e o sentimento associados ao bem[22]. Por sua vez, o documento regional do Cone Sul sobre autenticidade (1995), denominado Carta de Brasília, enfatiza que o tema da autenticidade passa pelo da identidade, que é mutável e dinâmico, e que pode adaptar, valorizar, desvalorizar e revalorizar os aspectos formais e simbólicos do objeto.

Sobre o assunto, Kühl afirma que a noção de autenticidade pode ter utilidade prática se trabalhada com sua antítese, a inautenticidade (falsos, cópias deliberadas) e se associada a outras noções complexas, como originalidade, origem, conservação e reprodução. Conforme a autora, esse raciocínio é necessário para distinguir, por exemplo, a reconstrução de um monumento histórico, que é um falso, da reconstrução ritual de um monumento, ato que deve ser reconhecido como de interesse para a cultura[23].

Por exemplo, não há como negar a autenticidade das reconstruções rituais que acontecem desde o séc. VIII no Japão, na cidade de Ise, onde, a cada vinte anos, o santuário xintoísta dedicado à deusa do Sol, Amaterasu, é integralmente

---

[22] Ana Meira adverte que, por ter sido formulado no Japão, onde a noção de autenticidade é diferente, o conceito de autenticidade não foi estabelecido com critérios fixos (*op. cit.*, p. 97).

[23] Beatriz Mugayar Kühl, "Notas sobre a Carta de Veneza", *Anais do Museu Paulista*, v. 18, nº 2, jul.-dez. 2010, p. 302.

destruído e reconstruído[24]. Assim, para efeito de definição do "falso histórico", a conceituação de autenticidade poderia ser realizada a partir da noção de "falsificação", uma vez que a réplica oculta e apaga a historicidade do bem cultural e o contexto social em que este foi elaborado. Na visão de Ana Meira, "qualquer produto que seja testemunho da atividade humana pode ser considerado como documento", de forma que "qualquer intervenção na obra – especialmente a arquitetônica – poderia ser considerada testemunho da atividade humana, do tempo no qual ela foi produzida"[25]. Dessa forma, o falso histórico poderia ser equiparado à falsificação de um documento.

O assunto é extremamente importante para a responsabilidade civil, já que a volta de uma obra ao seu estado original é a ideia que melhor representa no senso comum o ato de restaurar. Esse raciocínio está presente, inclusive, na expectativa de que todos os elementos tenham aparência de novos em folha, como se apagar o decurso do tempo fosse o fim a alcançar[26].

Todavia, quando se está diante de um dano que atinge não apenas o suporte material do patrimônio, mas também sua "aura", as formas de reparação desse dano jamais poderão ser simplificadas. Beatriz Kühl adverte que "restaurar não é voltar ao estado original ou uma fase anterior qualquer, pois não se considera o tempo histórico como reversível e não se pode induzir o observador ao engano de confundir uma ação de um dado presente histórico com o de outros períodos"[27].

Ana Meira, tratando da arquitetura, ensina que a recomposição de um bem destruído pode ser feita de diferentes maneiras. Uma delas, a "anastilose", consiste "em colocar exatamente na sua posição os mesmos elementos originais que estejam caídos no próprio local, devido a um terremoto, explosão etc."[28]. A técnica é admitida desde a Carta de Atenas de 1931[29]. A autora enfatiza que, na

---

[24] O estilo arquitetônico de Ise Jingu é único e não pode ser utilizado em nenhum outro santuário. É chamado *shinmeizukuri* e é anterior à entrada de influências chinesas e budistas, proporcionando uma imagem única do estilo tradicional, verdadeiramente japonês. Os edifícios caracterizam-se por serem construídos quase exclusivamente em madeira, assentados sobre estacas, e pelas vigas do telhado que se estendem e cruzam, dando a impressão de dois chifres. Existem, também, pequenos barrotes dispostos horizontalmente sobre a cumeada do telhado, conhecidos por *katsuogi*. A arquitetura de Ise Jingu é escrupulosamente preservada. Os edifícios, bem como a ponte de Uji, são completamente reconstruídos a cada 20 anos, numa cerimônia conhecida por Shikinen Sengu. A 62ª cerimônia aconteceu em 2013.

[25] Ana Lúcia Meira Goelzer, *O patrimônio histórico e artístico nacional do Rio Grande do Sul no século XX*, op. cit., p. 183.

[26] *Ibid.*, p. 174.

[27] Beatriz Mugayar Kühl, "O problema da reprodução de obras arquitetônicas", *Revista CPC*, n° 7, nov. 2008-abr. 2009.

[28] Ana Lúcia Meira Goelzer, *op. cit.*, p. 175.

[29] Também é prevista na Carta de Veneza de 1964.

anastilose, é permitida a colocação de algum elemento faltante, como um anel de coluna, com material e textura diversos, mas em pequena escala.

Outra técnica é a reconstituição ou recomposição, que significa

> o reagrupamento de elementos autênticos que se encontram dispersos e voltam a ser colocados nos locais correspondentes do edifício original, por exemplo, quando um terremoto faz estremecer e desabar uma edificação de pedra aparelhada, espalhando as pedras no solo, sendo plausível que elas sejam recolocadas em seu lugar na estrutura do edifício[30].

Meira adverte que também se pode considerar a recomposição do volume de uma edificação para recuperar a imagem visual de um conjunto do qual alguma edificação tenha deixado de existir. Quando a recomposição é feita com elementos diferentes dos originais, visando recompor uma imagem representativa de um passado perdido, baseada numa hipótese, trata-se de reconstrução:

> [...] a reconstrução in situ de uma edificação destruída por acidente ou ação humana requer elementos novos em substituição aos originais. O objetivo é construir uma edificação nova, buscando imitar a pré-existente a partir de relatos, fotos e desenhos [...]. O resultado torna-se uma cópia ou simulacro do original e, portanto, não se trata mais do campo da restauração[31].

Um dos exemplos de falsos históricos citados por Meira é o Pavilhão de Barcelona, projetado pelo arquiteto Mies van der Rohe, que foi construído em 1929, demolido no ano seguinte, e reconstruído, no mesmo lugar, em 1986. Não se percebe que a edificação não é a original, pois "a composição, as técnicas construtivas, tudo nos remete a um passado único. Um visitante comum não adivinhará jamais a data real de sua construção"[32].

A reconstrução tem sido reiteradamente rechaçada pelas cartas patrimoniais[33]. Em amplo estudo sobre o assunto, Meira colaciona a Carta de Atenas

---

[30] Ana Lúcia Meira Goelzer, *op. cit.*, p. 181.

[31] *Ibid.*

[32] *Ibid.*, p. 182.

[33] As cartas patrimoniais são fruto da discussão de um determinado momento. Não têm a pretensão de ser um sistema teórico desenvolvido de maneira extensa e com absoluto rigor, nem de expor toda a fundamentação teórica. São documentos concisos, que sintetizam os pontos a respeito dos quais foi possível obter consenso. Conforme esclarece Beatriz Mugayar Kühl, essas cartas não podem ter caráter normativo, pois suas indicações devem ser interpretadas e aprofundadas para as realidades culturais de cada país, conforme cada caso concreto ("Notas sobre a Carta de Veneza", *op. cit.*, p. 289).

(CIAM), de 1933, que já condenava as cópias do passado, que conduzem ao simulacro e à mistura entre o falso e o verdadeiro. Caminham na mesma direção a Carta de Veneza, do Icomos, de 1964, que exclui a possibilidade de reconstrução, admite apenas a anastilose e enfatiza que a "restauração termina onde começa a hipótese, e fundamenta-se no respeito ao material original e aos documentos autênticos"[34], a Carta de Quito de 1967, da OEA, a Carta de Restauro italiana, de 1972, e a Carta de Brasília de 1995 (documento regional do Cone Sul sobre autenticidade)[35].

Todavia, sob o prisma jurídico, entendemos que a definição da forma de reparação do dano ao patrimônio cultural é algo muito mais complexo do que simplesmente vedar as reconstruções. O tema sedia os conflitos entre os diversos valores associados ao bem cultural, no momento da decisão por sua preservação como bem cultural, de tal modo que a opção automática pela indenização de um dano irreversível pode não ser a melhor alternativa para o caso concreto.

Uma reconstrução, ainda que implique ausência do valor de singularidade e historicidade ("aura"), poderá ser justificada pelos valores de memória e identidade da coletividade atingida, como ocorreu com o centro de Varsóvia. Ou seja, os valores que justificaram a inclusão do bem na categoria de patrimônio cultural também deverão pautar as decisões sobre a caracterização da efetiva irreversibilidade do dano e da forma de sua reparação. Observe-se, ainda, que a causa do dano mostrou-se relevante no exemplo de Varsóvia, uma vez que se procurou restabelecer a dignidade da nação polonesa, duramente atingida durante a Segunda Guerra Mundial.

Outra complexidade da reparação do dano é relativa à própria tomada de decisão. A quem cabe decidir a forma de reparação do dano ao patrimônio? Certamente os técnicos especializados em restauração têm primazia. Porém, não se pode esquecer que, num Estado social e democrático de direito, que reconhece o direito à cultura e ao patrimônio, é imprescindível que seja transparente o processo de tomada de decisão sobre a forma de reparação do dano. A comunidade usuária do bem cultural deveria ser ouvida em audiência pública ou plebiscito sobre sua percepção da perda do bem cultural e sobre seus desejos quanto à destinação futura do bem e à compensação do dano irreversível. É que a preservação de sua identidade e memória, ainda que pautada por diretrizes técnicas, elaboradas a partir de diferentes concepções teóricas de restauração, não pode descuidar da legitimação social.

Se a participação popular for valorizada quando da seleção do bem como patrimônio cultural, especialmente num contexto em que se amplia o conceito

---

[34] *Ibid.*, p. 289.

[35] *Ibid.*, pp. 168-71.

de patrimônio a fim de abrigar bens singelos, desde que testemunhos da vida humana, revestidos de valores de identidade e de afetividade, essa mesma participação há de ser assegurada quando da ocorrência do dano. Evidentemente, não se está aqui defendendo a produção de falsos históricos, mas apenas demonstrando o quão intrincado é o assunto, que, ao mesmo tempo em que aflige os arquitetos restauradores, preocupa os operadores do direito, incumbidos de efetivar a proteção do patrimônio cultural e de identificar a autenticidade dos anseios da comunidade.

AS FORMAS DE REPARAÇÃO DO DANO AO PATRIMÔNIO CULTURAL

VERTENTES TEÓRICAS SOBRE A RESTAURAÇÃO DE BENS CULTURAIS

O que destruir, o que preservar e como preservar são temas que sempre produziram inquietação. Françoise Choay refere que, considerando apenas a França

> basta lembrar as centenas de igrejas góticas destruídas nos séculos XVII e XVIII, para fins de "embelezamento", e substituídas por edifícios barrocos ou clássicos. Pierre Platte, o arquiteto de Luís XV, preconizava, em seu plano para restaurar e embelezar Paris, que se "abandonasse" todas as construções góticas. Nem mesmo os monumentos da Antiguidade, por mais prestígio que tivessem tido na era clássica, deixaram de ser demolidos, como o famoso palácio de Tutele, em Bordeaux, uma vez que atrapalhavam os projetos de modernização das cidades e dos territórios[36].

Da mesma forma, existem controvérsias sobre a abrangência e o conceito da restauração dos bens culturais. Choay, ao tratar de vertentes teóricas sobre restauração, refere que, no fim do séc. XVIII, duas doutrinas se contrapunham: uma, intervencionista, predominando no conjunto dos países europeus; e a outra, anti-intervencionista, mais própria da Inglaterra.

Os anti-intervencionistas, capitaneados por John Ruskin (1819-1900), defendiam a proibição de que se tocasse nos monumentos do passado, considerando que o restauro atentaria contra a autenticidade da coisa[37]. O máximo admitido seria a manutenção dos prédios, que retardaria sua desagregação progressiva,

---

[36] Françoise Choay, op. cit., p. 12.

[37] Ibid., p. 155. A autora refere o posicionamento de Ruskin e Morris. Este último defendia que "preservar os edifícios antigos significa conservá-los no mesmo estado em que os recebemos, reconhecíveis, por um lado, como relíquias históricas, e não como cópias suas; por outro, como obras de arte executadas por artistas que tinham toda a liberdade de trabalhar de outra forma, se o quisessem" (p. 156).

porquanto o valor documental, cognitivo do bem, era o maior valor a ser preservado. Em sua pesquisa, Meira disserta sobre o posicionamento de Ruskin, apontando que, para ele, os monumentos podem envelhecer, guardar as marcas do tempo e incorporá-las a sua história. O tempo, nessa perspectiva, incorpora caráter à arquitetura, sendo que a restauração, ao tentar abolir o tempo transcorrido, cria uma falsidade histórica[38].

Em sentido contrário, sustentava Viollet-le-Duc (1814-1879) que "restaurar um edifício é restituí-lo a um estado completo que pode nunca ter existido num momento dado"[39]. Por essa corrente, uma vez admitido o princípio da restauração, esta deve ser legitimada, marcando-se de forma ostensiva a intervenção, a fim de evitar o mimetismo. São exemplos de trabalhos de Viollet-le-Duc a fachada gótica inventada da catedral de Clermont-Ferrand, flechas acrescentadas à Notre-Dame de Paris e à Sainte-Chapelle, esculturas destruídas ou mutiladas substituídas por cópias, reconstituições fantasiosas do castelo de Pierrefonds, reconstituições compósitas das partes superiores da igreja Saint-Sernin, em Toulouse[40]. No Brasil, Anna Maria de Grammont aponta que a restauração de diversos prédios de Ouro Preto foi feita de acordo com as teorias de Viollet-le-Duc[41].

Por sua vez, Camillo Boito (1835-1914), arquiteto italiano que influenciou a elaboração da Lei de 1909, atinente ao patrimônio cultural, sustentava que a restauração não deve, em nenhuma hipótese, passar por original. "É imperioso que se possa, num relance, distinguir a inautenticidade da parte restaurada das partes originais do edifício, graças a uma disposição engenhosa que recorra a múltiplos artifícios: materiais diferentes, cor diferente da original, aposição de inscrições e de sinais simbólicos nas partes restauradas", dentre outros[42], embora de forma neutra, com a mínima interferência possível[43]. A vertente desenvolvida por Boito foi conhecida como "restauro filológico", em virtude da

---

[38] Ana Lúcia Meira Goelzer, *op. cit.*, p. 79.

[39] Françoise Choay, *op. cit.*, p. 156.

[40] *Ibid.*, p. 157.

[41] De Grammont, *op. cit.*, p. 96. No período de 1936 a 1939, foram restaurados os chafarizes de Marília, de Ouro Preto, da Glória, da Penitenciária, dos Contos, de Antônio Dias e do Rosário; as igrejas de Nossa Senhora do Carmo, de Nossa Senhora do Rosário e de Nossa Senhora da Conceição e de São Francisco de Assis, dentre outros monumentos e edificações, recompondo-se e reconstruindo-se as edificações de acordo com a o estilo colonial, nem sempre comprovado historicamente. O cemitério moderno lateral da igreja de São Francisco de Assis foi retirado e o gradil moderno da ponte dos Contos foi substituído por uma cruz e bancos de cantaria. Essas ações percebiam Ouro Preto de forma estética e idealizada, desconsiderando seu contexto histórico.

[42] *Ibid.*, p. 166.

[43] Ana Lúcia Meira Goelzer, *op. cit.*, p. 81

grande atenção aos aspectos documentais das obras e às marcas de sua passagem ao longo do tempo, respeitando as várias fases, como se o restauro se assemelhasse "a edições críticas de textos, em que, ao tratarem-se as lacunas do documento, quaisquer interpretações são feitas através de elementos diferenciados: tipo e cor da letra, notas à margem do escrito"[44].

Além disso, conforme Boito, não se deve preservar apenas a pátina dos edifícios antigos, mas os sucessivos acréscimos devidos ao tempo:

> *[...] verdadeiras estratificações, comparáveis às da crosta terrestre, que Viollet-le-Duc condenava sem escrúpulos. O respeito à autenticidade deve igualmente fazer rejeitar a concepção palenteológica, com base na qual Viollet-le-Duc reconstitui as partes desaparecidas dos edifícios, e mais ainda sua tipologia estilística, que, apesar de certas declarações contrárias, termina por ignorar o caráter singular de cada monumento*[45].

Ainda, o intervencionismo favorece o estabelecimento de novos usos para os edifícios históricos. Esses usos não se viabilizariam pela outra vertente teórica, mais afinada com a ideia de museificação dos monumentos históricos[46]. Um expoente da concepção intervencionista voltada à revitalização do meio urbano foi Gustavo Giovannoni (1873-1947). O arquiteto romano ampliou o conceito de monumento para qualquer obra representativa da evolução humana, inclusive a arquitetura "menor" (doméstica, cotidiana), que passou a constituir uma nova categoria de monumento – o conjunto urbano antigo. Para ele, o patrimônio urbano antigo deveria ser integrado ao planejamento urbano da cidade como um todo, garantindo seu caráter social[47].

---

[44] Beatriz Mugayar Kühl, "Notas sobre a Carta de Veneza", *op. cit.*, p. 294. O restauro filológico mostrou-se limitado para resolver os problemas decorrentes das destruições do patrimônio cultural produzidas pelos bombardeios aéreos da Segunda Guerra Mundial, de sorte que foi substituído pelo restauro crítico que, ao mesmo tempo em que acolhe os princípios fundamentais do restauro filológico, de respeito pelas várias estratificações do bem e de diferenciar a ação contemporânea, também os associa ao tratamento da dimensão formal das obras, trazendo para a discussão teorias estéticas e questões relacionadas à percepção própria da metade do século XX. Considera as dimensões formal e documental, concomitantemente, através de uma relação dialética.

[45] Françoise Choay, *op. cit.*, p. 165.

[46] *Ibid.*, p. 161.

[47] Giovanonni desenvolveu cinco tipos de restauração: a recomposição ou anastilose, que consiste em desmontar e remontar uma estrutura na posição original; a consolidação, na qual se evita a ruína de uma estrutura através de um reforço; a liberação, que consiste em remover as partes superiores para deixar à mostra os níveis inferiores com maior valor; a complementação, que permite refazer partes faltantes devido a necessidades estruturais ou de utilização (em caso de terremotos, por exemplo); e a renovação, que introduz modificações com menor grau de intervenção possível, para possibilitar a reutilização do espaço (como a introdução de sanitários) (Meira, *op. cit.*, p. 84).

Alois Riegl (1858-1905) também contribuiu para o desenvolvimento da disciplina de restauração, ao sistematizar os valores associados aos monumentos, distinguindo-os em duas categorias: valores de rememoração, ligados ao passado, e que incluem valor para a memória e para a história, e valores de contemporaneidade, que se subdividem em valor artístico (relativo e de novidade) e de uso[48].

Com o advento da Carta de Veneza de 1964, prevaleceu a concepção crítica de restauro, da qual Cesare Brandi é um dos principais expoentes. Para ele, a atividade de restauro é um ato de cultura e "deve visar ao restabelecimento da unidade potencial da obra de arte, desde que isso seja possível sem cometer um falso artístico ou um falso histórico, e sem cancelar nenhum traço da passagem da obra de arte no tempo"[49]. Para Brandi, a mais grave heresia da restauração é a restauração fantasiosa. Conforme seu entendimento, tampouco se deve realizar o restauro de repristinação, que visa apagar as marcas do tempo:

> *A restauração, para representar uma operação legítima, não deverá presumir nem o tempo como reversível, nem a abolição da História. A ação de restauro, ademais, e pela mesma exigência que impõe o respeito da complexa historicidade que compete à obra de arte, não se deverá colocar como secreta e quase fora do tempo, mas deverá ser pontuada como evento histórico tal como o é, pelo fato de ser ato humano e de se inserir no processo de transmissão da obra de arte para o futuro*[50].

Sobre a restauração de ruínas, Brandi ensina que "ruína será, pois, tudo aquilo que é testemunho da história humana, mas com um aspecto bastante diverso e quase irreconhecível em relação àquele de que se revestia antes"[51]. A restauração, quando voltada para a ruína, só pode ser a consolidação e conservação do *status quo*. Do contrário, a ruína não será uma ruína, mas uma obra que ainda continha uma vitalidade implícita para promover a reintegração da unidade potencial originária. "Pela dúplice instância da historicidade e da artisticidade, não é necessário forçar o restabelecimento da unidade potencial da

---

[48] Françoise Choay, *op. cit.*, p. 168.

[49] Cesare Brandi, *op. cit.*, p. 33. Ao tratar da definição de unidade potencial da obra de arte, Brandi esclarece que "se a forma de toda obra de arte singular é indivisível, e em casos em que, na sua matéria, a obra de arte estiver dividida, será necessário buscar desenvolver a unidade potencial originária que cada um dos fragmentos contém, proporcionalmente à permanência formal ainda remanescente neles" (p. 46). A restauração deve limitar-se a desenvolver as sugestões implícitas nos próprios fragmentos ou encontráveis em testemunhos autênticos do estado originário. Não se deve tentar reproduzir os fragmentos com base na analogia.

[50] *Ibid.*, p. 61.

[51] *Ibid.*, p. 65.

obra até o ponto de destruir a autenticidade, ou seja, sobrepor uma nova realidade histórica inautêntica, de todo prevalente, sobre a antiga"[52].

A CARTA DE VENEZA DE 1964 – ICOMOS

O conceito de restauração de bens culturais vem sendo discutido no âmbito das cartas patrimoniais e de outros documentos internacionais do International Council on Monuments and Sites desde o séc. XIX. Assim, por exemplo, a Carta de Burra, do Icomos Austrália, define que "restauração será o restabelecimento da substância de um bem a um estado anterior conhecido". Posteriormente, com a repercussão do trabalho de Camillo Boito, Alois Riegl e Cesare Brandi, o conceito foi alterado a fim de valorizar o valor documental das obras, respeitando suas várias estratificações ao longo dos séculos, sua configuração e as próprias marcas da passagem do tempo. Aponta Kühl que a alteração conceitual de restauração contrapunha-se a diversas experiências ao longo do séc. XIX, em que se buscava reconstituir o estado original da obra. Esse estado era muitas vezes idealizado, conduzindo a irreparáveis perdas e deformações, além de induzir o observador a confundir estratos de uma obra historicizada com algo feito recentemente[53].

Com o advento da Carta de Veneza de 1964, o restauro não conduz a estado algum anterior, mas permite que se vá em

> *direção a uma conformação renovada, que respeita as fases precedentes e as próprias marcas da passagem do tempo [...]. Com base nas experiências do séc. XIX, reconstruções ao idêntico (ou de uma fase anterior qualquer) não são ações admitidas no âmbito da preservação; no máximo, são feitas anastiloses. O caráter do documento histórico dos bens culturais é enfatizado e, por isso, tais bens não são reproduzíveis e não devem ser desnaturados. Refazer um bem desaparecido equivale a falsificar um documento*[54].

Kühl, ao comentar as bases teóricas da Carta de Veneza, afirma que esta adotou o restauro crítico, desenvolvido por Renato Bonelli, Piero Gazzola e Roberto Pane, e a teoria brandiana. Assim, a concepção de restauro, conforme a Carta, é de um "ato de cultura", o que transparece a consciência de que o restaurador lida com bens únicos e não reproduzíveis, portadores de conhecimento em vários campos do saber, que são suporte identitário de culturas e que, portanto, devem ser tratados de maneira ética e com rigor[55].

---

[52] *Ibid.*, p. 67.

[53] Beatriz Mugayar Kühl, "Notas sobre a Carta de Veneza", *op. cit.*, p. 292.

[54] *Ibid.*, p. 293.

[55] *Ibid.*, p. 295.

O conceito de restauração consta do art. 9º da Carta:

> *Art. 9º A restauração é uma operação que deve ter caráter excepcional. Tem por objetivo conservar e revelar os valores estéticos e históricos do monumento e fundamenta-se no respeito ao material original e aos documentos autênticos. Termina onde começa a hipótese; no plano das reconstituições conjeturais, todo trabalho complementar reconhecido como indispensável por razões estéticas ou técnicas destacar-se-á da composição arquitetônica e deverá ostentar a marca do nosso tempo. A restauração será sempre precedida e acompanhada de um estudo arqueológico e histórico do monumento.*

Comentando o artigo, Kühl salienta que foram enfatizados os princípios da excepcionalidade das ações de restauro e da distinguibilidade da ação contemporânea. Assim, "qualquer nova inserção deverá colocar-se como novo estrato, que não induza o observador ao engano de confundi-la com a obra como estratificada antes da intervenção, não propondo o tempo como reversível e devendo documentar a si mesma"[56]. Do ponto de vista jurídico, a exigência de documentação sobre o restauro é importante, pois confere transparência às decisões e proporciona o registro da memória da atividade de restauro, evidenciando a forma como a sociedade concebe a proteção e a restauração do patrimônio naquele dado momento histórico.

Sobre o tratamento das adições, o art. 11 prevê que "as contribuições válidas de todas as épocas para a edificação do monumento devem ser respeitadas, visto que a unidade de estilo não é a finalidade a alcançar no curso de uma restauração". Neste ponto, a Carta adotou a doutrina de Brandi, segundo quem, do ponto de vista histórico, "a adição sofrida por uma obra de arte é um novo testemunho do fazer humano e, portanto, da História". Nesse sentido, a adição não difere da obra originária e tem os mesmos direitos de ser conservada. A remoção, ao contrário, apesar de também resultar de um ato e por isso inserir-se igualmente na História, na realidade destrói um documento e não documenta a si própria, "donde levaria à negação e à destruição de uma passagem histórica e à falsificação do dado. Disso deriva que, do ponto de vista histórico, é apenas incondicionalmente legítima a conservação da adição, enquanto a remoção deve ser sempre justificada e, em todo caso, deve ser feita de modo a deixar traços de si mesma e na própria obra"[57].

No Brasil, um exemplo de bem cultural que sofreu inúmeros acréscimos e remodelações é a catedral da Sé de Olinda. Sua construção foi iniciada em 1537 como uma capela simples, mas, ao longo dos anos, o local recebeu sucessivas intervenções.

---

[56] *Ibid.*, p. 312.

[57] Cesare Brandi, *op. cit.*, p. 71.

Também importa observar que a adição poderá ser removida se descaracterizar o bem cultural. Nesse sentido, registra-se o seguinte precedente do Tribunal de Justiça de Minas Gerais:

> AÇÃO CIVIL PÚBLICA. IMÓVEL TOMBADO. INTERVENÇÃO IRREGULAR. CONSTRUÇÃO ANTIGA. DEMOLIÇÃO. POSSIBILIDADE. Se o Iphan constatou acréscimo clandestino na parte posterior de casarão tombado, ocultando e descaracterizando a arquitetura colonial, cabível a determinação de demolição, mesmo que o atual proprietário não seja o responsável pela construção irregular, já que a restrição segue o bem[58].

Por fim, quando da necessidade de preenchimento de lacunas nas obras de arte e edificações, o art. 12 enfatiza que "os elementos destinados a substituir as partes faltantes devem integrar-se harmoniosamente ao conjunto, distinguindo-se, todavia, das partes originais a fim de que a restauração não falsifique o documento de arte e de história". Também o art. 13 refere que "os acréscimos só poderão ser tolerados na medida em que respeitarem todas as partes interessantes do edifício, seu esquema tradicional, o equilíbrio de sua composição e suas relações com o meio ambiente".

VEDAÇÃO DE FALSOS HISTÓRICOS?

Pelo exposto até o momento, poderíamos concluir pela vedação dos falsos históricos? Na verdade, não há vedação propriamente dita, até porque as Cartas patrimoniais não têm efeito vinculante. O que há é o reconhecimento do caráter excepcional das reconstruções, que não têm qualquer possibilidade de recuperar a aura do bem destruído, valorizando somente a imagem de um passado histórico, por vezes idealizado, com a supressão de suas contradições.

A Segunda Guerra Mundial certamente produziu uma certa flexibilização sobre a tolerância em relação às reconstruções. O exemplo mais festejado refere-se à destruição e posterior reconstrução do centro de Varsóvia, em função dos bombardeios ocorridos durante a Segunda Guerra Mundial[59]. O caso de Varsóvia é admitido na Lista do Patrimônio Mundial, apesar de contrariar os critérios de

---

[58] TJMG, Apelação Cível 10400.00.002939-9, rel. des. Albergaria Costa, julg. 21 jan. 2010.

[59] Nesta época, as formas de atuar diante do patrimônio destruído foram muito variadas, desde a transformação de áreas destruídas em parques e praças, passando como numerosas nuanças como a preservação das obras em estado arruinado (função memorial), reconstruções por analogia, novas construções que retomam temas das edificações preexistentes, completamentos através da distinguibilidade (entre partes acrescentadas e remanescentes), construções marcadamente contemporâneas, até extensas reconstruções.

autenticidade estabelecidos pela Unesco, por ser um esforço descomunal de um grupo social para recuperar sua face devastada pelo conflito armado. "O que foi reconhecido pela Unesco foi o empenho sem precedentes para reconstituir uma identidade, não o valor dos edifícios em si"[60].

Nesse caso, como em outros países europeus, as reconstruções exerceram papel importante para o restabelecimento emocional de muitas comunidades duramente afetadas pelos conflitos armados. Esse é um ato excepcional e necessário para mitigar as cicatrizes, físicas e emocionais, deixadas pelas guerras, iniciado logo após seu término[61].

Outra coisa são as reconstruções de obras destruídas na Segunda Guerra Mundial ocorridas várias décadas depois, quando o estado arruinado do monumento adquire historicidade. Como tal, esse monumento deve ser preservado, evitando-se a exclusão, da História, de seus aspectos obscuros. Kühl cita o exemplo da Frauenkirche de Dresden, cujas ruínas permaneceram em meio à cidade por 45 anos, assumindo diferentes conotações para a população. Num primeiro momento, "as ruínas foram encaradas como um monumento à paz, depois, entendidas como uma recordação dolorosa da guerrra; após a queda do Muro de Berlim, em 1989, vista como símbolo de uma Nova Alemanha e de superação de um passado recente, em que se buscava apagar as recordações dolorosas". Conforme observa a autora, a reconstrução da igreja, iniciada em 1995, assumiu um caráter marcadamente ideológico e econômico, com o intuito de reverter o tempo histórico. Nesse sentido, merece ser criticada, pois volta-se mais à exploração turística do que à recuperação de valores culturais. A autora explica que

> são oferecidas versões de obras que existiram ou não, e é criada uma falsa homogeneidade temporal e estilística, fazendo com que conjuntos urbanos fiquem com uma imagem parelha mais facilmente palatável para o gosto massificado, assemelhando-se mais a parques temáticos do que a zonas vivas em perene transformação, com suas variadas estratificações e conflitos[62].

---

[60] Beatriz Mugayar Kühl, "Notas sobre a Carta de Veneza", op. cit., p. 303.

[61] Ana Meira aponta que, após as duas guerras mundiais, na Europa, ao invés de restaurar os edifícios e espaços urbanos que apresentavam condições para tal, ou de construir os setores arrasados por meio de novas edificações com uma linguagem arquitetônica contemporânea, os governos optaram por reconstruir suas referências urbanas com a mesma forma e o mesmo caráter precedente. A autora diz que "esse fato expõe a forte ligação existente entre identidade e patrimônio, e "leva, como no caso de Varsóvia, a questionar a condição de estar, hoje, em frente à mesma cidade ou em frente de outra cidade que é cópia de um arquétipo desaparecido?" (p. 85). Em Varsóvia, a restituição do patrimônio cultural é informada aos visitantes, diferentemente do que ocorre em outras cidades europeias. Meira analisa o fenômeno a partir da ênfase que é dada ao valor identidade: "o que importa, nesses casos, é a imagem como representação do passado reconstruída por meio de cenários fundamentais para manter referências de identidades" (p. 86).

[62] Beatriz Mugayar Kühl, "O problema da reprodução de obras arquitetônicas", op. cit., p. 132.

Brandi, que era ferrenho opositor das repristinações arquitetônicas, admitia-as em casos muito especiais, quando os elementos faltantes, em si mesmos considerados, não fossem obras de arte e apenas auxiliassem na reconstituição do ambiente[63]. Todavia, se os elementos desaparecidos fossem obras de arte, bens culturais importantes para a composição da identidade do ambiente, o autor rechaçava as cópias, determinando que o ambiente fosse reconstituído com base nos dados espaciais e não naqueles formais do monumento que desapareceu[64].

Um debate muito interessante associado às reconstruções refere-se à autoria dos projetos arquitetônicos. Antoni González Moreno Navarro[65] conceitua o falso histórico como o resultado de qualquer intervenção que busque restituir o aspecto original da obra, por considerar que essa intervenção pretende substituir o próprio artista ou superá-lo. Todavia, esse conceito não pode ser transposto para a arquitetura, já que, nela, são outros que, a partir da proposta criativa de um autor, executam a obra. Assim, pode haver casos de obras arquitetônicas autênticas póstumas, o que jamais ocorreria com outras tipologias de obras de arte. O autor afirma que, na arquitetura, não existem ciclos criativos fechados, mas sim evoluções criativas para adaptar as obras às realidades que as rodeiam e as justificam. Assim, completar esse ciclo criativo não fechado, mas apenas parado no tempo, pode não constituir uma falsidade. Para Navarro, na obra arquitetônica, o falso histórico refere-se à dissimulação da cronologia.

Sobre o assunto, Kühl aponta que essa visão de que o projeto arquitetônico pode ser reproduzido como uma partitura musical é equivocada, pois o projeto executivo, por mais detalhado que seja, jamais corresponde exatamente àquilo que foi construído de fato, pois sempre são feitos ajustes e modificações no canteiro de obras. Na medida em que a obra se materializa, existe um processo de simbiose com o ambiente em que está inserida. Ao equiparar uma partitura musical a um projeto arquitetônico, desconsidera-se o papel da matéria para a expressividade da obra artística, diverso no campo musical e no campo artístico[66].

Quanto ao papel didático das reconstruções, a autora alerta que jamais as obras poderão ser tomadas como aquelas que lhes deram origem. Observa que as reconstruções tendem a construir algo que jamais existiu realmente, mas que

---

[63] Beatriz Mugayar Kühl, "Notas sobre a Carta de Veneza", *op. cit.*, p. 303.

[64] Cesare Brandi, *op. cit.*, p. 136.

[65] Antoní González Moreno-Navarro, "Restaurar es reconstruir. A propósito del nuevo monastério de Sant Llorenç de Guardiola de Berguedà (Barcelona)", *Revista Electrónica de Patrimonio Histórico*, nº 1, dez. 2007. Disponível em: <www.revistadepatrimonio.es/revistas/numero1/intervencion/estudios/articulo.php>. Acesso em: 14 abr. 2012.

[66] Beatriz Mugayar Kühl, "O problema da reprodução de obras arquitetônicas", *op. cit.*, p. 102.

pode ter sido consagrado pela crítica da época: "isso conduz ao achatamento e idealização da História [...] as repristinações se colocam como uma deformação do tempo histórico, mas fugaz para um passado mítico e anistórico".

Por sua vez, Maturino Luz admite a produção de réplicas para fins didáticos e preservacionistas, salientando que determinados monumentos podem estar expostos a vandalismos e condições climáticas adversas, de modo que sua substituição por réplicas pode ser uma atitude sensata, desde que as obras originais permaneçam em museus, acessíveis à comunidade[67]. A réplica poderá ser admitida quando fizer parte de um contexto histórico-cultural que incentiva e valoriza a busca de obras referenciais para recriar uma nova arquitetura. O autor menciona o exemplo do antigo prédio sede dos Correios e Telégrafos de Porto Alegre, projeto do arquiteto alemão Theodor Wierdersphan (1878-1952), que, na composição dos volumes da fachada principal, e especialmente na torre, se inspirou na Neue Hauptbanhof de Wiesbaden, sua cidade natal. Maturino explica que, na arquitetura chamada "historicista", a busca por referenciais e até mesmo reproduções de edificações ou partes delas (como é o caso da torre) era vista como virtude do profissional que realizava a tarefa.

Também há casos em que a reconstrução tem um sentido didático e dissuasório para a coletividade, inibindo novas destruições do patrimônio numa comunidade ainda pouco conscientizada sobre a importância de preservá-lo. A respeito, Ana Lúcia Meira aponta para o incêndio que, em 2004, destruiu um casarão tombado pelo Iphan, conhecido como casa Dalla Zen e localizado no município de Antônio Prado, no Rio Grande do Sul. Neste episódio, o próprio Iphan determinou a reconstrução da casa como forma de evitar que os proprietários de casarões vizinhos destruíssem seus respectivos bens, na expectativa de edificar novos prédios[68].

Todos esses exemplos evidenciam a constatação de que o reconhecimento da gama de valores culturais associados ao bem é imprescindível para nortear as decisões sobre restauração, inclusive porque, como adverte Choay, muitos deles podem estar em conflito: "o valor de ancianidade de um bem cultural, exclui o de novidade e ameaça também o valor de uso e o histórico. Mas o valor de uso contraria frequentemente o valor artístico relativo e o histórico"[69]. Esses e outros impasses devem ser resolvidos no caso concreto, considerando-se

---

[67] Maturino Luz, "Réplicas ou 'réplicas'?", *Ciências e Letras*, n° 31, jan.-jun. 2002, pp. 241-51.

[68] Ana Lúcia Meira Goelzer, *op. cit.*, p. 380.

[69] Françoise Choay, *op. cit.*, p. 170. O conceito de valor de ancianidade foi desenvolvido por Riegel, no início do séc. XX, e refere-se à idade do monumento e às marcas que o tempo lhe imprime. Diferentemente do valor histórico, que remete a um saber, o de ancianidade é percebido de imediato por todos.

o estado da edificação ou monumento e o contexto social e cultural em que se insere.

A respeito dessa colisão de valores culturais quando da definição da forma de restaurar, Kühl ensina que, se um bem é declarado como de valor cultural em virtude do seu valor artístico, o restabelecimento da instância artística deve ser enfatizado quando da restauração[70]. Se a instância artística tiver sido destruída, não haverá como reproduzi-la sem a perpetração de um falso estético. Tal preocupação transparece na obra de Cesare Brandi, que afirma que, diversamente do que ocorre com a restauração de produtos industriais e sua funcionalidade, na restauração de uma obra de arte, ainda que tal obra tenha um objetivo funcional, como as obras de arquitetura em geral, o objetivo da restauração é resgatar os atributos artísticos do bem, sem os quais este não se qualifica como uma obra de arte. Assim, "qualquer comportamento em relação à obra de arte, nisso compreendendo a intervenção de restauro, depende de que ocorra o reconhecimento ou não da obra de arte como obra de arte"[71]. Para o autor, "a restauração constitui o momento metodológico do reconhecimento da obra de arte, na sua consistência física e na sua dúplice polaridade estética e histórica, com vistas à sua transmissão para o futuro"[72].

Também Camillo Boito adverte que "para bem restaurar é necessário amar e entender o monumento"[73], tendo em vista que qualquer ação, por mais restrita que seja, até mesmo obras de manutenção ou uma limpeza, gera mudanças na leitura da obra, implica modificações. Tais circunstâncias demandam da equipe de restauradores, a par de uma formação profissional sólida em conhecimentos sobre história da arte, arquitetura, composição de materiais e suas reações químicas, grande senso ético, de tal modo que não ocorra o cancelamento de fatos históricos.

No mesmo sentido, Françoise Choay afirma que a restauração de bens culturais requer prática específica e pessoas especializadas, que conheçam história da arte e da arquitetura, sem o que as intervenções no bem cultural podem desencadear danos ainda maiores. A autora exemplifica com um episódio ocorrido na França em 1835, quando da restauração da igreja de Saint-Savin. A

---

[70] Beatriz Mugayar Kühl, "História e ética na conservação e na restauração de monumentos históricos", *Revista CPC*, nº 1, nov. 2005-abr. 2006, p. 31.

[71] Cesare Brandi, *op. cit.*, pp. 27-8: "Como produto da atividade humana, a obra de arte coloca, com efeito, uma dúplice instância: a instância estética que corresponde ao fato basilar da artisticidade pela qual a obra de arte é obra de arte; a instância histórica que lhe compete como produto humano realizado num certo tempo e lugar e que em certo tempo e lugar se encontra" (pp. 29-30). A utilidade do objeto é secundária.

[72] *Ibid.*, p. 30.

[73] Camillo Boito, *Os restauradores*, Cotia: Ateliê Editorial, 2002, *apud* Kühl, *op. cit.*, p. 32.

abóboda do prédio encontrava-se cheia de fissuras e os arquitetos da época não detinham conhecimentos sobre arquitetura histórica. Então, a fissura longitudinal da abóbada da igreja foi cimentada, desconsiderando-se por completo os afrescos que a adornavam[74]. Também alertando para a necessidade de uma boa experiência profissional, Meira aponta que, para iniciar o processo de restauração, deve-se "estudar a trajetória do bem, entender sua configuração, verificar os valores, diagnosticar os problemas e definir os conceitos e critérios em relação ao mesmo"[75].

CONCLUSÕES

O presente estudo limitou-se a demonstrar os diferentes enfoques existentes quanto às formas de reparação do dano ao patrimônio cultural, sem qualquer pretensão de esgotar o tema. Observa-se que, quando ocorre dano ao ambiente natural, existe uma relação de equivalência funcional entre o bem degradado e os bens ambientais substitutivos, o que conduz à opção pela restauração *in situ*. Por outro lado, a reparação do dano ao patrimônio cultural é muito mais laboriosa, porquanto o dano terá atingido "a aura" do patrimônio, justamente o conjunto de valores imateriais que justificavam seu reconhecimento como um bem cultural. Todavia, a opção pela indenização pecuniária como forma de ressarcimento do dano ao bem destruído irreversivelmente não deve ser automática. O processo decisório, ainda que norteado por questões técnicas e pelos conceitos consagrados nas cartas patrimoniais, não pode dispensar a participação popular, vislumbrando-se na comunidade a destinatária da proteção jurídica.

Nesse momento, torna-se imprescindível identificar quais valores seriam "recuperados" com a reconstrução. Certamente, os valores artísticos, de autenticidade e históricos serão irrecuperáveis. Todavia, a imagem do passado, sobretudo diante das causas da destruição – uma guerra, um terremoto, a prática de um crime contra o patrimônio – podem vir a mobilizar a população no sentido de manifestar desejos genuínos de reconstrução do bem.

Assim, após um processo de consulta à população, e verificando-se que o dano atingiu valores importantes e autênticos de identidade e memória dessa população, poderá ser tolerada a reconstrução. Para isso, será necessário observar que os materiais e a linguagem arquitetônica sejam distintos da obra original, estabelecendo-se como principal objetivo a reconfiguração morfológica para preservar a ambiência e a memória da coletividade. Nesse caso, o registro

---

[74] Françoise Choay, *op. cit.*, pp. 150-1.

[75] Ana Lúcia Meira Goelzer, *op. cit.*, p. 75.

da reconstrução, bem como do próprio evento danoso, deve ser assegurado como forma de preservação da história do bem.

Réplicas idênticas devem ser evitadas, salvo em situações ainda mais excepcionais, após um processo de ponderação entre os diversos valores existentes no caso concreto, em que fique evidente o interesse público pela reconstrução. Segue nesse sentido o exemplo de Antônio Prado, em que a reconstrução da casa Dalla Zen, autorizada pelo Iphan, teve o objetivo de dissuadir a população quanto à prática de atos lesivos ao patrimônio.

MINORIAS LINGUÍSTICAS NO PROCESSO JUDICIAL BRASILEIRO

- Edilson Vitorelli -

PANORAMA HISTÓRICO DOS POVOS INDÍGENAS NO BRASIL

Ao contrário do que ocorre na América espanhola, a população indígena é pequena no Brasil, tanto em número quanto em representatividade[1]. A situação atual decorre de sucessivos processos de exclusão. Após a descoberta do país pelos portugueses, os colonizadores não hesitaram em assassinar os nativos, tanto de modo direto quanto pelo fomento dos conflitos intertribais já existentes.

A forte religiosidade portuguesa, visível desde o primeiro documento sobre o Brasil – a carta de Pero Vaz de Caminha, que fazia referência às "almas dos índios a converter" –, não foi suficiente para conter a ganância do colonizador. Em 1537, a bula *Sublimis Deus*, do papa Paulo III, exigia dos católicos respeito aos índios e às suas propriedades, pressupondo sua racionalidade. A bula, considerada um dos primeiros documentos a tratar da proteção internacional dos direitos humanos, afirma:

> [...] fazendo uso da autoridade apostólica, determinamos e declaramos pelas presentes palavras que ditos índios, assim como todas as gentes que no futuro venham a chegar ao conhecimento dos cristãos, ainda que vivam fora da fé cristã, podem usar, possuir e gozar livremente e licitamente de sua liberdade e do domínio de suas propriedades, que não devem ser reduzidos à servidão e que tudo que seja feito de outro modo é nulo e sem valor; igualmente declaramos que ditos índios e demais povos devem ser convidados a abraçar a fé de Cristo por meio da pregação da palavra de Deus e com o exemplo de vida boa[2].

---

[1] De acordo com dados de 2010, 896 mil pessoas se declaram indígenas no Brasil. Apenas oito etnias têm mais de 20 mil pessoas.

[2] Disponível em: <www.vatican.va>. Acesso em: 16 maio 2011.

Como viria a se tornar tradição no Brasil, o conteúdo da norma não foi aplicado. Os índios foram escravizados, no intuito de prover mão de obra ao colonizador. Como demonstra Maria Regina Celestino de Almeida, uma das primeiras interações entre índios e portugueses se deu pelo trabalho, com a "contratação" dos índios para a extração de pau-brasil, mediante remuneração em ferramentas. Não se deve, adverte a autora, desprezar o caráter sinalagmático dessas transações. Embora seja comum dizer que os índios eram pagos com quinquilharias (espelhos, anzóis etc.), "os variados objetos de troca tinham diferentes valores e significados para os grupos envolvidos. Se objetos valiosos para os europeus podiam ser trocados por bagatelas pelos índios, estes, por sua vez, exigiam muito pelo que consideravam raro e valioso"[3].

Com o avanço da colonização e a presença mais constante dos europeus no Brasil, a hostilidade entre os índios e destes para com o colonizador se tornou cada vez mais aguda, culminando em combates e mortandade em larga escala. A introdução de doenças exóticas, para as quais os índios não tinham defesas naturais, também contribuiu para a maciça redução das populações indígenas nas áreas colonizadas. Notando a natureza ardilosa dos recém-chegados, que frequentemente descumpriam seus compromissos, os índios se voltaram, cada vez mais, contra os colonizadores, o que gerou um considerável número de embates entre colonizadores e colonizados[4]. Entretanto, mesmo após a drástica redução da população indígena, o trabalho desta continuou de fundamental importância para a colonização do país. Afirma Maria Regina Celestino de Almeida:

> *Ao contrário do que costuma ser sugerido pela historiografia, o trabalho indígena, inclusive na agricultura, foi fundamental nas várias regiões da colônia, enquanto não foi substituído pelo escravo negro, como demonstrou Stuart Schwartz. Sua importância e frequência variavam, conforme as regiões e as temporalidades, por fatores diversos, entre os quais se deve ressaltar a alta mortalidade indígena e a recusa ao trabalho. Sem aprofundar essa discussão, vale lembrar, ainda com Schwartz, que na Bahia, no século XVI, o trabalho dos escravos negros só se intensificou quando a mão de obra indígena já não era suficiente para suprir as necessidades da lavoura*[5].

---

[3] Maria Regina Celestina de Almeida, *Os índios na história do Brasil*, Rio de Janeiro: Editora FGV, 2010, pp. 41 ss.

[4] *Ibid.*, pp. 45 ss.

[5] *Ibid.*, p. 75.

Além da exploração pelo trabalho, à medida que a colonização avançou, demandando ocupação de novos territórios para a exploração de outras riquezas, sobretudo minerais, os índios foram sucessivamente expulsos de suas terras, processo que se estende até os dias atuais.

SITUAÇÃO DOS ÍNDIOS E DO DIREITO INDIGENISTA BRASILEIRO NO SÉC. XX

Os povos indígenas que chegaram ao séc. XX no Brasil poderiam ser enquadrados, de modo simplificado, em um dos seguintes grupos: a) aqueles que se localizam em áreas muito pouco povoadas conseguiram manter suas raízes culturais, desde que a área por eles ocupada não fosse de interesse dos povos envolventes. Assim, os povos que ocupam áreas mais remotas da Amazônia garantiram sua continuidade; b) aqueles que ocupavam áreas de interesse econômico rural foram expulsos ou tiveram seus territórios muito reduzidos. Contudo, vários desses grupos permaneceram no meio rural, preservando, ainda que parcialmente, suas tradições culturais; c) aqueles que ocupavam áreas de interesse urbano foram dizimados física e, sobretudo, culturalmente, num processo a que se convencionou chamar de aculturação. Logo, é possível dizer que, em regra, o tamanho das comunidades indígenas no Brasil é inversamente proporcional ao interesse econômico dos não índios sobre a propriedade indígena.

Esse diagnóstico é curioso porque, desde 1934, as Constituições brasileiras garantem aos índios a propriedade de suas terras[6]. Não é a falta de textos legais que aflige as comunidades indígenas, mas sim a falta de execução desses textos. Ainda sob a vigência da atual Constituição é possível encontrar muitos casos de homicídios de índios ligados a disputas de terras.

Na década de 1970, os povos indígenas começaram a se organizar politicamente, demandando, sobretudo, a garantia de suas terras. Em 1973 foi editado o ainda vigente Estatuto do Índio, Lei nº 6.001/1973, que é a principal lei interna que disciplina a questão. Essa norma, contudo, partiu do pressuposto de que os índios deveriam ser "integrados à comunhão nacional". Isso significa que os direitos eram garantidos aos índios numa situação que deveria ser transitória[7]. O Estatuto considera, explicitamente, a condição indígena como algo que os próprios índios almejariam abandonar.

---

[6] Constava do texto constitucional de 1934: "Art. 129: Será respeitada a posse de terras de silvícolas que nelas se achem permanentemente localizados, sendo-lhes, no entanto, vedado aliená-las".

[7] Lei nº 6.001/1973, art. 1º: "Esta Lei regula a situação jurídica dos índios ou silvícolas e das comunidades indígenas, com o propósito de preservar a sua cultura e integrá-los, progressiva e harmoniosamente, à comunhão nacional".

No contexto em que foi editado, o Estatuto do Índio representou, de fato, um avanço na proteção dos direitos indígenas, já que, antes dele, quase nenhuma regulamentação havia. Contudo, por trás de declarações bem-intencionadas de harmonia, preservação da cultura e "integração", a pretensão da norma era, de modo "progressivo e harmonioso", fazer com que os índios deixassem de existir enquanto tais, passando a integrar uma chamada "comunhão nacional" que nada mais era do que a sociedade não indígena. O Estatuto do Índio, embora tenha trazido importantes normas de proteção dos índios, não albergava o mais importante dos direitos, que é o de continuar existindo como índio. Não se reconheceu que os índios já fazem parte da comunhão nacional, preferindo-se estimular a extinção progressiva dos traços culturais diferenciados das comunidades indígenas.

É verdade que o legislador brasileiro de 1973 não estava totalmente desvinculado do pensamento internacional em matéria de comunidades tradicionais. A OIT, que tradicionalmente tem abraçado a discussão e edição de normas nessa matéria, ainda mantinha vigente nesse período a Convenção 107, "Concernente à proteção e integração das populações indígenas e outras populações tribais e semitribais de países independentes".

Apesar de editada pela OIT, a Convenção 107 vai muito além da questão do trabalho, estabelecendo normas gerais voltadas para os povos indígenas. Essa convenção defendia a integração progressiva dos povos indígenas à vida dos respectivos países, mesmo que vedasse medidas de "assimilação artificial dessas populações". Seus vetores para as medidas de integração eram o desenvolvimento da dignidade, da utilidade social e da iniciativa do indivíduo. Estavam ombreadas, portanto, a dignidade e a "utilidade social", demonstrando a importância do trabalho como elemento de integração dos índios, que poderiam, então, passar da inutilidade à "utilidade social".

Assim, se o legislador de 1973 não estava à frente de seu tempo, também não se pode dizer que estivesse muito atrás. Apenas na década de 1980 a OIT começou a discutir um novo paradigma normativo que albergasse o direito e ser e de permanecer índio. A nova versão da Convenção foi aprovada sob o número 169 e adotada em 1989, sendo internalizada no direito brasileiro pelo Decreto nº 5.051, de 2004.

Concomitantemente à discussão da Convenção 169 no âmbito da OIT, foram inaugurados os trabalhos da Assembleia Nacional Constituinte de 1988, a primeira constituição democrática em mais de vinte anos. Os índios, já organizados politicamente, participaram intensamente dos debates. A Constituição editada trouxe significativo avanço no tratamento da questão, reconhecendo aos índios sua organização social, costumes, línguas, crenças e tradições, sem mencionar qualquer possibilidade de movimento integracionista. A Convenção

169, incorporada ao direito brasileiro em 2004, reforçou essas previsões ao dispor que a responsabilidade dos governos é com a proteção dos direitos e o respeito à integridade das comunidades[8]. Sendo assim, caberia a elas próprias definir suas prioridades de desenvolvimento, inclusive a possibilidade de permanecer no estado em que se encontram, recusando a adoção de políticas públicas que pudessem lhes atingir, mesmo que de modo favorável[9].

A Convenção 169 da OIT atende, em grande medida, às pretensões dos grupos indígenas, com a garantia do direito à terra, à consulta prévia em relação às políticas públicas que os afetem e à manutenção de seus costumes e tradições, dentre outros direitos.

O problema é que, por uma situação cujas causas são difíceis de precisar, os tribunais brasileiros se negam a aplicar a Convenção. Não que a recusem explicitamente, ou lhe apontem algum vício. Ela é simplesmente ignorada. Apenas para que se tenha uma noção desse cenário, numa pesquisa nas decisões de todos os tribunais federais brasileiros[10], que são os que tratam de questões indígenas, é possível encontrar 1.209 julgados que fazem referência à palavra "índio" e apenas 8 que contêm as palavras "Convenção 169 OIT". Dessas 8 decisões, nem todas tratam de questões indígenas e nenhuma delas é originária do STJ ou do STF.

Se essa é a situação em relação à Convenção 169 da OIT, que é norma devidamente internalizada no direito brasileiro, muito pior é o cenário para a Declaração das Nações Unidas sobre os Direitos dos Povos Indígenas. Esse documento, em vários aspectos mais avançado que a Convenção 169, foi considerado pelo STF, no julgamento do caso "Raposa Serra do Sol", como *"soft law"*, não criando nenhum tipo de obrigação vinculante para o Estado brasileiro.

Por essa razão, o que vigora efetivamente nos tribunais brasileiros, em relação aos índios, é o Estatuto de 1973. São comuns as referências a termos e situações proscritos pelos estudos indigenistas mais atuais, como "aculturação", "integração", "silvícola", "incapacidade civil" etc. Também são comuns decisões que negam liminarmente a condição indígena de pessoas pelas razões mais discutíveis, como o fato de serem alfabetizadas, falarem português, votarem ou mesmo saber pilotar uma motocicleta.

---

[8] Art. 2º: "Os governos terão a responsabilidade de desenvolver, com a participação dos povos interessados, uma ação coordenada e sistemática para proteger seus direitos e garantir respeito à sua integridade".

[9] Art. 7º Os povos interessados terão o direito de definir suas próprias prioridades no processo de desenvolvimento na medida em que afete sua vida, crenças, instituições, bem-estar espiritual e as terras que ocupam ou usam para outros fins, e de controlar, na maior medida possível, seu próprio desenvolvimento econômico, social e cultural. Além disso, eles participarão da formulação, implementação e avaliação de planos e programas de desenvolvimento nacional e regional que possam afetá-los diretamente.

[10] Disponível em: <www.jf.jus.br/juris/unificada>.

Esses entendimentos são aplicados sobretudo em matéria criminal. O Estatuto do Índio garantiu aos indígenas pelo menos dois direitos: a atenuação da pena em razão do maior ou menor grau de compreensão da ilicitude da conduta (art. 56 da Lei n° 6.001/1973) e o cumprimento das penas privativas de reclusão e detenção em regime de semiliberdade, no local de funcionamento do órgão federal de assistência aos índios mais próximos da habitação do condenado (art. 56, § ún.).

Apesar disso, há inúmeras decisões judiciais dos tribunais superiores que tornam dispensável a realização de perícia antropológica, podendo o juiz avaliar, pelo que consta dos autos, o grau de compreensão da conduta pelo índio[11]. Se entender que a compreensão é ampla, poderá tratá-lo como se índio não fosse, pelo simples reconhecimento de que se trata de um "índio integrado à sociedade".

O PROBLEMA LINGUÍSTICO

Embora não se saiba o número de línguas faladas pelos índios na época da colonização, estudiosos estimam que esse número girasse em torno de 1.200 línguas diferentes[12]. Inicialmente, os catequizadores jesuítas procuraram aprender as línguas indígenas e transmitir-lhes o evangelho em suas próprias línguas.

Com o tempo, a necessidade de fortalecer a colonização fez com que os portugueses tentassem reforçar a identidade do território colonial. A variedade linguística foi vista como um óbice para tanto. Em 1701, a Coroa portuguesa recomendava aos religiosos ensinar aos índios a língua portuguesa. Em 1757, no contexto das reformas do Marquês de Pombal, foi publicado o Diretório dos Índios[13], o primeiro documento oficial do Estado português em que se buscava "civilizar" os índios. O Diretório determinava que se deveria persuadir os índios ao trabalho, ao cultivo de suas terras, abandonando o que é classificado como "ociosidade", ao comércio dos bens que produzissem e a diversos outros comportamentos compatíveis com os costumes do colonizador. Em especial, em relação à língua, estabelecia o Diretório:

---

[11] Nesse sentido, são exemplos do STJ a decisão do HC 30113, rel. min. Gilson Dipp, DJ 16 nov. 2004, e HC 25003, rel. min. Paulo Medina, DJ 1° dez. 2003. É interessante a decisão, pelo STF, do HC 85198, rel. min. Eros Grau, julg. 17 nov. 2005, na qual, embora se tenha dispensado a emissão do laudo antropológico, se garantiu ao índio o cumprimento da pena no regime de semiliberdade.

[12] Cf. Aryon Dall'Igna Rodrigues, *Línguas brasileiras*, São Paulo: Loyola, 1986.

[13] O texto integral do Diretório dos Índios está disponível em: <www.nacaomestica.org/diretorio_dos_indios.htm>.

> *Sempre foi máxima inalteravelmente praticada em todas as nações que conquistaram novos domínios introduzir logo nos povos conquistados o seu próprio idioma, por ser indisputável que este é um dos meios mais eficazes para desterrar dos povos rústicos a barbaridade dos seus antigos costumes; e ter mostrado a experiência que, ao mesmo passo que se introduz neles o uso da língua do príncipe que os conquistou, se lhes radica também o afeto, a veneração e a obediência ao mesmo príncipe. Observando pois todas as nações polidas do mundo esse prudente e sólido sistema, nesta conquista se praticou tanto pelo contrário que só cuidaram os primeiros conquistadores de estabelecer nela o uso da língua que chamaram geral, invenção verdadeiramente abominável e diabólica, para que, privados os índios de todos aqueles meios que os podiam civilizar, permanecessem na rústica e bárbara sujeição em que até agora se conservavam. Para desterrar esse perniciosíssimo abuso, será um dos principais cuidados dos diretores estabelecer nas suas respectivas povoações o uso da língua portuguesa, não consentindo por modo algum que os meninos e as meninas que pertencerem às escolas, e todos aqueles índios que forem capazes de instrução nessa matéria, usem da língua própria das suas nações, ou da chamada geral, mas unicamente da portuguesa, na forma que Sua Majestade tem recomendado em repetidas ordens, que até agora se não observaram com total ruína espiritual e temporal do Estado.*

Esse processo de integração contribuiu enormemente para a dilapidação do patrimônio linguístico nacional. Como nota Inês Virgínia Prado Soares[14], o aparato estatal foi dirigido ao fomento do monolinguismo.

Atualmente, apesar de haver algum desacordo entre os estudiosos acerca da distinção entre línguas e dialetos indígenas[15], pesquisas apontam a presença de 274 línguas indígenas no Brasil[16]. Ainda que seja uma riqueza notável, também não se pode deixar de lamentar a perda já verificada nesses séculos de

---

[14] Inês Virgínia Prado Soares, "Cidadania cultural e direito à diversidade linguística". Disponível em: <www.buscalegis.ufsc.br/revistas/files/anexos/33292-42442-1-PB.pdf>. Acesso em: 27 fev. 2013.

[15] Para uma introdução didática a esse problema cf. Denny Moore, "Línguas indígenas: situação atual, levantamento e registro". Disponível em: <www.labjor.unicamp.br/patrimonio/materia.php?id=213>. Acesso em: 27 fev. 2013.

[16] São 274 as línguas registradas pelo Instituto Brasileiro de Geografia e Estatística no censo realizado em 2010. Há referências bibliográficas referindo-se a 180 ou 210 línguas. Aryon Dall'Igna Rodrigues menciona 181 línguas indígenas (Aryon Dall'Igna Rodrigues, "Sobre as línguas indígenas e sua pesquisa no Brasil"). Disponível em: <cienciaecultura.bvs.br/pdf/cic/v57n2/a18v57n2.pdf>. Acesso em: 27 fev. 2013.

colonização. Além das línguas já extintas, Seki[17] observa que, atualmente, apenas 25 das línguas sobreviventes têm mais de 5 mil falantes. De acordo com dados da Unesco, 12 foram recentemente extintas, 45 estão em grave risco de extinção, 19 em sério risco de extinção, 17 estão em risco e 97 são vulneráveis. Isso significa que 190 das 274 línguas correm o risco de desaparecer num prazo relativamente curto.

O que se percebe é que há pouca penetração institucional acerca da necessidade de preservação e mesmo do valor das línguas indígenas. Há muito poucas políticas públicas instituídas para a preservação dessas línguas, bem como pouco financiamento governamental para tal finalidade. Esse não é um quadro novo, já que, em 1991, Ana Valéria Leitão observou que o Estatuto do Índio já tinha sido traduzido para o inglês e para o francês, mas ainda não tinha sido vertido para nenhuma das línguas indígenas faladas no Brasil[18].

Sob o panorama jurídico, o ordenamento brasileiro tem contribuído pouco para a reversão desse quadro. Ainda que a CF 1988 tenha garantido aos índios a preservação de suas tradições (art. 231), o texto relativo à educação é no mínimo ambíguo, ao afirmar (art. 210, § 2°) que "O ensino fundamental regular será ministrado em língua portuguesa, assegurada às comunidades indígenas também a utilização de suas línguas maternas e processos próprios de aprendizagem". A locução "também" parece indicar que seria obrigatório o ensino do português aos índios.

A Lei n° 9.394/1996, Lei de Diretrizes e Bases da Educação, reflete essa ambiguidade constitucional. A disposição constitucional é repetida em seu art. 32, § 3°. Posteriormente, o art. 78 estabelece a educação escolar bilíngue, mas o art. 79 determina o fortalecimento das práticas socioculturais e da língua materna de cada comunidade indígena, sem tomar posição específica sobre o ensino obrigatório do português.

A Constituição brasileira foi muito tímida nesse aspecto. Várias constituições latino-americanas têm dispositivos melhores em relação à proteção da diversidade linguística. A Constituição mexicana, por exemplo, garante aos próprios índios, já no art. 2°, o direito de preservar e enriquecer suas próprias línguas, sem determinar o ensino do castelhano. A Constituição do Paraguai (art. 140) considera o país como bilíngue, reconhecendo o guarani como língua oficial. A Constituição boliviana vai mais longe e exige que todos os documentos oficiais sejam redigidos em pelo menos duas das 37 línguas reconhecidas como oficiais, sendo estas o castelhano e 36 línguas indígenas diferentes (art.

[17] Lucy Seki, "Línguas indígenas do Brasil no limiar do século XXI", *Impulso*, n° 27, 2000, pp. 233-56.

[18] Ana Valéria Nascimento Araújo Leitão, "Direitos culturais dos povos indígenas", em: Juliana Santilli (org.), *Os direitos indígenas e a Constituição*, Porto Alegre: Sérgio Antônio Fabris, 1993, pp. 225-40.

5º). É preciso reconhecer, nesse contexto, que, embora a Constituição brasileira de 1988 tenha representado um considerável avanço, ela não é mais avançada que os textos de outros países da América Latina[19].

Dessa maneira, uma leitura literal do texto constitucional pode ensejar a conclusão de que se deveria impor aos grupos indígenas o ensino do idioma português, mesmo contra a vontade do grupo, o que seria inaceitável. Obrigar o ensino de uma língua externa à comunidade é um enorme passo para sua desagregação cultural. Felizmente, o referencial curricular nacional para as escolas indígenas, elaborado pelo Ministério da Educação em 1998, esclarece esse problema:

> *Uma outra causa que explica o desaparecimento de línguas indígenas é o deslocamento sociolinguístico. Isso acontece quando, em situações de bilinguismo, a língua dominante vai, pouco a pouco, ocupando o território comunicativo da língua dominada. Suponhamos, por exemplo, que numa certa comunidade a língua usada no ambiente familiar, nas relações com a vizinhança e nos ritos religiosos seja uma língua indígena e que a língua portuguesa seja usada unicamente nas relações de trabalho que envolvem não índios. Se a comunidade tiver claro que cada língua tem seu território, seu domínio, e se ela mantiver cada língua em seu lugar específico, então a tendência é que seus membros permaneçam bilíngues. O problema, no entanto, é que devido à pressão social contra o uso das línguas indígenas, seus falantes passam a usar a língua portuguesa em ambientes que tradicionalmente não lhe pertencem. Quando isto acontece, por exemplo, no interior do ambiente familiar, a língua indígena enfraquece, porque perde forças e falantes: as crianças vão crescer falando o português. Práticas religiosas com cantos e rezas "importados" são uma das inúmeras outras portas de entrada através das quais a língua oficial vai expulsando a língua indígena de seus territórios tradicionais e vai ganhando cada vez mais força dentro da própria comunidade. Essas "invasões linguísticas", depois de algum tempo, podem fazer com que uma língua indígena acabe desaparecendo. Ela desaparece porque deixa de ter razão de existir. Desaparece porque já não serve para quase nada, porque já não tem mais funções importantes dentro da aldeia. É importante ressaltar que, de modo geral, a perda de uma língua indígena se dá tão rapidamente que seus falantes quase nunca percebem o que está acontecendo. É bastante comum que num*

---

[19] São comuns referências de autores, especialmente os não juristas, de que a CF 1988 seria muito avançada e seria a responsável pelos avanços na questão indígena no Brasil. É preciso matizar esse ufanismo constitucional. Embora tenha significado avanços, a Constituição tem defeitos e, por si só, não é capaz de mudar a realidade. De todo modo, é necessário observar que a pesquisa realizada se refere ao que Roscoe Pound chamou de *law in books* e não de *law in action*, de modo que a existência de um bom texto não quer dizer, necessariamente, uma boa prática de proteção e implementação de direitos.

espaço de apenas três gerações uma comunidade, antes monolíngue em língua indígena, se torne bilíngue (português/língua indígena) e depois volte a ser monolíngue novamente: só que, desta vez, monolíngue em língua portuguesa[20].

O Ministério da Educação, ao editar o referencial curricular nacional para as escolas indígenas, em 1998, elegeu como fundamento básico a autodeterminação, afirmando que as sociedades indígenas "têm o direito de decidirem seu destino, fazendo suas escolhas, elaborando e administrando autonomamente seus projetos de futuro". Além disso, o documento relembra que "no caso das escolas indígenas, para que seja garantida uma educação diferenciada, não é suficiente que os conteúdos sejam ensinados através das línguas maternas: é necessário incluir conteúdos curriculares propriamente indígenas e acolher modos próprios de transmissão do saber indígena".

O texto do referencial curricular é muito consciencioso quanto à preservação da autonomia das comunidades, de maneira que, se alguma delas se opusesse ao ensino do português, não haveria fundamento para obrigá-la. Mesmo em comunidades bilíngues, o referencial determina que, sempre que possível, a língua indígena seja ensinada como primeira língua e seja a língua de instrução oral e escrita. O português, nessas situações, deve ser ensinado como segunda língua, nos moldes de uma língua estrangeira.

É essencial, portanto, fazer a leitura do art. 209, § 2º da Constituição em conjunto com seu art. 231, entendendo que o direito de preservação das tradições inclui o direito de negar o ensino do português às novas gerações. De todo modo, melhor seria se a própria Constituição tivesse sido explícita em relação a essa questão, especialmente quando se considera que, historicamente, o ensino forçado do português foi uma importante ferramenta de colonização e de desagregação da cultura indígena.

EXCLUSÃO LINGUÍSTICA DOS POVOS INDÍGENAS PELO PODER JUDICIÁRIO

Em 2010, a ONU divulgou relatório afirmando que um terço da população que vive em situação de extrema pobreza no mundo, estimada em 900 milhões de pessoas, é composta por índios. Em todos os países, as populações indígenas estão em situação socioeconômica pior que a população envolvente[21].

---

[20] Disponível em: <www.dominiopublico.gov.br/download/texto/me002078.pdf>.

[21] É claro que esse dado tem finalidade unicamente comparativa e leva em consideração os parâmetros de boa vida estabelecidos pela sociedade capitalista majoritária. Isso não significa necessariamente que, da perspectiva do próprio índio, ele se considere mais pobre que um não índio.

O Brasil não é exceção. As comunidades indígenas atuais refletem o histórico de exploração que perpassou seu contato com o colonizador. Elas têm acesso muito restrito a educação, saúde, saneamento ou quaisquer outras comodidades básicas. De modo especial, as terras garantidas aos índios são usualmente insuficientes para a manutenção de seu modo de produção, que não é o de exploração capitalista.

Apesar de tudo isso, o que se quer ressaltar no presente artigo não é a exclusão social do índio, mas sua exclusão no âmbito do Poder Judiciário. O poder Judiciário brasileiro consolidou entendimentos conservadores e prejudiciais aos índios, o que é de todo lamentável, considerando o papel de guardião de direitos fundamentais que lhe foi atribuído pela Constituição. Duas modalidades de exclusão judiciária têm relação com a questão linguística: a exclusão da identidade indígena e a proibição de se manifestar em sua própria língua.

A EXCLUSÃO IDENTITÁRIA

O Estatuto do Índio, de 1973, garantiu direitos aos índios que eram derivados dessa condição. Entretanto, o paradigma do Estatuto considerava a condição de índio como transitória, destinada à extinção, motivo pelo qual os direitos nele previstos não se aplicariam aos índios já integrados[22]. Como ser ou não ser índio não é uma situação de constatação unívoca, o Poder Judiciário passou a analisar demandas de índios por direitos como dependentes de uma questão preliminar: se o interessado é ou não é índio.

Instituições comprometidas com a defesa judicial dos povos indígenas, como o MPF, defendem insistentemente que a constatação de identidade indígena deve ser regida pelo princípio do autorreconhecimento, extraído da Convenção 169 da OIT[23]. Aplicado esse princípio, se houvesse necessidade de algum tipo de análise da condição indígena, entende o Ministério Público que ela deveria ser feita pela elaboração de laudo antropológico. O antropólogo é o profissional tecnicamente habilitado a avaliar a compreensão cultural que o índio tem da situação submetida à apreciação judicial.

Esses critérios, todavia, não prevalecem no Poder Judiciário. Os tribunais, inclusive os superiores, entendem que é possível atribuir ou negar a alguém a

---

[22] Integrados, na definição do Estatuto (art. 4º, III), são os índios "incorporados à comunhão nacional e reconhecidos no pleno exercício dos direitos civis, ainda que conservem usos, costumes e tradições característicos da sua cultura". O Estatuto procura apresentar essa integração como algo positivo, que garante direitos ao índio, afirmando que ele estará liberado da tutela do órgão indigenista ("Art. 10. Satisfeitos os requisitos do artigo anterior e a pedido escrito do interessado, o órgão de assistência poderá reconhecer ao índio, mediante declaração formal, a condição de integrado, cessando toda restrição à capacidade, desde que, homologado judicialmente o ato, seja inscrito no registro civil").

[23] Art. 1º, 2. A consciência de sua identidade indígena ou tribal deverá ser considerada como critério fundamental para determinar os grupos aos que se aplicam as disposições da presente Convenção.

condição de índio pela análise de variados elementos que constem do processo. Um deles é o domínio da língua portuguesa. Ainda que a própria Constituição dê margem para se entender que o ensino do português é obrigatório, o domínio dessa língua é um dos fatores que podem fazer com que o índio tenha negada sua condição. Os exemplos vêm do STF e do STJ:

> *Índio condenado pelos crimes de tráfico de entorpecentes, associação para o tráfico e porte ilegal de arma de fogo. É dispensável o exame antropológico destinado a aferir o grau de integração do paciente na sociedade se o juiz afirma sua imputabilidade plena com fundamento na avaliação do grau de escolaridade, da fluência na língua portuguesa e do nível de liderança exercida na quadrilha, entre outros elementos de convicção. Precedente. (HC 85198, Eros Grau, STF)*

> *Não é indispensável a realização de perícia antropológica, se evidenciado que o paciente, não obstante ser índio, está integrado à sociedade e aos costumes da civilização. Se os elementos dos autos são suficientes para afastar quaisquer dúvidas a respeito da inimputabilidade do paciente, tais como a fluência na língua portuguesa, certo grau de escolaridade, habilidade para conduzir motocicleta e desenvoltura para a prática criminosa, como a participação em reuniões de traficantes, não há que se falar em cerceamento de defesa decorrente da falta de laudo antropológico. IV. Precedentes do STJ e do STF. V. Para a aplicação do art. 56, § ún., da Lei nº 6.001/1973, o qual se destina à proteção dos silvícolas, é necessária a verificação do grau de integração do índio à comunhão nacional. I. Evidenciado, no caso dos autos, que o paciente se encontra integrado à sociedade, não há que se falar na concessão do regime especial de semiliberdade previsto no Estatuto do Índio, o qual é inaplicável, inclusive, aos condenados pela prática de crime hediondo ou equiparado, como ocorrido in casu. (HC 200301544950, Gilson Dipp, STJ – Quinta Turma, DJ 16 nov. 2004)*

Essa posição já repercute nos tribunais inferiores. numa decisão de poucas páginas, amparada em julgados do STJ, o Tribunal de Justiça de Mato Grosso do Sul afirmou[24] que "o indígena que entende e fala perfeitamente a língua portuguesa, que estudou até a 5ª série do ensino fundamental, que trabalha e possui carteira de trabalho, está devidamente integrado à sociedade, portanto, sujeito às leis comuns aplicáveis a todos os cidadãos".

Há uma evidente perversidade em se utilizar a degradação dos costumes indígenas, provocada pela sociedade envolvente, para negar aos índios sua própria

---

[24] Apelação criminal 2010.019022-1/0000-00, rel. des. Dorival Moreira dos Santos, julg. 26 out. 2010.

condição e os direitos que dela seriam decorrentes. O trabalho e o aprendizado compulsórios, como relatado, são elementos que perpassaram a relação entre colonizadores e índios desde o descobrimento do Brasil. Os índios não tiveram sua cultura destruída por vontade própria. Agora, a mesma sociedade que foi responsável pela destruição da cultura indígena usa essa destruição para negar aos índios os direitos que lhes são garantidos por lei.

É preciso estabelecer, ao contrário da jurisprudência majoritária, que os juízes não têm condições para definir, sem auxílio antropológico, quem é e quem não é índio e, no contexto criminal, se a cultura indígena desempenha ou não algum papel no cometimento ou na compreensão do ilícito. O simples fato de alguém ser capaz de falar português ou andar de motocicleta não deveria ter qualquer valor nessa análise.

A PROIBIÇÃO DAS LÍNGUAS INDÍGENAS NO JUDICIÁRIO: O CASO VERÓN

A outra forma pela qual o Poder Judiciário brasileiro vem contribuindo para a exclusão dos índios é pelo menosprezo ou pela proibição do uso da língua materna indígena na prática de atos processuais. É frequente que seja negado ao índio acusado de crime a assistência de um tradutor durante os atos processuais, em razão de sua compreensão da língua portuguesa. Essa situação já foi analisada pelo STF, que se pronunciou nos seguintes termos:

> *Tratando-se, por outro lado, de "índio alfabetizado, eleitor e integrado à civilização, falando fluentemente a língua portuguesa", como verificado pelo Juiz, não se fazia mister a presença de intérprete no processo. Cerceamento de defesa inexistente, posto haver o paciente sido defendido por advogado por ele mesmo indicado, no interrogatório, o qual apresentou defesa prévia, antes de ser por ele destituído, havendo sido substituído, sucessivamente, por defensor público e por defensor dativo, que ofereceu alegações finais e contrarrazões ao recurso de apelação, devendo-se a movimentação, portanto, ao próprio paciente, que, não obstante integrado à comunhão nacional, insistiu em ser defendido por servidores da Funai. (HC 79530, Ilmar Galvão, STF, julg. 16 dez. 1999)*

O argumento explícito para negar ao índio o direito à tradução em sua própria língua é um apelo à teoria tradicional das invalidades processuais, que determina que a decretação de nulidade demanda a prova do prejuízo. Assim, "a ausência do intérprete nenhum prejuízo acarretou ao acusado, que tudo entendeu e em tudo se fez entendido".

Entretanto, o que está por trás desse argumento, que é formalmente verdadeiro, é a negativa da identidade indígena ao acusado. Em vários momentos da mesma decisão há referências a que "não se está diante de índio isolado ou em via de integração" e de que "a defesa limitou-se a arguir a ausência de laudo psicológico e antropológico, sem apontar o mínimo indício de que se estava diante de caso de desenvolvimento mental incompleto".

É evidente que o laudo antropológico não se relaciona com o desenvolvimento mental do índio, afirmação que retrata a visão de que a cultura indígena é inferior, atrasada, e o índio é mentalmente deficiente. O papel do laudo é verificar a compreensão que o índio tem do delito, à luz de sua própria cultura, para auxiliar o juiz na avaliação de sua culpabilidade[25].

O que transparece da decisão é o indício de um pensamento que se repete em inúmeras outras decisões judiciais, em diferentes tribunais. O pensamento de que o índio, para receber os benefícios que a lei lhe assegura em razão de sua condição, deve ser um índio "isolado", que corresponda à imagem pré-colombiana de índio, sem qualquer desenvolvimento desde então. O índio que o Poder Judiciário espera encontrar é o índio "museu vivo", que ilustra os livros escolares.

Esse preconceito encontrou expressão ainda mais ressaltada no recente caso Verón, em que a Justiça Federal de São Paulo conduzia o julgamento, pelo tribunal do júri, dos acusados do assassinato do cacique Marcos Verón. O cacique, de 72 anos, era um dos líderes indígenas guarani-kaiowá no município de Dourados, em 2003, quando foi sequestrado, espancado, torturado e assassinado por um grupo de quatro homens armados, cujo objetivo era expulsar o grupo indígena de terras por eles ocupadas[26].

O suspeito de ser o mandante do crime, um fazendeiro altamente influente na região, teve seu julgamento desaforado para São Paulo. Por ocasião da realização do plenário do júri, em 2010, foi requerido pelo MPF que os índios que seriam ouvidos como testemunhas do crime fossem inquiridos na língua guarani. A juíza federal responsável pelo caso indeferiu o pedido, argumentando que os índios conseguiam se expressar em português. O MPF insistiu, requerendo que a juíza, antes de inquirir a testemunha, perguntasse em que língua ela se expressaria melhor, o guarani ou o português. Esse pedido também foi indeferido. Considerou a juíza que todos os índios que soubessem se expressar em português deveriam fazê-lo. A decisão é uma extensão da tese do STF, já

---

[25] Cf. nesse sentido, Ela Wiecko Volkmer de Castilho e Paula Bayer Fernandes Martins da Costa, "O Projeto de Lei do Senado nº 156, de 2009, que institui novo Código de Processo Penal e os crimes praticados contra indígenas ou por indígenas", *Revista de Informação Legislativa*, v. 46, nº 183, jul.-set. 2009, pp. 55-66.

[26] A situação de violência contra os índios guarani-kaiowá no estado do Mato Grosso do Sul não é nova nem terminou com o assassinato do cacique Verón. Recentemente, em 2012, os índios, resistindo a uma decisão judicial, afirmaram que seria melhor decretar seu extermínio que expulsá-los de suas terras, o que foi interpretado como uma ameaça de suicídio coletivo. A situação ganhou a mídia nacional e houve protestos populares de pessoas não indígenas em diversas cidades, mesmo distantes do local do conflito, como em Belo Horizonte. Milhares de pessoas alteraram seus sobrenomes na rede social Facebook para guarani-kaiowá, a ponto de o *site* proibir essa modificação.

transcrita: se alguém fala português, não há razão para nomear tradutor. Sem alternativa, uma vez que dessa decisão não cabe recurso, os Procuradores da República responsáveis pela acusação abandonaram o plenário do júri, o que obrigou a suspensão do julgamento[27].

A decisão foi polêmica e encarada pela Associação dos Juízes Federais como um ato de desrespeito ao Poder Judiciário. A Ajufe afirmou em nota, com evidente desdém, que a "diversidade linguística pode até ter sido protegida, mas certamente não o foi a sociedade". Para a associação, o abandono do júri, "a pretexto de defender o direito de testemunhas e vítimas indígenas manifestarem-se em sua língua", constitui atitude "desrespeitosa, autoritária e contrária ao interesse público, inclusive o dos próprios indígenas". Seria, em síntese, "um capricho do Procurador da República"[28]. A afirmação é chocante, sobretudo quando se considera que partiu de uma associação de juízes federais. A diversidade linguística é tratada como um bem supérfluo, um luxo, um capricho, como se sua exigência perante o Estado fosse algo absurdo ou exorbitante[29].

Quando o direito de falar em sua própria língua é pretendido por índios acusados de crimes, como nos exemplos tratados acima, é comum que isso seja visto como uma manobra protelatória. No caso Verón, as testemunhas que pretendiam depor em sua própria língua são índios companheiros da vítima, que presenciaram o evento, de modo que sua pretensão certamente não carregava nenhuma intenção de atrasar o julgamento.

---

[27] A decisão de abandonar o plenário partiu do procurador da República Vladimir Aras, a quem agradeço pelo fornecimento do relato dos eventos do julgamento. Esse relato também está disponível no blog do referido procurador, em: <blogdovladimir.wordpress.com/2010/05/06/o-caso-veron-e-o-direito-a-diversidade-linguistica-ao-lado-das-vitimas>. No julgamento do Mandado de Segurança 2010.03.00.027550-8/MS, pelo Tribunal Regional Federal da 3ª Região, consta a transcrição da ata do plenário do júri, corroborando todos os fatos que são descritos ao longo do texto.

[28] Disponível em: <www.conjur.com.br/2010-mai-12/ajufe-sai-defesa-juiza-procurador-abandonou-juri>.

[29] Ao contrário da associação dos juízes, a cúpula do MPF aplaudiu a atitude dos procuradores da República. A vice-procuradora-geral da República Déborah Duprat, em entrevista concedida à época, assim se manifestou:
"O desconhecimento da questão indígena no Judiciário é patente no caso do julgamento dos acusados pela morte do líder Marcos Verón, que foi transferido de Mato Grosso do Sul para São Paulo, buscando um júri mais imparcial. Chegando lá, a juíza do caso impediu que os indígenas se expressassem em guarani, porque eles haviam respondido a uma simples pergunta em português. Esse é o maior exemplo de incompreensão, porque falar a língua não é compartilhar uma linguagem, a mesma compreensão de mundo e códigos de conduta. Principalmente num ambiente absolutamente externo e incompreensível, como é o Judiciário e o tribunal do júri. Era preciso permitir que os índios tivessem ali algo que lhes é comum, familiar, que é a sua língua, num ambiente totalmente estranho.
P – O MPF abandonou o júri e foi tachado de desrespeitoso com o Judiciário.
DD: Eu, como coordenadora da 6ª Câmara de Coordenação e Revisão [que trata de índios e outras minorias no MPF], assim que soube do abandono da sessão, fiz questão de entrar em contato com os colegas para parabenizá-los pela atitude. Eu acho que era a coisa mais digna que eles tinham a fazer em favor dos índios lá presentes".

Após a interrupção do julgamento pelo abandono dos Procuradores da República, houve impetração de mandado de segurança junto ao Tribunal Regional Federal da 3ª Região[30]. O Tribunal denegou a segurança, mantendo a decisão da juíza, sob o argumento de que não existe norma que obrigue o magistrado a perguntar à testemunha em que língua ela se expressa melhor. Ainda de acordo com a decisão, a melhor comunicação possível é a que "viabiliza a mais perfeita compreensão, pelo receptor, da mensagem emitida". Logo, se o juiz fala português e também a testemunha, a melhor comunicação se fará em português.

O argumento, embasado em senso comum e sem qualquer citação de linguistas ou pesquisadores da linguagem, também pode ser repelido pelo senso comum: mesmo uma pessoa que saiba se comunicar num idioma diferente de seu idioma nativo poderá não ter condições de fazê-lo com a mesma desenvoltura ou riqueza de detalhes. Se o transmissor da mensagem a transmite mal, não há como se imaginar que vá ser viabilizada "a mais perfeita comunicação", pelo simples fato de que essa transmissão aconteça na língua falada pelo receptor. Tratando-se de índios que presenciaram um acontecimento evidentemente traumático, é razoável entender que poderiam não ter condições de depor em português sobre a situação da mesma forma que o fariam em guarani.

Mas não é preciso parar em argumentos de senso comum. Há também argumentos técnicos. O antropólogo Marcos Homero Ferreira Lima elaborou trabalho específico sobre os índios kaiowá, no qual afirmou:

> *É discurso corrente, na região de fronteira, imputar aos indígenas kaiowá a condição de "integrados", por terem eles a capacidade de utilizar a língua portuguesa. [...] O laudo pericial constatou que os kaiowá, sob exame, se comunicam na língua portuguesa como sendo esta sua segunda língua, motivo pelo qual apresentaram incompetências comunicativas capazes de tornar, em muitas situações, ininteligível a fala com não índios. As dificuldades de diálogo se exacerbam à medida em que o interlocutor "branco" não sabe negociar significados, quebra regras interativas, usa vocabulário incompatível com a compreensão, mantém distância social, mostra-se agressivo. A comunicação se torna ainda mais difícil quando o assunto tratado não pertence ao universo de compreensão do indígena, é bastante abstrato e não faz parte de sua vida cotidiana. [...] Isto implica dizer que um interlocutor não índio deve estar ciente dos relevantes aspectos linguísticos que entram em operação, quando da interação de indígenas e não indígenas, no falar português. A não*

---

[30] Mandado de Segurança 2010.03.00.027550-8/MS, rel. des. Nelton dos Santos.

observância de certos cuidados, potencialmente, trava a comunicação entre indígenas e não indígenas[31].

O rico trabalho afirma que os guarani-kaiowá, mesmo falando português, têm uma série de dificuldades que podem fazer com que a ideia expressa não corresponda a sua percepção de mundo. Dentre essas dificuldades, o antropólogo elenca baixa capacidade de seleção e pronúncia de estruturas gramaticais, baixo entendimento da polissemia dos vocábulos, dificuldade de captar os significados pelo contexto, baixo potencial para a comunicação não verbal, sobretudo gestual, constrangimento quando olhados diretamente nos olhos. Em relação à competência discursiva, fundamental para uma testemunha, o laudo afirma:

> *No que tange à competência discursiva, qual seja, em como o falante organiza as suas ideias, dá coerência e coesão ao texto e torna seu falar inteligível, perceberam-se algumas características do falar. Primeiramente, a maneira como os kaiowá hierarquizam e classificam o mundo, faz com que a ordem de importância dos fatos narrados não obedeçam à mesma lógica ocidental. Por este motivo, as narrativas dos kaiowá em análise fogem ao esquema linear e cartesiano utilizados pelos falantes não índios da língua portuguesa, o que representa barreiras na comunicação. Uma outra peculiaridade discursiva observada é que, em suas narrativas, muito frequentemente, os kaiowá falham em considerar o conhecimento prévio do interlocutor, ou seja, expõem suas falas sem atentar para a relevância da contextualização*[32].

Logo, ao contrário do que pensaram a juíza do caso concreto, o Tribunal Regional Federal da 3ª Região e a Ajufe, todos eles com base em preconceitos não fundamentados, existe base científica para se afirmar que a imposição de que uma testemunha indígena se expresse em língua portuguesa, quando ela não tem esse idioma como língua primária, tem potencial para gerar mal-entendidos, equívocos de compreensão e, desse modo, influenciar para que a decisão final seja injusta.

A nota pública da Ajufe também estava equivocada em outro ponto. Os índios guarani-kaiowá não se sentiram desrespeitados com a atitude do MPF, mas sim com a atitude da juíza. Em entrevista publicada à época constou a seguinte manifestação de Valdenice Verón, filha do cacique assassinado:

---

[31] Marcos Homero Ferreira Lima, "Necessidade de intérprete em Tribunal do Júri onde são ouvidas testemunhas e vítimas indígenas", Nota técnica de antropologia apresentada nos autos do processo nº 2003.60.02.000374, Manuscrito, Dourados, 2010.

[32] *Ibid.*

Estou muito indignada, muito triste. Querem cortar minha língua. Será que não tenho o direito de falar, me expressar e defender em minha própria língua?" [...] Em depoimento emocionado e indignado, Valdelice Verón lamentou que pessoas "com tanta educação" não saibam respeitar as diferenças, como está garantido na lei. "Onde está a educação dessas pessoas que podem julgar um povo tão diferente como nós indígenas?" E concluiu: "Cortar a nossa língua será acabar com nossa história e o nosso povo kaiowá-guarani[33].

O final da história é agridoce. Quando o julgamento foi remarcado, as testemunhas indígenas simplesmente se recusaram a falar português, forçando a utilização do tradutor, como pedia o MPF. Obtiveram, por sua própria persistência, o direito que o Poder Judiciário lhes havia negado. Assim, à revelia da Justiça, a pluralidade linguística foi resguardada.

Todavia, da perspectiva do caso em julgamento, o resultado não foi bom. Os jurados, por maioria de um único voto, absolveram o réu da acusação de homicídio, condenando-o apenas por imputações acessórias de sequestro, tortura, quadrilha armada, lesões corporais e fraude processual, o que resultou numa pena total de 12 anos de reclusão, baixa para a gravidade da conduta e com consideráveis possibilidades de prescrição.

CONCLUSÃO: AS LIÇÕES QUE VÊM DO CANADÁ E DA IRLANDA

De todo o exposto, é possível verificar que o Poder Judiciário brasileiro tem adotado posições preconceituosas em relação aos índios. Sem qualquer embasamento técnico, decide questões relacionadas a esses povos desconsiderando sua história, sua cultura e seus anseios. Existe um grande número de decisões que descaracterizam ou negam a condição indígena a sujeitos processuais, com o único objetivo de negar-lhes os benefícios garantidos em lei. Na situação em que esses sujeitos são réus, a reivindicação dos direitos inerentes à condição indígena aparece caracterizada como manobra protelatória, destinada a atrasar o julgamento do processo. No caso Verón, esse preconceito ultrapassou os limites da decisão concreta, reverberando em manifestação da Ajufe, órgão representativo da respectiva classe. Em nota, a associação afirmou que a atitude do MPF de abandonar o plenário do júri, em razão da ausência de garantia de que os índios pudessem se manifestar em sua própria língua, desrespeitava os próprios índios e o sistema jurídico.

---

[33] Disponível em: <www.adital.com.br/site/noticia_imp.asp?cod=47614&lang=PT>.

Há, portanto, dois problemas: um mais amplo, que é o tratamento adequado da questão indígena e da condição do índio pelo Poder Judiciário e outro, nele contido, que é a proteção das minorias linguísticas em juízo. Para cada um desses problemas é possível oferecer um exemplo do direito comparado, os quais demonstram como outros países vêm tratando essas questões de modo mais compatível com a proteção dos direitos das minorias que o Brasil.

Em relação à questão indígena, o Código Criminal canadense contém dispositivo expresso[34] no sentido de que o juiz deve considerar a possibilidade de impor sanções distintas da privação de liberdade, sobretudo para os criminosos indígenas. A Suprema Corte do Canadá interpretou essa norma de modo amplo no caso Ipeelee, afirmando que ela contém mais do que um princípio da sentença penal, conclamando os juízes a utilizarem diferentes métodos de análise para determinar uma sentença adequada a um criminoso índio:

> *The enactment of s. 718.2(e) is a specific direction by Parliament to pay particular attention to the circumstances of Aboriginal offenders during the sentencing process because those circumstances are unique and different from those of non-Aboriginal offenders. To the extent that current sentencing practices do not further the objectives of deterring criminality and rehabilitating offenders, those practices must change so as to meet the needs of Aboriginal offenders and their communities. Sentencing judges, as front-line workers in the criminal justice system, are in the best position to re-evaluate these criteria to ensure that they are not contributing to ongoing systemic racial discrimination. Just sanctions are those that do not operate in a discriminatory manner*[35].

Com esse propósito, a Suprema Corte reafirmou a aplicação dos *Gladue principles*[36], que obrigam o juiz a considerar, no momento da condenação criminal de um índio, em primeiro lugar, os antecedentes sistêmicos que possam ter levado aquele índio a delinquir. Esses fatores devem incluir o histórico de colonialismo e expulsão e como essa história continua a se refletir em pobreza, baixos níveis educacionais, desemprego e altas taxas de abuso de álcool, drogas e de suicídios. Com base nesses fatores, o juiz deve definir a pena aplicável, bem como os tipos de sanções apropriadas ao ofensor em razão de sua condição indígena.

É interessante notar que o caso Ipeelee tratava de índios reiteradamente condenados por infrações penais (*long term offenders*), praticadas inclusive com

---

[34] Art. 718.2 (e) All available sanctions other than imprisonment that are reasonable in the circumstances should be considered for all offenders, with particular attention to the circumstances of aboriginal offenders.

[35] R. v. Ipeelee, 2012 SCC 13, [2012] 1 ss.C.R. 433.

[36] R. v. Gladue, [1999] 1 ss.C.R. 688.

violência, e que já tinham cumprido penas anteriores em regime de privação de liberdade. Isso certamente faria com que, no Brasil, eles fossem considerados como índios "integrados", sem direito a qualquer benefício legal.

A Suprema Corte canadense levou em consideração o índio tal como ele é hoje e tal como ele se modificou ao longo da História, inclusive pela influência nefasta da sociedade envolvente. Em momento algum se buscou a negativa do benefício previsto em lei em razão da "integração" dos índios à vida da sociedade envolvente, inclusive da sociedade criminosa. Pelo contrário, essa integração e a constatação de que ela exerce papel decisivo no cometimento de crimes pelos índios reforçou o argumento de que o juiz deve beneficiá-los no momento da aplicação da pena.

Em relação ao problema da proteção da diversidade linguística, além dos exemplos de diversos países latino-americanos já mencionados, é cabível mencionar o modo como a questão é tratada na Irlanda, embora não no contexto indígena. Todos os habitantes da Irlanda falam inglês, mas um pequeno número deles tem como língua nativa o irlandês[37]. De acordo com o jornal *Irish Times*, o irlandês não está sequer entre as dez línguas mais faladas nos tribunais da Irlanda.

Ainda assim, sendo uma língua ligada à história do povo irlandês, o idioma é reconhecido pela Constituição de 1937 como a primeira língua oficial[38] do país. Com base nessa disposição, em 2003 foi editada a Official Languages Act, que garante a qualquer pessoa o direito de ser ouvido, perante qualquer tribunal, em irlandês, com o uso, se necessário, de tradutor[39].

Observe-se que, ainda que o cidadão seja fluente em inglês e o juiz não fale irlandês, é o cidadão quem escolhe se prefere se expressar em inglês ou em irlandês. Além disso, se um órgão público for parte no processo, é dever do órgão se expressar na língua escolhida pela parte contrária[40]. Particularmente

---

[37] A população total de pessoas que falam irlandês é bastante pequena, estimada em torno de 20 mil a 80 mil pessoas. Cf. David Pierce, *Irish Writing in the Twentieth Century*, Cork: Cork University Press, 2000, p. 1140.

[38] ARTICLE 8:1 The Irish language as the national language is the first official language.

[39] 8. (1) A person may use either of the official languages in, or in any pleading in or document issuing from, any court.
(2) Every court has, in any proceedings before it, the duty to ensure that any person appearing in or giving evidence before it may be heard in the official language of his or her choice, and that in being so heard the person will not be placed at a disadvantage by not being heard in the other official language.
(3) For the purposes of ensuring that no person is placed at a disadvantage as aforesaid, the court may cause such facilities to be made available, as it considers appropriate, for the simultaneous or consecutive interpretation of proceedings from one official language into the other.

[40] (4) Where the State or a public body is a party to civil proceedings before a court — (a) the State or the public body shall use in the proceedings, the official language chosen by the other party [...].

em relação à questão do testemunho, a Official Languages Act dispõe que "sem prejuízo das demais normas desta seção, uma pessoa não pode ser obrigada a prover evidências numa língua oficial específica, em qualquer procedimento"[41].

A diversidade linguística, portanto, não é um bem jurídico supérfluo, caprichoso, que deve ceder às exigências pragmáticas da ocasião, mas um patrimônio a ser respeitado e cultivado pelo Estado. É tempo de o Estado brasileiro e dos poderes que o compõem começarem a perceber o prejuízo inestimável que será provocado à cultura nacional pela opressão sofrida pelas línguas indígenas. O Brasil, além de fazer muito pouco pela preservação da diversidade linguística indígena, tem contribuído, lamentavelmente, para a marginalização desses idiomas, mesmo em espaços que são tradicionalmente de tolerância e respeito, como é o Poder Judiciário.

---

[41] (5) Notwithstanding any other provision of this section, a person shall not be compelled to give evidence in a particular official language in any proceedings.

DIREITOS HUMANOS E PROPRIEDADE INTELECTUAL

- Flávia Piovesan -

Como compreender a propriedade intelectual à luz dos direitos humanos? Em que medida o sistema internacional de direitos humanos pode contribuir para a proteção do direito à propriedade intelectual sob uma perspectiva emancipatória? Qual há de ser o impacto dos regimes jurídicos de proteção da propriedade intelectual no campo dos direitos humanos? Qual é o alcance da função social da propriedade intelectual? Como tecer um adequado juízo de ponderação entre o direito à propriedade intelectual e os direitos sociais, econômicos e culturais? Quais são os principais desafios e perspectivas da relação entre direitos humanos e propriedade intelectual? Essas são as questões centrais que inspiram este artigo.

Inicialmente, será desenvolvida uma análise do sistema internacional de proteção dos direitos humanos, com sua gênese, sua lógica, sua estrutura. A partir desse prisma se avançará para o estudo da relação entre o sistema internacional de proteção dos direitos humanos e a propriedade intelectual. Por fim, serão destacadas as principais perspectivas da relação entre direitos humanos e propriedade intelectual.

SISTEMA INTERNACIONAL DE PROTEÇÃO DOS DIREITOS HUMANOS

Como reivindicações morais, os direitos humanos nascem quando devem e podem nascer. Como realça Norberto Bobbio, os direitos humanos não nascem todos de uma vez, nem de uma vez por todas[1]. Para Hannah Arendt, os direitos humanos não são um dado, mas um construído, uma invenção humana,

---

[1] Norberto Bobbio, *A era dos direitos*, Rio de Janeiro: Campus, 1988.

em constante processo de construção e reconstrução[2]. Refletem um construído axiológico, a partir de um espaço simbólico de luta e ação social. No dizer de Joaquin Herrera Flores, os direitos humanos compõem uma racionalidade de resistência, na medida em que traduzem processos que abrem e consolidam espaços de luta pela dignidade humana[3]. Invocam, nesse sentido, uma plataforma emancipatória voltada à proteção da dignidade humana. Para Carlos Santiago Niño, os direitos humanos são uma construção consciente vocacionada a assegurar a dignidade humana e a evitar sofrimentos, em face da persistente brutalidade humana[4].

Considerando a historicidade dos direitos, destaca-se a chamada concepção contemporânea de direitos humanos, que veio a ser introduzida pela DUDH de 1948 e reiterada pela Declaração de Direitos Humanos de Viena de 1993. Essa concepção é fruto do movimento de internacionalização dos direitos humanos, extremamente recente na História, surgido a partir do pós-guerra como resposta às atrocidades cometidas pelo nazismo. Se a Segunda Guerra Mundial significou a ruptura com os direitos humanos, o pós-guerra deveria significar sua reconstrução. Nas palavras de Thomas Buergenthal: "O moderno direito internacional dos direitos humanos é um fenômeno do pós-guerra. Seu desenvolvimento pode ser atribuído às monstruosas violações de direitos humanos da era Hitler e à crença de que parte dessas violações poderiam ser prevenidas se um efetivo sistema de proteção internacional de direitos humanos existisse"[5].

Fortalece-se a ideia de que a proteção dos direitos humanos não deve se reduzir ao domínio reservado do Estado, porque revela tema de legítimo interesse internacional. Por sua vez, essa concepção inovadora aponta a duas

---

[2] Hannah Arendt, *As origens do totalitarismo*, Rio de Janeiro: Documentário, 1979. Ver também Celso Lafer, *A reconstrução dos direitos humanos*, Companhia das Letras, São Paulo: 1988, p. 134; Ignacy Sachs, "Desenvolvimento, direitos humanos e cidadania", em: *Direitos humanos no século XXI*, Brasília: IPRI/Funag, 1998, p. 156; Allan Rosas, "So-Called Rights of the Third Generation", em: Asbjorn Eide, Catarina Krause e Allan Rosas, *Economic, Social and Cultural Rights*, Dordrecht: Nijhoff, 1995, p. 243.

[3] Joaquín Herrera Flores, *Direitos humanos, interculturalidade e racionalidade de resistência*, mimeo, p. 7.

[4] Carlos Santiago Niño, *The Ethics of Human Rights*, Oxford: Clarendon Press, 1991.

[5] Thomas Buergenthal, *International Human Rights*, Minnesota: West Publishing, 1988, p. 17. Para Henkin: "Por mais de meio século, o sistema internacional tem demonstrado comprometimento com valores que transcendem os valores puramente 'estatais', notadamente os direitos humanos, e tem desenvolvido um impressionante sistema normativo de proteção desses direitos" (*International Law*, Boston: Nijhoff, 1990, p. 2). Ainda sobre o processo de internacionalização dos direitos humanos, observa Celso Lafer: "Configurou-se como a primeira resposta jurídica da comunidade internacional ao fato de que o direito *ex parte populi* de todo ser humano à hospitabilidade universal só começaria a viabilizar-se se o 'direito a ter direitos', para falar com Hannah Arendt, tivesse uma tutela internacional, homologadora do ponto de vista da humanidade. Foi assim que começou efetivamente a ser delimitada a 'razão de Estado' e corroída a competência reservada da soberania dos governantes, em matéria de direitos humanos, encetando-se a sua vinculação aos temas da democracia e da paz" (prefácio a *Os direitos humanos como tema global*, p. XXVI).

importantes consequências: 1) a revisão da noção tradicional de soberania absoluta do Estado, que foi relativizada, pois são admitidas intervenções no plano nacional em prol da proteção dos direitos humanos, isto é, transita-se de uma concepção "hobbesiana" de soberania centrada no Estado para uma concepção "kantiana" de soberania centrada na cidadania universal[6]; e 2) a cristalização da ideia de que o indivíduo deve ter direitos protegidos na esfera internacional, na condição de sujeito de direito. Prenuncia-se, desse modo, o fim da era em que a forma como o Estado tratava seus nacionais era concebida como um problema de jurisdição doméstica, decorrência de sua soberania. Para Andrew Hurrell:

> *O aumento significativo das ambições normativas da sociedade internacional é particularmente visível no campo dos direitos humanos e da democracia, com base na ideia de que as relações entre governantes e governados, Estados e cidadãos, passam a ser suscetíveis de legítima preocupação da comunidade internacional; de que os maus-tratos a cidadãos e a inexistência de regimes democráticos devem demandar ação internacional; e que a legitimidade internacional de um Estado passa crescentemente a depender do modo pelo qual as sociedades domésticas são politicamente ordenadas*[7].

Nesse cenário, a DUDH inova a gramática dos direitos humanos, ao introduzir a concepção contemporânea desses direitos, marcada pela sua universalidade e indivisibilidade. Universalidade porque clama pela extensão universal dos direitos humanos, sob a crença de que a condição de pessoa é o requisito único para a titularidade de direitos, considerando o ser humano como um ser essencialmente moral, dotado de unicidade existencial e dignidade, esta como valor intrínseco à condição humana. Indivisibilidade porque a garantia dos direitos civis e políticos é condição para a observância dos direitos sociais, econômicos e culturais e vice-versa. Quando um deles é violado, os demais também o são. Os direitos humanos compõem, assim, uma unidade indivisível, interdependente e inter-relacionada, capaz de conjugar o catálogo de direitos civis e políticos com o catálogo de direitos sociais, econômicos e culturais.

A partir da DUDH desenvolveu-se o direito internacional dos direitos humanos, mediante a adoção de instrumentos internacionais de proteção. A DUDH confere lastro axiológico e unidade valorativa a esse campo do direito, com ênfase na universalidade, indivisibilidade e interdependência dos direitos humanos.

---

[6] Para Celso Lafer, de uma visão *ex parte principe*, fundada nos deveres dos súditos com relação ao Estado, passa-se a uma visão *ex parte populi*, fundada na promoção da noção de direitos do cidadão (*Comércio, desarmamento, direitos humanos*, São Paulo: Paz e Terra, 1999, p. 145).

[7] Andrew Hurrell, "Power, principles and prudence: protecting human rights in a deeply divided world", em: Tim Dunne e Nicholas J. Wheeler, *Human Rights in Global Politics*, Cambridge University Press, 1999, p. 277.

O processo de universalização dos direitos humanos permitiu a formação de um sistema internacional de proteção desses direitos. Esse sistema é integrado por tratados internacionais de proteção que refletem, sobretudo, a consciência ética contemporânea compartilhada pelos Estados, na medida em que invocam o consenso internacional acerca de temas centrais aos direitos humanos, na busca da salvaguarda de parâmetros protetivos mínimos – do "mínimo ético irredutível". Nesse sentido, cabe destacar que, até maio de 2011, o Pacto Internacional sobre Direitos Civis e Políticos contava com 167 Estados-partes; o Pacto Internacional dos Direitos Econômicos, Sociais e Culturais contava com 160 Estados-partes; a Convenção contra a Tortura contava com 147 Estados-partes; a Convenção sobre a Eliminação da Discriminação Racial contava com 174 Estados-partes; a Convenção sobre a Eliminação da Discriminação contra a Mulher contava com 186 Estados-partes; e a Convenção sobre os Direitos da Criança apresentava a mais ampla adesão, com 193 Estados-partes[8].

Ao lado do sistema normativo global surgem os sistemas regionais de proteção, que buscam internacionalizar os direitos humanos nos planos regionais, particularmente na Europa, na América e na África. Consolida-se, assim, a convivência do sistema global da ONU com instrumentos dos sistemas regionais – interamericano, europeu e africano – de proteção dos direitos humanos.

Os sistemas global e regional não são dicotômicos, mas complementares. Inspirados pelos valores e princípios da DUDH, compõem o instrumental de proteção dos direitos humanos no plano internacional. Nessa ótica, os diversos sistemas de proteção de direitos humanos interagem em benefício dos indivíduos protegidos. Ao adotar o valor da primazia da pessoa humana, tais sistemas se complementam, somando-se ao sistema nacional de proteção, a fim de proporcionar a maior efetividade possível na tutela e promoção de direitos fundamentais. Essa é a lógica própria do direito dos direitos humanos.

Ressalte-se que a Declaração de Direitos Humanos de Viena, de 1993, reitera a concepção da DUDH, que afirma em seu § 5º: "Todos os direitos humanos são universais, interdependentes e inter-relacionados. A comunidade internacional deve tratar os direitos humanos globalmente de forma justa e equitativa, em pé de igualdade e com a mesma ênfase". A Declaração de Viena afirma ainda a interdependência entre os valores dos direitos humanos, democracia e desenvolvimento.

Não há direitos humanos sem democracia nem tampouco democracia sem direitos humanos. O regime mais compatível com a proteção dos direitos humanos é o regime democrático. Atualmente, 140 Estados, dos quase 200 que

---

[8] Alto-Comissariado de Direitos Humanos da ONU, Status of Ratifications of the Principal International Human Rights Treaties. Disponível em: <www.unhchr.ch/pdf/report.pdf>.

integram a ordem internacional, realizam eleições periódicas. Contudo, apenas 82 deles (o que representa 57% da população mundial) são considerados plenamente democráticos. Em 1985, esse percentual era de 38%, compreendendo 44 Estados[9]. Note-se que o pleno exercício dos direitos políticos é capaz de implicar o "empoderamento" das populações mais vulneráveis, o aumento de sua capacidade de pressão, articulação e mobilização políticas. Para Amartya Sen, os direitos políticos (incluindo a liberdade de expressão e de discussão) são não apenas fundamentais para demandar respostas políticas às necessidades econômicas, mas são centrais para a própria formulação dessas necessidades econômicas[10].

Já o direito ao desenvolvimento demanda uma globalização ética e solidária. No entender de Mohammed Bedjaoui:

> *Na realidade, a dimensão internacional do direito ao desenvolvimento é nada mais que o direito a uma repartição equitativa concernente ao bem-estar social e econômico mundial. Reflete uma demanda crucial de nosso tempo, na medida em que os quatro quintos da população mundial não mais aceitam o fato de um quinto da população mundial continuar a construir sua riqueza com base em sua pobreza*[11].

As assimetrias globais revelam que a renda do 1% mais rico supera a renda dos 57% mais pobres na esfera mundial[12]. Para a Organização Mundial da Saúde, "a pobreza é a maior *causa mortis* do mundo. A pobreza dissemina sua influência destrutiva desde os primeiros estágios da vida humana, do momento da concepção ao momento da morte"[13]. O desenvolvimento, por sua vez, há de ser concebido como um processo de expansão das liberdades reais que as pessoas podem usufruir,

---

[9] Cf. UNDP, *Human Development Report 2002*, Oxford University Press, 2002.

[10] Amartya Sen, prefácio ao livro *Pathologies of Power*, de Paul Farmer, Berkeley: University of California Press, 2003.

[11] Mohammed Bedjaoui, "The Right to Development", em: Bedjaoui (ed.), *International Law: Achievements and Prospects*, Dordrecht: Nijhoff, 1991, p. 1182. Para Joseph Stiglitz: "Desenvolvimento significa transformação social, com a melhoria das condições de vida das populações mais pobres, assegurando a todos uma oportunidade de sucesso e acesso à saúde e à educação" (*Globalization and its Discontents*, Nova York: W.W. Norton, 2003, p. 252).

[12] Cf. UNDP, *Human Development Report 2002*, op. cit., p. 19.

[13] A respeito, ver Paul Farmer, *Pathologies of Power*, Berkeley: University of California Press, 2003, p. 50. De acordo com dados do relatório Sinais Vitais, do Worldwatch Institute (2003), a desigualdade de renda se reflete nos indicadores de saúde: a mortalidade infantil nos países pobres é 13 vezes maior que nos países ricos; a mortalidade materna é 150 vezes maior nos países de menor desenvolvimento com relação aos países industrializados. A falta de água limpa e saneamento básico mata 1,7 milhão de pessoas por ano (90% crianças), ao passo que 1,6 milhão de pessoas morrem de doenças decorrentes da utilização de combustíveis fósseis para aquecimento e preparo de alimentos. O relatório ainda atenta para o fato de que a quase totalidade dos conflitos armados se concentra no mundo em desenvolvimento, que produziu 86% dos refugiados na última década.

para adotar a concepção de Amartya Sen[14]. Acrescente-se que a Declaração de Viena consagra que o direito ao desenvolvimento é universal e inalienável, parte integral dos direitos humanos fundamentais. Além disso, ela reconhece a relação de interdependência entre democracia, desenvolvimento e direitos humanos.

Feitas essas considerações a respeito da concepção contemporânea de direitos humanos, ressalta-se que não há direitos humanos sem que os direitos econômicos, sociais e culturais estejam garantidos. Isto é, em face da indivisibilidade dos direitos humanos, há de ser definitivamente afastada a noção equivocada de que uma classe de direitos (civis e políticos) merece inteiro reconhecimento e respeito, enquanto outra classe de direitos (sociais, econômicos e culturais) não merece observância. Sob a ótica normativa internacional, está superada a concepção de que os direitos sociais, econômicos e culturais não são direitos legais. A ideia da não acionabilidade dos direitos sociais é meramente ideológica e não científica[15]. São eles autênticos e verdadeiros direitos fundamentais, acionáveis, exigíveis e demandam séria e responsável observância. Por isso, devem ser reivindicados como direitos e não como caridade, generosidade ou compaixão. Como aludem Asbjorn Eide e Allan Rosas:

> *Levar os direitos econômicos, sociais e culturais a sério implica, ao mesmo tempo, um compromisso com a integração social, a solidariedade e a igualdade, incluindo a questão da distribuição de renda. Os direitos sociais, econômicos e culturais incluem como preocupação central a proteção dos grupos vulneráveis. [...] As necessidades fundamentais não devem ficar condicionadas à caridade de programas e políticas estatais, mas devem ser definidas como direitos*[16].

---

[14] Ao conceber o desenvolvimento como liberdade, sustenta Amartya Sen: "Neste sentido, a expansão das liberdades é vista concomitantemente como: 1) uma finalidade em si mesma; e 2) o principal significado do desenvolvimento. Tais finalidades podem ser chamadas, respectivamente, como a função constitutiva e a função instrumental da liberdade em relação ao desenvolvimento. A função constitutiva da liberdade relaciona-se com a importância da liberdade substantiva para o engrandecimento da vida humana. As liberdades substantivas incluem as capacidades elementares, como a de evitar privações como a fome, a subnutrição, a mortalidade evitável, a mortalidade prematura, bem como as liberdades associadas com a educação, a participação política, a proibição da censura [...]. Desenvolvimento, nesta visão, é o processo de expansão das liberdades humanas" (*Development as Freedom*, Nova York: Alfred A. Knopf, 1999, pp. 35-6 e 297). Sobre o direito ao desenvolvimento, ver também Karel Vašák, *For the Third Generation of Human Rights*, Estrasburgo: International Institute of Human Rights, 1979.

[15] Como explica Jack Donnelly: "Os impedimentos para a implementação da maior parte dos direitos econômicos e sociais, entretanto, são mais políticos que físicos. Por exemplo, há mais que suficiente alimento no mundo capaz de alimentar todas as pessoas; a fome e má nutrição generalizada existem não em razão de uma insuficiência física de alimentos, mas em virtude de decisões políticas sobre sua distribuição" (*Universal Human Rights in Theory and Practice*, Ithaca: Cornell University Press, 1989, pp. 31-2).

[16] Asbjorn Eide e Allan Rosas, "Economic, Social and Cultural Rights", em: Asbjorn Eide, Catarina Krause e Allan Rosas, *op. cit.*, 1995, pp. 17-8.

Considerando o sistema internacional de proteção dos direitos humanos, transita-se à reflexão a respeito do modo pelo qual se relaciona com a propriedade intelectual.

SISTEMA INTERNACIONAL DE PROTEÇÃO DOS DIREITOS HUMANOS E PROPRIEDADE INTELECTUAL

Ao afirmar a indivisibilidade dos direitos humanos, invocando uma visão integral desses direitos, a DUDH enuncia em seu art. 27: "1. Toda pessoa tem o direito de participar livremente da vida cultural da comunidade, de fruir das artes e de participar do progresso científico e de seus benefícios. 2. Toda pessoa tem direito à proteção dos interesses morais e materiais decorrentes de qualquer produção científica, literária ou artística da qual seja autora".

Esse direito de alcance universal é reiterado pelo Pacto Internacional dos Direitos Econômicos, Sociais e Culturais, que em seu art. 15 adiciona: "Os Estados-partes no presente Pacto reconhecem a cada indivíduo o direito de: a) participar da vida cultural; b) desfrutar do progresso científico e suas aplicações; c) beneficiar-se da proteção dos interesses morais e materiais decorrentes de toda a produção científica, literária ou artística de que seja autor".

Acrescenta o mesmo dispositivo do Pacto: "As medidas que os Estados-partes no presente Pacto deverão adotar com a finalidade de assegurar o pleno exercício deste direito incluirão aquelas necessárias à conservação, ao desenvolvimento e à difusão da ciência e da cultura". Adiciona, ainda, que "os Estados-partes reconhecem os benefícios que derivam do fomento e do desenvolvimento da cooperação e das relações internacionais no domínio da ciência e da cultura".

Desse modo, assegura-se o direito de participar da vida cultural e do progresso científico, bem como o direito à conservação, ao desenvolvimento e à difusão da ciência e da cultura.

No que tange à produção científica, literária ou artística, ao mesmo tempo que a DUDH e o Pidesc estabelecem a proteção dos direitos do autor e de seus interesses materiais e morais, ambos consagram o direito difuso ao desfrute dos progressos científicos, bem como a proteção dos direitos sociais. O Pacto enfatiza, ademais, a importância da cooperação internacional no domínio da ciência e da cultura.

Em novembro de 2005, o Comitê sobre os Direitos Econômicos, Sociais e Culturais, que é o órgão de monitoramento do Pacto, adotou a Recomendação Geral nº 17, a respeito do direito de qualquer autor a beneficiar-se da proteção dos interesses moral e material resultantes de suas produções científicas, literárias ou artísticas[17]. Esclareceu o Comitê que

> *any scientific, literary or artistic production, within the meaning of article 15, paragraph 1 (c), refers to creations of the human mind, that is to "scientific productions", such as scientific publications and innovations, including knowledge, innovations and practices of indigenous and local communities, and "literary and artistic productions", such as, inter alia, poems, novels, paintings, sculptures, musical compositions, theatrical and cinematographic works, performances and oral traditions.*

Ao delinear a proteção dos direitos do autor, o Comitê ressaltou a necessidade de alcançar um balanço adequado entre a proteção dos direitos do autor e a dos direitos econômicos, sociais e culturais:

> *In striking this balance, the private interests of authors should not be unduly favored and the public interest in enjoying broad access to their productions should be given due consideration. States parties should therefore ensure that their legal or other regimes for the protection of the moral and material interests resulting from one's scientific, literary or artistic productions constitute no impediment to their ability to comply with their core obligations in relation to the rights to food, health and education, as well as to take part in cultural life and to enjoy the benefits of scientific progress and its applications, or any other right enshrined in the Covenant.*

Para o Comitê, os interesses privados do autor não podem impedir que os Estados implementem as obrigações internacionais decorrentes do Pacto em relação aos direitos à alimentação, saúde e educação, bem como aos direitos à cultura e ao desfrute dos progressos científicos, compreendidos sob uma ótica coletivista e de interesse público.

A própria Unesco[18] encoraja a remoção de barreiras ao sistema educacional e de pesquisa, considerando a possibilidade de a ciência produzir avanços ao crescimento econômico, ao desenvolvimento humano sustentável e à redução da pobreza. Para o órgão, o futuro da humanidade está condicionado à produção, distribuição e uso equitativo do conhecimento, numa sociedade

---

[17] Disponível em: <www.ohchr.org/english/bodies/cescr/comments.htm>. Acesso em: 7 jul. 2006.

[18] A respeito, ver a Declaração sobre a ciência e o uso do conhecimento científico, versão adotada pela Conferência de Budapeste, 1º jul. 1999, art. 91. Disponível em: <www.unesco.org.br/publicacoes/copy_of_pdf/decciencia.pdf>. Acesso em: 24 jun. 2006.

global. Na ordem contemporânea, o bem-estar social e o direito ao desenvolvimento estão condicionados à informação, conhecimento e cultura. Nesse contexto, o direito ao acesso à informação surge como um direito humano fundamental. Ressalte-se que os tratados internacionais de proteção dos direitos humanos consagram que o direito à informação compreende a liberdade de buscar, receber e difundir informações e ideias de toda natureza[19], sem consideração de fronteiras, verbalmente ou por escrito, ou em forma impressa ou artística, ou por qualquer outro meio de sua escolha (ver art. 19 do PIDCP e art. 13 da Convenção Americana de Direitos Humanos). A jurisprudência da Corte Interamericana tem realçado que o direito à informação é pressuposto e condição para a existência de uma sociedade livre, enfatizando que *"una sociedad que no está bien informada no es plenamente libre"*[20]. A corte ainda destaca que o direito à informação apresenta uma dimensão individual e coletiva[21].

Prevê o Pacto que os direitos sociais, econômicos e culturais apresentam realização progressiva. Vale dizer, são direitos que estão condicionados à atuação do Estado, que deve adotar todas as medidas, tanto por esforço próprio como pela assistência e cooperação internacionais[22], principalmente nos planos econômicos e técnicos, até o máximo de seus recursos disponíveis, com vistas a alcançar progressivamente a completa realização desses direitos (art. 2º, § 1º do Pacto). O Comitê dos Direitos Econômicos, Sociais e Culturais, em sua Recomendação Geral nº 3[23], a respeito da natureza das obrigações estatais concernentes ao art. 2º, § 1º do Pacto, afirmou que, se a expressão "realização progressiva" constitui um reconhecimento do fato de que a plena realização dos direitos sociais, econômicos e culturais não pode ser alcançada num curto período de tempo, essa expressão deve ser interpretada à luz de seu objetivo

---

[19] Contudo, os tratados de direitos humanos demandam seja proibida qualquer apologia ao ódio nacional, racial ou religioso, que constitua incitamento à discriminação, à hostilidade ou à violência.

[20] Opinión Consultiva OC-5/85, 13 nov. 1985, § 70.

[21] Caso "La Última Tentación de Cristo" (Olmedo Bustos y Otros) vs. Chile, sentença de 5 fev. 2001, § 64-67.

[22] O Pidesc consagra três previsões que podem ser interpretadas no sentido de obrigar os Estados-partes ricos a prover assistência aos Estados-partes desprovidos de recursos para satisfazer as obrigações decorrentes do Pacto. O art. 2º (1) contém a frase "individualmente ou através de assistência internacional e cooperação, especialmente econômica e técnica". Segundo o art. 11 (1), os Estados-partes concordam em adotar medidas apropriadas para assegurar a plena realização do direito à adequada condição de vida, reconhecendo para este efeito a importância da cooperação internacional baseada no livre consenso. Enfim, no art. 11 (2) os Estados-partes concordam em adotar "individualmente ou por meio de cooperação internacional medidas relevantes para assegurar o direito de estar livre da fome" (Philip Alston e Gerard Quinn, "The Nature and Scope of States Parties' obligations under the ICESCR", *Human Rights Quarterly*, nº 9, 1987, p. 186, *apud* Henry Steiner e Philip Alston, *International Human Rights in Context*, 2ª ed., Oxford University Press, 2000, p. 1327).

[23] Comitê dos Direitos Econômicos, Sociais e Culturais, General Comment nº 3, UN doc. E/1991/23, 1990.

central, que é estabelecer claramente as obrigações dos Estados-partes, no sentido de adotarem medidas, tão rapidamente quanto possível, para a realização desses direitos. Tais medidas devem ser deliberadas, concretas e focadas o mais claramente possível em direção à satisfação das obrigações contidas no Pacto. Da aplicação progressiva dos econômicos, sociais e culturais resulta a cláusula de proibição do retrocesso social em matéria de direitos sociais.

Há uma *minimum core obligation*[24] concernente aos direitos econômicos, sociais e culturais a ser implementada pelos Estados, na medida em que deve assegurar o núcleo essencial desses direitos[25]. O Comitê dos Direitos Econômicos, Sociais e Culturais, em sua Recomendação Geral nº 12, realça as obrigações do Estado no campo dos direitos econômicos, sociais e culturais: respeitar, proteger e implementar. Quanto à obrigação de respeitar, obsta ao Estado que viole tais direitos. No que tange à obrigação de proteger, cabe ao Estado evitar e impedir que terceiros (atores não estatais) violem esses direitos. Finalmente, a obrigação de implementar demanda do Estado a adoção de medidas voltadas à realização desses direitos. Desse modo, a proteção do direito à propriedade intelectual não pode inviabilizar e comprometer o dever dos Estados-partes de respeitar, proteger e implementar os direitos econômicos, sociais e culturais.

Além dos Estados-partes buscarem o balanço adequado desses direitos, com o razoável equilíbrio entre a proteção do interesse privado do autor e do interesse público concernente à proteção dos direitos sociais, frisa o Comitê que a propriedade intelectual é um produto social, apresentando uma função social. Deve, portanto, ser avaliado o impacto no campo dos direitos humanos dos regimes jurídicos de proteção da propriedade intelectual. Afirma o Comitê:

> *Ultimately, intellectual property is a social product and has a social function. States parties thus have a duty to prevent unreasonably high costs for access to essential medicines, plant seeds or other means of food production, or*

---

[24] Para que um Estado-parte possa atribuir sua incapacidade de assegurar as obrigações mínimas à inexistência de recursos disponíveis, deve demonstrar que todos os esforços foram feitos para usar todos os recursos que estão à sua disposição para satisfazer, com prioridade, aquelas obrigações mínimas.

[25] Para Antônio Augusto Cançado Trindade: "Há que se submeter à justiciabilidade decisões governamentais e de organizações financeiras internacionais que, à guisa de resolver 'problemas econômicos', condenam ao empobrecimento, ao desemprego e à fome, se não a médio ou longo prazo à miséria e à morte, milhares de seres humanos. Se é certo que a vigência de muitos direitos econômicos e sociais é de 'realização progressiva', também é certo que tal vigência requer medidas imediatas por parte dos Estados, certas obrigações mínimas em relação a um núcleo de direitos de subsistência (direitos à alimentação, à moradia, à saúde, à educação, somados ao direito ao trabalho), quanto pouco para neutralizar os efeitos devastadores de políticas recessivas, particularmente sobre os segmentos mais carentes ou vulneráveis da população" ("Direitos econômicos e sociais", Paulo Sérgio Pinheiro e Samuel Pinheiro Guimarães (org.), *Direitos humanos no século XXI*, Brasília: IPRI/Funag, 1999, pp. 710-1).

for schoolbooks and learning materials, from undermining the rights of large segments of the population to health, food and education. Moreover, State parties should prevent the use of scientific and technical progress for purposes contrary to human rights and dignity, including the rights to life, health and privacy, e.g. by excluding inventions from patentability whenever their commercialization would jeopardize the full realization of these rights. States parties should, in particular, consider to what extent the patenting of the human body and its parts would affect their obligations under the Covenant or under other relevant international human rights instruments. States parties should also consider undertaking human rights impact assessments prior to the adoption and after a period of implementation of legislation for the protection of the moral and material interests resulting from one's scientific, literary or artistic productions.

Conclui o Comitê:

In conformity with other human rights instruments, as well as international agreements on the protection of the moral and material interests resulting from one's scientific, literary or artistic productions, the Committee considers that article 15, paragraph 1 (c), of the Covenant entails at least the following core obligations, which are of immediate effect: [...] (e) To strike an adequate balance between the effective protection of the moral and material interests of authors and States parties' obligations in relation to the rights to food, health and education, as well as the rights to take part in cultural life and to enjoy the benefits of scientific progress and its applications, or any other right recognized in the Covenant.

Na visão do Comitê, o conceito de direito à propriedade intelectual deve ser redefinido considerando a proteção dos direitos sociais, econômicos e culturais. Isto é, à luz dos direitos humanos, o direito à propriedade intelectual cumpre uma função social, que não pode ser obstada em virtude de uma concepção privatista desse direito que eleja a preponderância incondicional dos direitos do autor em detrimento da implementação dos direitos sociais. Observe-se ainda que, via de regra, o conflito não envolve os direitos do autor *versus* os direitos sociais de toda uma coletividade, mas o conflito entre os direitos de exploração comercial (por vezes abusiva) e os direitos sociais da coletividade.

Nesse sentido, o Comitê demanda que seja considerado o impacto no campo dos direitos humanos de legislação protetiva dos interesses do autor decorrentes de sua produção científica, literária ou artística. Reitere-se que, muitas vezes, quem exerce esse direito não é propriamente o autor/inventor, mas grandes empresas, via estratégias de patenteamento. O Comitê adiciona que o impacto nos direitos humanos deve ser avaliado anteriormente à adoção do regime jurídico e após um período de implementação da legislação. Por fim, atenta que o regime de patentes não pode comprometer a plena realização dos direitos humanos enunciados no Pacto e nos demais tratados internacionais[26].

Extrai-se, assim, o dever dos Estados de alcançar um balanço adequado entre a proteção efetiva dos direitos do autor/inventor e a proteção dos direitos sociais à educação, alimentação e saúde, bem como aos direitos culturais e de desfrute dos progressos científicos. Essa ponderação de bens deve guiar-se pelo princípio da proporcionalidade, em sua tripla dimensão – adequação, necessidade e proporcionalidade estrita. O princípio da proporcionalidade requer adequação entre o fim perseguido e o meio empregado, havendo a proibição de excesso. O direito à proteção da propriedade intelectual não deve ser considerado ilimitado ou absoluto, na medida em que a propriedade intelectual tem uma função social. Os regimes jurídicos de proteção da propriedade intelectual devem ser analisados sob a perspectiva de seu impacto no campo dos direitos humanos.

O próprio acordo TRIPS endossa esse juízo de ponderação, ao estabelecer como objetivo "contribuir para a promoção da inovação tecnológica e para a transferência e disseminação de tecnologia, para a vantagem mútua dos produtores e usuários do conhecimento tecnológico, e de tal maneira que possa levar ao bem-estar econômico e social e ao balanço de direitos e obrigações" (art. 7º). Nos termos do art. 8º, cabe aos Estados-membros reformar suas legislações de propriedade intelectual e adotar medidas necessárias para proteger a saúde pública e promover o interesse público em setores de vital importância para o desenvolvimento socioeconômico e tecnológico, desde que compatíveis com o acordo.

A Declaração de Doha sobre o Acordo TRIPS e Saúde Pública, adotada na Quarta Conferência Ministerial da OMC, em 2001, representou uma mudança de paradigma nas relações comerciais internacionais, ao reconhecer que os direitos de propriedade intelectual não são absolutos, nem superiores aos outros direitos fundamentais. Reconheceu, ainda, a gravidade dos problemas de saúde pública que afligem países pouco desenvolvidos e em desenvolvimento (como aids, tuberculose, malária e outras epidemias), refletindo as preocupações desses países sobre as implicações do acordo em relação à saúde pública em geral.

Em se tratando de direitos de povos indígenas ou de minorias culturais, o juízo de ponderação há de considerar as vulnerabilidades e especificidades dos direitos dos grupos envolvidos, conferindo-lhes especial proteção, bem como o direito à informação e à participação desses grupos nos processos decisórios

[26] Cf. art. 27 do acordo TRIPS.

relativos ao regime de proteção da propriedade intelectual, considerando ainda a ótica coletivista dos direitos dos povos indígenas. Sobre o conhecimento tradicional dos povos indígenas, realça o Comitê:

> *In adopting measures to protect scientific, literary and artistic productions of indigenous peoples, States parties should take into account their preferences. Such protection might include the adoption of measures to recognize, register and protect the individual or collective authorship of indigenous peoples under national intellectual property rights regimes and should prevent the unauthorized use of scientific, literary and artistic productions of indigenous peoples by third parties in implementing these protection measures, States parties should respect the principle of free, prior and informed consent of the indigenous authors concerned and the oral or other customary forms of transmission of scientific, literary or artistic production; where appropriate, they should provide for the collective administration by indigenous peoples of the benefits derived from their productions*[27].

Na mesma direção, a fim de proteger os direitos das minorias nos campos cultural e científico, acrescenta o Comitê:

> *States parties in which ethnic, religious or linguistic minorities exist are under an obligation to protect the moral and material interests of authors belonging to these minorities through special measures to preserve the distinctive character of minority cultures.*

Portanto, com relação à produção literária, científica e artística dos povos indígenas e das minorias étnicas, religiosas e linguísticas, o Comitê encoraja os Estados-partes a adotarem medidas protetivas especiais e um regime jurídico peculiar, que considere as especificidades, vulnerabilidades e o protagonismo desses grupos, visando à proteção especial de seus direitos coletivos. Isto é, propõe-se aos Estados-partes a adoção de um regime jurídico específico em matéria de propriedade intelectual para a proteção de conhecimentos

---

[27] Secretaria do Fórum Permanente sobre Populações Indígenas, da Comissão de Direitos Humanos da ONU, *Review of developments pertaining to the promotion and protection of the rights of indigenous peoples, including their HR and fundamental freedoms* (E/CN.4/Sub.2/AC.4/2005/CRP.4). Disponível em: <www.ohchr.org/english/issues/indigenous/docs/wgip23/crp4.doc>. Acesso em: 7 jul. 2006. A título de exemplo, note-se que o Instituto de Direito do Comércio Internacional e Desenvolvimento promoveu ação de cancelamento da marca Cupuaçu, nº 4126269, depositada em nome da empresa japonesa Asahi Foods Co. Ltd. junto ao ofício de marcas do Japão. A decisão pode ser tida como precedente na defesa dos recursos biológicos e conhecimentos tradicionais apropriados indevidamente por entidades privadas. Disponível em: <www.idcid.org.br/default.asp?sec=2>.

tradicionais. O respeito e a proteção dos direitos dos povos indígenas devem ser observados, ainda, pelos demais tratados de natureza comercial (como o TRIPS, dentre outros). Note-se que, relativamente à diversidade biológica, os Estados têm sido encorajados ao

> *disclosure of relevant traditional knowledge, innovations and practices of indigenous and local communities relevant for the conservation and sustainable use of biological diversity in applications for intellectual property rights, where an invention concerns or makes use of such knowledge in its development*[28].

Quanto aos direitos dos povos indígenas, destaca-se também relevante decisão da Corte IDH, proferida em 2001, no caso da comunidade indígena Mayagna Awas Tingni contra a Nicarágua[29]. Nesse caso, a Corte Interamericana reconheceu os direitos dos povos indígenas à propriedade coletiva da terra, como uma tradição comunitária e como um direito fundamental à sua cultura, vida espiritual, integridade e sobrevivência econômica. Acrescentou que, para esses povos, a relação com a terra não é somente uma questão de possessão e produção, mas um elemento material e espiritual de que devem gozar plenamente, inclusive para preservar seu legado cultural e transmiti-lo às gerações futuras.

Em outro caso – comunidade indígena Yakye Axa contra o Paraguai[30] – a Corte Interamericana, em decisão proferida em 2005, sustentou que os povos indígenas têm direito a medidas específicas que garantam o acesso aos serviços de saúde, que devem ser apropriados sob a perspectiva cultural, incluindo cuidados preventivos, práticas curativas e medicinas tradicionais. A Corte adicionou que, para os povos indígenas, a saúde apresenta uma dimensão coletiva: a ruptura de sua relação simbiótica com a terra exerce um efeito prejudicial sobre sua saúde. Entendeu a Corte que o Estado do Paraguai não havia garantido o direito à propriedade ancestral da comunidade indígena Yakye Axa e seus membros, o que os manteve em estado de vulnerabilidade alimentícia, médica e sanitária, ameaçando de forma contínua a sobrevivência dos membros da comunidade e sua integridade.

Por fim, reitere-se que o Pidesc realça o desenvolvimento da cooperação internacional e das relações internacionais no domínio da ciência e da cultura, com destaque ao acesso ao conhecimento e à transferência de tecnologia,

---

[28] Cf. The "State of the Debate" on Traditional Knowledge, background note prepared by the Unctad secretariat, International Seminar on Systems for the protection and commercialization of traditional knowledge in particular traditional medicines, Nova Delhi, 3-5 abr. 2002.

[29] Comunidad Mayagna (Sumo) Awas Tingni *vs.* Nicaragua, Inter-American Court, 2001, Série C, n° 79.

[30] Comunidad Yakye Axa vs. Paraguay, Inter-American Court, 2005, Série C, n° 125.

como um fator essencial para a promoção de benefícios científicos e culturais. Sobre a propriedade intelectual, com ênfase em sua dimensão social, há que ser reinventada a relação entre os hemisférios Norte/Sul, Sul/Sul e Sul/organizações internacionais, considerando a dimensão internacional do direito ao desenvolvimento.

Em 1986, a Declaração sobre o Direito ao Desenvolvimento foi adotada na ONU por 146 Estados, com um voto contrário (EUA) e oito abstenções. Para Allan Rosas:

> *A respeito do conteúdo do direito ao desenvolvimento, três aspectos devem ser mencionados. Em primeiro lugar, a Declaração de 1986 endossa a importância da participação. [...] Em segundo lugar, a Declaração deve ser concebida no contexto das necessidades básicas de justiça social. [...] Em terceiro lugar, a Declaração enfatiza tanto a necessidade de adoção de programas e políticas nacionais, como da cooperação internacional*[31].

Desse modo, o direito ao desenvolvimento compreende três dimensões: a) a importância da participação, com realce ao componente democrático a orientar a formulação de políticas públicas, dotando-lhes maior transparência e *accountability*; b) a proteção das necessidades básicas de justiça social, enunciando a Declaração sobre o Direito ao Desenvolvimento que: "A pessoa humana é o sujeito central do desenvolvimento e deve ser ativa participante e beneficiária do direito ao desenvolvimento"; e c) a necessidade de adoção de programas e políticas nacionais, como de cooperação internacional – já que a efetiva cooperação internacional é essencial para prover aos países mais pobres meios que encorajem o direito ao desenvolvimento. A respeito, o art. 4º da Declaração adiciona que os Estados têm o dever de adotar medidas, individual ou coletivamente, para formular políticas de desenvolvimento internacional com vistas a facilitar a plena realização de direitos.

Ainda sobre o direito ao desenvolvimento, cabe menção às metas do milênio (*millennium development goals*), adotadas por unanimidade pelos Estados-membros da ONU em setembro de 2000: 1) erradicar a extrema pobreza e a fome; 2) alcançar a educação primária no âmbito universal; 3) promover a igualdade de gênero e o empoderamento das mulheres; 4) reduzir a mortalidade infantil; 5) melhorar a saúde materna; 6) combater o HIV/aids, a malária e outras enfermidades; 7) assegurar a sustentabilidade ambiental; e 8) desenvolver uma parceria global voltada ao desenvolvimento. Com relação a esta última meta, a ONU acrescenta os objetivos de: a) prover o acesso a medicamentos essenciais aos países em desenvolvimento, em cooperação com a indústria farmacêutica;

---

[31] Allan Rosas, "The Right to Development", em: Asbjorn Eide, Catarina Krause e Allan Rosas, *op. cit.*, pp. 254-5.

e b) viabilizar o acesso aos benefícios das novas tecnologias, especialmente no campo da informação e da comunicação, em cooperação com o setor privado[32]. Às metas do milênio soma-se o Consenso de Monterrey, adotado em março de 2002, na conferência internacional sobre financiamento para o desenvolvimento, que, de igual modo, realçou a demanda por *"new partnership between developed and developing countries"*, bem como a necessidade de fortalecer a cooperação técnica em prol do desenvolvimento.

Numa arena global não mais marcada pela bipolaridade Leste/Oeste, mas sim pela bipolaridade Norte/Sul, abrangendo os país desenvolvidos e em desenvolvimento (sobretudo as regiões da América Latina, da Ásia e da África), é que se demanda uma globalização mais ética e solidária[33]. Se, tradicionalmente, a agenda de direitos humanos centrou-se na tutela de direitos civis e políticos, sob o forte impacto da "voz do Norte", testemunha-se, atualmente, a ampliação dessa agenda tradicional, que passou a incorporar novos direitos, com ênfase nos direitos econômicos, sociais e culturais e no direito ao desenvolvimento. Este processo permite ecoar a "voz própria do Sul", capaz de revelar as preocupações, demandas e prioridades dessa região. Nesse contexto, é fundamental consolidar e fortalecer o processo de afirmação dos direitos humanos, sob essa perspectiva integral, indivisível e interdependente. É sob tal perspectiva que há de ser revisitado o direito à propriedade intelectual.

Ao tratar da dicotomia Norte/Sul no que tange à propriedade intelectual, afirma a Comissão de Direitos de Propriedade Intelectual:

> *On the one side, the developed world side, there exists a powerful lobby of those who believe that all IPRs are good for business, benefit the public at large and act as catalysts for technichal progress. They believe and argue that, if IPRs are good, more IPRs must be better. On the other side, the developing*

---

[32] Disponível em: <ddp-ext.worldbank.org/ext/GMIS>.

[33] Sobre os ajustes econômicos estruturais, estabelece a Recomendação Geral nº 2 do Comitê dos Direitos Econômicos, Sociais e Culturais: "O Comitê reconhece que os programas de ajustes são muitas vezes inevitáveis e que são baseados num elemento importante de austeridade. Entretanto, em tais circunstâncias, os esforços para proteger os direitos econômicos, sociais e culturais mais fundamentais adquirem uma urgência maior, não menor. Os Estados-partes no Pacto, assim como os organizações pertinentes das Nações Unidas, deveriam, pois, fazer particulares esforços para incorporar, o máximo possível, essa proteção às políticas econômicas e aos programas destinados a levar a cabo o ajuste. Esta abordagem, que às vezes recebe o nome de 'ajuste com rosto humano' ou promovendo 'a dimensão humana do desenvolvimento' exige que a meta da proteção dos direitos dos pobres e carentes deveria ser um objetivo do ajuste econômico. Da mesma forma, nas medidas internacionais que sejam adotadas para solucionar a crise da dívida deveria ser levado plenamente em conta a necessidade de proteger os direitos econômicos, sociais e culturais mediante, entre outras coisas, a cooperação internacional. Em muitas situações, isso justificaria a necessidade de tomar iniciativas de grande magnitude para aliviar a dívida".

world side, there exists a vociferous lobby of those who believe that IPRs are likely to cripple the development of local industry and technology, will harm the local population and benefit none but the developed world. They believe and argue that, if IPRs are bad, the fewer the better[34].

Além de reinventar a relação Norte/Sul, é necessário romper com os paradoxos que decorrem das tensões entre a tônica includente, voltada para a promoção dos direitos humanos, e a tônica excludente, ditada especialmente pela atuação do FMI, na medida em que sua política, orientada pela chamada "condicionalidade", submete países em desenvolvimento a modelos de ajuste estrutural incompatíveis com os direitos humanos[35]. Devem-se fortalecer, ainda, a democratização, a transparência e a *accountability* dessas instituições[36]. Note-se que 48% do poder de voto no FMI concentram-se nas mãos de sete Estados (EUA, Japão, França, Inglaterra, Arábia Saudita, China e Rússia), enquanto no Banco Mundial 46% do poder de voto concentram-se nas mãos também desses mesmos Estados[37]. Na percepção crítica de Joseph Stiglitz:

> *temos um sistema que poderia ser chamado de governança global sem, contudo, um governo global; um sistema no qual poucas instituições – o Banco Mundial, o FMI e a OMC – e poucos atores – os ministros das finanças e do comércio, intimamente ligados a certos interesses financeiros e comerciais –*

---

[34] Integrating Intellectual Property Rights and Development Policy, Report of the Commission on Intellectual Property Rights, Executive Summary, Londres, set. 2002.

[35] Afirma Jeffrey Sachs: "Aproximadamente 700 milhões de pessoas – as mais empobrecidas – estão em débito perante os países ricos. Os chamados *'Highly Indebted Poor Countries'* (países pobres altamente endividados) compõem um grupo de quarenta e duas economias financeiramente falidas e largamente desestruturadas. Eles devem mais de US$ 100 bilhões em dívida não paga ao Banco Mundial, ao Fundo Monetário Internacional, a demais bancos de desenvolvimento e governos [...]. Em 1996 o FMI e o Banco Mundial anunciaram um programa de grande impacto, mas sem prover um diálogo verdadeiro com os países afetados. Três anos depois, estes planos fracassaram. Apenas dois países, Bolívia e Uganda, receberam US$ 200 milhões, enquanto 40 países aguardam na fila. No mesmo período, a bolsa de valores dos países ricos cresceu mais de US$ 5 trilhões, mais que 50 vezes que o débito dos quarenta e dois países pobres. Assim, é um jogo cruel dos países mais ricos do mundo protestar que eles não teriam como cancelar as dívidas" ("Release the Poorest Countries from Debt Bondage", *International Herald Tribune*, 12 e 13 jun. 1999, p. 8, apud Henry Steiner e Philip Alston, *International Human Rights in Context*, 2ª ed., Oxford University Press, 2000, pp. 1329-30).

[36] Cf. Joseph E. Stiglitz, *Globalization and its Discontents*, Nova York: W.W. Norton, 2003. Para o autor: "Quando as crises avançam, o FMI prescreve medidas inapropriadas, soluções padronizadas, sem considerar os efeitos que tais medidas possam ter nas populações dos países que seguem tais políticas. [...] Ideologias guiam as precrições de políticas e há a expectativa de que países sigam as orientações do FMI sem contestação. [...] Essas atitudes não apenas produzem resultados precários, mas são ainda anti-democráticas" (*op. cit.*, p. XIV).

[37] Cf. UNDP, *Human Development Report 2002, op. cit.*.

dominam o cenário; um sistema em que muitos daqueles afetados por suas decisões são deixados praticamente sem voz. É tempo de transformar algumas das regras que governam a ordem econômica internacional[38].

No que se refere ao setor privado, há também a necessidade de acentuar sua responsabilidade social, especialmente das empresas multinacionais, na medida em que constituem as grandes beneficiárias do processo de globalização, bastando citar que, das 100 maiores economias mundiais, 51 são empresas multinacionais e 49 são Estados nacionais. Por exemplo, importa condicionar empréstimos internacionais a compromissos em direitos humanos. Para isso, devem ser elaborados por empresas códigos de direitos humanos relativos à atividade de comércio; ou, então, devem ser impostas sanções comerciais a empresas violadoras dos direitos sociais, dentre outras medidas[39]. A essas propostas, adiciona-se a necessidade de adoção de políticas de inovação e de controle da concorrência, o que propiciará o equilíbrio entre os objetivos da propriedade intelectual e os direitos humanos.

DIREITOS HUMANOS E PROPRIEDADE INTELECTUAL: DESAFIOS E PERSPECTIVAS

Em face do sistema internacional de proteção dos direitos humanos, emerge o processo de redefinição do alcance e do sentido do direito à propriedade intelectual. Nesse processo de redefinição, destacam-se sete conclusões:

1) Os contornos conceituais do direito à propriedade intelectual devem considerar sua função social, transitando, assim, de um paradigma liberal individualista exclusivamente protetivo dos direitos do autor relativamente à sua

---

[38] Joseph E. Stiglitz, *op. cit.*, pp. 21-2.

[39] Ver Stephen Livingstone, "Economic Strategies for the Enforcement of Human Rights", em: Angela Hegarty e Siobhan Leonard (org.), *Human Rights: An Agenda for the 21st Century*, Londres: Cavendish, 1999, p. 187. Acrescenta o mesmo autor: "Em média, 10% das empresas norte-americanas adotaram alguma forma de cláusula de responsabilidade social" (*op. cit.*, p. 194). A respeito, observa Jack Scheinkman: "Quando Portugal e Espanha desejaram integrar a União Europeia, após a queda dos respectivos regimes ditatoriais, a União Europeia impôs determinadas condições. Elas incluíam não apenas direitos como a liberdade de associação, mas a observância de parâmetros trabalhistas. Nos EUA, algo semelhante tem sido feito, em certa medida, por meio da USAID, que não concede empréstimo econômico a nenhum país que desrespeite os direitos trabalhistas" (*Business and Human Rights*, Harvard Law School Human Rights Program, 1999, p. 87). Para Mary Robinson: "O setor privado tem incorporado os direitos humanos mediante códigos éticos internos, códigos de conduta, acordos setoriais a respeito do trabalho infantil, ou mesmo códigos mais amplos como o Social Accountability 8000, o International Code of Ethics for Canadian Business e os New Sullivan Principles" ("Constructing an International Financial, Trade, and Development Architecture", Zurique, 1999, disponível em: <www.unhchr.org>).

produção artística, científica e literária para um paradigma coletivista que contemple as dimensões sociais do direito à propriedade intelectual, bem como do direito à propriedade industrial, que tem dentre seus objetivos principais o incentivo à inovação.

2) À luz desse novo paradigma, há que se buscar um adequado equilíbrio entre a proteção dos direitos do autor relativamente à sua produção artística, científica e literária e os direitos sociais à saúde, à educação e à alimentação assegurados pelo Pacto Internacional dos Direitos Econômicos, Sociais e Culturais e pelos demais tratados internacionais de proteção dos direitos humanos. Ressalte-se que os Estados-partes assumem o dever jurídico de respeitar, proteger e implementar tais direitos, garantindo um *"minimum core obligation"* relativo aos direitos sociais, bem como o dever de promover a aplicação progressiva desses direitos, vedado retrocesso social. Daí a necessidade de compatibilizar os tratados de natureza comercial à luz dos parâmetros protetivos mínimos consagrados pelos tratados de direitos humanos, observando-se que, gradativamente, as preocupações relacionadas à proteção dos direitos humanos têm sido incorporadas pelos tratados comerciais. Note-se, ainda, que o conflito não envolve os direitos do autor *versus* os direitos sociais de toda uma coletividade; mas, sim, o conflito entre os direitos de exploração comercial (por vezes abusiva) e os direitos sociais da coletividade.

3) Os regimes jurídicos de proteção do direito à propriedade intelectual devem ser avaliados no que concerne ao impacto que produzem no campo dos direitos humanos, anteriormente à sua implementação e após determinado período temporal.

4) Medidas protetivas especiais devem ser adotadas em prol da proteção da produção científica, artística e literária de povos indígenas e de minorias étnicas, religiosas e linguísticas, considerando as peculiariedades, singularidades e vulnerabilidades desses grupos, bem como a proteção de seus direitos coletivos, assegurado seu direito à informação e à participação nos processos decisórios afetos ao regime de proteção da propriedade intelectual.

5) A cooperação internacional e uma nova relação entre os hemisférios Norte/Sul, Sul/Sul e Sul/organizações internacionais são essenciais para avanços no campo cultural e científico, com destaque ao acesso ao conhecimento e à efetiva transferência de tecnologia, sob a inspiração do direito ao desenvolvimento. Deve ser encorajada a remoção de barreiras ao sistema educacional e de pesquisa, considerando a possibilidade de a ciência produzir avanços ao crescimento econômico, ao desenvolvimento humano sustentável e à redução da pobreza.

6) O direito ao acesso à informação surge como um direito humano fundamental numa sociedade global em que o bem-estar e o desenvolvimento estão condicionados, cada vez mais, pela produção, distribuição e uso equitativo da

informação, do conhecimento e da cultura, tornando-a mais acessível, democrática e plural, eliminando, assim, barreiras ao acesso à informação.

7) Há o desafio de redefinir o direito à propriedade intelectual à luz da concepção contemporânea dos direitos humanos, da indivisibilidade, da interdependência e da integralidade desses direitos, com especial destaque aos direitos econômicos, sociais e culturais e ao direito ao desenvolvimento, na construção de uma sociedade de aberta, justa, livre e plural, pautada por uma democracia cultural emancipatória.

LISTA DE SIGLAS E ABREVIAÇÕES

Abrampa Associação Brasileira dos Membros do Ministério Público de Meio Ambiente
Ajufe Associação dos Juízes Federais do Brasil
art. artigo(s)

CCD centro clandestino de detenção (Argentina)
CDB Convenção sobre Diversidade Biológica
CEMDP Comissão Especial sobre Mortos e Desaparecidos Políticos
Cenimar Centro de Informações da Marinha
CEVPC Convenção-Quadro do Conselho da Europa sobre o Valor do Patrimônio Cultural para a Sociedade
CF Constituição Federal
CGEN Conselho de Gestão do Patrimônio Genético
CIDH Comissão Interamericana de Direitos Humanos
CNPq Conselho Nacional de Desenvolvimento Científico e Tecnológico
CNV Comissão Nacional da Verdade
Conadep Comissão Nacional sobre o Desaparecimento de Pessoas (Argentina)
Conama Conselho Nacional do Meio Ambiente
Corte IDH Corte Interamericana de Direitos Humanos
CPI Comissão Parlamentar de Inquérito
CPPMCN Convenção para a Proteção do Patrimônio Mundial, Cultural e Natural
CSPAE Convenção para a Salvaguarda do Patrimônio Arquitetônico da Europa
CSPCI Convenção para a Salvaguarda do Patrimônio Cultural Imaterial

DDPI Declaração das Nações Unidas sobre os Direitos dos Povos Indígenas
Deops Departamento Estadual de Ordem Política e Social
DOI-Codi Destacamento de Operações de Informações/Centro de Operações de Defesa Interna
DUDH Declaração Universal dos Direitos Humanos

EC Emenda Constitucional
Esma Escola de Mecânica da Armada (Argentina)

FAO Organização das Nações Unidas para a Alimentação e a Agricultura
Faperj Fundação de Amparo à Pesquisa do Estado do Rio de Janeiro
Fapesp Fundação de Amparo à Pesquisa do Estado de São Paulo
FCB Fundação do Cinema Brasileiro
FGV Fundação Getúlio Vargas
FMI Fundo Monetário Internacional
Funai Fundação Nacional do Índio
Funarte Fundação Nacional de Arte

GT grupo de trabalho
GTNM/RJ Grupo Tortura Nunca Mais do Rio de Janeiro

Ibac Instituto Brasileiro de Arte e Cultura
Ibama Instituto Brasileiro de Meio Ambiente e dos Recursos Naturais Renováveis
ICMBio Instituto Chico Mendes de Conservação da Biodiversidade
Icomos International Council on Monuments and Sites (Conselho Internacional de Monumentos e Sítios)
inc. inciso(s)
Ipea Instituto de Pesquisa Econômica Aplicada
Iphan Instituto do Patrimônio Histórico e Artístico Nacional
ISA Instituto Socioambiental

MEC Ministério da Educação
min. ministro(a)
MinC Ministério da Cultura
MMA Ministério do Meio Ambiente
MP Medida Provisória
MPE Ministério Público Estadual
MPF Ministério Público Federal

NPWS National Parks and Wildlife Service (Serviço de Parques Nacionais e Vida Selvagem, Austrália)

OAB Ordem dos Advogados do Brasil
Oban Operação Bandeirante
OEA Organização dos Estados Americanos
OIT Organização Internacional do Trabalho

OMC Organização Mundial do Comércio
OMPI Organização Mundial da Propriedade Intelectual
ONU Organização das Nações Unidas

PIDCP Pacto Internacional sobre Direitos Civis e Políticos
Pidesc Pacto Internacional sobre Direitos Econômicos, Sociais e Culturais
PUC Pontifícia Universidade Católica

RDS Reserva de Desenvolvimento Sustentável
rel. relator
Resex Reserva Extrativista

SEDH Secretaria Especial dos Direitos Humanos
SEPPIR Secretaria de Políticas de Promoção da Igualdade Racial
Sisnama Sistema Nacional do Meio Ambiente
SNUC Sistema Nacional de Unidades de Conservação da Natureza
Sphan Serviço do Patrimônio Histórico e Artístico Nacional
STF Supremo Tribunal Federal
STJ Superior Tribunal de Justiça

TJ Tribunal de Justiça
TRIPS Trade-Related Aspects of Intellectual Property Rights (Acordo sobre Aspectos dos Direitos de Propriedade Intelectual Relacionados ao Comércio, OMC)

UBA Universidade de Buenos Aires
UC unidade de conservação
Uerj Universidade do Estado do Rio de Janeiro
UFMG Universidade Federal de Minas Gerais
UFPA Universidade Federal do Pará
UFPR Universidade Federal do Paraná
UFRGS Universidade Federal do Rio Grande do Sul
UFRJ Universidade Federal do Rio de Janeiro
UFSC Universidade Federal de Santa Catarina
UN United Nations
ún. único
UNAM Universidade Nacional Autônoma do México
UnB Universidade de Brasília
UNCTAD Conferência das Nações Unidas sobre Comércio e Desenvolvimento
UNDP Programa das Nações Unidas para o Desenvolvimento (PNUD)
Unesco Organização das Nações Unidas para a Educação, a Ciência e a Cultura

Unicamp Universidade de Campinas
Unimep Universidade Metodista de Piracicaba
Unisinos Universidade do Vale do Rio dos Sinos
USP Universidade de São Paulo

SOBRE OS AUTORES

INÊS VIRGÍNIA PRADO SOARES (org.) é mestra e doutora em direito pela PUC-SP, desembargadora do Tribunal Regional Federal da 3ª Região, integrante do grupo de pesquisa Arqueologia e Ecologia Histórica dos Neotrópicos, pesquisadora do Laboratório de Arqueologia dos Trópicos do Museu de Arqueologia e Etnologia da USP.
inespradosoares@hotmail.com

SANDRA CUREAU (org.) é subprocuradora-geral da República, cursou mestrado na Universidade do Estado do Rio de Janeiro e doutorado na Universidade de Buenos Aires. É membro da diretoria das seguintes entidades: Abrampa (Asssociação dos Membros do Ministério Público de Meio Ambiente), Instituto por um Planeta Verde e Aprodab (Associação dos Professores de Direito Ambiental do Brasil). Autora e organizadora de livros e artigos sobre meio ambiente e patrimônio cultural.
svcureau@terra.com.br

ALFREDO CULLETON é doutor em filosofia, professor da pós-graduação em filosofia da Unisinos e dedica-se a temas de filosofia prática e medieval.
alfredoculleton@hotmail.com

ANA MARIA MOREIRA MARCHESAN é mestra em direito ambiental e biodireito pela UFSC, promotora de justiça no Rio Grande do Sul, professora nos cursos de pós-graduação da UFRGS, da Unisinos, do Instituto de Desenvolvimento Cultural e da Fundação Escola Superior do Ministério Público, integrante da diretoria da Abrampa.
ana_marchesan@mp.rs.gov.br

ANDREA LANNA MENDES NOVAIS é arquiteta urbanista, especialista em urbanismo pela Universidade Fumec e em revitalização urbana e arquitetônica pela Escola de Arquitetura da UFMG, analista da Promotoria Estadual de Defesa do Patrimônio Cultural e Turístico de Minas Gerais.
amovais@mp.mg.gov.br

ANDRÉS ZARANKIN é professor do Departamento de Sociologia e Antropologia, Faculdade de Filosofia e Ciências Humanas, UFMG.
zarankin@yahoo.com

ANNELISE MONTEIRO STEIGLEDER é mestra em direito pela UFPR e promotora de justiça na Promotoria de Defesa do Meio Ambiente de Porto Alegre.
annelise@mp.rs.gov.br

CHRISTIAN COURTIS é funcionário do Alto-Comissariado da ONU para os Direitos Humanos, professor da Faculdade de Direito da UBA, autor de diversos livros, dentre os quais: *Protección internacional de derechos humanos: nuevos desafíos* (Porrúa, 2005), *La aplicación de los tratados sobre derechos humanos en el ámbito local: la experiencia de una década* (delPuerto, 2007), *Courts and the Legal Enforcement of Economic, Social and Cultural Rights: Comparative Experiences of Justiciability* (Comisión Internacional de Juristas, 2008).
courtis@itam.mx

DANIELE MAIA TEIXEIRA COELHO é doutoranda e mestra em ciência ambiental pela USP, pós-graduada em direito da propriedade intelectual e em direito ambiental e graduada em direito pela PUC-RJ, autora de *Reflexões sobre a eficácia do registro do fandango caiçara como forma de expressão do patrimônio cultural do Brasil* (Letras Jurídicas, 2015).
danielemtcoelho@gmail.com

DANILO CYMROT é mestre em direito penal e criminologia pela Faculdade de Direito da USP.
dcymrot@gmail.com

EDILSON VITORELLI é doutorando em direito pela UFPR, mestre em direito pela UFMG, procurador da República em Campinas.
edilsonvitorelli@gmail.com

ELIANE CRISTINA PINTO MOREIRA é doutora em desenvolvimento sustentável pelo Núcleo de Altos Estudos Amazônicos da UFPA, mestra em direito das relações sociais pela PUC-SP, promotora de justiça do estado do Pará, professora da pós-graduação em direitos humanos e da graduação em direito da UFPA, professora do Centro Universitário do Pará, ex-coordenadora da Comissão de Biodireito da OAB-PA.
moreiraeliane@hotmail.com

FLÁVIA PIOVESAN é professora doutora de direito constitucional e direitos humanos da PUC-SP, professora de direitos humanos na pós-graduação da PUC-SP, da PUC-PR, da Universidade Pablo de Olavide (Sevilha, Espanha) e da UBA, membro do Conselho Nacional de Defesa dos Direitos da Pessoa Humana, ex-integrante da UN High Level Task Force on the implementation of the right to development, membro do GT da OEA para o monitoramento do Protocolo de San Salvador.

FLÁVIO AHMED é mestre em direitos difusos e coletivos pela PUC-SP, advogado, sociólogo, presidente da Comissão de Direito Ambiental e conselheiro da OAB-RJ, membro da Comissão Nacional de Direito Ambiental do Conselho Federal da OAB, coordenador e professor do curso de direito ambiental da Escola Superior de Advocacia da OAB-RJ, professor de direito ambiental nos cursos de graduação e pós-graduação e membro do conselho do programa de direito ambiental da Escola de Direito da FGVRio, membro titular do Conselho Estadual de Meio Ambiente.
ahmedadv@terra.com.br

FRANCISCO HUMBERTO CUNHA FILHO é doutor em direito, advogado da União, professor da pós-graduação em direito da Universidade de Fortaleza, coordenador do Grupo de Estudos e Pesquisas em Direitos Culturais.
humberto.3000@hotmail.com

FREDERICO BARBOSA é doutor em sociologia pela UnB e pesquisador do Ipea.
fredericobarbosa1966@gmail.com

JOSÉ ADÉRCIO LEITE SAMPAIO é mestre e doutor em direito pela UFMG, procurador regional da República, professor da PUC-MG e da Escola Superior Dom Hélder Câmara.
joseadercio.contato@gmail.com

JOSÉ LUIZ DE ANDRADE FRANCO é professor adjunto do Departamento de História e do Centro de Desenvolvimento Sustentável da UnB, bolsista de produtividade em pesquisa do CNPq.
jldafranco@terra.com.br

MÁRCIA DIEGUEZ LEUZINGER é mestra em direito e Estado e doutora em desenvolvimento sustentável pela UnB, procuradora do estado do Paraná, professora do mestrado em direito do Centro Universitário de Brasília, professora da especialização em direito e desenvolvimento sustentável da UnB.
marcia.leuzinger@uol.com.br

MÁRCIO SELIGMANN-SILVA é doutor pela Universidade Livre de Berlim, pós-doutor por Yale, professor titular de teoria literária na Unicamp, autor de *Adorno* (PubliFolha, 2003), *O local da diferença* (Editora 34, 2005), *Para uma crítica da compaixão* (Lumme, 2009) e *A atualidade de Walter Benjamin e de Theodor W. Adorno* (Civilização Brasileira, 2009), organizador de *História, memória, literatura: o testemunho na era das catástrofes* (Unicamp, 2003) e *Palavra e imagem, memória e escritura* (Argos, 2006).
marcioseligmann@me.com

MARCOS PAULO DE SOUZA MIRANDA é doutorando em ciências jurídicas e sociais, especialista em direito ambiental, coordenador da Promotoria Estadual de Defesa do Patrimônio Cultural e Turístico de Minas Gerais, secretário da Abrampa, professor de direito processual ambiental e direito do patrimônio cultural em cursos de pós-graduação.

MARIA COELI SIMÕES PIRES é mestra e doutora em direito pela UFMG, advogada, professora adjunta de direito administrativo da Faculdade de Direito da UFMG, membro do Instituto Brasileiro de Direito do Patrimônio Cultural.
coeliserro@gmail.com

MELISA SALERNO é professora do Instituto Multidisciplinario de Historia y Ciencias Humanas, Consejo Nacional de Investigaciones Científicas y Técnicas, Argentina.
melisa_salerno@yahoo.com.ar

PEDRO PAULO FUNARI é professor titular do Departamento de História do Instituto de Filosofia e Ciências Humanas e coordenador do Centro de Estudos Avançados da Unicamp.
ppfunari@uol.com.br

SANDRA AKEMI SHIMADA KISHI é mestra em direito ambiental, procuradora regional da República, professora convidada nos cursos de especialização em direito ambiental da Unimep, presidente do Instituto de Estudos de Direito e Cidadania, editora da *Revista Internacional de Direito e Cidadania*, ex-integrante do grupo de pesquisa da Universidade de Bremen (Alemanha) sobre acesso ao patrimônio genético e conhecimento tradicional, representante suplente do MPF no Conselho de Gestão do Patrimônio Genético.
sask22@gmail.com

SERGIO GARDENGHI SUIAMA é procurador da República no Rio de Janeiro, lotado no ofício do patrimônio cultural do MPF/RJ e responsável por acompanhar o processo de proteção e promoção do sítio arqueológico do Cais do Valongo. Mestre em direito (LL.M) e Human Rights Fellow pela Universidade Columbia, em Nova York.